Robert Payne

DIE KREUZZÜGE

Dieses Buch ist
den Märtyrern aller Kriege
gewidmet

Mein verstorbener Gatte, Robert Payne, hat sieben Jahre Forscherarbeit auf dieses Buch verwendet und dazu sowohl Geschichtsschreiber aus dem Westen der damaligen Welt als auch arabische Historiker beigezogen. Es behandelt deshalb das sehr komplexe Thema ohne jedes Vorurteil und bietet eine lebendige und farbige Übersicht über die erste große Auseinandersetzung zwischen dem muslimischen Osten und dem christlichen Westen. In einem früheren Buch, *Das heilige Schwert,* erschienen 1959, schrieb Robert: «Aus Arabien kam ein stolzes und erhabenes Volk und eroberte den größten Teil der damals bekannten Welt. Unsere Geschichtsbücher berichten immer noch zu wenig über dieses Volk. Früher oder später werden wir aber lernen müssen, mit ihm zu leben.»

Ich hoffe, das vorliegende Werk werde den Angehörigen aller Bekenntnisse helfen, einander zu verstehen und miteinander zu leben. Für meinen Gatten war dieses Buch ein Werk der Liebe und Hoffnung.

Es kommt nicht oft vor, daß ein größeres Buch so kurz nach dem Tod seines Verfassers erscheint. Ich hoffe deshalb, daß der Leser irgendwelche Unstimmigkeiten oder Auslassungen verzeihen wird.

Ich bin Sol Stein und Benton Arnovitz zutiefst dafür dankbar, daß sie das ganze Projekt begleitet haben. Ich danke auch Patricia Day und Toby Stein für die vorzügliche Redaktionsarbeit. Mein aufrichtiger Dank geht auch an alle, die mir Hilfe und Unterstützung gewährt haben. Ganz besonders möchte ich der Arts of Asia Foundation und dem hochwürdigsten Dekan der Kathedrale St. John the Divine, James Parks Morton, danken.

Sheila Lalwani Payne

Robert Payne

DIE KREUZ ZÜGE

Zweihundert Jahre Kampf um das heilige Grab

Pawlak

Die amerikanische Originalausgabe erschien 1984 unter dem Titel
The Dream and the Tomb
im Verlag Stein and Day, New York.

Aus dem Amerikanischen von Hans Marfurt

Umschlagmotiv:
Melechsala II. (Der Graf von
Gleichen, von Sarazenen überrascht)
Farblithographie von
Theodor Hosemann

Lizenzausgabe 1990 für
Manfred Pawlak Verlagsgesellschaft mbH,
Herrsching

Umschlaggestaltung: Bine Cordes, Weyarn
Umschlagmotiv: Archiv für Kunst und Geschichte, Berlin
Gesamtherstellung: Mohndruck, Gütersloh
ISBN 3-88199-677-X

INHALT

I DIE STIMME AUS DEM GRAB

Der Traum und das Grab

Zu Hunderttausenden zogen die Kreuzfahrer ins Heilige Land, zu Fuß die einen, auf Eseln, in Karren oder in voller Rüstung auf prächtig geschmückten Pferden die andern. Ungefähr ein Viertel von ihnen starb unterwegs, ein weiteres Viertel fiel im Kampf, und viele machten Entsetzliches durch, während sie den schmalen Küstenstreifen, den sie Königreich Jerusalem nannten, verteidigten; ein Königreich, das sie kaum hundert Jahre zu halten vermochten. Sie nannten sieh *peregrini Christi,* Pilger Christi, und in ihren Augen wurde das Elend, das ihr Unternehmen mit sich brachte, mehr als aufgewogen durch den Glanz und den Ruhm, den er ihnen einbrachte. Sie kamen aus allen Ständen: Könige und Kaiser, Bauernknechte und Landarbeiter, Erzbischöfe und Priester, Ritter und Fußsoldaten. Welle auf Welle wurden diese bewaffneten Pilger zu den heiligen Städten im Heiligen Land gespült, vor allem nach Jerusalem, zur Kirche des Heiligen Grabes mit dem Grabmal Christi.

Gutsbesitzer gaben ihr Land auf, Bauern verließen ihren Boden, Fürsten plünderten ihre Schatzkammern, um sich auf die Pilgerfahrt zu begeben. Und manchmal kehrten sie alt und völlig geschwächt nach Europa zurück, nachdem sie ein halbes Menschenleben in sarazenischen Kerkern geschmachtet hatten, doch stolz und glücklich darüber, daß sie an den heiligen Stätten geweilt. Die Verhältnisse waren immer gegen sie, und ein Teil ihres Glückgefühls hatte seine Ursache gerade darin, daß sie eine nicht zu lösende Aufgabe in Angriff genommen hatten, sowie im Bund, den sie mit Christus geschlossen. Jerusalem winkte sie heran; sie folgten dem Ruf, denn er war laut und eindringlich. Sie zogen hinaus in ein Land, das sie bis ins Letzte zu kennen glaubten, sei es, weil sie das Neue Testament selber gelesen, sei es, daß man ihnen daraus vorgelesen hatte. Aber sie entdeckten sehr bald, daß das Heilige Land keinem anderen Land glich, das sie gesehen oder von dem sie geträumt hatten; die Trostlosigkeit der judäischen Wüste traf sie wie ein Schlag auf einen bloßen Nerv. Eine solche Wildnis gab es nirgends in Europa! Die ersten, die ankamen, hatten auch nicht die geringste Ahnung, wie sie mit den Sarazenen umgehen sollten, die ein ungewöhnlich hohes Maß an sinnlichem Wahrnehmungsvermögen hatten, gleichzeitig aber unglaublich hart, grausam und erbarmungslos waren. Die *peregrini Christi* drangen in ein unbekanntes, von einem unbekannten Volk bewohntes Land ein, und die Fremdheit des Landes drang in ihre Seelen ein.

Wenn wir uns heute die Zeit der Kreuzfahrer in Erinnerung rufen, können wir nur staunen über deren Kühnheit, deren Tapferkeit und über den Erfindergeist, den sie beim Bau von Burgen und Festungen – es waren wahre Kunstwerke – an den Tag legten. Und wenn wir uns fragen, warum sie zu Hunderttausenden auszogen, stellen wir fest, daß wir nicht immer wissen, warum sie gingen oder worum es überhaupt ging. Sicher war es nicht immer so, wie Schreiber und Chronisten glauben mochten. Je länger wir uns mit der Zeit der Kreuzfahrer beschäftigen, desto klarer wird uns, daß es um völlig widersprüchliche Ziele ging und daß die Beweggründe ebenso widersprüchlich waren. Da gab es Machthunger und die Gier nach Land; da gab es Demut und Stolz; da gab es den Wunsch nach ewiger Seligkeit und den Wunsch, den Heiden die Kehle durchzuschneiden; da gab es Bosheit und Neid und all die übrigen kleinen und großen Sünden. Kaum je waren die Menschen sündhafter, als da sie auszogen, das Heilige Land zu erobern, und sie waren auch kaum jemals tiefer religiös, im Glauben sicherer. Neben all den Wirrnissen und Unsicherheiten, die die Kreuzzüge begleiteten, gab es die eine absolute Gewißheit: der christliche Glaube. Über alles andere ließ sich streiten, aber die Existenz Christi als Herr der Welten stand außerhalb jeden Zweifels.

Auf dieses Zeitalter der Kreuzzüge blicken wir mit einem Gefühl unstillbarer Sehnsucht zurück, denn damals war die Welt einfacher. Auf alle Fragen gab es eine Antwort, für jede Tugend gab es ein Maß, und jedes Laster fand die ihm angemessene Strafe. Die Welt war geordnet, begrenzt, kristallklar. Wie chaotisch auch immer das Leben der Menschen sein mochte, es paßte in ein annehmbares und glaubwürdiges Muster. Es wurde in einem Ausmaße von religiösen Normen und Vorstellungen bestimmt, wie wir das heute kaum fassen können; Christus ging an ihrer Seite und war gegenwärtig in der Luft, die sie atmeten. Daß wir uns nur mit Mühe in die Kreuzfahrer hineinzuversetzen vermögen, mag auch daran liegen, daß uns die Kraft ihres Glaubens fehlt.

Das Wesen der Menschen des zwölften Jahrhunderts war von einer

Geradlinigkeit, die uns heute abgeht. Sie waren dazu erzogen und dachten nicht daran, auf eine andere Weise zu handeln. Ihre Kriege zeigen, wie wenig sie an Strategie dachten. Eher warfen sie sich dem Feind entgegen, als daß sie ihn in Scheinangriffe verwickelt, in Hinterhalte gelockt oder ausgeklügelte Kriegslisten ersonnen hätten. Aber obwohl sie geradlinig, logisch und vernünftig dachten, hinderte sie nichts daran, an Wunder, Vorzeichen und Erscheinungen zu glauben, und das um so bereitwilliger, je näher sie dem Heiligen Land kamen. Da sie gleichzeitig vernünftig und unvernünftig waren, handelten sie einerseits mit einem klaren Sinn für das Wirkliche und wurden andererseits nicht im geringsten aus der Fassung gebracht, wenn sich unmittelbar vor ihren Augen ein Wunder ereignete; sie rechneten damit, Übernatürliches zu sehen, warteten gar ungeduldig darauf und blieben dabei doch höchst praktisch denkende Menschen.

Jeder Kreuzfahrer hatte seine eigenen Beweggründe, an einem Kreuzzug teilzunehmen, jeder hatte seine eigene Vorstellung von dem, was er im Heiligen Land zu erfahren hoffte. Jeder aber erwartete vor allem, etwas greifbar Heiliges zu finden, etwas, was man sehen, berühren, küssen, verehren und sogar mitnehmen konnte. Dieses Heilige mußte sich auf den Pfaden finden, die Christus gebahnt hatte, auf den Bergen und in den Tälern, die Christus gesehen hatte, in den Straßen Jerusalems, auf denen Christus gewandelt war. Die Kreuzfahrer hatten keinen Sinn für das sich wandelnde Gesicht der Stadt: Das Jerusalem, das sie sahen, war das unveränderte, ewige Jerusalem Christi. Sie dachten nicht daran, daß Jerusalem nach dem Tode Christi bis auf den Grund zerstört worden war; die Jünger hatten auf dem Ölberg unter den gleichen Olivenbäumen geschlafen, die sie nun sahen. An der Stätte der Himmelfahrt auf dem Ölberg konnten sie den Abdruck des Fußes Christi sehen, den er zurückgelassen, bevor er zum Himmel aufgefahren war, und in der Grabeskirche konnten sie sein Grab bestaunen. Überall in Jerusalem gab es Stätten, die mit ihm und seinen Jüngern verbunden waren, und die Nähe dieser Stätten gab ihnen das Gefühl, als sei Christus ständig gegenwärtig. Er gehörte ihrer Zeit an und war doch außerhalb der Zeit. Tatsächlich gab es für die Kreuzfahrer zwei Arten von Zeit: ein System von Daten und Kalendern sagte ihnen, daß mehr als tausend Jahre sie von Christus trennten, und ihr Wissen über Christus gab ihnen die Gewißheit, daß er immer noch gegenwärtig, daß er ihr Zeitgenosse war, und die tausend Jahre weniger als nichts.

Es gab in Jerusalem fünfzig Stätten, die mit Christus verbunden waren, aber es gab nur eine, die sie mit absoluter Verehrung und Ehrfurcht betrachteten: das Grab Christi. Dem mittelalterlichen Geist war Christus im leeren Grab auf umfassendste Weise gegenwärtig. Man plagte sich nicht mit dem Gedanken an die Tragödie seines Todes; man beschäftigte sich kaum mit der Kreuzigung, und die Art seines Todes war vielleicht das, was am wenigsten interessierte. Nicht die Tragödie seines Todes beherrschte die Vorstellungskraft, sondern der Triumph seiner Auferstehung. Das war das erhabene Wunder, das Wunder, das dem Leben von Christen Sinn gab. An diesem engen Ort kehrte Gott, der in Menschengestalt gestorben war, ins Leben zurück.

Damit erhielt das Grab in der Vorstellung der Menschen eine ganz besondere Bedeutung: Es war die Stätte, die über allen Stätten stand, das Bild, das alle Bilder übertraf. Hier hatte er tot dagelegen, hier hatte er die Leinenbinden von sich geworfen, und hier war er zum ewigen Leben erstanden, das allen Christen verheißen ist. Es war beinahe, als sei das dunkle Grab ein Mechanismus, der ewiges Leben schafft.

Es gab jedoch etwas sehr Seltsames und Beunruhigendes um dieses Grab, das Bischof Makarius von Jerusalem entdeckt hatte, nachdem er sich durch die Überreste des altrömischen Aphroditetempels hindurchgegraben hatte. Das Grab war im Jahre 325 «entgegen aller Hoffnung», wie Eusebius berichtet, gefunden worden. Im gleichen Jahr war Kaiserin Helena, die Mutter Kaiser Konstantins, nach Jerusalem gekommen und hatte in einer unterirdischen Höhle, etwa 24 Meter vom Grab entfernt, drei Kreuze gefunden. Konstantin ließ später über dem Grab einen Rundbau und über der Höhle eine Basilika errichten. Den Rundbau nannte man *Anastasis,* Auferstehung, und die Basilika *Martyrion,* Ort der Marterung. Beide Bauten waren reich verziert mit Gold und Edelsteinen, und beide wurden im Zeitraum zwischen der persischen Invasion von 614 und der Ankunft der Kreuzfahrer mehrere Male zerstört und wiederaufgebaut.

Als die Kreuzfahrer nun in Jerusalem ankamen, fanden sie nur den Rundbau vor; das Grab war verschwunden. Es gab keinen ausgehöhlten Fels, es gab nur einen leeren Raum in einem Steingehäuse aus feinen Säulen und Wänden mit Mosaikbildern. Über einer erhöhten Marmorplatte, die das Grab darstellen sollte, brannten ununterbrochen Lampen. Doch in den Augen der Kreuzfahrer war das Grab noch immer dort. Für sie entsprach die Darstellung der Wirklichkeit. Ihr Glaube war so stark, daß er es ihnen ermöglichte, an die physische Existenz eines Grabes zu glauben, das gar nicht mehr da war und deshalb auch nicht gesehen werden konnte. Sie sahen es mit den Augen des Glaubens.

Sie sahen es auch mit den Augen von Menschen, die weit gereist waren, um es zu sehen. Sie hatten sich zu ihm durchgekämpft; um an diese Stätte zu gelangen, waren sie durch Blut gewatet, hatten Hunger gelitten und waren verwundet worden; durch die Härten und Gefahren der Reise war ihr Glaube noch gestärkt worden. Nachdem sie so viel gelitten hatten, fanden sie auch, was sie zu finden gehofft hatten. Wenn die christliche Lehre wahr war, wenn Christus der Herr der Welten und das Tor zum ewigen Leben war, dann mußte das Grab existieren. Gemäß Papst Urban II. wollte Gott die Kreuzzüge, damit das Heilige Grab den Heiden entrissen werde und fest in die Hände der Anhänger Christi gelange. Gott hatte nicht gewollt, daß das Grab selber erhalten bleibe. Gott hatte gewollt, daß Christi Tod und Auferstehung den Pilgern vergegenwärtigt werde, und im Denken der Kreuzfahrer gab es nicht den leisesten Zweifel darüber, daß sich hier, in diesem engen Winkel Jerusalems, alles abgespielt hatte. Sie brauchten keine festen Umrisse und nachprüfbaren Formen; sie wollten Christus, an ihn glaubten sie, und so knieten sie auch an seinem Grab, denn sie waren überzeugt, daß es sich nirgendwo sonst befinden konnte.

Wir verstehen die Kreuzfahrer besser, wenn wir uns vor Augen halten, daß das Grab für sie nicht von dieser Welt war, daß es ein göttliches Mysterium war und daß sie an diesem Mysterium teilhatten. Das Grab war zerstört und blieb dennoch bestehen. Seine Zerstörer hatten es in Stücke geschlagen, und der Schutt war weggeschafft worden. Und gerade weil das Grab zerschlagen und seine Reste verstreut worden waren, blieb es um so lebendiger. Menschen suchen Zuflucht im Schatten eines Traumes; die Kreuzfahrer fanden Zuflucht in einem Grab, das auch ein Traum war.

Donner aus Arabien

In Mekka, dreizehnhundert Kilometer südlich von Jerusalem, in einer Gegend, ebenso rauh und trocken wie die Wüste Judäas, gab es ein anderes leeres Grab: Die *kaaba* oder der «Würfel». Nach islamischer Überlieferung waren dort Ismael und seine Mutter Hagar begraben, Abrahams ägyptische Konkubine. Die Kaaba hatte Abraham errichten lassen, später diente sie als Tempel für Hubal, den rotgesichtigen Gott der Macht, und für Al Uzza, die Göttin des Morgensterns, sowie dreihundert weitere Götter und Göttinnen, welche bis zu ihrer Entmachtung durch Mohammed die Götterwelt der Araber bildeten. Dann wurde die Kaaba Allah geweiht, dem einen Gott und Herrn des Weltalls. Es gab nichts darin außer einige silberne Lampen, die Besen zum Kehren des Fußbodens und drei Säulen aus Teakholz, die das Dach stützten. In ihre südöstliche Wand waren Bruchstücke eines schwarzen Meteoriten eingelassen, die noch heute von den Gläubigen geküßt werden, wenn sie, das Gebot Mohammeds befolgend, langsam oder rasch um die Kaaba herumgehen.

Die Kaaba ist ein Ausdruck religiösen Glaubens – viereckig, scharfkantig, Symbol der Kraft, welche dem arabischen Volk nachgesagt wird, eine Wesensart, die diesen Menschen schon vor der Ankunft Mohammeds zu eigen war. Ihr scharfsinniger Geist und ihre Zielstrebigkeit ließen sie denn auch zu einer Weltmacht werden. Zu Recht also machte Mohammed diesen seltsamen, schmucklosen Würfel, der einmal so viele Götter beherbergt hatte, zum Symbol seines eigenen mächtigen Glaubens an Allah, den einen Gott.

Mohammeds Glaube war mit keinem andern seiner Zeit zu vergleichen. Er setzte sich zusammen aus Visionen und Träumen, aus biblischen Geschichten, die dem Alten Testament hinzugefügt worden waren und die er auf seinen Reisen von Mekka nach Damaskus entlang den Karawanenstraßen gehört haben mochte, aus Bruchstücken von Überliefertem und Gelerntem sowie einem tiefen Verständnis für das Bedürfnis der Menschen nach Frieden und Erlösung. Der Koran, was «Lesungen» bedeutet, hört sich für westliche Ohren seltsam an. Er ist ein Werk von ungestümer Heftigkeit und erschreckender Eindringlichkeit. Gott spricht, und was er zu sagen hat, wurde mit dem Anspruch absoluter Autorität von jemandem aufgezeichnet, der auf einmalige Weise fähig war, die letzten Feinheiten der arabischen Sprache wiederzugeben. Mohammeds Botschaft lautet: Gott ist allmächtig; seine Hand ist überall; es gibt keine Flucht vor ihm. Ebenso wie er selber ist auch seine Barmherzigkeit allgegenwärtig. Sie umfaßt alle Zufälligkeiten und alle Absichten eines menschlichen Lebens. Nicht etwa, daß Gott gütig wäre – die Vorstellung eines gütigen und helfenden Gottes ist der Gedankenwelt Mohammeds fremd –, aber seine Barmherzigkeit ist unvermeidlich, kompromißlos, absolut. In dieser Sicherheit finden die Anhänger Mohammeds ihre Ruhe.

Mohammed Ibn Abdallah aus dem Stamme der Koraisch wurde um das Jahr 570 nach Christus geboren. Sein Vater war vor seiner Geburt gestorben, und seine Mutter Amina starb, als er noch ein Kind war. Als Jüngling begleitete er die Karawanen, die zwischen Mekka und Syrien verkehrten. Mit fünfundzwanzig Jahren heiratete er Chadi-

scha, eine reiche Witwe, die fünfzehn Jahre älter war als er. Als er seine ersten Visionen hatte und die Stimme des Engels hörte, war er ungefähr vierzig; diese Visionen und Stimmen übermittelten ihm die Offenbarungen, die er direkt Gott zuschrieb.
Nach islamischer Überlieferung verbot Mohammed die bildliche Darstellung der menschlichen Gestalt. Aus diesem Grunde wird auch er selber in der islamischen Kunst sehr selten dargestellt. Die wenigen Bilder, auf denen Mohammed zu erkennen ist, zeigen ihn mit einem Schleier über dem Gesicht. Aber seine Freunde hielten die Erinnerung an sein Aussehen wahr und beschrieben ihn. Sie sprachen von einem untersetzten Manne mit kräftigen Schultern, rosigweißer Haut «wie von einer Frau» und einem dichten schwarzen und lockigen Bart. Am stärksten jedoch beeindruckten sie seine Augen: sie waren sehr groß, dunkel und schmelzend. Der Schlüssel zu Mohammeds Persönlichkeit liegt vielleicht in seiner rosigweißen Haut: er war kein sonnengebräunter Beduine aus der Wüste, sondern ein Stadtmensch, entsprechend empfindsam und leicht zu beeindrucken.
In einer Höhle auf dem Berg Hira, nicht weit von Mekka entfernt, pflegte er zu meditieren. Eines Tages spürte er, daß ein Engel in seiner Nähe war – «zwei Pfeilschußweiten entfernt» – und ihn betrachtete. «O Mohammed, du bist Gottes Bote, und ich bin Gabriel», donnerte dessen Stimme. Vom Engel hörte er, daß der Mensch aus einem Blutklümpchen erschaffen worden sei und sich in der Obhut Allahs, des einen Gottes und Allbarmherzigen, befinde, dessen Geheimnisse ihm, Mohammed, geoffenbart würden. Von der Stunde an erschien ihm der Engel Tag für Tag in seinen Wachträumen und enthüllte ihm in Versen so aufwühlend und schön wie ein prasselndes, brausendes Buschfeuer die Geheimnisse von Gottes Barmherzigkeit und unbegrenzter Macht.
Mohammed hatte Kenntnisse in allen Religionen seiner Zeit, aber keine überzeugte ihn. Deshalb suchte er nach einem Weg in unbekannte Regionen. Eindringlich und mit gewaltig tönender Stimme, in einem neuen Stil, einem neuen Rhythmus:

> Die Polternde!
> Was soll das heißen?
> Wie kannst du wissen, was das heißen soll?
> Am Tag, da die Menschen wie Motten sein werden, die verstreut liegen,
> und die Berge wie zerzauste Wolle!
> Wer schwere Waagschalen hat,
> hat ein angenehmes Leben (im Paradies).
> Wer aber leichte Waagschalen hat,

um den ist es geschehen.
Doch wie kannst du wissen, was das bedeutet?
Loderndes Feuer. (Sure 101)

Wie Jesus wurde auch Mohammed vom Gedanken an den Jüngsten Tag verfolgt. Das Ende schien sehr nahe zu sein. Aber statt sich einfach der Auflösung der Welt zu ergeben, mußte der Mensch in dieser Zeit des Wartens zur Umkehr, zur absoluten Unterwerfung unter Gott finden. Mohammed spürte, daß Regeln gefunden werden mußten, wie diese Unterwerfung zu erreichen war, und daß die Menschen herausfinden mußten, wie sie sich im Lichte der kommenden Flammen zu verhalten hatten. In den Visionen, die ihm über eine lange Zeit hinweg eingegeben wurden, stellte er ein Weltbild von atemberaubender Einfachheit dar, abgerundet und vollständig, wie es der arabischen Denkweise in hervorragender Weise entsprach.
Der nicht abbrechende Strom von Mohammeds visionärer Dichtung überzeugte schließlich dessen Freunde, daß er tatsächlich ein Prophet und Bote Gottes war. Bald gewann er Anhänger und eine Armee; Medina fiel und dann Mekka, aber das war nur der Anfang. Diese ungestüme und doch verhaltene Dichtung spornte durch ihre Einprägsamkeit und Direktheit die Araber an, im Namen des Boten Gottes alle ihre Nachbarn herauszufordern. Juden wie Christen mußten bekehrt werden; die ganze Welt mußte die Wahrheit des Korans anerkennen. Mohammed erwies sich zudem als ein geschickter Heerführer, und seine Nachfolger übertrafen ihn noch. Wie ein Donnerwetter kamen sie aus Arabien herauf. Nach Mohammeds Tod im Jahre 632 fielen innerhalb einer Generation alte Reiche in sich zusammen, und die halbe Welt, von Spanien bis nach Persien, geriet in die Hände der Heere, die er in Bewegung gesetzt hatte.
Dem Feuer von Mohammeds Seheraugen entsprang eine Kraft, die die Welt bis in ihre Grundfesten erschütterte.
Im Juli 640, acht Jahre nach Mohammeds Tod, stand ein arabisches Heer unter Amr Ibn Al As vor den Mauern der berühmten Universitätsstadt On, dem antiken Heliopolis, wo Phönix geboren worden war und Plato einst studiert hatte. On war die heiligste der ägyptischen Städte, und eine der ältesten. Damals war Ägypten eine Provinz des byzantinischen Reiches, Vizekönig war Cyrus, der Patriarch von Alexandria. Die Araber griffen On an, Cyrus floh nach Norden, und die Araber verfolgten ihn bis nach Alexandria, das von gewaltigen Festungsanlagen und Mauern umgeben war und einen Hafen besaß, dessen Dämme den größten Flottenstützpunkt der damaligen Welt umschlossen. Während tausend Jahren hatten hier die Griechen

und Römer in aller Ruhe eine Stadt aufgebaut, die so mächtig und reich war, daß sich keine andere Stadt mit ihr messen konnte. Strahlend erhob sie sich zwischen dem Meer und einem See, illuminiert vom Pharos, dem großen Leuchtturm, der den Hafen mit den mächtigen vor Anker liegenden Schiffen überragte, und wurde von einem Heer bewacht, das als das beste der Welt galt. Alexandria war eine Bastion byzantinischer Macht in Afrika. Voll Verachtung blickte der gelehrte und ehrgeizige Cyrus auf das Guerillaheer hinunter, das vor den Mauern Alexandrias lagerte. Er dachte, er könne mit Amr Ibn Al As feilschen; die Bürger könnten weiterhin vom Meer her versorgt werden, die Rennbahn aufsuchen und in der berühmten Sankt-Markus-Kathedrale über den beiden Häfen beten. Cyrus war allzu zuversichtlich.
Schließlich fiel Alexandria. Die Araber ritten im Triumph durch das Sonnentor, die Kanopusstraße entlang und vorbei am kristallenen Grabmal Alexanders des Großen. E. M. Forster beschreibt sehr treffend, was sie Alexandria antaten: «Obwohl sie keineswegs die Absicht hatten, die Stadt zu zerstören, zerstörten sie sie, wie ein Kind etwa eine Uhr.»
Das arabische Heer wütete auch in Palästina und Syrien, zweigte nach Osten gegen Persien ab und besiegte das Heer des sassanidischen Kaisers im gleichen Jahre, in dem Cyrus Alexandria verlor. Zwei Jahre später waren sie die Herren von ganz Persien. Die Omaijadendynastie, welche nun von Damaskus aus regierte, übernahm von den Persern deren üppigen Lebenswandel. Die Enkel der Anhänger Mohammeds gaben dem Stadtleben den Vorzug. Luxus und Korruption setzten ein, auch in Nordafrika und in Spanien, Gebiete, welche die Araber mit unglaublicher Geschwindigkeit erobert hatten. Als sie nach Frankreich hineindrängten, wurden sie im Jahre 732, hundert Jahre nach Mohammeds Tod, vom zerlumpten Heer Karls von Herstal und vom bitterkalten Wetter besiegt.
Zwar war die Flut der Araber nun zurückgeschlagen, aber ihr Reich erstreckte sich über die halbe damals bekannte Welt, von den Pyrenäen bis nach Persien. Arabische Heere unternahmen Beutezüge nach Indien und überwältigten die asiatischen Außenposten des byzantinischen Reiches, das trotzdem noch siebenhundert Jahre lang durchhalten sollte. Konstantinopel, die Hauptstadt des byzantinischen Reiches, betrachteten die Muslime als das östliche Tor zu Europa: dieses mußte fallen und ganz Europa in ihre Gewalt kommen.
Die Christen sahen in Mohammeds Religion einen Todfeind, dem unter allen Umständen Widerstand geleistet werden mußte. Islam

bedeutet «Unterwerfung», «Unterwerfung unter Gottes Absichten». Die Christen waren nicht bereit, sich zu unterwerfen. Sie betrachteten den Islam als eine Irrlehre, eine teuflische und gefährliche Perversion der Wahrheiten, die Moses, die Propheten, Jesus und Paulus überliefert hatten.

Der Islam war der nackte Monotheismus, bar jeder Ungewißheit, ohne Geheimnisse, ohne Kultgewänder, ohne Zeremoniell, ohne Priesterhierarchie, demokratisch in seiner Organisation, schroff und simpel in seinen Glaubensbezeugungen. Der Islam kennt keine komplizierten Zeremonien, kein Nizäisches Glaubensbekenntnis, keine Messe, kein Glockengeklingel. Eine Moschee ist in der Regel ein von Mauern umgrenzter, gegen den Himmel zu offener Raum mit einer Kanzel, einer Gebetsnische und einem Turm, von dem aus die Gläubigen zum Gebet gerufen werden. Zudem ist diese Religion für Neues offen, ohne enge Grenzen und doch klar umrissen, ohne unsicheres Dunkel. Gott wird als eine Abstraktion von unbegrenzter Macht und unendlichem Ruhm verstanden, als der Ursprung und das Ziel aller Dinge. Daß Gott auf irgendeine geheimnisvolle Weise in den Vater, den Sohn und den Heiligen Geist aufgeteilt sein sollte, war für Muslime unfaßbar: sie sahen ihn als den Einen und Unteilbaren.

Obwohl der Islam Jesus einen besonderen Platz zuweist, ist der islamische Jesus für Christen kaum wiederzuerkennen. Dreimal erzählt Mohammed die Geschichte von der jungfräulichen Geburt; er ist zutiefst bewegt davon, und er ist sich bewußt, daß es mit Jesus etwas Übernatürliches auf sich hat, aber für jene, die dessen Göttlichkeit verkünden, hat er kein Verständnis. Jesus ist ein Zeichen, ein Wort, ein Geist, ein Engel; er ist auch ein Bote, ein Prophet. Er konnte Tote erwecken, Kranke heilen und Tonvögeln Leben einhauchen. Aber nicht er wurde gekreuzigt, sondern jemand anderer an seiner Statt. Jesus stieg in den Himmel auf, als Gott ihn zu sich rief, und am Jüngsten Tag wird er wiederkommen.

Man weiß nicht, wie Mohammed von Jesus hörte. Wahrscheinlich hatte er sein Wissen aus irgendwelchen verlorengegangenen gnostischen Schriften, oder vielleicht hörte er auf seinen Reisen einem christlichen Prediger zu. Maria und Jesus jedenfalls «wohnen hoch oben an einem Ort, der von Ruhe erfüllt und von Quellen bewässert ist»; und dort bleiben sie auch. Sie stehen nicht im Mittelpunkt seiner Lehre, die sich mit der Natur des Menschen beschäftigt, mit dem Blutklümpchen, das sich der ungeheuren Gegenwart Gottes gegenübergestellt sieht, jenem Gott, der gleichzeitig weit entfernt und dem Menschen doch so nahe ist wie seine Halsschlagader. Der Mensch ist

nackt und wehrlos; außer seiner ganzen und tiefen Verehrung hat er nichts, was er Gott geben könnte. Für die Muslime hat Gott keine Geschichte, während für die Christen die Geschichte Gottes eng mit der Geschichte Christi verknüpft ist.
Die beiden Religionen hatten nichts oder so wenig Gemeinsames, daß es kaum wahrgenommen werden konnte. Es war, als ob Christentum und Islam dazu bestimmt gewesen wären, sich bis in den Tod zu bekämpfen, und als könne dieser Kampf nur mit der Unterwerfung der einen Seite durch die andere enden. Und doch gab es lange Zeitspannen, da zwischen ihnen eine Art von Frieden herrschte. In Jerusalem, das sehr früh von den Arabern erobert worden war, durfte eine christliche Gemeinschaft zurückbleiben, und die Grabeskirche blieb unangetastet. Karl der Große führte einen langen Briefwechsel mit Harun Al Raschid, dem Kalifen von Bagdad, welcher das Recht der Christen auf ihre Kirche ausdrücklich bestätigte; er übergab sie Karl dem Großen, den er «Beschützer Jerusalems» betitelte. Zwar besuchte Karl der Große Jerusalem nie, aber er schickte unzählige Gesandte, gründete in der Heiligen Stadt ein Spital und eine Bibliothek und bestritt deren Unterhalt. Während des ganzen neunten Jahrhunderts waren die Beziehungen zwischen Christen und Muslimen ziemlich freundlich. Die Christen beanspruchten auch nur freien Zugang nach Jerusalem und erwarteten, daß die Pilger, welche die Grabeskirche besuchten, gerecht behandelt wurden. Und so blieb es noch ein weiteres Jahrhundert lang. Selbst nach der Zerstörung der Kirche durch den wahnsinnigen Kalifen Hakim dauerte der Friede an, denn die Kirche wurde schnell wiederhergestellt. Die Pilger kamen weiterhin nach Jerusalem, beteten an den Altären der Grabeskirche und gingen in der Stadt frei ein und aus. Es war, als hätten die beiden Religionen eine Verständigung erreicht und als ob nichts den anhaltenden Strom von Pilgern unterbrechen könnte.
In der Mitte des elften Jahrhunderts jedoch geschah etwas, was eine drastische Veränderung der militärischen Stellung der Muslime im Nahen Osten herbeiführen sollte: Die türkischen Seldschuken drangen aus Innerasien vor und eroberten Persien. Sie waren zum Islam übergetreten und bekehrten nun mit dem Eifer von Konvertiten alle Stämme, auf die sie in ihrer Eroberungslust stießen. Sie waren Hirten gewesen; nun waren sie zu Raubrittern geworden, die von der Erde lebten, auf der sie sich gerade befanden, ihre Zelte aufrichteten, wo immer es ihnen beliebte, und die ihren Spaß daran hatten, zu brandschatzen und Städte in Schutt und Asche zu legen. Der einst allmächtige Kalif von Bagdad wurde zum Knecht des Seldschukensultans Alp Arslan: bei Manzikert, nördlich des Vansees in Armenien, stellte

sich im August 1071 das seldschukische Heer der viel größeren Armee des byzantinischen Kaisers Romanos IV. Diogenes entgegen. Romanos verfügte über reiche militärische Erfahrung, war über alle Maßen tapfer und befehligte hunderttausend wohlausgebildete Soldaten, darunter viele fränkische und deutsche Söldner. Unter seinen Offizieren jedoch gab es Verräter, und Befehle wurden nicht befolgt. Die leichtbewaffnete seldschukische Reiterei schoß Tausende von Pfeilen auf die geschlossen vorrückenden Truppenverbände der Byzantiner. Als der Kaiser am Ende des Tages den Rückzug befahl, blieben die Flanken seines Heeres ungeschützt, es begann sich aufzulösen, die Türken stießen in die Lücken vor, welche die zurückweichenden Truppen hatten entstehen lassen. Romanos kämpfte tapfer, er wurde an einem Arm ernsthaft verwundet, und sein Pferd brach tot unter ihm zusammen. Er wurde gefangengenommen und in Alp Arslans Zelt geführt. Dort warf man ihn zu Boden, und Alp Arslan stellte zur Bekräftigung des Sieges seinen Fuß auf des Kaisers Nacken. Dennoch hegte der Seldschukensultan eine gewisse Bewunderung für den breitschultrigen byzantinischen Kaiser, und zwei Wochen später ließ er ihn frei. Aber Romanos' Niederlage war so entscheidend, so vernichtend, daß er bei den Byzantinern in Ungnade gefallen, und ohne daß es Widerstand gegeben hätte, abgesetzt worden war. Als er nach Konstantinopel zurückkehrte, wurde er geblendet, und im Jahr darauf starb er, entweder an den Verletzungen, die er durch die Blendung erlitten, oder an einem gebrochenen Herzen.
Alp Arslan selber und sein Sohn Malik Schah hatten keineswegs die Absicht, das byzantinische Reich zu erobern, aber ihre Heerführer dachten da anders. Sie fielen in die unverteidigten Provinzen Anatoliens ein, und während sich die Christen in den Städten verbarrikadierten, verheerten die vorstürmenden Türken das Land. Vorbei waren die Tage, da sich das Byzantinische Reich von Ägypten bis an die Donau und von den Grenzen Persiens bis nach Süditalien erstreckte. Die Türken rückten bis Nizäa vor und standen damit nur hundertfünfzig Kilometer vor Konstantinopel. Sie besetzten Nizäa und machten es zur Hauptstadt des Sultanats Kleinasien. Nach allen Richtungen dehnten sie sich aus. Noch im Jahr der byzantinischen Niederlage bei Manzikert entrissen sie im Namen des Kalifen von Bagdad den ägyptischen Arabern Jerusalem. Im Jahre 1085 vertrieb Malik Schah die Byzantiner aus Antiochia. Dann kam er zur palästinischen Küste und tauchte sein Schwert in die Wasser des Mittelmeers zum Zeichen dafür, daß er die Herrschaft über das Mittelmeer für sich beanspruche.
Malik Schah, der Nachkomme von Nomaden aus Zentralasien, hatte

das Temperament eines Kaisers. Er war rücksichtsloser und entschlossener als sein berühmter Vater, regierte mit großem Prunk und sah sich als Herrscher über den ganzen Nahen Osten. Seine Türken waren roher als die Ägypter; sie waren wie ein Gewitter aus den Gebieten nördlich des Kaspischen Meeres hereingebrochen und besaßen in höchstem Maße das, was der Historiker Ibn Chaldun *assabiya* nannte: die sich auf gemeinsame Interessen gründende Entschlußkraft, welche auch den frühen arabischen Eroberern eigen gewesen war. Die Araber hatten später mit den Christen Vereinbarungen getroffen; die Türken waren ihrer Sache sicherer.
Die Welt der Christen war durch die Invasion der Türken ins Wanken geraten; innerhalb einer einzigen Generation war Kleinasien in die Hände der Eindringlinge gefallen, und das Byzantinische Reich hatte die wichtigste Quelle seines Reichtums verloren. Die Christen konnten nicht mehr nach Jerusalem reisen ohne Angst, mißhandelt, gefangengenommen oder als Sklaven verkauft zu werden; die Türken waren fanatische Muslime und entschlossen, den Besiegten auch den letzten Rest an Macht zu entreißen. Ihr Überleben als geeintes Volk hing jedoch von ihrem Führer ab; als Malik Schah 1091 starb, wurde sein Reich unter seine Söhne und Neffen aufgeteilt, deren Haß untereinander zum raschen Erfolg der Kreuzfahrer beitrug, als diese sich endlich auf den Weg durch Kleinasien machten, um Jerusalem zurückzuerobern.
Im Jahre 1081 gelangte Alexios Komnenos, der in der Armee von Romanos IV. Diogenes als General gegen die Türken gekämpft hatte, im Alter von dreiunddreißig Jahren auf den Thron. Er war ein tüchtiger Feldherr und fest entschlossen, die Provinzen, die seinem Reich verlorengegangen waren, zurückzuerobern. Seine Tochter Anna Komnena hatte eine Chronik über die Zeit seiner Herrschaft geschrieben, die zu den anerkannten Meisterwerken der byzantinischen Literatur gehört. Darin beschreibt sie ihren Vater als hervorragenden Diplomaten, als einen Mann, der auch in einer Umgebung voll von Verrat und Tücke unbeirrt seinen Weg ging, seine eigenen Werte kannte und im Umgang mit Freund und Feind sowohl selbstbewußt als auch bescheiden war. Er regierte während siebenunddreißig Jahren und eroberte einige der verlorengegangenen Provinzen zurück. Nur wenige byzantinische Kaiser haben so lange geherrscht und so tapfer gekämpft.
Als Alexios Komnenos auf den Thron kam, befand sich das Reich in großer Unordnung. Obwohl er dem normannisch-sizilischen Abenteurer Robert Guiskard, der in Süditalien und Sizilien ein eigenes Königreich gegründet hatte, die Balkanprovinzen wieder entrissen

hatte, sah er sich entlang der langen Donaugrenze weiterhin der Gefahr von Angriffen ausgesetzt: durch Ogusen, Kumanen und Petschenegen – alles Stammesverwandte der kleinasiatischen Türken – sowie durch Slawen und Bulgaren. In Kleinasien waren nur einige Küstenstädte in seiner Hand gelieben. Deshalb mußten die Grenzen des Sultanats von Rum um jeden Preis zurückverschoben werden. Er rief den Papst und die Fürsten des Westens um Hilfe, hoffend, bei ihnen Verständnis für seine Sache zu finden. Er bat sie, Heere aufzustellen, nach Konstantinopel zu marschieren und sich dort mit ihm unter dem Banner des Christentums gegen die Ungläubigen zusammenzuschließen. Er schilderte die vom Feind begangenen Grausamkeiten und wies auf die besondere Heiligkeit Konstantinopels hin als Hüterin so vieler Reliquien Christi; Konstantinopel, das Byzantinische Reich müsse gerettet, Jerusalem zurückerobert und im Nahen Osten die *Pax christiana* errichtet werden. Eine Abschrift seines Briefes an Robert Graf von Flandern, ein Vetter Wilhelms des Eroberers, ist uns erhalten geblieben. Der Kaiser äußert sich darin mit einer Mischung von Angst und Stolz, Verzweiflung und Demut, und hie und da klingt auch ein Hauch von Humor durch.

AUSZÜGE AUS EINEM BRIEF DES KAISERS ALEXIOS KOMNENOS AN ROBERT GRAF VON FLANDERN, GESCHRIEBEN IN KONSTANTINOPEL IM JAHRE DES HERRN 1093.[1]

AN DEN HERRN UND RUHMREICHEN GRAFEN Robert von Flandern, an die Gesamtheit der Fürsten des Reiches, seien sie Laien oder Geistliche, von Alexios Komnenos, Kaiser von Byzanz.

O erlauchter Graf und großer Trost des Glaubens! Ich schreibe Dir, um Deiner Klugheit mitzuteilen, daß das hochheilige Reich der griechischen Christen täglich von Petschenegen und den Türken verfolgt wird ... Christenblut fließt in beispiellosen Gemetzeln, begleitet von schändlichsten Beleidigungen ... Ich werde bloß einige davon beschreiben ...

Der Feind hat es sich zur Gewohnheit gemacht, junge Christen und Säuglinge über dem Taufbrunnen zu beschneiden, und deren Blut läßt er in den Brunnen fließen zum Hohne Christi. Dann werden die jungen Christen gezwungen, in den Brunnen zu urinieren ... Wer sich weigert, wird gefoltert und getötet. Sie entführen edle Frauen und deren Töchter, mißbrauchen sie wie Tiere ...

Die Türken begehen auch in schamloser Weise die Sünde der Sodomie an unseren Männern jeden Alters und jeden Standes ... und, o Elend – so etwas hat man noch nie gesehen oder gehört, an Bischöfen ...

Zudem haben sie die heiligen Stätten zerstört oder auf alle möglichen Arten geschändet, und sie drohen, noch Schlimmeres zu tun. Wer seufzt da nicht? Wer wird da nicht von Mitleid erfüllt? Wer weicht da nicht voll Entsetzen zurück? Wer betet da nicht zum Himmel? Denn fast das ganze Land ist vom Feind überrollt, von Jerusalem bis Griechenland ... bis hinauf nach Thrakien. Schon bleibt ihm kaum mehr etwas zu erobern übrig außer Konstantinopel, das er jeden Tag einnehmen kann, wenn nicht Gott und die Christen des lateinischen Ritus uns rasch zu Hilfe eilen. Er ist auch ins Marmarameer eingedrungen ... mit einer Flotte von zweihundert Schiffen, die er uns gestohlen. Er zog unter den Mauern von Konstantinopel vorüber, zwang unsere Ruderer Kurs zu nehmen, wie er es bestimmte, und drohte uns auf verschiedene Weise, wie wir schon gesagt haben, um damit, vom Land oder vom Meer her, Konstantinopel in Besitz nehmen zu können.
Deshalb bitten wir Dich im Namen Gottes und eingedenk der tiefen Frömmigkeit der griechischen Christen, wir flehen Dich an, bring alle gläubigen Soldaten Christi in diese Stadt ... bring mir Hilfe, den griechischen Christen Hilfe ... Bevor Konstantinopel in die Gewalt des Feindes fällt, solltest Du alles tun, was in Deiner Macht liegt, damit Du würdig bist, den Segen des Himmels zu empfangen als unauslöschliche und ruhmreiche Vergeltung für Deine Hilfe. Es wäre besser, Konstantinopel fiele in Deine Hände als in die Hände der Heiden. Diese Stadt besitzt die heiligsten Reliquien vom Erlöser, (darunter) ... einen Teil des Heiligen Kreuzes, an dem er gekreuzigt wurde ...
Sollten diese heiligen Reliquien die Heiden nicht verlocken, sollten sie nur nach Gold verlangen, dann würden sie in dieser Stadt mehr Gold finden, als es auf der ganzen übrigen Welt gibt. Die Kirchen von Konstantinopel besitzen reiche Schätze von Gold und Silber, von Gemmen und Edelsteinen, von Gewändern und Stoffen aus Seide, Schätze, die ausreichen würden, um alle Kirchen der Welt auszuschmücken ... Und dann sind da auch die Schätze, die sich im Besitz unserer Edelleute befinden, ganz abgesehen vom Reichtum der Kaufleute, die nicht dem Adel angehören. Und dann der Schatz der Kaiser, unserer Vorfahren! Diese Fülle läßt sich nicht mit Worten schildern; es handelt sich nicht nur um die Reichtümer der Kaiser, sondern auch um Kostbarkeiten, welche die früheren römischen Kaiser hierhergebracht und im Palast versteckt haben. Was soll ich noch sagen? Was das menschliche Auge zu sehen vermag, ist nichts im Vergleich zu dem, was noch verborgen ist.
Komme also mit Deinem ganzen Volk und ziehe mit Deiner ganzen Macht in die Schlacht, damit all diese Schätze nicht in die Hände der Türken und der Petschenegen fallen! ... Handle deshalb, solange noch Zeit dazu ist, damit das Christenreich nicht ver-

schwindet und, was noch wichtiger ist, damit das Heilige Grab nicht verlorengeht! Und für Dein Kommen wirst Du im Himmel Vergeltung finden, und wenn Du nicht kommst, wird Gott Dich verdammen.

Wenn Dir all dieser Ruhm nicht genügen sollte, bedenke, welche Schätze Du vorfinden wirst und dazu die schönsten Frauen des Orients. Die unvergleichliche Schönheit der griechischen Frauen sollte ausreichen, um die Heere der Franken nach den Ebenen Thrakiens zu locken.

Auf diese Weise, mit einer Mischung von lockender Verführung und dem Heraufbeschwören des Unheils, das über die Christenheit hereinbrechen würde, wenn es den Türken und Petschenegen gelingen sollte, das zu erobern, was vom Byzantinischen Reich noch übriggeblieben war, beschwor Alexios Komnenos Robert von Flandern, ihm zu Hilfe zu eilen. Der Brief war das Eingeständnis schrecklicher Niederlagen und zeugte dennoch von beträchtlichem Stolz; er vermittelte das Bild einer Welt, wie Alexios Komnenos sie sah, mit drohenden Gefahren und wildesten Hoffnungen. Zwei Vorstellungen überwogen: die vom Feind begangenen Schandtaten und der geistige und materielle Wert Konstantinopels, der letzten Bastion gegen die Türken.

Der Brief war nicht nur an Robert von Flandern gerichtet, sondern an die ganze westliche Christenheit. Papst Urban II. las ihn und war tief gerührt. Und Robert von Flandern sollte schließlich am Kreuzzug teilnehmen.

Sehr langsam und unter unermeßlichen Schwierigkeiten kam nun die Maschinerie in Gang, die die westlichen Heere nach Konstantinopel und schließlich nach Jerusalem bringen sollte.

Auf den Feldern von Clermont

Die einflußreichste Macht im Westen Europas war damals die Kirche, die ihren Machtanspruch sowohl offen als versteckt durchsetzte. In jedem Dorf gab es einen Priester, in jeder großen Stadt einen Bischof, in jedem Fürstentum einen Legaten, der den Papst vertrat. Das Wirken der Kirche war eng verflochten mit der Staatsgewalt, und an vielen Orten war der Bischof sowohl weltlicher als auch geistlicher Herr. Karl der Große hatte sein Reich nicht nur mit seinen Soldaten, sondern auch dank der Unterstützung der Geistlichkeit geschaffen. Die Kirche war überall: in den Gedanken und Gebeten der Menschen, in den Gerichtssälen, an den Höfen der Fürsten. Sie beeinflußte den Umgang der Menschen untereinander: den Duktus ihrer Schriften und Reden, sie war gegenwärtig bei Geburt, Heirat und Tod. Sie war das allgegenwärtige Meer, auf dem Fürstentümer und Königreiche dahinglitten.

Die Kirche besaß ihre eigene Dynamik, die auch anhielt, wenn die Päpste schwach oder unfähig waren; zwischen 896 und 904 folgte ein Papst dem andern. Erst der Mönch Hildebrand, der als Gregor VII. von 1073 bis 1086 regierte, stellte die volle Autorität des Papsttums wieder her. Auch er erhielt Hilferufe aus Konstantinopel, er möge einen Kreuzzug gegen die Türken durchführen. Aber er war zu sehr damit beschäftigt, die Kirche zu reorganisieren, als daß er seine Kraft an byzantinische Angelegenheiten hätte verschwenden können. Die Zeit war noch nicht reif für einen Kreuzzug.

Erst 1088, als Urban II. auf den Thron kam, wurde ein Kreuzzug möglich. Der neue Papst war praktisch veranlagt und besaß die den Franzosen eigene Fähigkeit, den Kern eines Problems zu erfassen. Von Geburt ein französischer Adliger, war sein ursprünglicher Name Eudes de Lagery; um 1042 war er auf dem Familienschloß in der Nähe von Châtillon-sur-Marne geboren worden. In der kirchlichen Hierarchie war er rasch aufgestiegen und in Rom schließlich Kanoniker zu St. Johannes im Lateran geworden. Völlig unerwartet verließ er Rom, und etwas später sah man ihn in Cluny, dem damaligen geistigen Zentrum des französischen Katholizismus, im Kleide eines einfachen Mönches. Der Abt von Cluny machte ihn zum Prior und entsandte ihn nach Rom. Gregor VII. bewunderte ihn; er weihte ihn zum Bischof von Ostia, später zum Kardinal, und sandte ihn nach Deutschland, wo er als päpstlicher Legat seinen Auftrag erfolgreich erfüllte. Ein Portrait aus dieser Zeit zeigt ihn in seiner Kardinalstracht; abgesehen von den Haarbüscheln über den Ohren war er kahl, aber er trug einen langen Bart und einen außerordentlich dichten Schnurrbart. Er sah ungewöhnlich kräftig und entschlossen aus. Dies war der Mann, der Papst Urban II. werden sollte, der Mann, der die Kreuzzüge ins Leben rufen sollte.

Es war keineswegs ein spontaner Aufruf aus Mitleid mit den leidenden Christen in Kleinasien und im Heiligen Land. Es war mehr – und es war weniger. Als Papst beanspruchte Urban II. die Vorherrschaft über den Westen, er stellte sich über die sich streitenden Fürsten Europas, indem er im Osten einen heiligen Krieg und im Westen den Gottesfrieden verkündete. Zu einer Zeit, da die Streitigkeiten nicht nur zu einer Gefahr für das Papsttum, sondern für das Überleben des Christentums überhaupt zu werden drohte, bemühte er sich, einem uneinigen Europa Richtlinien zu geben. Obwohl Karl Martell den Vormarsch der Muslime wirksam zum Stehen gebracht hatte, bestand für Frankreich noch immer die Gefahr eines Einbruchs von Spanien her. Um sicherzustellen, daß Frankreich von den Muslimen unbehelligt bleibe, rief Urban II. die Edlen Frankreichs zu den Waffen, um den Islam im Nahen Osten anzugreifen. Im Grunde genommen ging es ihm darum, daß die französischen Edelleute an Ansehen gewannen, denn er war selber ein französischer Edelmann, und seine Sympathie galt vor allem Frankreich.

So gab die Persönlichkeit des Papstes dem Kreuzzug im wesentlichen einen französischen und aristokratischen Charakter, und dies sollte während der nächsten zweihundert Jahre so bleiben. Als Urban II. in Clermont am 27. November 1095 an einer der üblichen Versammlungen von Klerus und Laien die Notwendigkeit eines Kreuzzuges verkündete, sprach er als Franzose zu Franzosen über eine Angelegenheit, die für Frankreich von besonderer Bedeutung war.

«Franzosen!» begann er. «Ihr, die Gott liebt und auserwählt hat, wie dies eure vielen Taten zeigen, ihr nehmt dank der besonderen Lage eures Landes, dank eurem katholischen Glauben und der Auszeichnung durch die heilige Kirche unter allen anderen Völkern einen besonderen Platz ein.»[2]

Der Papst sprach französisch. Er stand auf einem Podium in der Mitte eines riesigen Feldes, wo sich Leute aus allen Klassen drängten, vom armen Bauern bis zum Fürsten, und rings um das Podium stand ein Heer von Erzbischöfen, Bischöfen, Äbten, Prälaten und Priestern. Er hatte bereits Tage darauf verwendet, in der Versammlung wichtige Fragen im Zusammenhang mit der Leitung der Kirche, der Moral der Fürsten, dem Asylrecht und dem Gottesfrieden zu besprechen, jenem Gottesfrieden, der ihm so sehr am Herzen lag. Unter Gottesfrieden verstand er das Verbot jeglicher Kämpfe von Sonntag bis Mittwoch sowie ein absolutes Verbot von Scharmützeln, an denen Priester, Mönche, Frauen, Arbeiter und Handelsleute beteiligt waren, egal an welchen Tagen der Woche. Außerdem gelang es dem Papst in Clermont auch, ein Kampfverbot für gewisse kirchliche Feiertage durchzusetzen. Es liegt eine gewisse Ironie darin, daß der Papst sich so angestrengt um Frieden in Frankreich bemühte und gleichzeitig zu einem heiligen Krieg im Heiligen Land aufrief.

In Wirklichkeit hängten diese beiden Ideen eng, ja sogar sehr eng zusammen. Urban II. wußte wohl, daß ein Krieg gegen die Türken jene Kräfte binden würde, welche die Christen sonst damit verschwendeten, andere Christen zu töten. Es war die Zeit, da die großen und kleinen Fürsten Frankreichs sich mit ihrer neubegründeten Macht brüsteten, jeder in des andern Gebiet einfiel, Städte plünderte und jeder jeden unaufhörlich mit Scharmützeln in Atem hielt. Es gab endlose dynastische Streitereien, denn Graf oder Fürst zu werden bedeutete, Krieg gegen die eigenen Verwandten zu führen. Urban II. hoffte, er könne das Prinzip durchsetzen, wonach die Kirche der höchste Schiedsrichter über die weltlichen Fürsten ist und die Gewalt hat, Kriege zu genehmigen und Kriege zu verhindern, insbesondere Kriege in Frankreich.

Als er an jenem kalten Novembertag das Wort ergriff, war er ungefähr dreiundfünfzig Jahre alt, aber er besaß die Kraft eines viel jüngeren Mannes. Er hatte eine volltönende Stimme und wurde über das ganze Feld hinweg von Tausenden von Leuten gehört. Er hatte seine Rede offensichtlich mit großer Sorgfalt vorbereitet; Abschriften wurden unter die anwesenden kirchlichen Amtsträger und an die Fürsten verteilt. Der Papst wollte, daß seine Worte in ganz Frankreich gehört werden konnten; sie sollten überdacht und in Erinnerung behalten werden. Das Hauptanliegen seiner Botschaft war, daß die Zeit reif sei für einen heiligen Krieg gegen die Türken; er bemühte sich aber auch um die geistige und religiöse Untermauerung des Abenteuers.

Urban II. war tief beeindruckt von der Auslegung des Buches Daniel durch den heiligen Hieronymus, und er hoffte, auch seine Zuhörer damit aufzurütteln. Nach Hieronymus wird die Zeit kommen, da der Antichrist auf dem Ölberg seine Zelte aufrichtet und in Jerusalem, im Tempel Salomons, auf einem Thron sitzt, «als wäre er Gott». Als erstes wird er die drei Könige von Ägypten, Afrika und Äthiopien – in seiner Vorstellung sind alle drei christliche Könige – umbringen. Deren Tod wird die Soldaten Christi ermutigen, sich gegen ihn zu erheben, und die Christen werden an seine Stelle treten, sobald Jerusalem in ihre Hände gefallen ist. Dann wird der Antichrist sterben und das Reich Christi sich über die ganze Erde ausdehnen.

Aber die Visionen des Propheten Daniel, wie Hieronymus sie auslegte, waren seinen Zuhörern weniger wichtig. Viel eher versetzte sie der Gedanke in Erregung, daß die Grabeskirche in den Händen der Türken war und daß Christen, die dorthin wallfahren wollten, belästigt und umgebracht wurden. Urban II. nannte die Türken Perser, und tatsächlich hatten die Türken Persien überrollt, waren über seine Grenzen vorgedrungen und hatten weite Gebiete des Nahen Ostens erobert. Zu Beginn seiner Predigt erklärte er, der Feind begehe überall Schandtaten gegen die Christen und es sei nötig, diesem Treiben ein Ende zu setzen. Er sagte:

> Eine schreckliche Nachricht hat uns erreicht ... Das Volk des persischen Reiches, eine verruchte, eine Gott entfremdete Rasse, eine Generation, die ihr Herz auf falsche Ziele gerichtet hat und deren Geist Gott untreu geworden, ist in christliche Länder vorgedrungen und hat sie durch Feuer, Schwert und Plünderung verwüstet. Einige Christen sind gefangengenommen und nach Persien verschleppt und einige sind zu Tode gequält worden. Die Perser haben viele Kirchen Gottes entheiligt, und andere mißbrauchen sie für eigene religiöse Zeremonien. Sie haben die Altäre mit Unrat entheiligt und besudelt. Sie haben Christen beschnitten und ihr Blut auf die Altäre geschmiert oder in die Taufbrunnen gegossen. Sie machten sich ein Vergnügen daraus, Christen zu töten, indem sie ihnen die Bäuche aufschlitzten, das Ende der Gedärme herausrissen und es dann an einem Pfahl befestigten; darauf schlugen sie auf ihre Opfer ein und zwangen sie, um den Pfahl herumzulaufen, bis die ganzen Gedärme aufgewickelt waren und sie tot zu Boden fielen. Andere banden sie an Pfählen fest und schossen mit Pfeilen auf sie, und wieder andere drückten sie zu Boden, streckten ihnen die Hälse und probierten aus, ob es möglich sei, jemanden mit einem einzigen Schwertstreich zu enthaupten. Was soll ich zu den scheußlichen Vergewaltigungen von Frauen sagen? Darüber zu sprechen ist vielleicht noch schlimmer als zu schweigen ...
> Wer soll dieses Unrecht rächen, wer diese Länder zurückgewinnen, wenn nicht ihr? Ihr seid das Volk, dem Gott Waffenruhm, Geistesgröße, Körperkraft und den Mut verliehen hat, die stolzen Häupter derer zu demütigen, die euch Widerstand leisten.
> Erhebt euch also und erinnert euch an die mannhaften Taten eurer Ahnen, an die ruhmreichen Namen Karls des Großen, seines Sohnes Ludwig und aller eurer anderen Könige, die die Reiche der Heiden zerstört und in ihren Ländern das Banner der heiligen Kirche errichtet haben. Besonders schmerzhaft sollte es für euch sein zu wissen, daß die Grabeskirche sich jetzt in den Händen unreiner Völker befindet und daß die heiligen Stätten schamlos mißbraucht und frevelhaft mit Unrat besudelt werden. Oh, ihr höchst tapferen Ritter, ihr Söhne unbesiegbarer Ahnen, gedenkt des Mutes eurer Vorfahren und entehrt sie nicht![3]

Einem zweiten Moses gleich verkündete Urban II., die wahren Erben des Landes, wo Milch und Honig fließt, seien die Ritter Frankreichs, die einzigen Menschen, die würdig seien, die Wächter des Heiligen Grabes zu sein.
In seiner Nähe, inmitten jener großen Zahl von Zuhörern, befanden sich die Fürsten, die hergekommen waren, weil er sie hergerufen hatte. Mit besonderem Nachdruck wandte er sich an sie. Sie waren die Männer, die Heere befehligten und immer wieder gegen andere

Franzosen kämpften, und er war fest entschlossen, sie davon zu überzeugen, daß ihre Kämpfe aufhören und in den Gottesfrieden münden müßten. Er nahm kein Blatt vor den Mund, sondern sprach frei heraus:

> Christliche Kämpfer, die ihr ständig und vergeblich nach Vorwänden für einen Krieg sucht, freut euch, denn heute habt ihr einen gültigen Grund gefunden! Ihr, die ihr so oft der Schrecken eurer Mitmenschen wart, geht und kämpft gegen die Barbaren, geht und kämpft für die Befreiung der heiligen Stätten! Ihr, die ihr für gemeines Geld die Kraft eurer Arme an die Rachegelüste anderer verkauft, zieht aus mit dem Schwert der Makkabäer und verdient euch ewigen Lohn! Wenn ihr über eure Feinde triumphiert, werden die Reiche des Ostens eure Belohnung sein. Wenn sie euch besiegen, verdient ihr euch den Ruhm, am gleichen Ort zu sterben wie Jesus Christus, und Gott wird nie vergessen, daß er euch in den heiligen Schlachtreihen gesehen hat.
>
> Jetzt könnt ihr beweisen, daß euch wahrer Mut beseelt; jetzt ist die Zeit gekommen, die Gewalttaten, die ihr mitten im Frieden verübt, die vielen Siege, die ihr auf Kosten der Gerechtigkeit und Menschlichkeit erkauft, zu sühnen. Wenn ihr Blut haben müßt, badet euch im Blute der Ungläubigen! Ich spreche mit dieser Härte zu euch, weil mich mein Amt dazu zwingt! Soldaten der Hölle, werdet zu Soldaten des lebendigen Gottes![4]

Er wollte, daß seine Worte schockierten, sie sollten aber gleichzeitig auch versöhnen. Christi Worte unterstützten seine Argumente. Die Mythologie, die er im Verlaufe seiner Predigt entwickelte, stützte sich auf all jene bekannten, geheimnisvollen Worte Christi, wonach er von seinen Anhängern verlangt, Väter, Mütter, Gattinnen und Kinder zu verlassen, und ihnen für diesen Verzicht hundertfachen Lohn und das ewige Leben verspricht. Es ist von großer Bedeutung, daß, gerade dann, als Urban II. diese Worte sprach, es plötzlich wie ein Brausen durch die Menge ging: «Gott will es!» «Dieu li volt!» riefen die Leute aus dem Norden, «Diex le volt!» jene aus dem Süden. In dieser Stunde nahm der Kreuzzug seinen Anfang.

«Ja, allerdings», gab Urban II. zurück. «Ja, es ist der Wille Gottes. Heute erlebt ihr die Erfüllung des Wortes unseres Herrn, der seinen Gläubigen versprochen hat, er werde mitten unter ihnen sein, wenn sie in seinem Namen versammelt sind. Er ist es, der euch die Worte eingegeben hat, die ich gehört habe. Sie sollen euer Kriegsruf sein und überall die Gegenwart des Herrn der Heerscharen verkünden!»[5]

In diesem Augenblick hob Urban II. das Kreuz empor. «Christus selbst kommt aus seinem Grab hervor und zeigt euch das Kreuz. Es ist das Zeichen unter den Völkern, das die zerstreuten Kinder Israels wieder versammelt. Tragt es auf Schulter und Brust! Laßt es über euren Waffen und euren Fahnen strahlen! Es wird euch Siegespreis oder Märtyrerkrone sein. Es wird euch immer mehr daran erinnern, daß Christus für euch gestorben ist und daß es eure Pflicht ist, für ihn zu sterben!»[6]

Wieder gab es einen Aufschrei. Es erklang ein Chor ohrenbetäubender Stimmen. Sie verstummten wieder, als Kardinal Gregorio dei Guidoni, der später als Innozenz II. den päpstlichen Thron besteigen sollte, eine Generalbeichte verkündete. Alle fielen auf die Knie, schlugen sich an die Brust und bekannten ihre Sünden.

Nach dem Kardinal sprach als erster Adhémar von Monteil, der Bischof von Le Puy. Er bat darum, den Weg Gottes beschreiten und das Kreuz aus der Hand des Papstes entgegennehmen zu dürfen. Urban II. gab es ihm. Es war nicht ein Kreuz aus Holz oder Metall, sondern ein Stoffkreuz, das über der rechten Schulter auf den Rock oder den Mantel genäht oder vorne am Helm befestigt wurde. Bald tauchten wie aus dem Nichts in Kreuzesform geschnittene Stoffstreifen auf, und jedermann machte sich daran, sie anzunähen. Man hatte die beiden richtigen Symbole für den Kreuzzug gefunden: den Ruf «Gott will es!» und das kleine Kreuz an der Schulter. Es waren zwei wichtige Symbole: Sie waren einfach, sie beschworen die Idee des Kreuzzuges herauf, und sie gaben den Soldaten Christi einen Kriegsruf und ein leicht identifizierbares Abzeichen.

Von Clermont aus reiste Urban II. durch Frankreich und hielt im Süden in Nîmes und im Norden in Tours und Rouen Konzile ab. Er schien überall zu sein. Er bewegte sich wie ein Heer auf dem Vormarsch, segnete das Volk und rief alle Männer dazu auf, ihre Familien zu verlassen und sich der *militia Christi,* dem Heer, das er ins Leben gerufen hatte, anzuschließen. Bischof Adhémar wurde zum Legaten bei den Kreuzfahrern ernannt und erhielt den Auftrag, das Unternehmen zu organisieren. Er sollte Stellvertreter des Papstes im Feld sein und theoretisch die Fürsten und Soldaten im Kampf gegen die Türken befehligen. Urban hoffte, daß dieses französische Heer unter dem Befehl Adhémars, des Bischofs von Le Puy, Jerusalem noch zu seinen Lebzeiten erobern werde.

AUSZÜGE AUS EINEM BRIEF URBANS II. AN DIE KREUZFAHRER IN FLANDERN VOM DEZEMBER 1095.[7]

URBAN, BISCHOF, DIENER DER DIENER GOTTES, an alle Gläubigen, Fürsten und Untertanen, die in Flandern warten, Gruß und apostolischer Segen.

Wir glauben, daß Eure Scharen schon seit langem durch viele Quellen vernommen haben, daß Barbarei und Schrecken die Kirche Gottes heimgesucht und große Gebiete des Ostens verwüstet haben. Schlimmer noch ... der Feind hat die Kirchen und die heilige Stadt Christi, die durch sein Leiden und seine Auferstehung verherrlicht worden ist, unterjocht. Von Schmerz und heiliger Sorge über diese schreckliche Nachricht erfüllt, sind Wir durch Gallien gereist und haben Uns bemüht, die Fürsten dieses Landes und ihre Untertanen aufzurufen, die Kirchen des Ostens zu befreien ...
Wir haben Unseren geliebten Sohn Adhémar, Bischof von Le Puy, an Unserer Stelle zum Kommandanten dieses Unternehmens ernannt. Diejenigen, welche daran teilnehmen wollen, sollen deshalb seinen Befehlen gehorchen, als ob sie von Uns kämen, und sich seiner Binde- und Lösegewalt unterwerfen, soweit sie mit diesem Auftrag verbunden ist. Wenn es unter Eurem Volk welche gibt, die Gottes Ruf vernommen haben, so sagt ihnen, daß der Bischof sich mit Gottes Hilfe am Tage der Aufnahme der seligen Jungfrau Maria in den Himmel auf den Weg machen wird und daß sie sich seinem Heer anschließen können.

Aber Bischöfe sind sehr selten fähig, Heere zu führen, und so wurden auch die Kreuzfahrer von Fürsten und Kriegern angeführt. Wenn sich auch viele bestandene Kämpfer berufen fühlten, den Kriegerfürsten zu folgen, gab es andere, die den Kreuzzug in einem ganz anderen Licht sahen. Zwar hatte auch sie Urbans Rede auf den Feldern von Clermont aufgewühlt und für den Kampf begeistert; was sie aber noch viel mehr aufreizte, waren die Beschwörungen der Wanderprediger. Einer der bemerkenswertesten war der Eremit Peter von Amiens. Schon seit Jahren war er durch Frankreich gezogen und hatte gepredigt, das Heilige Grab müsse von den Türken befreit werden. Er verkündete, in einer Vision sei ihm Christus im Heiligen Grab erschienen und habe ihm befohlen, sein Volk zum Kampf gegen die Türken aufzurufen, und gleichzeitig versprochen, daß sich für jeden, der sich am Unternehmen beteilige, die Tore zum Paradiese öffneten. Offensichtlich ohne sich erst mit dem Papst zu besprechen, bestellte er alle, die sich dem Kreuzzug anzuschließen wünschten, auf das nächste Osterfest nach Köln. Er war in Eile. Obgleich die meisten dieser Kreuzfahrer arm und ohne jede Kriegserfahrung waren, glaubte er, daß sie die Türken besiegen würden – allein durch den Glauben.

Leider weiß man nur sehr wenig über den Eremiten Peter von Amiens, der die Ehre hatte, den ersten Kreuzzug quer durch Europa hindurch in die Länder der Türken anzuführen. Er führte seine Leute in die totale Vernichtung, aber dennoch verehrten sie ihn weiterhin und hörten auf sein Urteil; er war mehr eine Naturgewalt denn ein Mensch.
Er war sehr klein, von unscheinbarer Erscheinung; seine Leute nannten ihn «Kukupeter». Da «Kuku» «Kapuze» bedeutet, könnte «Kukupeter» für «Peter mit der Kapuze» stehen. Aber wahrscheinlicher ist, daß «Kuku» ein Kosename war. «Kukupeter» war ein Einsiedler, der die Mönchstracht trug, und vielleicht war er weder Priester noch Mönch. Kraft seiner überzeugenden Persönlichkeit und der Unbeirrbarkeit seines Glaubens an die Notwendigkeit, daß das Heilige Grab aus den Händen der Türken befreit werden mußte, führte er seine Anhänger an. Während sich Papst Urban II. und der Bischof von Le Puy an die Fürsten und Ritter wandten, sprach Peter der Eremit zu den armen Bauern, den Entwurzelten, den Prostituierten und all jenen, die sich vom Joch der Leibeigenschaft befreien wollten. Urban II. hätte niemals jemand mit Christus verglichen, wohingegen Peter der Eremit, in seiner Demut und in seiner Macht, in den Augen des Volkes Christus so ähnlich wie nur möglich war. Man glaubte gar, er trage einen Brief bei sich, der im Himmel geschrieben worden war, in dem die Völker Europas dazu aufgerufen werden, das Heilige Grab zu befreien.
Nur zwei Chronisten berufen sich darauf, ihn mit eigenen Augen gesehen zu haben: Anna Komnena, die Prinzessin von Byzanz, und Guibert von Nogent, der das Glück hatte, ihn ganz am Anfang seines Kreuzzuges, als er Amiens verließ, zu sehen:

> ... Eine so große Menge stand um ihn herum, er wurde so mit Geschenken überhäuft, und wurde gerühmt, seine Heiligkeit sei berühmt, daß ich niemand andern kenne, der so hoch geachtet worden wäre. Er verteilte die Reichtümer, die er erhalten hatte, großzügig an die Armen. Er bekehrte Prostituierte, stattete sie mit einer Mitgift aus und verschaffte ihnen Ehemänner. Mit erstaunlicher Autorität stellte er Frieden und Eintracht her, wo vorher Streit geherrscht hatte. Was immer er tat oder sagte, hielt man für ein Zeichen vom Himmel, ja, und trieb es gar so weit, daß seinem Maultier Haare ausgezupft und als Reliquien gehütet wurden. All dies beschreibe ich weniger der Liebe zur Wahrheit willen so genau, sondern aus Vergnügen am Ungewöhnlichen!
> Er trug ein einfaches wollenes Hemd mit einer Kapuze, darüber einen

Mantel ohne Ärmel; beide reichten ihm bis zu den Füßen, und er ging barfuß. Er lebte von Wein und Fisch; kaum je oder überhaupt nie aß er Brot.[8]

Um den außerordentlichen Einfluß verstehen zu können, den Peter der Eremit in Nordfrankreich und Deutschland auf das Volk hatte, müssen wir ihn mit jemandem wie Mahatma Gandhi vergleichen. Der Eremit Peter, ein kleiner, häßlicher Mann, der barfuß ging und dem nichts an Besitz lag, der eindeutig einer aus dem Volk war und mit den Leuten in ihrer Sprache und doch immer mit Autorität sprechen konnte, hatte nicht das geringste gemein mit den großen Fürsten, die eben damit begannen, ihre Gefolgsleute zu bewaffnen und das nötige Geld und Gut zusammenzuraffen, dessen sie für die lange Reise nach Jerusalem bedurften. Diesen Fürsten gegenüber benahm sich Peter der Eremit wahrscheinlich so wie Gandhi gegenüber den Maharadschas: sie waren im gleichgültig; sie lebten in einer Welt, die mit seiner Welt nichts zu tun hatte. Er hatte sich ganz der Idee der Kreuzzüge geweiht, und es gelang ihm, die Bauern davon zu überzeugen, daß auch sie sich ihr hingeben sollten und dadurch am Ruhm des Erfolgs teilhaben würden.
Anfang März 1096 ritt Peter von Amiens fort, also fünf Monate früher, als Urban, mit allem Optimismus, hatte hoffen können, seine Truppen in Flandern zum Auszug zu besammeln. In Wirklichkeit brachen sie dann erst im August 1097 auf. Peter wurde von einer riesigen Menge von Gläubigen begleitet. Frauen und Kinder waren dabei, Alte und Junge, Arme und nicht so Arme. Alle hatten sie seine Predigten und Ermahnungen gehört und kamen nun freiwillig mit, nachdem sie all ihren Besitz, bis auf die Wagen, die Pferde, das Bettzeug und was sie an Nahrung für die Reise benötigten, verkauft hatten. Es war eine fröhliche Gesellschaft; sie sangen fromme Lieder, und es scheint, daß während dem Marsch ununterbrochen musiziert wurde. Sie kamen aus allen Provinzen Frankreichs. Sogar Schotten waren dabei, die, wie Guibert von Nogent berichtet, «kurze, mit Pelz besetzte Röcke trugen, die ihre Knie frei ließen, und die ihr Gepäck über die Schultern gehängt hatten». Auch Pilger aus unbekannten Ländern, die ihr Verlangen, sich dem Kreuzzug anzuschließen, damit kundtaten, daß sie einen Zeigefinger über den andern legten, zogen mit. Alle Pilger hatten an den Schultern kreuzförmige Stoffstreifen befestigt, in Erinnerung an das schwere Kreuz, das Christus auf den Kalvarienberg getragen hatte. Nachts schliefen sie in Zelten, die nur aus Tüchern bestanden, die sie zwischen Stangen aufspannten. Und während dieser ersten Etappe ihres Marsches benahmen sie sich gesittet und folgsam.
Während Peter der Eremit der unbestrittene geistliche Führer blieb,

übernahmen fünf Ritter, alle aus der gleichen Familie, die militärische Führung. Es waren Walter von Possy und seine vier Neffen Walter, Wilhelm, Matthäus und Simon. Walter von Possy starb auf dem Marsch, und der älteste seiner Neffen, als Walter ohne Habe bekannt, übernahm den Oberbefehl, soweit man bei einer so bunt zusammengesetzten Schar von einem Oberbefehl sprechen kann. Er hatte sein Erbe verschleudert und dann viele Jahre lang als Söldner gedient. Er war kein besonders guter Soldat, aber er war ein vortrefflicher Diplomat, ein tapferer Mann, ein geschickter Unterhändler und Peter dem Eremiten treu ergeben. Das Heer erreichte Köln am Karsamstag, dem 10. April. Einige Tage später hielt Walter ohne Habe die Zeit für gekommen, die ersten Truppenteile gegen Konstantinopel zu führen, und mit dem Segen Peters machte er sich auf den Weg. Es war die Vorhut einer Armee von vielleicht hunderttausend Männern, Frauen und Kindern. Sie alle trugen das Kreuz an ihren Schultern und waren entschlossen, die Grabeskirche zu erreichen.

Die Truppe von Walter ohne Habe zählte ungefähr zehntausend Mann. Wilhelm von Tyrus berichtet, es seien wenige Ritter darunter gewesen; wahrscheinlicher ist, daß überhaupt keine andern Ritter dabei waren. Die Truppe hatte beträchtliche Geldsummen bei sich, wenige Gepäckwagen und nur die primitivsten Waffen: Schwerter, Lanzen, Äxte und Keulen. Walter bewies sein diplomatisches Geschick, als die Truppe die ungarische Grenze erreichte. Ungarn war erst kurz zuvor vom heiligen Stephan zum Christentum bekehrt worden, und Koloman, der König von Ungarn, hatte nicht die Absicht, zehntausend bewaffnete Männer durch sein Land ziehen zu lassen. Es gelang Walter jedoch, ihn davon zu überzeugen, daß die Kreuzfahrer für seine Untertanen keine Gefahr darstellten: die Ordnung bleibe aufrechterhalten, alles werde bezahlt, und die Ungarn würden nicht den geringsten Schaden nehmen. Auf diese Versicherung hin erlaubte ihnen Koloman, ihren Marsch fortzusetzen. Die Bewohner waren freundlich zu ihnen, und so gelangten sie in geordnetem Zuge zur Grenze. Nur in Semlin gab es ein kurzes Scharmützel: einige Ungarn fielen über eine Handvoll Kreuzfahrer her, schlugen sie zusammen, rissen ihnen die Kleider vom Leibe und hängten diese, zusammen mit ihren Rüstungen, an die Stadtmauer. Dieser kleine Zwischenfall sollte später ernste Folgen haben. Jetzt indessen überschritt das Heer ohne Schwierigkeiten die Save und zog gegen Belgrad in der byzantinischen Provinz Bulgarien.

Dem Gouverneur von Belgrad war ihr Kommen nicht angekündigt worden; der Anblick des zerlumpten Heeres erschreckte ihn. Als Walter um Erlaubnis nachsuchte, für seine Truppe Verpflegung einzukau-

fen, erhielt er zur Antwort, es sei nichts für sie übrig, die Ernte sei noch nicht eingebracht, er solle sich anderswo eindecken. Der Gouverneur war unerbittlich. Als Walters diplomatische Kunst versagte, nahmen ein paar seiner Leute die Dinge selber in die Hand. Sie fanden einige Schaf- und Rinderherden und trieben diese mit Gewalt in ihr eigenes Lager. Jetzt griffen die Bulgaren zu den Waffen, um eine Plünderung zu verhindern. Unweit der Stadt stießen sie auf etwa hundertfünfzig Viehdiebe, die eben daran waren, Rinder wegzutreiben, und griffen sie an. Als die Viehdiebe in einer Kirche Zuflucht suchten, setzten die Bulgaren diese in Brand, und die Diebe kamen in den Flammen um.
Walter ohne Habe setzte seinen Marsch durch die Wälder Bulgariens fort, bis er eine damals Stralicia genannte Stadt, vermutlich das heutige Sofia, erreichte. Hier war ihm der Gouverneur freundlich gesinnt und erklärte sich bereit, einen Markt abzuhalten, wo er seine Truppen zu einem angemessenen Preis mit Waren versorgen konnte, und als sie dann nach Konstantinopel aufbrachen, gab er ihnen Führer mit. Zuvor hatte er Peter und seine Leute in der Stadt zurückgehalten, bis er den Kaiser durch Boten von ihrer Ankunft in Kenntnis gesetzt hatte. Der Kaiser war überrascht. Er stand mit den Fürsten Europas in schriftlichem Kontakt und hatte geglaubt, die Kreuzfahrer würden erst im Herbst byzantinisches Gebiet betreten. Er scheint überhaupt nichts vom Eremiten Peter und seinem Heer aus armen Leuten gewußt zu haben, aber er empfing Walter ohne Habe mit seiner gewohnten Höflichkeit. Er stellte den Kreuzfahrern außerhalb der Stadtmauern Unterkünfte zur Verfügung. Und dann erfuhr er, daß Peter der Eremit bald mit dem Hauptheer eintreffen werde. Jetzt mochte er realisieren, daß der Kreuzzug wohl kaum den Charakter haben würde, wie er sich vorgestellt hatte. Wenn solche Massen armer, schlecht oder überhaupt nicht bewaffneter Leute auf ihrem Weg nach Jerusalem durch Konstantinopel kommen sollten, dann mußte er Vorsichtsmaßnahmen treffen. Vor allem konnte er ihnen nicht gestatten, die Stadt zu betreten, in der Stadt oder in ihrer Umgebung einen militärischen Stützpunkt zu errichten.
Etwa zehn Tage nach der Vorhut machte sich das Hauptheer, mit Peter dem Eremiten an der Spitze, von Köln aus auf den Weg. Diese riesige, schwerfällige Armee, der sich bald noch Schwaben und Bayern anschließen sollten, erreichte die Grenze Ungarns ohne Zwischenfall, und auch diesmal wurden die Soldaten von König Koloman freundlich empfangen. Peter der Eremit verbot jedes Plündern, und die Krieger hielten sich auch an das Verbot. Bis sie nach Semlin kamen. Dort sahen sie die Waffen ihrer Freunde wie Trophäen an der

Stadtmauer hängen. Voll Wut über diesen Anblick – und vielleicht dachten sie auch, viele von den Leuten Walters ohne Habe seien getötet worden und diese Trophäen eine absichtliche Herausforderung an sie, meuterten sie. Die Ausschreitungen uferten in eine Schlacht aus, in der die Ungarn besiegt wurden. Dies war die erste große Schlacht, die die Kreuzfahrer schlugen. Ironischerweise wurde sie unter Christen ausgetragen. Ungefähr viertausend Ungarn kamen um, und die Kreuzfahrer sollen nach Angaben der Chronisten nur hundert Mann verloren haben. Peter der Eremit wußte wahrscheinlich mehrere Tage lang nichts von diesem Massaker, denn er befand sich bei einer Vorhut, die bereits byzantinisches Gebiet betreten hatte. Es scheint, daß Peter zu dieser Zeit die Kontrolle über das Heer verloren hatte; es bewegte sich aus eigenem Antrieb vorwärts. Er mochte befehlen, daß alles, was requiriert wurde, zu bezahlen war, aber seine Befehle wurden selten befolgt. Das Heer war zu einem Fluß geworden, dessen Fluten die Ufer überspülten und der alles, was ihm in den Weg kam, mitriß. Als die Einwohner von Belgrad dieses Heer kommen sahen, flohen sie in die Berge. Die Kreuzfahrer glaubten, die Stadt sei ihnen überlassen worden, und setzten sie in Brand. Dann machten sie sich auf den Weg nach Nisch, wo sie nach einem beschwerlichen, siebentägigen Marsch durch die Wälder eintrafen.

In Nisch hatte der Kaiser eine große Garnison errichtet; er war in der Lage, sich zu verteidigen. Einmal mehr bat Peter der Eremit um Verpflegung für seine Truppe. Die Bitte wurde ihm gewährt. Er bat auch um Führer und scheint auch diese erhalten zu haben. Der Statthalter war jedoch mißtrauisch und verlangte Geiseln als Pfand für das gute Benehmen des Heeres. Peter gab ihm die Geiseln. Zwischen ihm und dem Statthalter schien nun volles Einvernehmen zu herrschen, und man erwartete keine weiteren Zwischenfälle mehr. Die Kreuzfahrer zogen weiter, Peter ritt ihnen auf einem Esel voran.

Aber der schlimmste Zwischenfall sollte erst noch kommen. In der Nachhut befanden sich einige unbotmäßige Deutsche, die sich damit vergnügten, einige Landhäuser vor den Mauern von Nisch sowie einige Mühlen am Flußufer in Brand zu setzen. Der Statthalter war schockiert und wütend. Er beschloß, ihnen eine Lektion zu erteilen, und befahl seinen gutausgebildeten Truppen, Peters Nachhut anzugreifen, die Brandstifter gefangenzunehmen und weitere Geiseln zu nehmen. Die Gefangenen wurden hingerichtet. Dann gerieten die Dinge außer Kontrolle. Unschuldige Leute kamen um, Gepäckwagen wurden ausgeraubt, Frauen, Mädchen, Knaben und alte Leute, die mit dem Rest des Heeres nicht Schritt zu halten vermochten, wurden ergriffen, paarweise unter Joche gebunden und in die Gefangenschaft abgeführt. Der Statthalter, sonst ein ruhiger und intelligenter Mensch, hatte überstark reagiert, und nun erlaubte er seinen Soldaten auch noch, die Nachhut unbarmherzig anzugreifen. Das Massaker kam erst zum Stillstand, als Peter der Eremit, der vernommen hatte, daß etwas Schreckliches geschehen sei, zurückritt, um byzantinische Offiziere zu suchen, die in der Lage wären, ihm die Situation zu erklären. Wie Peter vernahm, waren die Leute, die angegriffen worden waren, nicht ganz unschuldig. Sie hatten die Byzantiner herausgefordert. Die Stadtbewohner von Nisch waren den Byzantinern zu Hilfe geeilt; im Kampf war ihr zurückgehaltener Haß gegen Peters Heer durchgebrochen. Bereits waren etwa zehntausend von Peters Leuten getötet oder in die Gefangenschaft geführt worden, und noch dauerte der Kampf drei Tage. Peter sah, wie sein Heer zerfiel. Er konnte nicht viel anderes tun, als das Ende der Krise abwarten. Nach und nach gelang es ihm, wieder Ordnung herzustellen. Auf einem Hügel in einiger Entfernung von Nisch richtete er sein Lager auf und sandte Herolde aus, die die Reste seines Heeres zusammensuchen sollten. Er war so verzweifelt, daß er davon sprach, das Unternehmen überhaupt aufzugeben.

Doch da kam Hilfe von einer ganz unerwarteten Seite. Ein Bote des Kaisers kam in sein Lager und brachte gute Nachricht. Umgeben von seinen erschöpften Heerführern, las er den kaiserlichen Erlaß vor:

> Edle und berühmte Männer! Ein Gerücht ist uns zu Ohren gekommen, schwerwiegende Beschuldigungen widerlichsten Inhalts werden gegen Euch erhoben. Man sagt, daß Ihr den Bewohnern Unseres Landes, die Unsere Untertanen sind, schlimme Gewalt angetan habt und daß Ihr Streitigkeiten und Unruhen heraufbeschworen habt. Wenn Ihr hofft, je Unsere Gunst zu erringen, fordern wir Euch deshalb kraft Unseres Amtes auf, Euch nie anzumaßen, länger als drei Tage in einer unserer Städte zu verweilen und Euer Heer so schnell als möglich und unter einer zuverlässigen und friedlichen Führung nach Konstantinopel zu geleiten. Wir werden Euch Führer zur Verfügung stellen und dafür sorgen, daß man Euch die nötige Verpflegung zu einem gerechten Preis überläßt.[9]

Der Olivenzweig vom Kaiser erreichte Peter gerade im richtigen Augenblick. Er nahm die Einladung gerne an, und das zerlumpte Heer machte sich guten Mutes auf den Weg nach Konstantinopel. Er bekam Geld, denn er hatte die Gepäckwagen, die sein Vermögen mitgeführt hatten, verloren, auch Maultiere und Pferde, und seine Truppen wurden in allen Städten, die sie durchzogen, verpflegt. Die Freigebigkeit des Kaisers dauerte an, bis das Heer am oder um den

1. August 1096 Konstantinopel erreichte. Walter ohne Habe war zwei Wochen früher in der Stadt angekommen.
Als Peter vom Kaiser in Audienz empfangen wurde, gab er seiner Dankbarkeit in gewählten Worten Ausdruck. Er überzeugte durch seine lebhafte Beschreibung der Mühsal, die er einige Jahre früher, während seines Aufenthaltes in Jerusalem, unter den Türken erlitten hatte. Er sagte, eine göttliche Stimme habe ihn gedrängt, ein riesiges Heer in das Heilige Land zu führen, und er sei nach Frankreich zurückgekehrt, um einen Kreuzzug zu organisieren, der die Grabeskirche für die Christen retten werde. Beeindruckt von seiner Rede und seinem Benehmen, gab der Kaiser ihm prächtige Geschenke. Peter wollte sofort gegen die Türken losziehen. Der Kaiser aber meinte, es wäre weiser, noch bis zur Ankunft des Fürstenheeres im Lager zu bleiben. Doch Peter war entschlossen. Fünf Tage später wurde auf Peters Geheiß hin der Rest des ehemals riesigen Heeres der armen Leute – es zählte jetzt weniger als dreißigtausend Männer, Frauen und Kinder – über den Bosporus geschifft.
Ihr Lager errichteten sie in der kleinen Ortschaft Helenopolis. Hier rasteten sie einige Tage und erholten sich von ihren Abenteuern, und der Kaiser versorgte sie mit Nahrung. Nach Wilhelm von Tyrus lebten sie dank der Freigebigkeit des Kaisers so gut, daß sie immer anmaßender wurden. Sie bestanden darauf, endlich gegen die Türken ins Feld zu ziehen, entgegen den wiederholten Warnungen des Kaisers und obgleich sie schlecht vorbereitet waren, keine Ahnung davon hatten, was es hieß, gegen die Türken zu kämpfen, und nichts über die Geographie Kleinasiens wußten.
Das Heer der Armen war nicht die Elitearmee von Rittern, um die der Kaiser gebeten hatte. Obwohl er Peter den Eremiten irgendwie bewunderte, hatte er kein Vertrauen in seine Führung, und er glaubte auch nicht daran, daß seine widerspenstigen, streitsüchtigen und in ihrer Einfalt rührenden Soldaten etwas erreichen könnten. Sie hätten in das Heer der Fürsten eingegliedert, als Arbeitskräfte, Kundschafter, Wasserträger oder Reitknechte dienen können, aber sie waren keine Streitkraft.
In der Nähe von Helenopolis befand sich ein befestigtes Lager, das früher einmal von englischen Söldnern belegt gewesen war. Die Griechen nannten es Kibotos, die Franken Civetot. Hier rastete Peters Heer und diskutierte über die bevorstehende Offensive gegen die Türken. Als er ihnen erklärte, ein Angriff komme nicht in Frage, bevor die große Armee der Fürsten den Bosporus überquert habe, beachteten sie ihn einfach nicht und enthoben ihn seines Kommandos. Die Deutschen und Italiener im Heer der Armen wählten einen

gewissen Rainald zu ihrem Anführer, während Gottfried Burel, der Peters wichtigster militärischer Berater gewesen war, zum Anführer der Franken ernannt wurde. Peter wurde die Aufgabe des Gesandten am Hof von Byzanz zugewiesen, wo er sich um soviel Unterstützung für die Kreuzfahrer als möglich bemühen sollte.

Das barbarische Element in der Armee der Armen hatte die Verpflanzung an die Küste überlebt. In ihrer Rastlosigkeit begannen sie die christlichen Dörfer in der Umgebung anzugreifen, auszuplündern und deren Bewohner zu töten. Dann rückten sie weiter vor und griffen die von Christen bewohnten Dörfer innerhalb der türkischen Grenze an. Die Beute verkauften sie an griechische Seeleute in Civetot. Ihr ganzer Erfolg ging zulasten von wehrlosen Dorfbewohnern, die den gleichen Glauben hatten wie sie. Kühn geworden durch diesen Erfolg, beschlossen die Franken, Nizäa anzugreifen, die Hauptstadt des Seldschukensultans Kilidsch Arslan. Sie plünderten die Dörfer rund um die Stadt, führten gewaltige Herden von Schafen und Rindern ab, zechten und mordeten nach Belieben. Anna Komnena schreibt, sie hätten die widerliche Gewohnheit gehabt, Säuglinge auf Stecken aufzuspießen und sie über dem Feuer zu rösten. Kein Zweifel, sie kannten kein Erbarmen. Aber Nizäa war eine sehr große, von Mauern umgebene Stadt mit hohen Verteidigungstürmen und einer großen Schutztruppe mit fähigen Befehlshabern. Eine Schar von Türken stürmte aus der Stadt hervor, und es kam zu einer regelrechten Schlacht. Es gelang den Franken, mit einem großen Teil ihrer Beute vom Schlachtfeld zu fliehen; sie hatten zwar nicht Nizäa erobert, aber doch den Reichtum mancher Dörfer erbeutet.

Nun waren die Deutschen und Italiener unter Rainald an der Reihe. Sie waren etwa sechstausend Mann, und sie hofften, noch erfolgreicher zu sein. Sie zogen über Nizäa hinaus zu einer Festung namens Xerigordon und eroberten sie ohne Schwierigkeiten, da sie ohne Besatzung war. Hier fanden sie an Vorräten, was sie sich nur wünschen konnten. Sie hätten gut daran getan, die Vorräte einzusacken und dann so schnell wie möglich nach Civetot zurückzueilen. Statt dessen blieben sie in der Burg und genossen ihr Glück. Am 21. September 1096 rückte das türkische Heer an, umlagerte die Burg und eroberte sie acht Tage später. Jeder, der sich weigerte, dem christlichen Glauben abzuschwören, wurde ermordet. Der unbekannte Verfasser der *Gesta Francorum* beschreibt die Schrecken der Belagerung:

> ... Dann belagerten die Türken die Burg und unterbrachen die Wasserversorgung. Unsere Leute wurden fürchterlich von Durst geplagt. Sie ließen ihre Pferde und Esel zu Ader, um ihr Blut zu

trinken. Einige von ihnen ließen ihre Leibbinden und ihre Taschentücher in eine Zisterne hinunter und preßten dann die Flüssigkeit in ihren Mund, während andere in ihres Kameraden Hände urinierten und dann tranken. Wieder andere lockerten die feuchte Erde auf, legten sich hin und bedeckten ihre Brust damit, so ausgetrocknet waren sie vor Durst. Die Bischöfe und Priester ermunterten unsere Leute und ermahnten sie, nicht zu verzweifeln . . .
Dann machte der Befehlshaber der Deutschen mit den Türken aus, seine Waffenbrüder zu verraten. Er gab vor, zum Angriff auszubrechen, flüchtete sich dann aber mit vielen seiner Männer zum Feind. Die Überlebenden aus der Burg wurden umgebracht, wenn sie nicht bereit waren, Gott zu verraten. Andere, die lebendig gefaßt worden waren, wurden wie Schafe unter die Feinde verteilt; die einen wurden als Zielscheiben aufgestellt und mit Pfeilen erschossen, und wieder andere wurden verkauft oder wie Tiere verschenkt. Und ihre Gefangenen verschleppten sie in ihre Heimat nach Chorassan, Antiochia oder Aleppo, wo immer sie gerade wohnten.
Diese Männer waren die ersten, welche im Namen des Herrn Jesus das selige Martyrium erlitten.[10]

Das Heer der Armen hatte manches Unheil erlitten, aber dieses war das schlimmste. Es sollte noch eines dazu kommen, und dann war das Heer als Kampftruppe für immer vernichtet.
Die Heerführer in Civetot brannten darauf, die Niederlage von Xerigordon zu rächen. Peter war in Konstantinopel und hatte ohnehin keine Macht, die Anführer zu beeinflussen. Gottfried Burel hatte den Oberbefehl übernommen, und auf seinen Rat hin zogen die Kreuzfahrer gegen den Feind. Das Heer der Armen bestand aus noch etwa zwanzigtausend Mann. Die alten Männer, Frauen und Kinder hatten sie in Civetot zurückgelassen. Mit wehenden Fahnen und Trompetenklang marschierten sie in sechs Kolonnen los; sie machten recht viel Lärm auf ihrem Weg nach Nizäa, wo sie den Feind zu einer regelrechten Schlacht provozieren zu können hofften. Es war früh am Morgen, und sie waren guten Mutes.
Fünf Kilometer hinter Civetot führte der Weg durch ein schmales bewaldetes Tal, wo die Türken Späher aufgestellt hatten, die den Vormarsch des Heeres verfolgen konnten. Zufällig hatten die Türken beschlossen, Civetot an diesem Tag anzugreifen und das Lager und alle, die sich darin befanden, zu vernichten. Als sie nun sahen, daß die Christen durch das Tal zogen, wie Lämmer zur Schlachtbank, waren sie hocherfreut. Sie warteten, bis die Kavallerie aus dem Tal auftauchte. Dann ließen die Bogenschützen einen Pfeilregen auf sie niedersausen. Zahlreiche Reiter und viele Pferde wurden verletzt oder getötet, die übrigen versuchten, nach Civetot zurück zu entweichen.

Aber das Tal war zu eng. Die vorrückende Infanterie stieß mit der zurückweichenden Kavallerie zusammen. Die Türken, die Überfälle aus dem Hinterhalt liebten, stürmten aus dem Gehölz hervor und metzelten die Christen mit der größten Leichtigkeit nieder. Einige vermochten nach Civetot zu entfliehen, aber die Türken folgten ihnen auf den Fersen. Seit dem Auszug des Christenheeres waren nur etwa zwei Stunden vergangen, und es war noch immer früher Morgen. Ein Priester war eben dabei, die Messe zu feiern; die Türken töteten ihn am Altar. Einige alte Männer schliefen noch auf ihren Lagern. Die Türken rissen die Zelte nieder und fuhren mit Töten fort. Sie verschonten nur Knaben und Mädchen mit hübschen Gesichtszügen, die sie als Sklaven verkaufen konnten. Walter ohne Habe kam um: sieben Pfeile hatten seinen Leib durchbohrt. Albert von Aachen berichtet, auch die Türken hätten große Verluste erlitten, aber das ist fraglich. Die Christen waren vom ersten Augenblick der Schlacht an in Panik, und ein erschrecktes Heer fügt wenige Verluste zu.
Einigen christlichen Soldaten gelang es, sich in den Wäldern und im Gebirge zu verstecken. Ungefähr dreitausend erreichten eine nahegelegene Festung an der Küste. Diese alte, seit langem aufgegebene Festung ohne Dach und ohne Tor leistete ihnen gute Dienste, denn sie konnten mit Schutt und Steinen und kräftigen Lederschilden ein Tor errichten und damit dem Feind den Zugang verwehren. Sie verfügten über Schleudern, Bogen und Lanzen und kämpften verzweifelt. Die Türken hatten ihre eigene Art, mit einer solchen Situation fertig zu werden. Da die Festung kein Dach besaß, schossen sie schwere Pfeile in die Luft, und diese Pfeile fielen wie Messer auf die Verteidiger hinunter. Wieder wurden viele Christen getötet, doch die Mehrzahl überlebte.
Sie überlebten, weil in Konstantinopel die Belagerung der alten Festung, die ja an der Küste lag, schnell bekannt wurde und Peter der Eremit darauf drängte, daß ihnen sofort Hilfe gewährt wurde. Der Kaiser schickte ihnen einen Teil seiner Flotte zu ihrer Rettung. Um Mitternacht, während die Flotte unterwegs zu ihnen war, hoben die Türken in aller Stille die Belagerung auf und stahlen sich fort.
Das Heer Peters des Eremiten war wie eine Flamme, die ausgeblasen worden war. Von der riesigen Zahl, die ausgezogen war, blieben nur jene dreitausend übrig, die auf den Schiffen des Kaisers von der Küste Kleinasiens weggeführt wurden. Der Kreuzzug der Armen war ein totaler Mißerfolg.
Peter der Eremit, der sich in militärischen Belangen als unfähig erwiesen hatte, wurde nichtsdestotrotz noch zu seinen Lebzeiten zur Legende. Er blieb der Anführer der Bauernmiliz, welche das Heer der

Fürsten nach Jerusalem begleitete, und war einer der ersten, die die Stadt betraten. Bald darauf kehrte er allerdings nach Frankreich zurück.
Einige Tage nach der Niederlage von Civetot traf in Konstantinopel das erste Kontingent des Heeres der Fürsten ein. Obwohl die Fürsten untereinander immer wieder in Streitereien verwickelt waren, führten sie doch disziplinierte Truppen an, die unter klaren Befehlen standen, gut ausgebildet und den Türken ebenbürtig waren. Der Sieg, der Peter dem Eremiten und seinem ungeordneten Haufen versagt geblieben war, ging an die Prinzen.

Fürstenstolz

Die mittelalterlichen Chronisten, die die Namen der großen Fürsten aufzählen, welche ihre Heere zu einem Kreuzzug anführten, beginnen gewöhnlich mit Hugo, dem Grafen von Vermandois, dem Bruder des Königs der Franken. Wilhelm von Tyrus nennt ihn Hugo den Großen; aber Hugo war alles andere als ein tüchtiger Krieger, bemerkenswert nur, was sein Prahlen, seine Anmaßung und seine Prunksucht betrifft. Diese Karikatur eines Fürsten steht nur zuoberst auf der Liste, weil er der Bruder eines Königs war, der über einen großen und wichtigen Teil von Nord- und Mittelfrankreich herrschte.
Er war jedoch nicht der einzige Bruder eines Königs, der am ersten Kreuzzug teilnahm. Robert, der Herzog der Normandie, war der Sohn Wilhelms des Eroberers und der Bruder von König Wilhelm Rufus, der, ohne daß er Bedeutendes geleistet hätte, England regierte, bis er eines Tages in New Forest von einem unbekannten Manne niedergeschlagen wurde. Zwar wäre Robert der Erstgeborene gewesen, aber er hatte seinen Vater durch seinen aufrührerischen Geist und sein unbeherrschtes Temperament so sehr gereizt, daß er ihm den Thron verweigerte. Man nannte ihn «Curthose», was «Kurzstiefel» bedeutet und als wohlmeinender Übername für einen geselligen, mutwilligen Menschen, der die Annehmlichkeiten des Lebens liebt, gebraucht wurde. Mit zunehmendem Alter wurde er fürchterlich dick, aber zur Zeit der Kreuzzüge sorgte er noch für seine körperliche Ertüchtigung; er hat in einigen Schlachten Hervorragendes geleistet, obwohl er keineswegs von Natur aus eine Führerpersönlichkeit war.

Zu den Männern, die in den Kreuzzügen ihre wahre Berufung fanden und sich bis zum Ende dafür einsetzten, gehörte Raimund IV., der Graf von Toulouse. Er fühlte sich ihrem Anliegen auch zutiefst verpflichtet. Kaiser Alexios Komnenos I. gewann ihn sehr lieb und achtete ihn als einen Mann von großer Rechtschaffenheit, ja Heiligkeit. Er fand ihn intelligenter und verständnisvoller als alle anderen Westeuropäer, denen er begegnet war.
Der Graf von Toulouse war ungefähr sechsundfünfzig Jahre alt, als er sich auf den Kreuzzug begab. Er fühlte seinen Tod nahen und erhoffte sich, im Heiligen Land zu sterben. Dieser Wunsch wurde ihm erfüllt. In Spanien hatte er gegen die Almoraviden gekämpft und war stolz darauf, daß er ein Auge bei einem Zweikampf im Krieg gegen die Mauren verloren hatte. Seine Mutter war Almodis, die Prinzessin von Barcelona. Die letzte seiner vielen Ehefrauen – er heiratete mehrere Male und wurde von der Kirche zweimal exkommuniziert, weil er eine Blutsverwandte ehelichte – war Elvira, die natürliche Tochter König Alfons' VI. von Kastilien und León, der einer der größten Könige Spaniens war und unerbittlich gegen die Mauren gekämpft hatte.
Diesen zur Hälfte spanischen Grafen von Toulouse kann man nur verstehen, wenn man bedenkt, daß er schon früher gegen die Mauren Krieg geführt hat und daß er seine Bindung an Spanien sein ganzes Leben lang aufrechterhielt. So wie Alfons VI. die Mauren am einen Ende des Mittelmeers besiegt hatte, so wollte der Graf von Toulouse sie am anderen Ende überwältigen. Er war ein großer Frauenheld, aber dennoch tief religiös: In ihm vereinigten sich die Ernsthaftigkeit und die Sinnlichkeit der Spanier. Unter den Anführern der Kreuzfahrer war er weitaus der reichste und auch der erste, der dem Kreuz folgte.
Boemund, der Fürst von Tarent, war ein Mann von ganz anderer Art und eher barbarischem Charakter. Er war ungefähr vierzig Jahre alt, als er sich dem Kreuzzug anschloß, aber er hatte den Ehrgeiz und das wilde Temperament eines jungen Mannes behalten. Er war ein echter Normanne: grausam und überzeugt davon, daß die ganze Welt nur geschaffen worden war, um erobert zu werden. Sein brennendster Wunsch und Ehrgeiz war, das byzantinische Reich zu erobern; er hatte bereits einmal einen ernsthaften Versuch dazu gemacht, bevor er am Kreuzzug teilnahm. Der byzantinische Kaiser hatte guten Grund, ihm zu mißtrauen; er merkte, daß Boemund skrupellos und gefährlich war, ein Mann, der zu jeder List greifen würde, um seine Ziele zu erreichen. Anna Komnena, die älteste Tochter des Kaisers, sah ihn als Vierzehnjährige und beschreibt ihn

in einer berühmten Passage ihrer Geschichte über das Leben und die Zeit ihres Vaters:

> Nie zuvor hatte man in unserem Lande einen solchen Menschen gesehen, weder unter den Griechen noch unter den Barbaren. Sein Anblick erregte Staunen, und sein Ruf verbreitete Schrecken. Ich will das Äußere dieses Barbaren genauer beschreiben: Er war von so hohem Wuchs, daß er die größten Männer um fast eine Elle überragte, war schmal in der Taille und um die Lenden, hatte breite Schultern, einen hohen Brustkasten und kräftige Arme. Und seine Gestalt war weder zu schlank noch übergewichtig, sondern von vollkommenem Ebenmaß, man könnte sagen, ganz nach den Regeln des Polyklet gebaut...
>
> ... Seine Haut war am ganzen Körper sehr weiß, in seinem Gesicht war das Weiß mit Rot durchmischt. Sein Haar war gelblich, aber es hing nicht bis zu seiner Taille hinunter wie bei den andern Barbaren; er war nicht unmäßig stolz auf sein Haar, sondern trug es kurz geschnitten bis zu den Ohren. Ob sein Bart rötlich oder von irgendeiner anderen Farbe war, kann ich nicht sagen, denn das Rasiermesser war so hautnah darüber gefahren, daß es eine Haut, feiner als Kalk, zurückließ. Seine blauen Augen ließen sowohl auf einen hellen Geist als auf einen hohen Stand schließen; seine Nase und seine Nüstern atmeten die Luft ungehemmt ein; seine Brust entsprach seinen Nüstern, und seine Nüstern erklärten die Breite seiner Brust. Denn durch seine Nüstern hatte die Natur dem heftigen Charakter, der aus seinem Herzen hervorsprudelte, einen freien Durchgang verschafft. Es haftete diesem Manne ein eigenartiger Zauber an, der aber durch eine vage Empfindung von etwas Schrecklichem zum Teil entkräftet wurde. Denn seine Gestalt und sein Blick ließen ihn insgesamt unerbittlich und wild erscheinen – wenigstens empfand ich so –, und selbst sein Lachen klang wie Brüllen. Geist und Körper dieses Mannes waren so beschaffen, daß er in höchstem Maße mutig und leidenschaftlich war und daß ihn Mut und Leidenschaft in den Krieg drängten. Er hatte einen vielseitig klugen Kopf, war schlau und fand in jeder Notlage einen Ausweg. Im Gespräch zeigte er umfassendes Wissen, und seine Antworten ließen keinen Widerspruch zu. Dieser Mann war von solch beeindrukkender Körpergröße und hatte eine so starke Persönlichkeit, daß ihn nur der Kaiser an Reichtum, Beredsamkeit und anderen Gaben der Natur übertraf. [11]

Von keinem anderen Fürsten hat uns Anna Komnena ein vergleichbares Portrait hinterlassen. Sie war offensichtlich von Boemund fasziniert, von seiner *terribilità,* die er wie ein Kleid zur Schau stellte, sowie von seiner außergewöhnlichen Schönheit. Sie hatte eingehend über ihn nachgedacht und wußte, daß er ein unbarmherziger Mordbrenner war. Was, so fragte sie sich, hatte solch ein Mensch auf einem Kreuzzug zu suchen?

Es gab viele Leute, die sich während des Kreuzzuges diese Frage stellten. Auch der Graf von Toulouse stellte sie sich, und er kam zum gleichen Schluß wie Anna: Boemund war dabei wegen all dem Unheil, das er anrichten, wegen all den Gebieten, die er erobern, und wegen all dem Ruhm, den er erwerben konnte. Aus diesem Grunde verwandte der Graf viel Energie darauf, als Gegengewicht zu Boemund seinen Einfluß geltend zu machen. Die beiden lagen während des ganzen Kreuzzuges miteinander im Streit.

Es verblieben die lothringischen Fürsten, die von Gottfried von Bouillon und seinen Brüdern Balduin und Eustachius angeführt wurden. Sie waren die Söhne von Eustachius II., dem Grafen von Boulogne, und Ida, der Tochter des Herzogs Gottfried II. von Niederlothringen. Über ihre Mutter stammten sie von Karl dem Großen ab; mehr als irgend etwas anderes zeichnete sie diese Herkunft vor den andern Fürsten aus. Königliches Blut zu haben bedeutete sehr viel zu einer Zeit, da Könige als beinahe göttliche Wesen betrachtet wurden. Gottfried, der zweite Sohn, war ungeheuer stark: In Kilikien rang er einmal mit einem riesigen Bären; als ein arabischer Scheich ihn aufforderte, ein Kamel zu töten, hieb er dem Tier den Kopf mit einem einzigen Schwertstreich ab. Er war tief religiös, und man erzählte sich, er habe den deutschen König Heinrich IV. auf seinem Marsch durch Italien begleitet. Die Plünderung Roms im Jahre 1082 habe ihn derart entsetzt, daß ein Fieber ihn niederwarf. Nach seiner Genesung habe er versprochen, nie mehr an einem Krieg im Westen teilzunehmen. Er wollte alle seine Kräfte für den Kampf gegen die Sarazenen aufsparen. Vor dem Essen betete er manchmal so lange, daß sich seine Tischgenossen beklagten, die Speisen würden kalt, bevor sie zu Essen beginnen dürften. Diese Frömmigkeit hatte er von seiner Mutter geerbt und von Karl dem Großen das Gespür für die einem Herrscher geziemende Bescheidenheit im Umgang mit seinen Untertanen.

Einst, als ihn einige arabische Würdenträger in seinem Zelt besuchten, fanden sie ihn, gegen einen armseligen Strohsack gelehnt, auf dem Boden sitzend. Da gab es keine Teppiche, keine Vorhänge, keine Seidenbehänge und kein Mobiliar. Seine Besucher fragten ihn, warum er so lebe, und er antwortete: «Ebensogut wie die Erde im Tod als Ruhestätte dient, dient sie auch im Leben.»

Gottfried von Bouillon war ungefähr fünfundreißig Jahre alt, als er ins Heilige Land zog, sein jüngerer Bruder Balduin etwa zweiunddreißig. Balduin hätte ursprünglich Priester werden sollen und verschiedene Pfründen an Kirchen in Reims, Cambrai und Lüttich erhalten. Aber ganz plötzlich verließ er den Kirchendienst, wurde Soldat und heiratete eine Engländerin aus edlem Geschlecht. Sie hieß Godehild und begleitete ihn auf dem Kreuzzug. Alles deutete daraufhin, daß er den Rest seines Lebens als Soldat verbringen würde. Im Gegensatz zu Gottfried liebte er den Prunk und erschien nie an der Öffentlichkeit, ohne daß ein Mantel von seinen Schultern hing. Er war von sehr ernstem Gehabe, so daß man von ihm sagte, er gleiche eher einem Bischof als einem Krieger. Sein größtes Laster war die Fleischeslust. Er liebte die Frauen leidenschaftlich. Aber er war auch so etwas wie ein Gelehrter und ein Mann von ausgewählten Manieren.

Balduin liebte seinen älteren Bruder fast überschwenglich. Er machte ihn zu seinem Vorbild und beobachtete all sein Tun und Lassen. Es schien Balduin, dem schönen, züchtigen Gottfried seien alle Tugenden in doppeltem Maße gewährt worden, während er sich als einen Sünder empfand, dem es nie gelingen würde, die Erwartungen, die er an sich selber stellte, zu erfüllen. Eustachius, der dritte Bruder, spielte auf den Kreuzzügen nur eine geringe Rolle; er kehrte bald in die Heimat zurück, um dort seine gewaltigen Güter zu verwalten.

Von den drei großen Fürsten, die den Kreuzzug anführten, stammte einer aus Südfrankreich, einer aus der Gegend des heutigen Belgien und Flandern und der dritte aus Süditalien. Sie hatten sich nie zuvor gesehen und wußten sehr wenig voneinander. Der älteste war der Graf von Toulouse, der jüngste Gottfried von Bouillon. Beiden sollte schließlich die Krone von Jerusalem angeboten werden, und beide sollten sie zurückweisen.

Am 15. August 1097 machte sich Gottfried an der Spitze eines kleinen Heeres auf den Weg nach Konstantinopel, dem Sammelplatz für den Angriff auf das Heilige Land. Über die Größe der Armeen gibt es keine zuverlässigen Zahlen, denn die mittelalterlichen Chronisten ließen ihrer Phantasie freien Lauf, wenn es darum ging, Angaben über den Umfang eines Heeres zu machen. Anna Komnena beispielsweise sagt, Gottfried habe bei seiner Ankunft in Konstantinopel zehntausend Ritter und siebzigtausend Fußsoldaten befehligt. Wahrscheinlicher ist, daß er mit etwa tausend Rittern losgezogen war und auf dem Marsch dem Rhein und der Donau entlang noch fünfhundert dazugewonnen hatte. Zudem waren wahrscheinlich etwa siebentausend Spießträger und Bogenschützen dabei, drei- oder viertausend Reitknechte, Wagenführer, Schmiede, Köche, Zeltbauer und Diener sowie Mitläufer. Sowohl Gottfried als auch Balduin hatten ihre

Gemahlinnen bei sich, und viele Ritter wurden von ihren Familien begleitet. In den mittelalterlichen Kriegen begleiteten die Frauen ihre Männer, und immer war auch eine Menge von weiblichen Mitläufern dabei.

Diese kleinen Heere waren gut organisiert; die Versorgungsfragen waren im voraus gelöst worden, es gab einen funktionierenden Nachrichtendienst, und die Heerespolizei sorgte dafür, daß die Fußsoldaten den Befehlen gehorchten. Auch Priester gab es genügend. Jeder vermögende Adelige hatte einen Privatkaplan bei sich, und zu jeder Kompanie Soldaten gehörte ein Feldkaplan. Dem Heer Gottfrieds schlossen sich viele Edelleute an, darunter auch Balduin von Le Bourg, ein Verwandter, der später König von Jerusalem werden sollte.

In jenen Tagen war ein Graf eine Persönlichkeit, die höchstes Ansehen genoß, und die Edelleute, die sich einem hohen Herrn anschlossen, konnten damit rechnen, mit gebührendem Respekt behandelt zu werden. Zwischen den Edelleuten und den gewöhnlichen Soldaten allerdings bestand eine tiefe Kluft. Von den Taten der einzelnen Soldaten hört man sehr wenig, denn die Geschichte der Kreuzzüge wurde zum großen Teil von Kaplänen und Rittern geschrieben.

Gottfrieds Heer folgte der Straße Karls des Großen, jener Straße, von der man sagt, daß Karl der Große sie auf seiner Wallfahrt nach Jerusalem benutzt hat. In Tat und Wahrheit hat sich Karl der Große jedoch nie auf eine Wallfahrt nach Jerusalem begeben, und die Straße, die seinen Namen trug, war bloß eine Ehrbezeugung an seine legendäre Gestalt. Es war eine Straße für Helden; Peter der Eremit war ihr gefolgt, und seine Haufen hatten auf dieser Strecke arg unter den Ungarn und Petschenegen gelitten. Gottfried hatte mehr Glück. Er war gut bewaffnet, weitherum bekannt und hatte seine Leute fest in der Hand. Anfangs Oktober überschritt er die Grenze zwischen Deutschland und Ungarn, nachdem er vorher Gottfried von Esch, einen seiner Ritter, vorausgeschickt hatte, um beim König von Ungarn die Erlaubnis für den Durchmarsch zu erwirken. Gottfried von Esch kannte den König, denn er hatte ihm früher einmal einen Dienst erwiesen, und er erfüllte seinen Auftrag mit großem Geschick. Nach längeren Verhandlungen wurden Gottfried von Lothringen und sein Bruder Balduin eingeladen, zusammen mit dreihundert Rittern König Koloman in seiner Hauptstadt Sopron zu treffen. Hier wurde vereinbart, daß die Kreuzfahrer auf ihrem Marsch durch Ungarn nicht behindert würden, als Geiseln und Unterpfand für ihr gutes Benehmen aber Balduin, seine Frau und seine Kinder in Sopron zurücklassen sollten. Gottfried seinerseits gab den Befehl, jeden, der einem Ungarn auf irgendeine Weise Gewalt zufüge, hinzurichten und seinen ganzen Besitz zu beschlagnahmen. Ein Herold verkündete Gottfrieds Befehl dem ganzen Heer, denn er war entschlossen, Ungarn unter allen Umständen friedlich zu durchziehen. «So zogen sie», schrieb Wilhelm von Tyrus, «dank der Gnade Gottes, durch das ganze Land, ohne auch nur das geringste Ärgernis gegeben zu haben.»[12]

Während ihrem Marsch durch Ungarn wurden die Kreuzfahrer gut versorgt und gut bewacht; ungarische Truppen begleiteten sie, die den Auftrag hatten, dafür zu sorgen, daß sie bekamen, was sie verlangten, und daß keiner vom Weg abwich. Der Weg durch Ungarn war denn auch die einzige ruhige Etappe des Kreuzzuges, die ohne Zwischenfälle verlief.

In Belgrad unterbrach Gottfried die Reise, um den Troß in Ordnung zu bringen und um ihn neu zu gruppieren. König Koloman hatte ihnen Vorräte mitgegeben, und es bestand keine Gefahr, daß sie verhungern könnten. Auf halbem Weg zwischen Belgrad und Nisch kamen ihnen Boten entgegen, die ihnen der Provinzstatthalter als Begleitung für den restlichen Weg nach Konstantinopel zur Verfügung stellte. So war das Heer beschützt, und niemand ging unterwegs verloren.

In den Städten und Dörfern, durch die sie zogen, herrschte offensichtlich große Armut. Diese Armut an der byzantinischen Grenze schreckte die Kreuzfahrer, die nur wenig über die endlosen Kriege der Bulgaren wußten, auf. Nun war es die Politik der Byzantiner, aus dem Grenzgebiet eine Einöde zu machen. Da erreichten die Kreuzfahrer Philippopel in Thrakien, eine Stadt, die Philipp von Makedonien gegründet hatte. Sie lag auf drei Hügeln inmitten einer großen Ebene, und hier sahen sie endlich die ganze Pracht einer griechischen Stadt mit ihren hohen Mauern, griechischen Tempeln und christlichen Kirchen. Philippopel gab ihnen einen kleinen Vorgeschmack auf Konstantinopel. Es war eine wohlgeordnete Stadt, die von byzantinischen Beamten mit langer Regierungserfahrung verwaltet wurde.

Hier in Philippopel erreichten Gottfried erschreckende Nachrichten, die für die Zukunft Schlimmes ahnen ließen. Einmal, daß Hugo, der Graf von Vermadois, als erster Kreuzfahrer Konstantinopel bereits erreicht habe, und einige Tage später dann das Gerücht, daß er ins Gefängnis geworfen worden sei. Gottfried glaubte dem Gerücht und sandte Heinrich von Esch und Balduin von Mons, den Grafen von Hainault, damit sie beim Kaiser Fürsprache für ihn einlegten. Gottfrieds Truppen marschierten weiter, nach Adrianopel und etwas darüberhinaus. Vom Kaiser kam keine Nachricht. Da befürchteten sie,

der Kaiser könnte auch sie nach ihrer Ankunft in Konstantinopel entwaffnen und einsperren lassen, so daß die Heerführer sich zu einer Machtdemonstration entschlossen. Aus ihrem Lager, mitten auf fruchtbarem Weideland, schwärmten sie zu blutrünstigen Raubzügen in die umliegenden Dörfer aus. Diese Überfälle dauerten acht Tage und wurden erst abgebrochen, als byzantinische Beamte ins Lager geeilt kamen und meldeten, daß Hugo der Große aus dem Gefängnis entlassen worden sei.
Auf Schwierigkeiten gefaßt, setzten die lothringischen Fürsten ihren Marsch nach Konstantinopel fort. Sie hatten keine gute Meinung von den byzantinischen Beamten, und dem Kaiser mißtrauten sie. Sie waren in einem fremden Land, dessen Sprache sie nicht verstanden, in dem ganz andere Sitten herrschten und waren auf Gnade oder Ungnade einem Heer ausgeliefert, das viel größer war als das ihre. Sie kannten die Regeln des Spieles nicht, aber in den kommenden Monaten sollten sie lernen, es sehr gut zu spielen. Gottfried erreichte Konstantinopel am 23. Dezember; vier aufreibende Monate lang sollte er hier bleiben und darauf warten, daß die übrigen Kreuzfahrerheere die Sammelstelle erreichten.
Auf Befehl des Kaisers errichtete Gottfrieds Heer sein Lager am Nordufer des Goldenen Horns. Die hohen Offiziere wurden in Klöster und Privathäuser einquartiert, die Soldaten wohnten in Zelten. Es herrschte ein bitterkalter Winter mit kalten Winden vom Schwarzen Meer her, plötzlichen Schneestürmen und Regenschauern fast jeden Tag. Eines Tages kam Hugo der Große ins Lager, Gottfried umarmte ihn, und sie gelobten, zusammen nach Jerusalem zu ziehen. Hugo, der es sich in Konstantinopel auf Kosten des Kaisers Alexios Komnenos jetzt wohl sein ließ, brachte eine Botschaft: Der Kaiser hatte Gottfried eingeladen, ihn im Blachernenpalast zu besuchen. Gottfried weigerte sich, die Einladung anzunehmen, nahm sie dem Kaiser sogar sehr übel. Er war der Herzog von Niederlothringen, ein Nachkomme Karls des Großen; er brauchte sich weder vom Bruder eines französischen Königs noch von einem byzantinischen Kaiser sagen zu lassen, was er zu tun habe! Noch viel weniger war er bereit, Alexios den Lehnseid zu leisten. Er wußte, daß dies von ihm verlangt werden würde wie von allen anderen Fürsten aus dem Westen. Doch er betrachtete sich als ein Gast, der vorübergehend auf byzantinischem Boden sein Lager aufgeschlagen hatte, und beabsichtigte keineswegs, sich dem Landesherrn gegenüber als übermäßig freundlich zu erweisen. So sandte er seinen ihm treu ergebenen Botschafter Heinrich von Esch, Conon von Montaigue sowie seinen Verwandten Balduin von Le Bourg mit seiner Entschuldigung zum Kaiser. Das

beeindruckte den Kaiser gar nicht. Er war entschlossen, von allen Kreuzfahrerfürsten den Lehnseid zu verlangen. Wer war denn Gottfried, daß er es wagen wollte, einem Kaiser zu trotzen?
Alexios sah ziemlich genau, was Gottfried im Sinne hatte. Er vermutete, daß die Fürsten ihre Waffen gegen ihn erheben würden, sobald alle Konstantinopel erreicht hätten. Sein Verdacht war nicht unbegründet. Er wußte von seinen Beamten, daß Gottfried hartnäckig, stolz und nachtragend war. Und die Überfälle vor Adrianopel hatten gezeigt, daß die Kreuzfahrer plötzlicher Gewalttaten fähig waren. So stationierte er ein kleines Heer hinter dem Lager Gottfrieds. Über die hartnäckige Weigerung Gottfrieds, ihn zu treffen, erbost, befahl der Kaiser eines Tages, gegen Ende März, die Lebensmittelzufuhr für dessen Truppe zu unterbinden. Als erstes sollte ihr das Futter für die Pferde verweigert werden, dann die Fische und schließlich das Brot. Zum zweiten Mal begannen nun die Kreuzfahrer zu toben. Sechs Tage lang brachen sie in benachbarte Dörfer ein, entwendeten riesige Mengen von Nahrung und Futter und kehrten mit Wagen voller Vorräte im Triumph in ihr Lager zurück. Dann kämpften sie gegen die Truppen, von denen sie bewacht wurden, nahmen sechzig Mann gefangen und töteten zahlreiche davon. Sie hatten Blut gerochen und, wie sie glaubten, den Byzantinern gezeigt, mit wem sie es zu tun hatten.
Gottfried und die lothringischen Fürsten hielten Kriegsrat. Sie kamen zum Schluß, daß die Zeit für den Angriff auf die Stadt gekommen sei. Ihr Lager befand sich in der Nähe der Brücke, welche die Mündung des Goldenen Horns überquerte. Nicht mehr als einige hundert Meter nach der Brücke, innerhalb der hohen Stadtmauern, lag der Blachernenpalast, wo der Kaiser residierte. Das lothringische Heer, das über die Brücke stürmte, zog nicht aus, um auf den Kaiser Druck auszuüben; es wollte erobern, hoffte mehr oder weniger, den Palast besetzen und den Kaiser gefangennehmen zu können. War der Kaiser einmal in ihrer Macht, konnten sie das ganze Reich in Besitz nehmen. Ihr Angriff erfolgte am Karfreitag, ein Tag, an dem gewöhnlich Kaiser und Volk von Konstantinopel an den besonders feierlichen Gottesdiensten teilnahmen; für sie war es undenkbar, daß an dem Tag, da Christi Blut vergossen worden war, Menschen Blut vergießen könnten.
Der Kaiser benahm sich, wie es seiner Stellung geziemte. Er war ein tüchtiger Soldat gewesen, und er hatte sich den Weg zur Macht erkämpfen müssen, obwohl er der Sohn eines Kaisers war. Seine Ahnen waren Gutsbesitzer in Kappadozien gewesen, und die Kappadozier waren wegen ihrer Schlauheit und ihrer Geduld berühmt.

Gekleidet in seine mit Juwelen besetzten Gewänder und umgeben von seinen Ministern und Höflingen, saß er auf einem Thron in einem Hof des Palastes und wartete auf den Angriff der Lothringer. Er wollte sie angreifen lassen – aber nur bis zu einem gewissen Punkt. Die Bewegungen der lothringischen Truppen konnten von den Wachttürmen aus beobachtet werden. Er sandte Gottfried eine Botschaft: «Greife nicht jetzt an! Wenn Du schon angreifen mußt, warte bis zum Tag nach der Auferstehung!»[13] Es scheint, daß Gottfried seine Botschaft als Zeichen der Schwäche ausgelegt hat; er gab Befehl, den Angriff fortzusetzen. Ein Pfeilhagel kam über die hohen Mauern, Pfeile mit metallenen Spitzen. Ein Beamter, der neben dem Throne stand, wurde in die Brust getroffen. Während einige der übrigen Beamten in Deckung eilten, blieb der Kaiser unbeweglich und aufrecht auf dem Throne sitzen, tröstete und tadelte sie, die Furchtsamen. Seine Rolle war es, kraft der bloßen Macht seiner Autorität zu widerstehen. Aber die Lothringer näherten sich dem Blachernenpalast mehr und mehr, bis der Kaiser endlich Befehl gab, die Mauern mit Bogenschützen zu besetzen. Die Schützen sollten jedoch nicht zu töten versuchen, sondern ihre Pfeile ohne zu zielen abschießen und den Feind nur durch einen heftigen Pfeilregen in Schrecken versetzen. Und dann, als ihm gemeldet wurde, die Angreifer näherten sich dem Romanstor, befahl er, eine Kompanie seiner mit Bogen und langen Lanzen bewaffneten Edelleute solle das Tor plötzlich aufstoßen und dann langsam gegen die Lothringer vorrücken, im langsamen und gemessenen Schritt der kaiserlichen Garde, die schon oft die Feinde des Reiches in Angst und Schrecken versetzt hatte. Auch den Edelleuten befahl er, nicht auf die Lothringer, sondern nur auf ihre Pferde zu zielen. Mit allen Mitteln versuchte der Kaiser, ein Blutvergießen zu vermeiden. Bei Einbruch der Nacht, als er den Befehl zu einem Angriff mit allen Kräften erteilte, besannen sich die Lothringer eines Besseren und flohen zu ihren Zelten zurück.
Am folgenden Tage wurde Hugo der Große erneut mit einer Botschaft des Kaisers zu Gottfried geschickt. Hugo sprach von den Gefahren, die fortgesetzter Widerstand mit sich brächte, sowie von den Schrecken einer eigentlichen Schlacht. Was ihn denn hindere, dem Kaiser den Lehnseid zu leisten. Gottfried entgegnete ihm darauf, daß aus Hugo, dem einst großen Fürsten aus Frankreich, ein Sklave geworden sei, und daß dadurch, daß man dem Kaiser gehorche, nichts zu gewinnen sei. Es sei im Gegenteil alles zu gewinnen, antwortete darauf Hugo. Der Kaiser könne Schutz, Vorräte, Freundschaft und Reichtum anbieten. «Die Sache wird für uns schlimm, wenn wir ihm nicht gehorchen»[14], fügte er noch hinzu. Aber Gott-

fried, der noch immer seine Wunden pflegte, die er aus dem Handgemenge vom Vortag davongetragen, antwortete trotzig, daß er vom Kaiser nichts erwarte und daß er nach eigenem Gutdünken handeln werde. Diesen Bescheid überbrachte Hugo dem Kaiser, der darauf für den Tag nach Ostern einen Großangriff anordnete. Zum zweiten Mal wurde Gottfrieds Heer in die Flucht geschlagen.
Der Entscheid, Gottfried anzugreifen, war dem Kaiser durch die Umstände aufgezwungen worden. Er hatte Meldung bekommen, daß die Heere von Raimund von Toulouse und Boemund von Tarent bald in Konstantinopel eintreffen würden. Boemund stellte keine unmittelbare Gefahr dar, obwohl er sich in der Vergangenheit als entschiedener Feind des byzantinischen Reiches erwiesen hatte. Sein Heer war bemitleidenswert klein: Es zählte nicht mehr als vielleicht zwei- oder dreihundert Ritter und weniger als zweitausend Fußsoldaten. Doch das Heer des Grafen von Toulouse war ungefähr zehnmal so groß, und Gottfrieds Heer ungefähr halb so groß wie das provenzalische. Da die neuen Heere immer näher rückten, entschied der Kaiser, daß zweierlei sofort zu geschehen hatte: Gottfrieds Heer mußte nach Kleinasien hinübergeschafft werden, und Gottfried selber mußte den Lehnseid schwören. Nachdem er nun zweimal von den Byzantinern geschlagen worden war, mußte Gottfried eingestehen, daß jeder weitere Widerstand sinnlos war, daß es für sein Heer die vollständige Vernichtung bedeuten könnte, weiterhin Krieg gegen den Kaiser zu führen.
Gottfrieds Heer wurde über die Meerenge geschifft; in Plecanum errichtete er sein Lager, und ein oder zwei Tage später entsandte der Kaiser ein Schiff, das Gottfried zum Bukoleonpalast, einem weiträumigen, reich verzierten Palast am Meer, im Süden von Konstantinopel, brachte. Man nannte ihn auch den Großen Palast, nicht nur weil er ganz einfach der größte aller Paläste in der westlichen Welt war, sondern auch weil er die Tradition des Kaisertums verkörperte und hier die Reliquien Christi verwahrt wurden. In einem der vielen Thronsäle kniete Gottfried vor dem Kaiser nieder und sprach den Lehnseid. Er schwor, des Kaisers Vasall zu sein, und versprach, alle Städte und Ländereien, die er auf dem Weg nach Jerusalem erobern würde, dem Kaiser zurückzugeben, denn diese Städte und Ländereien gehörten von Rechts wegen zu Byzanz. Es war ein sehr feierlicher Augenblick, als sich der Kaiser nach vorn beugte und den Mann umarmte, der sein Feind gewesen und jetzt sein Verbündeter und Vasall geworden war.
Jetzt herrschte Frieden zwischen den Byzantinern und den Kreuzfahrern. Wie lange er dauern würde, wußte niemand, und beide Seiten

wußten auch nicht genau, was unter einem Frieden zwischen den Griechen und den Lateinern zu verstehen war. Es war ein unsicherer Friede, ein bewaffneter Waffenstillstand, bei dem keine Seite der anderen traute, obwohl beide Seiten ein gemeinsames Ziel hatten: das Heilige Land den Christen zu bewahren. Die Tragik der Kreuzzüge war, daß Griechen und Lateiner nie mit ganzem Herzen zusammenarbeiteten. Hätten sie dies getan, so hätte das byzantinische Reich und das christliche Königreich Jerusalem vielleicht bis zum heutigen Tage fortbestehen können.

Vor den Mauern von Konstantinopel

Als die Kreuzfahrer auf die honiggelben Mauern von Konstantinopel zuritten, ahnte kaum jemand etwas von der Pracht, die sie umschlossen. Vom Hörensagen kannten sie die Stadt als Midgard, den Mittelpunkt der Welt. Konstantinopel war eine Stadt von glänzendem Reichtum und weitreichendem Einfluß, mit einem Dutzend prächtiger Paläste und dreihundert Kirchen, mit großen Gärten und weiten öffentlichen Plätzen, die mit Marmorplatten bepflastert waren und in denen Hunderte von Bronzestatuen auf Marmorsockeln standen. Sowohl die Paläste als auch die Kirchen waren mit Mosaikbildern geschmückt. Die Türen einiger Paläste und Kirchen bestanden aus massivem Silber.

Vor langem hatten die Araber Ägypten, Palästina und Syrien erobert, und in jüngster Zeit hatten die Seldschuken Kleinasien besetzt, aber das byzantinische Reich war trotz seines reduzierten Umfanges noch immer eine Macht, mit der man rechnen mußte. Die honiggelben Mauern mit ihren dreihundertsiebzig Türmen waren so geschickt geplant worden, daß sie praktisch unbezwingbar waren: Dem Goldenen Horn und dem Marmarameer entlang reichten die Mauern bis ganz an das Wasser hinunter. Das byzantinische Heer zählte insgesamt ungefähr hunderttausend Mann, und dazu kamen noch zahlreiche Söldner, deren Hauptaufgabe es war, den Kaiser und die kaiserliche Familie zu beschützen.

Hätte ein Kreuzfahrer über die Mauern blicken können, hätte er eine Stadt gesehen, so geschäftig wie in einem Bienenstock, von pulsierendem Leben erfüllt, widerhallend von Kirchenglocken und Hammerschlägen der Schmiede, mit Werkstätten unmittelbar neben den Kirchen und Wohnungen der Arbeiter unmittelbar neben Palästen. Das prachtvollste Monument der Stadt war Justinians Kirche Hagia Sophia oder Heilige Weisheit, eine Kirche so groß, so prächtig bunt von Mosaiken, und so reich an lichtdurchfluteten Ausblicken, daß jemand, der unter der Kuppel steht, sich im Himmel wähnen könnte. An der Küste im Süden, mit Blick auf das Marmarameer, stand der Große Palast, ein gewaltiger Komplex von hundert Gebäuden und wenigstens zwanzig Kapellen, inmitten von Gärten und Pappelwäldern, wo die Kaiser seit je in großer Pracht lebten. Man nannte den Palast auch Bukoleon, weil dort seit frühesten Zeiten die Standbilder eines Stiers und eines Löwen standen. In einer Ecke des Komplexes befand sich die kleine Kirche der Jungfrau vom Leuchtturm. Sie diente als Schrein für die Grablinnen Christi, das Schweißtuch der Veronika, die Dornenkrone, die Heilige Lanze, die Nägel und ein beträchtliches Stück des heiligen Kreuzes.

Konstantinopel hatte die Form eines gleichschenkligen Dreiecks mit einer Seitenlänge von ungefähr sechseinhalb Kilometern. An der Spitze des Dreiecks stand der Blachernenpalast, der Lieblingspalast des Kaisers Alexios Komnenos. Innerhalb dieser Mauern befand sich die Kirche der Jungfrau von Blachernae, wo der Mantel, das Kleid und andere Reliquien der Jungfrau Maria aufbewahrt wurden.

Im Norden der Stadt wurden die Reliquien der Jungfrau aufbewahrt, im Süden die Reliquien Christi. Diese göttliche Symmetrie bot den Byzantinern göttlichen Schutz. So hofften sie wenigstens.

Im Herzen und Mittelpunkt der Stadt erhob sich, wie ein kraftvoller Erzeuger von gewaltigen und unwägbaren Kräften, das Standbild des Kaisers, dessen Macht in einer ganz besonderen Art absolut war. Er trug viele Titel, aber der gebräuchlichste war *en Christo Autocrator,* was «unumschränkter Herrscher in Christus» bedeutet. Er war mehr als der Stellvertreter Christi auf Erden: in den Augen der orthodoxen Gläubigen war er beinahe eine Inkarnation Christi. Er ging umher und sprach auf eine besondere, Christus ähnliche Weise, und wenn er auf seinem Thron saß, war er noch mehr als irgendwann sonst Christus in besonderem Maße ähnlich. Dann trug er einen steifen Talar aus Brokat, von dem man sagte, er sei jenem Talar nachgebildet worden, den die Engel Konstantin, dem ersten christlichen Kaiser, gegeben hätten. Der «Christo Autocrator» trug ein Kreuz in seiner Krone, von dem Schnüre von Perlen und Edelsteinen herunterhingen, und noch mehr Schnüre von Perlen und Ketten von Edelsteinen hingen ihm um Arme und Schultern. Diese Schnüre und Ketten sollten den Glanz Christi andeuten. Alle seine öffentlichen Auftritte hatten die

Form eines Rituals. Da es für jede Stunde des Tages ein Ritual gab und fast täglich öffentliche Zeremonien abgehalten wurden, fragt man sich, wie er daneben noch Zeit für die Staatsgeschäfte fand. Er hatte sowohl die gesetzgebende, ausführende, richterliche, militärische und religiöse Gewalt inne und war niemandem außer Christus verantwortlich. Theoretisch geschah alles, was sich im byzantinischen Reich abspielte, mit seiner Erlaubnis oder Billigung.

Die Theorie war jedoch von der Wirklichkeit weit entfernt. Das allessehende Auge und der allesbeurteilende Geist des Kaisers waren von Tausenden von Beamten abhängig, die seine Macht abschwächten. Sie regierten in seinem Namen, und viel zu viele von ihnen veruntreuten, was ihnen anvertraut war. Der Staatsdienst war korrupt. Alexios I. Komnenos war einer der wenigen Kaiser, die entschlossen waren, mit der Korruption aufzuräumen, obwohl er sich ihres wahren Ausmaßes nicht immer bewußt war.

Er war auch einer der wenigen Kaiser, die beim Volke beliebt waren. Dieser harte Mann mit seinen schwarzen Augenbrauen und dem schwarzen Bart besaß ein außerordentliches Talent zum Regieren. Er hatte den größten Teil seiner Jugend als Soldat zugebracht und fürchtete sich nicht davor, Risiken einzugehen. Mit der Unterstützung der Venetianer hatte er Robert Guiskard und dessen Sohn Boemund daran gehindert, sich an der adriatischen Küste festzusetzen. Einst, als er eine Schlacht gegen Boemund verloren hatte, floh er mit einem Detachement seiner kaiserlichen Garde vom Schlachtfeld; eine fliegende Kolonne der feindlichen Truppen war ihm hart auf den Fersen. Plötzlich zügelte er sein Pferd und rief einem seiner Begleiter zu: «Wir können nicht weiter so davonrennen!» Dann wandte er sich um, zog sein Schwert und wartete, bis ihn der erste seiner Verfolger eingeholt hatte. Von einem Schwertstreich ins Gesicht getroffen, fiel der Mann. Daraus schlossen die übrigen Verfolger, daß sie es mit einem ganz besonders tollkühnen Menschen zu tun hatten, und zogen sich zurück. Alexios kehrte nach Konstantinopel zurück, wo er ein neues Heer aufstellte. Dieses Mal schlug er Boemund entscheidend, worauf der sich nach Italien zurückzog.

Der gleiche Boemund eilte jetzt nach Konstantinopel mit dem Anspruch, ein Kreuzfahrer zu sein. Sein kleines Heer hatte er auf eigene Kosten rekrutiert. Alexios wußte, daß er bald ankommen würde; er hatte ihm die Erlaubnis gegeben, sein Gebiet zu betreten, und er ließ sich über sein Vorankommen laufend informieren. Boemund benahm sich, wie es sich gehörte; seine Truppen plünderten nicht, hatten auch keine Veranlassung, zu plündern, denn sie wurden von kaiserlichen Beamten mit Lebensmitteln versorgt. Am 1. Oktober hatten sie sich von Durazzo aus auf den Weg gemacht, am 9. April erreichte Boemund Konstantinopel etwas vor seinen Truppen. Die Luftlinie zwischen Durazzo und Konstantinopel beträgt achthundert Kilometer: pro Monat hatten sie also weniger als hundertfünfzig Kilometer zurückgelegt. Dies zeigt, daß Boemund es nicht besonders eilig hatte.

Daß Boemund nur so langsam vorrückte, war für Alexios ein Vorteil. Hätte er sich einige Wochen früher mit Gottfried zusammengetan, zur Zeit seines plötzlichen Angriffs auf die Mauern beim Blachernenpalast, wäre der Kampf zweifelsohne härter gewesen, aber zweifellos hätten ihn byzantinische Truppen dennoch für sich entschieden.

Über Boemund, der zu erstaunlichen Taten fähig war, machte sich Alexios keine Illusionen. Er war ein glänzender Befehlshaber im Feld und ein unbarmherziger Feind. Selbst wenn er freundlich gesinnt schien, war ihm nicht zu trauen. Darum ließ ihn der Kaiser sorgfältig beobachten, und weil sich Boemund sehr wohl bewußt war, daß er beobachtet wurde, hielt er sich vorbildlich, schwor den Lehnseid und versprach, ein echter Diener des Kaisers zu werden. Boemund spielte nur eine Rolle, und der Kaiser wußte es. Als Boemund zu verstehen gab, daß es für den Kaiser gut wäre, ihn zum Minister des Innern für den Osten oder zum Vizekönig von Asien, mit Befehlsgewalt über alle Truppen östlich von Konstantinopel, zu ernennen, wies Alexios dieses Ansinnen zurück. Daß Boemund es gewagt hatte, auf eine solche Stellung Anspruch zu erheben, war nur ein weiteres Beispiel seiner Unverfrorenheit.

Boemund wurde im Kloster der Heiligen Kosmas und Damian untergebracht, das im Norden der Stadt, über dem Goldenen Horn unweit des Blachernenpalastes lag. Hier unterhielt der Kaiser eine Flucht von Räumen für vornehme Gäste. Boemund war nur von seiner Leibgarde, zehn Rittern, die die besten Pferde ritten, die zur Verfügung standen, begleitet. Über den ersten Tag, den Boemund im Kloster verbrachte, weiß Anna Komnena folgende Geschichte zu erzählen: Man hatte ihm eine üppige Tafel bereitet. Der Haushofmeister trat vor und sagte, falls Boemund es aus irgendeinem Grunde vorziehen sollte, sich seine eigenen Speisen zubereiten zu lassen, statt die vom Kaiser angebotenen zu kosten, wäre dies durchaus verständlich, und zeigte auf ein Tablett mit ungekochten Speisen, die für Boemund zur Verfügung standen. Boemund rührte weder die gekochten noch die ungekochten Speisen an, gestattete aber seinen Rittern, sich ihre Mahlzeiten zuzubereiten. Am folgenden Morgen erkundigte er sich, wie es ihnen ergangen sei. Sie antworteten ihm, sie hätten nicht das geringste Unbehagen verspürt. «Ich dachte wirklich, der Kaiser

könnte die Speisen vergiftet haben», sagte Boemund. «Ich erinnerte mich an die schrecklichen Kriege, die wir gegeneinander geführt haben.»[15] Alles wurde Alexios berichtet; auch er erinnerte sich an jene Kriege, und es war nötig, daß er wußte, wie argwöhnisch und mißtrauisch Boemund war, trotz seiner schönen Worte und trotz dem Treueeid, den er ihm über der Dornenkrone geschworen hatte.
Am meisten mißfiel Alexios Boemunds Roheit, die an Primitivität grenzte. Alexios selber war zu sehr Soldat, als daß er sich um die guten oder schlechten Manieren der Kreuzfahrerführer gekümmert hätte, aber er hatte ein scharfes Auge für die moralische Haltung eines Menschen. Im Blachernenpalast ließ er einen Raum, mit Kostbarkeiten füllen: glänzende Gewebe, Gefäße aus gehämmertem Gold und Silber, eine Fülle von Seidenstoffen und Edelsteinen. Der ganze Boden war mit diesen Kostbarkeiten übersät, so daß man ihn nicht betreten konnte. Darauf befahl er einem Beamten, Boemund vor die Türen des Raumes zu führen und diese dann unvermittelt zu öffnen, um Boemund zu überraschen. Dies geschah, und ein erstaunter Boemund rief aus: «Wenn ich alle diese Schätze besäße, hätte ich mich schon lange zum Herrscher über viele Länder gemacht!»
Der Beamte sagte: «Sie gehören alle dir. Der Kaiser hat sie dir zum Geschenk gemacht.»[16]
Voller Freude dankte Boemund dem Beamten und kehrte in sein Quartier im Kloster der Heiligen Kosmas und Damian zurück. Bald darauf wurde ihm der ganze Schatz gebracht. Er staunte die Kostbarkeiten voll Verlangen an und war sich gleichzeitig bewußt, daß er ein Fürst von Guiskard war und als Mitglied dieses Hauses unmöglich eine derart reiche Bestechung annehmen konnte.
«Ich hätte mir nie vorgestellt, daß mir der Kaiser so viel Schmach zufügen würde!» rief er darauf mit dröhnender Stimme. «Nehmt die Schätze weg! Gebt sie dem zurück, der sie gesandt hat!»[17]
Das war seine erste Reaktion. Seine zweite Reaktion war anders. Der Gedanke, daß ihm die Schätze wieder weggenommen werden sollten, brachte ihn aus der Fassung. Und als er zuschaute, wie die kaiserlichen Diener die Fülle an Schätzen, reichhaltiger und größer als alles, was er je in seinem Leben gesehen hatte, wegzuräumen begannen, änderte er plötzlich und unvermittelt seine Miene. Der Ausdruck von Schrecken auf seinem Gesicht wurde durch ein Lächeln abgelöst, er verbeugte sich und machte freundliche Gesten. Dann sagte er den Dienern, er wolle den Schatz gerne behalten und sei dem Kaiser dafür auch zutiefst dankbar. Der Vorfall wurde dem Kaiser gemeldet, der meinte: «Zwietracht wird mit Zwietracht vergolten werden!» Anna Komnena schreibt, daß Boemund wie ein Polyp war, «der seine

Gestalt jeden Augenblick verändert». Seine plötzlichen Gesinnungsänderungen waren jedoch nicht das Auffälligste an ihm. Er beeindruckte am meisten durch seinen Mut und seine Verschlagenheit.
Während Boemund seine Meinung änderte wie ein Polyp seine Farbe, war der Graf von Toulouse so beständig wie der Polarstern. Der einäugige Soldat, der das größte Heer nach Konstantinopel führte, war ruhig und zurückhaltend, manchmal hartnäckig, aber immer höflich, tief religiös und Adhémar von Monteil, dem Bischof von Le Puy, aufrichtig zugetan. Er glaubte in einem Ausmaß an Visionen, Wunder und die göttliche Kraft von Reliquien, das den Bischof beunruhigt haben mag, denn er selber glaubte an nichts Derartiges. Anna Komnena weist auf des Grafen überragende Weisheit, seine echte Aufrichtigkeit und seinen reinen Lebenswandel hin. «Er war ein Mann, der die Wahrheit über alles schätzte»[18], schrieb sie. Er leuchtete unter den Kreuzfahrern wie die Sonne unter den kleineren Gestirnen.
Sein Heer bestand aus ungefähr zweitausend Rittern und zwölftausend Fußsoldaten. Dazu kamen etwa viertausend Lagerknechte, Wagenführer, Zeltmacher, Mitläufer und Hilfskräfte. Die meisten seiner Männer kamen aus der Gascogne und der Provence. Alle waren gut bewaffnet, mit Vorräten reichlich ausgerüstet und äußerst diszipliniert. Der Graf von Toulouse wurde von vielen Edelleuten aus Südfrankreich begleitet, darunter waren Franz-Lambert von Monteil und Wilhelm-Hugo von Monteil, die jüngeren Brüder des Bischofs Adhémar von Le Puy, der theoretisch Oberbefehlshaber des ganzen Kreuzzugs war.
Raimund von Aguilers, der Chronist im Heere des Grafen von Toulouse, berichtet nichts über die ersten Tage ihres Marsches nach Konstantinopel. Deshalb weiß man nicht, wo sich die Truppen versammelten – wahrscheinlich war es in Lyon – oder wo genau sie die Alpen überschritten, um nach Italien zu gelangen. Vielleicht entschieden sie sich für den Col de Genèvre und nahmen dann den Weg durch die Lombardei und Venetien. Wir wissen, daß der Graf und sein Heer der Küste Istriens und Dalmatiens folgten und in Durazzo vom byzantinischen Gesandten Johannes Komnenos begrüßt wurden. Dann folgten sie ungefähr dem Weg, den schon Boemund eingeschlagen hatte. Raimund von Aguilers setzt mit seiner Schilderung dort ein, wo das Heer jenes Gebiet betrat, das er Sclavonia nennt, eine öde Gegend mit zackigen Bergen und dichten Wäldern. Er weiß viel über die Feigheit der Sclavonier zu berichten, die ihre Dörfer verließen, kaum sahen sie das Heer des Grafen näher kommen, sich in den Wäldern versteckten und dort warteten, bis die letzten Gepäck-

wagen und Nachzügler in Sicht kamen, auf die sie dann losstürzten. Auf diese Weise wurden viele alte und schwache Leute und viele Kranke vom Heer abgeschnitten. Der Graf war über dieses hinterhältige Verhalten so aufgebracht, daß er sich mit der Nachhut auf die Lauer legte, bis er sechs Sclavonier gefangennehmen konnte, die er dann langsam und bedächtig verstümmelte – vor den Augen der andern, die sich zurückhielten, nichtsdestoweniger aber Schlimmes hätten anrichten können. Einigen ließ er die Augen ausstechen, andern die Füße abschlagen und wieder andern Nase und Hände. All dies mußte sehr rasch geschehen, denn der Graf mit seiner Nachhut stand einer Übermacht gegenüber. Nachdem er den Sclavoniern eine Lektion erteilt hatte, die sie wohl nie vergaßen, jagte er zu seinem Heer zurück.

Diese Episode ist der ziemlich zynische Einstieg in Raimund von Aguilers Bericht, eine Stimmung, die er bis zum Ende durchhält. Er ist ein guter Historiker; erfüllt von einem tiefen Glauben und auch Vertrauen auf Wunder, ist er dennoch ein ruhiger, pragmatischer und manchmal auch zynischer Beobachter.

Raimund war der Historiker, der dem Grafen von Toulouse innig ergeben war, während der unbekannte Verfasser der *Gesta Francorum* ebenso offensichtlich dem Heer Boemunds verbunden war. Jeder der beiden Historiker rühmte seinen eigenen Herrn, und doch entstanden die gültigen Portraits zweier voneinander so verschiedener heldenmütiger Persönlichkeiten, zwischen denen es schwerlich eine wirkliche Verbindung geben konnte.

Als der Kaiser von Boemund den Treueeid verlangte, leistete dieser ihn ohne Skrupel. Dabei wissen wir, daß er nicht die geringste Absicht hatte, ihn zu halten. Der Graf von Toulouse hingegen hatte den Eid wegen Grundsätzlichem verweigert: Er war ein souveräner Fürst und unter Adhémar von Le Puy der erwählte Führer des Kreuzzuges. Wie konnte er da ein Vasall des Kaisers sein?

Der Graf von Toulouse traf den Kaiser unter schwierigen Voraussetzungen. Er hatte Konstantinopel vor seinem Heer erreicht und war in einem Palast außerhalb der Mauern untergebracht worden. Die byzantinischen Beamten behandelten ihn mit dem ihm gebührenden Respekt. Bald wurde er zu einer Audienz beim Kaiser gerufen. Auf dem Weg zum Palast vernahm er, daß sein eigenes Heer während der letzten Etappe des Marsches byzantinische Dörfer überfallen hatte und daß die kaiserliche Armee aufgeboten worden war, um den Lateinern Einhalt zu gebieten. Der Kaiser war höflich; er erwähnte die Angelegenheit nicht. Raimund von Aguilers suggeriert, daß die Besprechung stürmisch verlief. Wahrscheinlicher ist, daß sie äußerst höflich miteinander sprachen, während sie innerlich kochten. Anna Komnena, die die Meinung des Kaisers wiedergibt, spricht von der Höflichkeit und Ehrlichkeit des Grafen von Toulouse und von seinem aristokratischen Benehmen. Am Ende leistete der Graf einen modifizierten Eid, in dem er versprach, das Leben und den Besitz des Kaisers zu respektieren und nichts zu unternehmen, was ihm Schaden zufügen könnte. Mit der Zeit bekam der Kaiser den Grafen richtig gern, und er achtete ihn mehr als jeden anderen Anführer der Kreuzfahrer. Zwei Tage nachdem er den Eid geleistet hatte, führte der Graf sein Heer zu allen übrigen Truppen nach Pelecanum. Im Gegensatz zu Gottfried und Boemund war er eingeladen worden, an den Hof zurückzukehren, und es scheint, daß er die beiden folgenden Wochen an der Seite des Kaisers verbracht hat.

Das letzte Heer, das in Konstantinopel eintraf, wurde von Robert, Herzog der Normandie und feuriger, widerspenstiger Sohn Wilhelms des Eroberers, angeführt. Er hatte keine Bedenken, den Lehnseid zu leisten, und war unter denen, die mit dem Grafen von Toulouse stritten, als er sich weigerte. Robert wurde von Stephan, Herzog von Blois und Chartres, begleitet. Stephan war sein Schwager, verheiratet mit Adele, der feurigen Tochter Wilhelms. Sie hatte ihn genötigt, am Kreuzzug teilzunehmen, obwohl er ursprünglich nicht die geringste Absicht hatte, sich einem so gefährlichen Unternehmen anzuschließen. Er war ein Pantoffelheld, ohne Selbstdisziplin, fast so stolz und großsprecherisch wie Hugo der Große und einer der reichsten Männer seiner Zeit.

Nun waren alle Heere nach Kleinasien hinübergeschifft und der Kaiser schließlich überzeugt, daß diese Barbaren aus Westeuropa sein Reich nicht mehr länger bedrohten. Er hatte mit Schlauheit und Klugheit auf die meist ernsthaften Herausforderungen reagiert; er hatte den Kreuzfahrern Verpflegung und Vorräte, seine eigenen Kundschafter und Pioniere sowie seine eigenen Belagerungsgeschosse angeboten; er war bereit, ihnen zu helfen, soweit es ihm mit seinen beschränkten Mitteln möglich war. Er bestand nur darauf, daß sie ihrem Lehnseid treu blieben und ihm die verlorengegangenen byzantinischen Provinzen in Kleinasien zurückerstatteten.

Ende April oder anfangs Mai brachen die Kreuzfahrer in Pelecanum ihre Zelte ab und begannen die zweite Etappe ihrer langen Reise nach Jerusalem.

II DIE DUNKLEN WEGE NACH DEM HEILIGEN LAND

Reise durch die Wildnis

Die Stadt Nizäa, wo zur Zeit Konstantins das Nizäische Glaubensbekenntnis formuliert worden war, hatte noch vor kurzem zum byzantinischen Reich gehört. Nizäa lag knapp hundert Kilometer südöstlich von Konstantinopel und gehörte jetzt zum Reiche des seldschukischen Sultans Kilidsch Arslan. Er hatte es zu seiner Hauptstadt gemacht, teils weil es eine der am besten befestigten Städte in Kleinasien war, teils weil es nahe bei Konstantinopel lag, das er zu erobern hoffte. Hier befanden sich seine Schätze, seine Frau, seine Kinder und seine besten Soldaten. Die Mauern der Stadt waren mit allen Finessen der byzantinischen Baukunst errichtet worden und galten als uneinnehmbar. Es gab eine starke und gut ausgerüstete türkische Besatzung, die Mauern waren sehr hoch und hatten zweihundertvierzig Türme. Die Bevölkerung war größtenteils christlich; Kaiser Alexios Komnenos scheint keine Zweifel gehabt zu haben, daß Nizäa mit Hilfe der Kreuzfahrer zurückerobert werden könne, und entwikkelte entsprechende Pläne.
Da die Stadt am westlichen Ende des Askanischen Sees lag, erhob sich der westliche Teil der Mauer direkt über dem Wasser, der Rest war durch einen Graben geschützt, der in den See mündete. Um die Stadt einnehmen zu können, galt es also, ernsthafte Schwierigkeiten zu überwinden. Trotzdem gab es einige Momente, die sich zugunsten der Angreifer auswirkten. Am wichtigsten war, daß der Sultan abwesend war, da er in der Nähe von Melitene, fast achthundert Kilometer weiter östlich, gegen die Fürsten von Danischmend einen Grenzkrieg führte. Sein Nachrichtendienst scheint zusammengebrochen gewesen zu sein: er wußte offensichtlich nichts von dem großen Kreuzfahrerlager bei Pelecanum und von der bevorstehenden Invasion. Die in Nizäa stationierte Einheit, die zur Verteidigung gegen ein kleines Heer gut ausgereicht hätte, konnte sich gegen das starke und gut aus-

gerüstete Heer der Kreuzfahrer nicht lange halten. Ein weiterer Umstand war, daß die Christen Nizäas sich wieder dem byzantinischen Reich anschließen und die Verbindung mit der orthodoxen Kirche wiederherstellen wollten. Es gibt Beweise dafür, daß sie ihren eigenen Nachrichtendienst besaßen und in ständiger Verbindung mit dem Kaiser standen. Hinzu kam, daß unter den Kreuzfahrerfürsten Einigkeit herrschte. Jeder unterstützte jeden, und keiner ließ sich durch die gewaltige Aufgabe, die die Einnahme einer mächtigen Stadt für sie bedeutete, abschrecken. Später sollten sie dann untereinander heftige Kämpfe austragen und immer wieder mit erstaunlicher Bitterkeit und Verachtung alte Rechnungen begleichen. Aber während dieser ersten Belagerung, bei dieser ersten Begegnung mit dem Feind, handelten sie in bestem Einvernehmen.
Noch etwas muß erwähnt werden: Sie hatten byzantinische Berater, denn byzantinische Offiziere begleiteten sie. Manuel Butumites, ein erfahrener General, der Nizäa gut kannte, wirkte als Stellvertreter des Kaisers, während der Kaiser selber in Pelecanum zurückblieb. Butumites konnte vom Kaiser Proviant, Munition oder was immer nötig war, erhalten.
Boemund, der als erster vor Nizäa ankam, bezog im Norden der Stadt Stellung, Gottfried und die Lothringer im Osten und der Graf von Toulouse mit den Provenzalen im Süden. Die Truppen von Robert von der Normandie erschienen erst viel später. Einen Oberbefehlshaber gab es keinen, aber die Fürsten besprachen sich häufig und stimmten ihre Pläne aufeinander ab. Auch Butumites und die byzantinischen Stabsoffiziere stellten ihre Erfahrungen zur Verfügung. Wahrscheinlich bildeten Boemund, Gottfried, der Graf von Toulouse und Butumites ein Quadrumvirat, das gemeinsam über alle wichtigen Fragen entschied. Sicher ist, daß Butumites jederzeit wußte, was die Kreuzfahrer im Begriffe waren zu tun, und seine Pioniere hatten Belagerungsgeschosse mitgebracht, die während der siebenwöchigen Belagerung eine wichtige Rolle spielten.
Als die Streitkräfte der Kreuzfahrer Nizäa erreichten, waren sie vom langen und schwierigen Aufstieg durch das Gebirge erschöpft. Unterwegs, in der Nähe von Civetot, waren sie an der Stelle vorbeigekommen, wo das zerlumpte Heer von Peter dem Eremiten niedergemetzelt worden war. Die riesigen Haufen von Knochen, die am Straßenrand lagen, waren eine schauerliche Demonstration türkischer Grausamkeit. Auf dem Weg nach Nizäa gingen die Vorräte aus; Butumites wurde davon unterrichtet, und gerade noch rechtzeitig wurde Proviant nachgeschoben. Dafür waren die Truppen dem Kaiser dankbar, obwohl sie ihn halb verachteten, denn in ihren Augen

verkörperte er den Luxus und die Dekadenz Konstantinopels. Einer der Chronisten berichtet, daß der Kaiser selber Gottfried geraten hatte, im Gebirge vorsichtig vorzurücken, Kundschafter und Pioniere vorauszuschicken und, als Orientierungshilfe für künftige Pilger, den Weg, den sie sich durch Eichengestrüpp würden schlagen müssen, mit hölzernen Kreuzen zu bezeichnen. Alexios Komnenos überließ dem Grafen von Toulouse zudem zweitausend leichtbewaffnete Infanteristen unter dem Kommando von Taticius, einem seiner berühmtesten Generäle.

Die erste türkische Truppe, die Nizäa zu Hilfe eilte, kam zu einer Stadt, die vollständig eingekreist war. Die Wucht ihres ersten Angriffs wurde vom Heer des Grafen von Toulouse, der sofort in voller Stärke vorrückte, zurückgeschlagen. In einem kurzen, scharfen Scharmützel wurden die Türken zurückgeworfen und viele getötet. Sie stellten sich neu auf, griffen ein zweites Mal an und wurden wieder zurückgeworfen. Da entdeckten die Provenzalen einen Karren mit Seilen, ein Dolmetscher erklärte ihnen, die Seile seien für die Kreuzfahrer bestimmt gewesen. Sie hätten damit zusammengebunden und nach dem entfernten Chorassan verschleppt werden sollen. Wie der Chronist der *Gesta Francorum* schreibt, waren die Türken sehr fröhlich *(laetantes)* den Berg heruntergekommen, aber ihre Fröhlichkeit hielt nicht lange an: «So viele von ihnen, wie den Berg herunterkamen, blieben in unserer Hand, und die Köpfe wurden ihnen abgeschlagen. Dann schleuderten wir die Köpfe mit Hilfe von Wurfmaschinen in die Stadt hinein und riefen so unter den Türken große Verwirrung hervor.»[19]

Der Graf von Toulouse hatte schon längere Zeit einen der großen Südtürme der Stadt ins Auge gefaßt. Er entschloß sich, ihn zu untergraben und zum Einsturz zu bringen. Seine Sappeure rückten wie eine Schildkröte vor, gruben sich bis zu den Fundamenten der Mauer hinunter, hieben einige Steine heraus, führten Längs- und Querbalken ein und zündeten diese an. Dann zogen sie sich mit den Bogenschützen an eine sichere Stelle zurück und beobachteten vergnügt, wie der Turm einstürzte. Unterdessen war es dunkel geworden, und es war unmöglich, durch die Trümmer eines eingestürzten Turmes in die Stadt einzudringen. Als sie dann am Morgen erwachten, waren sie sehr erstaunt zu sehen, daß der Turm wieder in seiner ganzen Höhe dastand; die Türken hatten die ganze Nacht hindurch gearbeitet und einen neuen Turm aufgebaut.

Derartige Anstrengungen legten Zeugnis ab von der Entschlossenheit der Besatzungstruppen, auszuhalten und bis zum letzten zu widerstehen. Auch waren sie in einigen Punkten im Vorteil. Sie waren zwar

auf drei Seiten eingeschlossen, über die vierte aber konnten sie sich mit Nachschub versorgen: In der Westmauer am See hatte es Schleusen, durch die ohne Unterbruch Nachschub an Nahrung, Tierfutter, Fischen, Holz und Baumaterialien in die Stadt gelangte, und auf dem See befanden sich Fischerboote und eine kleine Flotte. In dieser Situation berieten sich die Fürsten mit Butumites, und es wurde vereinbart, Boten nach Pelecanum zu senden und den Kaiser zu bitten, Schiffe nach dem Askanischen See zu schicken. Dies bedeutete, daß im Hafen von Clivetot, das nicht weit von Nizäa entfernt war, eine Flotte zusammengezogen und die Schiffe dann auf Ochsenkarren über das Gebirge und durch die dichten Wälder zum See hinaufgebracht werden mußten.
Der Kaiser gab sofort den Befehl, die Schiffe bereitzustellen. In überraschend kurzer Zeit wurden sie zum Ufer des Sees transportiert, in einem Versteck für den Einsatz vorbereitet und während der Nacht zu Wasser gebracht. Von ihren hohen Trümern aus sah die türkische Besatzung von Nizäa im Morgengrauen die byzantinische Flotte über den See segeln, jedes Schiff voll von Soldaten. Trommler und Trompeter erfüllten die Luft mit ihrer Musik. Unbarmherzig rückten die Schiffe vor. Raimund von Aguilers schreibt, das Erscheinen der Schiffe habe den Verteidigern mehr als alles andere Furcht eingeflößt und sie dazu gebracht, sich schlußendlich zu ergeben.
Wie auch immer, zur Übergabe kam es nicht sofort. In aller Heimlichkeit, unter sicherem Geleit, hatte Butumites die Stadt betreten und den Verteidigern außergewöhnlich großzügige Übergabebedingungen angeboten: Die Emire, die hohen Beamten und der Hofadel sollten vom Kaiser beträchtliche Geschenke erhalten; ebenso versprach er ihnen Pensionen und die Anerkennung ihrer gesellschaftlichen Stellung. Einige der Emire wurden aus der Stadt herausgeschmuggelt und nach Pelecanum gebracht, wo sie der Kaiser herzlich begrüßte und ihnen erneut versicherte, daß das Leben der Besatzungstruppen geschont und keinem Türken ein Leid zugefügt werde, wenn sie sich ergäben. Einige Einzelheiten dieser Verhandlungen waren den Kreuzfahrern bekannt, aber nicht alle. Da der Kommandant der Besatzung glaubte, der Sultan käme bald zu Hilfe, leistete er noch Widerstand. Darauf entschloß man sich zu einer Machtdemonstration. Ein Generalangriff aller Armeen wurde befohlen; die Türme mit ihren Greifhaken wurden näher an die Mauern gerückt, die Belagerungsmaschinen nach vorne gebracht: die Truppen gingen in Stellung. Aber als am Morgen der Angriff beginnen sollte, sahen die Kreuzfahrer die kaiserlichen Banner über der Stadt wehen: während der Nacht hatte sich Nizäa dem Unterhändler ergeben.

Zuerst fühlten sich die Kreuzfahrer betrogen. Sie hatten gehofft, alle Schätze Nizäas einsammeln und mit sich nach Jerusalem führen zu können. Die Soldaten hungerten nach Beute und Frauen. Die Fürsten, die vergaßen, daß sie erst vor kurzem einen Eid geschworen hatten, die Interessen des Kaisers in jenen Städten zu wahren, die vorher zu seinem Reich gehört hatten, fühlten sich verletzt durch des Kaisers Großzügigkeit den Besatzungstruppen und allen Türken in Nizäa gegenüber. Raimund von Aguilers nennt den Kaiser gar «falsch und ungerecht». Es wäre richtiger gewesen zu sagen, der Kaiser habe in Nizäa seine Meisterschaft der psychologischen Kriegsführung unter Beweis gestellt.

Auch den Kreuzfahrern gegenüber war der Kaiser mehr als großzügig. Jeder Soldat erhielt ein Geschenk in Form von Nahrungsmitteln. Die Fürsten wurden nach Pelecanum eingeladen, verschwenderisch bewirtet und mit Gold und Edelsteinen aus der Schatzkammer des Sultans beschenkt.

Nach diesen Festlichkeiten nahm der Kaiser von den Kreuzfahrern Abschied. Taticius erhielt den Befehl, sie auf ihrem Marsch durch Kleinasien noch zu begleiten. Die nächste Etappe versprach höchst gefährlich zu werden: Kilidsch Arslan standen riesige Streitkräfte zur Verfügung, und mit an Sicherheit grenzender Wahrscheinlichkeit war anzunehmen, daß er alles versuchen würde, sich an den Kreuzfahrern zu rächen für den Fall von Nizäa und den Verlust seines Schatzes.

Neben einem Dorf namens Leuce, auf dem Weg nach Doryläum, hielten die Fürsten Kriegsrat und beschlossen, das Heer in zwei Teile aufzuteilen. Das war ein gefährliches Unterfangen: jetzt rückten zwei Heere eine Tagereise voneinander entfernt vor. Das erste wurde von Boemund angeführt, der sich bereits als der Anführer der christlichen Heerscharen sah, das zweite vom Grafen von Toulouse. Das erste Heer bestand aus den Normannen Süditaliens und Nordfrankreichs mit Stephan von Blois und dem Grafen von Flandern an der Spitze sowie dem Detachement byzantinischer Truppen unter Taticius. Die Griechen unter den byzantinischen Soldaten gaben die Pioniere ab, Kundschafter und Führer, und da viele von ihnen das Land gut kannten und zahlreiche ihrer Landsleute noch in den von den Seldschuken eroberten Gebieten wohnten, wurden sie als Spione ins Hinterland gesandt, von wo sie mit detaillierten Berichten zurückkehrten. Das zweite Heer, unter dem Grafen von Toulouse, bestand aus dessen Provenzalen und Gottfrieds Lothringern. Auch eine kleine französische Abteilung unter Hugo dem Großen war dabei. Gottfried und der Graf von Toulouse wurden enge Freunde und halfen einander, wann immer es möglich war.

Der Sultan Kilidsch Arslan hatte die Bewegungen des christlichen Heeres verfolgt, seit es Nizäa verlassen hatte. Am 30. Juni wartete sein Heer gut versteckt im Tale von Doryläum auf die Kreuzfahrer. Boemunds Heer hatte sein Lager in der Ebene auf der anderen Seite des Hügelzuges aufgeschlagen. Bei Sonnenaufgang am folgenden Tage stürmten die Türken die Hügel herunter, angefeuert durch das laute und fürchterliche Geschrei, das immer ihre Angriffe begleitete. Und durch dieses Geschrei hindurch hörte man deutlich den Schlachtruf *Allah Akbar*, «Gott ist groß».
Boemund befand sich jetzt in außerordentlicher Gefahr: Sein Heer war dem Feind zahlenmäßig unterlegen und eine Tagereise vom Heer des Grafen von Toulouse entfernt. Er befahl seinen Leuten, ein Quadrat zu formen, die Ritter an den äußersten Linien, hinter ihnen die Infanterie, Frauen und Nichtkämpfende in der Mitte, wo sich zufällig Quellen mit frischem Wasser befanden. «Die Frauen in unserem Lager waren uns an jenem Tag ein großer Trost», schreibt der Verfasser der *Gesta Francorum*, «denn sie brachten unseren Soldaten Wasser zu trinken und ermunterten diejenigen, welche für sie kämpften und sie verteidigten, aufs kräftigste.»[20] Vom Berghang her schossen die Türken einen Pfeilregen auf Boemunds Heer hinunter, der so dicht war, daß sich der Himmel verdunkelte. Die Türken waren geübt darin, mit geballter Kraft loszuschlagen, während die Kreuzfahrer so etwas noch nie erlebt hatten.
Boemund sandte einen Boten zum zweiten Heer, es möchte sich beeilen, so rasch als nur möglich zum Schlachtfeld zu kommen, und es traf gerade noch rechtzeitig ein, um zu verhindern, daß sein Lager überrannt wurde. Dennoch befürchtete Boemund, selbst das vereinigte Heer könnte nicht genügend schlagkräftig sein, um den endlosen Wellen von Türken zu widerstehen, die über den Hügelzug kamen. Er hatte die Hoffnung schon beinahe aufgegeben, als er sah, wie eine von Bischof Adhémar von Le Puy angeführte Hilfstruppe über einen anderen Berg herannahte und die Türken von hinten angriff. Das plötzliche Erscheinen eines neuen Heeres in ihrem Rücken versetzte die Türken in Panik. Sie flohen und ließen eine gewaltige Beute an Gold, Silber, Pferden, Kamelen, Ochsen und Schafen zurück. Bis nach Sonnenuntergang sah man fliehende Türken, und die Christen setzten ihnen nach.
Am Ende des Tages mußte sich Boemund Rechenschaft geben, daß die Schlacht, die er beinahe verloren hatte, allein durch den Bischof von Le Puy zum glücklichen Ende geführt worden war. Und der Bischof hatte seine Strategie ohne Unterstützung durch einen Krieger entwickelt: Er hatte die Führer gefunden, die seine Truppen über das

Gebirge gebracht hatten, und er war es gewesen, der die Intervention zeitlich so angesetzt hatte, daß sie den größtmöglichen Einfluß auf den Verlauf der Schlacht hatte.

Bei Doryläum kämpften die Kreuzfahrer gegen die Türken zum ersten Mal in einer wirklich großen Schlacht, Armee gegen Armee. Hier wurde ihnen bewußt, wie mächtig der Feind war, hier lernten sie seinen bewundernswerten Mut und sein Beharrungsvermögen kennen. Der Verfasser der *Gesta Francorum* schreibt, die Türken hätten dreihundertsechzigtausend Mann in die Schlacht geworfen. Ohne Zweifel schienen sie ihm so zahlreich zu sein. Sicher aber waren sie einander ebenbürtige Gegner.

Taticius und seine Führer arbeiteten weiterhin mit den Kreuzfahrern zusammen, rieten ihnen, welchen Weg sie einschlagen sollten, und sagten ihnen, in welchen Dörfern sie wahrscheinlich Verpflegung finden würden. Aber die Vorräte nahmen ab, und bald wurde die Reise durch Kleinasien zu einem Alptraum. Sie gelangten in eine Gegend mit Salzsümpfen und Dornbüschen; das Sumpfwasser konnten sie nicht trinken, und die Dornbüsche waren beinahe ungenießbar. Viele Pferde starben und wurden verzehrt, so daß mancher Ritter zu Fuß weiterziehen mußte und wieder andere auf Ochsen ritten. Vor die Gepäckwagen wurden Schafe, Ziegen und Hunde gespannt. Es war Hochsommer. In der fürchterlichen Hitze erkrankten viele, und es schien manchmal, der Kreuzzug müsse mitten im Herzen Kleinasiens aufgegeben werden. Der Graf von Toulouse war so krank, daß der Bischof von Orange ihm die letzte Ölung gab, und Gottfried, der leidenschaftliche Jäger, wurde von einem Bären verwundet, den er offensichtlich hatte verspeisen wollen. Selbst Falken und Jagdhunde wurden verzehrt. Brot und Wasser gingen zur Neige; die Kreuzfahrer marschierten mit offenem Mund daher in der Hoffnung, daß ein Lufthauch ihre ausgetrockneten Zungen kühle. Wenn sie gelegentlich auf Zuckerrohrfelder stießen, preßten sie den süßen Saft aus den Pflanzen und tranken ihn gierig.

Dann regnete es während vier oder fünf Tagen, und sie waren unglücklicher und verwirrter als je zuvor. Es war ein kalter Regen, der ihre Sinne betäubte. Auch die Tiere waren wie betäubt und konnten sich nicht mehr bewegen. Dann, als sie sich Iconium, dem heutigen Konia, näherten, gelangten sie in fruchtbare Täler und freundliche Dörfer. In Iconium war offensichtlich keine türkische Besatzung stationiert, sie konnten es ungehindert betreten, und die Einwohner halfen ihnen in jeder Beziehung. Der Verfasser der *Gesta Francorum* erinnert sich, daß die Leute dort ganz besonders darüber besorgt waren, daß die Kreuzfahrer keine Wasserhäute mit sich führten. Sie

lehrten sie, diese anzufertigen und danach hatte das christliche Heer immer Trinkwasser bei sich.
In Heraclea, der nächsten wichtigen Stadt, erwartete sie eine große türkische Besatzung. Da die Christen dennoch in der Übermacht waren, entschlossen sie sich, sofort anzugreifen. Boemund befehligte die angreifende Truppe. Die Türken flohen, wie der Chronist berichtet, «so schnell, wie ein von einer kräftigen Hand abgeschossener Pfeil von der Bogensehne wegfliegt». Nach dem Kampf ruhten sich die Kreuzfahrer während vier Tagen aus. In dieser Zeit stritten sie sich heftig über den Weg, auf dem sie das weit weg im Südosten gelegene Antiochia erreichen wollten, und mißachteten damit die elementarste aller Kriegsregeln: «Vereint stehen sie, getrennt fallen sie.» Was für die Kreuzfahrer typisch werden sollte, die Tendenz, sich voneinander zu trennen, war zum ersten Mal in Erscheinung getreten.
Sowohl Tankred als auch Balduin waren weniger an den Kreuzzügen interessiert als daran, große Besitztümer, Städte und Ackerland zu erobern, die ihnen Reichtum und unterwürfige Bauern bringen würden. Tarsus, der Geburtsort des heiligen Paulus, lag nicht weit entfernt vom Rastplatz. Da beschlossen beide unabhängig voneinander, von der Stadt Besitz zu ergreifen und sich dort niederzulassen. Tankred zog um den 14. September herum mit hundert Rittern und zweihundert Fußsoldaten, die leicht bewaffnet waren und sich deshalb sehr rasch vorwärtsbewegen konnten, von Heraclea los. Wenige Stunden später folgten ihm sein Vetter Balduin von Le Bourg mit ungefähr fünfhundert Rittern und zweitausend Fußsoldaten. Trankred hoffte, Tarsus durch schnelles, überraschendes Vorgehen und bare Frechheit einnehmen zu können, während Balduin die türkischen Besatzungstruppen mit seiner schwerbewaffneten Kavallerie zu vernichten hoffte, damit seine Infanterie dann mit den Überlebenden aufräumen und von der Stadt Besitz ergreifen könnte. Tankred und Balduin, beides nicht die Erstgeborenen ihrer fürstlichen Familie, hatten in diesem gefährlichen Abenteuer viel zu gewinnen und wenig zu verlieren.
Daß Tankred Tarsus zuerst erreichte, überrascht nicht. Die Stadt war damals größtenteils von griechischen und armenischen Christen bewohnt, die den Kreuzfahrern freundlich gesinnt waren. Aber die Besatzung hatte Befehl, die Stadt zu halten. Als die Türken Tankreds kleine Kolonne anrücken sahen, bezogen sie außerhalb der Mauern Stellung und warteten. Tankred griff an. Es kam zu einem erbitterten Nahkampf, bis die türkischen Soldaten nach und nach in die Stadt zurückgeworfen wurden. Mittlerweile hatte Tankred um Unterstützung durch Boemunds Heer nachgesucht, das noch immer in Hera-

clea wartete, sein Lager schlug er außerhalb der Tore von Tarsus auf. Hier ließen ihn Spione wissen, daß innerhalb der Stadt die Christen alles tun würden, was ihnen möglich war, um einen christlichen Sieg sicherzustellen. Nun fürchtete er nur, Balduin werde bald eintreffen und ihm den Sieg entreißen. Und tatsächlich, als Tankred drei Tage lang außerhalb der Stadt gelagert hatte, traf Balduin ein und machte sofort Anstalten, sich mit ihm in den Besitz der Stadt zu teilen. Da Balduins Truppen den seinen überlegen waren, mußte sein Ansinnen noch als eine freundliche Geste betrachtet werden, aber Tankred weigerte sich, darauf einzugehen. In der folgenden Nacht schlichen sich die Türken aus der Stadt, ohne sich in einen Kampf einzulassen; die Bewohner von Tarsus strömten darauf aus den Toren, um die Kreuzfahrer willkommen zu heißen. Und noch während Balduin und Tankred willkommen geheißen wurden, stritten sie heftig miteinander. Als aber Tankred einsah, daß er hoffnungslos unterlegen war, hatte er die Gnade, sich zurückzuziehen, und er machte sich daran, einige Burgen und Städte der Umgebung zu erobern, während Balduin sich in Tarsus festsetzte.

Ungefähr zu diesem Zeitpunkt begann das Hauptheer von Heraclea aus seinen Vormarsch gegen Kleinarmenien, ein Gebiet, das nur ein paar Jahre zuvor aus dem südöstlichen Kleinasien herausgelöst worden war. Armenier, die von den Seldschuken aus Armenien vertrieben worden und unter Prinz Roupen über das Taurusgebirge geflohen waren, hatten sich in jener Gegend niedergelassen, wo sie hofften, sich verteidigen und die nationale Kultur bewahren zu können. Kleinarmenien bestand aus vielen Fürstentümern unter armenischen Kleinfürsten, die nicht viel mehr waren als Häuptlinge, die sich eifrig bemühten, kleine Lehen für sich zu ergattern. Seine Grenzen veränderten sich ständig, je nachdem, ob die Seldschuken einfallen konnten oder zurückgeschlagen wurden; Kleinarmenien befand sich in permanentem Kriegszustand mit den Türken.

Durch die ganze Zeit der Kreuzzüge hindurch spielten die Könige von Kleinarmenien und ihre Heere eine bedeutende Rolle. Sie waren fromme Christen und hervorragende Kämpfer, aber wie die Kopten und Abessinier Monophysiten und lagen deshalb sowohl mit der katholischen als auch der orthodoxen Kirche im Streit.

Vom Standpunkt der Kreuzfahrer aus war der Marsch der Armenier nach Süden, gegen Kilikien und die am Euphrat liegenden Gebiete, ein wahrer Segen. Damit bildeten die Armenier im Norden des Heiligen Landes eine schützende Mauer. Kleinarmenien erstreckte sich bis tief nach Asien hinein, und dank seinen weitabgelegenen Außenposten erfuhren sie von kommenden Invasionen, lange bevor sich die

Seldschuken auf den Weg machten. Nach Kleinarmenien rückten die Kreuzfahrer ohne zu große Schwierigkeiten vor; ziemlich oft stießen sie auf Städte ohne Besatzung. Balduin, der Tarsus verließ, nachdem er eine auserlesene Besatzungstruppe eingesetzt hatte, begann nach Osten zu marschieren; er verließ das Heer der Kreuzfahrer, um sich auf Abenteuer in den armenischen Fürstentümern einzulassen. Mit nur achtzig Rittern und vielleicht zweihundert Fußsoldaten sowie einem neuen Kaplan, dem Historiker Fulcher von Chartres, marschierte er in der festen Absicht gegen den Euphrat, Herrscher über ein Fürstentum zu werden, das groß genug war, ihn für alle Widrigkeiten reichlich zu entschädigen. Offensichtlich hatten ihm die Anführer des Kreuzzugs erlaubt, von so vielen Fürstentümern Besitz zu ergreifen, wie ihm gefiel, unter der Bedingung, daß er damit den Zielen der Kreuzfahrer diene. Tatsächlich gelangte Balduin in den Besitz von Edessa, eines der größten und mächtigsten Fürstentümer. Er wurde Mitregent von Fürst Toros, übernahm den Oberbefehl über das vereinigte Heer und konspirierte dann gegen Toros, welcher der orthodoxen Kirche angehörte und seine Stellung dem Kaiser Alexios Komnenos verdankte. Die Historiker sind sich einig, daß Toros beim Volke nicht beliebt war, weil er alt und kinderlos war, nicht der armenischen Kirche angehörte und ein loyaler Vasall des byzantinischen Kaisers war. Doch es liegt in der Natur eines Fürsten, beim Volk unbeliebt zu sein, und es gibt keine Beweise dafür, daß er unbeliebter war als die meisten anderen. Er hatte tapfer gegen die Türken gekämpft und seinem Volke lange gedient. Das Schicksal, das ihn Balduin erleiden ließ, verdiente er nicht.

Nach der Rückkehr von einer Schlacht bei Samosata, die Balduin verloren hatte, kam er nach Edessa zurück, entschlossen, die Macht in Edessa für sich zu sichern. Nach der Schilderung des Historikers Matthäus von Edessa wußte Toros, daß ein Anschlag gegen sein Leben geplant war, und er hatte deshalb mit seiner Leibgarde in der Zitadelle Zuflucht gesucht. Von dort aus benachrichtigte er Balduin, daß er bereit sei, auf alle Macht zu verzichten und ein gewöhnlicher Bürger zu werden, wenn er ihn nur frei ziehen lasse. Balduin schwor auf die Bibel beim Namen Gottes, bei den Erzengeln und den Heiligen, des Fürsten Leben zu schonen. Hierauf verließ Toros die Zitadelle, vom Pöbel aber wurde er unverzüglich ergriffen und erstochen. Dann warfen sie seinen Körper von einer Brüstung hinunter, und was davon übrig blieb, wurde in aller Öffentlichkeit durch die Straßen geschleift. Fürst Toros war tot, und es gab nur noch Prinz Balduin von Edessa.

Balduin hatte mit nur achtzig Rittern Edessa erobert; zu seiner

Genugtuung war er damit tiefer nach Asien hinein vorgedrungen als irgend jemand anders aus Westeuropa seit den Zeiten Alexanders des Großen. Edessa lag an einer wichtigen Handelsstraße und hatte sich solchen Wohlstand und solche Schätze erworben, daß damit die Erwartungen der Ritter, die ja nur der Zufall in diese Provinzstadt geführt hatte, bei weitem übertroffen wurden. Die Schatzkammer Toros' fand Balduin nach dessen Tod unversehrt vor. Nun war er reicher, als er sich je erträumt hatte. Seine Zitadelle war mit fünfzehn Meter hohen korinthischen Säulen geschmückt, und am Fuße des Burgfelsens lagen Teiche, die einmal den alten Göttinnen Mesopotamiens geweiht gewesen waren. In dieser exotischen Stadt, die von Armeniern, Türken, Juden und Kaufleuten aus Innerasien bewohnt wurde, errichtete Balduin ein Reich, das den Kreuzfahrern ein halbes Jahrhundert lang als östliches Bollwerk dienen sollte.

Das Hauptheer der Kreuzfahrer setzte währenddessen unter Boemund, Gottfried und dem Grafen von Toulouse seinen Marsch durch Kleinasien fort, wobei ihnen die Bodenverhältnisse größere Schwierigkeiten bereiteten als die Türken; die Türken weigerten sich sogar, sich auf Kämpfe einzulassen. Als Boemund einmal von einem mächtigen türkischen Heer hörte, ging er auf die Suche danach, fand es aber nicht. Vielleicht gab es nie ein solches Heer, wahrscheinlicher ist aber, daß die Türken einfach die Flucht ergriffen, als die Kreuzfahrer nahten, die all ihre Kraft und Schnelligkeit konzentrierten, um für den unumgänglichen Angriff auf Antiochia gewappnet zu sein. In Koxon, wo die Bevölkerung ihnen von sich aus die Tore öffnete und sie während drei Tagen verpflegte, hörten sie ein Gerücht, daß die türkische Besatzung aus Antiochia zurückgezogen worden sei, der Weg nach Jerusalem damit also frei. Der Graf von Toulouse hielt Kriegsrat, und es wurde beschlossen, fünfhundert Ritter vorauszuschicken, um das Gerücht zu überprüfen. Es erwies sich als falsch: Antiochia wurde massiv befestigt, während die Christen in der Stadt verfolgt wurden, ihre größte Kirche entweiht worden war und nun vom regierenden Emir als Stall benutzt wurde.

Der schlimmste Teil der Reise stand den Kreuzfahrern noch bevor: von Koxon aus mußten sie das Antitaurusgebirge überqueren. Es war Oktober, und der Regen hatte eingesetzt. Die Karren und Wagen mit den Vorräten mußten über weite Strecken die Berge hinauf und hinunter getragen werden. Pferde stürzten in den Abgrund, ein Lasttier zog das andere mit sich hinunter. Der Verfasser der *Gesta Francorum* spricht von *diabolica montana,* von teuflischen Bergen. Die Kreuzfahrer hatten schlechte Landkarten, waren gegen das Wetter nicht geschützt und verstanden nichts vom Bergsteigen. Im Gebirge verlo-

ren sie mehr Leute und Tiere als in irgendeiner Schlacht gegen die Türken. Mutlos, der Hälfte ihres Trosses beraubt, erreichten sie schließlich die Ebenen in der Nähe der Meeresküste. Sie wären noch mutloser gewesen, wenn sie gewußt hätten, daß Jagi Sijan, der Befehlshaber von Antiochias Besatzung, nach Aleppo, Damaskus, Mosul, Bagdad und bis nach Persien dringende Gesuche um Verstärkung gesandt hatte: Indem er Antiochia in eine gepanzerte Festung verwandelte, wollte er es uneinnehmbar machen.
Am 20. Oktober, vier Monate nach der Schlacht von Nizäa, erblickten die Kreuzfahrer in der Ferne die hohen, hellbraunen Mauern von Antiochia. Sie waren zutiefst beeindruckt von der Macht und dem Glanz der Stadt, die vor ihnen lag, geschützt von Mauern, die ein byzantinischer Kaiser erbaut hatte, und nun verteidigt von einer grausamen und gutorganisierten türkischen Armee. Bevor Antiochia sich ihnen ergeben hatte, konnten sie das Heilige Grab nicht erreichen.

Die Belagerung von Antiochia

Eine Stadt wie Antiochia gab es nicht noch einmal im Nahen Osten. Einst war es die größte Stadt Asiens gewesen, unter den Römern die drittgrößte Stadt des Reiches; zur Zeit der Kreuzzüge war es die reichste und mächtigste Stadt an der palästinischen Küste. Der Seehafen von St. Simeon, fast zwanzig Kilometer außerhalb gelegen, war in der Regel voll von Schiffen, denn Antiochia war eine bedeutende Handelsstadt, die von Kaufleuten aus Nordafrika, Ägypten, Byzanz, Zentralasien und allen Emiraten des Hinterlandes besucht wurde. Es lag zusammengedrängt am Fuße des Berges Silpius, und seine Befestigungsanlagen erstreckten sich bis zum Gipfel des Berges. Der Fluß Orontes zog unmittelbar außerhalb der ursprünglich von Justinian erbauten Stadtmauern vorbei. Vierhundert Türme waren in die Mauer eingebaut, so daß es keinen Stadtteil gab, der von den auf den Mauern stationierten Truppen nicht hätte überblickt werden können. Das in seinem Reichtum und seinen Befestigungsanlagen beeindruckende Antiochia – und jetzt, da Jagi Sijan entschlossen war, es für die Muslime zu halten, wirkte es noch eindrucksvoller – konnte unter normalen Umständen einer zweijährigen Belagerung ohne große Schwierigkeiten trotzen; eine Eroberung war nur durch Verrat im Innern

denkbar. Da der Kommandant von Antiochia sich wohl bewußt war, daß ein großes Heer von Kreuzfahrern beabsichtigte, auf die Stadt einzustürmen, rüstete er alles für die Verteidigung. Er war ein tüchtiger Heerführer, aber die Anführer der Christen waren ihm ebenbürtig. Und für einmal lagen sie nicht in heftigem Streit untereinander; sie wußten, daß sie sich daran machten, eine Stadt zu belagern, die aus natürlichen Gründen nicht vollständig abgeriegelt werden konnte, da es immer eine Möglichkeit gab, über die unendlich langen Stadtmauern Nachschub hereinzubringen.
Die ersten Christen, die den Orontes erreichten – ein kleines Detachement unter Bischof Adhémar von Le Puy –, griffen die mit zwei riesigen Türmen befestigte Eiserne Brücke an. Sie nahmen sie in einem Überraschungsangriff, und der Weg nach Antiochia lag offen vor ihnen. Am folgenden Tage, dem 21. Oktober 1097, rückte Boemund mit der Vorhut des Heeres an; wenig später lagerte das ganze Kreuzfahrerheer vor den Mauern der Stadt.
Obwohl die Kreuzfahrer Antiochia nicht vollständig einschließen konnten, gelang es ihnen doch, ihre Lager dort aufzuschlagen, wo die Türken am verwundbarsten waren. Boemund richtete sich gegenüber dem St.-Paulus-Tor ein, wo die Berge in die Ebene ausliefen, Raimund von Toulouse, mit dem größten Heer, stand weiter westlich gegenüber dem Hundstor, während Gottfried von Bouillon gegenüber dem Herzogstor, noch weiter im Westen, Stellung bezog. Vor dem Brückentor und vor dem St.-Georgs-Tor jedoch standen keine Kreuzfahrer, und die Straße zum Seehafen St. Simeon blieb in den Händen der Türken.
Vorerst zogen die Kreuzfahrer nur Wachen auf und machten einige Probeangriffe. Sie hatten Spione in der Stadt; sie spürten, daß sie vorsichtig vorgehen und sich erst ein Bild von den Gegebenheiten in der Stadt machen mußten. Bezeichnenderweise wollte der Graf von Toulouse, daß man unverzüglich einen Großangriff starte; Boemund hingegen, der die Stadt für sich selber wollte, war vorsichtiger. Am allerwenigsten wollte er einen Angriff, der es Adhémar und dem Grafen ermöglicht hätte, die Stadt für den Papst zu beanspruchen. So standen sich Türken und Christen – die einen innerhalb, die andern außerhalb der Mauern – zwei Wochen lang untätig gegenüber.
Währenddessen sandte Jagi Sijan Hilfegesuche an die Emire und Fürsten, die er zuerst davon überzeugen mußte, daß die Kreuzfahrer aufgehalten werden mußten; die Größe ihrer Armee hatte selbst ihn überrascht.
Antiochia war noch immer eine vorwiegend von Christen bewohnte Stadt, einerseits mit einem großen Bevölkerungsanteil von Griechen

und Armeniern – die wahrscheinlich bei der ersten Gelegenheit zum Feinde überlaufen würden – und andererseits von syrischen Christen, die sich vor langem schon in Antiochia niedergelassen hatten und sich eher Jagi Sijan verbunden fühlten. Unter byzantinischer Herrschaft hatten sie sich unterdrückt gefühlt, Jagi Sijan hingegen pflegte einen besonders guten Kontakt zu ihnen, und zudem belohnte er sie reichlich für alle Auskünfte über die Kreuzfahrer. So waren denn die Christen in der Stadt unter sich uneinig. Wenn Boemund gehofft hatte, sie würden sich gegen die Türken, denen sie zahlenmäßig überlegen waren, gemeinsam erheben, so hatte er sich getäuscht. Antiochia sollte nicht wie eine reife Frucht in die Hände der Kreuzfahrer fallen.

Nachdem Jagi Sijan zwei Wochen zugewartet hatte, entschloß er sich, die Stärke der Christen zu prüfen. Er inszenierte Ausfälle, Überfälle aus dem Hinterhalt und plötzliche Angriffe aus den Bergen oberhalb von Boemunds Lager. Nach einigen ernsthaften Scharmützeln begannen die Christen den Mut zu verlieren, und als der Winter kam, wurde ihnen zunehmend banger: An den Schafen und dem Vieh, das sie in den Dörfern der Umgebung gefunden hatten, hatten sie sich vollgegessen, sie hatten Speicher geplündert und von Mühlen und Backstuben Besitz ergriffen, aber sie hatten es unterlassen, für die lange Winterzeit, die vor ihnen lag, Vorräte anzulegen. Da beschloß der Rat der Fürsten, einen Teil der Truppen den Orontes hinauf auf die Suche nach Vorräten zu entsenden; das Unternehmen wurde von Boemund und Robert von Flandern angeführt, während Bischof Adhémar und der Graf von Toulouse beim Heer vor den Mauern von Antiochia zurückblieben. Wie die Chronisten schreiben, nahm Boemund zwanzigtausend Mann mit sich auf die Suche nach Verpflegung. Es mag erstaunen, daß eine so große Anzahl Männer vom Hauptheer weggenommen wurde, aber es ist denkbar, daß Boemund wußte, daß eine große Truppe unter Dukak von Damaskus unterwegs nach Antiochia war, um es zu entsetzen, und daß er beauftragt war, dieses Heer zu vernichten. Bei Al Bara stieß die türkische Kolonne auf das von Robert von Flandern angeführte Heer. Boemund hielt seine Truppe noch zurück und wartete, bis sich der erste Ansturm der Türken erschöpft hatte, bevor er seine Truppen in die Schlacht warf. Roberts Heer war zwar arg mitgenommen, aber Dukaks Truppen wurden zerschlagen. Doch gab es wenig Beute, und in den umliegenden Dörfern waren fast keine Vorräte zu finden. Trauriger und ärmer geworden, kehrten Boemund und Robert nach Antiochia zurück: Sie hatten einige Türken umgebracht, und es war unwahrscheinlich,

daß Dukak noch einmal versuchen würde, Antiochia zu Hilfe zu eilen, aber es war ein hohler Sieg.
Die Tage nach ihrer Rückkehr von Al Bara waren wie ein böser Traum. Die Erde zitterte, das Nordlicht glitzerte am schimmernden Himmel, und bald begann es unaufhörlich zu regnen; die Temperaturen sanken so tief, daß alle vor Kälte zitterten. Die Leiden waren so unerträglich, daß Bischof Adhémar seiner Truppe befahl, drei Tage lang zu fasten, damit Gott sich seiner Soldaten erbarme. Den hungernden Soldaten wird dieser Befehl mehr als überflüssig erschienen sein!
Doch dann, als die Kreuzfahrer Hilfe von den Armeniern in Kilikien erhielten und Schiffe mit Vorräten und Baumaterialien den Hafen von St. Simeon erreichten, begann das Blatt sich langsam zu wenden. Zwar taten die Türken ihr möglichstes, um die Zufahrtsstraße zum Hafen zu blockieren. Doch Boemund und der Graf von Toulouse durchbrachen die Blockade, und ein Teil des Nachschubs gelangte in die Lager der Kreuzfahrer. Auch ihre Anstrengungen, eine große Karawane mit Nachschub nach Antiochia zu bringen, konnten nicht vereitelt werden: Zwar schickten die Türken einen Stoßtrupp aus, der die Karawane überwältigen sollte, und die Kreuzfahrer verloren auch dreihundert Mann, nicht jedoch die Karawane. Sie hatten verzweifelt mit neuer Kraft gekämpft, weil sie gewußt hatten, daß eine Niederlage den Hungertod und den Verzicht auf den Kreuzzug bedeutet hätte.
Als der Frühling kam, gab es neue Aufregungen. Boemund, der noch immer davon träumte, Antiochia für sich in Besitz zu nehmen, ließ verbreiten, er könne nicht mehr länger in Syrien bleiben, sondern müsse sofort nach Italien zurückkehren. Das war eine List. Er wollte damit die andern Heerführer dazu bringen, seine Bedingungen für ein Verbleiben in Syrien zu akzeptieren. So erklärte er sich zum Bleiben bereit, wenn ihm als Entgelt für seine Dienste und als Kompensation für seine Abwesenheit von Italien Antiochia überlassen werde. Bischof Adhémar, der Graf von Toulouse und Herzog Gottfried ließen sich nicht erpressen. Waren die Kreuzfahrer etwa ins Heilige Land gekommen, um privaten Nutzen daraus zu ziehen? Sollte ein einziger aus einer Sache Nutzen ziehen, für die Tausende und Abertausende gestorben waren? Boemunds Anhänger dagegen argumentierten, ihr hübscher Normanne sei oberster Kriegsherr geworden und habe die Belohnung verdient.
In allem, was er tat, bewies Boemund, daß er eine wilde Phantasie besaß und von einer absoluten Rücksichtslosigkeit war. Als die «Spione», die Antiochia zu verlassen wußten, allzu zahlreich wurden

– viele von ihnen als Armenier verkleidet –, handelte er seinem Charakter entsprechend: Er befahl seinen Köchen, eine Mahlzeit aus gefangenen Spionen zuzubereiten. Die Köche gehorchten ihm; den Gefangenen wurden die Kehlen durchschnitten, sie wurden aufgespießt, und die Köche machten sich daran, sie über dem Feuer zu rösten. Als man ihn fragte, ob er wirklich beabsichtige, türkische Spione zu verzehren, antwortete Boemund, er tische sie für eine gute Sache auf. Jeder im Lager kam herbeigerannt, die Spione zu sehen, die am Spieß gedreht wurden, und bestaunte Boemunds Lösung für ein Problem, das das Kreuzfahrerheer schon lange geplagt hatte. In der folgenden Nacht jedenfalls stahlen sich alle übriggebliebenen Spione in die Stadt zurück.

Boemund hatte seine eigenen Spione unter den armenischen Christen in Antiochia. Es gab einige Christen, die gezwungen worden waren, zum Islam überzutreten, und wieder Christen werden wollten. Unter diesen befand sich ein gewisser Firus, der drei Türme befehligte und mit Boemund in Verbindung stand. Nach einigem gutem Zureden war er bereit, seine Türme Boemunds Streitkräften zu übergeben. Boemund wandte sich an den Rat der Fürsten, erhob einmal mehr Anspruch auf die Stadt und sagte, es sei nicht mehr als angebracht, demjenigen die Stadt ganz zu überlassen, der sie erobere oder in der Lage sei, sie zu Fall zu bringen. Die Fürsten jedoch merkten, daß etwas faul war, und entschieden gegen ihn, daß die Stadt nicht einem einzelnen, sondern allen gehören solle, denn «so wie wir alle die gleichen Mühen hatten, so sollen wir alle auch den gleichen Lohn erhalten».

Währenddessen führte Kerboga, der Atabeg von Mosul, endlich ein großes Heer zum Entsatz von Antiochia herbei. Als die Fürsten vom Herannahen Kerbogas hörten, begannen sie sich zu fürchten. Es bestand auch tatsächlich die Gefahr, daß sie überwältigt werden könnten. Einmal mehr wandte sich Boemund an den Rat der Fürsten, beschwor sie diesmal noch eindringlicher, ihm die Stadt zu überlassen, wenn er sie als erster betreten sollte. Adhémar, so scheint es, machte Einwände geltend, und der Graf von Toulouse verwarf den Plan ganz. Herzog Gottfried hingegen stimmte ihm zu. Nun war Kerboga nur noch drei Tagereisen weit entfernt, und da bereitete sich Boemund darauf vor, den Plan, dessen Ausführung er schon so lange aufgeschoben hatte, in die Tat umzusetzen. Seine Spione gingen in die Stadt und trafen sich im geheimen mit Firus. Es wurde vereinbart, daß Boemunds Leute über eine Lederleiter, die vom Zwei-Schwestern-Turm in der Nähe des St.-Georgs-Tores hinuntergeworfen werden sollte, die Mauer erklettern sollten. Antiochia, das während so

vieler Monate erfolglos angegriffen worden war, sollte durch eine einzige verräterische Tat eingenommen werden.
Alles geschah, wie es Boemund gewollt hatte. Sechzig Leute kletterten die Leiter hinauf, nahmen drei Türme ein, öffneten ein Tor, töteten viele Türken und richteten große Verwüstungen an, noch bevor Boemund gewahr wurde, was sich abspielte. Als ein Soldat feststellte, daß Boemund nicht auf der Mauer war, machte er sich auf die Suche nach ihm. Boemund, überrascht, folgte dem Soldaten in die Stadt und übernahm dort das Kommando. Sein wichtigstes Anliegen war nun, seine Standarte auf der Zitadelle aufzupflanzen, um so den sichtbaren Beweis zu liefern, daß er in ihrem Besitz war. Bald wurde das Brückentor und das St.-Georgs-Tor weit aufgemacht, und die Kreuzfahrer strömten in die Stadt hinein. Es war kurz vor der Morgendämmerung des 3. Juni 1098. Da Kerboga im Anzug war, handelten die Kreuzfahrer mit größter Eile, sobald sie die Stadt ganz eingenommen hatten: Am Ende des Tages war in Antiochia kaum ein Türke mehr am Leben.
Antiochia gehörte Boemund. Nur die Zitadelle weigerte sich noch, sich zu ergeben. Am folgenden Tage näherte sich Kerbogas Heer den Mauern. Sofort war klar, daß dieses neue Heer groß und stark genug war, eine wirksame Blockade durchzuführen; die Belagerer wurden nun belagert. Und die Christen, die bereits im Winter, als sie sich noch frei in der Umgebung der Stadt hatten bewegen können, Hunger gelitten hatten, litten jetzt, da sie von den großen Doppelmauern eingeschlossen waren, noch mehr.
Die wilde Begeisterung der Kreuzfahrer wandelte sich in Verzweiflung; als Kerbogas Ring um die Stadt sich enger schloß, wurde die Freude über die Eroberung der Stadt abgelöst von der traurigen Gewißheit, daß sie nur wenige Wochen würden aushalten können und sich dann ergeben müßten.
Überall in den Gassen lagen die Leichen von Türken und verbreiteten einen so fürchterlichen Gestank, daß die Leute die untere Gesichtshälfte mit Tüchern bedeckten, wenn sie draußen umhergingen, für Nahrungsmittel wurden astronomische Preise bezahlt. Und Kerboga ließ verbreiten, daß er mit den Kreuzfahrern etwas Besonderes vorhabe: Sie sollten in das entfernte Chorassan gebracht und dort auf den Sklavenmärkten verkauft werden.
Am Tag, bevor Kerboga mit der Umzingelung Antiochias begann, stahl sich einer der Kreuzfahrerfürsten, Stephan, der Graf von Blois und Chartres, mit zahlreichen Angehörigen seines Privatheeres, aus der Stadt. Er verließ die Stadt teils aus Angst, teils, weil er dachte, er könne bei Kaiser Alexios Komnenos intervenieren, teils, weil er mit

Boemund Streit hatte. In einem Brief an seine Frau beschrieb er die Belagerung von Antiochia, so wie er es sah, bevor Kerboga die Pläne der Kreuzfahrer zunichte machte.

AUSZÜGE AUS EINEM BRIEF VON STEPHAN, GRAF VON BLOIS UND CHARTRES, AN SEINE FRAU ADELE VOM 29. MÄRZ 1098 AUS ANTIOCHIA.[21]

... Gemeinsam mit dem gesamten auserwählten Heer Christi, der uns große Tapferkeit verliehen hat, befinden wir uns nun seit dreiundzwanzig Wochen auf dem Vormarsch in die Heimat unseres Herrn Jesu ...

... Wir eilten mit großer Freude der vorgenannten Hauptstadt Antiochia entgegen, belagerten sie und wurden dort oft in Kämpfe mit den Türken verwickelt, auch siebenmal in Kämpfe mit den Bürgern von Antiochia, sowie mit den unzähligen Scharen, die ihnen zu Hilfe eilten. Wir bemühten uns, ihnen zuvorzukommen, und kämpften mit dem wildesten Mut unter der Führung Christi. Und in allen diesen sieben Schlachten besiegten und töteten wir dank Gottes Hilfe eine unermeßliche Schar von Feinden. Gewiss wurden in diesen Schlachten und in sehr vielen Angriffen auf die Stadt auch viele von unsern Brüdern und Gefolgsleuten getötet und ihre Seelen in die Freuden des Paradieses emporgetragen.

Die Stadt Antiochia erschien uns sehr weit ausgedehnt, mit unglaublicher Macht verteidigt und beinahe uneinnehmbar. Zudem waren mehr als fünftausend kühne Türken in der Stadt, noch nicht eingerechnet die Sarazenen, Schankwirte, Araber, Turkopoliten, Syrer, Armenier und Angehörigen verschiedener anderer Rassen, von denen sich eine unermeßliche Schar dort versammelt hatte. Im Kampfe mit diesen Feinden Gottes, die auch unsere Feinde sind, haben wir bis jetzt mit Gottes Gnade viele Leiden und unermeßliche Unbill überstanden ...

Wirklich, als dann Kaspian, der Emir von Antiochia – das heißt Fürst und Herr –, merkte, daß er von uns arg bedrängt wurde, sandte er seinen Sohn namens Sensodolo zum Fürsten, der Jerusalem hält, und zu den Fürsten von Aleppo und Ridoan und zu Dukak, dem Fürsten von Damaskus. Er sandte auch nach Arabien zu Bolianuth und nach Karathanien zu Hemelnuth. Diese fünf Emire kamen plötzlich mit zwölftausend auserlesenen türkischen Reitern den Einwohnern von Antiochia zu Hilfe. Wir, die wir von all dem nichts gewußt, hatten viele von unseren Soldaten in die Städte und zu den Festungen weggeschickt ... Aber kurz bevor sie die Stadt erreichten, griffen wir sie über eine Distanz von drei Meilen hinweg mit siebenhundert Soldaten in einer Ebene in der Nähe der Eisernen Brücke an. Wie auch immer, Gott kämpfte für uns, die ihm treu ergeben waren, gegen unsere Feinde. Denn an jenem Tag kämpften wir mit einer Kraft, die Gott uns gegeben, besiegten sie und töteten eine große Zahl. Gott war ständig an unserer Seite, und wir kehrten mit mehr als zweihundert Köpfen zurück, damit sich die Leute an ihrem Anblick erfreuen konnten ...

Am Tag nach Ostern, während Alexander, mein Kaplan, in aller Eile diesen Brief schrieb, lag eine Gruppe von unsern Leuten auf der Lauer nach Türken, kämpfte mutig gegen sie, tötete sechzig Reiter und brachte ihre Köpfe zum Heer zurück.

Was ich Dir hier schreibe, Liebste, ist nur ein kleiner Teil von dem, was wir getan haben, und weil ich Dir, mein Liebling, nicht alles sagen kann, was mir auf dem Herzen liegt, fordere ich Dich auf, recht zu handeln, sorgfältig über Dein Land zu wachen und Deinen Kindern und Deinen Vasallen gegenüber Deine Pflicht zu tun, denn Du wirst mich sicher sehen, sobald ich zu Dir kommen kann.

Lebe wohl!

Der König der Tafuren

Im Zusammenhang mit der Belagerung von Antiochia wird zum ersten Mal vom seltsamen Stamm der Tafuren gesprochen. Sie waren von Anfang an dabeigewesen und wurden nur darum nicht beachtet, weil die Chronisten so wenig von ihnen hielten, daß sie sie kaum erwähnten. Fast alles, was man von ihnen weiß, stammt aus dem *Chanson d'Antioche,* einem außerordentlich langen, von Richard dem Pilger und Draindor von Douai verfaßten Epos. Es gibt nicht den geringsten Zweifel darüber, daß die Tafuren existierten und im Kreuzzug eine wichtige Rolle spielten. Wir sehen sie beim Kampfe, und manchmal spüren wir ihre Gegenwart, selbst wenn wir sie nicht deutlich sehen können. Manchmal können wir einen Blick auf ihre Gesichter werfen: hohle Wangen, leuchtende Augen, zottige Bärte, wildes, auf die Schultern herabhängendes Haar. Wenn wir ihnen aus der Nähe in die Augen blicken könnten, sähen wir darin mutige Begeisterung und auch schreckliche Verzweiflung.

Die Tafuren waren diejenigen, welche man zu opfern bereit war, die armen Teufel, die dem Heer folgten, um die übriggebliebenen Brokken aufzulesen. Sie waren ungelernte Arbeiter, arme Bauern, Menschen, die einem die Zügel halten würden und für ihre Bemühungen eine Brotkruste erwarten. Sie waren die Aasgeier der Schlachtfelder, aber man fand sie auch unter den wagemutigsten Kriegern. Sie gingen barfuß, waren manchmal nackt oder in Lumpen gekleidet, mit Wunden und Dreck bedeckt, zu arm, um sich Schwerter und Lanzen leisten zu können, nur mit Messern, Knüppeln, spitzen Stöcken, Äxten und Sicheln bewaffnet. Sie ritten nie und wurden immer in einer Art Getto, abgesondert vom Hauptheer, gehalten. In ihren eigenen Augen waren sie die *plebs pauperum,* die Armeleute Christi, die Auserwählten. Sie wurden nie bezahlt und erwarteten keine andere Belohnung als den Segen Christi und einen Platz im himmlischen Jerusalem, und sie kämpften wie ausgehungerte Löwen. Sie gehörten zum Pöbel, der alle mittelalterlichen Heere begleitete, aber da war ein Unterschied: Auf ein Wort ihres Königs wurden sie zu Stoßtrupps, und sie gewannen manchen Sieg, der dann den Kreuzrittern zugeschrieben wurde.

Die Tafuren waren gut organisiert, verfügten aber über keine sichtbare Organisation. Sie hatten keine Schulung genossen, sondern wurden in den Schlachten ausgebildet. Ihre bemerkenswerteste Eigenschaft, neben ihrer Armut, war ihre absolute Gleichgültigkeit gegenüber Gefahren. Sie waren alle gleich, aber sie hatten einen König, *le roi Tafur.* Er war ein normannischer Ritter, der Schwert und Rüstung absichtlich beiseite gelegt hatte, um Sacktuch zu tragen und die Sichel zu führen. Im *Chanson d'Antioche* erscheint er als eine furchterregende Persönlichkeit, die den Pöbel überragte und die plötzlichen Angriffe gegen den Feind anführte. Der König der Tafuren hatte das Gelübde der Armut abgelegt und bestand darauf, daß jedermann in seinem Heer dasselbe tat. Wenn er einen Tafuren mit Geld entdeckte, befahl er ihm, Waffen zu kaufen und sich dem Hauptheer anzuschließen: Geld zu besitzen war eine Schande. Ein Tafur, der seidene Kleider, die er in einem muslimischen Haus gefunden hatte, anzog, mußte damit rechnen, aus dem Tafurenreich verjagt zu werden.

Nach und nach entstand um den König der Tafuren eine Art Kollegium von Männern, die dem Gesetz der Armut und des Gehorsams ergeben waren. Bezeichnenderweise war es Boemund, der wildeste und skrupelloseste unter den Fürsten, der wieder und wieder versuchte, die Tafuren unter seine Gewalt zu bringen.

Jedoch, die Fürsten und die Ritter scheinen in Furcht vor den Tafuren gelebt zu haben: In der Schlacht bildeten sie eine Woge von Menschen; wurden sie niedergemäht, standen sie wieder auf und rückten erneut gegen den Feind vor. Wenn sie eine Stadt betraten, die erobert worden war, raubten und mordeten sie in wilder Wut. Der Emir von Antiochia, der sich über ihre Exzesse beklagte, erhielt zur Antwort: «Wir alle zusammen können König Tafur nicht zähmen.»

Die Tafuren verachteten die Fürsten, welche nur daran dachten, Fürstentümer und Königreiche zu besitzen, und sie verachteten die Ritter in ihren glänzenden Rüstungen, die auf ihren prächtig geschmückten Pferden daherritten. In ihrer Nacktheit und ihrer Armut betrachteten sie sich als die wahren Fürsten und die wahren Ritter, als die einzigen unter den Kreuzfahrern, die sicher sein konnten, ins Himmelreich einzugehen. Sie waren Mörder in Lumpen, aber sie fühlten sich Christus gleich.

Guibert von Nogent ist einer der wenigen Chronisten, die sich ernsthaft mit den Tafuren beschäftigten. Er hatte sie offensichtlich gesehen und empfand eine tiefe Sympathie für sie. Selbst damals schon fragte man sich, ob sie zu etwas nützlich seien oder ob sie nicht vielmehr den Christen gefährlicher seien als den Türken. Guibert von Nogent antwortete darauf, sie wären für den Krieg gegen die Türken absolut unentbehrlich: Sie trugen Lasten, ohne sich zu beklagen, hüteten die Lasttiere, und, was er besonders hervorhob, sie verstanden es, die Wurfgeschütze und Belagerungsmaschinen des Feindes zu Fall zu bringen, indem sie Steine auf sie warfen. Sie waren ein ungeordneter Haufen in Waffen, gesetzlos, furchterregend in ihrer Kühnheit und in ihrem Stolz, und sie waren am schrecklichsten, wenn sie sich in größter Gefahr befanden.

Weil sich die Tafuren nicht in die Kategorien der Geschichte einordnen ließen und weil sie eine lebendige Macht von unberechenbarer Kraft und Energie waren, wurden sie zur Legende. Während der Belagerung von Antiochia kam eine Zeit, da das ganze christliche Heer hungern mußte. Alle litten, selbst die Ritter, und die Tafuren litten am meisten von allen.

Verzweifelte Maßnahmen wurden ergriffen. Wie es im *Chanson d'Antioche* heißt, kehrten die Tafuren zum Kannibalismus zurück und verzehrten tote Türken, wo immer sie solche finden konnten:

> ... Sie zogen den Türken die Haut ab und nahmen die Gedärme heraus.
> Durch Sieden und Braten kochten sie das Fleisch.
> So aßen sie, während sie kein Brot kosteten.[22]

Wenn der Dichter dann weiterfährt und von den Wundern an Tapferkeit berichtet, welche die Tafuren während der Belagerung von Antiochia und wieder während der Belagerung von Jerusalem vollbrachten, so glauben wir ihm. Und dennoch werden sie in den Berichten nie erwähnt, welche die Kreuzfahrerfürsten nach Rom und an die Könige der christlichen Welt sandten. Man darf nicht verges-

sen, daß es sie gab und daß viele Siege der Kreuzfahrer unmöglich gewesen wären ohne diese wilden und unnachgiebigen Soldaten, die sich der Armut verschrieben hatten.
Boemund, der sie schließlich zu schätzen begann und sie wirksam einsetzte, besaß selber etwas von ihrem Geist. Er war rücksichtslos und schlau wie sie und mißachtete die Gefahr. Als Antiochia belagert wurde und die Türken die Mauern bestürmten, benahm er sich manchmal wie ein Heer von Tafuren. Nachts raste er im Fackelschein durch die Straßen, suchte nach Deserteuren und Verrätern, trieb die hungernden Soldaten, die in Privathäusern schliefen, zusammen und schickte sie als Wachen auf die Mauern. Manchmal hielt er es für notwendig, sie durch das In-Brand-Setzen der Häuser aufzuschrekken. Auf diese Weise gingen ganze Bezirke in Flammen auf, und man konnte sehen, wie Boemund mit gezogenem Schwert Befehle erteilte und die Dummheit der Soldaten verfluchte, welche den Schlaf dem Kampf gegen die Türken vorzogen.
Der Graf von Toulouse war zu krank, die volle Verantwortung für die Verteidigung der Stadt zu übernehmen, obwohl er nicht bettlägrig war. So wurde er mit der Aufgabe betraut, die in der Zitadelle eingeschlossenen türkischen Soldaten abzusondern und zu verhindern, daß sie entweichen konnten. Boemund hingegen erhielt alle Vollmachten. Bis zum letzten Detail organisierte er die Verteidigung der Stadt, und ebenso sorgfältig bereitete er den großen Ausfall vom 28. Juni 1098 vor, mit dem Kerboga und sein ganzes Heer in die Flucht geschlagen wurde.
Während dieser Wochen im Juni geschahen in Antiochia seltsame Dinge. Die Leute litten an Halluzinationen, sahen göttliche Vorzeichen am Himmel und glaubten voller Zuversicht, daß Gott sie trotz aller Schwierigkeiten beschützen werde. Priester zogen barfuß den Ringmauern entlang und trösteten die hungernden Soldaten. Die Heilige Lanze wurde gefunden, was den Menschen neue Hoffnung auf den Sieg brachte, denn es schien ihnen, Gott habe sie die Lanze finden lassen, um sie zu ermuntern.
In der Morgenfrühe des 28. Juni marschierte das Heer von Antiochia zum Brückentor hinaus, den Streitkräften Kerbogas entgegen. Dieser hätte sie daran hindern können, aus dem Tor zu kommen, hätte er außerhalb des Tores seine Truppen zusammengezogen. Aber er war so sicher, die christlichen Streitkräfte in der Ebene außerhalb von Antiochia schlagen zu können, daß er sie herausmarschieren ließ. Er war mitten in einer Schachpartie, als er hörte, daß die Christen aus dem Tor strömten. Sein arabischer Kommandant riet ihm, sofort anzugreifen. Er setzte statt dessen das Schachspiel fort und sagte so

etwas wie, er wolle, daß das ganze christliche Heer auf dem Kampfplatz erscheine, damit er es mit einem einzigen überwältigenden Schlag vernichten könne.
Die Christen rückten entschlossen vor, während Kerboga seinen Truppen befahl, sich in rauheres Gelände zurückzuziehen und damit die Christen weiter weg von Antiochia zu locken. Er schien sich seines Sieges so sicher, daß er der Schlachtordnung seiner Truppen nur geringe Aufmerksamkeit schenkte. Auch die Christen waren sich ihres Sieges sicher: Die Heilige Lanze wies ihnen den Weg. Einige Soldaten berichteten, sie hätten auf einem Hügel eine Kompanie Reiter mit weißen Bannern gesehen und darunter die Heiligen Georg, Merkurius und Demetrius erkannt. Alle Vorzeichen deuteten auf den Sieg hin. Als Kerboga seinen Leuten befahl, das Gras anzuzünden, hätte das den Christen gefährlich werden können, der Wind jedoch blies gegen die türkischen Linien. Als das brennende Gras knisterte, während sein Heer vorrückte, und die Tafuren sich hinter die türkischen Verteidigungslinien schlichen, verlor Kerboga die Nerven, und die Ordnung in seinem Heer zerfiel. Am Mittag war die Schlacht vorüber. Überall lagen die Leichen von Türken. Kerboga floh gegen Mosul und ließ seinen Schatz und seine Vorräte an Nahrungsmitteln den Christen zurück. Zum ersten Mal nach vielen Wochen wurden die Christen wieder satt.
Der Historiker Raimund von Aguilers war unter denen, die an der Schlacht teilgenommen hatten. Seine Aufgabe war es gewesen, die Heilige Lanze zu tragen. Er hatte sie an einer langen Stange befestigt, so daß sie von allen Soldaten gesehen werden konnte. Bis zu seinem Lebensende glaubte er, die Heilige Lanze habe ihnen zum Sieg verholfen.

Die Heilige Lanze wird gefunden

Unter der Handvoll Männer, die über den ersten Kreuzzug aus eigener Erfahrung berichtet haben, war Raimund von Aguilers der intelligenteste; er war Kanoniker an der Kathedrale von Le Puy und der Kaplan des Grafen von Toulouse. Ein Mann der Auvergne, freundlich, tief religiös, an Härten gewöhnt und, im Gegensatz zu den provenzalischen Soldaten, die den Hauptharst des gräflichen Heeres bildeten, nicht gerade

gesprächig: Die wichtigsten Charaktereigenschaften der Leute aus der Auvergne sind ein zurückhaltendes Wesen und umsichtiges Abwägen in dem, was sie sagen. Sie sind ziemlich verschwiegen, versuchen nicht, sich hervorzutun, und mögen Possenreißer nicht leiden. Die provenzalischen Soldaten schätzten und bewunderten Raimund einerseits, gleichzeitig aber wahrte er auch deutlich Distanz zu ihnen.
Seine Geschichte, die er *Historia Francorum Qui Ceperunt Iherusalem* nannte, schrieb er in der erklärten Absicht, die Verfälschungen jener Männer zu korrigieren, die, den Idealen der Kreuzfahrer untreu geworden, nach Frankreich zurückkehrten und dort wilde Geschichten von den qualvollen Leiden, welche die Kreuzfahrer zu erleiden gehabt hätten, verbreiteten. Raimund interessierte sich nicht in erster Linie für die Leiden; einige der fürchterlichsten Episoden läßt er unerwähnt. Er schrieb einen klaren, kräftigen Stil, zitierte bewußt oder unbewußt aus der Bibel und – im Gegensatz zu Bischof Adhémar – interessierte sich für Reliquien, Visionen und unerwartete göttliche Offenbarungen, so daß zuweilen gar seine Bemühungen um das Seelenheil der provenzalischen Soldaten beeinträchtigt wurden.
Einmal, kurz nach dem Fall von Antiochia, kam ein provenzalischer Bauer namens Peter Bartholomäus mit einer Geschichte zu ihm, die so unglaublich klang, daß dieser kaum erwarten konnte, jemand glaube sie ihm: Peter Bartholomäus erzählte, Christus und der heilige Andreas seien ihm viermal erschienen und hätten ihn beauftragt, Bischof Adhémar und dem Grafen von Toulouse eine dringende Botschaft zu überbringen. Diese Botschaft lautete schlicht und einfach: Ihm, Peter Bartholomäus, müsse gestattet werden, dem Bischof und dem Grafen die Lanze, welche die Seite des Erlösers durchbohrt, zu überreichen. Weiter erzählte Peter Bartholomäus, er sei während des Kampfes außerhalb der Stadt von zwei Reitern in die Zange genommen und beim Rückzug beinahe erdrückt worden. Schließlich, als er außerhalb der Mauern halbtot zu Boden gesunken sei, vor Kälte und Schrecken schaudernd auf einem Felsen gelegen habe, sei ihm wieder der heilige Andreas mit einem Gefährten erschienen und habe ihm gedroht, es werde großes Unheil über ihn kommen, wenn er seine Botschaft nicht sofort überbringe.
Raimund von Aguilers war mit Bischof Adhémar und dem Grafen von Toulouse eng befreundet und von dem Gehörten so beeindruckt, daß er ein Treffen arrangierte. Zu denken, der heilige Andreas und Christus hätten Zeit und Kraft sparen und direkt mit dem Bischof und dem Grafen Verbindung aufnehmen können, wäre ihm nie in den Sinn gekommen. Er wußte, daß Gott seine Botschaften durch seine bescheidensten Geschöpfe übermittelt und daß ein armer Bauer

durchaus eine echte Vision gehabt haben konnte. So wurde Peter Bartholomäus wohlwollend empfangen, und die anwesenden Sekretäre schrieben seine Worte getreulich auf, als er erzählte, wie er die erste Vision fünf Monate zuvor gehabt hatte, als die Kreuzfahrer vor den Mauern von Antiochia lagerten. Am letzten Tag des Jahres hatte die Erde gebebt; in dieser Nacht, allein in seiner Hütte, zu Tode erschrokken wegen des Erdbebens, hatte er Gott zu Hilfe gerufen: «Deus adiuva me!» – Der Schrei eines Soldaten im Kampfe oder auch eines Menschen auf seinem Totenbett. Das Beben dauerte an, und seine Angst wurde immer größer. Dann, als er einmal aufschaute, sah er zwei Männer in glänzenden Gewändern. Der eine hatte rotes, mit etwas Weiß durchzogenes Haar, einen buschigen weißen Bart, schwarze Augen, die gut zu seiner Miene paßten, und war von mittlerer Größe. Der jüngere und größere Mann war schöner, als ein Mensch sein kann. Für Peter Bartholomäus bestand deshalb kein Zweifel, daß dieser jüngere Mann Christus war. Er erzählte dem Bischof und dem Grafen, was darauf geschah:

> Da ich wußte, daß niemand sonst da war, schrie ich in großer Angst: «Wer seid ihr?»
>
> Dann sagte er: «Steh auf, fürchte dich nicht und höre mir zu. Ich bin Andreas, der Apostel . . . Folge mir, und ich werde dir die Lanze unseres Vaters zeigen. Die sollst du dem Grafen geben, denn wahrlich, Gott hat sie für ihn aufbewahrt Zeit seiner Geburt.»
>
> Ich stand auf und folgte ihm nach Antiochia hinein, nackt bis aufs Hemd. Wir gingen durch das Nordtor zur Kirche des heiligen Apostels Petrus, welche die Sarazenen in eine Moschee umgewandelt hatten. In der Kirche brannten zwei Lampen, die gaben so viel Licht, daß man hätte glauben können, es sei Mittag. Und dann sagte der Apostel: «Bleibe hier!» Er hieß mich, mich neben die Säulen bei der Treppe zu stellen, die von Süden zum Altar hinaufführt, während sein Gefährte ziemlich weit weg vor den Altarstufen stehenblieb. Hierauf griff der heilige Andreas unter die Bodenplätten, holte die Lanze hervor und legte sie in meine Hände.
>
> «Sieh hier die Lanze, die seine Seite durchstoßen hat, wodurch die ganze Welt errettet wurde!»
>
> Während ich sie, vor Freude weinend, in meinen Händen hielt, sagte ich: «Herr, wenn du es wünschst, will ich sie nehmen und dem Grafen bringen.»
>
> Und er sagte zu mir: «Nein, warte so lange, bis die Stadt eingenommen ist. Dann komme mit zwölf Männern hierher und suche sie an derselben Stelle, wo ich sie aus der Erde gezogen habe und wohin ich sie jetzt wieder zurücklege.» Und dann vergrub er sie. Nachdem all dies so geschehen war, führte er mich über die Mauern in mein eigenes Haus zurück und verschwand.[23]

Peter Bartholomäus sprach offensichtlich sehr überlegt und machte den Eindruck, etwas zu sagen, das er für wahr hielt. Der berühmteste Satz lautet: *«Ecce lancea quae latus eius aperuit unde totius mundi salus emenavit.»* Es war eine kühne Aussage, die bedeutet, der Lanzenstoß habe zum Tode Christi geführt und damit der ganzen Welt die Erlösung gebracht. Für Soldaten war eine solche Aussage durchaus einsichtig, weniger hingegen für Theologen. Einen Schlachtruf hatten die Kreuzfahrer, *Deus vult,* aber es fehlte ihnen noch ein Symbol. Jetzt endlich sollte ihnen ein solches Symbol gegeben werden: eine Lanze aus gehämmertem Metall, nur einige Zoll lang, etwas, was man in der Hand halten konnte, fast nichtssagend, was sein Äußeres betraf, aber bedeutungsschwer.

All dies war viele Monate zuvor geschehen, und der Bischof und der Graf waren erstaunt, daß Peter Bartholomäus so lange über seine Vision geschwiegen hatte. Peter Bartholomäus entgegnete darauf, er habe es damals einfach nicht gewagt, sich Personen von solchem Rang zu nähern; die Vision hatte ihn offensichtlich erschreckt, und noch mehr fürchtete er sich davor, seine Geschichte dem Bischof und dem Grafen zu erzählen. Als er jedoch während der Fastenzeit in einem Lager in der Umgebung von Edessa war und nach Nahrung suchte, erschien ihm wieder der heilige Andreas in Begleitung seines schweigsamen Gefährten. Der Heilige wollte wissen, ob er die Botschaft ausgerichtet habe, worauf Peter Bartholomäus erwiderte, er habe es im Bewußtsein seiner eigenen Armut und Bedeutungslosigkeit unterlassen. Darauf wies ihn der heilige Andreas scharf zurecht:

> Weißt du nicht, weshalb Gott dich hierhergebracht hat, wie sehr er dich liebt und vor allem, warum er dich auserwählt hat? Er ließ dich hierher kommen, um sich zu rächen und um sein Volk zu rächen. Seine Liebe zu dir ist so groß, daß verstorbene Heilige, die um seine Liebe zu dir wissen, menschliche Gestalt annehmen, um an deiner Seite zu kämpfen. So wie Weizenkörner aus dem Hafer herausgesucht werden, so hat Gott dich aus allen Völkern ausgewählt. Nach Verdienst und Gnade stehst du über allen, die vor dir gekommen sind oder nach dir kommen werden, denn der Preis von Gold übertrifft denjenigen von Silber.[24]

Des heiligen Andreas' Vorwurf und seine äußerst schmeichelhaften Worte nützten aber nichts. Da wurde Peter Bartholomäus krank; seine Augen begannen ihm Mühe zu bereiten, so daß er sein Testament machte und über seinen kleinen Besitz verfügte. In einem Zelt über dem Hafen von St. Simeon gelegen, ruhte er sich aus. Es war am Tage vor dem Palmsonntag. Da erschien ihm der heilige Andreas zum dritten Mal und fragte ihn wieder, ob er die Botschaft übermittelt habe. Peter Bartholomäus antwortete, er habe darum gebetet, daß ein anderer beauftragt werde, jemand, der weiser sei als er, jemand, auf den man hören werde. Und dann gebe es noch einen anderen Grund: Obwohl der Hafen von St. Simeon nahe bei Antiochia liege, fürchte er sich vor den Türken, auf die er unterwegs treffen könnte. Da beruhigte ihn der heilige Andreas: «Fürchte dich nicht! Es wird dir nichts geschehen.» Und er gab Peter Bartholomäus genaue Anweisungen für den Grafen von Toulouse mit, was dieser tun solle, wenn er den Jordan erreiche: Er dürfe sich nicht taufen lassen im Fluß, sondern müsse mit einem Boot zum andern Ufer fahren; dort solle er sich, bekleidet mit einem Hemd und leinenen Reithosen, mit Jordanwasser besprengen lassen und darauf, wenn seine Kleider wieder trocken seien, solle er diese ablegen und zusammen mit der Heiligen Lanze aufbewahren.

Hierauf kehrte Peter Bartholomäus nach Antiochia zurück und unternahm einige schwache Versuche, mit dem Bischof und dem Grafen Verbindung aufzunehmen, machte sich dann aber schon bald voller Verzweiflung auf den Weg nach dem Hafen von Mamistra, in der Absicht, dort ein Schiff nach Zypern zu nehmen, wo es reichlich Nahrung und keine Türken gab. Da begegnete der heilige Andreas seinem widerwilligen Botschafter zum vierten Mal und warnte ihn, daß er hart bestraft würde, sollte er es unterlassen, seine Befehle auszuführen. Mamistra lag drei Tagereisen von Antiochia entfernt. In der Gegend wimmelte es von Türken, und der Gedanke, daß er nach Antiochia zurückreisen müsse, ängstigte ihn so sehr, daß er hysterisch wurde. Er beschloß – koste es, was es wolle –, nach Zypern zu gehen. Dreimal stach sein Schiff in See, und dreimal wurde es von einem Sturm zurückgeworfen. Peter Bartholomäus erkrankte. Jetzt wurde ihm bewußt, daß er der Macht des heiligen Andreas nicht länger ausweichen konnte. Einige Tage später vernahm er, daß Antiochia in die Hände der Kreuzfahrer gefallen war. Trotz seiner Krankheit ging er darauf nach Antiochia zurück, suchte Raimund von Aguilers auf und erzählte ihm die Geschichte seiner Visionen.

Peter Bartholomäus war nicht der einzige Seher, der Christus und die Heiligen schaute. Das Lager der Kreuzfahrer wimmelte von Leuten, die Gesichte hatten. Überall gab es erschöpfte, ausgehungerte Männer, die sich, gefährdet wie sie waren, in einen Zustand religiöser Erregung steigerten. Raimund von Aguilers, der selber keine Visionen hatte, glaubte an die Gesichte des Peter Bartholomäus und auch an die Visionen eines provenzalischen Priesters namens Stephan von Valence.

Voll Angst, die Türken würden Antiochia bald wieder einnehmen, ging Stephan von Valence mit einigen Gefährten in die Marienkirche, legte die Beichte ab und erhielt die Lossprechung von seinen Sünden. Dann begannen sie, Kirchenlieder zu singen. Schließlich schliefen die Gefährten ein. Da merkte der Priester, daß er immer und immer wieder sagte: «Herr, wer soll in deinem Hause wohnen? Wer soll auf deinem heiligen Berg weilen?» Und plötzlich erschien ihm ein Mann von großer Schönheit.

«Wer hat Antiochia betreten?» fragte der Mann.

«Die Christen», antwortete Stephan.

«Wenn sie wirklich Christen sind, warum fürchten sie sich dann vor der Heidenschar?»

Während sie so miteinander sprachen, sah Stephan, wie sich nach und nach ein Kreuz über dem Haupte Christi formte. Das wurde hell und heller, bis es wie die Sonne strahlte. Aus dieser strahlenden Helle kam eine Stimme und forderte die Kreuzfahrer auf, sich von der Sünde abzuwenden, zu bedenken, daß er der Herr der Heerscharen sei, stark und mächtig im Kampf; vor ihm müßten sich alle Heiden niederbeugen. Christus sprach mit großer Autorität. Seine letzten Worte an den Priester lauteten: «Ich werde mich eurer erbarmen, wenn ihr tut, was ich euch in fünf Tagen zu tun befehlen werde.»[25]

Obwohl Antiochia fest in den Händen der Kreuzfahrer war, war die Angst vor einer großangelegten Attacke allgegenwärtig: In der Stadt herrschte Panik. Einige Ritter, darunter auch Wilhelm von Grant-Mesnil, Boemunds Schwager, stahlen sich über die Mauern und machten sich auf den Weg zur Küste. Boemund und Bischof Adhémar befahlen die Tore zu schließen, um eine Massenflucht zu verhindern. Da erschien ein Meteor über Antiochia, der eine Zeitlang wie zögernd am Nachthimmel zu verweilen schien, bis er sich schließlich in drei Lichtstreifen aufspaltete, die alle über dem türkischen Lager niedergingen. Niemand wußte, was das bedeuten sollte, nur, daß es ein schlechtes Vorzeichen war. Die Christus-Vision, die Stephan von Valence gehabt hatte, das Auftauchen des Meteors, das lähmende Wissen um den bald zu erwartenden Angriff Kerbogas auf die Stadt sowie die Tatsache, daß manche Ritter und zahlreiche Soldaten aus der Stadt zu fliehen versuchten, brachten Raimund von Aguilers und den Grafen von Toulouse dazu, die Zeichen ernst zu nehmen. Sie fragten sich, was Christus wohl gemeint habe, als er sagte: «Ich werde mich eurer erbarmen, wenn ihr tut, was ich euch in fünf Tagen befehlen werde.» Was hatte er befohlen? Nach Raimund von Aguilers' Ansicht wollte er, daß sie die Heilige Lanze suchten, die irgendwo unterhalb des Hochaltars oder daneben, in der Kirche des heiligen

Petrus lag. Christus bot ihnen also ein Zeichen an, das sie nur ergreifen mußten: die Heilige Lanze.
Am 14. Juni, fünf Tage nachdem Stephan von Valence seine Vision gehabt hatte, betrat Raimund von Aguilers die Kirche des heiligen Petrus. Er war von zwölf Freunden begleitet, die als Zeugen zugegen sein sollten. Die Kirche war abgeschlossen; niemand durfte sie ohne die Erlaubnis des Kaplans betreten. Raimund war entschlossen, die Lanze zu finden.
Den ganzen Morgen lang wurde fieberhaft gegraben, und man holte schließlich noch mehr Leute herbei, die helfen sollten. Peter Bartholomäus zeigte, wo seiner Meinung nach die Lanze zu finden war. Aber am Abend war das Resultat ihrer Arbeit nichts anderes als ein gähnendes Loch unterhalb des Hochaltars. Dann, als sie die Hoffnung schon fast aufgegeben hatten, riß sich Peter Bartholomäus die Kleider vom Leib und sprang in das Loch. Er feuerte alle Anwesenden an zu beten, damit man die Lanze finden möge. Und während sie beteten, sah Peter Bartholomäus die Spitze der Lanze, die aus der Erde herausragte. Raimund von Aguilers kletterte hinunter und küßte die Lanzenspitze, bevor die Lanze ausgegraben wurde. Es ertönte ein wildes Jubelgeschrei, die Lanze wurde auf dem Hochaltar ausgesetzt, Kirchenlieder wurden gesungen und die Glocken geläutet. Am folgenden Tag trug man die Lanze in einer Prozession durch die Stadt.
Raimund von Aguilers zweifelte nie im geringsten daran, daß wirklich die Heilige Lanze gefunden worden war. Hatte er sie nicht schon gesehen, bevor die Erde sie freigegeben hatte? Er war in seinem Glauben bestärkt worden, daß Gott in Zeichen und Visionen spreche, und war außer sich vor Freude. Mit dieser Lanze war Christus getötet worden, und mit Hilfe dieser Lanze würden die Kreuzfahrer die Ungläubigen vernichten, die das Heilige Grab an sich gerissen hatten.
Am folgenden Tag hatte Peter Bartholomäus eine weitere Vision. Der heilige Andreas und Christus erschienen ihm, und er sah an den Füßen Christi die frischen, noch blutenden Wunden, welche die Nägel zurückgelassen hatten.
Die Heilige Lanze wurde zum Talisman der Kreuzfahrer. Sie wurde in kostbaren Brokat gewickelt und jeweils feierlich enthüllt für die Auserwählten, welche die Erlaubnis hatten, sie zu küssen. Bei Hunderten von Gelegenheiten wurde sie den Gläubigen gezeigt, und sie wurde in die Schlachten mitgenommen, damit sie die Truppen ansporne. Der Graf von Toulouse bewahrte sie in seiner Privatkapelle auf, denn sie war das greifbare Zeichen seiner Autorität, der sichtbare Beweis dafür, daß es Gottes Wille war, daß er den Kreuzzug

anführte; sie war eine religiöse und eine politische Waffe, nicht nur ein Gegenstand, den man verehrte und dann wieder weglegte. Im Namen der Lanze, dem Geschenk von Christus und dem heiligen Andreas, sagte Peter Bartholomäus den Verlauf des Krieges voraus und gab die Botschaften weiter, die er von Christus erhielt. Und noch lange nach dem Tode von Peter Bartholomäus würde die Lanze durch den Mund von Menschen sprechen.

Die Botschaften der Lanze widerspiegelten stets die Ansicht des Grafen von Toulouse. Den Kreuzfahrern wurde befohlen, der Sünde zu entsagen, der Kirche Almosen zu geben und darauf zu vertrauen, daß Christus die Macht habe, die Ungläubigen unter seinen Füßen zu zertreten. In den Augen der Provenzalen schien die blattförmige Lanze aus gehämmertem Eisen wie ein Symbol für etwas Lebendiges zu sein.

Dennoch gab es viele, besonders unter den Normannen, die nicht an Visionen glaubten. Arnulf von Chocques, der Kaplan von Robert von der Normandie, glaubte erst an die Vision, lehnte sie dann ab und glaubte schließlich wieder daran. Bischof Adhémar, der nur noch einige Wochen lang lebte, nachdem die Lanze gefunden worden war, glaubte nicht an die Vision, die zum Fund geführt hatte. Peter Bartholomäus, voll Zorn über die Zweifler, erklärte, es gebe eine einfache Art, die Echtheit seiner Visionen zu beweisen. «Ich wünsche nicht nur, ich bitte euch darum, daß ihr ein Feuer anzündet», so sagte er, «und ich werde mich mit der Lanze in der Hand der Feuerprobe unterziehen. Wenn es wirklich die Lanze unseres Herrn ist, werde ich die Probe unversehrt überstehen; aber wenn es eine falsche Lanze ist, werde ich vom Feuer verzehrt werden.»[26]

Am 8. April 1098, als das Heer auf dem Weg nach Jerusalem war, unterzog sich Peter Bartholomäus der Feuerprobe. Es war Karfreitag. Peter Bartholomäus hatte während der vier vorausgegangenen Tage gefastet. Bei Tagesanbruch sammelte man dürre Olivenzweige und schichtete sie in zwei einen Fußbreit voneinander entfernten, dichten Reihen auf. Jeder Haufen war vier Fuß hoch und dreizehn Fuß lang. Gegen Mittag hatten sich etwa sechzigtausend Leute versammelt, um das Gottesurteil mitanzusehen. Die Flammen schossen in die Höhe, während Raimund von Aguilers Gebete sprach und Gott anflehte, die Echtheit der Visionen zu bestätigen oder sie als Täuschungen zu entlarven. Der Bischof von Al Bara reichte Peter Bartholomäus die in ein besticktes Tuch eingewickelte Lanze, es gab ein kurzes Gebet, und dann betrat Peter Bartholomäus den schmalen Forst aus brennenden Olivenzweigen, barfuß, nur mit einem Hemd bekleidet. Da die Holzstöße nur vier Fuß hoch waren, konnte man seinen Kopf und seine Schultern manchmal durch die Flammen hindurch erblikken. Als er etwa den halben Weg zurückgelegt hatte, bemerkten die Zuschauer, daß er innehielt. Nachher erzählte er, Jesus sei ihm in den Flammen erschienen und habe zu ihm gesagt: «Du wirst das Feuer nicht ohne Wunden durchschreiten, aber du wirst die Hölle nicht sehen.» Jesus habe seine Hände ergriffen und sie dann wieder losgelassen. Dann habe er seinen Weg fortgesetzt.

Endlich tauchte er wieder auf. Er winkte der Menge zu, hielt die Lanze hoch empor und schrie: «Gott helfe uns!» Man konnte sehen, daß sein Hemd nicht angesengt war, und auch das bestickte Tuch, in das die Lanze eingewickelt war, war unversehrt. Die Menge drängte sich um ihn in der Hoffnung, ihn berühren oder ein Stück seines Hemdes erhaschen zu können. Dabei wurde er so heftig gestoßen, daß er in Gefahr geriet, körperlichen Schaden zu nehmen. Und in der Tat trug er drei oder vier klaffende Wunden an den Beinen und einen Wirbelbruch davon. Als er später untersucht wurde, entdeckte man, daß diese Verwundungen ernsthafter waren als seine Brandwunden.

Selbst jetzt waren die Skeptiker noch nicht ganz überzeugt, aber viele glaubten, daß kein Mensch ohne Gottes Segen die Flammen lebendigen Leibes hätte durchschreiten können. Weniger als zwölf Tage später, am 20. April, verstarb Peter Bartholomäus. Raimund von Aguilers war überzeugt, daß er an den Verletzungen, die ihm zugefügt wurden, nachdem er das Feuer durchschritten hatte, starb. Er wurde an der Stelle begraben, wo er das Gottesurteil auf sich genommen hatte. Die Heilige Lanze blieb im Besitz des Grafen von Toulouse, und sie begleitete ihn nach Jerusalem.

Von allen Reliquien, die von Generation an Generation weitergegeben worden sind – die Dornenkrone, die Nägel, das Holz vom Heiligen Kreuz, das Heilige Grabtuch, alle die Schädel von Heiligen, die man in den Kirchen Roms und in den Klöstern auf dem Berge Athos finden kann, die große Zahl von Reliquien, die nach der Plünderung Konstantinopels im Jahre 1204 in ganz Europa verteilt wurden –, bleibt die Lanze die einzige, von der wir den genauen Zeitpunkt der Entdeckung kennen. Sie mag falsch oder echt sein, für die Kreuzfahrer, die an sie glaubten, war sie eine überzeugende Rechtfertigung ihres Marsches nach Jerusalem. Sie war so klein, daß man sie in einer Hand halten konnte, und so groß, daß sie die ganze Phantasie der Kreuzfahrer erfüllte. Die Lanze war das Siegesversprechen Gottes.

Antiochia war den Kreuzfahrern am 28. Juni 1098 in die Hände gefallen, aber erst sechs Monate später konnten sie den Marsch nach Jerusalem fortsetzen. Während dieser sechs Monate gab es zerstörerische Machtkämpfe unter den Fürsten, während die Heere ausruhten und sich an das Leben im Osten gewöhnten. In Antiochia gab es Bordelle, und sie wurden von den Soldaten besucht. Man hatte Verteidigungsanlagen zu reparieren, Verpflegung und Nachschub waren zu beschaffen, und man mußte lernen, ein geordnetes Leben zu führen.

Boemund beanspruchte Antiochia noch immer als sein Eigentum, und er stritt sich mit dem Grafen von Toulouse um den Besitz von Maarat Al Numan, einer vor kurzem eroberten Festung. Die Truppen, welche diese Streitigkeiten unter den Fürsten mitansehen mußten, nahmen die Sache selbst in die Hände: Sie überfielen die Festung und zerstörten sie.

Der Graf von Toulouse war der Streitigkeiten müde, die nur seine Kräfte aufzehrten und ihn schon zu viel Zeit hatten verschwenden lassen. So machte er sich am 13. Januar 1099 auf den Weg und überließ es Boemund, das Wohlleben in Antiochia weiter zu genießen. Der Graf betrachtete sich als dazu auserwählt, der Eroberer Jerusalems zu werden. Zwar ging der Vormarsch langsam vor sich, aber er gelang überraschend leicht. Die Emire beeilten sich, das große Heer, das sie sonst zu Tode getrampelt hätte, mit Verpflegung zu versorgen. So kam der Frühling; die Blumen begannen zu blühen, und als die Kreuzfahrer die schöne Küstenstraße entlangritten, waren sie voll freudiger Hoffnung. Bei Joppe, dem heutigen Jaffa, schwenkten sie gegen das Landesinnere ab und begannen den Aufstieg nach Jerusalem.

Jetzt lag Jerusalem vor ihnen. Seine gelben Mauern glänzten in der heißen Sommersonne. Von den Türmen wehten Fahnen. Iftikhar Ad Daula, der Statthalter der Stadt und Kommandant der Besatzungstruppen, hatte eine furchterregende Verteidigung aufgebaut. Er besaß genügend Waffen und Verpflegung für eine lange Belagerung, und seine Truppen waren ihm treu ergeben. Zudem befand sich ein ägyptisches Heer auf dem Anmarsch. Die Quellen rings um die Stadt waren vergiftet worden, und alle Schaf- und Ziegenherden hatte der Statthalter zusammentreiben und von den Hügeln der Umgebung in die Stadt bringen lassen. Die Tausende von Christen, die in Jerusalem lebten, waren ausgewiesen und in die judäische Wüste geschickt worden. Den Juden war gestattet worden zu bleiben, vielleicht weil sie Vorräte besaßen, die den Verteidigern nützlich werden konnten. Spione meldeten dem Statthalter, daß die eigenen arabischen und nubischen Truppen dem Feind, der zudem zu schlecht ausgerüstet schien, um eine so große und mächtige Stadt wie Jerusalem einschließen zu können, zahlenmäßig überlegen waren. Und er hoffte, das ägyptische Heer werde bald eintreffen. Dann würde das Heer der Kreuzfahrer vom Angesicht der Erde verschwinden, als ob es nie existiert hätte.

Iftikhar war ein guter Feldherr, der es verstand, seine Truppen zu Heldentaten anzuspornen. Er war auch sorgfältig und vorsichtig und hatte dafür gesorgt, daß er genügend Wasser und Verpflegung hatte. Er hatte angeordnet, die Türme mit Baumwollballen und Heu anzufüllen, um sie gegen Bombardierungen zu verstärken. Er handelte stets besonnen und gewann damit die Bewunderung der Kreuzfahrer.

Die Belagerung begann an dem Tage, an welchem die Kreuzfahrer die Moschee des Propheten Samuel erreichten. Von diesem Hügel aus – Jerusalem-Pilger kannten ihn als «Montjoie», Berg der Freude – konnten sie ganz Jerusalem vor sich liegen sehen. Es war der 7. Juni 1099.

Die Fürsten hatten die Stadtpläne eingehend studiert und auch die Berichte ihrer Spione bedacht; zudem wußten sie, wie die Stadt angelegt war. Auf drei Seiten – im Osten, Süden und Westen – war Jerusalem durch tiefe Schluchten geschützt. Leicht zugänglich war die Nordmauer sowie der Berg Zion in der südwestlichen Ecke. Die Kreuzfahrer unter dem Kommando von Robert von der Normandie stellten sich an der Nordmauer auf, diejenigen unter dem Grafen von Toulouse gegenüber dem Berg Zion. Die Truppen Gottfrieds von Lothringen deckten die Nordwestecke der Stadt bis zum Jaffator hinunter, während Robert von Flandern das Damaskustor bewachte. Jerusalem war nicht eingekreist, es wurde von zwei Seiten her belagert. Und doch war die Umklammerung in gewissem Sinne vollständig, denn die ganze Umgebung der Stadt war in den Händen der Belagerer, und die Stadt war abgeriegelt.

Die ersten fünf Tage wurden dazu verwendet, die Karren mit den einzelnen Teilen der Belagerungsmaschinen herbeizufahren sowie nach Verpflegung und nach Wasser zu suchen. Raimund von Aguilers, der die Truppen des Grafen am Berg Zion begleitete, berichtet, wie die Leute sich jeweils um den Teich Siloach am Fuße des Hügels drängten; die Quelle sprudelte jeden dritten Tag. Dies war eine jener unerklärlichen Erscheinungen, die nur dem Willen Gottes zugeschrieben werden konnten. Die Soldaten rasten vor Durst, und wenn die Quelle zu sprudeln begann, bedrängten und bekämpften sie einander so heftig, daß einige ins Wasser fielen, und den Pferden und Rindern, die zum Teiche geführt wurden, erging es ebenso. Er schreibt:

> Die Kräftigeren schoben und drängten sich mit Todesverachtung durch den Teich, der schon mit Tieren und Menschen, die um ihr Leben kämpften, vollgestopft war, und so gelangten sie zur felsigen Mündung der Quelle, während die Schwächeren im schmutzigen Wasser zurückgelassen wurden. Diese Schwächeren lagen mit offenem Mund neben dem Teich; sie konnten nicht reden, weil ihre Zungen eingetrocknet waren, und sie streckten ihre Hände aus, um von den Glücklicheren Wasser zu erbetteln.
> In den nahen Feldern standen Pferde, Maultiere, Rinder, Schafe und viele andere Tiere herum. Sie waren so schwach, daß sie sich nicht rühren konnten. Sie verkümmerten, starben vor Durst, verfaulten, wo sie gestanden hatten, und erfüllten die Luft mit dem Geruch von Tod.[27]

So vergingen die Tage bei tödlicher Hitze, mit Staub, der einen zu ersticken drohte, und starke Winde voller Sonnenhitze kamen auf. Es gab wenig Schatten, denn alle Bäume rings um Jerusalem waren niedergehauen worden. Die Kreuzfahrer mußten das Wasser acht oder zehn Kilometer weit herholen, und man bezahlte kleine Vermögen für einen Mundvoll Wasser. Den Sarazenen gelang es, einige von den Wasserträgern aus dem Hinterhalt zu überfallen.
Am 12. Juni, als die Heere im Begriffe waren, sich niederzulassen, unternahmen die Fürsten eine Wallfahrt auf den Ölberg. Hier trafen sie einen alten Einsiedler, der zu ihnen sagte: «Wenn ihr die Stadt morgen um die neunte Stunde angreift, wird sie Gott in eure Hände überliefern.»
Die Fürsten waren verwirrt. Das Heer war für einen Generalangriff noch nicht bereit. Die Sturmleitern, die Belagerungsmaschinen und die hölzernen Türme waren noch nicht an Ort und Stelle.
«Die Belagerungsmaschinen sind noch nicht in Stellung», sagten die Fürsten.
Der Einsiedler antwortete, die Belagerungsmaschinen hätten nichts damit zu tun. «Gott ist allmächtig», erwiderte er. «Wenn er es will, könnt ihr die Mauern mit einer einzigen Leiter erstürmen. Er ist auf der Seite derjenigen, die sich für die Wahrheit einsetzen.»[28]
Die Fürsten waren von den Äußerungen des Einsiedlers so beeindruckt, daß sie taten, wie er sie geheißen hatte. Sie befahlen einen Generalangriff mit improvisierten Belagerungsmaschinen. Nach dem Bericht Raimunds von Aguilers gelang es einigen Kreuzfahrern, die Zinnen zu erreichen, und es entspann sich ein Kampf, der bis zur

dritten Stunde andauerte. Raimund von Aguilers, der an Einsiedler und Wunder glaubte, berichtet, daß der Angriff gelungen wäre, wenn die Fürsten nicht so faul gewesen wären und sich nicht so gefürchtet hätten, so daß sie ihn zu früh abbliesen.
Dieser Rückschlag entmutigte viele jener Soldaten, die in der Umgebung Futter und Wasser für ihre Pferde suchten und nach Nahrung und Wasser für sich selber. Verwirrung kam auf im Heer, und ein Ausfall der Belagerten hätte jene Kreuzfahrer, die sich anschickten, längs der Nordmauer anzugreifen, vernichten können. Die Fürsten gewannen jedoch die Kontrolle über ihre Truppen sehr rasch zurück. Sie kündeten an, daß es keine weiteren Angriffe mehr geben werde, bevor weitere Steinschleudern und Belagerungsmaschinen gebaut wären. Dafür benötigten sie kräftiges Holz, aber in der Umgebung von Jerusalem stand kaum mehr ein Baum.
Durch eine gütige Vorsehung erschienen am 17. Juni in Jaffa sechs Schiffe mit Nachschub. Sie brachten Verpflegung und Waffen sowie Flaschenzüge, Seile, Nägel, Eisenbolzen und Lederhäute für die Herstellung von Belagerungsmaschinen. Die Schiffe hatten auch etwas Holz geladen, aber nicht soviel, wie die Kreuzfahrer benötigten. Da die Muslime entschlossen waren, zu verhindern, daß dieser Nachschub das Heer erreichte, entsandten sie vierhundert Mann ihrer besten Arabertruppe und zweihundert Türken nach dem einige Kilometer landeinwärts an der Straße von Jaffa nach Jerusalem gelegenen Ramala. Ein gewisser Graf Geldemar Carpenel, der zum Stabe Gottfrieds von Bouillon gehörte, war beauftragt, mit zwanzig Rittern und fünfzig Fußsoldaten den Transport des Nachschubs zu sichern. Bald aber realisierte man, daß diese kleine Abteilung zu schwach war. Zur Verstärkung wurde Raimund Pilet mit fünfzig Rittern nachgeschickt und später noch eine weitere Abteilung unter Wilhelm von Sabran, der zum Heer des Grafen von Toulouse gehörte. In der Ebene von Ramala kam es dann zu einer heftigen Schlacht zwischen den Kreuzfahrern und den Muslimen. Sechshundert Muslime standen siebzig Christen gegenüber: Fünf Ritter wurden getötet, und alle Bogenschützen fielen. Als die Muslime eine Staubwolke am Horizont erscheinen sahen, gab es nur noch etwa dreißig Überlebende. Es waren fünfzig Ritter, die den Christen zu Hilfe eilten. Die Muslime jedoch fürchteten, sie würden einer Übermacht gegenüberstehen, und flohen. Darauf rückten die christlichen Truppen nach Jaffa vor, wo sie feststellen mußten, daß die Seeleute die Fracht zwar ausgeladen hatten, eine ägyptische Flotte aber den Hafen blockierte. Einem der englischen Schiffe gelang es dann, sich in der Nacht an den Ägyptern vorbeizustehlen, während die übrigen Schiffe aufgegeben wurden.

Die Seeleute begleiteten die Ritter mit dem Nachschub nach Jerusalem.
Obwohl dieser Nachschub willkommen war – kam er doch zu einem Zeitpunkt, da die Kreuzfahrer eben den Mut verlieren wollten –, reichte er doch nicht aus, um den Erfolg der Belagerung sicherzustellen. Wasser und Holz fehlten. Zum Bau der großen Türme, die vor den Mauern Jerusalems errichtet werden sollten, wurde eine überraschend große Menge Holz benötigt. Man brauchte auch neue Steinschleudern. Zudem brauchte man Sturmleitern, so viele wie nur möglich. Während sich einzelne Truppenteile auf der Suche nach Holz immer weiter vom Lager entfernten, diskutierten die Fürsten, stritten untereinander und meinten bisweilen, es sei bei so großen Meinungsverschiedenheiten besser, keine Entscheide zu treffen. Die Geistlichen bestritten Tankreds Rechte auf die Herrschaft über Bethlehem, das dieser mit einem kurzen Scharmützel erobert und, als Zeichen seiner Herrschaft, sein Banner über der Geburtskirche errichtet hatte. Einige der Fürsten stellten sich auf die Seite Tankreds. Der Klerus blieb hart. Seiner Ansicht nach war Bethlehem so heilig, daß es nur unter der Jurisdiktion des Papstes stehen konnte. Als über die zukünftige Regierungsform für Jerusalem gesprochen wurde, gab es ähnliche Diskussionen. Man stritt über den Titel, den sein zukünftiger Herrscher führen sollte. Sollte er König von Jerusalem genannt werden? Da Christus eine Dornenkrone getragen hatte, war es da nicht eine Verspottung der Christenheit, wenn einem Sterblichen ein Titel gegeben wurde, der dem Sohn Gottes bestimmt war? Die Stimmung im Volke war auf der Seite des Klerus. Man bestand darauf, daß kein Mensch würdig sei, König von Jerusalem genannt zu werden. Aber auch die Regelung dieser Frage wurde aufgeschoben.
Zwar hatte man sich mit großer Eile an die Herstellung von Belagerungsmaschinen und -türmen, Sturmleitern, Steinschleudern und sonstigem Kriegsgerät gemacht – das Heerlager war zu einer riesigen Zimmerei geworden –, aber Ende Juni war man noch zu keiner Einigung über das Datum des Angriffs gelangt. Man glaubte schon, daß die Dinge drängten, war aber auch überzeugt, daß an der Ausrüstung nichts fehlen dürfe. Die großen Türme mußten kräftig gebaut sein, und jedermann im Heer mußte wissen, was von ihm erwartet wurde.
Jeder arbeitete bis zur Erschöpfung. Aber es brauchte noch etwas Zusätzliches, etwas das alle zu noch größerer Anstrengung anspornen würde. Was es wirklich brauchte, war nach Ansicht Raimund von Aguilers und auch in den Augen des Grafen von Toulouse, vielleicht auch nach Meinung der übrigen Fürsten, ein Zeichen von Gott, wie es die Entdeckung der Heiligen Lanze in Antiochia gewesen war.

Dieses Zeichen kam am Morgen des 6. Juli, als der Priester Peter Desiderius, von dem man wußte, daß er schon früher Visionen gehabt hatte, ankündigte, der verstorbene Bischof Adhémar von Le Puy sei ihm erschienen und habe ihm eine Botschaft an alle Kreuzfahrer übergeben. (Der Bischof war im August 1098 an einem heftigen Fieber gestorben.) In seiner Botschaft rufe der Bischof die Kreuzfahrer dazu auf, sich vom Schmutz der Welt zu befreien, die Sünde hinter sich zu lassen und barfuß um die Mauern von Jerusalem herum zu ziehen. Wenn sie das alles täten, dann würde die Stadt nach neun Tagen ihrem heftigen Ansturm erliegen. Wenn sie jedoch dieser Botschaft nicht gehorchten, würde Gott ihr Unglück noch vergrößern. Da Bischof Adhémar bis zu seinem Tode theoretisch der Befehlshaber der Kreuzfahrer und nach dem Papst die höchste Autorität gewesen war, hatten seine geheimnisvollen Worte eine besondere Kraft. Eine Versammlung aller Kreuzfahrer wurde einberufen, in der dieser neue Befehl erörtert werden sollte. Man wurde sich einig, daß der Bischof tatsächlich durch Peter Desiderius gesprochen habe und daß sein Befehl ausgeführt werden müsse. Hatte sich nicht auch Christus gedemütigt, als er auf einem Esel in Jerusalem einzog? Deshalb müßten sich die Christen auf die gleiche Weise demütigen: Sie mußten Christus nachahmen und demütig im Angesichte Gottes wandeln.
Zwei Tage später zog eine außergewöhnliche Prozession um die Mauern von Jerusalem. Die Priester gingen mit Kreuzen und heiligen Reliquien voran. Dann folgten die Ritter und die Fußsoldaten. Alle gingen barfuß. Einige der Soldaten schwangen ihre Waffen; die Trompeter bliesen ihre Instrumente. Alle waren von der Feierlichkeit des Anlasses bewegt. Raimund von Aguilers, der an der Prozession teilnahm und später auf dem Ölberg zum ganzen Heer predigte, erinnerte sich, daß es sehr lärmig zu und her ging und daß die Sarazenen auf den Mauern sich über sie lustig machten, indem auch sie Kreuze aufrichteten, mit denen sie obszöne Possen rissen. Sie hängten die Kreuze am Galgen auf und versetzten sie in Hin-und-Herbewegungen, indem sie sie anstießen. Der Anblick dieses gotteslästerlichen Tuns spornte die Christen nur noch mehr an.
Der Zug um die Mauern war sowohl eine Bußprozession als auch ein Triumphmarsch. Von jenem Morgen an schienen alle sicher zu sein, daß sie Jerusalem erobern würden.
Ein gewisser Gaston, Vicomte von Béarn, erhielt nun das Kommando über die Türme und die Belagerungsmaschinen an der Nordmauer, während Wilhelm Embriaco die Aufsicht über den Bau der Türme und Belagerungsmaschinen am Berg Zion übertragen wurde. Gewaltige Holzbalken wurden von gefangenen Muslimen gegen Jerusalem

zu geschleppt. Raimund von Aguilers spricht von Holzbalken, die von fünfzig bis sechzig Muslimen getragen werden mußten.
Die Fürsten arbeiteten einen Zeitplan aus. Am 9. Juli waren sie in der Lage, zu entscheiden, daß der Angriff in der Nacht vom 13. Juli stattfinden solle, denn die großen Türme und Belagerungsmaschinen waren beinahe vollendet. Sie mußten nur noch an Ort und Stelle gebracht werden. Der Angriff sollte gleichzeitig am Berg Zion und entlang dem östlichen Sektor der Nordmauer erfolgen.
Im letzten Augenblick änderten Gottfried von Bouillon und die Grafen von Flandern und der Normandie den Plan. Während der Nacht wurde der größte Turm unter gewaltigen Anstrengungen an eine andere Stelle achthundert Meter weiter gerollt. Sie hatten erfahren, daß die Sarazenen ihre Kräfte dort zusammenzogen, wo ihr Turm gestanden hatte. Nun war er gegenüber der Nordmauer in der Nähe des Herodestors. Der Graf von Toulouse, der beim Berg Zion Stellung bezogen hatte, bot jedem für das Heranschleppen von drei schweren Steinen, mit denen die Vertiefung ausgefüllt werden konnte, die ihn daran hinderte, seinen Turm nahe an die Mauern heranzubringen, einen Denar an. Die Vertiefung war bald aufgefüllt, das Geld bezahlte er aus seiner eigenen Tasche.
Über die Kämpfe, die den ganzen 14. Juli hindurch dauerten, weiß man überraschend wenig. Die Türme näherten sich den Mauern, die Sappeure machten sich an die Arbeit. Die Christen griffen mit ihren Steinschleudern und den hohen Belagerungstürmen, mit denen sie schwere Steine über die Mauern schleudern konnten, an. Die Sarazenen kämpften mit Feuer gegen die Steine; sie schleuderten hölzerne Geschosse die sie in Lumpen eingewickelt und mit brennendem Pech, Schwefel, Wachs und Werg in Brand gesetzt hatten, auf die Angreifer. Diese Geschosse waren außerdem mit langen Nägeln versehen, so daß sie überall, wo sie aufschlugen, stecken blieben. Sie kämpften hartnäckig. Möglich, daß sie zu viele waren, so daß sie einander in die Quere gerieten, wenn sie sich auf den Zinnen und in den Laufgängen drängten. – Raimund von Aguilers sagt, es seien sechzigtausend Sarazenen gegen nicht mehr als dreizehnhundert christliche Ritter, zwölftausend Fußsoldaten und allerlei Handwerker gewesen. – Die Verteidiger waren weniger beweglich und vielleicht weniger diszipliniert als die Kreuzfahrer, die überall mit Seilen und Steigleitern die Mauern zu erklettern versuchten. Die zwei gewaltigen Türme, einmal an die Mauern herangerückt, bedeuteten für die Muslime eine große Gefahr. Hier, beim Berg Zion und an der Nordmauer, hätten die Muslime eher erfahrene Pioniere als Soldaten benötigt. Sie taten hingegen, was sie konnten, um die Türme in Brand zu setzen, die

zum Schutz gegen das Feuer mit Fellen und Häuten bedeckt waren. Das Ziel der Kreuzfahrer war es, damit in die Mauern eine Bresche zu schlagen, durch welche sie in die Stadt eindringen konnten.
Die Muslime verfügten im Überfluß über griechisches Feuer – brennendes Pech und Schwefel –, während die Kreuzfahrer Feuer nur für die brennenden Pfeile benutzten, die sie in die Stadt schossen. Schwaden von Flammen fielen auf die Kreuzfahrer hinunter. Heuballen, die reichlich mit Öl und Wachs begossen worden waren, wurden über die Mauern geworfen; das Heu brannte noch lange, nachdem es den Boden erreicht hatte, weiter. Gewaltige Rauchsäulen stiegen auf. In Jerusalem brannten einzelne Gebäude, während außerhalb der Mauern ganze Flammenmeere loderten, besonders bei den hölzernen Türmen, wo die Muslime ihr Feuer konzentrierten.
So ging der Kampf den ganzen Tag hindurch, bis in die Nacht hinein. Raimund von Aguilers spricht von einem ununterbrochenen Lärm, von Belagerungsmaschinen, die von Steinen zerschmettert wurden, die die Sarazenen mit Katapulten auf das Belagerungsgeschütz der Christen schleuderten; er schreibt, wie geschickt die Sarazenen sich verteidigten, und er hebt ihre Zielsicherheit hervor, dank der es ihnen gelang, einen großen Teil der Belagerungsmaschinen zu verbrennen oder zu zerschmettern. Sie hätten auch Hexerei und Zauberkünste angewendet, eine Waffe, welche die Christen nicht zur Verfügung hatten. Zwei Hexen, so erzählt er, hätten auf den Zinnen gestanden und eines der Wurfgeschütze verzaubert. Er bemerkt auch mit einer nicht geringen Zufriedenheit, daß unmittelbar nachdem die Hexen ihren Zauberspruch gesprochen, ein Stein durch die Luft geflogen sei und sie getötet hätte.
Am Morgen des 15. Juli begannen die Christen zu wanken. Sie waren vom langen Kampf und vom Wassermangel erschöpft, der Anblick der vielen zerstörten Belagerungsmaschinen entmutigte sie. Die Fürsten traten zusammen und besprachen, ob sie sich zurückziehen und neu gruppieren sollten. Eben war es gelungen, beide Türme an die Mauern heranzurücken, aber noch war es nicht möglich gewesen, die Brücken in Position zu bringen. Diese Brücken, die oben an den Türmen befestigt waren und mit Seilen und Rollen in Position gebracht werden konnten, waren für die Herstellung der Verbindung zu den Mauern unentbehrlich. Bis dahin war es noch keinem einzigen Kreuzfahrer gelungen, die Stadt zu betreten; jeder Versuch, die Mauern zu besteigen, war mißlungen. Da winkte ein unbekannter Ritter, der auf dem Ölberg stand, mit seinem Schild dem Grafen von Toulouse zu, er solle vorrücken. Raimund von Aguilers deutet an, daß der unbekannte Ritter ein Engel gewesen sei. Gleichzeitig befahl

Gottfried von Bouillon, der auf dem Turme stand, seinen Leuten, Feuer auf die Heuballen und Baumwollkissen, die von den Mauern herunterhingen, zu werfen. Und da der Wind sich drehte, ergossen sich gewaltige Rauchschwaden über die Stadt und reizten die Augen der Verteidiger, so daß sie wegrannten. Um die Türme von den Mauern wegzuhalten, hatten die Sarazenen Holzbalken verwendet. Einen dieser Balken ergriffen nun die Kreuzfahrer und befestigten das eine Ende am Turm. Das andere Ende war an den Zinnen befestigt. Über dem Balken wurde nun die Brücke in Position gebracht, und jetzt besaß man endlich einen gedeckten Zugang zur Stadt. Zwei flämischen Rittern, Litold und Gilbert von Tournai, fiel die Ehre zu, die Brücke als erste zu überschreiten. Kurz hinter ihnen folgten Gottfried von Bouillon, sein Bruder Eustachius, Robert, der Herzog der Normandie, und der Graf von Flandern. Es war ungefähr zwölf Uhr mittags am Freitag, dem 15. Juli, dem neunten Tag, wie Bischof Adhémar vorausgesagt hatte. Und da wurde den Kreuzfahrern auch bewußt, daß sie zur gleichen Stunde im Begriffe waren, die Stadt zu betreten, zu der Christus am Kreuz gestorben war.
Beim Berg Zion war es zwar auch dem Grafen von Toulouse gelungen, seinen Turm nahe an die Mauer heranzurücken, aber er hatte es noch nicht geschafft, ihn als Brücke in die Stadt zu verwenden. Die Sarazenen, die auf dem Berg Zion kämpften, befehligte Iftikhar selber; er schaffte eine wirkungsvolle Verteidigung, setzte Steine, griechisches Feuer und unablässige Pfeilschauer ein. Da kamen schon Boten zu ihm, die meldeten, Gottfried von Bouillon und seine Kreuzfahrer seien in die Stadt eingebrochen, ritten bereits durch die Straßen und töteten jeden, den sie anträfen: Männer, Frauen und Kinder. Darauf schloß Iftikhar sich mit so vielen seiner Soldaten, als Platz fanden, im Davidsturm ein und verhandelte mit dem Feind. Er versprach dem Grafen von Toulouse seinen Schatz unter der Bedingung, daß er und seine Leibwache verschont würden und man ihnen freies Geleit nach Askalon gewähre. Damit war der Graf einverstanden. Iftikhar und seine Leibwache überlebten als einzige Sarazenen das allgemeine Massaker; am gleichen Tag noch wurden sie aus Jerusalem hinausgeleitet.
Der Turm, den der Graf von Toulouse mit so großen Kosten und mit so viel Energie und unter Verlust seines privaten Vermögens hatte errichten lassen, wurde nicht mehr benötigt; die Provenzalen betraten Jerusalem durch die Stadttore. Aber noch bevor sie den Haram Asch Scharif, den weiten heiligen Platz, wo der Felsendom und die Al-Aksa-Moschee standen, erreichten, wurde Jerusalem in Blut gebadet.

Tankred und seine Ritter erreichten den Haram Asch Scharif als erste, plünderten den Felsendom und gelangten so zu gewaltigem Reichtum. Die Sarazenen hatten gehofft, in der Al-Aksa-Moschee durchhalten zu können, aber es hatte ihnen die Zeit gefehlt, sie für die Verteidigung herzurichten. So nahmen sie auf dem Dache Zuflucht und hofften, von dort aus die Eindringlinge töten zu können. Aber Tankreds Stoßtrupp kam mit solcher Geschwindigkeit und solcher Wucht auf sie zu, daß sie sich rasch ergaben und große Summen als Lösegeld für ihr Leben anboten. Tankred erklärte sich bereit, sie zu verschonen, und die Sarazenen durften zum Zeichen, daß sie unter seinem Schutze standen, sein Banner über der Moschee aufziehen. In einem anderen Teil der Stadt ließen sich die Kreuzfahrer vollständig gehen. Sie drangen in die Häuser ein, wo sich die Bewohner, in den Ecken kauernd, versteckt hielten, und töteten, von Zerstörungswut gepackt, drauflos. Das Massaker dauerte die ganze Nacht hindurch an.

Am Morgen stießen Kreuzfahrer, die nicht Tankred unterstanden – wahrscheinlich Provenzalen –, auf die Sarazenen, die in der Al-Aksa-Moschee Zuflucht genommen hatten, und töteten sie alle. Im Tempelbereich lagen überall Tote herum, ohne Köpfe, ohne Arme, ohne Beine. Die Krieger liefen über die verstümmelten Körper hinweg, als seien sie ein Teppich, der für sie ausgebreitet worden war. Raimund von Aguilers, der das Blutvergießen mitansah, meint zustimmend: «Dies ist der Tag, den Gott gemacht hat. Wir werden uns an ihm freuen und frohlocken.»

Daß der Graf von Toulouse sich Iftikhar gegenüber als gnädig erwies, hatte seine guten Gründe. Beim Berg Zion gerieten die Sarazenen nicht in Panik, und sie zogen sich auch nicht zurück. Für die Provenzalen gab es keine Möglichkeit, in die Stadt hineinzugelangen, es sei denn, die Sarazenen selber öffneten das Davidstor. Und selbst wenn Jerusalem fiel, der fanatische Widerstandswille, den sie beim Berg Zion gezeigt hatten, hätte das Leben für die Christen unerträglich machen können.

Das Massaker in Jerusalem war absichtlich herbeigeführt worden; es war das Ergebnis einer klaren Politik: Jerusalem sollte eine christliche Stadt werden, auch die Juden mußten vernichtet werden. Diese waren in die Hauptsynagoge geeilt und hofften, dort Zuflucht und Schutz zu finden. Die Kreuzfahrer, auf einfache Lösungen bedacht, brannten die Synagoge mitsamt den Juden nieder.

Den toten Sarazenen schlitzten die Kreuzfahrer die Bäuche auf, weil sie gehört hatten, daß sie manchmal Goldmünzen verschluckten, um zu verhindern, daß sie in die Hände der Feinde fielen. Und als einige

Tage darauf beschlossen wurde, die Toten auf großen Holzstößen aufzuhäufen, um sie zu verbrennen, achteten die Kreuzfahrer sorgfältig darauf, ob nicht vielleicht geschmolzenes Gold am Fuße des Scheiterhaufens zu finden war.
In der Siegesnacht begaben sich die Kreuzfahrer in einer Prozession zur Grabeskirche. Eine Messe wurde gefeiert, und die Priester sangen das Offizium von der Auferstehung, im Kirchengewölbe brannten Kerzen. Ritter in Kettenpanzern standen neben einfachen Soldaten. Für einige Augenblicke kam im Halbdunkel der Kuppelkirche eine Hochstimmung auf: Man hatte gegen einen gewaltigen Widerstand das gemeinsame Ziel erreicht: Die Grabeskirche war in den Händen der Christen.

AUSZÜGE AUS EINEM BRIEF VON DAIMBERT, ERZBISCHOF VON PISA, HERZOG GOTTFRIED, VERTEIDIGER DES HEILIGEN GRABES, UND RAIMUND, GRAF VON ST. GILLES, AUS JERUSALEM. VOM AUGUST 1099.[29]

AN DEN HERRN PASCHALIS, PAPST DER RÖMISCHEN KIRCHE, an alle Bischöfe und an das ganze christliche Volk, vom Erzbischof von Pisa, von Herzog Gottfried, jetzt durch die Gande Gottes Verteidiger des Heiligen Grabes, von Raimund, Graf von St. Gilles, und vom ganzen Heer Gottes: Gruß und Gebet.
Vermehrt Eure Bitten und Gebete im Angesicht Gottes mit Freude und Danksagung, denn Gott hat seine Barmherzigkeit gezeigt, indem er durch unsere Hände erfüllt hat, was er in alten Zeiten versprochen hat . . .
. . . befahlen die Bischöfe und die Fürsten, daß alle barfuß um die Mauern der Stadt herumziehen sollten, damit Er, der sie um unsertwillen demütig betreten hat, durch unsere Demut gerührt werde, sie uns öffne und mit Seinen Feinden ins Gericht gehe. Gott wurde durch diese Demut versöhnt, und am achten Tage, nachdem wir uns gedemütigt hatten, übergab Er die Stadt und Seine Feinde in unsere Hände. Es war gerade der Tag, an dem die Urkirche aus Jerusalem vertrieben worden war, der Tag, an dem die Zerstreuung der Apostel gefeiert wird. Und wenn Ihr wissen wollt, was mit dem Feinde geschah, den wir dort fanden, so wisset, daß unsere Männer im Säulengang Salomons und in seinem Tempel bis zu den Knien ihrer Pferde hinauf im Blut der Sarazenen ritten.
Als wir dann miteinander besprachen, wer die Stadt halten solle, und als es einige gab, die aus Liebe zu ihrem Vaterland heimreiten wollten, vernahmen wir, daß der König von Babylon mit einer großen Menge Soldaten nach Askalon gekommen sei. Er sagte, es sei

seine Absicht, alle Franken in Jerusalem in die Gefangenschaft abzuführen und Antiochia im Sturm zu nehmen. Aber Gott entschied um unsertwillen anders.

Als wir vernahmen, daß das Heer der Babylonier in Askalon sei, zogen wir hinunter, ihm entgegen. Unsern Troß und die Verwundeten ließen wir unter dem Schutze der Besatzung in Jerusalem zurück. Als wir den Feind erblickten, fielen wir auf die Knie nieder und riefen Gott um Hilfe an. Er, welcher in allen unsern andern Schwierigkeiten unsern christlichen Glauben gestärkt hatte, möge nun die Macht der Sarazenen und des Teufels brechen und das Reich der Kirche Christi von Meer zu Meer und über die ganze Welt ausbreiten. Es gab keine Verzögerung. Gott antwortete, als wir ihn um Hilfe anflehten. Er gab uns solche Kühnheit, daß Ihr, hättet Ihr gesehen, wie wir uns auf den Feind stürzten, uns für eine Schar Hirsche, die zum Wasser eilen, ihren Durst zu stillen, gehalten hättet ... Wunderbar ist der Herr seinen Dienern erschienen. Denn durch unsern Ansturm allein, bevor wir überhaupt zu kämpfen begonnen hatten, warf Er die Scharen in die Flucht und zerstreute alle ihre Waffen, so daß, wenn sie uns später hätten angreifen wollen, sie keine Waffen mehr gehabt hätten, auf die sie sich hätten verlassen können. Ihr sollt nicht fragen, ob wir Beute gemacht haben, denn wir eroberten den ganzen Schatz des Königs von Babylon ...

... Als wir den Sieg errungen hatten, kehrte das Heer nach Jerusalem zurück. Herzog Gottfried blieb dort, aber Raimund, der Graf von St. Gilles, Robert, der Graf der Normandie, und Robert, der Graf von Flandern, machten sich auf den Weg nach Latakia, wo sie die Flotte von Boemund mit den Pisanern vorfanden. Nachdem der Erzbischof von Pisa zwischen Boemund und unsern Führern Frieden geschlossen hatte, machte sich Graf Raimund bereit, um Gottes und unserer Brüder willen nach Jerusalem zurückzukehren.

Deshalb rufen wir Euch alle, die Ihr zur katholischen Kirche Christi gehört, und das ganze lateinische Volk auf, zu jubeln über den wunderbaren Mut und die Frömmigkeit unserer Brüder, über die ruhmreiche und sehr erwünschte Vergeltung Gottes sowie über die ergeben erhoffte Vergebung aller unserer Sünden durch die Gnade Gottes ...

III DIE KÖNIGE, DIE VON AUSSEN KAMEN

Der Streit unter den Fürsten

Zwei Tage nach der Eroberung Jerusalems trat der Rat der Fürsten und ihrer wichtigsten Stellvertreter zusammen, um über die zukünftige Verwaltung der Stadt zu beraten. Es gab dringende Probleme, die rasch gelöst werden mußten. Die Stadt war mit Leichen übersät – nicht weniger als fünfzigtausend Sarazenen –, und es wurde der Befehl ausgegeben, sie zu bestatten oder zu verbrennen. Die nächste Aufgabe war die Verteilung der zur Verfügung stehenden Wohnstätten. Wo sollten die Soldaten wohnen? Wo sollten die Priester untergebracht werden? Man hatte den Rittern und den gewöhnlichen Soldaten gestattet, ihre Namen an jene Häuser, in die sie eingedrungen waren, zu schreiben und damit von ihnen Besitz zu ergreifen. In Wirklichkeit gab es endlose Komplikationen, die von den Gerichten behandelt werden mußten. Ein dringliches Problem war der Anmarsch der ägyptischen Armee. Die Kreuzfahrer mußten damit rechnen, daß sie innerhalb einiger Tage oder Wochen Jerusalem gegen ein mächtiges und gutbewaffnetes Heer zu verteidigen haben würden.

Es wurde auch hitzig über andere Probleme diskutiert. Sollte Tankred den ganzen Schatz aus dem Felsendom, einschließlich der acht Hängelampen aus massivem Silber, behalten dürfen? Und schließlich mußte die wichtigste Frage beantwortet werden: Wer sollte König von Jerusalem werden?

Es bestand nicht der geringste Zweifel, daß der Graf von Toulouse, der reichste und mächtigste der Fürsten, die den Kreuzzug begleiteten, einen Anspruch auf den Titel hatte. Zwar hatte er bei der Eroberung von Jerusalem nicht die heldenhafteste Rolle gespielt, aber er hatte am Berg Zion tapfer gegen Iftikhar gekämpft. Raimund von Aguilers sagt, die Fürsten hätten den Grafen ermuntert, den Titel anzunehmen, aber er habe sich geweigert und erklärt, er erschaudere

beim Gedanken, als König von Jerusalem angesprochen zu werden. Raimund beansprucht hier mehr Bescheidenheit für den Grafen, als dieser vermutlich besessen hat. Er war ein alternder Mann, war sehr krank gewesen, war kein guter Verwalter und hatte ein Alter erreicht, wo er daran dachte, sich zurückzuziehen. Anderseits war er sehr eng mit Bischof Adhémar verbunden gewesen, der vom Papst mit der Führung des Kreuzzuges beauftragt worden war, und während einer längeren Zeitspanne hatte er tatsächlich in Adhémars Namen die Führung innegehabt. Er war ein Meister der Diplomatie; das hatten seine Verhandlungen mit dem byzantinischen Kaiser gezeigt. Im Augenblick, da Jerusalem in seiner Reichweite lag, scheint er über das Angebot der Fürsten, ihm die Krone zu übertragen, sehr erfreut gewesen zu sein, ebensogern scheint er es aber auch zurückgewiesen zu haben. Nur ein sehr stolzer, hartnäckiger und einsamer Mensch konnte ein so großes Geschenk abweisen.
Es blieben Robert von der Normandie, Robert von Flandern und Gottfried von Bouillon, alle drei fähige Männer; praktisch, realistisch und geschickte Krieger, aber nicht besonders intelligent in anderen Bereichen. Keiner von ihnen hatte den Ruf, ein guter Diplomat zu sein, keiner besaß jene elementare Ausbildung in Rechtslehre, die es ihm gestattet hätte, Gesetzgeber zu sein. Robert von der Normandie war ein englischer Fürst und normannischer Herzog, von heftigem Temperament und erfüllt von Machthunger. Seine wirklichen Interessen aber lagen in England und in der Normandie und überwogen dasjenige an Jerusalem. Robert von Flandern, ein tüchtiger Soldat und vielleicht der tapferste unter den Kreuzfahrerfürsten, hatte seine Interessen in Flandern und den übrigen Fürsten bereits mitgeteilt, daß er beabsichtige, nach Hause zurückzukehren, sobald Jerusalem erobert sei.
Die Debatte wurde mit angemessener bürokratischer Umständlichkeit geführt. Die Sekretäre stellten Listen mit den Eigenschaften, Tugenden und Lastern der Kronanwärter auf. Ihr privates und öffentliches Leben wurde untersucht.
Den einzigen Fehler, den sie an Gottfried fanden, war seine übermäßige Frömmigkeit und seine übermäßige Vorliebe für religiöse Übungen. Er war großgewachsen, hatte schmale Hüften und breite Schultern; er scheint den anderen vorgezogen worden zu sein, weil er königlicher aussah und von Karl dem Großen abstammte. Weil er so tief religiös war, wies er die Krone zurück, nahm aber die Königswürde an. Er wählte den Titel *«Advocatus Sancti Spiritus». Advocatus* bedeutet «Freund, Zeuge» und hatte auch die besondere Bedeutung von «Beschützer».

Trotz seiner Frömmigkeit war Gottfried reizbar, hartnäckig und wankelmütig. Mit dem Grafen von Toulouse brach er einen Streit vom Zaune, der völlig unnötig und ein reines Kräftemessen war. Der Graf von Toulouse, der den sehr gut befestigten Davidsturm eingenommen hatte, war mit seiner Leibwache und seinem Heer von Bediensteten auch dort geblieben. Gottfried forderte ihn auf, den Turm zu verlassen. Der Graf weigerte sich und erklärte, er beabsichtige, in Jerusalem Ostern zu feiern; dann werde er den Turm gerne aufgeben. Gottfried blieb hart: der Turm müsse übergeben werden, wahrscheinlich weil er in seinen Augen einen notwendigen Bestandteil der Verteidigungsanlage ausmachte. Robert von Flandern und Robert von der Normandie stimmten Gottfried zu, ebenso viele Angehörige aus dem Stab des Grafen sowie viele seiner Soldaten. Es scheint, daß Gottfried daraufhin einen formellen Befehl als Lehensherr erließ, in welchem er den absoluten Gehorsam seines Untertans, des Grafen von Toulouse, forderte. Der Ausführung des Befehls suchte der Graf von Toulouse dadurch auszuweichen, daß er das Kommando über den Davidsturm vorübergehend an Peter von Narbonne, den Bischof von Al Bara, übertrug, bis ein ordungsgemäß konstituiertes Gericht sein Urteil gesprochen haben würde. Der Bischof übernahm den Turm, brachte alle Waffen, die er darin vorfand, in sein eigenes Haus und übergab den Turm, ohne Gewissensbisse und ohne den Entscheid des Gerichtes abzuwarten, Gottfried.
Auf seine Ehre hielt der Graf von Toulouse sehr viel. Er wütete und tobte, sammelte einige seiner Anhänger und marschierte mitsamt seiner Leibgarde aus Jerusalem hinaus auf Jericho zu, um sich im Jordan taufen zu lassen, denn er erinnerte sich, daß Peter Bartholomäus ihm einmal gesagt hatte, dies sei nach dem Willen Gottes notwendig.
Als der Graf nach Jerusalem zurückkehrte, waren die Fürsten versammelt, um einen Patriarchen zu wählen. Arnulf von Chocques, der Kaplan Roberts von der Normandie, wurde gewählt. Einige mögen gesagt haben, er sei der «weiseste und ehrenwerteste aller Männer», Raimund von Aguilers jedoch protestierte. Der neue Patriarch habe kein Gewissen, ignoriere kanonische Vorschriften und sei auf entehrende Weise geboren. All dies deutet darauf hin, daß Raimund gerne gehabt hätte, man hätte das Patriarchat ihm angeboten.
Die erste Amtshandlung des Patriarchen war, das Heilige Kreuz zu suchen, das versteckt worden war, als die Türken Jerusalem eroberten. Man ließ mehrere orthodoxe Priester vorladen; sie wurden eindringlich ausgefragt, bis sie schließlich, als man ihnen mit der Folter drohte, das Versteck bekanntgaben. Das Kreuz scheint in der Mauer einer der Kapellen der Grabeskirche versteckt gewesen zu sein. Spä-

ter wurde es in Gold gefaßt und mit Edelsteinen besetzt; zusammen mit dem leeren Grab sollte es als das Heiligste verehrt werden, was es im Königreich Jerusalem gab. In Tat und Wahrheit war es nur ein Teil des Heiligen Kreuzes; ein größerer Teil davon befand sich in der Schatzkammer des Kaisers in Konstantinopel. Der Graf von Toulouse war noch immer sehr verbittert darüber, daß er von Gottfried und dem Bischof von Al Bara gedemütigt worden war und daß Arnulf, ein Mensch, den er verachtete, zum Patriarchen ernannt worden war. Er hätte Jerusalem verlassen, wenn man ihn nicht daran erinnert hätte, daß das ägyptische Heer immer noch unterwegs sei und daß die Heilige Stadt in tödlicher Gefahr schwebe. Wie groß seine Meinungsverschiedenheiten mit Gottfried auch sein mochten, Jerusalem von den Ägyptern erobern zu lassen, war er nicht bereit.
Der Oberbefehlshaber des ägyptischen Heeres war Al Afdal, der Sohn eines armenischen Sklaven, der am Hofe des Sultans zu hohen Ehren gekommen war. Al Afdal hatte vom Massaker in Jerusalem gehört, und er war entschlossen, dafür Rache zu nehmen. Er verkündete, er werde alle Christen niedermetzeln und alle christlichen Kirchen sowie alle heiligen Reliquien restlos zerstören. Hingegen behielt er sich das Recht vor, christliche Jungen und Mädchen gefangenzunehmen, sie miteinander zu verheiraten und so eine Rasse von Kriegern heranzuziehen, die fähig sein würden, Ägypten gegen alle seine Feinde zu verteidigen.
Am 11. August entdeckte ein christlicher Spähtrupp, daß eine gewaltige Staubwolke in der Ebene von Ibelin auf ihn zukam. Die Soldaten fürchteten, Al Afdals ganze Streitmacht werde sie überrennen; dennoch hielten sie stand, und sie entdeckten, daß ihnen statt eines Heeres etwas, was sie sehr freute, entgegenkam: eine Herde von Schafen, Rindern und Kamelen, die von einer Weide auf eine andere verlegt wurde. Das war eine gewaltige und ganz unerwartete Beute. Der Spähtrupp bestand aus zweihundert leichtbewaffneten Reitern, die Herde wurde von etwa dreihundert Hirten und ägyptischen Soldaten bewacht. Für die leichtbewaffneten Reiter war es ein leichtes, die Herde, die Hirten und auch die Soldaten gefangenzunehmen.
Unterdessen bereitete sich das Kreuzfahrerheer darauf vor, Al Afdals Heer anzugreifen. Fast ihre ganze Armee marschierte aus Jerusalem hinaus. Man ließ nur eine lächerlich kleine Besatzung zurück. Peter von Amiens und die Kanoniker der Grabeskirche hielten beim leeren Grab Wache, sangen Kirchenlieder und beteten inständig um den Sieg gegen die Ägypter. Das christliche Heer bestand aus neun Kolonnen; drei bildeten die Vorhut, drei die Mitte und drei die Nachhut. Diese Anordnung sollte ihnen ermöglichen, neun Wellen

von Angreifern in den Kampf zu werfen; die Kreuzfahrer wußten, daß es zu gefährlich wäre, in der Defensive zu bleiben. Sie mußten das ägyptische Heer vernichten oder Jerusalem aufgeben.
Der Graf von Toulouse nahm die Heilige Lanze mit in den Kampf. Seine Provenzalen führte er in die fruchtbare Ebene nördlich von Askalon, wo die Ägypter ihr Lager errichtet hatten. Er hatte mindestens dreihundert Ritter bei sich, ein Viertel des ganzen Kreuzfahrerheeres; mit den Rittern waren ungefähr zweitausend Bogenschützen, Fußsoldaten und Bedienstete. Seine Kolonnen befanden sich an der rechten Flanke auf der Seite des Meeres, während Tankred mit Robert von der Normandie und Robert von Flandern die Mitte befehligte und Gottfried die linke Flanke sicherte. Die Fürsten wollten im Morgengrauen angreifen.
Die Ägypter waren völlig überrumpelt. Sie hatten die Stärke des Kreuzfahrerheeres unterschätzt. Von ihren Spionen hatten sie gehört, daß die Anführer untereinander Streit hätten, daß Soldaten desertierten, daß die Pferde schlecht ernährt und das Heer nur ein wilder Haufen sei. Selbst als sie realisierten, daß die Kreuzfahrer eine große Herde von Kamelen, Pferden, Schafen und Rindern erbeutet hatten, glaubten sie noch, sie würden es weniger mit einem Heer denn mit einer Bande von Räubern und Plünderern zu tun haben und einer Schar von äußerst undisziplinierten Kriegern gegenüberstehen.
Al Afdals Heer wurde vom Klange der Trompeten und Hörner der Kreuzfahrer aufgescheucht. Innert weniger Minuten stürmten die neun Kolonnen auf die Soldaten ein, die aus ihren unbewachten Zelten herauseilten. Und einmal mehr gab es ein fürchterliches Massaker. Die Kreuzfahrer kannten keine Gnade. Das ägyptische Heer, das zahlenmäßig weit überlegen war, wurde ins Meer zurückgeworfen. Al Afdals Zelt wurde erobert. Es war angefüllt mit Schätzen von Gold und Silber, Haufen von Edelsteinen, mit Goldeinlagen geschmückten Helmen, Prunkschwertern und Kornvorräten. Al Afdal selber entkam in einem ägyptischen Schiff, und einige seiner Soldaten entflohen nach Askalon.
Al Afdal hatte sein Heer, seinen Schatz, seine Schlachtstandarte und beinahe auch sein Leben verloren. Er war von einem Heer geschlagen worden, das viel kleiner war als das seine, und seine schmähliche Niederlage würde bald im ganzen Nahen Osten bekanntwerden. Die Kreuzfahrer besaßen sein mit Juwelen besetztes Schwert, sein bemaltes Zelt und die Frauen, die er mitgenommen hatte. Mit ihrer ersten Schlacht nach der Eroberung Jerusalems hatten die Kreuzfahrer gezeigt, daß sie unbesiegbar waren. Sie kehrten mit reicher Beute nach Jerusalem zurück und trieben ihre Herden vor sich her. Genau

einen Monat nach dem Fall von Jerusalem feierten sie in der Grabeskirche eine feierliche Messe zum Dank für ihren zweiten Sieg.
Die Intrigen unter den Fürsten jedoch dauerten an, der Preis dafür, daß sie zu viele waren. Der Graf von Toulouse hatte in der Schlacht von Askalon, die zur vollständigen Niederlage des ägyptischen Heeres geführt hatte, erfolgreich gekämpft. Und das war seine letzte Schlacht. Die Stadt Askalon, mit ihren hohen Mauern, war nicht erobert worden. Jetzt kamen Boten zum Grafen, die meldeten, die Einwohner von Askalon wären bereit, sich ihm, aber nur ihm, zu ergeben; sie erinnerten sich, daß er die Sarazenen bei der Übergabe des Davidsturmes anständig behandelt hatte. Als Gottfried von diesen Verhandlungen hörte, wurde er sehr wütend darüber; er konnte nicht ertragen, daß die Stadt jemand anderem als ihm übergeben werden sollte. Gottfried tobte, und auch der Graf tobte. Gottfried hatte noch mehr zu verlieren; der Graf traf den unwiderruflichen Entscheid, Jerusalem zu verlassen und seine Leute mitzunehmen.
Ungefähr zur selben Zeit verließen Robert von der Normandie und Robert von Flandern die Stadt ebenfalls; auch sie waren über Gottfrieds herrisches Benehmen empört. Die beiden Robert holten das Heer des Grafen von Toulouse ein und marschierten gemeinsam mit ihm gegen Norden. Das war ein großes Heer; es zählte ungefähr halb soviele Leute, wie an der Schlacht in der Ebene von Askalon teilgenommen hatten. Von den muslimischen Statthaltern der Städte, die sie durchzogen, wurden die Fürsten mit Respekt behandelt. In Dschabala, unmittelbar südlich von Latakia gelegen, erreichten sie jedoch schlimme Nachrichten. Sie vernahmen, daß eine pisanische Flotte daran sei, Latakia zu blockieren, daß Boemund sich mit den Pisanern verbündet habe und daß Daimbert, der Erzbischof von Pisa, zum päpstlichen Legaten ernannt worden sei und die Flotte kommandiere. Sie hörten auch, die Pisaner hätten gegen ein Geschwader von byzantinischen Schiffen gekämpft und dabei eines ihrer Schiffe gekapert. Boemund, der selbsternannte Fürst von Antiochia, weigerte sich jetzt, die Oberlehnsherrschaft des Kaisers von Byzanz anzuerkennen. Alles deutete auf einen richtigen Streit mit dem Kaiser hin, dessen Flotte in der Lage war, das Meer vor Nordpalästina zu beherrschen, während die Ägypter die Gewässer vor Südpalästina unter Kontrolle hatten. Boemund und die Pisaner benahmen sich sehr einfältig, und es war nötig zu verhindern, daß sie noch mehr Schaden anrichteten.
Die beiden Robert und der Graf von Toulouse waren sich einig: Die Blockadeflotte musste zurückgezogen werden, und Daimbert mußte darüber informiert werden, wie die Dinge tatsächlich lagen. Daimbert

wurde deshalb aufgefordert, nach Dschabala zu kommen. Dort sah er sich drei zornigen Fürsten gegenüber, die darauf bestanden, daß das Bündnis mit dem Kaiser eingehalten werden müsse. Die Lage im Heiligen Land sei immer noch prekär. Dadurch, daß man den Kaiser beleidige, sei nichts zu gewinnen; seine Hilfe würde man später vielleicht einmal nötig haben. Latakia wurde von einem kleinen byzantinischen Heer oder vielleicht auch nur von einer kleinen Truppe, der Besatzung eines einzigen Schiffes, besetzt. Dieses Heer nun wurde von Boemund und den Pisanern belagert. Daimbert ließ sich durch die von den Fürsten vorgebrachten Gründe überzeugen und brach die Blockade zum großen Ärger Boemunds ab. Dann marschierte der Graf von Toulouse «im Namen des Kaisers» in die Stadt ein. Sein Banner wehte von den Mauern, fünfhundert Provenzalen wurden in die Besatzungstruppen eingegliedert und Boemund davor gewarnt, weitere Angriffe auf byzantinische Außenposten zu unternehmen.

Robert von der Normandie und Robert von Flandern fuhren über das Meer nach Konstantinopel. Dort wurden sie vom Kaiser freundlich empfangen. Er bot ihnen hohe Stellungen an, die sie natürlich höflich dankend ausschlugen. Sie waren Fürsten in ihren eigenen Ländern und beabsichtigten nicht, einem fremden Kaiser zu dienen. Der Graf von Toulouse, der ein Gelübde abgelegt hatte, den Rest seines Lebens im Heiligen Land zu verbringen, fuhr etwas später nach Konstantinopel, und es scheint, daß er den Plan hatte, in der Gegend von Tripoli ein eigenes Fürstentum zu errichten. Im Gegensatz zu Boemund war der Graf von Toulouse bereit, die Oberherrschaft des Kaisers anzuerkennen. In Konstantinopel erhielt er einen Palast, wo eine besondere Kapelle für die Heilige Lanze erbaut wurde, und wie der Historiker Odericus Vitalis berichtet, wurde ihm ein Sohn geboren. Es bestand in der Tat die Gefahr, daß er, da er in Konstantinopel blieb, den Kontakt mit den Angelegenheiten des Heiligen Landes verlor.

Der Verlust der Provenzalen und der Heere der beiden Robert hatte Gottfrieds militärische Stärke gefährlich vermindert. Ein gutausgerüstetes muslimisches Heer unter kundiger Führung hätte das junge Königreich Jerusalem in seinen Anfängen vernichten können. Glücklicherweise waren die Ägypter zu sehr damit beschäftigt, ihre Wunden zu pflegen, und Gottfried führte mit Geschick immer wieder Ausfälle durch. So nahm er mit nur dreihundert Reitern und zweitausend Fußsoldaten Hebron ein. Die muslimische Besatzung von Hebron floh nach Damaskus, und Gottfried war nun im Besitz des größten Teiles des nördlichen Negeb. Mit einem noch kleineren Heer von fünfzig Rittern und vielleicht dreihundert Fußsoldaten brach Tankred in Galiläa ein und besetzte Tiberias und alle Städte und Dörfer rund um den See. Dann kamen Nazareth und der Berg Tabor an die Reihe. Ein weiterer Ausfall brachte ihn nach Beth San, das den Paß zwischen der Jezraelebene und dem Jordantal beherrschte. In Tiberias und Beth San verstärkte er die Mauern und ließ kleine Besatzungen zurück. Das Königreich Jerusalem war im Begriffe, seine Grenzen rasch auszuweiten.

Weil sein Heer so lächerlich klein war und er Verbündete brauchte, war Gottfried die Nachricht, daß Boemund und Daimbert bald in Jerusalem eintreffen würden, sehr willkommen. Nach Fulcher von Chartres blieb der größere Teil von Boemunds Truppen zur Verteidigung der Stadt in Antiochia zurück. Balduin, der Graf von Edessa, verließ vorübergehend sein Fürstentum tief im Landesinnern und begleitete die beiden Fürsten auf der Küstenstraße mit seinem eigenen kleinen Heer, das wahrscheinlich aus nicht viel mehr als einer Handvoll Begleittruppen bestand. Drei Fürsten hatten Jerusalem verlassen; jetzt traten zwei Fürsten und ein päpstlicher Legat an ihre Stelle. Am 21. Dezember, dem Tag der Wintersonnenwende, trafen sie in Jerusalem ein und begaben sich sofort zur Grabeskirche. Weihnachten feierten sie in Bethlehem.

Boemunds Pilgerfahrt nach Jerusalem war für Gottfried hauptsächlich aus psychologischen Gründen von Bedeutung: Einige Ritter schlossen sich seinem Heer an, und die pisanische Flotte brachte den dringend benötigten Nachschub sowie Schutz vor der ägyptischen Flotte, die weiterhin den südlichen Teil der Küste Palästinas bedrohte. Vor allem aber verlieh die Anwesenheit Boemunds und Balduins, des Grafen von Edessa, seinem Hofe neuen Glanz, und die Anwesenheit Daimunds, der bald Arnulf als Patriarch von Jerusalem ersetzte, gab ihm die Gewißheit, daß die Kirche des Königreichs in guten Händen sei.

Boemund und Balduin verließen Jerusalem zu Beginn des Jahres 1100. Ihr Besuch war so kurz gewesen, daß es sich kaum zu lohnen scheint, ihn überhaupt in Geschichtsbüchern festzuhalten. Und doch war er von Bedeutung als eine Geste der Freundschaft und des gegenseitigen Verständnisses. Von ihnen erfuhr Gottfried, was im Norden geschah, und konnte sich dadurch ein klares Bild von den Absichten der Muslime machen. Klarer als je sah er, daß er die italienischen Flotten ermuntern mußte, palästinische Gewässer zu befahren. Er ernannte seinen Bruder zu seinem Nachfolger und machte weiterhin Ausfälle in das Landesinnere; mit Hilfe der pisanischen Schiffe konnte er die Küstenstädte Askalon, Caesarea und Akkon abriegeln und erobern. Noch zu seinen Lebzeiten begannen sich die Grenzen des Königreiches Jerusalem in seiner größten Ausdehnung

abzuzeichnen. Sein Vorgehen war klug ausgedacht. Ohne die Hilfe der Pisaner hätte es überhaupt nicht so geplant werden können.
Die Unterwerfung von Askalon, Caesarea und Akkon brachte eine Art Doppelherrschaft mit sich. Die Kreuzfahrer konnten diese Städte noch nicht verwalten; die Emire blieben als Statthalter, zahlten Tribut und zogen Steuern ein. Dabei gehorchten sie den Gesetzen Jerusalems und den Kommandanten der kleinen Besatzungstruppen, die ihnen aufgezwungen worden waren. Wir können uns vorstellen, wie Gottfried unter den Emiren saß, ihre Geschenke an Getreide, Früchten und Öl entgegennahm und sie freundlich und wohlwollend behandelte. In dem Maß, wie seine Macht zunahm, scheint er bescheidener, ruhiger und weniger anfällig für plötzliche Wutausbrüche geworden zu sein.
Tankred, der sich nun Fürst von Galiläa nannte, blieb ihm treu ergeben, obwohl es offensichtlich war, daß er versuchte, ein eigenes Fürstentum zu errichten. Daimbert hingegen begann sein wahres Wesen zu zeigen: Er beanspruchte die Oberherrschaft für sich und das Papsttum und erhob auch Anspruch auf die Städte Jerusalem und Jaffa. Die Fürsten waren entsetzt beim Gedanken, daß das Königreich in die Hände eines pisanischen Prälaten fallen könnte. Gottfried entschloß sich abzuwarten. Am Ostersonntag übergab er der Form nach dem Patriarchen die beiden Städte, fügte aber bei, zu ihrem Schutze werde er sie bis zu seinem Tode behalten.
Im Juni befand sich Gottfried in Galiläa, wo er einen Ritt in den Dschaulan anführte, als er vernahm, daß eine venezianische Flotte in Jaffa gelandet sei. Da ihm die Bedeutung der Macht über die Meere sehr wohl bewußt war, verließ er sofort sein Hauptquartier in Tiberias und ritt an die Küste. In Caesarea wurde er vom dortigen Emir willkommen geheißen und zu einem Festmahl eingeladen. Nach dem Mahl wurde er krank. Vielleicht hatte man ihn vergiftet, vielleicht war er vom Typhus befallen worden; vielleicht auch war er bloß erschöpft von den Aufregungen eines Jahres mit zahllosen Schlachten und Überfällen. Am folgenden Tag fühlte er sich wohl genug, um mit dem Admiral der venezianischen Flotte zusammenzutreffen und mit ihm zu erörtern, was für eine Rolle dieser bei der Verteidigung der Stadt Jerusalem spielen könnte. Er wurde nach Jerusalem getragen, und man hoffte, die kühlere Luft werde sein Fieber lindern. Die meiste Zeit jedoch lag er ohne Bewußtsein da. Manchmal konnte er Leute erkennen, Befehle erteilen und Nahrung zu sich nehmen, aber niemand zweifelte daran, daß er auf den Tod krank war.
Daimbert stellte sich vor, daß er nach Gottfrieds Tod Beschützer und oberster Herrscher, Erbe der Macht und des Ruhmes des Königreichs

Jerusalem sein werde. Aber Tankred hielt an Gottfrieds Lager Wache, und die Ritter waren entschlossen zu verhindern, daß das Königreich in die Hände mächtiger Priester falle. Die Venezianer sandten zwei voneinander unabhängige Abordnungen in die Stadt. Sie sollten darüber verhandeln, welche Rolle ihnen als Handelsleute und bei der Verteidigung zugedacht sei. Verträge wurden entworfen. Gottfried kam gerade für so lange zu Bewußtsein, daß er den Verträgen zustimmen konnte. Die Venezianer erhielten ein gewisses Maß an Autonomie; sie sollten ein Drittel jeder Stadt, die sie erobern halfen, erhalten, und es sollte ihnen gestattet sein, in jeder Stadt des Königreiches eine Kirche und einen Marktplatz zu unterhalten. Tripoli sollte ihnen ganz übergeben werden. Die unvermeidliche Folge dieser Verträge war, daß die Venezianer in einen handfesten Konflikt mit den Pisanern gerieten. Sie waren schon in Italien Rivalen und Feinde; jetzt sollten sie auch Rivalen und Feinde in Palästina werden.

Gottfried starb am 18. Juli 1100 im Alter von einundvierzig Jahren, nachdem er gerade ein Jahr lang Beschützer des Heiligen Grabes gewesen war. Man sagte von ihm, er sei ein Mann von großer Würde und ein Vorbild christlicher Frömmigkeit gewesen. Sein Hauptverdienst als Kreuzfahrer war, daß er bei der Eroberung Jerusalems entscheidend mitgewirkt hatte; bei ihm aber liegt auch die ganze Verantwortung für das Massaker an den Sarazenen und Juden. Sein Leichnam blieb fünf Tage lang aufgebahrt, dann wurde er in der Grabeskirche, nicht weit weg vom leeren Grab, beigesetzt.

König Balduin I.

Die Ritter, die Gottfried treu ergeben gewesen waren, setzten ihren Willen durch: Das Königreich wurde nicht dem päpstlichen Legaten übergeben. So wie sie die Stadt mit Waffengewalt gegen die Sarazenen verteidigt hatten, so verteidigten sie sie jetzt mit Waffengewalt gegen Daimbert. Sie nahmen den Davidsturm ein, besetzten ihn mit Gottfrieds Leibwache, stellten an den Toren Tuppen auf und umringten die Grabeskirche. Laut dem Testament, das Gottfried während den Osterfeierlichkeiten kurz vor seinem Tode geschrieben hatte, sollten Jerusalem und Jaffa für ewige Zeiten Daimbert und dem Papsttum überlassen werden. Das Reich sollte zu einer Theokratie werden.

Aber die Ritter waren entschlossen, ein irdisches Königreich daraus zu machen.

So wählten sie sofort ihren neuen Herrscher. Die Wahl fiel auf Balduin, den Grafen von Edessa und jüngeren Bruder Gottfrieds, der überhaupt nicht an der Eroberung Antiochias oder Jerusalems teilgenommen, sondern seine Energie darauf verwendet hatte, sich ein eigenes Fürstentum zu errichten. Die Wahl Balduins ließ eine gewisse antipäpstliche Haltung durchblicken; man hatte das Gefühl, das Königreich sei zu kostbar, als daß man es Priestern hätte anvertrauen können.

Balduin war ein Mann, der die Arbeit liebte, den Müßiggang verachtete und sich für alles, was im Königreich vorging, interessierte. Er genoß den Prunk königlicher Herrschaft und erschien in der Öffentlichkeit immer mit einem Mantel über seinen breiten Schultern. Er überragte die übrigen Männer an Körpergröße und war eine königliche Erscheinung.

Als aus Jerusalem die Meldung eintraf, die besagte, daß Gottfried gestorben sei und man erwartete, daß Balduin gemäß Erbrecht ihm auf dem Throne nachfolge, trauerte er kurze Zeit über den Tod seines Bruders, freute sich aber auch sehr über seine Erbschaft. Dies berichtet Fulcher von Chartres, der ihn gut kannte. Anfangs Oktober machte sich Balduin von Edessa aus mit einem kleinen Heer von zweihundert Rittern und siebenhundert Fußsoldaten auf den Weg. Seine Absicht war, Jerusalem sobald als möglich zu erreichen, was bedeutete, daß er durch Gebiete ziehen mußte, die von den Türken besetzt waren. Der Nachrichtendienst der Sarazenen war gut organisiert; sein Heer wurde sorgfältig überwacht. Dukak, der Sultan von Damaskus, war entschlossen, Balduin daran zu hindern, Jerusalem zu erreichen. Das kleine Heer nahm seinen Weg über Antiochia. Zu dieser Zeit schmachtete Boemund in einem türkischen Gefängnis; bei einem seiner periodischen Ausfälle in das Hinterland war er gefangengenommen worden. Die Bewohner Antiochias ersuchten deshalb Balduin, während der Abwesenheit ihres Fürsten ihr Regent zu sein. Balduin wies die Bitte ab: Regent von Antiochia zu sein war wenig, verglichen mit der Aussicht, König von Jerusalem zu werden. Er marschierte der Küste entlang nach Süden und wurde von den Emiren, die immer noch im Besitz der Küstenstädte waren, höflich begrüßt. Ibn Ammar, der damals über Tripoli herrschte, sandte ihm Brot, Wein, wilden Honig und Ziegen zum Geschenk. Ibn Ammar war den Christen freundlich gesinnt und warnte Balduin, daß ihm eine ernsthafte Gefahr drohe. Er war überzeugt, daß Sultan Dukak im Begriffe war, aus einem Hinterhalt, irgendwo unterwegs, anzugreifen. Fulcher von Chartres, der das Heer begleitete, sagt, Balduin habe sich nichts aus der Warnung gemacht. Balduin war ein vorzüglicher Feldherr, und er neigte dazu, zu glauben, seine Feinde wüßten das und würden ihn deshalb meiden.

Der Hinterhalt war nahe beim Hundfluß, etwa fünfzehn Kilometer nördlich von Beirut, gelegt worden. Hier wurde Balduin in eine der schwierigsten Schlachten seines Lebens verwickelt. Es schien, als tappe er bereitwillig in die Falle, die man ihm bereitet hatte. Seine Kundschafter jedoch hatten die Damaszener in den Bergen und die Schiffsflotte vor der Küste entdeckt. Sie berichteten Balduin, daß sich die Falle über ihnen schließen werde, da ein großes Heer in den Bergen darauf warte, sich auf sie hinunterzustürzen. Deshalb blieben Balduins Leute in ihren Zelten und hielten sorgfältig Wache.

Der Feind stürmte von den Bergen hinunter, es gelang ihm aber nicht, ins Lager einzudringen. Am Morgen des folgenden Tages befahl Balduin den Rückzug, wobei er darauf achtete, daß die Bagage von seinen besten Rittern bewacht wurde. Der Rückzugsweg war eine enge Küstenstraße zwischen dem Meer und den Bergen. In Dschunije stoppte Balduin den Rückzug, drehte um und befahl einen Großangriff an einer Stelle, wo sich drei Straßen kreuzten. Der Angriff erfolgte so plötzlich und war so gut organisiert, daß der Feind voll Panik über alle drei Straßen in die Berge hinauf und ins Meer zurückwich. Der Sieg war umfassend, und es wurden viele Gefangene gemacht. Balduin teilte die Beute unter seinen Rittern auf. Die folgende Nacht verbrachte er in einem Olivenwäldchen, wo er sich im Schatten einer verlassenen Burg ausruhte.

Jetzt stand der Weg nach Jerusalem offen. In Beirut, Tyrus, Sidon und Akkon sandten ihm die Emire Verpflegung für das Heer. In Haifa, das von Tankred eingenommen worden war, konnten sie außerhalb der Stadtmauern Brot und Wein kaufen. Tankred hielt sich zu jenem Zeitpunkt in Jerusalem auf und unterstützte Daimbert gegen die Ritter. Tankred hatte seine Chance erkannt: Er könnte die Macht hinter dem Patriarchat werden.Als er vernahm, daß Balduin gegen Jaffa vorrückte, eilte er an die Küste hinunter, um ihn zurückzuhalten. Aber er kam zu spät, ganz abgesehen davon, daß er ohnedies nichts hätte ausrichten können.

Von Jaffa aus zog Balduin im Triumph nach Jerusalem. Es herrschte ein unbeschreiblicher Jubel; das Volk strömte aus der Stadt, um ihn willkommen zu heißen. Seine hohe Gestalt, sein feuerroter Bart, sein seltsam bleiches Gesicht ließen ihn als einen Mann erscheinen, der anders war als alle andern. Während Tankred nach Galiläa floh und Daimbert sich in ein Kloster zurückzog, nahm Balduin in aller Ruhe

den Titel eines Königs von Jerusalem an und richtete sein königliches Haus ein.
Einige Tage nach seiner Ankunft in Jerusalem führte Balduin sein Heer in die judäische Wüste hinaus. Er marschierte gegen Hebron und unternahm von dort aus den dramatischen Abstieg zum Toten Meer – ein Höhenunterschied von mehr als tausendzweihundert Metern auf einer Distanz von siebenundzwanzig Kilometern. Sie waren die ersten Kreuzfahrer, welche dem Ufer des Toten Meeres entlangschritten, und sie waren wie gebannt vor Staunen.
Sie taten sich an Datteln gütlich und stießen auf seltsame Leute, deren Haut von der Sonne so sehr geschwärzt war, daß sie unmenschlich aussahen; deshalb ließen sie sie in Ruhe. Sie setzten den Weg über das Tote Meer hinaus fort und erreichten Wadi Musa, wo Moses eine Quelle aus dem Felsen geschlagen hatte. Dabei kamen sie durch eine Landschaft von hoch aufragenden Felsen, die aussahen, als wären sie noch immer im Wachsen begriffen; eine unförmige, zerklüftete Landschaft, die ein Stück Mondoberfläche hätte sein können.
Sie kehrten wieder dem Toten Meer entlang zurück, besuchten nochmals Hebron und ritten dann nach Bethlehem, wo sie von Daimbert empfangen wurden. Er war bereit, mit ihnen Frieden zu schließen. Hier, in der Geburtskirche, wurde Balduin von Daimbert selbst, dessen Gesinnungswandel vielleicht praktische Gründe hatte, zum König von Jerusalem gekrönt. Die Ritter waren mächtig genug gewesen, ihren Willen durchzusetzen. Während Gottfried schroff und reizbar gewesen war, war Balduin freundlich und höflich und wandte eher Diplomatie als Gewalt an, wenn immer es möglich war. In Tat und Wahrheit blieb ihm nicht viel anderes übrig, denn obwohl er einen wohlklingenden Titel besaß, hatte er weniger Ritter in seinen Diensten als manch kleinere Fürsten in Europa.
Die Kreuzfahrer befanden sich in einer beklagenswerten Lage, denn sie waren untereinander uneinig, und ihre Heere waren so klein, daß Überfälle von Beduinen unter gewandter Führung sie hätten vernichten können. Sie hatten nur geringe Einkünfte zur Bestreitung ihrer Auslagen. Sie mußten also vor allem ihr Gebiet vergrößern, denn neues Land bedeutete neuen Reichtum, neue strategische Möglichkeiten, neue Kraft.
Im Frühling stieß Balduin eines Tages über den Jordan vor und unternahm einen Nachtangriff auf ein arabisches Lager. Es gelang ihm, die Araber zu überraschen. Dennoch konnten die meisten entfliehen, wobei sie allerdings ihre Frauen, ihre Kinder und ihren ganzen Besitz zurückließen. Kamele, Esel, Sklaven und Schätze fielen in

die Hände der Christen. Die Frauen und Kinder wurden gefangengenommen. Alles, was sich im Lager befunden hatte, ausgenommen die schnellen Pferde, auf denen die Araber geflohen waren, gehörte jetzt Balduin. Als die Gefangenen durch die Wüste nach Jerusalem geführt wurden, vernahm Balduin, daß die Frau eines arabischen Häuptlings ein Kind geboren hatte. Sie ritt in einem jener geflochtenen, käfigähnlichen Körbe, wie sie oft von Frauen benützt wurden, wenn sie auf Kamelen reisten. Balduin befahl, sie vom Kamel herunterzunehmen und ein Bett für sie herzurichten; dann ließ er ihr Nahrung und zwei Schläuche mit Wasser geben. Die Häuptlingsfrau bat, man möge eine Magd bei ihr lassen, was ihr gewährt wurde. Sie lag im Schatten einiger Bäume. Man ließ zwei Kamele bei ihr zurück, damit sie sich mit Milch versorgen konnte. Balduin kümmerte sich selber um ihr Wohlbefinden, und als letzte Geste zog er seinen königlichen Mantel aus und wickelte ihn um sie.

Solche Akte der Höflichkeit waren zur Zeit der Kreuzfahrer nicht selten. Beide Seiten massakrierten Frauen, wenn es ihren Zwecken diente, aber die Frauen von Fürsten und Häuptlingen wurden in der Regel mit Respekt behandelt. Balduin wußte, daß die Araber die Frau bald finden würden; sie war nicht in Gefahr. Und seine Höflichkeit hatte ein glückliches Nachspiel: Einige Zeit später sollte der Gatte dieser Frau Balduin das Leben retten.

Balduin fühlte sich wohl in der Wüste; er war kontemplativ veranlagt. Seine erste Frau, Godehild, war auf dem Marsch der Kreuzfahrer durch Kleinasien verstorben, und jetzt war er mit einer armenischen Prinzessin verheiratet. Er konnte sehr zärtlich, aber auch äußerst grausam sein.

Arsuf, der kleine Seehafen nördlich von Jaffa, war in arabischen Händen, und es war dringend nötig, ihn zu erobern. Einige Genueser Schiffe, die während des Winters in Latakia vor Anker gelegen hatten, fuhren bei günstigen Frühlingswinden nach Jaffa, und die Seeleute machten eine Wallfahrt nach Jerusalem. Balduin ging eigens nach Jaffa hinunter, um sie zu begrüßen. Sie hatten siebenundzwanzig Galeeren und fünf Frachtschiffe, die eine eindrückliche Flotte bildeten. Balduin bot ihnen die gleichen Bedingungen an, wie sie den Pisanern und Venezianern angeboten worden waren: einen Teil der Beute aus den eroberten Städten, Handelsplätze und Privilegien. Er ließ sie wissen, daß er Arsuf einzunehmen wünsche, und die Genueser boten ihm begierig ihre Hilfe an. Sie wollten die Stadt plündern und sich dann mit den Schätzen davonmachen, aber Balduin war entschlossen, dafür zu sorgen, daß der Stadt kein Schaden zugefügt werde. Arsuf war ein wichtiger Seehafen, der von allen Schiffen

benützt werden konnte, deren Besatzung den Kreuzfahrern freundlich gesinnt war. Deshalb wollte er ihn unversehrt in Besitz nehmen. Als Arsuf sich nach einer Belagerung von nur drei Tagen ergab, erlaubte Balduin der ganzen Bevölkerung, die Stadt zu verlassen. Ihr Geld durften sie mitnehmen. Eine lange Kolonne machte sich unter Geleitschutz auf den Weg nach Askalon.
So barmherzig sich Balduin in Arsuf gezeigt hatte, so unbarmherzig zeigte er sich in Caesarea, das er auch mit Hilfe von Genueser Schiffen eroberte. Die Belagerung dauerte fünfzehn Tage. Schließlich erging der Befehl, die Mauern mit Steigleitern und hölzernen Türmen zu erstürmen. Diesmal fielen alle Männer einem Massaker zum Opfer. Die Frauen wurden verschont, weil sie, wie Fulcher von Chartres sagt, «zum Drehen der Handmühlen gebraucht werden konnten».[30] Der Emir wurde verschont, ebenso der Kadi, der wichtigste Richter, aber nur, weil man von ihnen ein großes Lösegeld erwarten konnte. Die Leichen der Türken wurden verbrannt. Dann durchsuchten die Christen die Asche nach den Goldmünzen, welche die Türken verschluckt hatten, um sie nicht in die Hände der Ungläubigen fallen zu lassen. Im Juni vernahmen die Kreuzfahrer, daß die Ägypter im Begriffe seien, ihre Streitkräfte in Askalon zu versammeln. Sie bewegten sich nicht vorwärts, aber ihr stillstehendes Heer wuchs den Sommer hindurch rasch an.
Balduin, der immer sehr praktisch dachte, beschloß, sein Heer dadurch zu vergrößern, daß er einfach alle Schildknappen zu Rittern machte. So nahm die Zahl der verfügbaren Ritter von hundertdreißig auf zweihundertsechzig zu. Da Balduin sein Heer zählte, war er sicher, neunhundert Fußsoldaten zu haben. Der Feind hingegen hatte elftausend Ritter und einundzwanzigtausend Fußsoldaten, wie ihm Spione meldeten. Wenn diese Zahlen stimmen, dann übertraf der Feind die Kreuzfahrer zahlenmäßig im Verhältnis dreißig zu eins.
Der Juli verging, dann der August, und die Ägypter waren noch immer in Askalon. Am 6. September 1101 machte sich Balduins Heer in angstvoller Erwartung auf den Weg. Die Soldaten wußten, daß die Ägypter bald angreifen würden, aber sie hofften, mit Gottes Hilfe zuerst zuschlagen und die Ägypter überraschen zu können.
Balduin begleitete selber einen Spähtrupp. Da sah er in der Ferne, in der Ebene etwa hundertdreißig Kilometer vor Askalon, ein gewaltiges Heer lagern. Darauf eilte er zu seinen Soldaten zurück und sprach zu ihnen wie ein König, der einst Priester gewesen war. Die Tore des Himmels seien im Begriffe, sich ihnen zu öffnen, sagte er, die Überlebenden würden gesegnet sein unter den Menschen, und für jene, die vom Schlachtfeld flöhen, werde die Reise nach Frankreich lang sein.

Dann teilte er seine Truppen in sechs Bataillone auf und führte sie in die Schlacht. Auf einem hohen Mast, so daß alle es sehen konnten, leuchtete das Heilige Kreuz.

Die Ägypter waren nicht überrascht. Was sie erstaunte, war die große Kühnheit der Kreuzfahrer, die direkt auf ihr dicht aufgestelltes Heer zustürzten. Sie verloren die erste und die zweite Kolonne, die dritte Kolonne griff an und konnte sich behaupten, allerdings ohne dem Feind großen Schaden zuzufügen. Dann warf sich Balduin, der die vierte Kolonne befehligte, auf seinem arabischen Schlachtroß, das Gazelle hieß, mit seinen Rittern auf den Feind. Er kämpfte wie ein Besessener. Und diese vierte Kolonne durchbrach die feindliche Linie. Während etwa einer Stunde wurde über die ganze Ebene von Askalon hinweg gekämpft. Endlich wichen die Ägypter hinter den Schutz der Stadtmauern zurück.

Balduin hatte einen großen Sieg errungen, aber er hatte einen zu hohen Preis dafür bezahlt. Beinahe einen Drittel seiner Ritter und ungefähr dreihundert Fußsoldaten hatte er verloren. Etwa fünftausend Feinde waren getötet worden. Die Kreuzfahrer verbrachten die Nacht in den ägyptischen Zelten. Am folgenden Morgen sammelten sie die gewaltigen Vorräte an Brot, Getreide und Mehl ein. Selbst die Zelte nahmen sie mit nach Jaffa. Vom Kampfe erschöpft, zogen sie nur langsam dahin.

Eine kleine Abteilung Ägypter, die gegen Balduins Nachhut gekämpft und ihr einigen Schaden zugefügt hatte, erreichte Jaffa vor den Kreuzfahrern. Dort zeigten sie die Schilde, Helme und Lanzen vor, die sie den Christen abgenommen hatten, und erklärten, das christliche Heer sei zerstört worden. Das war eine List, die Jaffa veranlassen sollte, sich zu ergeben. Ihre List hatte keinen Erfolg, sie erschreckte aber die Bewohner doch so sehr, daß sie eine Botschaft nach Antiochia zu Tankred sandten und ihn dringend ersuchten, sobald als möglich Truppen zu Hilfe zu schicken. Schon einige Tage später erhielt Tankred dann einen weiteren Brief aus Jaffa, der ihm mitteilte, alles sei in Ordnung; Balduin sei im Triumph zurückgekehrt, seine Lasttiere beladen mit ägyptischer Beute.

Der Krieg mit Ägypten dauerte noch bis in den Frühling des folgenden Jahres hinein an. Wie Fulcher von Chartres berichtet, kamen die Ägypter mit einem noch größeren Heer, das vom Sohne Al Afdals befehligt wurde. Mit dieser Übermacht hofften die Ägypter das christliche Heer ein für allemal zu vernichten.

Am 17. Mai 1102 führte Balduin die christliche Armee aus Jerusalem hinaus in den Kampf. Es wäre weiser gewesen, in Jerusalem zu bleiben. Als er Ramla erreichte, lag dort bereits das ganze ägyptische

Heer in Stellung. Er führte fünfhundert Ritter an, da ein kleines Kreuzfahrerheer aus Frankreich angekommen war, um seine Streitkräfte zu ergänzen. Erst meinten die Ägypter, Balduins Truppe sei lediglich die Vorhut eines viel größeren Heeres; sie warteten ab. Da griff Balduin zuerst an, wie er es gewohnt war. Er verlor mindestens einen Viertel seiner Truppen. Als die Nacht einbrach, suchte er Zuflucht in der Festung von Ramla. Diese Festung war wenig mehr als ein Turm. Sie war im Jahr zuvor erbaut worden. Hier, auf allen Seiten vom Feinde bedrängt, war er einer Niederlage näher als je zuvor. Er hatte nur ein paar Ritter bei sich, und er hatte die Verbindung zu seinem Heer, das in einem Zustand völliger Desorientierung war, verloren. Da erschien mitten in der dunklen Nacht jener arabische Häuptling, dessen Frau Balduin beschützt hatte, als sie ein Kind gebar. Er wisse sicher, daß die Ägypter den Turm beim Morgengrauen angreifen würden, und er riet Balduin dringend, sofort zu fliehen. Hierauf stahl sich Balduin mit vier Begleitern aus dem Turm und folgte dem Häuptling. Etwas später gesellten sich zwei weitere Ritter hinzu. Alle übrigen waren verloren, denn die Ägypter häuften rings um den Turm Reisigbündel auf und machten sich beim Morgengrauen daran, sie anzuzünden. Da stürzten die Ritter hinaus: Sie wollten lieber im Kampf als in einem brennenden Turm umkommen. Hundert Ritter wurden gefangengenommen, und vielleicht ein weiteres Hundert kam im Kampfe um.

Balduin, König von Jerusalem, Graf von Edessa, Herr von Jaffa, Arsuf und Caesarea, war jetzt auf der Flucht und mußte sich in den Bergen nördlich von Ramla verstecken. Auf seinen Kopf war ein Preis ausgesetzt. Während zwei Tagen und zwei Nächten wich er den ägyptischen Patrouillen aus. Er zog nur nachts weiter und erreichte Arsuf unbehelligt.

An demselben Tage kam Hugo von St. Omer mit achtzig Rittern in Arsuf an. So wurde Balduin, der am Tag zuvor noch auf der Flucht gewesen war, wieder zum Befehlshaber eines kleinen Heeres. Ein Engländer namens Goderic anerbot sich, den König durch die ägyptische Blockade hindurch nach Jaffa zu bringen. Balduin nahm das Angebot an. Er zog seine königliche Standarte am Mast des schnellsegelnden Schiffes auf, um die Ägypter zu ärgern, deren Schiffe zu langsam und zu schwerfällig waren, als daß sie ihn hätten einholen können. In Jaffa fand er die Reste seines Heeres, durchbrach den Belagerungsring und schloß sich mit Hugo von St. Omer zusammen. Dann kehrte er nach Jaffa zurück und sandte Boten nach Jerusalem, die Verstärkung anfordern sollten. Er war im Begriffe, sich erneut den Ägyptern entgegenzuwerfen, als eine der größten Flotten, die das östliche Mittelmeer je gesehen hatte, in den Hafen von Jaffa einlief: zweihundert englische Schiffe, voll von Soldaten und Pilgern, mit Vorräten an Waffen und Nahrungsmitteln. Diese Pilger und Soldaten kamen aus allen Teilen Europas, die meisten jedoch waren Engländer. Sie kamen wie gerufen. Die ägyptische Blockade durchbrachen sie allein schon wegen ihrer Zahl. Mit diesem neuen Heer trieb Balduin, nur ungefähr zwei Wochen nachdem er mit einem Schildknappen und drei Rittern aus Ramla geflohen war, die Ägypter einmal mehr nach Askalon zurück.

Er war entschlossen, sein Königreich zu halten; es wurde ihm klar, daß er vor allem die Küstenstädte in seinen Besitz bringen mußte. Als ein Meister der Kriegsführung zu Land und zu Wasser faßte er den Plan, diese Städte von beiden Seiten her anzugreifen. Dabei sollten seine eigenen Ritter zu Land kämpfen, während die Schiffe aus Genua, Pisa, Venedig, Konstantinopel, England, Flandern und Norwegen die ägyptische Flotte in Schach halten, die Häfen blockieren und brennende Pfeile in die Städte schießen sollten.

Tortosa fiel im Jahre 1102, Akkon 1104 und Tripoli 1109. Eine englische und eine dänische Flotte nahmen 1107 an der Belagerung von Sidon teil, die aber später gegen ein gewaltiges Lösegeld aufgehoben wurde, weil der König dringend Geld benötigte. Drei Jahre danach eroberte er Beirut und kehrte im gleichen Jahr, unterstützt vom jugendlichen König Sigurd von Norwegen, der eine Flotte von fünfzig Schiffen befehligte, nach Sidon zurück und nahm die Stadt ein. Tyrus und Askalon hielten den Angriffen stand. Es herrschte Krieg an allen Grenzen. Balduin frohlockte.

Im Jahre 1115 kehrte er in die Gegend zurück, die er am meisten zu lieben schien: das wüste, wilde Land unterhalb des Toten Meeres mit seinen Felsen, die aussahen, als bebten sie noch vom letzten Vulkanausbruch her. Auf einem steilen, bewaldeten Hügel in der Nähe des Dorfes Schaubak, hundertsechzig Kilometer von Jerusalem im Norden und Akaba im Süden entfernt, erbaute er sich eine Burg, die er Montreal, königlichen Berg, nannte. Sie beherrschte das Land über Kilometer hinweg und sollte schließlich die mächtigste Burg des Gebietes werden, das man Oultrejourdain, Transjordanien, nannte.

Es gefiel ihm in Montreal so gut, daß er im folgenden Jahr wieder zurückkehrte und von dort aus nach Akaba am Roten Meer marschierte. Da er schon so weit gekommen war, entschloß er sich, noch weiter zu ziehen. Eine kleine Insel, welche die Ägypter «Insel des Pharao» nannten, lag nahe bei der Küste. Balduin fuhr in einem von den Bewohnern Akabas zurückgelassenen Schiffe hinüber und ließ auch dort eine Burg erbauen. Diese Insel nannten die Kreuzfahrer

«Insel Graye». Auch in Akaba baute Balduin eine Burg, und beide versah er mit einer kleinen Besatzung. Das Reich der Kreuzfahrer erstreckte sich nun über achthundertachtzig Kilometer hinweg von Edessa im Norden Syriens bis zur Insel Graye im Roten Meer. Es war ein unförmiges Reich, das aus lose zusammenhängenden Landstükken, blühenden Küstenstädten, weiten Wüsten und einigen Fürstentümern bestand. Sein Unterhalt hing von der Wohltätigkeit von Fremden ab, denn ohne die Schiffe, die in unregelmäßigen Zeitabständen aus Westeuropa herkamen, hätte es sich nicht selber erhalten können. Balduin, der während seiner Herrschaft meistens unterwegs war, führte sich selber wie ein Herr auf.

Indem Balduin von der Insel Graye aus gegen Norden zu eine Reihe von Burgen erbauen ließ und sie mit seinen besten Truppenverbänden bemannte, hinderte er die Heere von Kairo und Damaskus daran, einander Hilfe zu leisten. Das Königreich Jerusalem lag wie ein zweischneidiges Schwert zwischen ihnen.

Es wäre schwierig genug gewesen, das Königreich zusammenzuhalten, wenn die einzelnen Teile miteinander im Frieden gelebt hätten. Aber die einzelnen Teile bekämpften einander oft. Fürsten nahmen Fürsten gefangen. So wurde der Graf von Toulouse zu Beginn von Balduins Regierungszeit von Tankred, der Fürst von Antiochia war, gefangengenommen, während Boemund der Gefangene des Emirs von Danischmend war. Dieser wurde auf ehrenhafte Weise in Gewahrsam gehalten und dann im Frühling des Jahres 1103 ohne zu große Schwierigkeiten freigelassen. Aber kaum war Boemund frei, zerstritt er sich mit Tankred; der fühlte sich betrogen, da Boemund Gebiete beanspruchte, die er ohne dessen Hilfe erobert hatte. Aber schließlich erhielt der unerschrockene Tankred, der dem Titel nach gleichzeitig Fürst von Galiläa war, das Fürstentum Antiochia als Erbe.

Boemund seinerseits hatte einen neuen Plan entworfen. Er beabsichtigte, in den Westen zu fahren, in Frankreich und Italien ein neues Kreuzfahrerheer aufzustellen und dann dessen ganzes Gewicht nicht gegen die Türken, sondern gegen Byzanz zu werfen. Im Oktober 1107 griff er mit einem Heer, das auch türkische Söldner umfaßte, die große byzantinische Festung von Durazzo an. Im Gegensatz zu Balduin verstand er aber nichts vom Seekrieg, und nach einer langen Belagerung wurde er selber belagert, gefangengenommen und vor den Kaiser gebracht. In der Niederlage blieb er eine Zeitlang stolz und anmaßend. Anna Komnena erwähnt das Leuchten, das von ihm ausging, als wäre er ein Gott unter Sterblichen, fähig, jeden, der um ihn herumstand, zu beherrschen.

Alexios wußte, wie er Boemund behandeln mußte. Kühl entwarf er den Übergabevertrag, welcher Boemund zwang, sich dem byzantinischen Kaiser zu unterwerfen. Darauf kehrte Boemund nach Apulien zurück, blieb dort in seinen Ländereien bis zum Ende seines Lebens und kam nie wieder in den Osten zurück.

Balduin war Nutznießer seiner Abwesenheit. Er war zwar nicht bescheidener als Boemund, aber er besaß menschliche Qualitäten, die ihn bei seinem Volke beliebt machten. Er strahlte echte Wärme aus, hatte unverhohlene Freude am Kämpfen, und sein Wesen war von wirklicher Einfachheit.

Im Frühling 1118 unternahm er einen Feldzug nach Ägypten, plünderte Pelusium und Tanis und hoffte, noch tiefer in das Landesinnere vorstoßen zu können. Eines Tages erging er sich am Nilufer und traf dort Ritter, die mit ihren Lanzen Fische aufspießten. Er gesellte sich zu ihnen, verzehrte von ihren Fischen, und plötzlich wurde ihm unwohl. Man trug ihn auf einer Tragbahre nach Al Arisch; dort verstarb er. Man entfernte die Eingeweide aus seiner Leiche, salzte sie ein und legte sie in seinen Sarg. Dieser wurde nach Jerusalem gebracht und am Palmsonnntag neben seinem Bruder Gottfried in der Grabeskirche beigesetzt.

Die kurze Regierungszeit hatte Gottfried wenig Zeit gelassen, sich in das königliche Amt einzuleben. Balduin hingegen bemühte sich mit der Leidenschaft eines Klerikers und dem Mut eines Soldaten, die Aufgabe eines Königs bis ins kleinste kennenzulernen. Er besaß Sinn für Ordnung, außerordentlichen Mut, soviel Gefühl für Dramatik, wie für das Amt eines Königs nötig war, und Sinn für Diplomatie. Vielleicht liebte er die Frauen zu sehr, aber immerhin halfen sie ihm, menschlich zu bleiben. Obwohl er dreimal verheiratet war, blieb er kinderlos, und die Krone ging an seinen Neffen Balduin von Le Bourg über, der am Tage der Beisetzung zufällig aus Edessa eintraf.

Auf seinem Grabstein stand geschrieben, er sei «ein zweiter Judas Makkabäus, den Kedar und Ägypten, Dan und Damaskus fürchteten», gewesen. Das war wahr, aber es wäre angemessener gewesen, zu schreiben, er habe dem jungen Königreich Selbstvertrauen gegeben in einer Zeit, da es des Selbstvertrauens am meisten bedurfte. Er war der königlichste unter den Königen Jerusalems.

Die bewaffnete Macht der Kreuzfahrer

Wir können die Kreuzfahrer nur verstehen, wenn wir uns bewußt sind, daß sie anders waren als wir. Sie waren der Erde und dem Geruch der Erde näher als wir. Sie waren mit der rauhen irdischen Wirklichkeit vertrauter als wir. Sehr oft waren sie dem Verhungern nahe. Sie waren zum größten Teil Bauern und als Bauern vertraut mit dem Wechsel der Jahreszeiten und dem Kirchenjahr. Sie glaubten tief und fest, mit mittelalterlicher Direktheit und rauher Hartnäckigkeit, daß es in ihrer Macht liege, das Heilige Grab für immer zu schützen. Für sie war es der Ort der Auferstehung und die Verheißung des ewigen Lebens. Sie wußten, daß Christus gestorben und im Fleisch wiederauferstanden war. Sie wußten, daß sie dem Reiche Christi angehörten; letztlich schuldeten sie ihm die Treue.

Die beneidenswertesten Kreuzfahrer waren die Ritter, die oft zwei Generationen vorher noch Bauern gewesen waren. Mit ihren Reitknechten und Schildknappen, mit dem prunkvollen Geschirr ihrer Pferde waren sie die Elite des Heeres und befanden sich stets auf Parade. Ihre Pferde waren viel schwerer als diejenigen der Sarazenen. Gut ausgebildet und äußerst diszipliniert, bildeten die Ritter gepanzerte Frontlinientruppen mit genügend Stoßkraft, um Breschen in die feindlichen Linien zu schlagen, um wieder zurückzuweichen und wieder neue Breschen zu schlagen. Als Waffen benutzten sie Lanzen, die manchmal bis drei Meter lang waren, und schwere, zweischneidige Schwerter, die sie in Scheiden an der linken Seite trugen. Die Schwerter wurden im Handgemenge benutzt, die Lanzen reichten weiter und waren leichter zu handhaben.

Vom Hals bis zum Gürtel und von den Schenkeln bis zu den Füßen waren die Ritter in Panzer aus eisernen, auf Leder befestigten Kettengliedern gehüllt. Sie trugen sehr scharfe Sporen und runde Schilde mit Rändern und Beschlägen aus Eisen. Ihre Helme waren aus Stahl, rund, mit flachem Oberteil; sie bedeckten den ganzen Kopf und waren mit Schlitzen für die Augen und mit Reihen von Löchern vor Nase und Mund versehen: Sie sollten furchterregend wirken.

Als sich die Kreuzfahrer im Heiligen Land festgesetzt hatten, verfügten sie über drei Hauptheere: das Heer im Dienste des Königs sowie als Hilfskräfte die Heere der Templer und der Johanniter. Diese Hilfstruppen waren zufällig entstanden und wurden ungeheuer mächtig. Es gab Zeiten, da sie die eigentlichen Herrscher des Königreiches waren.

Der Orden der Tempelritter wurde von Hugo von Payens, einem Ritter aus der Champagne, als militärischer Orden gegründet. Er scheint sanftmütig und der guten Sache ganz ergeben gewesen zu sein; aber wenn es um den Glauben ging, war er unbarmherzig. Die Tempelritter betrachteten sich als Soldaten Christi, lebten asketisch bis zum Fanatismus und kannten keine anderen Ziele als die Verehrung Gottes und die Vernichtung der Sarazenen. Im Jahre 1118 ersuchte Hugo von Payens, zusammen mit neun weiteren Rittern, Balduin II. um die Erlaubnis zur Ordensgründung. Der König von Jerusalem war so begeistert von der Idee, daß er ihnen jenen Teil des königlichen Palastes, in dem man die Überreste von Salomons Tempel vermutete, überließ. Dort entstand ihr Hauptsitz, und von da an nannte man sie Templer.

Das angebliche Ziel der Templer war es, das Leben der Pilger, die nach Jerusalem und zu den übrigen heiligen Stätten zogen, zu schützen. Aber Hugo von Payens scheint von Anfang an ein höheres Ziel vor Augen gehabt zu haben; die Templer wurden bald zu einem selbständig kämpfenden Arm der Kirche, der nur dem Papst und dem Großmeister verpflichtet war. Sie waren bewaffnete Mönche, das Schwert führende Priester, ritterlich nur, wenn es um Gott ging, ein Stoßtrupp, der in jede gerechte Schlacht geworfen werden konnte. Wegen ihres Mutes gelangten sie zu legendärem Ruhm.

Das Kommen und Gehen der Pilger zu schützen, war schwierig. Wie schwierig es war, berichtet uns der angelsächsische Reisende Seawulf, der im Jahre 1102 nach Jerusalem kam und uns die folgende Schilderung der Gefahren hinterlassen hat, die den Pilgern auf der sich von der Küste nach Jerusalem hinaufwindenden Straße drohten.

> ... die Sarazenen ... lauern in Berghöhlen darauf, die Christen zu überraschen. Dabei wachen sie Tag und Nacht und stürzen sich dann auf diejenigen, welche in kleinen Gruppen daherkommen und deshalb weniger gut in der Lage sind, Widerstand zu leisten, oder auf solche, die übermüdet sind und deshalb hinter ihren Begleitern zurückbleiben müssen. Plötzlich sieht man die Sarazenen überall, im nächsten Augenblick sind sie wieder unsichtbar. Jeder, der durch diese Gegend reist, hat das festgestellt ...[31]

Seawulf und seine angelsächsischen Gefährten kamen zu der Zeit an, als das Königreich Jerusalem eben erst entstanden, die Regierungsgewalt noch ungeregelt und wenig wirksam war und keine Soldaten für die Sicherung der Straße erübrigt werden konnten. Weil die Regierung nicht für die Sicherheit der Pilger sorgen konnte, starben Hunderte, noch bevor sie die goldenen Tore Jerusalems erblickt hatten.

Anfänglich waren die Templer nur bescheiden organisiert. Im Laufe

von zweihundert Jahren entstand dann aber eine umfassende Sammlung von Regeln und Vorschriften, die alle möglichen Situationen berücksichtigten. Aber am Anfang waren sie bloß berittene Mönche, mit Schwertern und Lanzen bewaffnet und manchmal so arm, daß zwei auf einem Pferd reiten mußten.
Hugo von Payens überzeugte die Templer von der Kraft der Keuschheit und des Gehorsams. Frauen durften den Tempel nicht betreten. Es war den Templern nicht erlaubt, eine Frau zu umarmen, nicht einmal ihre Schwestern oder ihre Mütter. In ihren Schlafsälen brannte die ganze Nacht hindurch ein Licht. Ihre Reithosen waren eng geschnürt. Sie durften einander nie nackt sehen. Es wurde ihnen keine Privatsphäre zugestanden; Briefe, die an einzelne Templer gerichtet waren, mußten in der Gegenwart des Großmeisters oder eines Kaplans laut vorgelesen werden. Sie rasierten sich nie. Ihr spartanisches Leben war einzig auf den Schutz der Pilger und des Königreichs Jerusalem ausgerichtet, und sie erreichten dieses Ziel, indem sie den Feind umbrachten.
Da sie nur dem Papst, der weit weg war, zum Gehorsam verpflichtet waren, handelten sie oft unabhängig vom König von Jerusalem. Sie entwickelten sich zu erfahrenen Soldaten, Verwaltern, Erbauern von Burgen und Besitzern von großen Ländereien, nicht nur im Heiligen Land, sondern über ganz Europa hinweg, denn Könige, Fürsten und das Volk erkannten bald, daß sie in außerordentlichem Maße militärische Macht besaßen und die Sicherheit eines Königreiches garantieren konnten. Sie verfügten auch über einen gutinformierten Nachrichtendienst, der manchmal eng mit der königlichen Regierung zusammen, manchmal auch gegen sie arbeitete. Regelmäßig berichteten ihre Spione aus Kairo, Bagdad, Aleppo und den anderen arabischen Hauptstädten im Mittleren Osten.
Der Hauptsitz der Templer in Jerusalem besteht heute noch, denn das Gebäude, das man damals Tempel nannte, war in Wirklichkeit die Al-Aksa-Moschee, von der die Christen glaubten, sie befinde sich an der Stelle, wo der Tempel Salomons gestanden hatte. In diesem geräumigen Gebäude mit seinen Stallungen im Untergeschoß wohnten der Großmeister, der Marschall und das Oberkommando. Dem Großmeister, als dem Stellvertreter des Papstes, zollte man hohen Respekt. Oft war der Großmeister als Jüngling schon in den Orden eingetreten und hatte sein ganzes Leben im Orden zugebracht. Er kannte keine andere Welt und interessierte sich nur für die Förderung des Ordens. Und wenn es ihm notwendig schien, vorübergehend ein Bündnis mit den Sarazenen abzuschließen, tat er dies ohne Hemmungen. Die Templer besaßen stets den besten Nachrichtendienst im

Heiligen Land, und oft vernahmen die Sarazenen das, was sie wissen wollten, durch die Templer. Diese harten und schweigsamen Männer in ihren weiten, weißen Mänteln, welche die Ordenstracht der Zisterzienser nachahmten und mit einem großen, blutroten Kreuz geschmückt waren, spielten ein gefährliches Spiel. Sie brachten den Kreuzfahrern einige ihrer größten Triumphe, aber auch einige ihrer schwersten Niederlagen.

Das zweite Heer gehörte dem Orden der Ritter vom Hospital des heiligen Johannes. Diese Ritter wurden Hospitaliter oder Johanniter genannt und trugen ein weißes, achteckiges Kreuz auf ihren schwarzen Mänteln. Auch dieser Orden wuchs aus bescheidenen Anfängen heran und lernte im Laufe der Zeit, wie man königliche Macht ausübt. Um das Jahr 1070 gründeten einige Bürger von Amalfi in Jerusalem mit Erlaubnis des ägyptischen Statthalters ein Hospiz für arme Pilger. Als die Kreuzfahrer Jerusalem eroberten, war der Großmeister der Johanniter ein gewisser Gerhard, ein Benediktinerpriester, der vor der Eroberung aus der Stadt geflohen oder ausgewiesen worden war. Er verschaffte den Kreuzfahrern wertvolle Auskünfte und genoß bald das Wohlwollen der neuen Herrscher. Sie versorgten sein Hospiz mit Geldmitteln und unterstützten sein Werk in jeder Hinsicht. Die Kirche übernahm die Aufsicht über das Hospiz. Wie die Templer waren auch die Johanniter direkt dem Papst verpflichtet.

Als Raimund von Le Puy um das Jahr 1118 neuer Großmeister wurde, änderte der Orden seine Ausrichtung. Nach Raimunds Ansicht genügte es nicht, daß der Orden die Pilger aufnahm, er sollte sie auch verteidigen. Die Regel der Johanniter war weniger streng als diejenige der Templer. Die Johanniter waren beständiger, weniger abenteuerlustig und ernster. Die Templer umgaben sich mit viel Pracht, während die Johanniter in fast farbloser Umgebung zu leben schienen. Das Heer der Johanniter war viel kleiner als dasjenige der Templer und gelangte nie zu solcher Volkstümlichkeit; sie waren auch viel ärmer. Die beiden rivalisierenden Orden versuchten, einander an Ehre und Ruhm zu überbieten und gerieten oft aneinander. Aber wenn sie gemeinsam etwas unternahmen, leisteten sie Hervorragendes.

Die Orden wurden bald stolz und anmaßend, und da der König wahrscheinlich auch stolz und anmaßend war, gab es ständige Meinungsverschiedenheiten und Streitigkeiten. Theoretisch waren sie vom König unabhängig und nur Rom gegenüber verantwortlich. In Wirklichkeit aber hatten die Großmeister der beiden Orden ihre Sitze im königlichen Rat, und ohne ihre Zustimmung wurde kein wichtiger Entscheid getroffen. Als die Kriege weitergingen, schien das Königreich immer mehr von einem Triumvirat, bestehend aus dem König und den Großmeistern der Templer und der Johanniter, regiert zu werden.

König Balduin II.

Unter den Königen von Jerusalem gab es Männer von ganz verschiedenem Charakter. Einige waren fromm, andere taten, als wären sie fromm, einer war ein Ungläubiger, einer vom Aussatz befallen. Aber jeder war auf seine Art ein König. Alle führten sie ihre Heere in die Schlacht, und weil sie im Kampf erfahren waren, wußten sie, wie gefährlich und hoffnungslos die Welt, in der sie lebten, war. Sie lernten sehr früh, daß immer irgendwo Krieg herrschte, daß der Kampf gleichzeitig an mehreren Fronten ausbrechen konnte und daß es keine Hoffnung auf einen totalen Sieg gab.

Balduin II. war der Neffe von Gottfried und Balduin I. Er hieß ursprünglich Balduin von Le Bourg und wurde dann Graf von Edessa. Die Kreuzfahrer krönten ihn zum König von Jerusalem, weil er ihnen durch seine Erfahrung, die er in Edessa gemacht hatte, für die Herrschaft über das Königreich geeignet erschien und weil er mit Balduin I. verwandt gewesen war und viele seiner Tugenden zu besitzen schien.

In Wirklichkeit war Balduin II. ein ganz anderer Mensch. Er war vorsichtig, systematisch, ein peinlich genauer Verwalter, der bald den Übernamen «Stachelstock» erhielt. Königlicher Prunk mißfiel ihm. Man sagte von ihm, er bete so häufig, daß seine Knie voll von Schwielen seien. In einer Zeit der Zügellosigkeit war er ungewöhnlich keusch und blieb seiner armenischen Frau treu.

Joscelin von Courtenay, einer von Balduins entfernten Verwandten aus der mütterlichen Linie, kam nach Edessa, erbat sich ein Lehen von ihm und erhielt auch einige Ländereien westlich des Euphrat, die von der Burg Turbessel beherrscht waren. Die Ländereien waren reich und noch nie erobert worden. In einem unbedachten Augenblick äußerte sich Joscelin dahin, er sei reich genug, um die ganze Grafschaft Edessa aufzukaufen, und es wäre besser, wenn der gegenwärtige Herrscher auf seine Ländereien in Frankreich zurückkehrte. Balduin hörte von dieser Prahlerei und lud Joscelin ein, ihn in seiner

Hauptstadt zu besuchen. Balduin lag im Bett; es ging das Gerücht um, er sei ernsthaft krank. Als Joscelin das Schlafzimmer betrat, war er überzeugt, daß ihm der König die ganze Grafschaft anbieten werde. Er erkundigte sich nach seiner Gesundheit. Balduin antwortete: «Viel besser, als dir lieb ist», sprang aus dem Bett, beschuldigte seinen treulosen Neffen der Untreue und der Undankbarkeit und fügte bei, dies seien ernsthafte Verbrechen, die nach strenger Bestrafung verlangten. Balduin war ein gerechter Mann: Statt der ganzen Grafschaft erhielt Joscelin ein enges Burgverlies, in dem er sich kaum bewegen konnte. Als Balduin dann fand, Joscelin habe seine Lektion gelernt, ließ er ihn frei.

Joscelin, der sein Lehen verloren hatte, machte sich auf den Weg nach Jerusalem, und da er ein Mann von außerordentlichem Mut und großer Gewandtheit war, stieg er bald auf in der Hierarchie und wurde Fürst von Tiberias, ein wichtiges Mitglied des königlichen Rates. Da er die Verdienste des Grafen von Edessa erkannt hatte, war er unter den Fürsten derjenige, der am lautstärksten darauf drängte, den Grafen zum König von Jerusalem auszurufen. So wurde Joscelin von Courtenay, der ehemalige Herr von Turbessel und Fürst von Tiberias, bald einmal zum Grafen von Edessa ernannt und wohnte nun in dem Palast, wo er einst in einem kleinen Verlies gefangengehalten worden war.

Im Königreich Jerusalem konnte man rasch aufsteigen in der Hierarchie. Ein Schildknappe konnte an einem Tag zum Ritter geschlagen, und am nächsten Tag mit der Herrschaft über eine riesige Festung bedacht werden und ein eigenes Heer durch unermeßliche Wüsten führen. Es herrschte ein feudaler König mit einer feudalen Aristokratie, aber wenn einer sich im Krieg auszeichnete, konnte er rasch einen höheren Rang erreichen. Wie manchmal hohe Ämter in der Kirche an Bauernsöhne übergingen, so verlangte es auch die militärische Organisation des Königreiches, daß wirklich die begabtesten Soldaten zu Stellungen mit hoher Verantwortung aufstiegen.

Eine neue Generation von Edelleuten wuchs heran. Tankred, der 1112 in Apulien verstarb, vermachte das Fürstentum Antiochia seinem Vetter Roger, dem Fürsten von Salerno. Wie alle normannischen Fürsten Italiens war Roger ein tapferer und wilder Krieger. Er war entschlossen, Aleppo seinem Fürstentum einzuverleiben. Im Frühling 1119 traf er die Vorbereitungen für einen Feldzug gegen Aleppo und ersuchte Balduin II. um Unterstützung. Der König aber riet ihm zur Vorsicht, ebenso Pons, der Graf von Tripoli und Enkel des Grafen von Toulouse.

Ein Angriff auf Aleppo mußte zu Auseinandersetzungen mit dem

Sultan von Damaskus und den örtlichen Emiraten führen. Ilghasi, der Emir von Mardin, befehligte ein mächtiges Heer, das vierzigtausend Mann umfaßt haben soll. Rogers Streitkräfte waren im Vergleich dazu kläglich klein: siebenhundert Ritter und viertausend Fußsoldaten. Aber Roger hoffte, den Feind überraschen zu können; eine vergebliche Hoffnung, denn Ilghasi hatte Spione in Antiochia, die alle Bewegungen Rogers verfolgten und alles, was an Vorbereitungen für den Vormarsch nach Aleppo unternommen wurde, berichteten. Am 27. Juni 1119, während ein heftiger Wind blies, stürzten sich die turkmenischen Reiter vierundzwanzig Kilometer vor Aleppo auf Rogers Heer, umringten und vernichteten es. Die Ritter wurden niedergemetzelt wie Vieh, absichtlich, ganz mechanisch und hemmungslos. Eine Handvoll wurde gefangengenommen, in Ilghasis Triumphzug durch die Straßen von Aleppo mitgeführt und vor den Augen der Bevölkerung zu Tode gefoltert.
Balduin II. hörte von der Katastrophe, als er auf dem Weg nach Antiochia in Latakia rastete. Man berichtete ihm, daß Roger getötet worden sei und daß die Kreuzfahrer siebentausend Mann verloren hätten, die Türken dagegen nur zwanzig. Das war die fürchterlichste Niederlage, welche die Kreuzfahrer bis jetzt erlitten hatten. Balduin eilte nach Antiochia, und Pons folgte ihm sogleich nach. Ilghasi war so begierig darauf gewesen, seinen Triumph zu feiern, daß er unterlassen hatte, Antiochia zu erobern, als es ihm ausgeliefert gewesen wäre. Gemeinsam rüsteten sich hierauf Balduin und Pons in Antiochia zum Angriff. Mitte August zogen sie gegen Ilghasi ins Feld. Bei Tel Danith kam es zu einer sonderbaren Schlacht; keine Seite gewann, aber sowohl die Türken als auch die Christen erlitten große Verluste. Als die Heere sich zurückgezogen hatten, vergnügte sich Ilghasi damit, seine Gefangenen an Pfähle zu binden und sie als Ziele für Schießübungen zu benützen, während Balduin und Pons nach Antiochia zurückkehrten, um dort ihre Wunden zu pflegen.
Außer in Schlachten, in denen Ilghasi in der Übermacht war, scheint er ziemlich unfähig gewesen zu sein. Dem König von Jerusalem hingegen hatte es offenbar an Selbstbeherrschung gefehlt. Er war gerade mit Pons zerstritten und zog mit einem kleinen Heer gegen ihn in den Kampf: Pons hatte sich zwar geweigert, Balduin II. als seinen Oberherrn anzuerkennen, aber wenn ein König sich so heftig mit einem Fürsten stritt, war das ein Zeichen dafür, daß er im Begriffe war, die Herrschaft über sich selber zu verlieren. Die Frage nach der Oberherrschaft hätte unter den herrschenden Umständen später wieder aufgenommen werden können.
Im Laufe der Zeit ereigneten sich groteske Dinge. Joscelin von Cour-

tenay, der endlich zum Grafen von Edessa ernannt worden war, wurde von Balak, dem Neffen von Ilghasi, einem Mann von beträchtlichem Wissen und großer Erfahrung, in einen Hinterhalt gelockt. Einmal mehr fand er sich im Kerker wieder, diesmal in der Burg von Kharput in den Bergen von Kurdistan. Balduin II. übernahm darauf die Regentschaft über Edessa. Er konnte es nicht fassen, daß Joscelin so dumm gewesen war, sich gefangennehmen zu lassen. Sieben Montate später jedoch, im April 1123, als Balduin Edessa besuchte, geriet er selber in einen Hinterhalt, während er in einem der Täler im Gebiet des untern Euphrat zur Falkenjagd ausritt. Balaks Truppen überfielen den König und seine Begleitung, und alle wurden in verschiedenen Gefängnissen der gleichen Burg eingekerkert.
Jerusalem war nun ohne König. Fulcher von Chartres beschreibt die Ereignisse, wie er sie von Jerusalem aus beobachtete, mit einer Mischung von Unsicherheit und Gelassenheit. Der König war zwar verschwunden, der eigentliche König aber war ja Christus. In den fernen Bergen von Kurdistan geschahen wahrlich seltsame Dinge. In unregelmäßigen Abständen erreichten die Berichte aus Edessa Jerusalem; niemand schien genau zu wissen, was sich in den Bergen abspielte. Im Süden fielen die Ägypter ein, und die ganze islamische Welt wußte von Balaks Erfolgen. Hingegen vernahmen sie erst viel später, daß die Armenier von Joscelin von Courtenay eine Botschaft erhalten hatten, in der er sie drängte, das Schloß von Kharput anzugreifen. Fünfzig Armenier, die sich als Mönche und Bettler verkleidet hatten und Waffen unter ihren Gewändern trugen, folgten seinem Ruf, machten sich von Edessa aus auf den Weg nach Kurdistan, drangen in der Nacht heimlich in die Burg ein, töteten die Wachen und erstürmten den Turm, wo Balduin II. und Joscelin gefangengehalten wurden.
Die Armenier befreiten zwar den König und Joscelin. Aber die Türken hatten in der Gegend noch immer ein mächtiges Heer zur Verfügung, und so belagerten sie die Burg, noch bevor die beiden entweichen konnten. Balduin II. konnte über die Vorräte in der Burg verfügen und glaubte, er könne die Burg gegen die Türken halten. So drängte er Joscelin, durch die feindlichen Linien zu entweichen und Hilfe zu holen. Geführt von drei Armeniern, gelangte Joscelin an den Euphrat und setzte auf einem behelfsmäßigen Boot aus aufgeblasenen Tierhäuten hinüber. Es war eine schwierige und gefährliche Überfahrt. Joscelin verlor seine Schuhe, seine Füße bluteten, und er war sehr erschöpft. Unter einem Nußbaum legte er sich nieder, bedeckte sich mit Zweigen von Büschen und Gestrüpp zum Schutz vor

den Feinden und schlief ein. Ein armenischer Bauer weckte ihn, und es stellte sich heraus, daß dieser früher sein Diener gewesen war.
Auf dem Esel dieses Bauern erreichte Joscelin bald Turbessel. Dort fand er seine Frau wieder, und der Bauer erhielt eine Belohnung. Dann brach Joscelin beinahe unverzüglich auf und ritt nach Antiochia und von dort nach Jerusalem, wo er einige Glieder seiner Gefängnisketten als Exvoto in der Grabeskirche niederlegte.
Seine wichtigste Aufgabe war es nun, ein Heer zur Rettung des Königs aufzustellen. Von Jerusalem, Tripoli und Antiochia aus zogen Reiterkolonnen nach Turbessel, nur um festzustellen, daß der König noch immer in der Burg gefangengehalten wurde. Balak bot dem König zwar freies Geleit an unter der Bedingung, daß er ihm die Burg übergebe. Der König weigerte sich aber, und der Krieg ging weiter. In seiner Wut befahl Balak, den Felsen, auf dem die Burg stand, zu unterminieren. Die Muslime verfügten über große Erfahrung im Tunnelbau. Sie bohrten unter den beiden Haupttürmen der Burg hindurch Tunnels durch den Felsen, füllten diese mit Holz und steckten es in Brand. Es gab gewaltige Explosionen, und die Türme stürzten zusammen. Jetzt war die halb zerstörte Burg nicht mehr zu verteidigen; der König mußte sich ergeben. Balak verschonte ihn, nahm aber fürchterliche Rache an den Armeniern, die dem König geholfen hatten, die Festung zu erobern.
Kurz nachdem Balduin II. in den Hinterhalt geraten war, hatte eine gewaltige venezianische Flotte unter dem Befehl des Dogen Domenico Michiel die palästinischen Gewässer erreicht. Sie legte in Akkon an und vernahm dort, daß Jaffa von einer ägyptischen Flotte belagert werde. Nichts hätte den Dogen mehr erfreuen können. Er trennte achtzehn Schiffe, die wie Pilgerschiffe aussahen, von der Hauptflotte ab und schickte sie nach Jaffa. Die Aussicht auf leichte Beute ließ die vor Jaffa liegenden Ägypter aufjubeln. Die Kapitäne der Köderschiffe des Dogen spielten ihre Rolle auch sehr gut. Sie gaben vor, für einen Kampf zu schwach zu sein, und wichen so lange aus, bis die Ägypter glaubten, sie fürchteten sich. Plötzlich erschienen aber die andern venezianischen Schiffe am Horizont. Ihre buntfarbigen Segel blähten sich im Winde, und die langen Reihen von Rudern schlugen im Gleichtakt ins Wasser. Der Doge hatte seinen Leuten befohlen, keinen einzigen Ägypter entkommen zu lassen; die ganze ägyptische Flotte wurde eingekreist. Die Venezianer enterten die feindlichen Schiffe und metzelten die ganzen Besatzungen nieder. Das Meer färbte sich rot.
Dies war eine der größten aller Seeschlachten, die es damals je gegeben hatte. Die Präzision und der Wagemut der Venezianer zeugten

von höchster Seemannskunst. Vor Aksalon wurden noch zehn weitere ägyptische Schiffe aufgegriffen, die reiche Beute brachten: Gold- und Kupfermünzen, Holzbalken zur Herstellung von Belagerungsmaschinen, Pfeffer, Kümmel und andere Gewürze. Die Schiffe, denen es gelungen war zu landen, wurden niedergebrannt, die übrigen nach Akkon gefahren, das noch nie zuvor so viele Schiffe hatte vor Anker liegen sehen.

Blieb noch Tyrus, der letzte Hafen nördlich von Askalon, der sich noch in muslimischen Händen befand. Tyrus war der Mittelmeerhafen für Damaskus, gut befestigt, und die Stadt erhob sich stolz und gebieterisch auf der felsigen Halbinsel. Toghtekin, der Atabeg von Damaskus, hatte Tyrus mit einer mächtigen Besatzung versehen. Um das christliche Heer abzulenken, griffen die Ägypter Jerusalem an. Hier sahen sich die Truppen von Askalon dem gewöhnlichen Volk von Jerusalem gegenüber, das ohne Unterstützung durch bewaffnete Ritter um die Stadt kämpfte, da diese sich in Tyrus befanden. Dort hatten die Kreuzritter und die Bogenschützen die Mauern auf der Landseite eingekreist, die Mauern gegen das Meer hin wurden von der gewaltigen venezianischen Flotte, die in den vorangegangenen Tagen noch angewachsen war, belagert. Tyrus war dem Untergang geweiht. Toghtekin machte einen letzten, verzweifelten Versuch, den Ring um die Stadt zu durchbrechen, hatte aber keinen Erfolg. Am 7. Juli 1124 kapitulierte die Bevölkerung; die Kreuzfahrer rückten in die Stadt ein und zogen die königliche Fahne über den Türmen auf. Darin lag eine gewisse Ironie, denn der König befand sich immer noch als Gefangener in seiner abgelegenen Burg in den Bergen von Kurdistan, und dennoch war Tyrus in seinem Namen erobert worden und wurde ein Teil seines Königreiches.

Diesmal benahmen sich die Eroberer wie Ehrenmänner. Nach den Bestimmungen der Kapitulationsurkunde durften die Muslime nach Belieben in der Stadt verbleiben oder sie mit ihrem ganzen Besitz verlassen. Dies war wahrscheinlich auf Pons zurückzuführen, der bei der Belagerung eine wichtige Rolle gespielt hatte und mehr und mehr geachtet und respektiert wurde.

Nicht ganz zwei Monate nach dem Fall von Tyrus wurde Balduin aus dem Gefängnis entlassen. Balak war bei einem Aufstand unter den Muslimen umgekommen, Emir Timurtasch wurde sein Nachfolger. Dieser bot Balduin gegen einige Gebiete jenseits des Orontes und gegen die Bezahlung von achtzigtausend Dinaren, von denen nur zwanzigtausend im voraus zu entrichten waren, die Freiheit an. Balduin fand die Bedingungen annehmbar. Darauf lud ihn der Emir zu einem Gastmahl ein und schenkte ihm ein königliches Gewand, ein goldenes Barett und bestickte Halbstiefel, gleich wie sie der Kaiser von Byzanz trug. Er erhielt auch sein Lieblingspferd zurück, für das man während seiner Gefangenschaft gut gesorgt hatte.

Balduin begab sich sofort nach Antiochia, dessen Regent er war, und er stellte ein neues Heer auf, mit dem er das neunzig Kilometer östlich von Antiochia gelegene Aleppo einnehmen wollte. Aber die fünf Monate dauernde Belagerung führte zu keinem Erfolg. Ein neuer muslimischer Heerführer war aufgetreten: Aksungur Al Bursuki, «Der Weiße Falke», Emir von Mosul. Aleppo, Mosul und Damaskus hatten sich mit einem glänzenden Heerführer verbündet, der entschlossen war, die Grenzen seines Einflußbereiches auf Kosten der Christen zu erweitern. Während Balduin nach Jerusalem zurückkehrte, um die Glückwünsche seines Volkes entgegenzunehmen, marschierte der Weiße Falke gegen Antiochia. Hierauf eilte Balduin, unterstützt von Pons von Tripoli, nach Norden. In der Schlacht von Asas wandte er die Taktik des Feindes an: scheinbar ein Rückzug, dann eine plötzliche Kehrtwendung an einer Stelle, die ihnen gegen die Angreifer die größten Vorteile bot, und dann ein Angriff der gepanzerten Ritter in massierter Formation. Asas, das im Nordosten des Fürstentums Antiochia liegt, bot genau das richtige Gelände dazu, und das Manöver wurde fehlerlos ausgeführt. Der Feind verlor zweitausend Mann, die Christen nur zwanzig. Die Zahlen mögen unwahrscheinlich erscheinen, aber für die Muslime war es jedenfalls eine verheerende Niederlage.

Nun lag es an den Christen, ihren Vorteil auszunützen. Zu Beginn des Jahres 1126 zog Balduin seine Truppen in Tiberias zusammen und rückte gegen Damaskus vor. Jenseits des Wadis Ar Rahub gelangte sein Heer zu einer Festung, die von syrischen Christen gehalten wurde. Sie stand in jenem Tal, das als «Sophar von den Wiesen» bekannt war, der Ort wo der Apostel Paulus seine Bekehrung erlebt hatte. Jenseits von Sophar erwartete sie bereits Toghtekin, der Atabeg von Damaskus. Balduin bildete aus seinem Heer zwölf Kolonnen. Bei Tel El Sakab, zweiunddreißig Kilometer vor Damaskus, schlug Balduin eine der härtesten Schlachten seines Lebens. Er hielt sich stets mitten im Kampfgewühl auf, rief seine Ritter beim Namen und munterte sie auf. Die Kreuzfahrer verloren ihren gesamten Troß und das Zelt, das als königliche Kapelle diente. Schon sah sich das Heer von Damaskus dem Sieg nahe und griff in voller Stärke an. Es hätte die Schlacht auch gewinnen können, wenn Balduin nicht einen Gegenangriff befohlen hätte. Und das Glück war auf der Seite der Kreuzfahrer: Toghtekin wurde vom Pferd geworfen. In der Meinung, er sei tot, wichen die Muslime zurück, gerieten in Panik und flohen nach Damaskus zurück. Die Kreuzfahrer folgten ihnen auf dem Fuße und drangen in die Vororte von Damaskus ein. Aber sie waren so übel zugerichtet worden, daß sie nicht damit rechnen konnten, die Stadt zu erobern. Der König kehrte nach Jerusalem zurück, zufrieden, daß sein Heer den Damaszenern ernsthaften Schaden zugefügt hatte. In Tat und Wahrheit aber war sehr wenig gewonnen: Niemand hatte gesiegt, es war nur gewaltig viel Blut vergossen worden.

Das war auch das für die Kreuzfahrer gefährlichste Moment an diesen unentschiedenen Grenzkriegen: Die Christen konnten es sich nicht leisten, viele Leute zu verlieren, wohingegen die Muslime mit ihren unerschöpflichen Massen von Streitkräften immer wieder neu angreifen konnten. Aber die Kreuzfahrer lebten immer noch von ihren Träumen und wilden Hoffnungen, Wundern und Zeichen, wie alle Menschen, die sich in einer verzweifelten Lage befinden.

Zu diesem Zeitpunkt, fünfzehn Jahre nach dem Tode des beinahe legendären Boemund, erschien sein Sohn in Antiochia und erhob Anspruch auf sein Erbe. Er war etwa achtzehn Jahre alt, groß gewachsen, hübsch wie sein Vater und trug den Namen seines Vaters. Mit einer Flotte von zehn Galeeren und zwölf Frachtschiffen, die mit Vorräten und Kriegsgerät beladen waren, kam er am 12. Oktober 1126 im Hafen von St. Simeon an. Balduin hieß den jungen Prinzen willkommen und bestätigte ihm sein Recht auf Antiochia. Um die Bande zwischen ihnen zu festigen, gab er Boemund II. seine Tochter Alice zur Frau. In Anwesenheit des Königs schworen alle Ritter von Antiochia ihrem neuen Lehensherrn den Treueid.

Alice war die zweite Tochter des Königs, und es mußte auch für seine ältere Tochter, die herrische und eigenwillige Melisendis, ein Gatte gefunden werden. Balduins Wahl fiel auf den Grafen Fulko von Anjou, einen entfernten Verwandten, der damals noch in Frankreich lebte. Es gab lange Unterhandlungen, denn es galt als sicher, daß Fulko schließlich den Thron erben würde. Balduin wollte als zukünftigen König von Jerusalem jemanden, der noch nie im Osten gewesen war und sehr wenig über Jerusalem wußte. Fulko war beinahe vierzig Jahre alt, ein Witwer mit vielen Kindern, ruhig, intelligent und ehrgeizig. Er hatte durch seine Angriffe auf Maine in Frankreich Anjou um vieles vergrößert und verstand deshalb sehr viel von Kriegsführung. Sein Interessenbereich erstreckte sich über England, Frankreich und das Königreich Jerusalem. Sein Sohn, Gottfried von Plantagenet, hatte kurz zuvor Mathilde, die Erbin des normannischen Throns von England, geheiratet.

Fulko entsprach Balduins Vorstellungen sehr gut. Er war ein Mann von unverbrüchlicher Loyalität und bewundernswerter Besonnenheit. Von allen Herrschern über Jerusalem war er wahrscheinlich der intelligenteste. Er kam im Frühling 1129 in Akkon an und wurde feierlich und mit großem Pomp empfangen. Er heiratete Melisendis am 2. Juni. Es sollte eine schwierige Ehe werden, denn Melisendis war noch ehrgeiziger als ihr Gatte und handelte selten vernünftig.

Was die Vernünftigkeit anbetrifft, so war Boemund II. nicht besser als sein Vater. Zwar verehrte das Volk von Antiochia ihn: Seine Körpergröße, seine Schönheit und sein Benehmen machten ihn zu einem jungen Mann von erlesener Würde. Aber kurz nachdem er den Thron bestiegen hatte, führte er sein Heer gegen Kafartab. Es gab eine kurze Belagerung, die Besatzung ergab sich, und der junge Fürst ließ die ganze Bevölkerung niedermetzeln. Was Pons von Tripoli gelernt hatte, machte auf Boemund II. keinen Eindruck. Mit Joscelin von Edessa stritt er sich heftig. Es hätte zwischen den beiden Krieg gegeben, wenn die Vorsehung Joscelin nicht hätte erkranken lassen, so daß Balduin Zeit und Gelegenheit fand, seine Wunden zu heilen.

Balduin war immer noch entschlossen, Damaskus zu erobern. Mit neu eingezogenen Soldaten aus Westeuropa stellte er ein großes Heer auf und brach in damaszenisches Gebiet ein. Die Heere von Joscelin von Edessa, Boemund II. und Pons von Tripoli schlossen sich ihm an, und dazu kamen noch die vielen Ritter im Gefolge von Fulko von Anjou. Diese gewaltige Streitmacht zog dem Heer von Buri entgegen, dem Sohne des Atabegs Toghtekin, der im Jahre zuvor gestorben war. Buri war ein tüchtiger Feldherr, aber Balduins Heer setzte ihm hart zu. Er lief eben Gefahr, Damaskus zu verlieren, als ein heftiges Gewitter ausbrach; Donnerschläge erfüllten die Luft, der Regen fiel in Strömen, und das Schlachtfeld verwandelte sich in einen Sumpf. Die Kreuzfahrer zogen sich zurück, nicht vom Feinde, sondern vom Wetter besiegt.

Dies war Balduins letzte Schlacht. Bald zog auch Boemund II. zum letzten Mal ins Feld. An der Spitze eines großen Heeres fiel er in Kilikien ein. Er war erstaunlich sorglos und schien zu glauben, daß kein Feind es wagen würde, ihn anzugreifen. Als sein Heer gemütlich einem Flußufer entlang marschierte, wurde es von Türken aus Danischmend überfallen, die das ganze Heer niedermetzelten. Als Boemunds Leiche gefunden wurde, fehlte ihr der Kopf; die Türken hatten ihn einbalsamiert und dem Kalifen zum Geschenk gemacht. Boemund war nur dreiundzwanzig Jahre alt, als er starb.

Die Nachricht von seinem Tode war ein schwerer Schlag für die Antiochier. Er war ihr Talisman gewesen, der Mann, der ihnen fünfzig Jahre lang hätte Glück bringen sollen. Jetzt hinterließ er lediglich eine erst zweijährige Tochter, Konstanze. Seine Witwe, die Fürstin Alice, war entschlossen, selbständig, als Fürstin aus eigenem Recht und unabhängig von ihrem Vater, zu regieren.

Alice nahm deshalb geheime Verbindungen zu Sengi, dem Atabeg von Aleppo, auf und anerbot sich, ihre Tochter einem muslimischen Fürsten zur Frau zu geben unter der Bedingung, daß sie selber bis zu ihrem Lebensende Herrscherin über Antiochia bleiben könne. Durch einen ihr ergebenen Boten sandte sie Sengi ein prächtiges Geschenk: einen schneeweißen, mit Silber beschlagenen Zelter mit silbernem Zaumzeug und Geschirr und einen mit Silberbrokat überzogenen Sattel. Balduin II., der sich auf den Weg nach Antiochia gemacht hatte, kaum hatte er vom Tode Boemunds gehört, vernahm zufällig, daß seine Truppen den Boten gefangengenommen hätten. Er verlangte ihn sofort zu sehen, und der Bote gestand alles. Voller Wut ließ ihn Balduin II. auf ausgeklügelte Weise zu Tode foltern.

Als Alice hörte, daß der König unterwegs sei, ließ sie die Tore der Stadt schließen. Es gab aber in Antiochia Leute, die Alice haßten. Sie sorgten dafür, daß das Paulustor und das Herzogstor offen blieben. So ergossen sich die Truppen des Königs in die Stadt. Alice zog sich auf die Zitadelle zurück und verbarrikadierte sich im Turm. Sie hatte immer noch zahlreiche Anhänger und hätte versuchen können, gegen die Truppen ihres Vaters zu kämpfen. Aber sie gelangte zur Einsicht. Sie trat aus dem Turm, warf sich ihrem Vater zu Füßen und bat um Gnade. Der König befahl ihr, ihre Machtansprüche ausschließlich auf Latakia und Dschabala, die beiden Städte, die ihre Mitgift gewesen waren, zu beschränken. In Antiochia wurden die Geschäfte fähigen Männern aus der Stadt übertragen. Sie mußten einen Eid schwören, Antiochia bis zur Volljährigkeit Konstanzes, der zweijährigen Prinzessin, treuhänderisch zu verwalten. Dann kehrte der König traurig nach Jerusalem zurück.

Die Aufregung jener Tage in Antiochia mag seinen Tod beschleunigt haben. In Jerusalem erkrankte er, vielleicht an Typhus, und er ahnte, daß er dem Tode nahe war. Er ließ sich von seinem Palast in den Palast des Patriarchen neben der Grabeskirche bringen. Dann rief er Melisendis, Fulko von Anjou und seinen dreijährigen Enkel zu sich und dankte zugunsten des Fürsten, den er von jenseits der Meere hatte kommen lassen, ab. Er trug das Ordenskleid eines Regularkanonikers der Grabeskirche, und in diesem Kleid starb er am 21. August 1131, im dreizehnten Jahr seiner Regierung. Er wurde neben Gottfried und Balduin auf Golgotha beigesetzt.

Balduin war der letzte der Kreuzfahrerkönige, die im ersten Kreuzzug gekämpft hatten. Für das Königreich Jerusalem brach damit eine neue Zeit an. Die Lothringer, Normannen, Franzosen und Provenzalen nahmen nach und nach orientalische Sitten und Gebräuche an. Sie litten nicht etwa an seelischer Trägheit, sie nahmen auch nicht die Laster des Orients an, wenn sie auch manchmal träge waren und ihre Lasterhaftigkeit legendär wurde. Es geschah etwas viel Wichtigeres mit ihnen: Sie wurden zu einer neuen Nation, die sowohl dem Osten als auch dem Westen, mehr aber dem Osten, angehörte. Sie waren von Europa abhängig, aber sie waren Europa entfremdet. Sie hatten sich die Eroberung als eine einfache Sache vorgestellt: die Rettung Jerusalems und der Grabeskirche; aber sie entdeckten, daß eine Eroberung ein vielseitiges und kompliziertes Unternehmen war. Der Kreuzzug selber war im Begriff, ein *dschihad,* ein Heiliger Krieg, zu werden, der mit islamischer Heftigkeit geführt werden mußte.

Zu diesem Thema äußerte sich der sonst kühle Fulcher von Chartres kurz vor dem Tode Balduins II. voller Leidenschaft:

> Wir, die wir einst Abendländer waren, sind jetzt Orientalen. Ein Römer oder ein Franzose wird in diesem Lande zu einem Galiläer oder Palästinenser. Wer aus Reims oder Chartres stammte, ist Tyrer oder Antiochier geworden. Denn wir haben die Länder unserer Geburt schon vergessen; sie sind vielen von uns unbekannt und werden bei uns nie erwähnt.
>
> Einige besitzen bereits Häuser, Gesinde und Pächter wie aus väterlichem Erbrecht. Einige haben sich Frauen genommen, nicht nur aus ihrem eigenen Volk, sondern auch Syrerinnen, Armenierinnen oder Sarazeninnen, denen die Gnade der Taufe gewährt worden ist... Diejenigen, welche im Abendland arm waren, hat Gott im Osten reich gemacht. Diejenigen, welche dort wenig Geld hatten, besitzen hier zahllose Besanten, und wer im Abendland nicht einmal ein Haus hatte, besitzt jetzt eine Stadt. Warum ins Abendland zurückkehren, wenn es einen solchen Orient gibt?[32]

Tatsächlich, warum? Und warum sollten nicht noch mehr Leute in den Osten kommen und sich unter dem Siegesbanner der Kreuzfahrer niederlassen? Es gab nie genug Siedler. Das Königreich Jerusalem mochte nahe beim Paradies liegen, aber es war auch ein blutdurchtränktes Schlachtfeld. Und das sollte es während der ganzen Zeit seines Bestehens bleiben.

Ein großer Teil von dem, was wir über die Kreuzfahrer dieser Zeit wissen, stammt von einem der größten Historiker, die es je gegeben hat: Wilhelm, dem Erzbischof von Tyrus. Er schreibt mit ganz außerordentlichem Taktgefühl und großer Intelligenz, erhebt seine Stimme nie und zeigt sich immer offen für eine vernünftige Begründung der Ereignisse. Er besitzt das Talent des modernen Historikers, die Gestalten, die er auf der Bühne der Geschichte auftreten läßt, so bildhaft darzustellen, daß wir sie vor uns sehen können, und er ist auch überzeugt von dem, was er schreibt. Die Ereignisse sind in logischer Folge aneinandergereiht, und er freut sich im stillen an dieser Logik und dem geordneten Fortschreiten der Handlung. Aus den Seiten seiner Geschichte schaut er uns mit festem Blick und tiefem Verständnis an. Er ist immer ernst, versteht die Dinge zu ordnen und ist immer gutartig. Sein gesunder Verstand macht ihn zum Genie.

Als Titel für seine Geschichte wählte er *Historia rerum in partibus transmarinis gestarum,* was mit *Eine Geschichte in überseeischen Gebieten vollbrachter Taten* übersetzt werden kann. Der Titel, der viel Umstrittenes als Tatsache hinstellt, fiel ihm wahrscheinlich während einer seiner seltenen Reisen nach Rom ein. Für ihn war das Königreich Jerusalem nicht «überseeisch»; er war ja dort aufgewachsen. Er war ein vielbeschäftigter Mann, dem viele kirchliche Pflichten oblagen, und mit zunehmendem Alter übergab man ihm Regierungspflichten. Er wurde mit schwierigen Missionen betraut, war der Lehrer des Thronerben, wurde Kanzler des Königreichs, vertrauter Berater von König Amalrich, dem einzigen König von Jerusalem, der Bücher las und deshalb fähig war, über Staatsgeschäfte mit einem gebildeten Menschen zu sprechen. Die Regierungsgewalt im Königreich lag teilweise in den Händen Wilhelms von Tyrus, und sein Wort zählte viel am königlichen Hof. All dies wird in seinen Aufzeichnungen über die geschichtlichen Ereignisse gebührend verschwiegen. Seine Prosa steigt und fällt wie die Wellen eines Binnenmeeres. Ereignisse erreichen ihren kritischen Punkt; neue Krisen folgen; alles wird als vom Rahmen der göttlichen Vorsehung umfaßt betrachtet.

Was Wilhelm von Tyrus besonders auszeichnete, war sein Verständnis für die arabische Mentalität. Er sah sehr wohl, daß der Feind oft intelligent handelte, die Kreuzfahrer hingegen oft stur und dumm vorgingen. Aber natürlich bewahrte die Intelligenz der Muslime sie nicht davor, Ketzer zu sein, die notwendigerweise von der Barmherzigkeit ausgeschlossen waren.

Fulko von Anjou kam 1131 auf den Thron, in dem Jahr, da Wilhelm von Tyrus wahrscheinlich geboren wurde. Fulko war rasch im Handeln, entscheidungsfreudig und achtete auf alles, was um ihn vorging; er kämpfte an vielen Fronten und hatte mehr Schwierigkeiten mit den Herren, die über die Fürstentümer an der Küste regierten, als er verdiente. Alice von Antiochia war ihm ein Dorn im Auge. Ganz am Anfang seiner Regierungszeit verlor er Joscelin von Edessa, der während eines Angriffs auf eine türkische Festung von herabfallendem Mauerwerk schwer verwundet wurde und eines ruhmreichen Todes starb. Als Joscelin im Sterben lag, meldete ein Bote, der Sultan von Iconium belagere seine Burg in Cresson. Joscelin ließ seinen Sohn, der ebenfalls Joscelin hieß, zu sich kommen und befahl dem jungen Mann, mit seinem Heer einen Angriff auf die Streitkräfte des Sultans zu unternehmen. Der Sohn suchte nach Ausreden und sagte, der Feind sei zu mächtig und er selber verfüge über zu geringe Mittel. In seiner Verzweiflung ließ Joscelin das ganze Heer aufbieten. Jedermann, der Waffen tragen konnte, sollte die Muslime bei Cresson angreifen. Er ließ eine Tragbahre anfertigen und sich darauf festbinden. Von dieser Tragbahre aus wollte er das Kommando führen, und auf dieser Tragbahre machte er sich mit seinem Heer auf den Weg nach Cresson. Unterwegs vernahm er, daß die Belagerung aufgehoben worden sei, weil der türkische Befehlshaber gehört habe, daß ein gewaltiges Heer auf die Festung zu vorrücke. Und so war es auch. Mit letzter Kraft lobte Joscelin Gott für alle ihm erwiesenen Wohltaten und starb bald darauf, immer noch auf seiner Tragbahre liegend.
Joscelin I. vererbte seinen Mut nicht an seinen Sohn, und die Intelligenz Balduins II. ging nicht auf seine Töchter Melisendis und Alice über. Beide waren unangenehme Frauen; beide verlangten nach Macht und schreckten vor nichts zurück, um sie zu erlangen. Alice, die frühere Fürstin von Antiochia, wollte wieder Fürstin werden. Früher hatte sie mit Sengi ihre Ränke geschmiedet, jetzt begann sie ihre Machenschaften nicht nur mit Joscelin II., was bestimmt nicht schwierig war, sondern auch mit Pons von Tripoli, was doch zeigt, daß dieser verwegener war, als man allgemein annahm.
König Fulko ritt nach Antiochia, wo sich Alice niedergelassen hatte. Als er Tripoli betreten wollte, fand er den Weg versperrt; Pons hatte seine Ritter beauftragt, die Zugänge zu bewachen. In solchen Situationen suchte der König immer eine einfache Lösung. Diesmal fuhr er mit dem Schiff zur Mündung des Orontes und marschierte gegen Antiochia, wo er sah, daß die Ritter ihm ergeben waren, Pons hingegen ein Heer bereitgestellt hatte und zu kämpfen bereit war. In der Schlacht von Rugia in der Nähe von Antiochia stand ein Kreuzfah-

rerheer unter König Fulko einem Kreuzfahrerheer unter Pons von Tripoli gegenüber. Es war eine grausame Schlacht, und während langer Zeit war der Ausgang unentschieden. Schließlich siegte der König, und die überlebenden Soldaten aus Pons' Heer wurden in Ketten nach Antiochia abgeführt.

Dies war die erste Schlacht zwischen Kreuzfahrerheeren; aber es sollte noch zahlreiche weitere geben. Der Geist der Auflehnung wurzelte tief in den Herzen der Kreuzfahrer, und selbst wenn gegen außen Friede zu herrschen schien, rebellierten die Fürsten der Küstenstädte im geheimen oft gegen den König. Pons gelang es, nach Tripoli zu fliehen, und entging so der Bestrafung. Alice wurde erneut verbannt. In Antiochia wurden den Gefangenen aus Pons' Heer die Ketten gelöst, und ein Rat wurde eingesetzt, der die Stadt regieren sollte. So viele Antiochier baten den König jedoch zu bleiben, daß er seine Rückkehr nach Jerusalem um einige Monate aufschob.

Der Hauptschauplatz im Krieg mit den Muslimen verschob sich gegen Norden, insbesondere in das Tal des Orontes. Die Sarazenen waren entschlossen, Antiochia einzunehmen, um so die Gefahr, die Aleppo drohte, ein- für allemal zu bannen. In Sengi fanden sie den ersten der großen islamischen Strategen, die fähig waren, große Massen von Leuten aus vielen Fürstentümern für eine gemeinsame Anstrengung, für die Befreiung des Landes von den Christen, zu vereinen. Jetzt erhob sich die arabische Welt. Ein großes Heer überschritt den Euphrat, um Antiochia anzugreifen, ein weiteres Heer rückte gegen die Burg Montferrand in Tripoli vor, die Pons von Tripoli hielt. Der König vernahm, in welcher Lage sich Pons befand, als er der Küstenstraße entlang nach Norden eilte, um der Bevölkerung von Antiochia zu helfen. In Sidon traf er auf Pons' Gattin Cäcilia, die Gräfin von Tripoli und Tochter Philipps I. von Frankreich. Sie war die Gattin Tankreds gewesen. Der König betrachtete sie als seine Schwester. Jetzt stand sie an der Seite der Straße und bat den König, Pons und seiner belagerten Burg Hilfe zu bringen. Sie redete beharrlich auf ihn ein und bedrängte ihn. Sie sagte ihm, Sengi selber greife Montferrand an. Der König rückte darauf gegen die Burg vor; aber bevor er sie erreichte, floh Sengi, da er glaubte, ein großes, gut ausgebildetes Heer sei im Begriffe, ihn anzugreifen. Dann eilte der König nach Antiochia zurück.

Sengi verhielt sich vorsichtig. Er sammelte sein Hauptheer in Kinnasrin, dem früheren Chalkis. Die Türken vom jenseitigen Ufer des Euphrat hatten noch nicht alle das Hauptlager erreicht, und er wollte warten, bis er eine überwältigende Streitmacht beisammen hatte. Fulko handelte mit außerordentlicher Raschheit und bot jeden dienstfähigen Mann in Antiochia für sein Heer auf, denn er wußte oder ahnte, daß Sengi nicht angreifen würde, bevor sein Heer die volle Stärke erreicht hatte. Bei Kinnasrin in der Nähe der Festung Harim sammelte der König seine Streitkräfte. Und als Kundschafter ihm meldeten, Sengi sei noch nicht zum Vormarsch bereit, unternahm der König einen plötzlichen Angriff und warf die ganze Macht seiner Kavallerie gegen das feindliche Lager. Er errang einen ruhmreichen Sieg. Dreitausend feindliche Soldaten fielen, und die Christen machten jede nur vorstellbare Art von Beute: Sklaven, Zelte, Zeltausstattungen, Pferde und Schafherden. Zum zweiten Male floh Sengis Heer vor dem König.

Als der König nach Antiochia zurückkehrte, wurde er als Sieger und Erretter begrüßt. Er blieb einige Zeit dort und überlegte sich, wie er Antiochia jetzt, da Boemund II. tot war, verteidigen könnte. Da erinnerte er sich, daß er selber aus Europa hergeholt worden war, um über das Königreich Jerusalem zu regieren, und es kam ihm der Gedanke, er könnte nach einem französischen oder englischen Fürsten suchen, der stark genug wäre, über Antiochia zu herrschen und es gegen die Sarazenen zu beschützen.

Seine Wahl fiel auf Raimund von Poitiers, den Sohn Wilhelms von Poitiers, der im ersten Kreuzzug mitgekämpft hatte. Raimund war etwa dreißig Jahre alt und diente jetzt am englischen Hof als Höfling des Königs von England, der ihn zum Ritter geschlagen hatte. Alles an dem jungen Mann zeugte von Kraft, Entschlossenheit und Mut. Der König sandte einen Boten namens Gerold Gerbarre nach England. Er sollte Raimund einladen, den Thron von Antiochia anzunehmen. Es war ein geheimer Auftrag, denn Alice sah immer noch sich zur Herrscherin von Antiochia bestimmt, und sie sollte noch nichts von der geplanten Vermählung ihrer Tochter mit Raimund von Poitiers wissen.

Gerold Gerbarre führte seinen Auftrag tadellos aus. Er traf Raimund am Hofe Heinrichs I., besprach sich lange mit ihm und brachte ihn sicher nach Antiochia, wo sich jedoch, unter Mitwirkung Radulfs von Domfront, des Patriarchen von Antiochia, ein seltsames Drama abspielen sollte.

Wilhelm von Tyrus kannte den Patriarchen, obwohl er selber damals noch sehr jung war, und beschreibt ihn als einen kräftigen Mann von militärischem Gehabe, der eher wie ein Ritter als wie ein Priester aussah. Er hatte im Volke viele Anhänger, obwohl er wahrscheinlich eher durch eine List als durch eine Wahl auf den Patriarchenstuhl gelangt war.

König Fulko und Raimund von Poitiers, die auf seine Verschwiegenheit zählten, weihten ihn in ihr Geheimnis ein. Und Radulf gab bekannt, Raimund sei gekommen, um Alice zu heiraten, obwohl er in Wirklichkeit ihre Tochter zur Frau nehmen sollte. Alice war, entgegen dem Befehl ihres Vaters mit Hilfe ihrer Schwester, Königin Melisendis, nach Antiochia zurückgekehrt. Während sie nun im Palast auf den Mann, von dem sie dachte, er sei ihr Verlobter, wartete, wurde Konstanze in die Kathedrale gebracht und mit Raimund von Poitiers vermählt. Durch diese Heirat wurde Raimund Fürst von Antiochia. Konstanze war damals etwa neun Jahre alt.

Sowohl die Fürstin als auch Königin Melisendis waren empört über diese Verschwörung, die ein Patriarch, der durch Simonie zu seinem Amt gelangt war, ein englischer Fürst und der König von Jerusalem angezettelt hatten. Doch Alice und Melisendis waren selber erfahrene Verschwörerinnen: die Königin schützte Alice vor dem Zorn des Königs, und Alice war anscheinend eine eingefleischte Unruhestifterin, die nichts mehr genoß, als mit ihrer Macht zu prahlen.

Auch Melisendis bereitete es Vergnügen, ihre Macht zu zeigen. Zu Beginn von Fulkos Regierungszeit hatte sie einmal einem gewissen Hugo von Le Puiset, dem Grafen von Jaffa, der jung, hübsch, ein Frauenverehrer und äußerst kühn war, in außerordentlicher Weise ihre Gunst gezeigt. Hugo hatte um des Geldes willen eine viel ältere Frau geheiratet und verstand sich schlecht mit ihren Söhnen, die beide sehr bekannt, mächtig am Hofe und Erben großer Landgüter waren. Fulko wußte vom Verhältnis der Königin mit Hugo, duldete es aber aus tiefer Liebe zu seiner Frau. Andere waren weniger duldsam. Im Sommer 1132 ging einer von Hugos Stiefsöhnen, Walter Garnier, vor Gericht und beschuldigte Hugo öffentlich des Hochverrats und der Verschwörung gegen das Leben des Königs. Hugo bestritt die Anklage aufs heftigste, erklärte sich aber bereit, sich dem Urteil des Gerichtes zu unterziehen. Da es sich um eine so ernsthafte Angelegenheit handelte, verfügten die Richter, daß sie nach dem alten Recht der Franken, das für solche Fälle den Zweikampf vorsah, erledigt werden müsse. Es wurde ein Tag festgesetzt, und man traf alle Vorbereitungen für das Turnier, das über Schuld oder Unschuld entscheiden sollte. Hugo jedoch erschien nicht; er hatte Jerusalem verlassen und war nach Jaffa geflohen. Von dort gelangte er auf dem Seeweg nach Askalon, wo er mit dem ägyptischen Gouverneur ein Abkommen unterzeichnete. Dadurch beging er nun wirklich Hochverrat, egal ob er vorher schon verräterisch gehandelt haben mochte oder nicht.

Nun war die Lage äußerst gefährlich, denn Jaffa war der Seehafen von Jerusalem. Hugo kommandierte eine Truppe, die die Zufahrten nach Jerusalem bedrohte. Ägyptische Truppen hatten sich ihm angeschlossen. In einer kombinierten Aktion von Askalon und Jaffa aus hätte er Jerusalem einnehmen können. Aber der Statthalter von Askalon war nicht bereit, ein ganzes Heer für den Kampf einzusetzen, und auf seine eigenen Truppen konnte sich Hugo nicht verlassen. Balian, der Herr von Ibelin, ein Vasall Hugos, wandte sich gegen ihn, floh nach Jerusalem und berichtete dem König alles. Seinen eigenen Edelleuten gegenüber, selbst gegen die aufrührerischsten, zeigte Fulko stets große Milde. Er schickte Wilhelm, den Patriarchen von Jerusalem, als Vermittler nach Jaffa. Dieser sicherte Hugo das Leben zu unter der Bedingung, daß er sich für drei Jahre ins Exil begebe. Das war eine leichte Strafe, und Hugo nahm sie bereitwillig an.

Bis sich ein geeignetes Schiff fand, das ihn nach Apulien bringen konnte, durfte er sich in seinem eigenen Haus in Jerusalem aufhalten. Er war eben beim Schachspiel in der Straße der Kürschner, als ein bretonischer Ritter sein Schwert zog und mehrmals auf ihn einhieb. Sofort sammelte sich Volk an; der Ritter wurde entwaffnet und Hugo in ein Spital verbracht. Hierauf verbreitete sich in der Stadt das Gerücht, Hugo sei auf Befehl des Königs angegriffen worden. Möglicherweise ging dieses Gerücht von Königin Melisendis aus, die alles tat, um die Ehre ihres Liebhabers auf Kosten des guten Rufes des Königs zu schützen.

Der bretonische Ritter wurde vor Gericht gestellt, und der König verlangte eine exemplarische Strafe. Der Ritter wurde zum Tode durch Verstümmeln verurteilt: Man hackte ihm Arme und Beine ab und ließ ihn dann verbluten. Üblicherweise wurde dem Verurteilten in solchen Fällen auch die Zunge herausgeschnitten, aber der König hob diesen Teil der Strafe auf, weil er hoffte, der Ritter werde ein volles Geständnis ablegen. Der Bretone bestand bis zu seinem letzten Atemzug darauf, daß der König mit der versuchten Ermordung Hugos von Le Puiset nichts zu tun gehabt habe. Auf diese Weise wurde die Ehre des Königs gerettet.

Königin Melisendis' Verlangen nach Rache war nicht vollständig gestillt. Sie erklärte am Hofe, daß jedermann, der ein Wort gegen Hugo äußere, ihr Feind sei. Wer das hätte tun wollen, hielt sich zurück, denn man glaubte, daß Melisendis durchaus dazu fähig gewesen wäre, einen Feind ermorden zu lassen. Der König schien sie ebenfalls zu fürchten und gab ihren Wünschen immer mehr nach. Hugo verlebte die wenigen ihm noch verbleibenden Jahre als Vasall König Rogers II. von Sizilien.

Die Bedrohung durch Sengi hielt unterdessen an. Seine Aufmerksamkeit galt nun Tripoli. Pons war in einem heftigen Grenzkrieg umgekommen, und sein Sohn Raimund nahm fürchterliche Rache, indem er alle Muslime, die ihm in die Hände fielen, folterte und niedermetzelte. Sengi spürte, daß Raimunds Blutrünstigkeit ein Zeichen von Schwäche war; Tripoli schien ihm reif zur Plünderung. Er begann, die Burg Montferrand im Bergland oberhalb von Rafanija zu belagern.

Raimund gelangte mit einem dringenden Hilferuf an den König. Montferrand war eine wichtige Burg, denn sie beherrschte das Bekaatal. Der König antwortete, er sei bereits unterwegs, und auch Raimund machte sich mit allen Truppen, die er aufbieten konnte, auf den Weg nach Montferrand. Er war kein militärisches Genie; bald schon geriet er in eine Falle, die Sengi sorgfältig gelegt hatte, und wurde gefangengenommen. Fulko, der ein viel besserer Krieger war, durchbrach den Ring der Belagerer und gelangte zu den Verteidigern in die Burg. Das Heer des Königs war so rasch aufgebrochen, daß es ihm unmöglich gewesen war, Nachschub mitzunehmen, und bald einmal waren die Truppen in der belagerten Burg vom Hunger so geschwächt, daß die Gefangennahme des Königs nahe schien.

Obwohl es unmöglich war, aus der belagerten Burg auszubrechen, so war es doch möglich, Meldungen hinauszuschmuggeln. Der König sandte dringende Hilferufe an den Patriarchen von Jerusalem, an Joscelin von Edessa und an Raimund, den Fürsten von Antiochia. Alle Angesprochenen folgten dem Hilferuf, und der Patriarch nahm die Kreuzesreliquie mit. Aus Sympathie für den König führte Raimund von Antiochia sein Heer gegen Montferrand, obwohl Antiochia als Folge eines jener Wechselfälle des Schicksals, wie es sie nur während der Kreuzzüge geben konnte, selber von Johannes Komnenos, dem Kaiser von Byzanz, mit einem gewaltigen Heer belagert wurde.

Sengi fuhr fort, die Burg Montferrand mit riesigen Steinen zu bombardieren, und hoffte, sie mit seinen Belagerungsmaschinen unterwerfen zu können. Er war fest entschlossen, die Burg und die ganze Besatzung zu vernichten, so daß er seine Belagerungsmaschinen Tag und Nacht zuschlagen ließ. Die Burg erzitterte ständig, der Lärm war kaum auszuhalten, und die ausgehungerten Verteidiger konnten nicht schlafen. Für den König wurde es immer schwieriger, seine Meldungen hinauszuschmuggeln, und vom Herannahen der Hilfstruppen, die bereits die Grafschaft Tripoli betreten hatten, wußte er noch nichts. Sengis Spione jedoch berichteten ihrem Heerführer von den Bewegungen dieser Hilfstruppen. Sie meldeten auch, daß sich der Kaiser von Byzanz vor Antiochia befinde. Die Anwesenheit des Kaisers machte Sengi offensichtlich großen Eindruck, denn er fürchtete, das byzantinische Heer werde sich den christlichen Streitkräften anschließen und Aleppo oder sogar Damaskus angreifen. Er beschloß deshalb, dem König und seinen hungernden Soldaten zu gestatten, die Burg im Frieden zu verlassen. Er war auch bereit, die Gefangenen, die er bereits gemacht hatte, darunter auch Raimund von Tripoli, freizulassen. Der König und die Reste seines Heeres zogen sich mit ihren Waffen in allen Ehren zurück, und Sengi betrat die zur Ruine gewordene Burg Montferrand.

Die Hilfstruppen waren nur einige Kilometer weit entfernt. Statt die Burg anzugreifen, kehrten sie nach einer angenehmen Unterhaltung mit dem König, der ihnen für ihre Hilfe dankte, obwohl sie zu spät gekommen waren, in ihre eigenen Länder zurück.

Für Raimund, den Fürsten von Antiochia, war das Abenteuer besonders gefährlich gewesen. Er hatte keine Ahnung, in was für einem Zustand er Antiochia bei seiner Rückkehr vorfinden werde. In Tat und Wahrheit fand er die Lage unverändert. Der Kaiser hatte keinen ernsthaften Angriff unternommen, und die Bürgerwehr von Antiochia hatte mit einer Anzahl von Ausfällen gezeigt, daß sie eine Macht war, mit der man rechnen mußte. Johannes Komnenos, der Sohn des Alexios und jüngere Bruder von Anna Komnena, war ein Mann mit Grundsätzen, der im Umgang mit anderen Völkern große Weisheit an den Tag legte. Die Bevölkerung von Konstantinopel nannte ihn Kalojohannes, von *kalós,* was «gut» oder «schön» bedeutet. Man darf ihn zu den größten unter den byzantinischen Kaisern zählen. Er eroberte in einer Reihe von harten, einjährigen Feldzügen, die ihn schließlich bis vor die Tore Antiochias brachten, den größten Teil Kleinasiens von den Türken zurück. Da die byzantinischen Kaiser Antiochia immer als ihren Besitz beansprucht hatten, erhob er seiner Meinung nach nur Anspruch auf eine Stadt, die ein Teil seines Reiches war.

Als Raimund von seinem Treffen mit König Fulko zurückkehrte, gelang es ihm, beim Nordtor den Blockadering um die Stadt zu durchbrechen. Der Kaiser, der sein Lager außerhalb der Mauern aufgerichtet hatte, erkannte, daß Raimund sich auf den Widerstand vorbereitete, und begann die Stadt mit seinen Belagerungsmaschinen zu bombardieren. Er hoffte, beim Brückentor durchbrechen zu können, und konzentrierte die meisten seiner Angriffe auf jene eine Stelle. Er war bereit zu kämpfen, aber er war auch bereit, sich vom Fürsten von Antiochia einen Treueid schwören zu lassen und sich dann vielleicht mit ihm gegen die Sarazenen zusammenzuschließen. Nur in einer Beziehung war er unerbittlich: Antiochia gehörte von Rechts wegen zum byzantinischen Reich.

Als Raimund all dies vernahm, suchte er um Frieden nach. Er sandte eine Abordnung in das Lager des Kaisers, und man kam überein, daß Raimund den Lehnseid schwören werde und daß es dem Kaiser gestattet sein solle, die Stadt zu betreten, wann immer es ihm beliebe. Man vereinbarte auch, daß, sollte es dem Kaiser gelingen, Aleppo, Schaisar, Hama und Hims einzunehmen, diese Städte dem Lehen des Fürsten von Antiochia zugeschlagen werden sollten. Auf diese Weise wurde Frieden geschlossen. Raimund kniete vor dem Kaiser nieder, und die kaiserliche Standarte wehte vom Turm der Zitadelle. Hierauf kehrte der Kaiser nach Kilikien zurück, um den Winter an der Küste in der Nähe von Tarsus zu verbringen.
Während des Winters wurden Pläne für einen gemeinsamen Angriff von Byzantinern und Kreuzfahrern auf Sengis Festungen entworfen. Schaisar wurde als Hauptziel ausgewählt. Im April marschierte das ganze byzantinische Heer, zusammen mit den Heeren des Fürsten von Antiochia und Joscelins von Edessa, auf Schaisar zu. Die Belagerungsmaschinen wurden aufgestellt und Tausende von schweren Steinen in die Stadt geschleudert. Vom frühen Morgen bis spät in die Nacht führte der Kaiser, in goldenem Helm und Brustpanzer, das Schwert an seiner Seite, selber das Kommando, mischte sich unter die Soldaten und gab den Männern an den Belagerungsmaschinen Anweisungen. Der Fürst von Antiochia und Joscelin von Edessa hielten sich von der Schlacht fern, vielleicht aus Protest, daß der Kaiser den Oberbefehl übernommen hatte. Sie blieben in ihrem Zelt beim Würfelspiel. Darüber wurde der Kaiser wütend und befahl ihnen, auch auf dem Schlachtfeld zu erscheinen.
Als nach drei Wochen die Nachricht eintraf, Sengi rücke von Osten her näher, nahm der Kaiser vom Emir eine riesige Entschädigung und hob dafür die Belagerung auf.
Der Kaiser kehrte nach Antiochia zurück in der Absicht, dem Fürsten von Antiochia eine Lektion zu erteilen. Vorher hatte er die Stadt noch nie betreten. Jetzt ritt er im Triumph ein, und der Fürst und der Graf schritten wie bescheidene Lakaien neben ihm her. Er umgab sich mit einem großen Geleit aus byzantinischen Truppen. Der Patriarch kam ihm bis zum Stadttor entgegen und begleitete ihn durch die mit Teppichen behangenen und weihraucherfüllten Straßen zur Kathedrale. Nach einer feierlichen Messe ritt der Kaiser zum Palast des Fürsten, und es war offensichtlich, daß er dort zu bleiben beabsichtigte. In einer Thronrede äußerte er sein Mißfallen über vieles, was er in Antiochia und Schaisar gesehen hatte. Er kündigte an, er werde die Zitadelle übernehmen und beabsichtige, dort seinen Schatz und seine Waffen einzulagern; von jetzt an sei Antiochia im Kriege seine Haupt-

stadt, Sammelplatz für ein christliches Heer, das gegen die Sarazenen in Syrien ins Feld ziehen werde. Der Fürst von Antiochia wurde sein Gefangener und mußte fortan seinen Befehlen gehorchen.
Da kam Hilfe von einer ganz unerwarteten Seite. Joscelin von Edessa, ein schlechter Soldat, aber ein vorzüglicher Verschwörer, ersann eine herrliche Kriegslist, um den Kaiser loszuwerden. Er verbreitete das Gerücht, die Byzantiner beabsichtigten, sich der Stadt zu bemächtigen und die Bevölkerung aus Antiochia zu vertreiben. Dann rief er zum Aufstand gegen die unrechtmäßigen Machthaber von jenseits des Meeres auf. Das Volk rottete sich zusammen und griff zu den Waffen. Die ganze Stadt war in Aufruhr. Joscelin trat vor den Kaiser und teilte ihm mit, ein bewaffneter Volkshaufen habe ihn des Verrats bezichtigt und ihm vorgeworfen, er sei bereit, die Stadt dem Kaiser zu verkaufen.
Sich selber stellte er als einen unschuldigen Zuschauer dar, der zufällig auf eine Revolte gestoßen sei. Der Kaiser anerbot sich, Antiochia um des christlichen Friedens willen zu verlassen. Als diese Nachricht bekannt wurde, legte sich der Aufstand.
Nach ein paar Tagen kehrte der Kaiser mit seinem Heer nach Kilikien zurück. Johannes Komnenos war von den Kreuzfahrern abweisend behandelt worden und wollte nichts mehr mit ihnen zu tun haben.
Der Mann, der sich über den Abzug des byzantinischen Heeres am meisten freute, war Sengi. Er war ganz mit dem Plan beschäftigt, Damaskus einzunehmen, das sich damals unter der Herrschaft eines Türken namens Unur befand. Damaskus war in so großer Gefahr, daß Unur sich nicht scheute, den König von Jerusalem zu Hilfe zu rufen. Er bot ihm zwanzigtausend Besanten im Monat an sowie die Rückgabe der Festung Banjas und ein festes Bündnis gegen Sengi. Fulko zog gegen Tiberias am Galiläischen Meer, fand dort aber nur einen Teil von Sengis Heer, das am anderen Ufer paradierte. Also marschierte Fulko mit seinem Heer gegen Damaskus, worauf Sengi loszog und sein Hauptquartier in Baalbek einrichtete. Dadurch, daß Fulko gegen Damaskus gezogen war, hatte er gezeigt, daß sich Unur auf seine Hilfe verlassen konnte, was Unur ihm auch gebührend dankte. Das Bündnis zwischen den beiden stützte sich auf gemeinsame Interessen und auf eine ähnliche Denkweise. Wilhelm von Tyrus beschreibt Unur als «Mann von großer Weisheit und Freund unseres Volkes»[33].In Wirklichkeit haßte Unur die Christen, aber er war einer der wenigen muslimischen Führer, die ein gewisses Verständnis für sie hatten und auf gesittete Art mit ihnen umgehen konnten.

Fulko lud Unur ein, ihn an seinem Hof in Akkon zu besuchen. Es war das erste Mal, daß ein muslimischer Herrscher an den Hof eines Königs von Jerusalem eingeladen wurde. Es gab Festlichkeiten, einen zeremoniellen Austausch von Geschenken und endlose diplomatische Gespräche. In Tiberias folgten weitere Festlichkeiten. Als sie in Jerusalem waren, trat ein Templer von recht einfachem Gemüt an Unur heran und fragte ihn: «Möchtest du Gott als Kind sehen?» «Ja, gewiß», antwortete ihm Unur. Der Templer führte den Wesir vor ein Bild der Jungfrau Maria mit dem Jesuskind auf dem Schoß. «Hier», sagte der Templer, «dies ist Gott als Kind.»[34] Unur sagte nichts; zu schweigen war weise.
Das Bündnis zwischen Damaskus und dem Königreich Jerusalem dauerte bis in die Regierungszeit von Fulkos Nachfolger an. Die Auseinandersetzungen mit Sengi gingen weiter, aber es handelte sich dabei eher um ständige Scharmützel als um richtige Schlachten. Und manchmal stellten die Ägypter auch einfach die Macht des Königreichs auf die Probe. So drang eines Tages ein ägyptischer Stoßtrupp bis in die Scharonebene vor und wurde natürlich zurückgeworfen. Unter Fulko schien das mit Damaskus verbündete Königreich so sicher zu sein wie nie zuvor. Fulko hatte durch harte Erfahrung gelernt, daß die Kreuzfahrer, wollten sie überleben, den Muslimen gegenüber geistig beweglicher werden mußten, Verständnis für sie aufbringen und sich bemühen mußten, deren Denkart zu verstehen.

IV DIE KÖNIGE, DIE IM HEILIGEN LAND GEBOREN WURDEN

Der junge König Balduin III.

Im Herbst 1142 begaben sich König Fulko und Königin Melisendis in Begleitung des Hofes nach Akkon in die Ferien. Der König hatte im Palast dort ziemlich viel zu erledigen, während das streng geregelte Hofleben die Königin bald einmal langweilte, so daß sie gerne mehr von ihrem Gatten gesehen hätte. Sie schlug deshalb einen Ausflug zu den sogenannten Ochsenquellen vor, ein Ort, wo laut der Legende Adam den Ochsen fand, der es ihm ermöglichte, den Boden zu pflügen. So machten sie sich mit einer großen Kolonne auf den Weg. Die Dienerschaft wurde vorausgeschickt; sie sollte den Weg auskundschaften und die Festlichkeiten vorbereiten, die nach dem Eintreffen der Gesellschaft bei den Quellen stattfinden sollten. Alle waren bei guter Stimmung; es war ein prächtiger Sonnentag, und die Ebene von Akkon hatte noch nie lieblicher ausgesehen.
Es war keine Jagdgesellschaft, sondern einfach ein Ausritt aufs Land hinaus. Aber der Ausritt wurde zur Jagd, als einer der vorausreitenden Diener einen in einer Furche liegenden Hasen aufschreckte. Plötzlich jagte die ganze Gesellschaft diesem Hasen nach. Von seinem Gefolge begleitet, gab auch der König seinem Pferd die Sporen, hielt die Lanze bereit und verfolgte den Hasen voller Erregung und mit halsbrecherischer Geschwindigkeit. Plötzlich stolperte sein Pferd und stürzte. Der König wurde über den Kopf des Pferdes hinweg nach vorne geworfen. Sein Sattel fiel auf ihn und zerschmetterte ihm das Haupt. Da gab es nichts mehr zu helfen. Er dämmerte noch drei Tage dahin, ohne das Bewußtsein wieder zu erlangen.
Der sterbende König wurde nach Akkon verbracht, wo eine große Volksmenge ihrer Trauer Ausdruck gab. Er starb am 10. November 1142 im Alter von dreiundfünfzig Jahren. Wenige Tage darauf wurde er in der Grabeskirche beigesetzt. Er hinterließ zwei Söhne: den dreizehnjährigen Balduin und den siebenjährigen Amalrich.

Am Weihnachtstag wurde Balduin in der Grabeskirche gekrönt, und mit ihm auch seine Mutter, damit ihre Stellung als Regentin und Inhaberin der Macht über das Königreich bekräftigt werde. Die Fürsten und der Adel des Königreichs waren bei der langen und komplizierten, von Wilhelm, dem Patriarchen von Jerusalem, geleiteten Zeremonie gesamthaft anwesend. Nach der Feier gab es ein großes Krönungsmahl.

Der jugendliche König lebte sich vorzüglich in seine neue Rolle ein. Wilhelm von Tyrus, der ungefähr gleich alt war und ihn gut kannte, fand wenig an ihm auszusetzen. Von seinem Vater hatte der Knabe die Kraft und von seiner Mutter die Schönheit geerbt. Im Gegensatz zu seinem Vater, der sich nie an Namen erinnern konnte, behielt Balduin III. die Namen auch seiner bescheidensten Diener und aller Leute, die er traf, im Gedächtnis. Er liebte Bücher leidenschaftlich und war ein geübter Reiter. Er sprach mit Leichtigkeit und gut, besaß einen scharfen Geist, beanspruchte für sich und die anderen volle Redefreiheit und verweigerte niemandem eine Audienz. Als junger Mann hatte er viele Mätressen, aber nach seiner Heirat blieb er seiner Gattin treu. Er trank wenig. «Unmäßigkeit», so sagte er gerne, «ist die Ursache der schlimmsten Verbrechen.»

Er war der erste König von Jerusalem, der im Heiligen Land geboren worden war. Seine drei Vorgänger waren aus dem Westen gekommen und hatten gewisse westliche Vorurteile und klerikale Denkweisen mitgebracht. Obwohl er fromm war, interessierte er sich mehr für Geschichte als für Theologie; die Geschichte des Königreichs hatte er bis ins kleinste Detail studiert. Seine Wurzeln hatte er in Jerusalem; er war der Sohn der judäischen Wüste und der üppigen Küstenebenen. Wenn er verwegen war, so war er es auf eine besonders direkte, jerusalemische Art, und wenn er hartnäckig war, so war er es ebenfalls auf eine direkte, jerusalemische Art – und er mußte in der Tat sehr hartnäckig sein, um seiner Mutter die Macht zu entreißen. Er war nie verschlagen, und dies gereichte ihm zum Vorteil. Man sagte von ihm, er sei gerade im richtigen Augenblick und mit gerade den richtigen Eigenschaften auf den Thron gekommen. Wenn Geist, Mut, Intelligenz, Freundlichkeit und körperliche Schönheit das Reich hätten retten können, so hätte er es gerettet. Aber gerade während seiner Regierungszeit zeigten sich zum ersten Mal die großen Mängel, die zur Zerstörung des Reiches führen sollten.

Eine Gesellschaft zerfällt und erneuert sich ständig, vorausgesetzt, daß sie einigermaßen feste Grenzen und ein gemeinsames Ziel hat. Korrupte Minister und verräterische Soldaten mögen versuchen, eine Gesellschaft von innen heraus zu zerstören, aber solange die Grenzen halten und das gemeinsame Ziel bestehen bleibt, kann diese Gesellschaft wiedererstehen, selbst wenn sie einen Todesstoß erhalten hat. Aber Eroberung und anschließende Assimilation können ein Reich vollständig zerstören. Grenzen sind deshalb von größter Wichtigkeit: Sie sind Linien auf einer Landkarte, aber sie sind auch geistige Waffen, die gegen außen abschließen und wie Schutzgeister wirken. Im Königreich Jerusalem verschoben sich die Grenzen ständig. Die erforderliche Einigkeit war von Anfang an gefährdet gewesen, seit Boemund Antiochia für sich beansprucht und Balduin Edessa eingenommen hatte. Kämpfe unter den Fürstentümern führten zum Zerfall und verschwendeten die Kräfte des Volkes. In einem Land, wo die Araber einen ausgezeichneten Nachrichtendienst unterhielten, wurde jede Meinungsverschiedenheit unter den Fürsten sofort den Feinden des Reiches weitergemeldet.

Die Gefahr kam aus dem Norden Syriens, wo der kalte und berechnende Fürst Sengi versuchte, ein eigenes, großes Reich aufzubauen. Zwischen Raimund, dem Fürsten von Antiochia, und Joscelin von Cortenay, dem Grafen von Edessa, war eine bittere Fehde ausgebrochen. Sengi hörte davon und nützte die gute Gelegenheit; Joscelin hatte sein Heer aus Edessa weggeführt und die Stadt praktisch ohne Verteidigung gelassen. Sengi rückte mit seinem Heer heran, kreiste die Stadt ein und griff sie mit Steinschleudern an. Obwohl sich unter den Verteidigern kaum ein ausgebildeter Soldat befand, kämpften sie tapfer, und die Belagerung dauerte viel länger, als Sengi geplant hatte. Er gelobte deshalb, alle in der Stadt zurückbleibenden Franken gnadenlos zu töten. Seine Streitmacht war sehr groß, denn er hatte aus dem ganzen Osten Truppen zusammengerufen, um die Stadt belagern zu helfen. Sein Ziel war es, die Stadt allein schon durch seine zahlenmäßige Übermacht zu ersticken. Die Nahrungsmittel der Belagerten wurden knapp, aber die Verteidiger kämpften hinter ihren dicken Mauern weiter. Sie sandten Boten mit Hilfegesuchen nach Antiochia und Jerusalem. Der Fürst von Antiochia verweigerte die Hilfe, aber Königin Melisendis, die als Regentin amtete, sandte ein mächtiges Heer gegen Edessa. Es kam jedoch zu spät an, als daß es noch etwas hätte helfen können. Die Mauern der Festung waren untergraben worden, und Sengis Truppen ergossen sich in die Stadt. Alle Franken wurden umgebracht, aber die ansässigen Christen blieben verschont.

Der Verlust von Edessa und das Gemetzel unter den Franken riefen im ganzen Königreich Entsetzen hervor. Edessa war der nordöstliche Vorposten des Reiches gewesen und hatte sich weit in das feindliche Gebiet hinein erstreckt. Seine Grenzen waren so gut befestigt gewe-

sen, daß es als uneinnehmbar gegolten hatte. Jetzt war es verloren, und abgesehen von einer kurzen Besetzung durch ein christliches Heer, blieb es für immer verloren.
Die Wellen des Entsetzens erreichten auch Europa: der Papst und der König von Jerusalem riefen zur Hilfe auf. Solche Hilferufe waren auch früher schon ergangen, aber diesmal waren die Bitten inständiger, dringender. Der Fall von Edessa sollte zum zweiten Kreuzzug führen. Zum ersten Male sollten Könige aus Europa ins Heilige Land kommen. Sie sollten sich einem Fürsten gegenüber sehen, der noch ränkehafter und arglistiger war als Sengi: seinem Sohn Nur Ad Din, der an die Macht kam, nachdem sein Vater dem Messer eines Mörders zum Opfer gefallen war.
Der junge König Balduin III. blieb einstweilen verschont. Er liebte sein Volk aufrichtig, und das Volk erwiderte seine Liebe. Es gibt Menschen, die von ihrer Geburt an vom Glück begünstigt zu sein scheinen, und Balduin war einer dieser Menschen. Sein erster Feldzug war von Erfolg gekrönt. Er führte ihn zur Burg Val Moysis, die 1127 von Balduin II. erbaut worden war. Türken und Stammesangehörige aus der Umgebung hatten sie erobert und die ganze Kreuzfahrerbesatzung niedergemetzelt. Balduin III. gewann sie zurück und verlor dabei keinen einzigen Mann.
Aber sein zweiter Feldzug wurde zu einer Katastrophe. Er begann auf seltsame Weise und nahm ein schreckliches Ende. Ein gewisser Altuntasch, ein armenischer Edelmann, der sich zum Islam bekehrt hatte, kam mit einem kleinen Gefolge nach Jerusalem und erklärte, er komme aus Bosra, einer Stadt im Hauran, ungefähr siebzig Kilometer östlich von Tiberias. Altuntasch war der Statthalter von Bosra. Er war hochgewachsen, von imponierender Gestalt, redegewandt und angenehm im Umgang. Er erzählte eine überzeugende Geschichte von seinem Streit mit Unur, einem Beamten, dessen Macht diejenige des Königs von Damaskus übertraf. Er anerbot sich, Bosra den Christen zu überlassen, wenn sie ihm dafür eine geeignete Entschädigung bezahlten. Er bot ihnen auch die Stadt Salkhad an. Königin Melisendis anerbot sich, sein Gesuch dem Adel vorzulegen. Darauf fand eine Beratung statt, und man kam einstimmig zum Schluß, daß die Ausdehnung der Macht der Christen bis zum Hauran dem Willen Gottes entspreche. Altuntasch leistete die Entschädigung, und die Boten zogen aus und boten das Heer auf. Der junge König ritt an der Spitze seiner Truppen von Jerusalem weg, begleitet von Robert, dem Erzbischof von Nazareth, der die jetzt mit Edelsteinen geschmückte Kreuzesreliquie, den kostbarsten Gegenstand im Königreich, in seinen Händen hoch emporhielt. Auch Altuntasch befand sich in seinem Gefolge.

Obwohl der königliche Rat Altuntaschs Angebot ausführlich besprochen hatte, scheint niemand die Schwierigkeiten des Unternehmens mehr als nur oberflächlich gewürdigt zu haben. Der Hauran war eine mit vulkanischer Asche bedeckte Ebene, welche den Kreuzfahrern unbekannt war. Noch wichtiger war die Tatsache, daß das Gebiet im Herrschaftsbereich von Damaskus lag und Balduin II. mit dem König von Damaskus einen Vertrag unterzeichnet hatte. Der Vertrag sah ein Bündnis und einen vorläufigen Frieden vor, was nach damaliger Sitte einen zehnjährigen Waffenstillstand bedeutete. Indem Balduin III. in den Hauran eindrang, brach er einen feierlich abgeschlossenen Vertrag. In ziemlich unverbindlicher Form schrieb der Sekretär des königlichen Hofes in Jerusalem an Unur und teilte ihm die Absicht des Königs mit. Wie zu erwarten war, schrieb Unur zurück, er werde alles, was in seiner Macht liege, tun, um den angedrohten Überfall zu verhindern. Da Unur der Wesir des Königs von Damaskus war und über die Macht im Staate verfügte, wäre es wahrscheinlich besser gewesen, wenn Königin Melisendis Altuntasch verhaftet und nach Bosra zurückgeschickt hätte. Unur hatte sich als Freund der Christen erwiesen, und es war nichts zu gewinnen, wenn man sich ihn zum Feinde machte.

Trotz allem rückte das Heer nach Tiberias vor und schlug am Ufer des Galiläischen Meeres sein Lager auf. Dann machte es sich auf den Weg über die wasserlose Ebene, wo kurz vorher eine Heuschreckenplage geherrscht hatte. Das Land war völlig kahl, die Bevölkerung lebte in unterirdischen Höhlen. Die Türken, erzürnt über die Falschheit und den Verrat der Christen, waren schon dabei, ihre Streitkräfte zusammenzuziehen.

Alles lief schief. Es gab immer wieder Scharmützel mit dem Feind. Als die Christen eines Tages auf dem Marsch eingekreist wurden, merkten sie, daß der Feind im Begriffe war anzugreifen. Gegen Abend befahl der König seinen Leuten, die Zelte aufzustellen, als ob kein Feind in Sicht wäre. Die ganze Nacht hindurch hielten sie aufmerksam Wache. Im Laufe der Nacht kamen weitere Türken herzu und verstärkten den Ring um das Lager der Christen. Der König berief den Kriegsrat ein. Die einen sprachen von Rückzug, die andern von Vormarsch, und wieder andere meinten, sie könnten weder sich zurückziehen noch vorrücken, sondern müßten sich, wo sie standen, vom Feind vernichten lassen. Unklugerweise befahl der König den Vormarsch. Der Glaube half ihnen. Die Christen warfen sich gegen den zahlenmäßig überlegenen Feind, kämpften sich durch den Ring und marschierten, obwohl sie aufs äußerste erschöpft waren und nur im Schneckentempo vorwärts kamen, gegen Bosra weiter.

Sie betraten nun das fürchterliche Ödland, das Trachonitis genannt wurde, eine Bezeichnung, die vom Wort *tracones*, «unterirdische Höhlen», abgeleitet ist. Sie wurden von quälendem Durst geplagt, als sie endlich auf tiefe Brunnenschächte trafen. Sie ließen ihre Wassereimer hinunter. Als die Seile von Männern, die in unterirdischen Höhlen versteckt waren, entzweigeschnitten wurden, waren sie gar nicht überrascht. Die baumelnden Seilenden waren ein Omen für das Unheil, das ihrer noch wartete. Nach vier Tagen qualvollen Durstes und ständiger Scharmützel erblickten sie Bosra. Hier fanden sie Wasser, das aus den Felsen hervorsprudelte, und ruhten sich aus, um sich auf den Einmarsch in die Stadt vorzubereiten. Sie glaubten, wegen all der Mühsal, die sie erduldet hatten, hätten sie einen Triumph verdient.

Um Mitternacht kam ein Bote durch die Frontlinie zum Zelt des Königs. Der Brief, den er mitbrachte, wurde den Edelleuten und den Mitgliedern des königlichen Rates vorgelesen. Darin stand, daß Altuntaschs Gattin die Stadt bereits Unur übergeben habe; dieser sei mit einem mächtigen Heere angerückt und habe alle Christen aus der Stadt verjagt. Die Türme und die Zitadelle seien von türkischen Streitkräften besetzt. Ein viel größeres Heer als dasjenige, welches ihnen im Ödland der Trachonitis gegenübergestanden habe, sei bereit, gegen sie eingesetzt zu werden.

Der mittelalterliche Mensch glaubte aufrichtig an Zeichen und Wunder. Es erstaunt deshalb nicht, daß die Ratgeber des Königs, die an die mit Edelsteinen verzierte Kreuzesreliquie glaubten, fanden, wenigstens der junge König müsse gerettet und sicher nach Jerusalem zurückgebracht werden, selbst wenn das ganze Heer verloren sein sollte. Sie wollten ihm einfach das Kreuz und das schnellste Pferd des Königreiches geben. Wie er den Weg finden werde oder was geschehen würde, wenn er vom Feind gefangengenommen werden sollte, kümmerte sie nicht, denn sie glaubten daran, daß er als König und Kreuzträger von Christus beschützt werde. Der König wies ihren Rat zurück und sagte, es sei ihm zuwider, sein eigenes Leben zu retten, wenn seine ihm ergebenen Soldaten wahrscheinlich untergehen müßten.

Die Wahrscheinlichkeit für ein Unglück war sehr groß, denn Nur Ad Din, ein Meister in Strategiefragen, befand sich in Bosra und plante die Vernichtung des christlichen Heeres. Der König befahl den Rückzug. Bald waren sie von Nur Ad Dins Truppen umringt. Die Christen kämpften sich durch einen Ring feindlicher Streitkräfte hindurch. Der König befahl, daß keiner zurückgelassen werden dürfe; die Verwundeten und die Kranken, ja selbst die Toten sollten mitgenommen werden. Diejenigen, welche nicht kämpfen konnten, mußten ihre Schwerter ziehen, damit der Feind glaubte, sie seien noch kampffähig. Die Ebene, durch die sie zogen, war mit Disteln und Gestrüpp überwachsen. In diesem heißen Sommer konnte sie wie Zunder in Brand gesteckt werden. Die Türken zündeten das Gestrüpp auch tatsächlich an. Als die Flammen drohten die Christen zu verschlingen, hob der Erzbischof die Kreuzesreliquie empor: In diesem Augenblick wechselte der Wind die Richtung; jetzt befanden sich die Türken in Gefahr, zu ersticken und zu verbrennen.

Die Edelleute dachten daran, um Frieden nachzusuchen, und sandten sogar einen Boten zu Unur, um zu erfahren, unter welchen Bedingungen er sie ziehen lassen würde. Aber der Bote wurde umgebracht, noch bevor er Bosra erreichte. So kämpfte sich das christliche Heer einen Weg zurück zum Galiläischen Meer frei. Es wurde dabei jeden Tag in neue Scharmützel verwickelt und hatte auch unter den Sandstürmen zu leiden. Die Hitze war derart drückend, daß die Ritter daran gehindert werden mußten, ihre Kettenpanzer wegzuwerfen. Dann, als sie den halben Weg nach Galiläa zurückgelegt hatten, trafen sie auf einen unbekannten Ritter auf einem weißen Pferd. Er trug einen Brustharnisch und Panzerhandschuhe, die ihm bis zu den Ellbogen reichten, und ein scharlachrotes Banner. Er führte sie auf kürzestem Wege zu Wasser und günstigen Lagerplätzen. Er sprach mit niemandem, und man sah ihn nie im Lager. Jeden Morgen konnte man ihn auf seinem weißen Pferd daherreiten sehen, und jeden Abend brachte er sie an einen Ort, wo sie ihre Zelte aufstellen konnten. Er schien ein Engel zu sein, den der Herr ihnen gesandt hatte, um sie in Sicherheit zu bringen. War es ein Engel? War es eine Erscheinung? Wilhelm von Tyrus erkundigte sich bei den Überlebenden des Unternehmens, und alle sagten, sie hätten ihn gesehen, aber seinen Namen nie gehört und nie erfahren, woher er gekommen war. Keiner zweifelte daran, daß sie ohne seine Hilfe von den Türken, die sie verfolgten, bis sie Dekapolis erreichten, vernichtet worden wären. Endlich erreichten sie Gadara am Ufer des Sees, und am folgenden Tag waren sie in Tiberias.

Dort wurde das Heer aufgelöst, Ritter und Fußsoldaten kehrten in ihre Wohnstätten zurück. Der König ritt mit der Kreuzesreliquie nach Jerusalem zurück, und der Erzbischof von Nazareth begab sich wieder nach Nazareth. Schließlich machte sich Altuntasch, die Ursache all dieses Elends, auf den Weg nach Damaskus. Er hoffte, es werde ihm alles vergeben werden. Aber als er die Stadt betrat, wurde er festgenommen und ins Gefängnis geworfen. Statt ihn wegen verräterischen Umganges mit den Franken vor Gericht zu stellen, klagten ihn die Beamten wegen eines geringeren Vergehens an. Er hatte einmal in einem Streit seinem Bruder die Augen ausgestochen. Dieser verlangte nun, daß er gebührend bestraft werde. Da dem Familienstreit der Vorrang vor seinem verräterischen Tun zukam, wurde er geblendet. Nach dem Historiker Ibn Al Kalanisi, wurde keine weitere Bestrafung für ihn verlangt, und er verbrachte den Rest seines Lebens als Privatmann in Damaskus.

Der zweite Kreuzzug

Das Abenteuer, das als der zweite Kreuzzug bekannt wurde, war noch so ein Wahnsinn. Er mißlang in allen Teilen, und sein Mißerfolg trug dazu bei, daß der Islam an Ansehen gewann. Er kam zur falschen Zeit, hatte die falschen Beweggründe und wurde von den falschen Leuten angeführt. Aber er begann voller Hoffnung, getragen von gespannter Erregung und Sinn für das Schicksalhafte des Unternehmens. Er wurde von zwei Königen angeführt, Ludwig VII. von Frankreich und Konrad III. von Deutschland. Beide waren Fürsten im Sinne einer alten, großen Tradition. Sie waren begabte Heerführer und Organisatoren und besaßen einen hochentwickelten Sinn für die Regierungstätigkeit in ihren eigenen Ländern. Aber wenn sie sich außerhalb ihrer eigenen Länder befanden, ging ihnen diese Fähigkeit zur Führung ab.

Ludwig VII. kam 1137 im Alter von sechzehn Jahren auf den Thron. Er war bereits mit Eleonore von Aquitanien verheiratet. Man sagte von ihm, er sei «ein sehr christlicher König, aber von etwas einfachem Gemüt». Er nahm an allen kirchlichen Zeremonien teil, als ob sein Leben eigentlich von ihnen abhinge, und schien eher ein Priester als ein König zu sein. Er liebte es, mit seinen Untertanen vertraute Gespräche zu führen, und er war immer gütig und gastfreundlich, wenn er auch eine gewisse königliche Zurückhaltung zeigte. Eleonore war spontaner; sie tanzte und scherzte sehr gerne, liebte schöne Kleider und Schmuck sowie alle weltlichen Lustbarkeiten am Hofe. Trotz ihrer verschiedenen Temperamente waren sie glücklich miteinander. Beide wurden von Kirchenmännern geistlich betreut, die zu den größten des Jahrhunderts gehörten. Der eine war Abt Suger, welcher der Abtei Saint-Denis vorstand, der andere war Bernhard von Clair-

vaux, der größte Prediger seiner Zeit und ein entfernter Verwandter des Hauses Aquitanien.
Abt Suger, der Sohn eines Leibeigenen, war ein kleiner Mann von außerordentlicher Intelligenz und ein tüchtiger Verwalter. Ludwig VII. ergriff selten eine Maßnahme, ohne ihn vorher zu Rate zu ziehen. Bernhard von Clairvaux war ein glänzender Redner, dem die Leute wie gebannt zuhörten. Die poetischen Worte, die offenbar mühelos aus seinem Munde kamen, schienen ihm von Gott eingegeben zu sein. Jetzt rief er die Völker Europas zu einem Kreuzzug auf. Abt Suger war anderer Meinung: Der junge König mußte unter allen Umständen daran gehindert werden, einen Kreuzzug anzuführen, denn es sei nötig, daß er sich seinen Aufgaben in Frankreich widme.
Anscheinend hatte sich Ludwig VII. nicht sonderlich um die Regierungsgeschäfte gekümmert. Er hatte sich mit dem Papst gestritten und war deshalb dem Interdikt verfallen. Das war eine ernsthafte Angelegenheit, aber noch ernsthafter war sein Streit mit dem Grafen Theobald von der Champagne, in dessen Gebiet er mit einer großen Streitmacht eingedrungen war, und wo er ein dem Grafen gehörendes Schloß in Vitry-sur-Marne in Brand gesteckt hatte. Die Flammen waren auf die Häuser der Dorfbewohner übergesprungen und von dort auf die Kirche, wo die Bevölkerung Zuflucht genommen hatte. Das Dach stürzte ein, und etwa dreizehnhundert Leute kamen in den Flammen um. Ludwig VII. sagte später, die Erinnerung an die brennende Kirche und die Schreie der Sterbenden hätten ihn zum Kreuzfahrer gemacht; er habe damit so viel Schuld auf sich geladen, daß er nur gerettet werden könne, wenn er Christus am Heiligen Grab um Vergebung bitte. Wenn er das Land des Grafen nicht noch einige Wochen lang mit Feuer und Schwert verwüstet hätte, wäre er glaubwürdiger gewesen. Er führte seine Ritter in Schlachten und richtete unter seinen Landsleuten manches Blutbad an. Diese Kämpfe hörten so plötzlich auf, wie sie begonnen hatten. Ludwig VII. erkrankte. Seine Krankheit wurde noch verschlimmert durch die wie Donnerschläge auf ihn wirkenden Briefe Bernhards von Clairvaux, der ihn warnte, er werde für ewig in der Hölle verdammt sein, wenn er sein Tun fortsetze. Bernhard sprach auch von der Notwendigkeit der Buße und machte deutlich, daß die geeignete Form der Buße ein Kreuzzug sein könnte.
An Weihnachten 1145 berief Ludwig VII. eine Zusammenkunft der Barone nach Bourges ein. Dort teilte er ihnen mit, daß er sich entschlossen habe, das Kreuz zu nehmen, und daß er wünsche, möglichst viele seiner Barone mögen ihm folgen. Diese verhielten sich jedoch seltsam ruhig. Ludwig hatte das Gefühl, er werde von Män-

nern, die sich nicht bewußt waren, daß das Königreich Jerusalem in Gefahr schwebte, verächtlich behandelt.
Am Ende der Fastenzeit des folgenden Jahres berief der König eine Zusammenkunft nach Vézelay im Burgund ein. Diesmal wurde er von Bernhard von Clairvaux begleitet, und er war mit einer Bulle von Papst Eugenius III. ausgestattet, die alle Christen dazu aufrief, das Kreuz zu nehmen. Am Palmsonntag wurde die ganze Bevölkerung von Vézelay eingeladen, sich Bernhard anzuhören. Die Menge war so zahlreich, daß die Zusammenkunft auf offenem Felde stattfinden mußte.
Bernhard versprach allen, die das Kreuz nehmen würden, Vergebung der Sünden und himmlische Belohnung. Die Menge schrie nach Kreuzen, und als der Vorrat aufgebraucht war, zog Bernhard sein Ordenskleid aus und befahl, daraus Kreuze zu machen. Dieses Abzeichen, das auf der Schulter getragen wurde, kam einem Ritterwappen gleich, das dem Ritter des Glaubens gestattete, das neue Jerusalem zu betreten.
Bernhard verließ das Burgund und zog durch Lothringen und Flandern, wobei er ständig den Kreuzzug predigte. Da kam ihm der Gedanke, daß auch die Deutschen, die bis anhin wenig Interesse an den Kämpfen im Heiligen Land gezeigt hatten, mit den Freuden des Kampfes gegen die Ungläubigen vertraut gemacht werden sollten. Konrad III. versprach, sobald als möglich ein deutsches Heer in das Heilige Land zu führen. Aber beinahe anderthalb Jahre später erst, im Mai 1148, brach sein Heer endlich auf und folgte über Ungarn dem gleichen Weg durch byzantinisches Gebiet, den fünfzig Jahre zuvor der erste Kreuzzug eingeschlagen hatte.
Manuel Komnenos, der Sohn von Johannes Komnenos, war jetzt Kaiser von Byzanz. Er empfand echte Sympathie für den Westen und er verstand dessen Denkweise; er beschäftigte auch Lateiner in seiner eigenen Regierung. Unter einer Maske von Höflichkeit des Auftretens verbarg er einen harten Willen. Als er jedoch vernahm, daß Konrads Heer auf seinem Weg durch das byzantinische Gebiet Beutezüge unternehme, wich seine erlesene Höflichkeit der Wut. Es war zu spät, um das Heer nach Deutschland zurückzuschicken, und es zu bekämpfen, lohnte sich nicht. Darum entschloß er sich, es durchziehen zu lassen und ihm so wenig Hilfe als möglich zu gewähren. Dabei hoffte er, es werde schließlich doch zerstört werden.
Das Heer Ludwigs VII. folgte dem Heer Konrads auf dem Fuße. Ludwig und Konrad zeigten beide deutlich, daß sie die Byzantiner verachteten und sehnsüchtig darauf hofften, Konstantinopel plündern zu können. Manuel Komnenos begrüßte beide sehr höflich.

Konrad setzte als erster nach Asien hinüber. Dabei folgte er dem Weg, den Gottfried von Bouillon eingeschlagen hatte. In Doryläum verließen ihn seine Führer. Die Türken standen schon bereit; plötzlich war er ganz von Türken umringt. Was folgte, war keine Schlacht, sondern ein Gemetzel, denn die Deutschen waren vom langen Marsch ermüdet. Die Türken waren noch unverbraucht und legten große Zielsicherheit an den Tag. Konrad verlor mehr als drei Viertel seines Heeres. Er kämpfte sich nach Nizäa zurück und beschuldigte die Byzantiner, sie hätten ihn absichtlich in eine Falle laufen lassen. In Wirklichkeit hatten ihn die Byzantiner davor gewarnt, Kleinasien diagonal zu durchqueren, und ihm dringend empfohlen, der Küstenstraße zu folgen. Während mehrerer Monate wurde die deutsche Beute, die Sklaven und der Schatz, in den Basaren des Nahen Ostens verkauft.

Als das fränkische Heer Nizäa erreichte, hörten sie von Konrads Niederlage bei Doryläum. Trotz dieses Rückschlages wurde beschlossen, den Vormarsch gemeinsam fortzusetzen. Diesmal wollte man der Küstenstraße folgen und in ständiger Verbindung mit der byzantinischen Flotte bleiben, welche entlang der Küste patrouillierte. Ohne zu große Schwierigkeiten erreichten sie so Ephesus. Dort erkrankte Konrad. Er kehrte auf dem Seeweg nach Konstantinopel zurück, und Manuel Komnenos, der etwas von Heilkunde verstand, pflegte ihn und machte ihn wieder gesund. Die Franzosen zogen weiter und wurden dabei in zunehmendem Maße von den Türken belästigt. Zwei Tage nachdem sie Latakia hinter sich gelassen hatten, erlitten sie auf einem Paß zwischen schneebedeckten Bergen, die den Himmel zu berühren schienen, ihre größte Niederlage.

Hier begingen Gottfried von Rancogne und Amadeus von Savoyen, der Onkel des Königs, einen verhängnisvollen Fehler. Statt daß sie auf der Paßhöhe anhielten, wie ihnen befohlen worden war, stellten sie ihre Zelte am südlichen Abstiegsweg auf. Sie befehligten die Vorhut und hätten unbedingt in Verbindung mit der Hauptmacht und auch in ihrer Sichtweite bleiben sollen. Die Türken, die sich in den Bergen eingerichtet hatten, schossen von beiden Seiten des Passes ihre Pfeile auf die Franken. Dann folgten schwere Steine und Baumstämme. Dann stürzten sich die Türken den Abhang hinunter, um auch die Überlebenden noch zu vernichten. Es gab ein grausames Gemetzel. Ludwig VII. kam beinahe um. Der Historiker Odo von Deuil, der den Zug begleitete, beschreibt, wie der König sich am Berge ganz allein von einer Schar Türken freikämpfte:

Während des Kampfes verlor der König seine kleine und berühmte königliche Garde, aber er behielt guten Mut und erkletterte gewandt und mutig die Seite des Berges, indem er die Baumwurzeln ergriff, die Gott zu seiner Rettung dort hatte wachsen lassen. Die Feinde kletterten ihm nach und hofften, ihn ergreifen zu können, und die Bogenschützen schossen aus der Ferne ständig mit Pfeilen nach ihm. Aber Gott wollte, daß ihn sein Panzer vor den Pfeilen schütze, und um zu verhindern, daß er ergriffen werde, verteidigte er den Felskamm mit seinem blutigen Schwert und hieb viele Hände und Köpfe ab.[35]

Diese Geschichte ist fast sicher wahr. Obwohl Ludwig VII. zu den schlechtesten französischen Königen zu zählen ist und einer der untauglichsten Feldherren war, war er fähig, große Ausdauer an den Tag zu legen, und besaß einen gewissen Mut. Man sieht selten Könige, die sich allein auf einsamer Bergeshöhe verteidigen, und dafür dürfen wir dankbar sein.

Nach dieser Niederlage übergab Ludwig VII. das Kommando über das Heer an Eberhard von Barre, den dritten Großmeister des Templerordens, dessen Abteilung Tempelritter von nun an dem Heer als ein Vorbild an Disziplin diente. Das etwas unbeständige französische Heer besserte sich und kämpfte sich in die felsige Ebene von Attalia und bis zur Küste durch. Von Attalia aus begab sich der König auf dem Seeweg nach Antiochia, einen Teil seiner Truppen ließ er zurück. Die Türken stürzten sich auf diesen Rest.

Der König und seine Ritter kamen am 19. März im Hafen von St. Simeon an. Er wurde vom Fürsten von Antiochia begrüßt, und es gab ein Fest zu seinen Ehren. Besonders liebenswürdig verhielt sich der Fürst gegenüber Königin Eleonore, die seine Nichte war. Aus Loyalität gegenüber ihrem Onkel unterstützte die Königin den Plan, der diesen am meisten beschäftigte: ein Angriff auf Aleppo, Nur Ad Dins Hauptstadt. Nur Ad Dins Macht war im Wachsen begriffen. Er herrschte über beinahe das ganze Gebiet östlich des Orontes und bedeutete für das Überleben Antiochias eine beständige Gefahr. Der Fürst beabsichtigte, mit allen neu dazugekommenen Rittern einen gemeinsamen Vorstoß zur Eroberung von Aleppo zu unternehmen. Der König jedoch war nicht gewillt, noch weitere Ritter zu verlieren, um Antiochia zu retten. Er hatte seine Pflicht gegenüber Jerusalem zu erfüllen. Er erbitterte den Fürsten aufs höchste, als er ihm sagte, er beabsichtige nicht, Aleppo anzugreifen, solange er über die Lage im Heiligen Lande nicht mehr wisse. Noch in der Nacht verließ sein Heer heimlich Antiochia. Der Fürst merkte nichts, bis es bereits unterwegs war.

Unterdessen hatte Konrad III. mit dem armseligen Rest des deutschen Heeres Jerusalem erreicht. Er verstand sich vorzüglich mit Königin Melisendis, die als Regentin amtete. Die Königin von Jerusalem vertraute den beiden Monarchen ihren geheimsten Wunsch an: die Eroberung von Damaskus, das im Grunde genommen immer noch mit Jerusalem verbündet war. Das war reinster Wahnsinn, wie der frühere Angriff auf Bosra nur allzu deutlich gezeigt hatte. Strategisch hätte ein Angriff auf Aleppo viel mehr Sinn gehabt. Aber Melisendis war es gewöhnt, ihre Ansicht durchzusetzen, und sie hatte sich Damaskus in den Kopf gesetzt. So verließ das Heer unter dem Befehl von drei Königen, Ludwig, Konrad und dem jungen Balduin, Jerusalem, um das einzige muslimische Fürstentum, dessen Freundschaft für das Überleben des christlichen Königreiches unentbehrlich war, zu erobern.

Der Angriff auf Damaskus war nichts anderes als ein hilfloser Versuch nach dem andern. Balduin befehligte die Vorhut, Ludwig die Hauptmacht und Konrad die Nachhut. Es scheint, daß das Heer reichlich mit Vorräten versehen war und keine ernsthaften Schwierigkeiten hatte, bis es die Obstgärten im Norden und Westen der Stadt erreichte und gegen den Fluß vorrückte. Die Damaszener auf dem anderen Ufer hielten dem Vormarsch stand, bis Konrad, der heranritt, um nachzusehen, warum das Heer den Fluß nicht überschritten habe, einen türkischen Ritter umbrachte, einen Schwertstreich durch dessen Hals und linke Schulter führte, so daß Kopf, Schulter und linker Arm hier, der Rest seines Körpers dort am Boden liegen blieb. Darauf zogen sich die Damaszener hinter ihre sicheren Mauern zurück.

Der Kampf dauerte sechs Tage an. Die Kreuzfahrer hieben die Obstbäume nieder und schlugen sie als Pfähle ein, hinter denen sie sich gegen die ständigen Ausfälle der Muslime verteidigen konnten. Die Muslime hatten sich inzwischen wieder gesammelt, denn sie wußten, daß aus der Ferne Hilfe herbeigerufen worden war. Dann geschah bei den Kreuzfahrern etwas Fürchterliches. Man kann nicht mit Sicherheit sagen, was es war. Wahrscheinlich verloren sie die Nerven, weil ein Gerücht über Verrat an höchster Stelle umging. Dieses Gerücht mag ganz und gar unbegründet gewesen sein. Vielleicht wurde es den Kreuzfahrern bei diesen langandauernden Kämpfen auch bewußt, daß sie durch den Angriff auf Damaskus nichts gewinnen konnten und daß sie, selbst wenn es ihnen gelingen sollte, die Stadt einzunehmen, sie unmöglich halten könnten.

«Von diesem Zeitpunkt an», schrieb Wilhelm von Tyrus, «wurde die Lage für die Lateiner im Osten zusehends schlimmer.»

Das Heer zog sich am 18. Juli geordnet von Damaskus zurück. Die

Christen hatten nicht viele Leute verloren, aber sie hatten die Hoffnung aufgegeben. Konrad III. «erkannte, daß ihm Gott seine Gunst entzogen hatte»,[36] und ließ Schiffe kommen, die ihn nach Europa zurückbrachten. Ludwig VII. blieb ein Jahr lang dort, so daß er Ostern in der Kirche des Heiligen Grabes feiern konnte.

Die Könige verließen das unsichere Reich der Königin Melisendis, die, von ihren Launen hin- und hergerissen, regierte. Sie konnte nichts und sie lernte nichts. Ebenso kümmerte sich der Fürst von Antiochia nicht richtig um die Leitung seines Fürstentums. Die Bevölkerung von Antiochia erlebte ihn als einen willkürlichen Herrscher, der sehr wenig Interesse an ihrem Schicksal an den Tag legte. Stolz und hartnäckig, voll Verachtung für die Muslime ritt er mit einer kleinen Streitmacht in das von Nur Ad Din besetzte Gebiet. Nur Ad Dins Spione waren überall. Sein Heer schlich sich in der Nacht an das Lager des Fürsten heran, und am Morgen gab es ein großes Gemetzel. Der Fürst kämpfte tapfer, aber der Feind war ihm zahlenmäßig hoffnungslos überlegen. Nur Ad Din, der ihm als Krieger einen gewissen Respekt zollte, ließ ihm den Kopf und den rechten Arm abhauen und als Trophäe dem Kalifen übersenden. Der Rest seines verstümmelten Körpers blieb auf dem Schlachtfeld liegen.

Jetzt gab es in Antiochia niemanden mehr, der die Bevölkerung ermuntert und beschützt hätte. Nur Ad Din stürzte aus dem Hinterland hervor, führte sein Heer an Antiochia vorbei und besetzte das Kloster St. Simeon, das hoch oben in den Bergen zwischen Antiochia und dem Meer gelegen war. Vor den Augen seiner Soldaten badete er im Meer, eine Geste, mit der er zeigen wollte, daß er nun auch das Meer erobert habe. Er nahm die nur sechzehn Kilometer von Antiochia entfernt gelegene Festung Harim ein, stattete sie mit Vorräten aus und ließ eine Besatzung zurück, die einer mehrtägigen Belagerung standhalten konnte. Es war nicht mehr zu übersehen, Nur Ad Din stellte eine Macht dar, mit der man rechnen mußte.

Emmerich von Limoges, der Patriarch von Antiochia, erwies sich in dieser Zeit als der einzige, der die Bevölkerung von Antiochia noch zusammenhalten konnte. Er hatte ein großes Vermögen angehäuft, und jetzt stellte er die Schatzkammer des Patriarchats in den Dienst des Volkes und des Heeres. Er gab das Geld großzügig und wirksam aus. Als der junge Balduin III., der jetzt achtzehn Jahre alt geworden war, in Antiochia eintraf, konnte er sehen, daß die Bevölkerung im Begriffe war, ihr Selbstvertrauen wieder zu finden. Er übernahm sofort das Kommando und erklärte sich zum Regenten.

Der Fürst von Antiochia war im Kampfe gefallen. Joscelin II., der Graf von Edessa, starb ruhmlos. Er befand sich mit einem kleinen

Geleite auf dem Weg nach Antiochia, wohin ihn der Patriarch gerufen hatte. Als er sich kurz vom Weg entfernte, um die Notdurft zu verrichten, überfielen ihn einige Muslime und brachten ihn nach Aleppo; sie wußten, daß auf seinen Kopf ein Preis ausgesetzt war. Nur Ad Din, der den Grafen verachtete, warf ihn ins Gefängnis, wo er neun Jahre später starb. Seine Gattin übernahm die Herrschaft über seine Gebiete; sie sah, daß die Burgen gut besetzt und mit Nahrungsmitteln und Waffen versehen waren. Sie war ein tüchtigerer Soldat, als ihr Gatte es je gewesen war.
Zwei Könige aus Europa waren abgereist; ein Fürst war umgekommen; ein Graf war im Dunkel eines fremden Gefängnisses verschwunden. Mehr und mehr Macht fiel in die Hände Balduins III.

König Balduin III. und das Zeitalter der Helden

Balduin III. ist derjenige König von Jerusalem, den wir am besten kennen. Die zeitgenössischen Historiker waren tief beeindruckt vom jungen König, der keine Laster zu haben schien, sowohl intelligent als auch tief religiös war und alle Menschen freundlich behandelte. Zudem war er ein begabter Heerführer. Er war gerade zur richtigen Zeit geboren worden, denn seinem Reiche drohte der Zerfall, und es konnte nur dank seiner großen Fähigkeiten und seiner hervorragenden Geistesgaben gehalten werden. Aber vielleicht ahnte er, bevor er starb, daß das Ende trotzdem in Sicht war.
Wilhelm von Tyrus, der ihn sehr genau geschildert hat, erinnert sich, daß der König in seiner Jugend ein eingefleischter Spieler war, daß er sein ganzes Leben hindurch frei heraus redete und daß er hohe Staatsbeamte eher in aller Öffentlichkeit als privat zurechtwies, womit er sich unnötig Feinde schaffte. Dies waren die gefährlichen Seiten seines Charakters, und sie sollten auch gefährliche Folgen haben.
Einen seiner größeren Einsätze wagte er im Jahre 1152, als es zu einer heftigen Auseinandersetzung mit seiner Mutter kam. Sie war damals bereits seit sieben Jahren Regentin. Nach dem Gesetz hätte Balduin schon alleiniger Herrscher sein müssen; mit einundzwanzig Jahren erfüllte er bereits alle militärischen Aufgaben, die von ihm verlangt wurden. Er führte auch am Hof den Vorsitz und handelte in der

Öffentlichkeit, wie wenn er wirklich an der Macht wäre. Und doch stand er immer noch unter der Vormundschaft seiner mächtigen Mutter. Es war eine absurde Situation, und der König entschloß sich endlich, sich durchzusetzen.
Die Königin stand damals unter dem Einfluß eines gewissen Manasses von Hierges, eines klugen Edelmannes aus der Gegend von Lüttich, den sie zum Reichskonstabler ernannt hatte. Manasses war reich, mächtig, unverschämt und entschlossen, sich seine Vorzugsstellung unter allen Umständen zu sichern.
Balduin machte sich in zwei Etappen daran, die Macht an sich zu reißen. Als erstes ließ er sich im geheimen in Anwesenheit von nur einer Handvoll seiner Ritter in der Grabeskirche krönen und hinderte so seine Mutter daran, sich mit ihm krönen zu lassen. Als zweites entschloß er sich zum Krieg. Manasses wurde in seiner Burg Mirabel in der Nähe von Jaffa belagert und gefangengenommen. Der König ließ ihn zu sich kommen und verschonte ihn unter der Bedingung, daß er das Königreich verlasse und nie mehr zurückkehre. Hierauf befestigte Königin Melisendis Jerusalem gegen das Heer des Königs, verbarrikadierte sich in der Zitadelle und bat das Volk, die Edelleute und den Klerus um Hilfe in ihrem gerechten Kampf gegen ihren Sohn. Das Volk und die Edelleute waren ihrer jedoch müde geworden, nur der Klerus fühlte sich ihr zutiefst verpflichtet. Nach einigen Tagen des Widerstandes, mit dem sie ein Zeichen hatte setzen wollen, ergab sie sich. Sie durfte sich nach Nablus zurückziehen unter der Bedingung, daß auch sie nie mehr nach Jerusalem zurückkehre. Balduin war fest entschlossen gewesen, die Zitadelle mit Gewalt zu nehmen. Er hatte Belagerungsmaschinen aufgestellt und Steine gegen die Mauern geschleudert; wenn nötig, hätte er seine Mutter auch umgebracht. Das war ein Einsatz, den er wagen mußte, um das Königreich zu retten.
In Antiochia regierte immer noch Fürstin Konstanze, eine starrköpfige, leichtsinnige, auf Vergnügen erpichte Frau ohne jede Begabung für Regierungsgeschäfte. Es mußte ein neuer Fürst von Antiochia für sie gefunden werden. Balduin unterbreitete ihr eine Liste von drei Edelleuten, welche über den erforderlichen Mut und die nötige geistige Beweglichkeit verfügten. Sie lehnte alle drei ab. Sie wollte sich dann für einen Gatten entscheiden, wann es ihr paßte, und einen wählen, der ihren Bedürfnissen entsprach. Sie fand einen solchen Gatten in Rainald von Châtillon, dem unbedeutenden jüngern Sohn des Grafen von Gien, der Ludwig VII. auf dem zweiten Kreuzzug begleitet hatte. Rainald war jung, hübsch, besaß großen Mut und hätte der äußeren Erscheinung nach ein vorzüglicher Fürst von

Antiochia werden können. Konstanze liebte ihn und scheint ihn im geheimen geheiratet zu haben, noch bevor der König, der ihr Lehensherr war, seine Zustimmung gegeben hatte. Er hatte gehofft, sie werde jemand heiraten, der ihr dem Rang nach näher gewesen wäre.

Rainald von Châtillon war einer jener Männer, die aus dunklen Anfängen aufsteigen und den Lauf der Geschichte irgendwie verändern. Er war mehr als jeder andere für den Untergang des Reiches verantwortlich. Er gefährdete alles, womit er in Berührung kam, und jeden, der ihm in die Nähe kam, und schien nicht zu ahnen, welchen Schaden er anrichtete. Man mußte damit rechnen, daß er liebenswürdig charmant die unwahrscheinlichsten, absurdesten und fürchterlichsten Dinge unternahm, ohne je die Folgen zu bedenken.

Es zeigte sich auch bald, daß er äußerst bösartig sein konnte. Als Fürst von Antiochia betrachtete er sich als alleinigen Herrscher, dessen Urteile nie in Frage gestellt werden durften; Patriarch Emmerich von Limoges kritisierte sie manchmal im privaten Kreise. Unglücklicherweise wurden diese persönlichen Gespräche dem Fürsten hinterbracht. Rainald ließ den Patriarchen nackt ausziehen und auspeitschen, bis er von Blut überströmt war. Dann ließ er ihn auf das Dach der Zitadellen bringen und mit Honig beschmieren, so daß sich die Fliegen überall auf ihm niederließen, während er in der brennenden Sonne lag. Der Patriarch war bei schlechter Gesundheit, aber überraschend widerstandsfähig. Irgendwie überstand er die Strafe. Die Nachricht von Rainalds Racheakt erreichte Balduin III. in Jerusalem. Der König war entsetzt und schickte sofort zwei seiner Berater nach Antiochia mit dem Befehl für Rainald, Emmerich aus der Gefangenschaft zu entlassen und wieder in sein Amt als Patriarch einzusetzen. Rainald gehorchte. Emmerich verließ Antiochia und kehrte erst nach vielen Jahren zurück.

Rainald war Herrscher über die zweitwichtigste Stadt im Heiligen Land. Antiochia hätte aus eigener Kraft seinen Reichtum vergrößern und sein Weiterbestehen sicherstellen können. Aber Rainalds Denkweise war die eines Räuberhauptmanns. Die Byzantiner standen in Kilikien im Krieg gegen die Armenier. Also schloß sich Rainald den Byzantinern an, weil er hoffte, dadurch Kilikien seinem Fürstentum einverleiben zu können. Als es offensichtlich wurde, daß die Byzantiner Kilikien als ihren Besitz betrachteten, wandte er sich gegen sie und schickte eine Streitmacht nach Zypern, das zu Byzanz gehörte. Das Unternehmen war sehr gut organisiert und verfolgte den einen Zweck: Beute zu machen. Das zypriotische Heer unterlag bald. Männer- und Frauenklöster wurden eingenommen; Nonnen wurden vergewaltigt; kostbare Gewänder, goldene und silberne Gefäße und

Edelsteine wurden zusammengerafft und mit Karren auf die wartenden Schiffe verbracht. Rainalds Soldaten blieben nur einige Tage auf der Insel, aber der Schaden war unschätzbar. Manuel Komnenos, der byzantinische Kaiser, der zu jener Zeit in Europa festgehalten wurde, beschloß in aller Stille, sich zu gegebener Zeit an dem unverschämten und verräterischen Fürsten zu rächen.
Unterdessen bemühte sich Nur Ad Din weiterhin darum, ein vereinigtes muslimisches Heer gegen die Christen zusammenzubringen. Wie sein Vater Sengi konnte er grausam und unerbittlich sein; im Gegensatz zu seinem Vater besaß er aber ein zutiefst beschauliches Temperament. Er lebte wie ein Asket, fastete und befand sich manchmal in einem Zustand religiöser Ekstase. Er lebte auf mehreren Ebenen: Er war Verwalter, Krieger und Mystiker. Seine Schwärmerei wurde vielleicht durch seinen stets schlechten Gesundheitszustand gefördert. Sein tiefer Sinn für das Religiöse jedoch gab dem Heiligen Krieg, den er gegen die Christen führte, Kraft.
Balduin III. verstand seinen unerbittlichsten Feind sehr gut, wußte auch über sein jeweiliges Befinden Bescheid: Seine Spione lieferten ihm genaue Berichte. Die Zeiten, da Nur Ad Din bettlägerig war, nutzte er manchmal zu seinen Gunsten. Theoretisch hatte der Fürst von Antiochia den Auftrag, den Nordosten zu verteidigen, während der König Samaria, Judäa und den Negeb beschützte. In Tat und Wahrheit hatte Balduin III. das Oberkommando über das ganze christliche Gebiet im Heiligen Land inne.
Vom Anfang seiner Regierungszeit an hatte Balduin III. beabsichtigt, Askalon zu erobern. Askalon wurde von den Ägyptern mit aller Kraft verteidigt, denn es war der nördlichste Außenposten an der palästinischen Küste. Die ganze Bevölkerung von Askalon war in den Waffen ausgebildet. Hohe Mauern, Außenwerke und Türme beschützten die Stadt gegen das Land hin, und vom Meer her war sie nicht leicht anzugehen, weil das breite Sandufer flach abfiel, die Winde hohe Wellen aufwarfen und es keinen eigentlichen Hafen gab. Trotzdem konnte mit kleinen Schiffen Nachschub herbeigebracht werden.
Balduin ging mit großer Sorgfalt und Klugheit vor. Die Flotte des Königreiches patrouillierte auf den Zufahrtswegen. Sie stand unter dem Befehl von Gerhard von Sidon und bestand aus fünfzehn Schiffen. Balduin kaufte weitere Schiffe. Dann ließ er ihre Masten entfernen und die Schiffe zerlegen. Aus den Planken wurden Belagerungsmaschinen und bewegliche Türme gebaut. Die Türme wurden mit Tierhäuten überzogen zum Schutz vor Feuer. Am 25. Januar 1153 erschien der König mit den Großmeistern der Johanniter und der Templer, den Erzbischöfen von Tyrus, Caesarea und Nazareth und

dem Patriarchen, der die Kreuzesreliquie mit sich trug, vor den Mauern von Askalon. Man hoffte, daß sich die Stadt angesichts dieses beeindruckenden Heeres innerhalb eines Monats ergeben werde.
Es dauerte aber viel länger, denn die Bevölkerung von Askalon war viel besser auf einen Angriff vorbereitet, als die Christen erwartet hatten. Sie konnten sie nicht aushungern, denn sie hatten reichliche Vorräte und frisches Wasser. Es war auch kein Überraschungsangriff möglich, denn die Belagerten beleuchteten die Mauern mit Öllampen, die sie durch Glasbehälter gegen den Wind schützten. Wichtiger als alles andere war jedoch die Tatsache, daß die Verteidiger voller Zuversicht waren und ihre Mauern für unüberwindlich hielten. Sie verfügten auch über einen vorzüglichen Nachrichtendienst und wußten daher, daß ihr Heer zahlenmäßig doppelt so stark war wie dasjenige vor ihren Toren. Eines Tages tauchte eine ägyptische Flotte von siebzig Schiffen auf, die Nachschub und Vorräte an Land brachte. Die kleine christliche Flotte machte keinen Versuch, sie anzugreifen. Damit war Askalon stärker als je zuvor.
Nach zwei Monaten erkannte Balduin III. mit Schrecken, daß er nicht einmal eine Kerbe in die Mauern von Askalon geschlagen hatte. Da an Ostern jenes Jahres der Zustrom christlicher Pilger nach dem Heiligen Land viel größer als sonst war, befahl der König den Pilgern und Seeleuten, sich an der Belagerung von Askalon zu beteiligen, und versprach ihnen dafür eine Entschädigung aus dem königlichen Schatzamt. Alle Schiffe, die ins Heilige Land kamen, mußten sich der Flotte Gerhards von Sidon anschließen. Auf diese Weise nahmen Heer und Flotte an Umfang zu. Aber es vergingen noch drei Monate, bevor sich eine spürbare Änderung ergab.
Eines Tages gegen Ende Juli schlichen die Verteidiger aus der Stadt heraus und setzten den großen hölzernen Turm, der die Mauern von Askalon überragte, in Brand. Aber noch als die Christen das Feuer voll überraschtem Staunen beobachteten, drehte der Wind, und die Flammen begannen an den Mauern der Stadt emporzuzüngeln. Hierauf dachten die Christen, wenn die Mauern der Stadt durch Feuer vom Feind selber in Brand gesetzt werden können, müßten sie doch noch viel besser brennen, wenn sie sie selber in Brand steckten. Also häuften sie Reisigbündel, Klafterholz und Holz von den Obstbäumen der Umgebung zwischen den ausgebrannten Turm und die Mauer, gossen Pech und Öl darüber und setzten alles in Brand. Gegen Morgen fiel, wie sie es erwartet hatten, ein Teil der Mauer mit donnerndem Gepolter zusammen. Die Truppen wurden aufgeweckt.
Durch diese Bresche in der Mauer stürzten etwa vierzig Tempelritter in die Stadt. Einige von ihnen stellten sich als Wache auf, um andere

Christen am Eindringen zu hindern. In ihrem Wahn glaubte diese Handvoll von Templern, sie könne die ganze Stadt allein erobern. Anfänglich wurde die Bevölkerung von Askalon vom Schrecken gepackt; dann sammelte sie sich, und es war für sie eine Kleinigkeit, diese paar stolzen Templer einzukreisen und niederzumetzeln. In der Nacht schlossen sie die Bresche in der Mauer mit riesigen Holzbalken aus ihren eigenen Schiffen und hängten die Leichen der Templer über die Mauern, so daß das christliche Heer sie sehen konnte. Die Leichen wurden dort hängen gelassen und den Vögeln zum Fraß vorgesetzt.

Askalon schien den Christen verloren zu sein. Da ergriff sie große Verzweiflung, und sie fragten sich, ob es sich lohne, noch weiter auf eine Stadt einzuschlagen, die uneinnehmbar schien. Schon glaubten die Truppen von Askalon, die Kreuzfahrer würden sich geschlagen geben und zurückziehen, und unternahmen am dritten Tage, nachdem die Leichen der Templer an den Mauern aufgehängt worden waren, Ausfälle aus der Stadt. Doch die Kreuzfahrer machten voller Wut und Verzweiflung einen Gegenangriff. Es war, als wehre sich ihre ganze zurückgedämmte Kraft und wolle Genugtuung für das anhaltende Gefühl von Machtlosigkeit erringen. Von ihren Mauern blickte die Bevölkerung von Askalon, die ihrer Sache so sicher gewesen war und mit dem endgültigen Sieg gerechnet hatte, auf das Gemetzel hinunter. Der Angriff der Christen war so verheerend gewesen, daß es in der Stadt kaum jemanden gab, der nicht einen Toten zu beklagen hatte. Die Ältesten von Askalon suchten um einen Waffenstillstand nach, damit sie ihre Toten begraben konnten, und als sie jedoch sahen, wie groß ihre Zahl war, leiteten sie Friedensverhandlungen ein. Balduin III. hielt Rat, und unter der Bedingung, daß die Stadt innerhalb von drei Tagen geräumt würde, erklärte er sich bereit, die Einwohner mit ihrem ganzen beweglichen Besitz ziehen zu lassen. Er verlangte die vollständige Räumung der Stadt. Am dritten Tag wehte die Standarte König Balduins vom höchsten Turm, und die Bevölkerung ergoß sich zu Tausenden aus der Stadt. Balduin gab ihnen Führer mit, die sie bis Al Arisch begleiteten. Dort anerbot sich ein türkischer Häuptling, sie nach Ägypten zu führen. Sie folgten ihm gerne, erlebten dann aber eine große Enttäuschung. Sobald nämlich die Führer des Königs sich auf den Weg nach Askalon gemacht hatten, griff der Häuptling die Heimatlosen an und plünderte sie aus. Zuletzt irrten sie hilflos in der Wüste herum.

Die Herrschaft über Askalon wurde Amalrich, dem jüngeren Bruder des Königs und Grafen von Jaffa, übertragen. Da Gasa bereits von Balduin III. erobert worden war, befand sich nun die ganze Küste

von Syrien und Palästina im Besitze der Kreuzfahrer. Askalon war ein wichtiger Stützpunkt. Sein Verlust verbreitete Angst und Schrekken in den muslimischen Lagern.
Was die Christen durch die Eroberung Askalons gewonnen hatten, verloren sie an ihren Todfeind Nur Ad Din in der Auseinandersetzung um Damaskus. Während Monaten hatte sich Nur Ad Din bemüht, die Autorität des dort regierenden Sultans zu untergraben. Er sah Damaskus als den Ausgangspunkt eines Unternehmens, das die Kreuzfahrer aus Syrien vertreiben sollte. Dieser Gedanke stieß bei den Damaszenern auf Verständnis, denn der Fall von Askalon hatte sie aufgeschreckt. Als Nur Ad Din Damaskus betrat, wurde er wie ein Eroberer und gleichzeitig als Freund begrüßt. Er verlangte keinen Tribut, und es ging alles weiter wie zuvor, nur gab es jetzt keinen Sultan mehr. Nur Ad Din ernannte einen seiner treuesten Feldherren zum Statthalter der Stadt.
Im Mai 1157 griff Nur Ad Din die Kreuzfahrerburg von Banjas im Norden von Galiläa an. Durch ihre Lage am Fuße des Hermongebirges war die Burg von großer Bedeutung. Nur Ad Din eroberte sie zweimal und wurde zweimal wieder zurückgeworfen. Dabei wurde in der Burg und um sie herum so viel Blut vergossen, daß sie – für beide Seiten – zum Symbol der Unnachgiebigkeit wurde: Tadellos ausgeführte Überraschungsangriffe durch das Heer des Königs folgten den ebenso überraschenden Angriffen durch das Heer Nur Ad Dins.
Die heftigen Scharmützel um Banjas zeigten, daß die Streitkräfte der Kreuzfahrer und der Muslime gleich stark waren. Dies hätte vernünftigerweise zu einem Waffenstillstand führen müssen. Statt dessen kämpften sie weiter. Da erkrankte Nur Ad Din, was Balduin III. einen kleinen Vorteil brachte. Es war allerdings kein Vorteil, von dem er viel erwarten konnte, denn Nur Ad Din war durchaus fähig, eine Schlacht von seinem Krankenlager aus zu leiten. An den Grenzen von Antiochia und in Galiläa gab es ständige Angriffe und Ausfälle, aber niemand gewann etwas dabei. Der Krieg im Heiligen Land schien mit einem Patt zu enden.
Balduin suchte neue Verbündete. Er hatte schon lange ein Bündnis mit Byzanz in Betracht gezogen. Seit dem Beginn der Kreuzzüge hatte man über ein solches Bündnis gesprochen, den Gedanken dann aber aus verschiedenen Gründen wieder aufgegeben. Es war bekannt, daß Kaiser Manuel Komnenos eine hohe Meinung von Balduin III. und eine äußerst schlechte vom gegenwärtigen Fürsten von Antiochia hatte. Man würde vorsichtig, «auf griechische Art», mit Byzanz sprechen müssen, aber es war auch notwendig, das Patt zu beendigen. Balduin sandte Boten nach Konstantinopel mit dem Auftrag, für ihn

um die Hand einer byzantinischen Prinzessin anzuhalten. Die Verhandlungen dauerten während mehrerer Wochen an. Endlich wurde in der Person von Theodora, der Tochter von Isaak Komnenos, Manuels älterem Bruder, eine passende Prinzessin gefunden. Sie war dreizehn Jahre alt, strahlend schön, sehr groß, hatte dichtes blondes Haar und war in ihrer Art von natürlicher Eleganz. Ihre Mitgift, ihre Aussteuer, ihr Hochzeitskleid, ihre mit Perlen besetzten Roben, die Kassetten voller Schmuck, die Tapisserien und seidenen Behänge, die Teppiche und goldenen Gefäße, waren ein Vermögen wert.

So ausgestattet kam sie in Begleitung ihrer Hofdamen und der Gesandten des Königs von Jerusalem im September 1158 in Tyrus an. In einem prächtigen Aufzug reiste sie nach Jerusalem und heiratete dort den siebenundzwanzigjährigen Balduin. Er war begeistert von seiner Braut, und man sagt, er sei ihr zeit seines Lebens treu geblieben.

Im gleichen Herbst machte sich der Kaiser an der Spitze eines riesigen Heeres von Konstantinopel aus auf den Weg, und anfangs Dezember betrat er Kilikien, das die Armenier Kleinarmenien nannten. Der Kaiser betrachtete Kilikien als eine Provinz seines Reiches und war entschlossen, davon Besitz zu ergreifen. Der armenische Fürst Toros jedoch hatte sich Kilikiens bemächtigt, und sein Heer verfügte über stark befestigte Burgen. Das Heer des Kaisers rückte so vorsichtig heran, daß Toros, der sich in Tarsus aufhielt, nichts merkte und kaum mehr Zeit hatte, in das benachbarte Gebirge zu fliehen. Rainald, der Fürst von Antiochia, sah, daß er nirgendwohin ausweichen konnte. Der Kaiser war entschlossen, ihn für seine Greueltaten in Zypern zu bestrafen, und Rainald wußte, daß er sich der Strafe nur entziehen konnte, indem er sich öffentlich und demütig unterwarf. Er eilte deshalb nach Mamistra in Kilikien in das Lager des Kaisers. Er erschien dort barfuß, in einem wollenen Rock mit kurzen Ärmeln, welche die Ellbogen freiließen, ein Seil um den Hals und ein Schwert, dessen Spitze auf seine Brust und dessen Heft gegen außen gerichtet war, in der Hand. Der Kaiser ergriff das Schwert beim Heft, und Rainald warf sich ungestüm zu Boden, wo er lange hingestreckt liegen blieb. Der Kaiser freute sich über diese mit Genuß und Theatralik dargebotene Vorführung, denn er glaubte, die Unterwerfung des Fürsten sei aufrichtig gemeint. Er wußte nicht, daß sich Rainald keiner anderen Autorität als seiner eigenen unterwarf.

Balduin III. kam einige Tage später mit einem großen Gefolge in Mamistra an. Der Kaiser gab dem König den Friedenskuß. Sie verbrachten zehn Tage miteinander. Eines der Themen, die sie miteinander besprachen, war der armenische Fürst Toros, der tapfer war und viele Kämpfe gegen die Türken ausgefochten hatte. Der König wirkte als Vermittler. Toros durfte Kilikien behalten, nachdem er dem Kaiser den Lehnseid geschworen hatte. Der Kaiser sah sich in jenen Tagen als den gütigen, alles verzeihenden Vater eines Reiches, das so mächtig war, daß er es sich erlauben konnte, gütig und nachsichtig zu sein.

Der König kehrte nach Antiochia zurück, während der Kaiser Ostern in Kilikien verbrachte. Im April 1159 zog er in Begleitung seines Heeres nach Antiochia hinunter. Er trug das kaiserliche, mit Edelsteinen und Gehänge verzierte Barett und ein besticktes Oberkleid, das so sehr mit Edelsteinen besetzt war, daß er sich kaum fortbewegen konnte. Trompeten ertönten, Trommeln wirbelten, Fahnen wehten. Alle Würdenträger von Antiochia gingen dem Kaiser entgegen, der steif auf seinem Pferde saß. Rainald von Châtillon, der Fürst von Antiochia, schritt an seiner Seite und hielt zum Zeichen seiner vollen Unterwerfung die Zügel des Pferdes. Hinter dem Kaiser ritten der König von Jerusalem und sein Bruder Amalrich. Der Tag des triumphalen Einzugs des Kaisers in Antiochia war ein Tag großer Feiern und Festlichkeiten. Die Bevölkerung wurde mit Geschenken überhäuft, und alle wetteiferten miteinander um die Ehre, den Mann zu sehen, der so viel Macht besaß und über ein Reich herrschte, das so alt war, daß es eine dauernde Einrichtung auf Erden zu sein schien. Jede Gunst und jede Ehre kam vom Kaiser. In jenen Tagen war er Herr über Antiochia sowie Oberlehnsherr des Königs von Jerusalem und aller christlichen Fürstentümer des Heiligen Landes.

Der Kaiser erholte sich in den Bädern von Antiochia, die zu den prächtigsten der damaligen Zeit gehörten, und erfreute sich auch bei der Jagd. Eines Tages, als er mit König Balduin auf die Jagd ritt, geschah ein Unglück. Das Pferd des Königs stolperte auf dem rauhen, mit niedrigem Gebüsch bewachsenen Boden, Balduin stürzte kopfüber hin und brach sich den Arm. Der Kaiser eilte hinzu, kniete neben ihm nieder und begann wie ein Arzt den gebrochenen Arm zu behandeln; auf seine Kenntnisse in der Heilkunst war der Kaiser stolz, und er liebte es, sie anzuwenden.

Diese Jagdgesellschaften, Festzüge und Besuche in den Badestuben stärkten die Bande zwischen Byzanz und dem Heiligen Land. Man glaubte, die acht Tage, die der Kaiser in Antiochia zugebracht hatte, würden in unmittelbare militärische Hilfe ausmünden. Aber dem war nicht so. Der Kaiser hatte nicht die geringste Absicht, sein Heer gegen die Türken zu werfen. Er war gekommen, um den Christen und den Türken in gleicher Weise die Macht von Byzanz vor Augen zu führen. Er traf Vorkehrungen, um mit den vereinigten Streitkräften

von Antiochia, Jerusalem und Byzanz einen Vorstoß gegen Aleppo zu unternehmen, hielt dann aber plötzlich inne. Durch Gesandte vereinbarte er mit Nur Ad Din einen Waffenstillstand. Nur Ad Din erklärte sich zu einem Gefangenenaustausch bereit. Der Kaiser begann dann aber den Rückmarsch durch Kleinasien, als er hörte, daß in Konstantinopel eine Verschwörung gegen ihn im Gange sei. Daß er gekommen war, ohne sich in einen Kampf einzulassen, entsprach ganz dem byzantinischen Charakter. Die Byzantiner waren gewiegte Diplomaten und in manchen Ränken erfahren. Sie wußten, daß eine Zurschaustellung der Macht oft wirksamer war als der Kampf selber. Für den König von Jerusalem und den Fürsten von Antiochia war die Taktik des Kaisers aber nur ein kleiner Trost.
Der wilde und wagemutige Rainald entschloß sich, die Sache selber in die Hand zu nehmen und an der Spitze eines Heeres in das Gebiet von Nur Ad Dins Bruder in der Gegend von Marasch einzumarschieren. Jemand hatte ihm gesagt, es gebe dort riesige Schafherden, viele Christen und fast keine Türken. Das stimmte, aber sein Vormarsch war beobachtet und nach Aleppo gemeldet worden. Die ganze leichtbewaffnete Kavallerie wurde gegen ihn aufgeboten. Die Türken erwischten ihn, mit Beute beladen, im Lager. Er hätte den Schatz aufgeben, fliehen und sich auf diese Weise retten können. Statt dessen entschloß er sich zu kämpfen. Dabei passierte ihm das Mißgeschick, gefangengenommen zu werden. Auf den Rücken eines Kamels gebunden, wurde er in ein Gefängnis in Aleppo abgeführt, wo er die nächsten sechzehn Jahre seines Lebens verbrachte. Sie töteten ihn nicht, weil sie glaubten, er könnte ihnen bei einem künftigen Handel nützlich sein. Aber weder der König noch der Kaiser unternahm die geringste Anstrengung, ihn loszukaufen. Sie wußten vielleicht, daß das Lösegeld so hoch wäre, daß sie es nicht bezahlen könnten. Der König wurde Regent von Antiochia, und von Konstanze, der Gattin Rainalds, hörte man wenig mehr.
Das Spielfeld entvölkerte sich. Königin Melisendis starb an einer langwierigen Krankheit. Der König war untröstlich. Einige Monate später erkrankte der König auf einer Reise durch Tripoli selber und starb, wahrscheinlich weil ihn der Graf von Tripoli durch einen Arzt hatte vergiften lassen. Sein Leichnam wurde mit gebührendem Pomp und Zeremoniell nach Jerusalem gebracht, um neben den anderen Königen von Jerusalem in der Grabeskirche beigesetzt zu werden. Die Untertanen standen schweigend am Weg, und auch Muslime kamen von den Hügeln herunter, um seinen Tod zu beweinen und zu beklagen. Der Trauerzug war während acht Tagen unterwegs und wurde von Seufzen und Wehklagen begleitet. Es wird berichtet, daß

Nur Ad Din von seinen Hauptleuten geraten wurde, während dieser langen Feierlichkeiten das Königreich anzugreifen. Aber Nur Ad Din habe sich geweigert, wie Wilhelm von Tyrus schreibt, mit den Worten: «Wir sollten sie bemitleiden, denn sie haben einen Fürsten verloren, wie die Welt keinen mehr besitzt.»[37] Es ist möglich, daß er dies gesagt hat; aber es ist auch möglich, daß er Geld bezahlt hat, um den König vergiften zu lassen.

Mit dem Tod Balduins III. im Januar 1162 ging für die Kreuzzüge das Zeitalter der Helden zu Ende. Balduin wurde zu einer Legende. In ihm hatten sich jugendliche Milde und jugendliche Grausamkeit mit überlegener Kühnheit und königlicher Schönheit verbunden. Er war Soldat und Staatsmann, Student und Philosoph, und Wilhelm von Tyrus übertrieb nur wenig, als er schrieb: «Keine Geschichtsschreibung irgendeines Volkes und kein heute lebender Mensch erinnert sich, daß wir oder ein anderes Volk je zuvor einen so tiefen und heftigen Schmerz über den Tod eines Fürsten empfunden hätten wie jetzt das Volk von Jerusalem.»[38]

König Amalrich I.

König Amalrich, der jüngere Bruder Balduins III., war der letzte einer Reihe von heldenhaften Königen. Er besaß eine gewisse fürstliche Ausstrahlung, die Haltung eines Mannes, der weiß, wie wichtig er ist. Er hatte jedoch nichts von der Ungezwungenheit und Leutseligkeit seines älteren Bruders, sondern lag mit sich selber und seinen Mitmenschen häufig im Widerstreit. Seine Regierungszeit war voller ruhmreicher Heldentaten und eindrücklicher Siege; aber die Siege blieben wirkungslos, weil Amalrich mit seinem Reich, dem er gut, ja sogar hervorragend diente, im Streit lag.

Der junge Monarch sprach nie mit jemandem, wenn es sich vermeiden ließ. Wilhelm von Tyrus berichtet, daß es ihm leichter gefallen sei, einen guten Rat zu erteilen als eine Geschichte zu erzählen. Weit mehr als seine Vorgänger frönte er den königlichen Lastern, der sexuellen Ausschweifung und der Geldgier. Wenn er auch intelligenter und besonnener war als andere Könige von Jerusalem, so war er dennoch sehr neugierig in bezug auf das Volk, über das er herrschte, und wollte alles wissen über die geheimnisvollen Länder des Orients. Rei-

sende, die in seinen Häfen ankamen, wurden in seinen Palast eingeladen, um ihm über alles, was sie gesehen und vernommen hatten, zu berichten. Viele Monate später pflegte er dann irgendeine ausgefallene Einzelheit Wilhelm von Tyrus gegenüber zu erwähnen, der erstaunt war, daß er zu den engsten Beratern des Königs gehörte.
Sie mochten einander und arbeiteten gut zusammen, aber möglicherweise haben sie einander nie verstanden. Wilhelm von Tyrus war zutiefst entsetzt über des Königs Ausschweifungen. Noch mehr entsetzte ihn, daß der König an gewissen von der Kirche verkündeten Lehren zweifelte.
Bezaubert vom König, weil er so seltsam, ihm so nahe und doch so fern war, spricht Wilhelm von Tyrus von seiner «seltenen Schönheit», womit er wohl eher sein feines Benehmen als die Schönheit seiner äußeren Erscheinung meinte, vielleicht auch die Schönheit seiner Seltsamkeit. Es war nicht Amalrichs Verschulden, wenn in seiner Regierungszeit ein mächtiger und genialer Feind auftauchen sollte: Saladin, der nie an der Gültigkeit *seines* Glaubens zweifelte.
Amalrichs erste Aufgabe war es, Ägypten zu bedrängen, und er machte sich mit seiner gewohnten Intelligenz daran. Er sandte im September 1163 eine Aufklärungsabteilung nach Ägypten. Diese erreichte Bilbeis, nachdem sie außerhalb der Stadt beinahe ein ägyptisches Heer vernichtet hatte. Die Überlebenden flohen hinter die Mauern von Bilbeis zurück, und Amalrich tat, als wolle er die Stadt belagern. Da öffneten die Ägypter die Deiche. Von der Gefahr bedroht, in den Wassern des Nils zu ertrinken, zog sich das christliche Heer zurück. Es hatte mehr als genug Gefangene und Beute gemacht, um damit die Kosten des Unternehmens zu bestreiten.
Im Frühling des folgenden Jahres entsandte Nur Ad Din ein Heer durch die Wüste, in der Hoffnung, Ägypten seinem wachsenden Reiche einzuverleiben. Das Heer wurde von einem kurdischen Häuptling namens Schirkuh, einem Feldherrn von beeindruckenden militärischen Fähigkeiten, befehligt. Es nahm Bilbeis ein.
Schawar, der Wesir von Ägypten, verbündete sich mit König Amalrich und bedrängte Schirkuh. Die verbündeten Heere des Königreichs Jerusalem und Ägyptens waren so groß, so diszipliniert und so kampfentschlossen, daß Schirkuhs Heer in Gefahr war, überrollt zu werden. Aber gerade zu dieser Zeit gelang es Nur Ad Din, die Festung Harim in der Nähe von Antiochia und die Festung Banjas an der Grenze von Damaskus zu erobern. Statt die Belagerung von Bilbeis fortzusetzen, sandte König Amalrich Boten zu Schirkuh mit dem Vorschlag, sowohl das christliche Heer als auch das Heer von Damaskus aus Ägypten sollten sich zurückziehen. Schirkuh, der in

Gefahr war, sein Heer zu verlieren, war einverstanden. Die Belagerung wurde aufgehoben, und beide Heere zogen von Bilbeis ab. Die Christen folgten der Küstenstraße, Schirkuh marschierte durch die Wüste. Schawar, der jetzt Sultan von Ägypten war, kehrte nach Kairo zurück und freute sich über den Umstand, daß er als Folge der Kriegslist des Königs jetzt Herr seines eigenen Landes war und daß keine Feinde mehr in Sicht waren.
Schawar war ein vertrauensseliger Mann. Er war durchaus bereit, mit den Kreuzfahrern im Frieden zu leben. Er fürchtete sie nicht mehr, weil er sie als seine Verbündeten im Kampf gegen das gefürchtete Heer von Damaskus betrachtete. Anfangs 1167 machte sich Schirkuh in aller Heimlichkeit wieder auf den Weg durch die Wüste und zog gegen Ägypten. Schawar rief den König von Jerusalem um Hilfe an. Der König führte seine Truppen nach Kairo und stellte fest, daß Schirkuh die Stadt bereits belagerte. Als Schirkuh erkannte, daß sein Heer zahlenmäßig hoffnungslos unterlegen war, zog er sich über den Nil zurück und richtete sein Lager in Gise im Schatten der Pyramiden ein. Die Kreuzfahrer schlugen ihr Lager in den östlichen Vororten auf, während Schawar und der König über einen Vertrag für einen ewigen Frieden verhandelten. Der König sollte eine Entschädigung von vierhunderttausend Goldstücken erhalten, wenn er versprach, Ägypten nicht zu verlassen, bis Schirkuhs Heer vernichtet und aus dem Lande vertrieben war.
Dies war das erste Mal, daß ein König von Jerusalem in Kairo weilte. Die Kreuzfahrer waren erstaunt über die Größe und die Pracht der Stadt. Nur zwei Kreuzfahrer betraten den Palast des fatimidischen Kalifs, der später der geistliche und weltliche Herrscher über Ägypten werden sollte. Es waren Hugo von Caesarea und Gottfried Fulcher, ein Tempelritter, der wahrscheinlich als Dolmetscher wirkte. Hugo von Caesarea hatte den Auftrag, darauf zu achten, daß der Kalif selber seine Unterschrift unter den Vertrag setzte.
Der riesige befestigte Palast von Al Kahira war eines der großen Weltwunder, er war reicher ausgestattet als jeder andere Palast der damaligen Welt. Wilhelm von Tyrus hörte durch Hugo von Caesarea von seiner Pracht: Säulengänge, vergoldete Decken und marmorne Fischteiche, Volieren voller seltsamer Singvögel und Menagerien mit Tieren, die er noch nie gesehen oder sich auch nur vorgestellt hatte, und scheinbar endlos lange Gänge, die schließlich zum Thronsaal führten. Plötzlich wurde ein reich mit Perlen besetzter Vorhang aus Goldgewebe zur Seite gezogen, und man erblickte auf einem goldenen Thron den jugendlichen Kalifen in seinem ganzen Glanze, umgeben von seinen Beratern und Eunuchen.

Der sechzehnjährige Kalif war die Quelle der religiösen Wahrheit, der oberste Richter und der Herrscher über ganz Ägypten. Obwohl Schawar der Sultan war, zeigte er gegenüber dem Kalifen eine Unterwürfigkeit, die an pure Angst grenzte. Wie es sich ziemte, warf er sich vor ihm nieder und trug dabei zum Zeichen der Unterwerfung ein Schwert am Halse. Die Verhandlungen zogen sich in die Länge. Die Berater des Kalifen waren verblüfft über das Benehmen der Kreuzfahrer, die ganz offen zu dem Kalifen sprachen. Als Zeichen seiner Freundschaft und Zustimmung streckte der Kalif Hugo von Caesarea seine behandschuhte Rechte entgegen. Hugo von Caesarea vermutete zu Recht, daß eine behandschuhte Hand eine bestimmte Bedeutung haben könnte. Er wies darauf hin, daß nur eine bloße Hand Gewähr für echte Freundschaft biete, eine bekleidete Hand deute auf Vorbehalte und Mangel an Aufrichtigkeit hin. Der Kalif gab schließlich nach. «Äußerst widerstrebend, als ob es seiner Würde Abbruch täte, aber mit einem leichten Lächeln, das die Ägypter sehr betrübte, legte er seine bloße Hand in diejenige Hugos.»[39]

Dies war ein Augenblick von einiger Bedeutung in der Geschichte der Kreuzzüge: Ein Kalif und ein Kreuzfahrer trafen sich; jeder prüfte die Haltung und die Willenskraft des andern und befand sie für ebenbürtig. Aus dem gemeinsamen Bedürfnis, Schirkuh zu besiegen, entstand eine echte Freundschaft. Wenn Sultan Schawar und Kalif Al Adid länger gelebt hätten, hätte das Bündnis zwischen Ägypten und dem Königreich Jerusalem vielleicht weiter bestanden.

Nur Ad Din und Schirkuh waren entschlossen, Schawar zu vernichten. Schirkuhs Heer befand sich immer noch auf dem anderen Ufer des Nils. Die verbündeten Truppen unternahmen mehrere Versuche, es in einen Kampf zu verwickeln, aber es entwischte ihnen nach Oberägypten. Bei einer Ortschaft namens Beben, am Rande der Wüste, holten es die Verbündeten ein. Aber sie mußten feststellen, daß Schirkuh einige niedrige Hügel besetzt hielt und dadurch im Vorteil war. Zwischen den beiden Heeren lag zudem ein Sandstreifen, den die Ritter mit ihren schweren Rüstungen zu Pferd nur mit Mühe überqueren konnten. Es entwickelte sich ein heftiger Nahkampf. Hier, in Beben, zeichnete sich der junge Saladin, der eine Abteilung befehligte, zum ersten Mal aus. Hugo von Caesarea griff Saladins Heer mit einer großen Zahl von Rittern an und wurde vollständig überwältigt. Vielen von seinen Rittern gelang es, vom Schlachtfeld zu fliehen, aber Hugo wurde gefangengenommen. Das Heer von König Amalrich trieb den Feind zurück oder glaubte zumindest, es treibe ihn zurück, bis es offensichtlich wurde, daß es in eine Falle geraten war. Es war weit über das ägyptische Heer hinaus vorgerückt, das unterdessen von Schirkuhs Truppen zerschlagen worden war. Das Heer des Königs machte kehrt, ritt zurück, um den Ägyptern beizustehen, hatte aber Mühe, sie zwischen den Sanddünen zu finden. Als die Heere sich schließlich trafen, pflanzte der König seine Standarte auf einer Anhöhe auf, ordnete seine Truppen neu, zog sie zu einer geschlossenen Formation zusammen und marschierte geradewegs auf Schirkuhs Truppen zu, die sich auf zwei Hügeln aufgestellt hatten. Die Christen rückten zwischen den Hügeln vor. An ihren beiden Flanken befanden sich nun feindliche Truppen. Schirkuh hätte seinen Truppen befehlen können, sich die Abhänge hinunter und auf die Christen zu stürzen. Aber die Art, wie die Christen in strenger Ordnung und mit vollkommener Disziplin dahermarschierten – die am schwersten Bewaffneten am Rande, so daß die Männer im Innern geschützt waren –, ließ den Feind vermuten, daß es nicht leicht sein würde, in die Kolonne einzubrechen. Schirkuh unternahm deshalb keinen Versuch, ihnen den Vormarsch nach Kairo zu verwehren. Er hatte seine eigenen, geheimen Pläne. Er wollte in einem Eilmarsch nach Norden vorrücken, Alexandria einnehmen, sich dort einrichten und die Hafenstadt zu seiner Basis für die Eroberung Ägyptens machen.

Er hatte nicht mit den vereinigten Flotten des Sultans und des Königs gerechnet, die verhinderten, daß auf dem Seeweg Hilfe herangebracht werden konnte. Die Truppen des Königs kreisten die Mauern auf der Landseite der Stadt ein und warteten in Ruhe auf Anzeichen, daß Alexandria ausgehungert sei. Sie hieben die Obstbäume im Umkreis der Stadt um und fertigten aus dem Holz Belagerungsmaschinen an. Schirkuh entschloß sich zu einem Ablenkungsmanöver. Mit einem großen Teil seines Heeres schlich er sich bei Nacht aus der Stadt hinaus. Saladin blieb mit nur tausend Rittern zurück. Schirkuh unternahm einen Raubzug, bemächtigte sich aller Güter und Schätze, die er finden konnte, und rückte gegen Kairo vor, das von einer starken Streitmacht gehalten wurde. War er stark genug, um Kairo erobern zu können? Da er selber unsicher war, lud er Hugo von Caesarea, seinen Gefangenen, zu einem Gespräch ein. Es stellte sich heraus, daß Schirkuh bereit war, Ägypten ein weiteres Mal zu verlassen und Alexandria dem König zu überlassen, der die Stadt dann Schawar übergeben sollte. Der König sollte nach Jerusalem zurückmarschieren, Schirkuh nach Damaskus. Die Gefangenen sollten alle ausgetauscht und es sollte keine Entschädigung bezahlt werden. Sofort nach der Unterzeichnung des Vertrages sollte die Bevölkerung von Alexandria ohne Bestrafung und ohne Belästigung durch die Soldaten frei sein.

Aber Schawar war der Ansicht, daß die Bewohner von Alexandria bestraft werden müßten, weil sie sich von Schirkuh hatten besiegen lassen. Er verlangte eine große Entschädigungssumme und verurteilte alle jene zum Tode, die aktiv mit Schirkuh zusammengearbeitet hatten. Den übrigen erwies er großzügig seine Gunst. Er schien die Übergabe Alexandrias als die unvermeidliche Folge seiner sorgfältig überlegten Politik zu betrachten.
Saladin war im Lager König Amalrichs ein willkommener Besucher. Er scheint sich mehrere Tage beim König aufgehalten zu haben, aber Wilhelm von Tyrus berichtet uns nicht, was sie miteinander besprachen. Der kurdische Emir erhielt eine Leibwache, denn es wurde befürchtet, er könnte von jemand, der unter seinen Soldaten hatte leiden müssen, belästigt oder ermordet werden. Der König anerbot sich, Schiffe zur Verfügung zu stellen, damit die Verwundeten auf dem Seeweg nach Syrien zurückgebracht werden könnten. Saladin nahm dieses Angebot dankbar an. Man tauschte die üblichen Geschenke aus. Gegen außen waren sie Freunde, aber im Innern blieben sie Todfeinde.
In Alexandria wurden Festlichkeiten veranstaltet. Die Kreuzfahrer zogen wie Schaulustige in der Stadt herum, bewunderten die Moscheen und Kirchen, die Befestigungsanlagen, die kunstvollen Tore, die Säulengänge, die vielen Brunnen und den Pharos, den großen Leuchtturm, der am Ende einer kleinen Landzunge lag, die sich ins Meer hinaus erstreckte. Aber nach einigen Tagen zogen die Kreuzfahrer, die auf dem Seeweg gekommen waren, mit ihren Schiffen wieder ab, und die übrigen kehrten auf der Küstenstraße mit allen ihren Gefahren ins Heilige Land zurück.
Nachdem er, wie er glaubte, mit Ägypten einen Freundschafts- und immerwährenden Friedensvertrag abgeschlossen hatte, hielt Amalrich die Zeit für gekommen, einen ähnlichen Vertrag mit Byzanz abzuschließen. Er entsandte Botschafter nach Konstantinopel, die wegen einer byzantinischen Prinzessin verhandeln sollten. Der Kaiser willigte ein, und als Braut für Amalrich wurde Maria Komnena auserwählt. Sie konnte keineswegs als schön gelten, war aber die Großnichte des Kaisers. Sie landete mit ihrem Gefolge in Tyrus. Die Hochzeitsfeier fand mit viel Prunk in der Kathedrale statt, und Maria Komnena wurde zur Königin von Jerusalem gekrönt. In ihrem Gefolge befanden sich zwei hohe Beamte des byzantinischen Hofes, die bevollmächtigt waren, im Hinblick auf ein Bündnis Verhandlungen zu führen.
Um diese Zeit kam ein gewisser Andronikos Komnenos, ein Vetter des Kaisers, ins Heilige Land. Er führte Böses im Schilde. Als byzan-

tinischer Statthalter von Kilikien hatte er große Reichtümer angehäuft und schien nun zu glauben, er könnte die junge Witwe Balduins III. heiraten und sich auf diesem Weg eine hohe Stellung im Königreich Jerusalem erwerben. Er machte sich bei Amalrich sehr beliebt und erhielt von ihm Beirut als persönliches Lehen. Von Beirut zog er nach Akkon, das der Königinwitwe Theodora gehörte. Theodora war jetzt einundzwanzig Jahre alt und schöner als je zuvor. Andronikos und Theodora verliebten sich, und die Königin kam nach Beirut zu ihrem Geliebten. Es war ein großer Skandal. Der Kaiser war entrüstet; der König von Jerusalem war noch wütender, weil er die Gunst des Kaisers zu erwerben suchte. Der Kaiser verlangte, daß Andronikos ausgeliefert werde. Andronikos und Theodora flohen nach Damaskus, wo sie von Nur Ad Din herzlich willkommen geheißen wurden. Nur Ad Din hoffte, einen Weg zu finden, sich die Königinwitwe von Jerusalem nützlich zu machen. Das Paar durfte Bagdad besuchen. Ein muslimischer Emir schenkte Andronikos eine Burg an der paphlagonischen Grenze. Dort betätigte er sich als berufsmäßiger Straßenräuber. Als Theodora und ihre zwei Söhne gefangengenommen wurden, bat er den Kaiser um die Erlaubnis, sie im Gefängnis besuchen zu dürfen. Bald gelang es ihm, sich beim Kaiser einzuschmeicheln, und er wurde zum Statthalter einer weiteren Provinz ernannt. Er war es gewohnt, hoch aufzusteigen und tief zu fallen. Als Kaiser Manuel starb und den elfjährigen Alexios II. als Herrscher des Reiches zurückließ, nutzte Andronikos die Gelegenheit, marschierte nach Konstantinopel, das eben ein schreckliches Gemetzel unter der lateinischen Bevölkerung veranstaltet hatte, und riß den Thron an sich. Alexios II. wurde ermordet, und Andronikos rief sich zum Kaiser aus.

Es lohnt sich, einen Augenblick bei diesem außergewöhnlichen Mann zu verweilen, der durch seine Arglist und seine Kühnheit viel zur Schwächung des byzantinischen Reiches beigetragen hat. Anfänglich regierte er gut, beschützte die Armen, sorgte dafür, daß die Reichen ihre Steuern ganz bezahlten, schloß einen Vertrag mit Venedig, der eine Entschädigung für ihre während des Gemetzels erlittenen Verluste vorsah, baute mitten in Konstantinopel, dem Herzen und Mittelpunkt der Orthodoxie, eine Kirche für den lateinischen Ritus und brachte die Macht der Aristokratie zu Fall. Kein Kaiser war je zuvor beim Volke so beliebt gewesen. Dann starb Theodora, und er heiratete die zwölfjährige Prinzessin Agnes von Frankreich, die Tochter Ludwigs VII. Er war jetzt zweiundsechzig Jahre alt. Langsam wurde er willkürlicher in seinen Urteilen; seine Polizei machte von der Folter Gebrauch; das Volk begann gegen ihn zu murren. Im

Jahre 1185 griff ein sizilianisches Heer Thessaloniki an; sein Heer ließ ihn im Stich; seine Leibgarde weigerte sich, ihn zu beschützen. Er versuchte, nach Asien zu fliehen, wurde aber in Konstantinopel gefaßt und von seinen eigenen Leuten zu Tode gefoltert. Ihre frühere Bewunderung für ihn hatte in erbitterten Haß umgeschlagen.

Früher, im Jahre 1168, als Andronikos sich als Flüchtling in Bagdad befand, war Manuel Komnenos immer noch Kaiser, und das Reich war stabil. Amalrich kam allmählich zur Überzeugung, daß Ägypten, das durch Verschwörungen geschwächt war, ganz unterworfen werden müsse, wenn dadurch für die südliche Grenze des Königreichs Jerusalem keine Gefahr entstehen sollte. Schawar wurde schwach und unzuverlässig. Der Gedanke eines gemeinsamen Angriffs auf Ägypten durch die Kreuzfahrer und das byzantinische Heer fand bei Amalrich immer mehr Anklang. Er sandte deshalb Wilhelm von Tyrus nach Konstantinopel mit dem Auftrag, Verhandlungen zu eröffnen. Unterdessen wurde die Angelegenheit auch in verschiedenen Kreisen im Königreich und in den Fürstentümern besprochen. Die Johanniter sprachen sich für das Unternehmen aus, die Templer dagegen. Einige von den wichtigeren Rittern fragten sich, warum es nötig sei, die Schätze Ägyptens mit den Byzantinern zu teilen. Die Templerfestung in Gasa beherrschte die südliche Grenze. Die Templer sahen keinen dringenden Grund für einen Angriff. Sie hatten ihre eigenen Vertreter am Hof, und zwischen Ägypten und den italienischen Häfen war ein beträchtlicher Handelsverkehr im Gange, der oft von den Templern finanziert wurde. Die Templer, die über die ägyptischen Angelegenheiten gut informiert waren, waren der Ansicht, ein Angriff auf Ägypten würde ein unheilvolles Ende nehmen.

Ohne auf Nachrichten von Wilhelm von Tyrus zu warten, brach Amalrich an der Spitze seines Heeres von Askalon aus auf. Zehn Tage später stand er vor den Mauern von Bilbeis und verlangte die sofortige Übergabe. Die Besatzungstruppen weigerten sich. Amalrich brachte alle seine Belagerungsmaschinen in Stellung, und nach zehn Tagen war er Herr über die Stadt. Wie Gottfried von Bouillon zum Terror Zuflucht genommen hatte, um Jerusalem zu erobern, so griffen die Kreuzfahrer in Bilbeis zum Terror und hofften, auf diese Weise ganz Ägypten in Angst zu versetzen und zur Unterwerfung zwingen zu können. Männer, Frauen und Kinder wurden beim Angriff zerstückelt, und jeder Soldat durfte nach Belieben plündern. Bilbeis wurde zu einer Wüste. Schawar war so entsetzt, daß er Kontakt mit Nur Ad Din aufnahm, den er bis vor kurzem als seinen Todfeind betrachtet hatte. Gleichzeitig bot er dem König eine gewaltige Entschädigung an, wenn er sich nur aus Ägypten zurückzog. Der König war jedoch unnachgiebig. Er zog nach Kairo weiter, stellte seine Belagerungsmaschinen auf und errichtete Wände aus Flechtwerk, so daß die Bevölkerung keine Ahnung hatte, was dahinter im Gange war, und so das Schlimmste befürchten mußte. In Bilbeis waren ein Sohn und ein Neffe Schawars gefangengenommen worden. Schawar bot zwei Millionen Goldstücke als Lösegeld an. Den König reizte diese gewaltige Summe; die Templer reizte die Aussicht auf die Beute, die sie bei der Plünderung von Kairo machen könnten. Es wurde allerdings nur ein kleiner Teil der Summe bezahlt, und das Heer kam nicht dazu, Kairo zu plündern, weil auf Schawars Befehl ein großer Teil der Stadt in Brand gesetzt worden war.

Wenige Tage später kehrte der König mit seinem Heer nach Palästina zurück. Sobald er Ägypten verlassen hatte, tauchte ein anderer Feind auf. Es war Schirkuh an der Spitze eines großen Heeres, und in seinem Gefolge befand sich sein Neffe Saladin. Nun überstürzten sich die Ereignisse. Nur Ad Din wollte Ägypten ebenfalls annektieren, und innerhalb von wenigen Tagen gelang ihm die Eroberung fast mühelos. Schawar, der sich bei der Verteidigung von Kairo als einfallsreicher Feldherr erwiesen hatte, zeigte, daß er einige Tugenden besaß, die ihm gefährlich werden konnten. Er war vertrauensselig und großzügig, und er wäre nie auf den Gedanken gekommen, daß sein Leben in Gefahr sein könnte. Am 18. Januar 1169, zehn Tage nachdem Schirkuhs Streitkräfte außerhalb von Kairo ihr Lager aufgeschlagen hatten, wurde Schawar eingeladen, einige Emire aus Damaskus auf eine Pilgerfahrt zum Schrein eines Heiligen aus jener Gegend zu begleiten. Dies war eine Einladung, die er kaum ablehnen konnte; solche Pilgerfahrten waren heilige Handlungen, und es war undenkbar, daß ihm dabei etwas angetan werden könnte. Schawar ritt neben Saladin. Doch kaum hatten sie sich auf den Weg gemacht, als Saladin hinüberlehnte, Schawar am Kragen ergriff und ihn festnehmen und ins Lager bringen ließ. Dort wurde er enthauptet.

Ägypten, das ein paar Tage vorher beinahe in die Hände des Königs von Jerusalem gefallen wäre, fiel jetzt in die Hände Schirkuhs und seines wichtigsten Beraters, Saladin. Es war ein leichter und durch Verrat errungener Sieg, und es wäre nie so weit gekommen, wenn Amalrich den Rat der Templer befolgt hätte.

Der muslimische Einflußbereich erstreckte sich nun vom Euphrat bis zum Sudan. Das Königreich sah sich von einem Unglück von unabsehbarem Ausmaß bedroht. Es gab nur eines, was die Kreuzfahrer tun konnten; Byzanz und alle Könige und Fürsten Europas um sofortige Hilfe anzurufen.

Aber die Hilfe kam langsam. Kaiser Manuel Komnenos, der sich des

Ernstes der Lage bewußt war, brauchte lange, bis er eine Flotte für den gemeinsamen Angriff auf Ägypten beisammen hatte. Ende September erreichten ungefähr zweihundertfünfundzwanzig Schiffe Tyrus. Saladin hatte unterdessen den letzten Widerstand gegen seine Herrschaft in Ägypten gebrochen und war der Herr eines Landes mit gewaltigem Reichtum und riesigen Reserven an Menschen geworden.

Dies war eine Zeit der Prüfungen. Das Schicksal des Königreiches wurde jetzt in Kairo entschieden, von einem einunddreißigjährigen Feldherrn, der offen sagte: «Als Gott mir Ägypten gab, war ich sicher, daß er mir auch Palästina zu geben beabsichtigte.» Schirkuh war gestorben. Saladin war nun der starke Mann. Seine Willenskraft und seine Feldherrenkunst sollten das Königreich Belastungen aussetzen, wie es sie nie zuvor hatte ertragen müssen.

Es war eine Tragödie für das Königreich, daß es zu dieser Zeit niemand hervorbrachte, der Saladin gewachsen war. Amalrich war langsam, engstirnig und ängstlich, wenn er nicht über zahlenmäßig überlegene Streitkräfte verfügte. Schawar war zu vertrauensselig und zuversichtlich gewesen, was ihm keinen Nutzen gebracht hatte. Amalrich zeigte zu wenig Vertrauen und zu viel Mißtrauen gegenüber seinen Beratern. Die Kreuzfahrer hatten sich zu einem direkten Angriff auf Damiette entschlossen. Aber als das Heer sich von Askalon entfernt hatte, als die gewaltige byzantinische Flotte in den ägyptischen Gewässern patrouillierte und Damiette in Sicht war, bekam Amalrich Angst. Er ordnete einen Aufschub an. Der Admiral der byzantinischen Flotte wollte sofort angreifen. Seine Schiffe befanden sich auf dem Nil, Damiette war durch einen Überraschungsangriff eingekreist worden und verfügte über keine starken Verteidigungskräfte; alle Vorteile lagen auf der Seite der Angreifer. Aber Amalrich wies auf die gewaltigen Türme von Damiette und riet zur Vorsicht. Wegen dieser zu großen Vorsicht ging ihnen Damiette verloren. Die Verzögerung wirkte sich zugunsten von Saladin aus. Er hatte Zeit, seine Truppen im Eilmarsch nach Damiette zu schicken und sich auf die Verteidigung der Festung, welche den Weg nach Kairo beherrschte, zu konzentrieren.

Amalrich beabsichtigte, Damiette zu bombardieren, bis es sich ergab. Er ließ einen gewaltigen, sieben Stockwerke hohen Turm errichten, der die Mauern überragte und von dem aus man alles, was sich in der Stadt abspielte, überblicken konnte. Mächtige Mauerbrecher hämmerten gegen die Mauern; Pioniere versuchten, die Mauern zu untergraben; die Beschießung dauerte ununterbrochen an. Aber es war alles umsonst. Den byzantinischen Schiffen gingen die Vorräte aus, und das Heer des Königs von Jerusalem war auch nicht in besserer Form. Es regnete fast jeden Tag. Das Lager wurde überschwemmt, und die Soldaten verbrauchten ihre Kräfte dafür, Gräben auszuheben, um das Wasser abzuleiten. An regenfreien Tagen schickten die Verteidiger Feuerschiffe – kleine Boote, die mit dürrem Holz, Pech und Öl gefüllt waren – gegen die byzantinische Flotte, mit dem Ergebnis, daß sechs ihrer großen Galeeren bis zur Wasserlinie niederbrannten. Der König von Jerusalem beteiligte sich selber an der Bekämpfung des Feuers, und er führte seine Truppen an, wenn die Ägypter von einem Tor aus Ausfälle unternahmen. Großherzog Alexios Kontostephanos, der die byzantinische Flotte befehligte, kämpfte ebenfalls mit dem Heer. Die Belagerung dauerte etwa sieben Wochen lang an. Saladin konnte Nachschub in die Stadt bringen, ohne ernsthaft daran gehindert zu werden. Die Verteidiger waren guten Mutes. Gemeinsam beschlossen Kontostephanos und Amalrich, die Belagerung aufzuheben.

Die Truppen, welche nach Askalon zurückmarschierten, hatten mehr Glück als die Flotte auf ihrer Fahrt nach Konstantinopel. Der größte Teil der Schiffe erlitt in Stürmen Schiffbruch, und die Leichen der ertrunkenen Seeleute wurden an die Ufer von Ägypten und Palästina geschwemmt.

Im folgenden Jahr wurden Dschabala und Latakia an der Küste fast ganz von Erdbeben zerstört. Aleppo, Schaisar, Hama, Hims und beinahe alle befestigten Städte in Syrien nahmen ebenfalls Schaden. Im Juni wurde Tripoli von einem derart heftigen Erdbeben betroffen, daß fast die ganze Bevölkerung umkam und die gewaltigen Festungstürme von Tyrus zusammenstürzten. Die Menschen glaubten, Gott spreche zu ihnen aus dem Wirbelwind, und für einige Monate herrschte Waffenstillstand zwischen den Christen und den Muslimen, während die Erde erbebte und weitere Türme einstürzten. Im Dezember führte dann Saladin seine Truppen gegen Darum, einer Festung in der Nähe von Gasa. Es gelang dem König, Darum einzunehmen, worauf Saladin Gasa angriff und jedermann in der Stadt niedermetzelte, mit Ausnahme der Ritter, welche in der Festung Zuflucht genommen hatten. Dann marschierte Saladin nach Ägypten zurück. Er hatte gezeigt, daß die südliche Grenze verwundbarer war, als der König geglaubt hatte.

Einmal mehr wandte sich der König hilfesuchend an den Kaiser. Er fand, die Angelegenheit sei so wichtig, daß er selber nach Konstantinopel gehen wollte, um die Soldaten, Schiffe und Vorräte, die er benötigte, zu erbitten. Er machte sich am 10. März 1171 von Akkon aus auf den Weg und war beinahe hundert Tage von seinem Reiche abwesend. Der Kaiser hielt ihn königlich, zuerst im Bukoleonpalast am Ufer des Meeres, dann im Blachernenpalast in der Nordostecke der Stadt. Es gab dringende Geschäfte zu erledigen, aber Amalrich besichtigte die Sehenswürdigkeiten.

Es wurden allerlei Versprechungen gemacht und verschiedene Vereinbarungen unterzeichnet. Amalrich kehrte zurück mit dem Gefühl, daß ein weiteres umfangreiches Unternehmen gegen Ägypten mit byzantinischer Hilfe viel erfolgreicher ausfallen werde als das frühere. Die Dokumente sind uns nicht überliefert, wir wissen deshalb nicht, was Amalrich als Gegenleistung versprach. Auch bestand im Augenblick kein Bedarf an byzantinischer Hilfe. Saladin und Nur Ad Din lagen miteinander im Streit, und so lange war das Reich wieder vor Angriffen sicher, als es ihm gelang, die Machtansprüche von Damaskus und Kairo im Gleichgewicht zu halten. Nur Ad Din befahl einen Angriff auf Kerak in Moab. Saladin erklärte sich bereit, ihn zu unterstützen, brach dann aber die Belagerung ab, als er vernahm, daß Nur Ad Din sein Heer von Damaskus wegführe. Er entschuldigte sich damit, daß sein Vater in Ägypten ernsthaft erkrankt sei. Das war wahr, aber es war nicht die ganze Wahrheit. Durch seinen Ehrgeiz und seinen Drang nach Unabhängigkeit hatte er sich die Feindschaft Nur Ad Dins zugezogen. Im Frühling 1174 verstarb Nur Ad Din plötzlich in Damaskus, und im Sommer starb Amalrich in Jerusalem. Der Erbe auf dem Thron der Kreuzfahrer war ein dreizehnjähriger Knabe, der Sohn von Amalrichs erster Frau, Agnes von Courtenay. Der Knabe stotterte ein wenig wie sein Vater. Er hatte noch ein anderes Gebrechen, das man selten mit Königen in Beziehung bringt: Er war vom Aussatz befallen.

V DIE TAPFERKEIT DES JUNGEN KÖNIGS UND DER FALL JERUSALEMS

König Balduin IV., der Aussätzige

Er war der tapferste, der intelligenteste und der verständnisvollste der Könige von Jerusalem, und man kann für ihn eine Hochachtung empfinden, die man für keinen der anderen Könige hat. Er war gütig und um seine Mitmenschen besorgt, er wußte genau, was man von ihm erwartete, und er war über den Stand der Dinge in der Levante gut informiert. Was ihn während seiner kurzen Regierungszeit besonder auszeichnete, war ein gewisser Stil, seine Art, das Leben mit Interesse und Verständnis zu betrachten. Während des größten Teiles seines Lebens hatte er gegen schreckliche Widerwärtigkeiten zu kämpfen: seine Krankheit, die schwindende Macht des Königreiches, die Streitigkeiten innerhalb der königlichen Familie, das Gefühl, daß die Araber im Begriffe waren, die Oberhand zu gewinnen. Dennoch wußte er jederzeit, was er zu tun hatte, und er war einer der sehr wenigen, dem es gelang, Saladins Heer empfindlich zu schlagen.

Balduin IV. war dreizehn Jahre alt, als er auf den Thron kam, und es ist bemerkenswert, daß gegen seine Krönung in der Grabeskirche keine einzige Stimme Einspruch erhob, obwohl er seit wenigstens vier Jahren vom Aussatz befallen war und alle Edelleute am Hof von seiner Krankheit wußten. Er wurde vier Tage nach dem Tode seines Vaters gesalbt und gekrönt, und nachher war ihm das Königreich ergeben, solange er bei Bewußtsein war.

Der Historiker Wilhelm von Tyrus war sein Lehrer gewesen und hatte ihn als Knaben gekannt. Er lehrte ihn lesen und schreiben, unterwies ihn in seinen religiösen Pflichten und überwachte seine ganze Erziehung. Eines Tages, als der Knabe etwa neun Jahre alt war, erzählte man Wilhelm von Tyrus von einem seltsamen Vorfall, der sich abspielte, als der Prinz mit gleichaltrigen Edelknaben spielte. Die Knaben kniffen einander in die Arme und Hände, um zu sehen, wer den Schmerz am längsten aushalten könne, und zu ihrer Verwunde-

rung stellten sie fest, daß Balduin beliebig viel Schmerz ertragen konnte, und dies nicht weil er tapfer war, sondern weil er keinen Schmerz empfand. Er schien in seinem rechten Arm und in seiner rechten Hand keine Nerven zu haben. Wilhelm von Tyrus schaute sofort in den Büchern über Heilkunde nach und fand in den Werken des Hippokrates eine Stelle, die darauf hinwies, daß Unempfindlichkeit ein Anzeichen für eine sehr schwere und gefährliche Krankheit sei. Man teilte dies König Amalrich mit. Sogleich wurden die besten Ärzte beigezogen. Man machte dem Knaben Umschläge, rieb seine Haut mit verschiedenartigen Ölen ein und gab ihm starke Medikamente, selbst solche, die Gift enthielten. Aber alles nützte nichts. Die Krankheit nahm ihren Fortgang und griff vor allem das Gesicht und die Glieder des Knaben an. Dies wirkte sich besonders schlimm aus, weil der Knabe hübsch und begabt war und ein feines und höfliches Benehmen hatte. Glücklicherweise besaß er auch eine innere Kraft, die es ihm ermöglichte, seine Krankheit zu ertragen, ohne zu klagen. Wie Wilhelm von Tyrus berichtet, glich er seinem Vater. Selbst die Gangart und der Tonfall seiner Stimme hatte er von seinem Vater übernommen. Er hatte sehr helle Augen, eine Adlernase und blondes Haar, das von der Stirne aus zurückgekämmt war und ihm bis zu den Schultern reichte. Er war leicht zum Lachen zu bringen, und manchmal brach er in ein so heftiges Lachen aus, daß sein ganzer Körper zitterte. Sein Vater war ein Mann, der seine Worte genau abwägte. Balduin IV. wägte sie noch sorgfältiger ab, sei es, weil er die Aufmerksamkeit nicht auf sich lenken mochte, oder sei es, weil er sich zuerst besinnen wollte, bevor er sprach, denn ihm war bewußt, daß den Worten des Königs besondere Bedeutung zukam.
Auch wenn die Umgebung des Königs wußte, daß er an Aussatz litt, hatte dies auf das Leben am Hofe nur sehr geringe Auswirkungen. Es war, als ob man erwartete, er werde auf wunderbare Weise geheilt. In der Zwischenzeit sollte die Krankheit weder erwähnt noch beim Planen irgendwelcher Maßnahmen berücksichtigt werden; es gab sie einfach nicht. Während einiger Jahre, bis er volljährig wurde, regierte er, aber er herrschte nicht. Ein *bailli* oder Regent wurde bestimmt. Es war Miles von Plancy, der Gatte von Stephanie von Kerak, ein Mann, der an seiner hohen Stellung Gefallen fand und König Amalrich sehr nahegestanden hatte, der aber völlig unfähig war, die Geschäfte des Königreiches zu leiten. Wilhelm von Tyrus sagt, er sei so stolz gewesen, daß er alle anderen Barone verachtet habe. Er gefiel sich darin, hochtönend zu reden, und gab offen zu, daß er sich ganz auf den Rat des Kommandanten der Zitadelle von Jerusalem ver-

lasse, und zwar so sehr, daß er für Fehler, die er selber beging, den Kommandanten tadelte.

Es gab viele, die realisierten, daß die Unfähigkeit, die Miles von Plancy an den Tag legte, für das Königreich eine Gefahr bedeutete. Im Herbst 1174, nachdem er erst zwei oder drei Monate Bailli gewesen war, wurde er eines Tages auf einer öffentlichen Straße in Akkon erstochen. Der Mord geschah in der Abenddämmerung. Die Mörder flohen, nachdem sie die Leiche des stolzen Edelmannes noch auf schreckliche Weise entstellt hatten. Da Wilhelm von Tyrus eine Stellung innehatte, die es ihm erlaubte, alles über Miles zu wissen, und trotzdem nicht entscheiden konnte, ob er ermordet wurde, weil er für dem König zu sehr ergeben befunden worden war oder weil er den Thron an sich zu reißen versuchte, muß der wahre Grund ungewiß bleiben. Sicher ist, daß Stephanie von Kerak, die jetzt zum zweiten Mal verwitwet war, glaubte, der Mord sei vom Grafen Raimund von Tripoli befohlen worden, der ihrem Gatten als Bailli nachfolgte.

Raimund von Tripoli war ein eindrücklicherer Charakter, hart, zurückhaltend, tüchtig und zu raschem Handeln fähig. Es wird berichtet, daß er Fremden gegenüber großzügig sein konnte, wenn es seinen diplomatischen Plänen diente, daß er aber seinen Vertrauten gegenüber nicht im geringsten freigebig war. Er besaß die Gabe des Gleichmuts. Im fieberhaften Treiben am Hofe des aussätzigen Königs, wo es zahllose Intrigen gab, war sein Gleichmut besonders wertvoll. Die Araber betrachteten ihn als den fähigsten Kreuzfahrer seiner Zeit.

Nicht daß Raimund von Tripoli ein vorbildlicher Bailli gewesen wäre. Dafür hatte er zu viele Fehler. Er verfügte über eine gewisse Voraussicht, aber er sah nicht immer weit genug. Sein Verhältnis zum König war geprägt von Bestimmtheit, aber ohne Zuneigung. Er konnte sehr wenig tun, um den König von den dunkeln Geistern, die sein Haupt umgaben, zu befreien. Der König wußte, daß er sterben würde, noch bevor er den Thron besteigen sollte. Die Ernennung Raimunds von Tripoli zum Bailli war ein gutes Vorzeichen für das Königreich.

Es ist eine der Fiktionen der Geschichte, daß Männer, die sich durch Voraussicht, Intelligenz und Nüchternheit auszeichnen, die Geschichte mit mehr Erfolg nach ihrem Willen zu lenken vermögen als Männer, denen diese Eigenschaften abgehen. Es sind Männer, bei denen man sich darauf verlassen kann, daß sie entschlossen handeln und daß sie keine schwerwiegenden Fehler machen. Dennoch trug Raimund von Tripoli, der immer vernünftig handelte und viel mehr Verständnis für die eigentlichen Probleme Syriens und Palästinas hatte als irgendeiner seiner Zeitgenossen, so viel wie jeder andere zum Niedergang des Königreiches bei.

Es gab einen Zeitpunkt, kurz bevor Balduin IV. den Thron bestieg, da beging Raimund von Tripoli einen der größten Fehler seines Lebens. Wenn er sich dessen bewußt war, dachte er wohl, er sei leicht wiedergutzumachen. Ein flämischer Ritter namens Gerhard von Ridfort, der eben erst aus Flandern angekommen war, trat in seinen Dienst. Er war kräftig gebaut, hübsch, kühn, ganz offensichtlich einer von jenen jungen Männern, die ihren Weg machen würden. König Amalrich war auch von ihm beeindruckt. Hier war jemand, der für eine hohe Stellung ausgebildet werden konnte, der aber noch eine mehr oder weniger lange Zeit der Disziplinierung brauchte. Dem Charakter nach war er das genaue Gegenteil von Raimund, und dies mag die Sympathie, welche die beiden füreinander empfanden, erklären. Da Gerhard von Ridfort kein Vermögen besaß, versprach ihm Raimund in einem unbedachten Augenblick, oder machte ihm zumindest eine entsprechende Andeutung, daß er ihm zu einer guten Heirat verhelfen werde, sobald sich dazu eine Gelegenheit biete. Es vergingen einige Monate, da starb ein gewisser Wilhelm Dorel, der Herr von Botrun, und hinterließ eine Tochter aus erster Ehe. Gerhard bat um die Hand der Tochter. Sie war eine reiche Erbin und sehr schön. Er wurde abgewiesen. Zufällig war kurze Zeit zuvor ein gewisser Kaufmann aus Pisa in Tripoli angekommen. Er verliebte sich über die Maßen in Luzia von Botrun und anerbot sich, ihr Gewicht in Gold aufzuwiegen, um sie heiraten zu dürfen. Raimund nahm das Angebot an, ließ sie auf die Waage bringen, schaute zu, wie der Kaufmann zehntausend Besanten auf die andere Schale häufte, und nahm das Geld entgegen. In diesen Feudalzeiten ging nach dem damaligen Erbrecht der Besitz der Lehnsleute bei deren Tod an die Lehnsherren über, und so lag nichts Besonderes daran, daß Luzia von Botrun auf diese Weise verkauft wurde. Aber für die Sicherheit des Königreiches wäre es besser gewesen, wenn der Kaufmann aus Pisa und sein ganzes Geld ins Meer geworfen worden wären.

Denn Raimund hatte sich Gerhard von Ridfort zum Todfeind gemacht. Raimund selber war nicht nachtragend, und es ist durchaus möglich, daß er überhaupt nichts oder sehr wenig von Gerhards Leidenschaft für Luzia wußte. So etwas ließ sich entschuldigen; der junge Ritter hatte um etwas ganz Unmögliches gebeten, und er würde es wohl bald vergessen. Aber Gerhard von Ridfort schwor Rache.

Zu diesem Zeitpunkt hatte der König auf das Schicksal des Reiches keinen Einfluß mehr: Es hing von den Entscheidungen Saladins ab, der jetzt, da er Kairo und Damaskus besaß, nur noch Aleppo brauchte, um zum Herrscher über ein islamisches Großreich zu werden. Daher belagerte er Aleppo mit einem mächtigen Heer, das sowohl Truppen aus Ägypten als auch aus Damaskus umfaßte. Er erwartete, daß Aleppo sich ergeben werde, und dazu war auch ein großer Teil der Bevölkerung bereit. Aber der Statthalter der Stadt ersuchte die Kreuzfahrer und die Assassinen um Hilfe und bat sie, sich indirekt einzuschalten. Die Assassinen hatten ihr Hauptquartier in der Festung Masjaf im Nosairigebirge. Sie gehörten einer ketzerischen Sekte an, die glaubte, der Mord sei eine legitime politische Waffe. Sie wurden zu dieser Zeit von einem gewissen Scheich Sinan regiert, der als der Alte vom Berge bekannt war und über etwa tausend im Morden aus politischen Motiven erfahrene Männer verfügte. Das Wort «Assassinen» leitet sich von «Haschisch» ab, und man nahm weitherum an, daß die jungen Assassinen unter der Wirkung eines Drogenrausches standen, wenn sie ihre Morde begingen.

Die Assassinen sandten ihre vermummten Mörder aus. Sie sollten versuchen, Saladin umzubringen. Als Ablenkungsmanöver griffen die Kreuzfahrer die Festung Hims an und zwangen Saladin, die Belagerung aufzuheben. Gumuschtekin, der Statthalter von Aleppo, war so erfreut über die Hilfe, die ihm das Heer des Königs leistete, daß er Rainald von Châtillon, der seit sechzehn Jahren in einem Kerker schmachtete, freiließ.

Das seltsame Bündnis zwischen den Assassinen und den Kreuzfahrern dauerte noch eine Weile an. Saladin griff Masjaf an, besann sich dann aber eines Besseren, denn er war überzeugt, daß der Alte vom Berge über magische Kräfte verfügte. Ein Assassine schlich sich einmal in das Zelt, wo Saladin schlief, und er hätte ihn umgebracht, wenn Saladin unter seinem Turban nicht Kettenpanzer getragen hätte. Ein andermal fand Saladin einen vergifteten Dolch auf seinem Bett und war überzeugt, daß der Alte vom Berge selber sein Zelt betreten hatte. Er tauschte mit Sinan Briefe aus und traf mit ihm eine Vereinbarung: Sie kamen überein, daß keiner des anderen Gebiet betreten werde, daß jeder des anderen Rechte anerkennen wolle und daß sie über Differenzen, die auftauchen könnten, verhandeln wollten. Aber selbst jetzt fuhr Sinan fort, den Kreuzfahrern zu helfen, solange es seinen Zwecken nützte.

Während Saladin Aleppo belagerte, rückten die Truppen Raimunds von Tripoli und des Königs gleichzeitig gegen die Beka vor, das fruchtbare Tal, das zur Stadt hinführt. Das Tal wurde von Turan Schah, dem Bruder Saladins, verteidigt. Hier errangen die Kreuzfahrer einen wichtigen Sieg, Turan Schahs Heer wurde vernichtet, die

Christen machten reiche Beute und kehrten nach Tyrus zurück, um sie zu teilen. Der König hatte sich als fähiger Feldherr erwiesen.
Eine Zeitlang herrschte nun Waffenstillstand. Inzwischen ordnete Saladin seine Truppen neu, und der junge König machte sich daran, seine Verteidigung zu verstärken, indem er seine Festungen wieder instand setzte und indem er die Fürsten Europas drängte, sich dem Kreuzzug anzuschließen.
Da Balduin IV. offensichtlich nicht mehr lange leben würde, stellte sich die Frage der Nachfolge ziemlich früh in seiner Regierungszeit. Nach dem in Jerusalem geltenden Gesetz sollte seine ältere Schwester Sibylla nach seinem Tode Königin und ihr Gemahl König werden. Es war deshalb von größter Bedeutung, für sie einen Gatten zu finden, welcher des königlichen Amtes würdig war. Sibylla war unbeherrscht, sie besaß kein Verständnis für die Verantwortung einer Königin; sie mußte gezähmt werden. Für diese Aufgabe wurde Wilhelm Langschwert ausersehen, der Sohn des Markgrafen von Montferrat, der als guter Feldherr galt. Er besaß ein wildes Temperament, konnte aber sehr ruhig und überlegt handeln, wenn es seinen Zwekken diente. Wilhelm Langschwert eignete sich vorzüglich dazu, Sibylla im Zaume zu halten und ein Königreich zu regieren.
Unglücklicherweise starb Wilhelm drei Wochen nach der Hochzeit an Malaria. Sibylla erwartete ein Kind von ihm. Die Thronfolge war wiederum in Frage gestellt. In der Hoffnung, einen neuen Bräutigam für sie zu finden, sandte man Boten nach allen Teilen Europas. Der König war selber ernsthaft an Malaria erkrankt, und man mußte jeden Augenblick damit rechnen, daß er starb. Die Wahl eines neuen Königs wurde deshalb zu einer sehr dringlichen Angelegenheit.
Nicht lange nach dem Tode Wilhelms traf der sehr hübsche und berühmte Philipp von Elsaß, der Graf von Flandern, in Akkon ein. Er führte ein eindrucksvolles Gefolge von Rittern und beträchtlichen Reichtum mit sich, und sein Ansehen erreichte beinahe dasjenige von Wilhelm Langschwert. Sein Vater, Dietrich von Elsaß, der Graf von Flandern, hatte an früheren Kreuzzügen teilgenommen, und seine Mutter, Sibylla von Anjou, war eine bekannte Wohltäterin im Heiligen Land. Der König, der infolge eines langdauernden Anfalls von Malaria immer noch geschwächt war, eilte von Askalon herbei, um Philipp in Jerusalem zu empfangen. Er war vom Grafen von Flandern sehr beeindruckt und berief eine Versammlung ein, welcher der Patriarch von Jerusalem, die Erzbischöfe, Bischöfe, Äbte, Prioren, die wichtigsten Laien und die Großmeister der Johanniter und der Templer angehörten. Es wurde beschlossen, Philipp zum Regenten «ohne Einschränkung» zu ernennen. Er sollte die Vollmacht erhalten, das

Königreich im Frieden und im Krieg zu verwalten, in inneren und äußeren Angelegenheiten zu entscheiden und über das Vermögen und die Einkünfte des Königreichs zu verfügen. Der Graf lehnte dieses königliche Angebot ab. Er sagte, er sei nicht nach Jerusalem gekommen, um Macht zu erlangen, sondern um sich in den Dienst Gottes zu stellen. Der wahre Grund seiner Reise, wie er später zugab, war seine Absicht, zwei seiner Kusinen, Sibylla und Isabella, mit den Söhnen eines Edelmannes namens Robert von Béthune zu verheiraten. Die Barone von Jerusalem waren entsetzt, als sie das vernahmen, und sagten offen, sie hätten geglaubt, er sei wegen des Heiligen Grabes gekommen, und nicht um als Heiratsvermittler für zwei junge Frauen zu amten. Philipp war unglücklich über die vielen Ermahnungen der Barone und drohte, Jerusalem zu verlassen.

Es war eine ungünstige Zeit für eine Abreise, denn Kaiser Manuel Komnenos, der beweisen wollte, daß er den Verlust einer ganzen Flotte verziehen hatte, war im Begriffe, dem König von Jerusalem eine weitere Flotte für die Eroberung Ägyptens anzubieten, allerdings nur unter der Bedingung, daß Philipp das Unternehmen leitete. Philipp prüfte die Sachlage und kam zum Schluß, daß ein erneuter Einmarsch in Ägypten einem Selbstmord gleichkäme. Er hatte offensichtlich die Berichte der Befehlshaber beim früheren Einmarsch gelesen und mit Überlebenden gesprochen. Er redete ein wenig zu laut. Die Gesandten des Kaisers hörten davon, und Wilhelm von Tyrus, der als erster Unterhändler amtete, fand, Philipp habe unnötig leichtsinnig gehandelt. Philipp anerbot sich daraufhin, dem König in allen Belangen zu gehorchen, selbst wenn von ihm verlangt werde, den Einmarsch nach Ägypten zu leiten. Später nahm er jedoch das Angebot zurück und sagte, er habe kein Interesse an Kämpfen, sondern nur an Pilgerfahrten.

Als die Barone die Hoffnung, Philipp könnte ihnen in irgendeiner bedeutenden Angelegenheit von Nutzen sein, aufgegeben hatten und weil sie dringend einen Regenten benötigten, der bei Abwesenheit des Königs oder falls er wegen seiner Krankheit regierungsunfähig werden sollte, die Leitung des Reiches übernehmen könnte, begannen sie im Einverständnis mit dem König, einen neuen Regenten zu suchen. Ihre Wahl fiel auf Rainald von Châtillon, den früheren Fürsten von Antiochia, der von Wilhelm von Tyrus als «ein Mann von erprobter Treue und bemerkenswerter Beständigkeit»[40] geschildert wurde. Er wurde Regent des Königreichs und Oberbefehlshaber des Heeres, und es wurde festgehalten, daß er bei seiner Aufgabe von Raimund von Tripoli unterstützt werden solle, womit gemeint war, daß sich Raimund mit ihm in die Aufgabe teilen solle. Die Macht

war also auf drei Männer verteilt: den König, Rainald von Châtillon und Raimund von Tripoli. Diese Aufteilung der Macht konnte nicht funktionieren, und in Wirklichkeit blieb die Macht in den Händen des Königs, der sich von seiner Malaria erholte, obwohl sein Aussatz sich rasch verschlimmerte.
Als sich Raimund und Philipp zusammenschlossen, um Hims und Hama anzugreifen – Philipp konnte kaum heimkehren, ohne am Kampf gegen den Feind teilzunehmen –, lieh ihnen der König als Zeichen seiner guten Absichten tausend Ritter und zweitausend Fußsoldaten. Dies war ein Fehler, denn nach Wilhelm von Tyrus blieb dem König nun nur noch ein klägliches Heer von dreihundertfünfundsiebzig Mann, «alle Ränge und Klassen inbegriffen».
Während Philipp und Raimund im Norden kämpften, beschloß Saladin, vom Süden her anzugreifen. Er verfügte über einen vorzüglichen Nachrichtendienst, wußte, daß das Heer des Königs sehr klein war, und hielt nun die Gelegenheit für gekommen, mit Hilfe eines Heeres, das so groß, so übermächtig und so gut ausgerüstet war, daß ihm die Kreuzfahrer nicht zu widerstehen vermochten, das Königreich einfür allemal zu vernichten. Wilhelm von Tyrus berichtet, Saladins Heer habe aus sechsundzwanzigtausend Mann leichtbewaffneter Kavallerie, mindestens achttausend Mann auf Kamelen oder Lasttieren und weiteren tausend Mann in Saladins Leibgarde bestanden, und alle hätten wie Saladin über ihren Brustpanzern gelbe Seide getragen.
Der König verfügte ebenfalls über einen vorzüglichen Nachrichtendienst. Er wußte, daß Saladin mit seinem riesigen Heer gegen Askalon marschierte. Begleitet vom Bischof Albert von Bethlehem, der die Kreuzesreliquie mit sich trug, eilte das Heer des Königs nach Askalon und besetzte es nur wenige Stunden, bevor Saladin vor den Mauern eintraf und die Stadt zu belagern begann. Dann überlegte es sich Saladin anders. Es bedurfte keiner Belagerung. Da Saladin wußte, wieviele Soldaten sich hinter den Mauern verborgen hielten, kam er zum Schluß, daß es möglich sei, die Stadt zu umgehen und die Verteidiger auf diese Weise zu isolieren. Ganz Judäa lag dann vor ihm. Jerusalem und die Küstenstädte waren ihm ausgeliefert, so glaubte er zumindest.
Die Hauptmacht des ägyptischen Heeres stieß nach Ramla vor und brannte es nieder. Dann rückte sie weiter nach Lydda vor, wo die ganze Bevölkerung in der Kirche des heiligen Georg Zuflucht gesucht hatte, und von dort in die Vororte von Jerusalem, wo sich die Bevölkerung in den Davidsturm drängte. Bauernhöfe wurden niedergebrannt, Dorfbewohner niedergemetzelt und einzelne herumirrende

Leute umgebracht, während Saladin, im vollen Bewußtsein seiner Macht, sich anschickte, Jerusalem zu belagern.
Unterdessen rief Balduin IV. die Ritter, welche Gasa verteidigten, herbei – Saladin hatte es ebenfalls umgangen –, schlich sich mit allen Streitkräften, die er aufbieten konnte, aus Askalon hinaus und marschierte der Küstenstraße entlang. Trotz der großen Übermacht bereitete er sich auf den Kampf gegen Saladin vor, denn er konnte nicht zusehen, wie ganz Judäa dem Eroberer anheimfiel. Er hatte ungefähr zweihundert Ritter und fünfhundert Fußsoldaten bei sich. Sie sahen die brennenden Dörfer und waren entschlossen, sich Saladins Heer entgegenzuwerfen, wo sie ihm auch immer begegnen würden.
Am 25. November 1177 überfielen die Christen Saladins Heer, als es im Begriff war, einen Wadi in der Nähe der Burg Montgisard, nur wenige Kilometer südöstlich von Ramla, zu durchqueren. Diese Durchquerung war ein verwirrtes und schlechtorganisiertes Unternehmen. Die Muslime fühlten sich so sicher, daß sie keine Wachen aufstellten. Die schwerbewaffneten Ritter griffen sie an, und wie ein Hammer, der an der schwächsten Stelle zuschlägt, zerschmetterten sie das ägyptische Heer. Der Hammerschlag war aus dem Norden, der am wenigsten erwarteten Richtung, erfolgt. Die Überreste von Saladins Heer flohen in wilder Unordnung aus der Umgebung der Burg Montgisard. Die Christen brauchten Tage, um die von den Muslimen zurückgelassene Beute einzusammeln. Darunter befanden sich genug Schwerter und Lanzen, um ein Heer, das zwanzigmal größer war als ihr eigenes, auszurüsten. Sie verfolgten Saladins Heer über zwanzig Kilometer hinweg; dabei zeigten die Christen sehr wenig Nachsicht. Die Gegend südlich von Ramla war voll von Ägyptern, die ohne Waffen Richtung Ägypten zogen.
Am nächsten Tag und während der zehn folgenden Tage regnete es ununterbrochen. Gewitter entluden sich, die Temperatur sank, und die Ägypter starben vor Hunger. Die meisten von ihnen waren zu Fuß, denn sie hatten ihre Pferde verloren. Tag für Tag wurden aus den Wäldern und den Bergen und sogar aus der Wüste Gefangene herbeigebracht. Diejenigen, welche Al Arisch erreichten, wurden von den Beduinen ausgeplündert. Einige Ägypter, die sich im Heiligen Land verirrt hatten, bettelten bei Dorfbewohnern um Brot; sie wurden entweder getötet oder dem Heer übergeben.
Saladin, der Sultan von Ägypten und Damaskus, der seine Truppen aus der ganzen arabischen Welt zusammengezogen hatte, floh mit einem gewaltigen Heer von Ägyptern, Türken, Nubiern, Kurden, Sudanesen und sogar Äthiopiern vor zweihundert Rittern und einem aussätzigen König. Der Sieg erschien den Christen als ein Geschenk

Gottes. War der König nicht von seinem Pferd gestiegen, um sich vor der Kreuzesreliquie auf den Boden zu werfen und Gott um Hilfe anzurufen, während Tränen über sein Gesicht hinunterrannen? Der Anblick des Königs, der vor dem Kreuz auf dem Boden lag, hatte die Soldaten zu Tränen gerührt. Später erzählten einige von ihnen, sie hätten das Kreuz über sich aufleuchten sehen, so gewaltig, daß es die Mauern des Himmels berührt habe; andere behaupteten, sie hätten den heiligen Georg neben sich kämpfen sehen. Der König war jetzt siebzehn Jahre alt, von seiner Krankheit aufgezehrt, sein Gesicht war leichenblaß, und er kämpfte dennoch in den vordersten Reihen.

Saladin war sich wohl bewußt, daß er eine große Niederlage erlitten hatte. Er schrieb ein berühmtes Gedicht an seinen Bruder Turan Schah in Damaskus:

> Ich dachte an Dich inmitten der Speere,
> die sie auf uns zu schleuderten,
> Während ihre geraden, brünierten Klingen
> ihren Durst mit unserem Blut stillten.[41]

Er fuhr weiter: «Immer wieder waren wir am Rand der Vernichtung, und Gott hätte uns auch nicht befreit, es sei denn für eine künftige Aufgabe.»

Drei Monate später befand er sich an der Spitze seines Heeres in Syrien. Es kam zu ein paar Gefechten, aber die wichtigsten Kämpfe spielten sich jetzt rund um Banjas und die sogenannte Jakobsfurt am obern Jordan ab, zwischen dem Hulesee und dem Galiläischen Meer, wo der König auf einer Anhöhe eine Burg erbaut hatte. Die Burg kontrollierte die Straße, die von Tiberias nach Koneitra führte. Dabei gab es eine ungeschriebene Abmachung, daß die Christen dort keine Burg bauen würden, weil sehr oft muslimische Kaufleute diese Straße als Reiseweg benützten. Die Burg bedeutete deshalb eine Herausforderung für Saladin, das wußte der König sehr wohl.

Als die Festung fertiggebaut war, vernahm der König, daß einige Muslime auf der Suche nach neuen Weideplätzen ihre Herde unvorsichtigerweise in einen Wald bei Banjas getrieben hatten. Er ordnete einen Nachtmarsch an, und am Morgen wurden die Schafe und Rinder eingeschlossen. Vermutlich waren die Tiere ein Köder gewesen, denn plötzlich wurden die Christen, die sich an einer engen Stelle befanden, von allen Seiten her beschossen. Der König war in großer Gefahr. Er wurde nur gerettet, weil Humfred von Toron, der Reichskonstabler, ein älterer Mann, sich vor den König warf und für ihn sein eigenes Leben opferte.

Saladin wandte dann seine Aufmerksamkeit der großen Festung bei der Jakobsfurt zu, die beinahe uneinnehmbar war. Die Pfeile fielen wie Regenschauer auf die Festung. Es kam zu schweren Angriffen auf die Mauern. Die Christen hielten stand. Einer der wichtigsten Emire wurde getötet, was zur Folge hatte, daß das muslimische Heer in Panik ausbrach und sich in großer Unordnung auf die Flucht machte.
Saladin wandte sich vom Jordan ab und beschloß, zwischen Beirut und Sidon die Ernten zu vernichten. Der König erfuhr bald, daß Bauernhöfe und Dörfer in Brand gesteckt wurden, sammelte sein Heer bei Tiberias und nahm die Verfolgung auf. Als er Saladins Heer einholte, war sein eigenes Heer vom langen Marsch ziemlich erschöpft. Saladin griff an. Im ersten Treffen siegten die Christen, aber ein zweites Treffen zeigte, daß Saladin die meisterhafte Führung seiner Truppen noch nicht verlernt hatte. Er warf die Reste seines geschlagenen Heeres gegen die Christen. Die Folgen waren verheerend. Die Christen flohen, verloren sich in einem Engpaß mit steilen Felsen auf beiden Seiten und wurden von den sie verfolgenden Muslimen niedergemetzelt. Es sollte noch schlimmer kommen, denn Saladin rückte gegen die Burg bei der Jakobsfurt vor, die jetzt nur von der Besatzung verteidigt wurde, nahm sie ein, ließ jedermann niedermetzeln und machte sie dem Erdboden gleich.
Diese Rückschläge der Christen – die große Schlacht bei Banjas und der Verlust der Burg bei der Jakobsfurt – hätten noch schlimmer ausfallen können, wenn Saladins Truppen nicht auch an Erschöpfung gelitten hätten. Es hatte auf beiden Seiten schwere Verluste gegeben. So geschah es, daß Saladin und Balduin IV. einen zweijährigen Waffenstillstand abschlossen, den sie mit feierlichen Eiden und mit Siegeln bekräftigten.
Der Hunger verbreitete sich in den muslimischen Ländern; Mißernten und Dürren nagten an Saladins Kräften. Er brauchte eine Zeitlang Ruhe, und der sterbende König hatte es auch nötig, sich auszuruhen. Der im Sommer 1180 unterzeichnete Waffenstillstand bedeutete jedoch nur einen kurzen Unterbruch vor der verheerendsten Schlacht, welche die Christen im Heiligen Land zu schlagen hatten.

König Balduin IV. gegen Saladin

Der Stern Saladins war im Aufsteigen begriffen, der Stern des Königs von Jerusalem war am Sinken. Der Körper des jungen Königs war

abgemagert, seine Hände und sein Gesicht waren von seiner Krankheit zerfressen. Trotz seines Mutes und trotz seiner Intelligenz konnte er seine Geschäfte nicht mehr besorgen; Saladin hingegen war in seinen besten Jahren.
Saladin war nicht sein richtiger Name. Er hatte sich den Namen selber gegeben: «Salah Ad Din» bedeutete «Verbesserer des Glaubens». Sein richtiger Name lautete Jusuf Ibn Aijub (Josef, Sohn Jobs). Er war schlank, von mittlerer Größe, hatte einen dunklen Bart, dunkle Augen und eine dunkle Hautfarbe, und er neigte zu düsteren Gedanken. Saladin war in Theologie ausgebildet und liebte nichts mehr, als den Theologen zuzuhören, wenn sie den Koran vortrugen, und an ihren Diskussionen teilzunehmen. Er war den Vergnügungen des Lebens nicht abgeneigt; aber er hatte ein so hohes Verantwortungsbewußtsein, daß er über jede Korruption erhaben schien.
In dieser Beziehung unterschied er sich von beinahe allen Kalifen und Sultanen des Orients. Selbst wenn es ihnen voll bewußt war, daß sie durch ihre Korruption ihre Macht gefährdeten, ließen sie sich in der Regel verführen. Deshalb waren ihre Geschlechter so kurzlebig, und daher rührten ihre wilden Kämpfe um die Nachfolge. Saladin haßte den Prunk der Macht, lebte unauffällig und richtete sein Leben absichtlich so ein, daß er arm sterben konnte. In Ägypten wohnte er beispielsweise in einem Haus, das nicht viel größer war als ein Landhäuschen, obwohl er in der reichen Pracht eines Palastes mit viertausend Zimmern hätte wohnen können, wenn er daran Gefallen gefunden hätte. Die Schatzkammern in seinem Palast waren angefüllt mit Edelsteinen; er verschenkte sie, beschenkte Schulen oder Studienanstalten damit oder brauchte sie, um das Heer zu bezahlen.
Er war allen Leuten zugänglich, hörte sich Bittsteller geduldig an und sorgte dafür, daß keiner unbefriedigt von ihm wegging. Er verbat sich Schmeicheleien, er sah darin einen Zeitverlust und eine Beleidigung der Intelligenz eines Menschen. Wenn sich jemand ihm gegenüber zufällig oder absichtlich zu freimütig benahm, ging er meist lachend darüber hinweg.
Aus den Geschichten, die seine Begleiter über ihn erzählten, gewinnen wir ein deutliches Bild von ihm: Er war mild, gütig und mitfühlend. Doch der gleiche Mann konnte gegenüber Kreuzfahrern, die in seine Hände fielen, blinde Blutgier an den Tag legen. Einen Augenblick später erinnerte er sich dann daran, daß sie Menschen waren wie er, und konnte sie dann mit ausgesuchter Höflichkeit behandeln. Sein Haß gegen die Kreuzfahrer, besonders wenn sie ihre Versprechen und ihre Eide brachen, wurzelte so tief, daß er drohte, sie bis in ihre eigenen Städte zurückzuverfolgen. Eines Tages sagte er zu sei-

nem Freund Baha Ad Din: «Ich glaube, wenn Gott mir den Sieg über den Rest Palästinas gewährt, werde ich meine Gebiete aufteilen, ein Testament machen und meine Wünsche festhalten. Dann werde ich auf diesem Meer Segel setzen, in die fernen Länder der Franken fahren und sie dort verfolgen, um die Erde von allen Menschen zu befreien, die nicht an Allah glauben, oder dann werde ich beim Versuch umkommen.»[42]

Baha Ad Din war nicht im geringsten erstaunt über die Drohung des Sultans, Europa mit Krieg zu überziehen. Was ihn überraschte, war der Gedanke, daß Saladin mit einem Schiff über die turmhohen Wellen segeln wollte. «Du, der du das Bollwerk des Islams bist, solltest dein Leben nicht auf einem Schiff aufs Spiel setzen», sagte er zu ihm.

«Jetzt», sagte Saladin, «möchte ich dir eine Frage stellen. Welches ist der edelste Tod?»

«Der Tod auf dem Pfade Allahs.»

«Also gut, dann ist der edelste Tod das Schlimmste, was mir geschehen kann.»[43]

Dies ist vielleicht das vielsagendste Gespräch, das uns von Saladin überliefert ist. Es zeigt seine Leidenschaft, die Beweggründe seines Handelns und die Tiefe seines Glaubens. In den Augen Saladins bestand die ruhmreiche Tat nicht so sehr in der Befreiung des Heiligen Landes von den Kreuzfahrern, sondern darin, daß man sie verfolgte bis in ihre Heimat jenseits der Meere und sie ausrottete. Er kam nicht dazu, dies zu tun, aber es besteht kein Zweifel, daß er die Absicht dazu hatte.

Fast von Anfang an machte man sich im Westen von Saladin ein doppeltes Bild: Man sah in ihm den harten Eroberer und gleichzeitig den barmherzigen und ritterlichen Menschen. Aber weil die mittelalterliche Denkweise kaum verstehen konnte, daß die Menschen aus Widersprüchen bestehen, gab es viele Christen, die glaubten, er sei der vollkommene Ritter, die Seele des Ritterstandes.

Im Gegensatz zu Saladin, der durch die Ermordung des Sultans von Ägypten auf den Thron gekommen war, handelte Balduin IV. nie verräterisch. Und er war sicher so vielschichtig, so edel und so hervorragend wie Saladin. Als sein Gesicht und seine Gesichtszüge nicht mehr erkennbar waren, als er sich nur noch durch stockendes Flüstern verständlich machen konnte und auf einer Bahre getragen werden mußte, weil er nicht mehr gehen konnte, war er tapferer als alle seine Ritter und intelligenter als alle seine Berater.

Es gab aber Probleme, die mit Intelligenz allein nicht gelöst werden konnten. Die Frage der Nachfolge lastete schwer auf den Baronen. Sie bedrückte auch den König. Als der Fürst von Antiochia und der

Graf von Tripoli im Jahre 1180 nach Jerusalem kamen, um in der Grabeskirche ihre privaten religiösen Pflichten zu erfüllen, vermutete er, ihre wahre Absicht sei, ihn abzusetzen, und er ließ sie sorgfältig überwachen. Seine Schwester Sibylla war die rechtmäßige Thronanwärterin im Falle seines Todes. Da ihr Gatte, Wilhelm von Montferrat, gestorben war, wurde es nötig, für sie einen Gatten zu finden, der mindestens so hervorragend und so ansehnlich war wie Wilhelm. Während man an den Höfen Europas die Suche nach einem geeigneten Gatten fortsetzte, traf Sibylla ihre eigene Wahl. Sie entschloß sich für Guido von Lusignan, den jüngern Sohn des Grafen von Lusignan, einen die Kunst des Schmeichelns vollendet beherrschenden Frauenliebhaber, der keinerlei Erfahrung in Kriegführung oder Regierungsgeschäften besaß. Der König stimmte der Heirat zu, allerdings äußerst widerwillig, und überließ seinem neuen Schwager die Grafschaften Askalon und Jaffa. Von nun an, bis er König wurde, war Guido von Lusignan allgemein als Graf von Jaffa bekannt.

Für die Barone des Königreichs Jerusalem war der Aufstieg Guidos von Lusignan in diese hohe Stellung ein kaum zu ertragendes Unglück. Aber Sibylla war in ihn verliebt, und der König, der am Sterben war und langsam erblindete, war bereit, ihm die Hand der Freundschaft entgegenzustrecken.

Der König hatte noch eine Halbschwester, Isabella, die vom Dichter Ambrosius als «äußerst schön und lieblich» beschrieben wurde. Er entschloß sich, sie mit Humfred von Toron, dem Enkel des großen Konstablers, zu verheiraten, und im Oktober 1180 wurde die Verlobung Humfreds mit der damals achtjährigen Isabella angekündigt. Die Hochzeit sollte drei Jahre später stattfinden. Humfred hatte Arabisch studiert, und in späteren Jahren sollte er als Botschafter in feindliche Lager gesandt werden. Saladin rühmte seine Kenntnisse des Arabischen. Er wurde Übersetzer aller wichtigen arabischen Texte, die an das Königreich Jerusalem gerichtet waren. Die Barone scheinen ihn verachtet zu haben, weil er nicht wie sein berühmter Großvater ein Soldat war, und sie warfen ihm vor, er sei verweichlicht und habe «sanfte Manieren und eine gezierte Redeweise»[44]. Sicher ist, daß er zu der sehr kleinen Gruppe von Menschen gehörte, die Zugang zum König hatte, daß er das Vertrauen des Königs besaß und auf seine Art einen großen Einfluß auf den Lauf der Dinge ausübte.

Während Humfred von Toron immer hilfsbereit war, erwies sich Rainald von Châtillon, der frühere Fürst von Antiochia und spätere Gefangene Nur Ad Dins in einem Gefängnis von Aleppo, als so wenig hilfreich wie nur möglich. Er hatte Stephanie geheiratet, die

Witwe von Miles von Plancy und Erbin des ganzen Gebietes von Oultrejourdain (Transjordanien), das sich von Hebron bis zum Roten Meer erstreckte und die zwei großen Burgen Kerak und Montreal sowie die kleineren Burgen Petra und Val Moysis umfaßte. Durch seine lange Gefangenschaft verbittert geworden und über seine neugewonnene Macht frohlockend, mißachtete Rainald den Waffenstillstand, den der König mit Saladin vereinbart hatte. Er kam auf den Gedanken, in Arabien einzumarschieren, das Grab Mohammeds in Medina zu zerstören, Mekka auszuplündern und die heilige Kaaba dem Erdboden gleichzumachen. Im Sommer 1181 griff er eine Karawane an, die friedlich nach Mekka reiste, umringte sie und bemächtigte sich aller Pilger sowie ihrer Tiere, Vorräte und Waren. Etwas später im gleichen Jahr unternahm er einen waghalsigen Angriff gegen Medina und Mekka. Es nahmen nur etwa dreihundert Franken und vielleicht eine ebenso große Zahl abtrünniger Muslime am unheilvollen Unternehmen teil, aber ihre Raubzüge waren viel verheerender, als es die Zahl der Krieger hätte erwarten lassen. Sie drangen mit Feuer und Schwert bis zum Roten Meer vor, in ein Gebiet, das bis jetzt als sicher und geschützt gegolten hatte. Saladin schwor, daß er Rainald töten werde, wenn er ihm in die Hände fallen sollte.

Der Angriff auf die Gegend um das Rote Meer rief nach einem Gegenangriff gleichen Ausmaßes, aber er war nicht der einzige Grund für Saladins Wut. Rainald nahm alle Karawanen gefangen, die durch dieses Gebiet zogen. Diese Karawanen waren damals zu ihrem Schutze schwer bewaffnet. Doch ihre Waffen nützten ihnen nichts: Rainald konnte sie immer bezwingen. Er überwältigte eine große Karawane, die von Damaskus nach Mekka unterwegs war, und es hieß, Saladins Tante habe sich unter den Reisenden befunden. Für Saladin war der Angriff auf diese Karawane fast ein ebenso großes Verbrechen wie Rainalds Raubzüge rund um das Rote Meer.

Balduin IV., der den Waffenstillstand mit Saladin abgeschlossen hatte und gesinnt war, ihn einzuhalten, machte Rainald Vorwürfe und befahl ihm, alle Gefangenen und die ganze Beute an Saladin zurückzugeben. Doch Rainald lachte ihn wegen seiner Sorgen nur aus. Der König erhielt von Saladin Briefe, in denen jener eine Erklärung verlangte, und er mußte zugeben, daß er gegenüber Rainald machtlos war. Indem Rainald sich über die Autorität des Königs hinwegsetzte, schaufelte er sich sein eigenes Grab, was vielleicht nicht von allzu großer Bedeutung war. Viel bedeutsamer war die Tatsache, daß er dem Königreich Jerusalem das Grab schaufelte.

Das Königreich war im Begriffe zu zerfallen, denn die Machtverhältnisse waren verwickelt, undurchsichtig oder bis zum Zerreißen gespannt. Es war, als leide auch das Königreich wie der König selbst an Aussatz.

Am 12. Juni 1183 wurde Aleppo von den Streitkräften Saladins erobert, und durch diesen Sieg wurde Saladin der mächtigste Mann des Islams. Er herrschte nun vom Tigris bis zum Nil, von den Grenzen Äthiopiens bis an die Grenzen Persiens. Er war in jeder Beziehung, außer dem Namen nach, ein Kaiser und nannte sich König aller Reiche des Orients. Von einem solchen Herrscher konnte kaum erwartet werden, daß er an der Küste Palästinas und Syriens christliche Enklaven duldete. Im August marschierte er von Damaskus los in der Absicht, die Christen ins Meer hinauszutreiben.

Die Schlacht, die nach Saladins Absicht die letzte seiner Schlachten mit den Christen sein sollte, fand in der Jezraelebene in der Nähe der Burg La Fève statt. Dreizehnhundert Ritter und fünfzehntausend Fußsoldaten, die gut bewaffnet waren und wußten, daß ihnen eine Schlacht bevorstand, die für die Geschichte des Königreichs entscheidend sein könnte, sahen sich einer etwas größeren Zahl von Muslimen gegenüber. Das christliche Heer, dem auch Rainald von Châtillon angehörte, wurde von Guido von Lusignan angeführt, den der sterbende König zu seinem Bailli oder Regenten ernannt hatte. Guido, der sich in der Regel durch Mittelmäßigkeit, Unentschlossenheit und Untüchtigkeit hervortat, kämpfte an jenem Tag überraschend gut. Es war nicht so sehr eine Schlacht als ein harter Nahkampf, ein gewaltiges Handgemenge, das zu keinem Entscheid führte.

Erschöpft gingen die Heere auseinander und bezogen auf beiden Ufern eines Baches bei Tubanija und bei den Goliathteichen einander gegenüber Stellung. Während fünf Tagen beobachteten sie einander. Das christliche Heer wurde verstärkt durch Hunderte von Seeleuten von den Schiffen, die eben eingelaufen waren; sie alle schrieen darnach, sich dem Heer anschließen zu dürfen. Rainald von Châtillon machte dem Statthalter seine Befehlsgewalt streitig. Er wollte angreifen; Guldo wollte sich auf eine bessere Stellung zurückziehen. Saladin versuchte, die Christen aus ihrem Lager hervorzulocken. Es gelang ihm nicht. Am 8. Oktober zog er sich hinter den Jordan zurück; sein Zorn gegen Rainald war ungebrochen.

Sobald sich die Heere zurückgezogen hatten, eilte Rainald auf seine anscheinend uneinnehmbare Burg Kerak in Moab zurück, den Ort, von wo aus er alle seine Abenteuer begann. Saladin wußte, daß Rainald hinter den Mauern der Burg seine Pläne schmiedete. Er begehrte sie deshalb mehr als Jerusalem, und er wollte nicht ruhen, bis er sie eingenommen haben würde.

Während beinahe zwei Monaten griff Saladin die Burg an. Er benützte mächtige Steinschleudern, um die Mauern zu beschießen. Aber die Burg war mit ausreichenden Vorräten versehen – Rainald war in der Verteidigung ebensosehr ein Meister wie im Angriff. Im Dezember mußte Saladin seine Niederlage eingestehen und zog sein Heer nach Damaskus zurück. Es war sein vierter Versuch gewesen, die Burg einzunehmen.

Im Sommer des folgenden Jahres kehrte er, stärker bewaffnet als vorher, zurück. Er hatte sich geschworen, die Burg diesmal einzunehmen und Rainald mit eigener Hand umzubringen. Am Tag, als er heranrückte, feierte Humfred von Toron seine Hochzeit mit Prinzessin Isabella, der Halbschwester des Königs, die jetzt elf Jahre alt war. Die Hochzeit fand in der Burg statt, weil Rainald Humfreds Mutter, Stephanie von Milly, geheiratet hatte. Saladin griff die kleine Stadt an, die sich rings um die Burg erstreckte und durch einen breiten Graben von ihr getrennt war. Die meisten Bewohner der Stadt hatten in der Burg Zuflucht genommen und ihre Schafe und Rinder mitgebracht. Saladin hätte seine Truppen bis an die Mauern der Burg heranführen können, aber ein einziger Ritter, der die Brücke über den Graben verteidigte, hielt die Muslime in Schach. Diesmal hatte Saladin neun Schleudern mitgebracht, und das Donnern der Steine, die gegen die Mauern geschleudert wurden, dauerte Tag und Nacht an.

Der Chronist Ernoul, der die Geschichte der Kreuzzüge weiterführt, wo Wilhelm von Tyrus aufhört, erzählt eine seltsame Geschichte über Stephanie und die Hochzeitsnacht ihres Sohnes:

> Aus Anlaß der Hochzeit ihres Sohnes sandte sie Saladin Brot und Wein, Schafe und Rinder und erinnerte ihn daran, daß er sie in seinen Armen trug, als sie ein Kind war und er ein Sklave in der Burg. Als Saladin diese Gaben erhielt, freute er sich sehr, dankte denjenigen, die sie gebracht hatten, auf überschwengliche Weise und fragte sie, wo sich die Braut und der Bräutigam aufhielten. Man zeigte ihm ihren Turm. Darauf erteilte Saladin seinem ganzen Heer den Befehl, daß dieser Turm nicht angegriffen und nicht bombardiert werden dürfe.[45]

Trotzdem fuhr er fort, die übrigen Teile der Burg anzugreifen.

Diese Geschichte ist interessant, weil es keine andere Quelle gibt, die bezeugt, daß Saladin einmal ein Sklave war. In den vielen arabischen Lebensbeschreibungen Saladins wird nirgends erwähnt, daß er gefangengenommen oder in der Burg als Sklave gehalten worden ist. Die Geschichte ist dennoch nicht unwahrscheinlich. Es ist durchaus möglich, daß ein zehnjähriger Knabe in den Raubzügen und Scharmützeln der damaligen Zeit gefangengenommen wurde und daß er dann, wenn er ein angenehmes Äußeres hatte, als Diener beschäftigt wurde, bis er dieser Aufgabe überdrüssig wurde und die Flucht ergriff. Die muslimischen Chronisten hätten wahrscheinlich alles unternommen, eine solche Episode zu verschweigen.

Saladins Streitkräfte waren so mächtig, daß es nötig wurde, aus Jerusalem eine Unterstützungskolonne herzuschicken. Der König, der jetzt ein lebendiger Leichnam war, stellte rasch ein Heer auf und führte es an. Er wurde auf einer Tragbahre mitgetragen. Als sich sein kleines Heer südlich des Toten Meeres befand, ließen seine Kräfte nach, und er übergab das Kommando an Raimund von Tripoli. Als Saladin vom Heranrücken des königlichen Heeres hörte, brach er die Belagerung sofort ab. Der König betrat Rainalds Burg wie ein Eroberer. Er wurde von allen willkommen geheißen, als sei er von Gott gesandt.

Im folgenden Frühjahr starb er in Jerusalem, umgeben von allen seinen Edelleuten. Er war blind, ohne Gesicht, und seine Hände und Füße waren vom Aussatz verzehrt. Aber er blieb bis zu seinem Ende ein König. Er war erst vierundzwanzig Jahre alt, als er in der Grabeskirche beigesetzt wurde. Die Christen verehrten ihn, die Muslime achteten ihn. Es war ein muslimischer Chronist, Imad Ad Din von Isfahan, der von ihm schrieb: «Das aussätzige Kind wußte, wie es sich Ansehen verschaffen konnte.»[46]

Unter Balduin IV. erlebten die Kreuzfahrer ein Wiedererstarken ihrer Macht. Der jugendliche König belebte sein Volk während seines langen Martyriums mit seinem Frohmut, seiner Widerstandskraft, seiner Intelligenz und seinem Mut. Der Knabe mit der stockenden Sprechweise und den ausgebrannten Augen, der so hilflos schien und so voll geistiger Energie war, verkörperte all das, was es in Westeuropa an Bestem gab, obwohl er Westeuropa nie gesehen hatte. Er war der Letzte seines Geschlechtes und seiner Art. Nach ihm kamen die kleinen Leute unter den Steinen hervor.

Die Hörner von Hattin

Während der letzten Monate seines Lebens war der aussätzige König in einen merkwürdigen Streit mit Guido von Lusignan verwickelt,

weil es für den König feststand, daß Guido den Thron nicht erben sollte. Der König schien zu wissen, daß Guido zu einer tödlichen Gefahr für das Königreich würde, wenn man ihn an die Macht kommen ließe. Er unternahm erstaunlich viel, um Guido zu neutralisieren und die Ehe zu zerstören, die Guidos Ansprüchen eine gewisse Rechtmäßigkeit verlieh.
Als der König von seinem Triumph in Rainalds Burg zurückkehrte, befahl er Guido, in Jerusalem vor ihm zu erscheinen. Guido weigerte sich, dieser Aufforderung Folge zu leisten; er täuschte Krankheit vor. Die Aufforderung wurde wiederholt. Als Guido sich hartnäckig weigerte, Askalon zu verlassen, beschloß der König, sich zu ihm zu begeben; aber er fand die Tore der Stadt geschlossen.
Voller Zorn ritt der König nach Jaffa, das von einem von Guidos Statthaltern regiert wurde. Diesmal wurde ihm das Stadttor ohne weiteres geöffnet. Der König ernannte einen neuen Statthalter und zog nach Akkon weiter, wo er eine Zusammenkunft des Rates einberief, die die Frage der Nachfolge besprechen sollte. Der König sorgte sich um das Schicksal des Reiches. Er war sich bewußt, daß die drohende Gefahr rasches Handeln erforderte, daß ein König gefunden werden mußte, der das Königreich bis zum äußersten verteidigen würde.
Der Rat trat im Januar 1185 zusammen. Guido nahm nicht daran teil, aber er besaß mächtige Parteigänger. Zu ihnen gehörten der Patriarch Heraklius von Jerusalem, Gerhard von Ridfort, der Großmeister der Templer war, Rainald von Châtillon und Joscelin von Courtenay. Heraklius hatte sein hohes Amt durch Intrigen erlangt. Er war nur wenig gebildet, verfügte aber über eine gewaltige Macht. Er stand Guido von Lusignan, Rainald von Châtillon und den Angehörigen des jungen, neuen Adels, die ihre hohen Stellungen ihrem gefälligen Auftreten und ihrem Wagemut verdankten, besonders nahe. Wilhelm von Tyrus, der der alten Ordnung angehörte, warnte vor der wachsenden Macht der Emporkömmlinge, die ihre Wurzeln nicht im Heiligen Land hatten und nur an ihren eigenen Vorteil dachten.
An der Zusammenkunft des Rates in Akkon baten Heraklius, Ridfort und andere den König, seine Fehde mit Guido von Lusignan zu begraben und seinem Schwager alle Verbrechen, die er ihm zur Last legte, zu verzeihen. Der König war unnachgiebig. Er schlug ihre Bitte ab und scheint unbeirrt geblieben zu sein, als sie den Ratssaal voller Zorn verließen. Er hatte bereits entschieden, daß das Königreich nach seinem Tode von Raimund von Tripoli verwaltet werden solle; er sollte als Regent für den jungen Sohn seiner Schwester Sibylla und Wilhelms von Montferrat amten. Der Knabe war damals fünf oder sechs Jahre alt und von zarter Gesundheit. Und so geschah es, daß

nach dem Tode Balduins IV. im März 1185 Balduin V. den Thron bestieg und in der Kirche des Heiligen Grabmals gekrönt wurde.
Auf diese Weise wurde Guido von Lusignan von der Erbfolge ausgeschlossen, und Raimund wurde, wenn auch nicht dem Namen nach, König.
Raimund war vielseitig begabt. Als vorzüglicher Diplomat vereinbarte er mit Saladin einen vierjährigen Waffenstillstand. Sie kamen sogar überein, daß ihm Saladin Getreide liefern würde, wenn dem Heiligen Land eine Hungersnot drohen sollte.
Saladin selber erkrankte, und während seiner Krankheit gab es allerlei Verschwörungen an seinem Hof. Man glaubte, er werde sterben; aber am Ende des Jahres hatte er sich wieder erholt und entwarf wiederum Pläne, wie er das Königreich Jerusalem sowie diejenigen, welche sich gegen ihn verschworen hatten, vernichten könnte. Er empfand Achtung für Raimund von Tripoli, aber keine für Guido von Lusignan.
Als Guido hörte, daß er von der Erbfolge ausgeschlossen worden sei, nahm er nicht am sterbenden König Rache, sondern ließ seinen Zorn an einigen harmlosen Arabern aus, die unter dem Schutze des Königs ihre Herden vor der Burg von Darum weideten. Er nahm die Hirten gefangen, bemächtigte sich der Herden und trieb sie alle nach Askalon. Dies war seine Art, dem König zu sagen: «Du kannst niemand beschützen.»
Im August 1186 starb der junge König Balduin V. in Akkon. Es ist möglich, daß er eines natürlichen Todes starb, es ist auch möglich, daß er an Gift starb. Raimund von Tripoli und Joscelin von Courtenay waren an seinem Sterbebett zugegen. Während Joscelin es unternahm, den Leichnam nach Jerusalem überzuführen, eilte Raimund nach Tiberias, um die Streitkräfte des Königreiches zu besammeln. Als sich Raimund auf dem Weg nach Galiläa befand, eilten Joscelin, Sibylla und Guido von Lusignan nach Jerusalem. Sie nahmen von der Stadt Besitz. Patriarch Heraklius brachte ihnen die Unterstützung des Klerus. Rainald rückte von seiner Burg her mit einem Heer vor.
Die Barone traten in Nablus unter Raimund von Tripoli zusammen und wandten sich gegen Sibyllas Anspruch, die rechtmäßige Erbin des Königs von Jerusalem zu sein. Hatte Balduin IV. nicht durch einen königlichen Erlaß ihren Anspruch für nichtig erklärt? Hatte Guido von Lusignan nicht gegen die rechtmäßige Herrschaft Balduins IV. gekämpft? Die Versammlung von Nablus rief die Bevölkerung von Jerusalem auf, die Regierung, die durch einen Staatsstreich die Macht übernommen hatte, zu stürzen, und untersagte es Heraklius, Guido von Lusignan zum rechtmäßigen König zu krönen. Der

Patriarch mißachtete das Verbot der Barone und krönte Sibylla. Sibylla wandte sich ihrem Gemahl zu, der vor ihr kniete, nahm die Krone von ihrem Haupt, reichte sie ihm und forderte ihn auf, sich selber zu krönen. Auf diese Weise wurde Guido von Lusignan, der hübsche und mittellose Sohn des Grafen von Lusignan, ein Mann von Gehabe und bodenloser Unwissenheit, König von Jerusalem.

Gerhard von Ridfort, der Großmeister der Templer, betrachtete sich als Königsmacher, denn er hatte sich mit seinen Streitkräften auf die Seite des neuen Königs gestellt. Was ihm mehr als alles andere Vergnügen bereitete, war die Tatsache, daß auf diese Weise Raimund von Tripoli übergangen wurde, der immer noch mit seinen Baronen in Nablus tagte und sich immer noch als den rechtmäßigen Regenten betrachtete. Er erinnerte sich insbesondere an die Zeit, als Botrun einem Kaufmann als Lehen übertragen wurde, der die Braut mit Gold aufwiegen konnte. «Diese Krone», sagte er, «wiegt die Anwartschaft auf Botrun auf.» Er sprach wie einer, dem viele Triumphe bevorstanden. In Tat und Wahrheit erwarteten ihn zahlreiche Niederlagen. Die Prophezeiung Balduins von Ramla, einem der großen Barone des Reiches, sollte sich als richtig erweisen: «Der neue König wird kein Jahr überleben! Das Königreich ist verloren!»[47]

In Nablus fanden die Barone eine einfache, aber völlig undurchführbare Lösung des Problems. Sie boten Humfred von Toron, dem Gatten der Prinzessin Isabella, den Thron an. Nach dem Chronisten verhielt sich Humfred unedel. Er fürchtete sich so sehr vor der Last des Königtums, daß er sich aus Nablus hinausschlich und sich auf den Weg nach Jerusalem machte. Dort suchte er Sibylla auf und sagte ihr, ohne lange zu überlegen, es sei nicht seine Schuld, daß man ihm die Krone angeboten habe. Sibylla soll geantwortet haben: «Also gut, ich verzeihe dir, aber du mußt hingehen und dem König huldigen.»[48]

Wahrscheinlich war es anders. Humfred war intelligent; er wußte, daß er einen Bürgerkrieg ausgelöst hätte, wenn er die Krone angenommen hätte. Vielleicht glaubte er wirklich, er habe nicht die Statur eines Königs. Da er mit Sibylla verwandt war, fühlte er sich ihr gegenüber möglicherweise mehr verpflichtet als gegenüber den Baronen, die ihn in eine unerträgliche Lage versetzt hatten. Der König war der Oberkommandierende der Streitkräfte des Königreichs, und Humfred hatte allen Grund, an seinen militärischen Fähigkeiten zu zweifeln. Nur kurze Zeit vorher hatte er eine Abteilung aufgeboten, um Balduin IV. Hilfe zu leisten. Saladins Streitkräfte stürzten sich auf seine Kolonne, die meisten seiner Soldaten wurden getötet, und er war mit Mühe entkommen. Die Erinnerung an diese Niederlage mag ihn veranlaßt haben, die Königswürde auszuschlagen.

Es war tatsächlich eine unheilvolle Zeit. Die Barone blieben in Nablus, der König blieb in Jerusalem. Nach einigen Tagen trug sich der König mit dem Gedanken, die Barone anzugreifen, um so den Streit über die Thronfolge ein- für allemal zu beenden. Die Vernunft gewann die Oberhand. Unterdessen tauschte Raimund von Tripoli mit Saladin Briefe aus, und es gelang ihm, für seine eigenen Gebiete in Tripoli und Galiläa einen Waffenstillstand auszuhandeln. Es war ein Separatfriede, und Raimund behauptete, er sei für das Weiterbestehen seiner Fürstentümer unbedingt notwendig. Guido hielt den Waffenstillstand für ein verräterisches Übereinkommen mit dem Feind.
In diesen gefährlichen Zeiten, da Saladin im Begriffe war, sein Heer zu verstärken in der festen Absicht, das Königreich zu vernichten, und da sich in Jerusalem ein König und in Tiberias ein Regent befand, bedurfte es eines Mannes, der auf irgendeine Art das Reich einigen konnte. Aber es gab keinen solchen Mann. Statt dessen benahmen sich die Kreuzfahrerfürsten auf eine Art, die Schlimmes ahnen ließ. Zu einer Zeit, da ein Funke einen Krieg auslösen konnte und da die Christen ihre Streitkräfte sorgfältig und geduldig hätten bereitstellen sollen, ergriff die Führer ein Geist wilder Ungeduld, und sie handelten unüberlegt und zügellos. Rainald von Châtillon wählte genau diesen Zeitpunkt, um einen Krieg gegen Saladin zu provozieren.
Der hart bedrängte Saladin hatte einem Waffenstillstand mit seinem Erzfeind Rainald zugestimmt. Rainald erklärte sich bereit, von den Reisenden und Pilgern, die durch sein Gebiet zogen, einen Zoll zu verlangen, statt ihren Besitz zu beschlagnahmen und ein Lösegeld für ihre Freilassung zu verlangen. Aber als ihm zu Beginn des Jahres 1187 seine Spione meldeten, daß sich eine besonders große Karawane auf dem Weg von Kairo nach Damaskus befinde, konnte er der Versuchung, Beute zu machen, nicht widerstehen. Er lockte sie in einen Hinterhalt, nahm die ganze Karawane gefangen, warf die Muslime in seine Kerker und brachte den ganzen Reichtum, den er erbeutet hatte, in seine Lagerhäuser.
Als Saladin vernahm, daß die Karawane Rainald in die Hände gefallen sei, verlangte er in einem Brief ihre sofortige Freilassung. Sein Vorstoß wurde barsch abgelehnt. Saladin wandte sich an den König. Guido schien sich des Ernstes der Lage bewußt zu sein und ersuchte Rainald, die gefangene Karawane freizugeben. Rainald wies das Ersuchen ab mit der gleichen Begründung, mit der er früher einmal ein Ersuchen Balduins IV. abgewiesen hatte: Es sei nicht Sache des Königs, ihm Befehle zu erteilen. Er war der

Ansicht, er stehe über dem Gesetz Jerusalems. Das war ein verhängnisvoller Fehler.

Im Mai 1187 umringte Saladin erneut Kerak in Moab und verwüstete ganz Transjordanien. Dann entwarf er einen Plan für einen Angriff auf Jerusalem. Doch zuerst ersuchte er um die Erlaubnis, Galiläa zu betreten. Diese Erlaubnis sollte ihm Raimund von Tripoli in Übereinstimmung mit dem Vertrag, den sie miteinander abgeschlossen hatten, geben. Er ersuchte Raimund um freien Durchmarsch für ein Heer von siebentausend Mann. Das Gesuch war in Wirklichkeit eine Forderung. Raimund erhob Einwände. Er konnte den Durchmarsch nicht gestatten, weil er sonst die Niederlage des Königreiches zugelassen hätte, und er konnte die Erlaubnis nicht verweigern, ohne seine eigenen Truppen in Gefahr zu bringen. Er nahm deshalb Verhandlungen auf und gewährte Saladin schließlich das Recht, in Galiläa die Stärke seiner Truppen vorzuführen, wobei die Schau einen einzigen Tag, von Sonnenaufgang bis Sonnenuntergang, dauern sollte.

Saladin stimmte diesen Bedingungen zu. Zu diesem Zeitpunkt sandte König Guido eine Abordnung von hohen Beamten nach Tiberias, die sich vergewissern sollte, daß Raimund Saladin so geringe Zugeständnisse als möglich machte; die Abordnung konnte aber Tiberias nicht rechtzeitig erreichen.

Siebentausend von Saladins Leuten betraten unter dem Kommando von Saladins Sohn Al Afdal Galiläa und verließen es bei Sonnenuntergang wieder, ohne nur einen einzigen Christen aus den Städten und Dörfern Galiläas belästigt zu haben. Doch Al Afdals Aufmarsch nahm trotzdem einen bedrohlichen und keineswegs friedlichen Verlauf. Das muslimische Heer befand sich in der Nähe von Nazareth bei den Quellen von Cresson, als es von Gerhard von Ridfort an der Spitze von hundertfünfzig Mann, darunter vierzig Templer, überfallen wurde. Die Muslime wurden überrascht, als sie dabei waren, ihre Pferde zu tränken, und Gerhard konnte anfänglich beträchtlichen Schaden anrichten. Aber die Muslime waren ihrer siebentausend, und bald verloren sich die christlichen Ritter in dieser gewaltigen Menge. Der unüberlegte und freche Angriff mußte mißlingen. Von den hundertfünfzig Rittern, die vom Hügel hinuntergestürmt waren, wurden alle bis auf drei gefangengenommen oder getötet. Gerhard von Ridfort floh vom Schlachtfeld. Verwundet machte er sich auf den Weg nach Nazareth und versteckte sich in der Stadt. Als Raimund von Tripoli später an jenem Tage von den Mauern seiner Burg in Tiberias hinunterschaute, sah er die siebentausend Mann vorbeireiten. Auf den Spitzen ihrer Lanzen

trugen sie die Köpfe der Templer und Johanniter mit, die sie an jenem Morgen getötet hatten.
Als Raimund die Köpfe sah, wurde ihm bewußt, daß mit Saladin keine Verständigung mehr möglich war. Er geriet in Wut, als er vom Angriff Gerhards von Ridfort auf das muslimische Heer an einem Tag des Waffenstillstands erfuhr. Es war ihm auch nicht länger möglich, sich als Regenten zu betrachten. Er ritt nach St. Job in der Nähe von Dschenin, wo ihn König Guido empfing. Raimund kniete vor dem König nieder, dieser hob ihn empor und gab ihm den Friedenskuß. Der König war sich des Ernstes der Lage sehr wohl bewußt, denn Saladin war im Begriffe, in der Hauranebene ein Heer zu sammeln, das «so zahllos wie die Wellen des Ozeans» war. Raimund und der König kamen überein, alle ihre verfügbaren Streitkräfte in Sephoria, nahe bei den Quellen von Cresson, zu besammeln. Dort sollte ihr Sammelplatz sein. Ihre beiden Heere zählten zusammen etwa fünfzehntausend Ritter und vielleicht etwa zwanzigtausend Fußsoldaten. Sie konnten fast den Atem von Saladins vorrückender Horde in ihren Gesichtern spüren.
Die Zeit für eine Entscheidungsschlacht stand bevor, und sie waren dazu bereit. Es waren alles erfahrene, vorzüglich ausgerüstetete Soldaten, und sie besaßen große Summen Geldes, darunter solches, das ihnen König Heinrich II. von England zur Sühne für seinen Mord an Thomas Becket gesandt hatte. Obgleich fast vierzig Templer bei den Quellen von Cresson getötet worden waren, konnten die im Königreich noch verbliebenen Templer zu einer eindrucksvollen Einheit von Stoßtrupps zusammengeschlossen werden, die durchaus in der Lage war, ein muslimisches Heer niederzumetzeln. Die Moral der Kreuzfahrer war immer noch gut. Sie empfanden eine heilsame Furcht vor Saladin, aber sie waren nicht vor Angst gelähmt, und die meisten von ihnen glaubten, sie könnten Saladin und sein ganzes Heer in die Hauranebene zurückwerfen.
Doch den Christen fehlte etwas, was von unermeßlicher Bedeutung war: ein Plan, wie sie den Sieg erringen könnten. Guido von Lusignan, der König von Jerusalem, verstand sich nicht auf Kriegführung, und sein Gegner Saladin verstand sich besser darauf als irgendeiner seiner Zeitgenossen.
Saladins deutliche Absicht war es, dem Ufer des Galiläischen Meeres entlang vorzurücken, Tiberias einzunehmen und dann den Kampf mit dem König in einer Gegend aufzunehmen, die für ihn selber am günstigsten war. Was er nicht vorausahnen konnte, war die Tatsache, daß die Christen ihm einen so günstigen Kampfplatz überließen, daß es schien, als seien sie darauf erpicht, vernichtet zu werden. Er

konnte auch nicht ahnen, daß König Guido so wenig von der Feldherrenkunst verstand, daß er Fehler beging, die ein sechsjähriger Schuljunge vermieden hätte.
Der stets scharfsinnige Raimund von Tripoli erkannte sogleich, daß die bevorstehende Schlacht an einer für die Christen günstigen Stelle ausgetragen werden mußte und daß durch einen Marsch zum Galiläischen Meer mit dem Ziel, Tiberias zu retten, nichts zu gewinnen war. Es war Juli, die heißeste Zeit des Jahres, und da war die leichtbewaffnete Kavallerie Saladins gegenüber den Rittern des Königreichs mit ihren schweren Rüstungen im Vorteil. Die Christen mußten deshalb versuchen, Saladins Streitkräfte abzunutzen. Sie mußten den Kampf vermeiden, bis der Feind erschöpft sein würde, und selbst dann eine für ihre Verteidigung möglichst günstige Stellung beibehalten. Ein Kampf zugunsten von Tiberias war zwecklos. Der Chronist Ernoul erzählt, Raimund habe König Guido gebeten, es zuzulassen, daß Tiberias eingenommen werde:

> Tiberias gehört mir, und die Herrin von Tiberias ist meine Frau, und unsere Kinder befinden sich mit unserem ganzen Besitz in der Burg, und wenn sie fällt, wird niemand so viel verlieren wie ich. Ich weiß, daß die Sarazenen sie nicht halten können, auch wenn sie sie einnehmen; und wenn sie die Mauern niederreißen, werde ich sie wieder aufbauen. Wenn sie mir meine Frau und meine Kinder und meinen Besitz wegnehmen, kann ich alles wieder loskaufen. Wenn sie meine Stadt zerstören, werde ich sie wieder aufbauen, wenn die Zeit dazu gekommen ist. Selbst für mich ist der Vorteil größer, wenn Tiberias eingenommen und zerstört ist und meine Frau und meine Kinder und mein Besitz sich in den Händen des Feindes befinden, als wenn dieses ganze Land für uns verloren ist. Denn ich weiß, daß ihr alle, du und dein Heer, gefangengenommen oder getötet werdet, wenn du Tiberias zu Hilfe eilst. Ich will dir sagen, weshalb. Zwischen dieser Stelle hier und Tiberias gibt es kein Wasser außer einer kleinen Quelle, der Quelle von Cresson, die nicht ein ganzes Heer mit Wasser versorgen kann. Deine Leute und deine Pferde werden vor Durst sterben, bevor euch die Muslime eingekreist haben.[49]

König Guido war von diesen unwiderlegbaren Argumenten beeindruckt. Gerhard von Ridfort, immer ein Befürworter von gewaltsamem und gefährlichem Vorgehen, verwünschte Raimund, aber die Barone stimmten ihm bei. Es war beinahe Mitternacht, als der Kriegsrat auseinanderging.
Später in jener Nacht – es war die Nacht vom 2. auf den 3. Juli 1187 – ging Gerhard in das Zelt des Königs und versuchte, ihn davon zu

überzeugen, daß er jetzt handeln müsse, um Tiberias zu retten; der Graf von Tripoli plane eine Verschwörung gegen das Königreich.
«Haben Sie kein Vertrauen in den Grafen, Sire!» sagte er. «Er ist ein Verräter, und Sie wissen, daß er keine Liebe für Sie empfindet, Sie zu entehren wünscht und Ihnen das Königreich wegnehmen will.»
König Guido, der jeweils von dem Menschen beeinflußt wurde, mit dem er zuletzt gesprochen hatte, war entsetzt über die plötzliche Behauptung, daß Raimund unglaubwürdig sei. Gerhards Argumente schienen ihm folgerichtig. Was sollte er tun?
«Sire», antwortete Gerhard, «Sie sollten im ganzen Heer Alarm blasen lassen. Jedermann soll seinen Platz in den Schlachtreihen einnehmen und dem Banner des Heiligen Kreuzes folgen!»[50]
König Guido befahl den Trompetern sofort, Alarm zu blasen. Das schlafende Lager wachte auf. Die Barone eilten in das Zelt des Königs und fragten ihn, was zu dieser plötzlichen Änderung der Pläne geführt habe. Der König antwortete, er allein sei verantwortlich; ihre Aufgabe sei es zu gehorchen. Es gab keine Möglichkeit, seinem Befehl zu trotzen. Nur Raimund wäre stark genug gewesen, eine Meuterei anzuführen, aber er hatte keine Lust dazu.
Im Morgengrauen brach das Heer von Sophoria aus auf. Auf die heiße Nacht folgte ein heißer Tag. Raimund führte die Vorhut an, der König die Hauptmacht und Gerhard von Ridfort die Nachhut. Das Heer durchquerte die Ebene von Sephoria und wand sich dann in die Hügel hinauf, die das westliche Ufer des Galiläischen Meeres beherrschen. Die Hügel, die sich bis auf dreihundert Meter über Meer erheben, waren mit verdorrtem Gebüsch und wildem Gras bedeckt; Bäume, die Schatten hätten spenden können, fehlten. Man hatte keine Wasserkarren; die Männer hatten mit Wasser gefüllte Lederflaschen bei sich. Die Hitze wurde glühender, und die Flaschen wurden leichter. Besonders für die Ritter in ihren Rüstungen wurde die Hitze beinahe unerträglich.
Die Kolonnen schritten schweigend voran; die Männer waren mutlos. Bald nachdem sie aufgebrochen waren, begannen die Muslime mit ihren Scharmützeln: Sie überfielen sie mit einem Pfeilregen, sobald sie in Schußweite waren, und machten sich dann wieder auf ihren schnellen Pferden davon. Diese Scharmützel richteten zwar nur geringen Schaden an, aber sie verlangsamten den Vormarsch und nutzten die Christen ab. Die Luftlinie zwischen Sephoria und Tiberias mißt nur etwa fünfundzwanzig Kilometer, aber die Straße, der sie folgten, war etwa fünfzehn Kilometer länger. Die Vorhut unter Raimund von Tripoli erreichte in der Mitte des Nachmittags die Hörner von Hattin. Der blaue See lag zu ihren Füßen. Unterdessen hatte die

leichtbewaffnete muslimische Kavallerie begonnen, die Nachhut anzugreifen. Sie mußte anhalten und den Kampf mit dem Feind aufnehmen. Die Templer teilten dem König durch einen Boten mit, sie kämen nicht mehr weiter. Der König befahl ihnen, so schnell als möglich vorzurücken, während die Barone den König drängten, einen Eilmarsch auf Tiberias anzuordnen. Tiberias brannte schon, denn Saladin hatte die Stadt in Brand gesetzt.

Die Templer in der Nachhut wehrten immer noch die Scharmützel der Muslime ab. Der König fand, es sei nötig, das Heer beisammenzuhalten. Er befahl deshalb einen Halt für die Dauer der Nacht. Sie erstellten ihr Lager auf der Kuppe einer wellenförmigen Erhebung über dem Galiläischen Meer zwischen zwei Gipfeln, die man die Hörner von Hattin nannte. In der ganzen Umgebung gab es keinen ungünstigeren Kampfplatz. Sie befanden sich in der Tat im teilweise eingebrochenen Krater eines erloschenen Vulkans, der mit Blöcken aus schwarzem Basalt übersät war; für Männer und Pferde ein trügerischer Boden, denn die Blöcke waren unter dürrem Gras verborgen. Hattin war ein ausgetrockneter Lavastrom, ein unmöglicher Ort für schwerbewaffnete Reiter. Sie waren Fliegen, die an einem Fliegenfänger klebten. Unter ihnen hatte sich Saladins Heer dem Ufer des Sees entlang niedergelassen und wartete auf sie. Kleine Kolonnen von Muslimen drangen in die Hügel hinauf vor und nahmen einzelne herumirrende Soldaten gefangen. Kundschafter meldeten jede Bewegung des christlichen Heeres. Aber als die Nacht hereinbrach, hatten die Templer die Angreifer zurückgeschlagen und zur Hauptmacht aufgeschlossen.

In dieser Nacht lastete der Schrecken schwer auf den Christen. Es war, als sei diese Tagreise dazu bestimmt gewesen, sie dem Tod näher zu bringen. Die Nacht war fast so heiß wie der Tag. Von der Höhe hinunter konnten sie den See im Sternenlicht glitzern sehen und die Muslime beobachten, wie sie sich im Dunkeln bewegten. Rund um das königliche Zelt aus roter Seide hielt die Garde Wache. Der König konnte nicht schlafen. Die Nachrichten, die das Zelt erreichten, ließen Schlimmes ahnen.

Während der Nacht ließ Saladin seine Leute gegen die Hügel hinauf vorrücken. Gegen Morgen, als der Wind aus dem Osten wehte, setzte ein Muslim das dürre Gras in Brand. Stickige Rauchwolken trieben gegen das Lager der Christen. Zu den Gebeten der Kreuzfahrer und den Gebetsrufen der Muslime gesellte sich das unheilverkündende Knistern des brennenden Grases. Als der Morgen graute, waren die Christen von allen Seiten von unerbittlichen Muslimen umgeben, die es danach dürstete, sie zu vernichten.

Bei Tagesanbruch griffen die Bogenschützen an. Die christliche

Infanterie kämpfte schlecht. Die Männer starben fast vor Durst und ließen sich in ihrem Drang, vom Seewasser zu trinken, fast nicht zurückhalten. Als sie sich ganz von Muslimen umgeben sahen, rannten sie auf einen Hügel hinauf, um den Pfeilen und Lanzen der Muslime zu entfliehen. König Guido befahl ihnen, sich wieder der Kavallerie anzuschließen, aber sie weigerten sich.

Während sich die Infanterie schlecht aufführte, hielten sich die Ritter heldenhaft. Sie griffen ständig an, wichen zurück und griffen wieder an. Sie hofften, die feindlichen Linien durchbrechen zu können. Die Muslime waren von ihrem außergewöhnlichen Mut beeindruckt. Sie waren am Ende ihrer Kräfte, doch sie kämpften weiter. Ihr Durst, ihre trockenen Kehlen und ihre ausgedörrten Zungen kündigten ihnen ihre Niederlage an, aber sie kämpften mit dem Mut der Verzweiflung weiter. Ihre verzweifelten Angriffe wirkten wie Hammerschläge und schlugen Breschen in die Linien, die sie umgaben, aber es gelang ihnen nicht, den Ring zu durchbrechen.

Der Kampf dauerte den ganzen Tag über an. Er wütete hoch oben auf dem flachen Gelände zwischen den Hörnern von Hattin und dehnte sich zeitweise über die Abhänge hinunter bis gegen den See hin aus. Der Wind drehte sich, aus dem brennenden Gras stiegen keine stickigen Rauchwolken mehr auf, und am Nachmittag scheint der Kampf nachgelassen zu haben. Die Muslime waren vorsichtig; sie waren sich bewußt, daß die Christen Kraftreserven hatten und selbst jetzt noch einen Durchbruch zum See versuchen könnten. Nach Imad Ad Din verbrachte das verstümmelte christliche Heer die Nacht auf dem Berg, und die Männer jubelten, weil sie einen von Saladins Emiren gefangengenommen und ihm den Kopf abgehauen hatten.

Die Schlacht tobte den ganzen folgenden Morgen lang. Während der Nacht hatte die Infanterie ihren Mut zurückgewonnen; es war der Mut der Verzweiflung. Manchmal gereichten die herumziehenden Rauchwolken den Verteidigern zum Vorteil, aber häufiger halfen sie den Sarazenen, die in die Linien der Kreuzfahrer eindrangen. Die Infanterie und die Kavallerie blieben beisammen. Es gab weniger Angriffe. Raimund von Tripoli, der sich unerschrocken gezeigt hatte und dessen Ritter zu den unerschrockensten gehörten, suchte immer noch nach einer Lücke in den feindlichen Linien. Trotzdem gingen fünf Ritter zum Feind über und baten die Sarazenen, sie zu töten, um so ihrem Elend ein Ende zu bereiten. In der Mitte des Vormittags unternahm Raimund mit seinen Rittern einen Angriff auf die Abteilungen, die von Al Modhaffer Taki Ad Din, dem Neffen Saladins, befehligt wurden. Es war einer jener plötzlichen, raschen Angriffe schwer gepanzerter Ritter, welche die Sarazenen fürchteten, und er gelang. Sobald Raimund durchgebrochen war, entschloß er sich, das Schlachtfeld zu verlassen und sich auf den Weg nach Tripoli zu machen, um weiterzukämpfen. König Guido hatte diesem Plan zugestimmt, denn es erschien fraglich, ob überhaupt noch jemand übrigbleiben werde, der in kommenden Schlachten kämpfen könnte, wenn nicht einige Ritter und Fußsoldaten entfliehen konnten. Der König hatte ungefähr ein Viertel seiner besten Ritter verloren, und dennoch befahl er sofort einen weiteren Angriff. Die Sarazenen fragten sich, wie die Christen die Kraft fanden, ohne Nahrung, ohne Wasser und ohne Hoffnung zu kämpfen, denn sie waren immer noch von allen Seiten her eingeschlossen.

Der Bischof von Akkon, der die mit Edelsteinen besetzte Kreuzesreliquie mitgetragen hatte, fiel in der Schlacht. Nach seinem Tode wurde die Reliquie vom Bischof von St. Georg in Lydda getragen. Dieser war so furchtlos oder so töricht, daß er bis nahe an den Feind vorrückte und deshalb gefangengenommen wurde. Man hörte nie mehr etwas von der Kreuzesreliquie, bis auf ein Gerücht, daß sie schließlich in den Besitz der großen Moschee von Damaskus gelangt sei; dort habe man sie unter der Torschwelle in den Boden eingelassen, damit jeder, der die Moschee betrete, auf das Kreuz trete.

Saladins junger Sohn, für den dies die erste Schlacht war, berichtet über die letzten Augenblicke der Schlacht, als die übriggebliebenen Ritter und Fußsoldaten sich hoch oben auf einem der Hörner von Hattin um das rote Zelt des Königs versammelten und weiter angriffen, bis sie nicht mehr konnten. «Schließlich», schreibt er, «sahen wir, wie das Zelt umstürzte. Mein Vater stieg vom Pferd, warf sich auf den Boden, dankte Allah und weinte vor Freude.»[51] Die Schlacht von Hattin war vorüber. Die Christen waren so sehr erschöpft, daß sie sich einfach auf den Boden legten, fast als sei ihnen alles gleichgültig. Sie waren zu müde, um auch nur die Übergabeformalitäten erledigen zu können.

Saladin hatte mehr als nur eine Schlacht gewonnen: Er hatte über das Königreich Jerusalem triumphiert. Man mochte später noch vom Königreich sprechen, aber es gab das Königreich nicht mehr. Es wurden weiterhin Könige und Königinnen von Jerusalem gekrönt, aber das Königreich selber wurde zu einer Fata Morgana, zu einem geisterhaften Gebilde, das in der Phantasie der Kreuzfahrer weiterlebte. Sie blieben noch hundert Jahre im Heiligen Land, aber das Königreich und Jerusalem selber waren für sie verloren. An einem Mittsommertag bei den Hörnern von Hattin, inmitten von Felsbrocken aus Basalt und brennendem Gras hatte sie der Mut verlassen.

Obwohl Saladin für seine Ritterlichkeit berühmt war, zeigte er sehr wenig davon gegenüber den Christen, die er bei den Hörnern von Hattin besiegt hatte. Es bereitete ihm Vergnügen, alle überlebenden Fußsoldaten sofort nach Damaskus zu schicken, damit sie dort auf dem Sklavenmarkt verkauft würden. Die Ritter erwartete ein anderes Schicksal: Sie wurden getötet, aber nicht von Soldaten, sondern von den Mullahs, die Saladin überallhin begleiteten. Einige wenige, sehr wenige wurden verschont. Sie durften in Gefängnissen in Damaskus weiterleben, bis ein ausreichendes Lösegeld für sie bezahlt wurde.
Die Schlacht war gegen Mittag zu Ende gegangen. An jenem Nachmittag ließ Saladin sein Zelt in der Nähe des Schlachtfeldes aufschlagen. Er stellte sich neben dem Zelt auf und ließ die Reihen der Gefangenen an sich vorüberziehen. Unter ihnen befand sich auch Gerhard von Ridfort, der Großmeister der Templer, mit einer kleinen Zahl von Templern und Johannitern. König Guido, sein Bruder Gottfried, Hugo von Dschubail, Humfred von Toron und Rainald von Châtillon hatten sich unter den ersten der Kreuzfahrerfürsten befunden, die in die Hände des Feindes gefallen waren. Saladin hatte sich vorgenommen, Rainald zu töten, sobald er ihn erblicken werde, aber jetzt kostete er seinen Sieg aus. Er gestattete den Fürsten des früheren Königreiches von Jerusalem, in den Schatten seines Zeltes zu treten. Er begann mit ihnen ein Gespräch, und wahrscheinlich wirkte der junge Humfred von Toron als Dolmetscher. König Guido litt unter schrecklichem Durst, und Saladin reichte ihm einen Becher mit Wasser, das mit Schnee vom Berge Hermon gekühlt worden war. Plötzlich wandte er sich wütend an Rainald, er warf ihm vor, er, der Herr von Kerak, habe jedes Versprechen, das er abgegeben, und jeden Vertrag, den er unterschrieben habe, gebrochen. Rainald antwortete: «Ich habe nur das getan, was Fürsten seit jeher getan haben. Ich bin dabei auf ausgetretenen Pfaden gewandelt.»[52] Das war eine überraschend geschickte Rechtfertigung, denn Saladin hatte ebenfalls Versprechen gebrochen und Abkommen mißachtet. Saladin saß neben dem König; Rainald saß auf der anderen Seite des Königs. Saladin beobachtete die beiden aufmerksam. Als der König den Becher an Rainald weiterreichte, der ebenfalls schrecklich durstig war, machte Saladin keine Anstalten, ihn am Trinken zu hindern, aber er machte den König darauf aufmerksam, daß er das kühle Wasser an Rainald weitergegeben habe, ohne um seine Erlaubnis zu fragen. «Ich bin deswegen nicht verpflichtet, sein Leben zu schützen»[53], sagte er und erin-

nerte den König daran, daß Rainald zu viele Verbrechen begangen habe, um die arabische Gastfreundschaft beanspruchen zu können. Ein Fremder, der im Zelt eines Arabers zu trinken oder zu essen bekommen hat, genoß nämlich den Schutz seines Gastgebers, er durfte nicht getötet oder auf irgendeine Weise verletzt werden.

Das Zusammentreffen zwischen Saladin und dem König war hochdramatisch. Jedermann beobachtete sie aufmerksam. Sowohl der König als auch Rainald zitterten, wahrscheinlich nicht so sehr vor Angst als vor Erschöpfung, Hunger und Durst, denn ein Becher schneegekühlten Wassers konnte ihren Durst nicht löschen. Saladin hatte noch nicht entschieden, was er mit seinen hochrangigen Gefangenen tun wollte. Plötzlich verließ er das Zelt und unternahm mit seinem Pferd einen Ritt über das Schlachtfeld. Wahrscheinlich wurde er von Imad Ad Din begleitet. Man weiß, daß dieser an jenem Nachmittag über das Schlachtfeld ritt und in seinem Bericht folgendes festhielt:

> Ich ritt über das Schlachtfeld und lernte dabei mancherlei. Ich sah, was die Auserwählten den gänzlich Verworfenen angetan hatten, und das Schicksal, das über ihre Anführer gekommen war, sollte mir eine Lehre sein. Ich sah Köpfe, die weit von ihren Leibern entfernt dalagen, ausgestochene Augen, Leiber, die von staubiger Asche bedeckt waren, Leiber, deren Schönheit von den Klauen von Raubvögeln zerfetzt war, in der Schlacht abgehackte Glieder, die hier und dort herumlagen, nackte, zerrissene Fetzen von Fleisch, blutige Stummel, zerschlagene Schädel, gespaltene Hälse, zerschmetterte Lenden, aufgeschnittene Köpfe, abgehauene Füße, abgehackte Nasen, abgehackte Hände, leere Augen, offene Bäuche, halbierte Leiber, zusammengeschrumpfte Mäuler, klaffende Stirnwunden, unter denen Augen hervorsickerten, umgedrehte Hälse, alles leblos und verzerrt zwischen den Steinen und so steif wie die Steine. Und was für eine Lehre mir all dies erteilte! Diese an den Boden gedrückten Gesichter, die keine Wünsche mehr belebten, erinnerten mich an die Worte des Korans: «Die Ungläubigen werden sagen: ‹Gebe Gott, daß ich Staub werden könnte.›» Und doch, was für ein süßer Geruch steigt von diesem Beinhaus auf.[54]

Imad Ad Din war ein Moralist von der alten Art; er war bereit, aus Bächen und Steinen und zerschmetterten Schädeln Nutzanwendungen zu ziehen. Auch Saladin zog aus seinem Ritt über das Schlachtfeld seine moralischen Schlußfolgerungen: Die Ungläubigen sollten sterben, und an Rainald wollte er eigenhändig ein Exempel statuieren. Er kehrte in sein Zelt zurück und ließ Rainald zu sich kommen. Kaum war er erschienen, durchbohrte er ihm den Hals und brachte ihn auf diese Weise um. Dann ließ er den Kopf vom Rumpfe trennen und den kopflosen Rumpf vor den König schleppen. Indem er auf Rainalds Körper zeigte, sagte Saladin: «Dieser Mann hat sich unvorstellbarer Verbrechen schuldig gemacht. Seine Falschheit und seine Unverschämtheit haben zu seinem Tod geführt. Du solltest dich nicht fürchten, denn ein König tötet keinen anderen König.»[55] Der Rumpf wurde aus dem Zelt geworfen, aber der Kopf wurde zurückbehalten. Auf einer Lanze aufgespießt, sollte er Saladins Triumphzug durch Damaskus zieren.

Am 5. Juli, dem Tag nach der Schlacht, ruhte sich Saladin aus. Die einzige Handlung, von der man weiß, daß er sie an jenem Tage vollzog, bestand darin, daß er der Gräfin von Tripoli, die in der stark befestigten Burg von Tiberias geblieben war, eine höfliche Botschaft sandte und ihr freies Geleit durch Galiläa anbot, damit sie ihren Gatten wiedersehen könne. Ihrer Dienerschaft, ihrer Leibgarde und ihrem gesamten Besitz sollte freier Durchgang durch das Land gewährt werden.

Am Montag, dem 6. Juli, setzte er die moralischen Schlußfolgerungen, zu denen er zwei Tage vorher gelangt war, in die Tat um. Er war jetzt nach langem Überlegen entschlossen, seine Gefangenen umbringen zu lassen. Die Tempelritter und die Johanniterritter wurden dazu verurteilt, von den Mullahs und den Religionslehrern, die sein Heer begleiteten, getötet zu werden. Imad Ad Din, der den Hinrichtungen beiwohnte, beschreibt diese als «Männer von frommem und strengem Sinn, andächtige Sufis, Männer des Gesetzes, gebildet, sowie in die asketische Lebensweise und in die Mystik eingeführt».[56] Etwa zweihundert Ritter wurden vor Saladins Zelt aufgestellt. Jeder Mullah und jeder Religionslehrer erhielt ein Schwert. Saladin sprach kurz über den Schaden, den die Ritter angerichtet hätten, und wie die Welt von diesen Leuten, welche die schlimmsten unter den Ungläubigen seien, befreit werden müsse. Dann wurden die Ritter, einer nach dem anderen, getötet. Es dauerte lange. Einige der Henker leisteten gute Arbeit und erhielten Beifall, einige lieferten Flickwerk und wurden entschuldigt, und einige benahmen sich so lächerlich, daß sie ersetzt werden mußten. Imad Ad Din, der nahe dabeistand, beobachtete, wie Saladin lächelte, und erwog dabei, was für Verdienste sich Saladin durch diese vielen Enthauptungen bei Allah erwerben müsse.

Am gleichen Tag sandte er dem Statthalter von Damaskus den Befehl, alle in seinen Gefängnissen eingekerkerten Ritter zu enthaupten. Als einzige verschonte Saladin den König, seinen Bruder, Humfred von Toron, Hugo von Dschubail, Gerhard von Ridfort, den Großmeister der Templer, und die übrigen Ritter von adliger

Abkunft. Sie wurden alle nach Damaskus geschickt. Mit Ausnahme von Balian von Ibelin, der um die Erlaubnis nachgesucht hatte, auf Ehrenwort nach Jerusalem zu gehen und nach seiner Frau, Maria Komnena, der früheren Königin von Jerusalem und Witwe Amalrichs I., zu sehen. Saladin hatte eine große Achtung vor königlicher Würde. Es schien ihm, daß selbst christliche Könige und Königinnen ihre Titel von Gott erhielten und sich unter göttlichem Schutz befänden. Er gestattete deshalb Balian, die Reise nach Jerusalem zu unternehmen.

Nach Hattin war es Saladins wichtigste Aufgabe, die Küste Palästinas zu sichern. Er handelte sehr rasch; sein Heer erreichte die Mauern von Akkon vier Tage nach der Schlacht von Hattin. Drei Tage später besuchte Saladin einen Gottesdienst in der Moschee, die während drei Generationen eine christliche Kirche gewesen war. Er befreite viertausend muslimische Gefangene und gelangte in den Besitz der Schätze der reichsten Stadt an der palästinischen Küste. Er rief seinen Bruder Al Adil (Saphadin) auf, ihm mit seinem ägyptischen Heer zu helfen, ganz Palästina zu unterwerfen. Al Adil marschierte der Küste entlang nach Jaffa hinauf und belagerte die Stadt. Da sie sich weigerte, sich zu ergeben, erstürmte er sie, nahm alle Bewohner gefangen; sie sollten schließlich auf den Sklavenmärkten von Aleppo verkauft werden. In Akkon erging es den Christen besser, denn es wurde ihnen gestattet, die Stadt mit ihrem privaten Besitz zu verlassen.

Von Akkon aus schwärmten Saladins Streitkräfte über Galiläa und Samaria aus und erzwangen die Übergabe von Nazareth und Sephoria, während andere Truppenteile der Küste entlang zogen und Haifa und Caesarea eroberten. Nablus fiel und auch Toron, das sechs Tage lang belagert worden war. Als die erste Augustwoche anbrach, war Saladin Herr von Sidon, Beirut und Dschubail. Nur Beirut leistete ihm zähen Widerstand und hielt acht Tage lang aus. Diesen Städten bot Saladin die gleichen Übergabebedingungen an wie Akkon: Die Bürger durften die Stadt frei verlassen. Nur Jerusalem, Tyrus und Askalon waren noch in den Händen der Christen, und Jerusalem war dem Untergang geweiht.

Tyrus überlebte, weil Saladin keine Eile hatte, es zu erobern. Dies war ein Fehler. Konrad von Montfort, der im Dienste des byzantinischen Kaisers gestanden hatte, verließ infolge einer Blutfehde Konstantinopel unvermittelt und fuhr mit seinem eigenen Schiff zuerst nach Akkon und dann, als er die Stadt von Saladins Heer besetzt fand, weiter nach Tyrus. Dort stellte er fest, daß die Christen wegen der Niederlage bei Hattin sehr niedergeschlagen waren und daß sie

beunruhigt waren, weil Rainald von Sidon bereit war, die Stadt an Saladin zu übergeben. Konrad übernahm das Kommando, vertrieb Rainald und erteilte den Befehl, daß jedermann sich für die Verteidigung zur Verfügung halten müsse. Konrad war ein feuriger und harter Mann von rücksichtsloser Entschlußkraft.
Saladin rückte mit seinem Heer heran und griff an. Tyrus erwies sich als uneinnehmbar. Auf Befehl Saladins wurde der alte Markgraf von Montferrat, der Vater Konrads, aus seinem Gefängnis in Damaskus herbeigebracht und vor den Stadtmauern vorgeführt. Man drohte ihm mit dem Tode, wenn sich die Stadt nicht ergebe. Konrad antwortete, er werde nicht um das Leben seines Vaters feilschen; er werde sich nicht ergeben. Saladin gestattete dem alten Markgrafen, in sein Gefängnis zurückzukehren, und führte die Belagerung weiter.
Die Verteidigung von Tyrus war entscheidend für das Überleben der Kreuzfahrer. Konrad wußte das und kämpfte um so eifriger. Schließlich zog Saladin sein Heer ab und wandte sich gegen Askalon. Dort gab es keinen Verteidiger, der wie Konrad fähig war, die Bevölkerung dazu aufzurütteln, dem Feind kompromißlos zu trotzen. Wie Saladin den alten Markgrafen nach Tyrus gebracht hatte, um ihn den Bewohnern, die auf den Stadtmauern standen, zu zeigen, so führte er jetzt vor den Mauern Askalons den König und den Großmeister der Templer vor. Er hatte sie von Damaskus herbeigebracht mit dem Versprechen, ihnen die Freiheit zu geben, wenn sich Askalon ergebe. Aber Askalon weigerte sich, sich zu ergeben, und kämpfte noch zwei Wochen weiter. Als es dann offensichtlich wurde, daß Saladin die Stadt im Sturm nehmen würde, und da bekannt war, daß auf solche Sturmangriffe in der Regel ein allgemeines Gemetzel folgte, schaltete sich der König ein. Und auf seinen Einfluß hin ergab sich die Stadt. Der König erhielt seine Freiheit nicht sofort zurück, sondern kam vorerst in ein Gefängnis in Nablus, wo er Königin Sibylla sehen durfte. Im folgenden Sommer wurde er zusammen mit seinem Bruder und allen übrigen Rittern, die in der Schlacht von Hattin gefangengenommen worden waren, freigelassen.
Keines dieser Unternehmen war für Saladin so wichtig wie die Eroberung von Jerusalem, der er jetzt seine Aufmerksamkeit zuwandte. Jerusalem verfügte über kein Heer, das imstande war, die Stadt zu verteidigen, und über keinen Befehlshaber, der fähig war, die Bevölkerung zu einer Massenerhebung aufzurütteln. Heraklius, der den Befehl führte, besaß nicht das Vertrauen der Bevölkerung und war beim Klerus und bei den Hauptleuten der Besatzung verhaßt. Am Tage, an dem sich Askalon ergab – es war der 4. September 1187 – fand eine partielle Sonnenfinsternis statt. An diesem Tag empfing

Saladin fast im Dunkeln eine Abordnung führender Bürger aus dem achtzig Kilometer entfernten Jerusalem. Saladin fragte sie, wann sie bereit seien, die Stadt zu übergeben. Sie antworteten, sie würden sie bis zum Ende verteidigen. Zornig schickte er sie zurück und erinnerte sie daran, daß er die Macht besitze, Jerusalem einzunehmen und alle Christen in der Stadt zu vernichten.
Balian von Ibelin übernahm den Befehl über die christlichen Streitkräfte. Er war bei Hattin gefangengenommen worden und war sich wohl bewußt, daß er sich als Gefangener auf Ehrenwort in einer heiklen Lage befand. Er schrieb an Saladin und erklärte ihm, unter welchen Umständen er den Befehl über die Stadt übernommen habe. Er bat Saladin, ihm den Bruch des Ehrenwortes zu verzeihen, und ersuchte ihn, die Stadt zu verschonen. Darauf konnte Saladin sich nicht einlassen. Balian von Ibelin machte eine heldenhafte Anstrengung, um die Stadt auf die Verteidigung vorzubereiten. Jeder Knabe, der beweisen konnte, daß er von adeliger Abkunft und fähig war, Waffen zu tragen, wurde zum Ritter geschlagen, und etwa dreißig Bürger wurden ebenfalls zu Rittern erhoben. Der Davidsturm enthielt einen reichhaltigen Vorrat an Waffen. Balian nahm die Schatzkammer in Besitz und löste das Silber vom Dach der Grabeskirche ab. Stroßtrupps brachten aus den umliegenden Dörfern Getreide herbei. Die Stadt war voll von Flüchtlingen, vorwiegend Frauen und Kinder. Balian machte sich über die Schwierigkeiten, die mit der Verteidigung Jerusalems verbunden waren, keine Illusionen.
Saladin rückte gegen Jerusalem vor wie eine langsame, schwere Maschine, die alles zerstörte, was ihr in den Weg kam. Am 26. September befand er sich auf dem Ölberg und schaute auf Jerusalem hinunter. Er hatte bereits Belagerungsmaschinen vorausgeschickt, allerdings mit geringem Erfolg. Die Christen waren aus der Stadt hervorgebrochen und hatten sie zerstört. Unter Balians Kommando war aus Jerusalem eine Stadt geworden, deren Verteidiger so verzweifelt waren, daß sie eher bereit waren zu sterben, als sich dem Eroberer zu unterwerfen. Saladin realisierte, daß er in Jerusalem Straße um Straße, Haus um Haus werde erkämpfen müssen. Er war einem allgemeinen Gemetzel nicht abgeneigt, zog aber eine friedliche Übergabe vor. Am 30. September erschien Balian in seinem Zelt, um über die Übergabebedingungen zu verhandeln.
Saladin sonnte sich in seinem Triumph. Allein die Tatsache, daß Balian als Bittsteller vor ihm stand, war ein Anlaß zu grenzenloser Freude. Saladin zeigte auf seine eigene Standarte, die auf den Mauern Jerusalems wehte, und sagte: «Die Stadt ist eingenommen. Es erübrigt sich, über Bedingungen zu verhandeln.»

Balian erwiderte, eine einzige Flagge auf den Mauern bedeute nichts, der Kampf werde weitergehen, es gehe um mehr als um die Stadt. Es befänden sich fünftausend Muslime in den Händen der Christen, und Tausende und Abertausende von Christen würden sich selber umbringen, um zu vermeiden, daß sie von den Muslimen getötet würden. Er drohte, Jerusalem in Brand zu setzen und alle heiligen Stätten samt dem Felsendom und der Al-Aksa-Moschee zu zerstören. Sie würden alle Schätze und jedes lebende Geschöpf vernichten. Er beschrieb das neue Jerusalem sehr eindringlich als eine Stadt von Asche und Flammen. Außerhalb der Mauern würden sich alle Christen, die Waffen tragen könnten, auf die Muslime werfen. Alle würden sterben, aber im Sterben würde jeder einen Muslim mitreißen. Er zeichnete ein Bild des Jüngsten Gerichts.
Saladin erschrak, er war überzeugt, daß Balian genau das meinte, was er sagte. Er stimmte daher gewissen Bedingungen zu. Er werde die Bevölkerung als Gefangene betrachten, die ein Lösegeld entrichten müßten: zehn Goldstücke für jeden Mann, fünf Goldstücke für jede Frau und ein Goldstück für jedes Kind. Die Armen werde er freilassen gegen die Bezahlung der dreißigtausend Besanten aus dem Schatz König Heinrichs II., welche sich im Gewahrsam der Johanniter befänden. Er werde der Bevölkerung für die Bezahlung des Lösegeldes vierzig Tage einräumen. Wer nicht bezahle und zurückbleibe, werde zum Sklaven der Muslime gemacht.
Saladin stellte seine Wachen an den Toren auf. Diese prüften jeden, der durch die Tore kam, und verlangten den entsprechenden Tribut. Sarazenische Kaufleute strömten nach Jerusalem, um zu sehen, was sie für ein paar Goldmünzen kaufen konnten – ein Haus, ein Bett, ein Sklavenmädchen –, und es wurde von den Christen und den Muslimen viel gefeilscht. Die Christen waren günstige Händler und bald um ihre Güter gebracht. Einige, darunter Heraklius, bezahlten ihre zehn Goldstücke und verließen Jerusalem mit Schätzen beladen. Heraklius nahm die goldenen Tafeln der Kirchen von Jerusalem und selbst die goldene Tafel aus der Grabeskirche mit sich, und niemand hinderte ihn daran. Als Saladin hörte, daß sich der Patriarch mit dem ganzen noch in Jerusalem verbliebenen Goldschatz davonmache, meinte er voller Milde, man müsse ihm gestatten, zu tun, was ihm beliebe, es dürfe dem Patriarchen kein Härchen gekrümmt werden. Al Adil, Saladins Bruder, legte für einige arme Christen Fürbitte ein und sagte: «Sire, durch Gottes Gnade habe ich dir geholfen, das Land und diese Stadt zu erobern, und deshalb bitte ich dich, gib mir tausend Sklaven aus der Zahl der Armen.»[57] Saladin gewährte ihm die Bitte, und Al Adil ließ sie als eine Opfergabe für Gott frei. Saladin

selber verkündete, daß die alten Leute, die das Lösegeld nicht bezahlen könnten, freigelassen würden. Saladins Offiziere erinnerten ihn häufig an die blutigen Gemetzel, welche die Kreuzfahrer bei der Eroberung Jerusalems begangen hätten. Aber seine Barmherzigkeit reichte weit. Die Frauen und Töchter der Ritter bezahlten ihr Lösegeld, verließen Jerusalem und zogen zu Saladins Zelt. Dort schrien sie nach ihren Gatten und Vätern und baten, sie möchten ihnen zurückgegeben werden. Einige waren in der Schlacht gefallen, andere lagen in Gefängnissen. Saladin ordnete an, daß den Frauen, deren Gatten umgekommen waren, eine Entschädigung aus seiner Schatzkammer ausbezahlt werde. Er befahl seinen Schreibern, die Namen der Gefangenen aufzuschreiben, und versprach, daß er sie freilassen werde, sobald er sich in die Gefängnisse begeben könne. Was bei diesem Zusammentreffen am meisten überraschte: Saladin weinte, als er die Frauen weinen sah.

Er konnte es sich leisten, Mitgefühl zu zeigen: Jerusalem in seinem Besitz zu haben, war seine größte Errungenschaft. Indem er gezeigt hatte, daß dem christlichen Königreich in seinem Mittelpunkt der Todesstoß versetzt werden konnte, hatte er bewiesen, daß der Islam in der Lage war, alle Hindernisse zu überwinden. Er spielte seine Rolle mit Intelligenz und Einfühlungsgabe. Er hatte ein klares Ziel und wußte, was er tat, im Gegensatz zu den Christen, die sich wie Schlafwandler zu Tode geplündert hatten. Saladin besaß nun die Macht der Cäsaren. Der Osten lag in seiner Hand, und er konnte mit ihm tun, was er wollte. Er war der Herr der arabischen Welt und war mehr als ein König. Er war ein Kaiser geworden, ein Herrscher über viele Völker, der den Glanz der Macht verschmähte, ein sehr ruhiger und einzigartiger Mensch.

Aber auch wenn das Königreich untergegangen war, lebte es weiter in der Erinnerung der Christen, die an der Küste Palästinas zusammengedrängt voller Angst dahinlebten. In ihren Augen wurde eine verlorene Stadt dadurch um so lebendiger, daß sie verloren war. Das besetzte Jerusalem war ein Jerusalem, über das keine Unsicherheit mehr bestand. Eine verlorene Stadt war wie ein leeres Grab, sie wurde um so wirklicher und begehrenswerter, weil sie unerreichbar war.

AUSZÜGE AUS EINEM BRIEF VOM NOVEMBER 1187 AUS TYRUS, VON TERENZ, GROSSMEISTER DER TEMPLER, AN ALLE KOMTURE UND BRÜDER DES ORDENS.[58]

BRUDER TERENZ, bekannt als Großmeister des ärmsten Hauses des Tempels, selber der ärmste aller Brüder, nach der fast vollständigen Zerstörung der Bruderschaft, übermittelt allen Komturen und Brüdern des Tempels seine Grüße! Mögen sie zu Gott seufzen, über den die Sonne und der Mond staunen!
Der Zorn Gottes hat es in letzter Zeit zugelassen, daß Wir durch zahllose Plagen gezüchtigt werden, die Unsere Sünden über Uns gebracht haben. Weder schriftlich noch in der Sprache der Tränen, so unglücklich ist Unser Schicksal, können Wir das ganze Ausmaß dieser Dinge schildern. Wisset, daß die Türken eine unermeßliche Menge ihrer Leute versammelt haben und mit bitterer Feindseligkeit in die Gebiete der Christen eingedrungen sind... Sie haben sich fast über das ganze Land ausgebreitet: Jerusalem, Tyrus, Askalon und Beirut sind alles, was Uns und der Christenheit bleibt. Da beinahe alle Bürger dieser Städte getötet worden sind, werden Wir sie nicht halten können, wenn Wir nicht schnell göttliche Hilfe und die Unterstützung, die Ihr Uns bringen könnt, erhalten. Im gegenwärtigen Zeitpunkt belagern sie Tyrus unablässig bei Tag und bei Nacht, und sie sind so zahlreich, daß sie das ganze Land von Tyrus bis nach Jerusalem und Gaza wie Ameisenschwärme bedecken.
Gewährt Uns, Wir bitten Euch, Eure Hilfe so rasch, wie es Euch möglich ist. Gewährt Uns Hilfe, Uns und der Christenheit, die jetzt im Osten beinahe vernichtet ist, damit Wir mit Gottes Hilfe und durch die großen Verdienste der Bruderschaft und mit Eurer Hilfe die wenigen noch verbleibenden Städte zu retten vermögen! Lebt wohl!

AUSZÜGE AUS EINEM BRIEF DES KAISERS FRIEDRICH I. BARBAROSSA AN SALADIN, KÖNIG VON ÄGYPTEN, GESCHRIEBEN, BEVOR DER FALL VON JERUSALEM IM WESTEN BEKANNT WURDE.[59]

FRIEDRICH, DURCH DIE GNADE GOTTES Kaiser der Römer, stets erhabener und ruhmreicher Sieger über die Feinde des Reiches und glücklicher Herrscher über das ganze Reich, an Saladin, den

berühmten Herrscher der Sarazenen. Möge er sich von Pharao warnen lassen und Jerusalem nicht antasten!
... Du hast das Heilige Land entweiht, über das Wir im Auftrag des Ewigen Königs die Herrschaft ausüben als Wächter über Judäa, Samaria und Palästina, (und) die Sorge um Unser kaiserliches Amt ermahnt Uns, mit gebührender Strenge gegen eine solche anmaßende und verbrecherische Kühnheit vorzugehen. Deshalb, es sei denn, Du gebest vor allem anderen das Land, das Du genommen hast, ... (innerhalb) von zwölf Monaten zurück ... wirst Du im Feld von Soan das Schicksal des Krieges erleben, kraft des lebenspendenden Kreuzes und im Namen des wahren Josef.
Wir können kaum glauben, daß Dir das, was das ganze Altertum und die Schriften der Alten bezeugen, nicht bekannt ist ... Daß ... zahllose ... Länder Unserer Herrschaft unterstellt worden sind?
All dies ist jenen Königen bekannt, in deren Blut das römische Schwert so oft eingetaucht worden ist; und Du sollst, so Gott will, die Macht Unserer siegreichen Adler durch eigene Erfahrung kennenlernen und mit unseren Truppen aus vielen Nationen bekannt werden. Du wirst den Zorn der Teutonen erleben, die selbst in Friedenszeiten zu den Waffen greifen. Du wirst die Bewohner des Rheinlands kennenlernen und die Jugend Istriens, die nie in einer Schlacht die Flucht ergreift, die turmhohen Bayern, die stolzen und listigen Schwaben, die vorsichtigen Franken, die Sachsen, die mit ihren Schwertern spielen, die Thüringer, die Westfalen, die tatkräftigen Männer von Brabant, die Männer von Lothringen, denen der Frieden ungewohnt ist, die feurigen Burgunder, die flinken Bergler von den Alpen, die Friesen mit ihren Wurfspießen, die Böhmen, die feurig zu sterben wissen, die Polen, die wilder sind als die Tiere des Waldes, die Österreicher, die Istrier, die Illyrer, die Toskaner, die Venezianer und die Pisaner – und schließlich wirst Du mit Sicherheit erfahren, wie Unsere eigene rechte Hand, die Du für vom Alter geschwächt hältst, immer noch das Schwert zu führen vermag an jenem Tag der Ehrfurcht und der Freude, der für den Triumph der Sache Christi bestimmt ist.

AUSZÜGE AUS EINEM BRIEF SALADINS AN FRIEDRICH I. BARBAROSSA, GESCHRIEBEN NACH DEM FALL VON JERUSALEM.[60]

AN DEN GROSSEN KÖNIG, SEINEN AUFRICHTIGEN FREUND, den berühmten Friedrich, den König der Deutschen, im

Namen Gottes des Barmherzigen, durch die Gnade des einen Gottes des Gewaltigen, des Allmächtigen, des Siegreichen, des Immerwährenden, dessen Reich ohne Ende ist...

Wir geben dem aufrichtigen und mächtigen König, Unserem großen und friedlichen Freund, dem König von Deutschland, bekannt, daß ein gewisser Mann namens Heinrich zu Uns kam und vorgab, Dein Gesandter zu sein, und daß er uns einen Brief gab, von dem er sagte, er sei von Deiner Hand. Wir ließen ihn den Brief vorlesen, und Wir hörten ihn mit seinem Mund sprechen, und auf die Worte, die er mit seinem Mund sprach, antworteten Wir auch in Worten. Hier ist deshalb die Antwort auf Deinen Brief:

Du zählst all jene auf, die mit Dir gegen Uns verbündet sind, Du nennst sie und sagst – der König dieses Landes und der König jenes Landes – dieser Graf und jener Graf und die Erzbischöfe, Markgrafen und Ritter. Aber wenn Wir jene aufzählen wollten, die in Unserem Dienste stehen und die auf Unsere Befehle hören und Unseren Worten gehorchen, gäbe dies eine Liste, die sich nicht schriftlich niederlegen ließe. Wenn Du die Namen der Christen zusammenzählst, so sind die Sarazenen zahlreicher als die Christen. Wenn das Meer zwischen Uns und denjenigen, die Du Christen nennst, liegt, dann trennt kein Meer die Sarazenen, die nicht gezählt werden können: Zwischen Uns und denjenigen, die kommen, um Uns zu helfen, gibt es kein Hindernis. Die Beduinen stehen zu Uns, und sie allein würden ausreichen, um allen Unseren Feinden entgegenzutreten. Und die Turkmenen allein könnten sie auch vernichten. Und Unsere Bauern würden auf Unseren Befehl tapfer gegen alle Völker, die Uns überfielen, kämpfen und sie ihrer Reichtümer berauben und sie ausrotten. Und dann haben Wir die Soldaten, die das Land zugänglich machten, die davon Besitz ergriffen und Unsere Feinde vertrieben haben. Diese werden zusammen mit allen Königen des Islams nicht säumen, wenn Wir sie aufbieten, und sie werden auch nicht zögern, wenn Wir sie rufen.

Wann auch immer Deine Heere besammelt sind, wie Du in Deinem Brief sagst, und wann auch immer Du sie anführst, wie Dein Bote Uns sagt, Wir werden Dir mit der Macht Gottes entgegentreten. Wir werden uns nicht mit dem Land an der Meeresküste begnügen, sondern Wir werden mit Gottes Wohlgefallen hinüberkommen und Dir mit der Kraft Gottes alle Deine Länder wegnehmen. Denn wenn Du kommst, wirst Du mit allen Deinen Streitkräften kommen und alle Deine Leute mitnehmen, und Wir wissen, daß keine mehr zu Hause zurückbleiben werden, um sich zu verteidigen oder um für ihr Land zu kämpfen. Und wenn der Herr mit seiner Macht Uns den Sieg über

Dich gewährt hat, wird Uns nichts anderes mehr zu tun bleiben, als mit seiner Macht und mit seinem Wohlgefallen Deine Länder ganz einzunehmen.
Das Heer mit dem christlichen Glauben hat Uns zweimal in Babylon angegriffen, einmal in Damiette und wieder in Alexandria. Das christliche Heer ist in das Land Jerusalem vorgedrungen und gegen Damaskus und in das Land der Sarazenen. In jeder Festung gab es einen Herrn, der seinen eigenen Vorteil suchte. Du weißt, wie die Christen jedesmal zurückkehrten und was ihnen geschah...
Mit der Kraft und der Macht Gottes haben Wir Jerusalem und seine Gebiete eingenommen. Und für die drei Städte, die sich noch in den Händen der Christen befinden, Tyrus, Tripoli und Antiochia, bleibt nichts anderes, als daß Wir sie auch besetzen werden. Aber wenn Du den Krieg willst, werden Wir Dir mit der Macht Gottes, der in seinem Wohlgefallen will, daß wir das ganze Land der Christen besetzen, entgegentreten. Wenn Du den Frieden willst, brauchst Du nur den Statthaltern dieser drei Städte zu befehlen, sie sollen sich Uns ergeben, und Wir werden Dir das Heilige Kreuz zurückgeben, und Wir werden die christlichen Gefangenen in allen Unseren Gebieten freigeben, und Wir werden mit Dir im Frieden leben. Wir werden Dir gestatten, beim Heiligen Grab einen Priester zu halten, und wir werden die Klöster wiederherstellen, wie sie früher waren, und Wir werden für sie Gutes tun. Wir werden den Pilgern zeit Unseres Lebens gestatten zu kommen, und Wir werden mit Dir im Frieden leben.
Wenn der Brief, der durch die Hand Heinrichs zu Uns gekommen ist, tatsächlich der Brief eines Königs ist, haben Wir diesen Brief als Antwort geschrieben, und möge Gott Uns nach seinem Willen Rat geben.
Dieser Brief wurde durch die Gnade des einzigen Gottes im Jahre 584 nach der Ankunft des Propheten Mohammed geschrieben. Und möge Gott Unseren Propheten Mohammed erhalten und Unserem Erlöser, Unserem berühmten Herrn und siegreichen König, dem Geber der Einheit, dem wahren Wort, dem Schmuck und dem Banner der Wahrheit, dem Verbesserer der Welt und des Gesetzes die Rettung gewähren – vom Sultan der Sarazenen und der Ungläubigen, dem Diener der zwei heiligen Häuser und des heiligen Hauses von Jerusalem, dem Vater der Siege, JUSUF, dem Sohn des AIJUB.

VI DAS WÜTEN KÖNIG RICHARDS

Eine Reise zu Joachim

König Richard I. von England war einer jener Fürsten, die unweigerlich Achtung gebieten. Er war hochgewachsen, langgliedrig, breitschultrig, seine Bewegungen waren von einer besonderen Anmut, und er besaß die bezaubernde Fähigkeit, sich so zu geben, daß die Leute sich in seiner Gegenwart wohl fühlten. Er hatte das Benehmen eines Königs und den Geist eines Kondottiere, klar, erbarmungslos, unnachgiebig. Im Heiligen Land sollte er in Saladin einen ebenbürtigen Gegner finden.

König Richard I. hatte sein gutes Aussehen von seiner Mutter, Eleonore von Aquitanien, und seine dämonische Tatkraft von seinem Vater, König Heinrich II., geerbt. Richard war ein ausgezeichneter Dichter und ein vorzüglicher Musiker, aber am begabtesten war er als Planer und Stratege im Krieg. Er wurde zum Herzog von Aquitanien ernannt, als er fünfzehn Jahre alt war, und von da an war er ständig im Krieg mit benachbarten Fürstentümern.

Er war einundzwanzig, als er den eindrucksvollsten seiner frühen Feldzüge unternahm: einen Angriff auf die Burg Taillebourg. Sie war praktisch uneinnehmbar, von einem dreifachen Graben und dreifachen Mauern umgeben, und verfügte über eine Besatzung von über tausend Mann sowie Vorräte für eine längere Belagerung. Richard setzte das Dorf, das sich an die Mauern der Burg anlehnte, und alle andern Dörfer der Umgebung in Brand. Er besaß die Unverschämtheit und die Kühnheit, seine eigenen Zelte in der Nähe der Burg aufzustellen. Als schließlich die Besatzungstruppen einen wilden Ausfall unternahmen, war er darauf vorbereitet, er griff sie unbarmherzig an und verfolgte sie durch das Burgtor. Nachher zerstörten die Überlebenden und seine eigenen Truppen die Burg, so daß nur ein Haufen Schutt übrigblieb. Er war noch nicht Richard Löwenherz; er war Richard der Erbarmungslose, ohne den geringsten Sinn für Barmherzigkeit oder Mitleid.

Sein Sinn für Barmherzigkeit und Mitleid erwachte im Jahre 1187, als er vom Unglück von Hattin hörte. Obwohl die Schlacht am 7. Juli stattfand, hörte er erst Ende Oktober davon. Er nahm sofort das Kreuz und gelobte, Jerusalem zurückzuerobern, zur Überraschung seines Vaters, König Heinrichs II., und zum Mißfallen seines künftigen Schwiegervaters, König Philipps von Frankreich.
Auf einem Feld in der Nähe von Gisors trafen Philipp und Heinrich zusammen, um eine große Zahl von Mißverständnissen zu klären. Der Erzbischof von Tyrus, der Westeuropa besuchte, um Unterstützung für einen neuen Kreuzzug zu erhalten, kam zum selben Zeitpunkt in Gisors an. Er sprach in bewegten Tönen über den Verlust des Heiligen Grabes und wies auf die prekäre Lage der Christen hin, die sich jetzt an ein paar Festungen an der Küste Palästinas festklammerten. Er sprach so überzeugend, daß Philipp und Heinrich alle Probleme, die sie beschäftigten, vergaßen und aufmerksam dem Erzbischof zuhörten. Seine Beredsamkeit feuerte sie dazu an, das Kreuz zu nehmen. Der Erzbischof genoß die Gunst des Himmels, denn ein riesiges Kreuz erschien am Himmel, während er sprach.
Wiederum, wie in den Tagen Urbans II., wurde Frankreich von einer Welle wilder Begeisterung gepackt. Tausende nahmen das Kreuz. Man vereinbarte, daß die Engländer weiße Kreuze tragen sollten, die Franzosen rote und die Flamen grüne.
Diese Vorbereitungen wurden jedoch unterbrochen, als zwischen den Engländern und den Franzosen Krieg ausbrach. Richard wurde südlich von Aquitanien in Aufstände verwickelt, und Heinrich erkrankte in Chinon, wo sein Heer in Unordnung geraten war, während Philipp hoch zu Pferd saß und Bedingungen diktierte. Heinrich starb elendiglich, seine letzten Worte murmelnd: «Schande, Schande über einen besiegten König.»
Mit Heinrichs Tod fiel England an Richard. Für ihn war England eine Beute. Er hatte wenig Interesse am Land selber; er sah in ihm nur eine Quelle für Einkünfte sowie die Heimat kräftiger Männer, die fähig waren, in Palästina zu kämpfen, und tüchtiger Schiffsbaumeister und Schiffszimmerleute, die in der Lage waren, eine Flotte zu bauen, die ihn dorthin bringen konnte. Als er nach England zurückkehrte, um in Westminster gekrönt zu werden, glaubten die Engländer, er sei gekommen, um zu bleiben. Sie hätten sich nicht gründlicher täuschen können. Er war gekommen, um im Namen des Kreuzzuges zu plündern. Er verkaufte Ämter und Titel an diejenigen, die am meisten dafür boten. Er entfernte alle Sheriffs von ihren Stellen und zwang sie dann unter Androhung von Gefängnisstrafen, ihr Amt wieder zurückzukaufen. Als man ihm in einem bestimmten Fall

vorwarf, er treibe offenkundigen Mißbrauch mit dem Staat, antwortete er: «Ich würde London verkaufen, wenn ich könnte.»
Es gelang ihm, auf diese Weise eine Geldsumme zusammenzubringen, die ausreichte, um eine Flotte von fast zweihundertfünfzig Schiffen zu bezahlen und Tausende von Pferden zu kaufen, die auf dem Landweg nach Marseille gebracht wurden. Er blieb nur etwa vier Monate in England, aber er raste durch das Land wie ein riesiges räuberisches Insekt. Dann begab er sich in seine Ländereien in Frankreich. Er ließ England fast in Ruinen zurück. Vorher hatte er noch eine allgemeine Amnestie verkündet, was zur Folge hatte, daß sich die Gefängnistore weit öffneten und alle anderen Diebe in die Freiheit entlassen wurden.
Die gleichen Gründe, die Richard zu einem vortrefflichen Planer und Strategen machten, machten ihn auch zu einem vortrefflichen Diplomaten, wenn es seinen Zwecken diente. König Philipp von Frankreich war sich sehr wohl bewußt, daß er die Pflicht hatte, die Grenzen seines Reiches zu erweitern, bis es so groß sein würde wie das Reich Karls des Großen. Vor allem wollte er Aquitanien, die Champagne und Flandern. Das machte ihn und Richard zu natürlichen Feinden. Doch als sie schließlich von Vézelay aus loszogen, benahm sich Richard so friedfertig, daß es schien, als seien sie die besten Freunde. Sie ritten Seite an Seite, nahmen ihre Mahlzeiten gemeinsam ein, führten endlose friedliche Gespräche und schliefen im gleichen Zelt. Jedermann, der sie zusammen sah, gewann den Eindruck, sie seien über alles gleicher Meinung und begegneten einander außerordentlich freundlich, obwohl in Tat und Wahrheit jeder den anderen lieber tot gesehen hätte.
In der Geschichte der Kreuzzüge gab es wohl kaum einen Auszug, der demjenigen, der am 4. Juli 1190 Vézelay verließ, ähnlich sah. Es war ein sehr langer Zug, denn man schätzte, daß hunderttausend Mann daran teilnahmen. Es waren Engländer, Franzosen, Männer aus Anjou und Normannen, eine rauhe und glückliche Schar, die weit von den Schlachtfeldern entfernt mit großer Begeisterung ihre Kreuzfahrerlieder sang. Der Zug wand sich durch Städte und Dörfer, bis er Lyon erreichte. Die Dorfbewohner traten überall aus ihren Häusern und boten Brot und Wein und kühles Wasser aus ihren Brunnen dar. Wenn sie die Ritter heranreiten sahen, staunten sie über die farbigen Satteldecken und die im Winde wehenden Federbüsche und Seidenmäntel und hielten ihre Kinder zu ihnen empor, damit sie sie berührten, denn sie glaubten, diese mächtigen Männer, die zum Heiligen Grabe unterwegs waren, seien Träger einer besonderen Gnade. Mindestens tausend Priester in schwarzen Talaren begleiteten

den farbenprächtigsten Zug, der sich jemals durch Frankreich bewegt hatte.

In Lyon trennten sich die beiden Könige. Richard und Philipp fürchteten sich beide vor Seereisen, Philipp noch mehr als Richard. Er entschloß sich deshalb, sein Heer über die Alpen zu führen und dann der italienischen Küste entlang nach Genua zu marschieren. Richard rechnete damit, daß seine gewaltige Flotte, die Monate zuvor von Dartmouth aus in See gestochen war, bald in Marseille eintreffen werde, und beschloß deshalb, dem linken Ufer der Rhone entlang zu marschieren und so das Meer zu erreichen. Im großen ganzen war Richard auf der Reise durch die Provence in freundlicher Stimmung, aber als er Marseille erreichte und feststellte, daß die englische Flotte noch nicht angekommen war, geriet er in Wut.

Die beiden Könige hatten feierlich vereinbart, daß sie sich in Messina auf Sizilien treffen wollten und daß derjenige, welcher zuerst ankomme, auf den andern warten werde. Obwohl sie auch vereinbart hatten, daß sie die gesamte Beute zu gleichen Teilen auf die beiden Heere verteilen wollten, mußten sie gewußt haben, daß eine solche Übereinkunft undurchführbar sein würde. Sie war hauptsächlich als äußeres Zeichen ihrer Freundschaft gedacht.

Voller Wut darüber, daß seine Flotte mit dem größeren Teil seines Heeres noch nicht angekommen war, mietete Richard rasch zwei große Transportschiffe und zwanzig gutbewaffnete Galeeren für die Gardetruppen, die ihn durch das Rhonetal hinunter begleitet hatten, und stach in Richtung Genua in See, wobei sich die Schiffe stets nahe beim Ufer hielten.

Philipp war bereits in Genua angekommen. Er war krank und niedergeschlagen. Der Marsch über die Alpen hatte sich als sehr schwierig erwiesen. Zudem hatte er kurz zuvor vernommen, daß Friedrich Barbarossa auf dem Weg ins Heilige Land im Flusse Saleph in Kilikien ertrunken war. Sein Heer sei nachher auseinandergefallen; nur wenigen sei es gelungen, nach Deutschland zurückzukehren; der Rest sei von den Türken niedergemetzelt worden oder an Seuchen gestorben. Niemals sei ein mächtiges Heer so rasch untergegangen. Die Nachricht setzte Philipp sehr zu, aber Richard war nicht übermäßig beunruhigt. Er verbrachte einen Tag damit, Philipp zu trösten. Dann fuhr er nach Portofino und von dort in gemütlicher Fahrt die italienische Küste hinunter. Er befand sich in Salerno, als er vernahm, daß ihn seine Flotte überholt habe und sich bereits Messina nähere.

Wie alle Könige, die an den Kreuzzügen teilnahmen, litt Richard an einer seltsamen Saumseligkeit. Er hatte gelobt, das Heilige Grab zu retten, aber es eilte ihm nicht damit. Er verbrachte zehn Tage in Neapel, ritt nach Salerno und besuchte die berühmte medizinische Hochschule. Er benahm sich, wie wenn er in den Ferien wäre. Aber als er endlich die sizilianische Küste erreicht hatte und zu seinen Schiffen hinausgerudert wurde, verhielt er sich wie ein Eroberer. Von seinem Flaggschiff aus erteilte er den Befehl, die Flotte solle abdrehen und auf den Hafen zufahren, und seinen Seeleuten und Soldaten befahl er, mit ihren Hörnern und Trompeten einen solchen Lärm zu machen, daß die weißen Mauern von Messina zitterten und bebten, als wüte ein Erdbeben. Sein lauter und denkwürdiger Einzug in die Stadt rief in den Herzen der Bevölkerung Angst und Schrecken hervor.

Philipp hieß Richard mit dem Friedenskuß willkommen. Er hatte sich von seinem Fieber erholt und war in so guter Verfassung, daß er sofort nach dem Heiligen Land aufbrechen wollte. Am gleichen oder am folgenden Tag befahl Philipp seiner Flotte, in See zu stechen; aber der Wind drehte, und er mußte umkehren. Während die beiden Flotten vor Anker lagen, beobachteten die Könige einander aufmerksam, und jeder suchte nach Vorteilen. Da Philipp Messina zuerst erreicht hatte, bewohnte er den königlichen Palast, während Richard und sein Gefolge ein von Weinbergen umgebenes Landhaus in der Umgebung der Stadt belegten.

Messina wurde zu jener Zeit von drei verschiedenen Volksstämmen bewohnt: von Griechen, den Nachkommen der griechischen Siedler der Frühzeit, von Italienern und von Sarazenen. Die Griechen hatten eine besondere Abneigung gegen die Kreuzfahrer; sie standen in enger Verbindung mit Konstantinopel und fürchteten vielleicht, daß Richard und Philipp Absichten in bezug auf Byzanz hätten. Die Engländer und die Truppen aus Anjou lagerten an der Küste außerhalb der Stadtmauern. Es kam häufig zu Streitereien. Einige Kreuzfahrer wurden getötet. Es wäre sehr leicht gewesen, einen Zwischenfall zu provozieren, der zu einer richtigen Schlacht geführt hätte. Richard, der sich bereits als obersten Richter betrachtete, ließ in seinem Lager einen Galgen aufstellen und machte sich daran, alle Diebe und Mörder, ob Griechen oder eigene Soldaten, zu hängen.

Philipp schien nie eigenmächtig zu urteilen. Aufgrund solcher oberflächlicher Einschätzung wurden die beiden Könige «der Löwe und das Lamm» genannt. In Wirklichkeit konnte Philipp ebenso eigenmächtig vorgehen wie Richard, wenn es seinen Zwecken diente.

Von Tankred, dem König von Sizilien, der von Palermo aus regierte, kam bald das von Richard am meisten ersehnte Geschenk: seine Lieblingsschwester Johanna, eine schöne, gebildete Frau. Sie war die Königinwitwe von Sizilien, denn sie war mit König Wilhelm II. verheiratet gewesen. Tankred hatte sie sozusagen als Gefangene gehalten. Jetzt kam sie mit ihrer Aussteuer und einer Million Terzinen anstelle ihrer Mitgift daher. Richard verlangte den Rest ihrer Mitgift. Dazu gehörten ein mehr als vier Meter langer vergoldeter Tisch, ein goldener Stuhl und ein Tafelservice von vierundzwanzig goldenen und silbernen Tellern und Trinkschalen. Er verlangte auch die Erbschaft, die Wilhelm II. seiner Witwe vermacht hatte. Es war offensichtlich, daß Richard seine Schwester Johanna, die jetzt fünfundzwanzig Jahre alt war, zärtlich liebte, aber auch etwas von diesem Geld und den Schätzen für sich wollte. Als König von England, Herzog der Normandie und von Aquitanien und Graf von Anjou fühlte er sich für die junge Königinwitwe von Sizilien verantwortlich, denn sie war auch eine englische Prinzessin. Im Laufe der Zeit sollte er Tankred jeden Pfennig abnehmen, von dem er glaubte, er gehöre ihm oder seiner Schwester.

Um Johanna zu beschützen, besetzte er die gutbefestigte Burg in La Bagnara und verbrachte sie dorthin. Er ließ einige Ritter und Soldaten zurück, um sicherzustellen, daß ihr nichts angetan werde. Als nächstes besetzte er das Kloster, das auf einer Insel im Fluß Faro lag. Er vertrieb die Mönche und ihre Bediensteten und füllte das Kloster mit Vorräten für sein Heer. Er sollte sie allerdings erst im Frühjahr benötigen, denn das Jahr war bereits zu weit fortgeschritten, als daß die Schiffe noch ins Heilige Land hätten fahren können. Er wollte in Sizilien überwintern und wenn möglich Messina besetzen.

Er wartete nur auf eine Provokation, und die ereigneten sich täglich. Eine Auseinandersetzung zwischen englischen Soldaten und einer Brotverkäuferin führte zu heftigen Streitigkeiten; die Engländer griffen zu den Waffen, die Bevölkerung von Messina schloß die Stadttore, stieg auf die Mauern und bereitete sich darauf vor, die Stadt zu verteidigen. Richard kam aus seinem Landhaus herbei, machte einen Rundgang um die äußeren Mauern, entdeckte ein unbewachtes Nebentor und betrat die Stadt mit zwei seiner Soldaten, nachdem er das Tor einfach mit einem Beil aufgebrochen hatte. Während die Engländer immer noch von außen angriffen, befand sich Richard bereits im Innern der Stadt. Es war jetzt dunkel; niemand beachtete sie, als sie der Mauer entlang schlichen. Sie erreichten rasch das Haupttor. Es war unbewacht. Richard und seine zwei Soldaten öffneten das Tor und ließen das Heer hinein.

Um die Eroberung Messinas zu feiern, zog Richard seine Flagge über dem Haupttor der Stadt und ringsherum auf den Mauern auf, sehr zum Mißbehagen von König Philipp, der den Kampf vom königlichen Palast in Messina aus mitverfolgt hatte. Hatten sie nicht vereinbart, daß die gesamte Beute gemeinsamer Besitz werden solle? Richard zögerte, aber dann entschloß er sich, die französische Flagge neben der englischen aufziehen zu lassen. König Philipp fand, es diene der Sache der Freundschaft, wenn beide Flaggen nebeneinander aufgezogen seien.

Richard mißtraute der Bevölkerung von Messina und fürchtete sie aus gutem Grunde. Wie konnte er sicherstellen, daß sie nie versuchen würden, sich zu rächen? Da kam ihm eine gute Idee: Er hatte ja Belagerungsmaschinen mitgebracht; jetzt stellte er einen der riesigen Türme mit einer Hängebrücke ganz zuoberst vor den Mauern auf. Dieser Turm, den er «Mategriffon», «Griechentöter», nannte, übte eine tiefe psychologische Wirkung aus, denn der Turm ragte über die Mauern hinaus und schien jedermann in der Stadt zu überwachen.

Am 8. Oktober, zwei Wochen nach seiner Ankunft in Messina, lud Richard Philipp zu einem Kriegsrat ein, bei dem alles, was den Kreuzzug betraf, besprochen werden sollte. Sie schworen sich über heiligen Reliquien Freundschaft. Sie wollten einander helfen; sowohl auf dem Hinweg als auch auf dem Rückweg wollten sie einander beschützen; sie wollten auch die Gesetze des Kreuzzuges befolgen, die noch nie zuvor verkündet worden waren: Allen außer den Rittern und den Klerikern wurde das Glücksspiel verboten, und kein Ritter und kein Kleriker durfte dabei mehr als zwanzig Schilling verlieren. Verlor einer mehr, mußte er eine Buße von hundert Schilling bezahlen. Von diesem Gesetz waren Könige ausgenommen. Seeleute, Soldaten und gewöhnliche Männer sollten, wenn man sie beim Spielen erwischte, an drei Tagen nackt durch das Heer hindurchgepeitscht oder an drei aufeinanderfolgenden Morgen ins Meer geworfen werden. Niemand durfte Waren hamstern; kein Angehöriger des Heeres durfte Brot kaufen, um es mit Gewinn zu verkaufen. Der Brotpreis wurde auf einen halben Pfennig pro Laib angesetzt. Der Weinpreis wurde festgelegt. Bei keinem Verkauf durfte der Gewinn zehn Prozent übersteigen, und der Kauf von Teig wurde ausdrücklich verboten. Die Gesetze waren streng und wahrscheinlich nicht durchsetzbar.

Bevor Richard nach Vézelay aufbrach, hatte er sich in Chinon damit vergnügt, ein Gesetzbuch für seine Seeleute zusammenzustellen. Wenn ein Seemann einen anderen umbrachte, wurde er mit der Leiche des Opfers zusammengebunden und in das Meer geworfen. Wenn ein Seemann fluchte oder einen anderen verunglimpfte, mußte er eine Unze Silber bezahlen. Einem Seemann, der stahl, wurde der Kopf kahlgeschoren; dann wurde er mit siedendem Pech übergossen und mit Federn überschüttet, so daß jedermann wußte, mit wem er es

zu tun hatte, und im nächsten Hafen wurde er an Land gebracht. Das Strafen machte Richard Spaß.
Durch die Eroberung von Messina zwang Richard Tankred, den König von Sizilien, sich mit ihm in der Angelegenheit von Johannas Mitgift zu einigen. Sie trafen sich in Cefalù, einer kleinen Hafenstadt an der Nordküste Siziliens mit einer prächtigen Kathedrale, wo sich die schönsten normannischen Mosaike der damaligen Zeit befanden. Wiederum versicherten sie sich ihrer Freundschaft. Tankred bot Richard vierzigtausend Unzen Gold an. Die Hälfte davon sollte Johannas Mitgift ausmachen, die andere Hälfte war als Mitgift für eine von Tankreds Töchtern gedacht, die er mit Arthur, dem Herzog der Bretagne, verloben wollte. Arthur war der Sohn von Richards verstorbenem älterem Bruder Gottfried und damals drei Jahre alt. Er hatte einen gewissen Anspruch auf den englischen Thron. Tankred scheint am Gedanken, unter seinen Töchtern eine künftige Königin von England zu haben, Gefallen gefunden zu haben, und vielleicht noch größeren Gefallen bereitete ihm die Möglichkeit, Richard gegen Philipp auszuspielen und seinen Thron behalten zu können, der wenige Tage zuvor noch in großer Gefahr gewesen war.
Der lange Winter wurde mit diplomatischen Manövern, Alarmen und Ausflügen ausgefüllt. Richard machte sich daran, sein Heer neu zu organisieren. Er ließ seine Schiffe an Land bringen und bezüglich Trockenfäule und Holzwurm untersuchen. Er führte einen nicht enden wollenden Briefwechsel mit dem Papst, den verschiedenen gekrönten Häuptern Europas und seiner eigenen Familie. In der Abgeschiedenheit der zu seinem Landhaus gehörenden Kapelle leistete er auch Buße für gewisse Sünden der Fleischeslust. Die Erzbischöfe und Bischöfe, die in Messina versammelt waren, wurden eingeladen, zuzusehen, wie der König barfuß und nur mit einem einfachen Hemd bekleidet auf den Altar zuschritt, dort sein Hemd auszog, vor ihnen niederkniete und Gott in seiner Nacktheit um Barmherzigkeit anflehte. «Von dieser Stunde an», schrieb der Chronist Roger von Hoveden, «wurde er ein Mann, fürchtete Gott, sagte sich vom Bösen los und tat Gutes.»[61]
Obwohl man zweifeln kann, ob dies wirklich eine Bekehrung zu einem sittenreinen Leben war, so steht doch außer Zweifel, daß sich Richard zum erstenmal in seinem Leben den Tröstungen der Religion zuwandte. Ein gewisser Joachim von Floris, ein Prediger von großer Beredsamkeit, der die Gabe der Weissagung besaß, war zu dieser Zeit Abt des Klosters Corazzo in Kalabrien. Richard scheint von diesem Seher fasziniert gewesen zu sein. Er ließ Joachim nach Messina kommen und führte mit ihm ein langes Gespräch, das zu einem großen

Teil mit dem Kommen des Antichrists zu tun hatte. Joachim war überzeugt, daß der Antichrist in der Gestalt eines Papstes erscheinen werde. Da Richard eine Anzahl Erzbischöfe mitgenommen hatte, konnte er die Streitfrage zugunsten eines antiochenischen oder babylonischen Antichrists entscheiden. Aber beide waren der Ansicht, er sei so nahe, daß sie seinen Atem spüren könnten, und man müsse mit ihm rechnen. Richard oder Joachim – aus der Schilderung Rogers von Hoveden geht nicht klar hervor, welcher spricht – beschreibt den Antichrist in abschreckenden Worten:

> Er wird in allen Gegenden der Welt Verfolgungen der Christen und aller Gerechten hervorrufen, und er wird sich der Gläubigen auf drei Arten bemächtigen: durch Schrecken, durch Geschenke und durch Wunder.
> Denjenigen, welche an ihn glauben, wird er Gold und Silber im Überfluß geben. Diejenigen, welche er nicht durch Bestechungen verderben kann, wird er mit Schrecken besiegen. Diejenigen, welche er nicht mit Schrecken besiegen kann, wird er durch Zeichen und Wunder irreführen können. Diejenigen, welche er nicht mit Zeichen und Wundern irreführen kann, wird er peinigen, und vor den Augen aller wird er sie durch einen grausamen Tod vernichten.
> Dann wird es Trübsal geben, wie die Erde sie noch nie gesehen hat, seitdem es Völker gibt, und diejenigen, welche sich auf dem Felde befinden, werden in die Berge fliehen, und keiner wird von den Bergen hinunter in sein Haus kommen, um zu nehmen, was ihm gehört.[62]

Obwohl die Trübsal unerträglich sein werde und die meisten Menschen darin umkommen würden, würde es eine rettende Gnade geben: Diese Zeit der Trübsal werde genau dreieinhalb Jahre dauern, und dann werde das Reich Gottes errichtet werden.

Richards Gespräch mit Joachim war wichtig, denn es zeigte den apokalyptischen Zug auf, den alle Kreuzzüge aufwiesen. Das Ziel des Kreuzzuges war nicht nur die Rettung des Heiligen Grabes und der heiligen Stätten, sondern in den Augen vieler, die daran teilnahmen, sollte er auch die Ankunft des Reiches Gottes auf Erden beschleunigen. Dort, bei Armageddon oder Antiochia oder Babylon oder Jerusalem, würden die Christen die letzte Schlacht mit dem Antichrist schlagen und ihn besiegen. Nach dem, was Joachim von Floris im Winter 1190 verkündete, würde in etwa fünfzehn Jahren ein Zustand vollkommenen Glückes über die Erde kommen, und Richard würde beim Sieg über den Antichrist eine wichtige Rolle spielen. Seine erste Aufgabe war jedoch der Sieg über Saladin, den sechsten der sieben Könige.

Richard war sich seiner Verantwortung wohl bewußt, denn Joachims Stimme war nicht die einzige, die er vernahm. Er hörte Donnerschläge, die lauter und schrecklicher waren, als er sie in Frankreich gehört hatte; er sah Blitze, die heller waren, als er sie je gesehen hatte, und er war darüber verwirrt und erschrak. Eines seiner Schiffe wurde vom Blitz getroffen und entzweigespalten, so daß es auf den Grund des Meeres sank. Das waren Zeichen, die auf den bevorstehenden Krieg mit Saladin und dem Antichrist hinwiesen.
Mittlerweile versuchte er, seine Feinde zu versöhnen und seine Freunde zu trösten. Er übergab der Bevölkerung von Messina einen Freibrief, und aus dem mörderischen Eroberer wurde ein Messina freundlich gesinnter König. Am Weihnachtstag lud er König Philipp zu einem riesigen Festmahl ein, das außerhalb der Mauern von Messina im Schatten Mategriffons, des hochragenden Belagerungsturmes, stattfand. Er überreichte König Tankred ein Schwert, von dem er sagte, es sei das Schwert Exkalibur, das König Arthur von England getragen habe. Es hatte den Anschein, als wollte er milder werden.

Langsame Fahrt nach Akkon

Der Winter ging dem Ende entgegen, aber Richard blieb noch in Messina. Eines seiner wichtigsten Anliegen war es, darauf zu achten, daß sein Geschlecht durch Heirat und Nachkommen erhalten blieb. Ende Februar 1191 erreichte ihn die Nachricht, seine Mutter, Eleonore von Aquitanien, befinde sich auf dem Wege nach Messina und habe Südfrankreich erreicht. Sie begleitete die Prinzessin Berengaria von Navarra als deren Erzieherin. Berengaria hatte als junges Mädchen Richard so sehr bezaubert, daß der König von Navarra sie nun Königin Eleonore anvertraut hatte, damit sie sie auf ihre Heirat vorbereite.
Die Ankunft Eleonores und Berengarias in Messina hätte Schwierigkeiten bereiten können. Richard war entschlossen, den Frieden zwischen ihm und Philipp von Frankreich nicht aufs Spiel zu setzen. Philipp beabsichtigte, seine Schwester Aloisia mit Richard zu verheiraten. Unglücklicherweise war Aloisia an den Hof Heinrichs II. gesandt worden, und es bestand kaum ein Zweifel, daß Heinrich seine königliche Macht dazu benutzt hatte, die für seinen Sohn vor-

gesehene Braut zu verführen. Es soll gewisse schriftliche Beweise gegeben haben, oder Richard schien das zumindest zu glauben. Philipp erschrak verständlicherweise, als er davon erfuhr. Aber er war jetzt davon überzeugt, daß der Kreuzzug wichtiger sei als das Schicksal seiner Schwester. Er erließ eine Proklamation, in welcher er im Namen der heiligen und ungeteilten Dreifaltigkeit festhielt, daß er wegen Aloisia mit Richard keinen Streit habe und daß sie einen festen Frieden und Freundschaft geschlossen hätten. Philipp stach am 30. März Richtung Akkon in See, und Richard begleitete, wie es üblich war, die französische Flotte einige Kilometer weit.

Einige Tage später kam Königin Eleonore mit der jungen spanischen Prinzessin in Messina an. Es folgten einige Tage der Festlichkeiten, dann kehrte Königin Eleonore nach England zurück. Sie hatte ihre Mission erfüllt. Die Prinzessin wurde Johanna, der Königinwitwe von Sizilien, in Obhut gegeben. Es war zu spät, um noch eine Hochzeitsfeier zu veranstalten; die Flotte war im Begriff, nach dem Osten auszulaufen. Berengaria und Johanna erhielten ein eigenes Schiff für sich, ihre Dienerschaft und ihre gutbewaffneten Wachen.

Die Flotte verließ Messina am 10. April. Richard befehligte über zweihundert Schiffe aller Größen, von großen Kriegsschiffen bis zu Frachtschiffen, einige mit Segeln, andere mit Rudern und wieder andere sowohl mit Segeln wie mit Rudern. Wir dürfen uns nicht vorstellen, daß diese Segelschiffe irgendeine Ähnlichkeit mit den Schnellseglern der Viktorianischen Zeit aufwiesen. Die Kunst des Segelns steckte immer noch in ihren Anfängen. Der Admiral der Flotte, Robert von Turnham, gab seine Befehle durch Trompetenstöße und durch das Schlagen einer großen Trommel, so daß jedes Schiff, das außer Hörweite war, in Schwierigkeiten geraten konnte. Aus diesem Grunde blieben die Schiffe so nahe beisammen als möglich.

Sie waren zwei Tage von Messina entfernt, als ein heftiger Sturm losbrach und die Schiffe auseinandergetrieben wurden. Fünfundzwanzig Schiffe verschwanden spurlos. Richard betete inbrünstig auf dem Hauptdeck seiner Galeere. Er betete immer noch, als mitten in der Nacht der Sturm nachließ.

Eine Woche nach der Abfahrt von Messina ging er auf der Höhe von Kreta vor Anker. Von der Galeere mit der Prinzessin fehlte jede Spur. Er fürchtete, sie könnte ertrunken sein. Der Verlust der Prinzessin hätte auch den Verlust seines Schatzes bedeutet, der auf ihrem Schiff untergebracht worden war. In Wirklichkeit war ihr Schiff mit mehreren anderen Schiffen weit nach Süden abgetrieben worden, und sie alle befanden sich jetzt auf dem Weg nach Norden.

Zwei dieser Schiffe erlitten Schiffbruch. Die Überlebenden erreichten das Ufer und wurden in der Nähe von Amathus von den Truppen des Isaak Komnenos, des selbsternannten Despoten von Zypern, gefangengenommen. Einigen gelang es nicht, das Ufer zu erreichen, und sie ertranken. Unter ihnen befand sich Roger Malchen, Richards Vizekanzler, der das königliche Siegel um den Hals trug. Seine Leiche trieb mit dem Siegel ans Land, und Isaak Komnenos merkte bald, daß die Schiffe zu Richards Flotte gehörten und daß es vorteilhaft war, die Überlebenden als Geiseln zu behalten. Er vernahm auch, daß das dritte Schiff die Prinzessin mitführe. Er unternahm alles mögliche, um die Prinzessin und ihr Gefolge zu veranlassen, an Land zu kommen. Er wußte, daß Richard eine sehr große Flotte hatte; es schien ihm deshalb ratsam, möglichst viele Geiseln zu nehmen.

Er war immer noch daran, Ruderboote zum Schiff der Prinzessin hinauszuschicken und sie einzuladen, an Land zu kommen, als plötzlich Richards Flotte am Horizont auftauchte. Die Prinzessin war gerettet, aber Isaak Komnenos hatte viele schiffbrüchige Seeleute gefangengenommen, und die Schätze, die ans Ufer geschwemmt worden waren, in Besitz genommen.

Richard entsandte Boten, welche die Rückgabe der Gefangenen und der Schätze verlangen sollten. Als sein Ersuchen dreimal abgewiesen worden war, entschloß er sich, die Stadt zu besetzen. Isaak Komnenos sah, daß ein Angriff bevorstand, und ließ schnell eine Sperre aus Baumstämmen, Balken, Kisten und Bänken errichten, bewaffnete seine Leute, so gut er konnte, und wartete auf den Angriff. Richard war ein weit besserer Stratege als Isaak Komnenos, und die englisch-normannische Flotte landete ohne Schwierigkeiten. Richard, der mit einer Axt bewaffnet war, war einer der ersten, die das Ufer erreichten. Die Sperre war bald niedergerissen, die Bogenschützen schossen ihre Pfeile ab, dann war es an den Männern mit den Lanzen, Schwertern und Keulen, auf einen Feind loszugehen, der keine Lust hatte zu kämpfen. Am späten Nachmittag, als die Dämmerung hereinbrach, gab der Despot die Stadt auf und zog sich mit seiner Garde zurück. Richard betrat die Stadt im Triumph und fand dort reichliche Vorräte an Öl, Wein, Getreide und Fleisch. Isaak Komnenos stellte seine Zelte etwa acht Kilometer weit entfernt in einem dichtbewaldeten Tal auf und wartete auf eine Gelegenheit, die Stadt zurückzuerobern.

Die Nachricht, daß Isaak Komnenos sich nicht weit weg in einem abgeschiedenen Tale versteckt halte, erreichte Richard mitten in der Nacht. Richard beschloß, Isaaks Lager zu vernichten und ihn wenn möglich gefangenzunehmen. Es gelang ihm beinahe. Es gab eine kurze, blutige Schlacht im Tale. Richard bemächtigte sich sämtlicher

Pferde und Waffen und des Schatzes von Isaak mitsamt seinen prächtigen Zelten und seiner goldbestickten Schlachtstandarte. Der Despot war nackt aus seinem Bett gesprungen und in den Wald entflohen.
Drei Tage später traf in Limassol eine kleine Flotte gutbewaffneter Galeeren aus Akkon ein. An Bord befanden sich Guido von Lusignan, der König von Jerusalem, und alle seine wichtigsten Edelleute. Sie waren gekommen, um von Richard unter allen Umständen eine klare Zusage zu erhalten, daß er seine gewaltige Flotte sofort in das arg bedrängte Heilige Land bringen werde. Richard verlangte, daß sie alle ihm Treue schwören sollten, und sie willigten ein. Er versprach, seine Flotte nach Akkon zu bringen, sobald er sich um mehrere wichtige Angelegenheiten gekümmert habe.
Die erste dieser Angelegenheiten war die Krönung Berengarias. Sie wurde in der Burgkapelle von Limassol zur Königin von England gekrönt. Zwei Könige, alle Würdenträger Richards und der halbe Adel des Heiligen Landes wohnten der Krönung bei. Die Hochzeitszeremonie war ebenso lang, abwechslungsreich und großartig wie die Krönung. Dann folgte das unvermeidliche Festmahl, aber sobald es vorüber war, war Richard wieder unterwegs auf der Suche nach Isaak Komnenos und den Überresten seines Heeres.
Isaak Komnenos befand sich in Nikosia und stellte dort ein Heer zusammen, um mit ihm die Stadt zurückzuerobern, die er verloren hatte. Er hoffte, Richard habe es so eilig, das Heilige Land zu erreichen, daß er keine Zeit an ihn verschwenden werde.
Richard wollte ihn jedoch vernichten; aber der Großmeister der Johanniter meinte, es wäre von Vorteil, ihn zum Verbündeten zu machen. Der Großmeister war unnachgiebig, so daß Richard schließlich einem Treffen mit Isaak Komnenos auf einem Feld in der Nähe von Limassol zustimmte. Dort stellte er ihm ein Ultimatum. Wenn er sich vernünftig benehme, würden ihm die Insel und alle ihre Festungen zurückgegeben werden. Aber er müsse Richard zuerst von seinen guten Absichten überzeugen, indem er ihm Treue schwöre und fünfhundert von seinen Rittern unter seinem Befehl ins Heilige Land entsende. Ferner müsse er ihm alle seine Burgen und Festungen auf Zypern zur Verfügung stellen und für die Männer, die er ausgeplündert habe, als sie auf der Insel Schiffbruch erlitten hätten, eine Entschädigung von dreitausendfünfhundert Mark bezahlen. Isaak Komnenos war mit allem einverstanden, denn er war sicher, daß Richard bald abreisen und daß er dann alles zurückerhalten werde. Richard gab ihm das prächtige Zelt zurück, das er beim nächtlichen Ausfall erobert hatte, und gab ihm den Friedenskuß.

Das Treffen hatte nicht die erhoffte Wirkung. Isaak Komnenos floh nach Famagusta, denn er fürchtete, Richard werde ihn gefangennehmen. Er hoffte, er könne dort ein Heer aufstellen, das groß genug sei, um Richard in Schach zu halten. Guido von Lusignan, der König von Jerusalem, erhielt das Kommando über die Streitkräfte, die ausgesandt wurden, um ihn zu schlagen. Richard begab sich auf dem Seeweg nach Famagusta. Isaak Komnenos war verschwunden. In der Umgebung hatte es dichte Wälder. Die Griechen kannten sich darin aus, und es gab viele Burgen, wo der Despot hatte Zuflucht nehmen können.

Richard saß in einem Zelt an der Küste von Famagusta, als er ein Schiff aus dem Osten herankommen sah. Wie es näher kam, sah er, daß es die Flagge des Königreichs Jerusalem trug: fünf schwarze Kreuze auf weißem Grund. An Bord befanden sich Abgesandte von König Philipp von Frankreich. Er benötige Truppen für die Belagerung von Akkon, klagten die Abgesandten. Warum Richard seine Zeit in Zypern verschwende? König Philipp befinde sich schon seit einem Monat im Lager vor Akkon und warte auf Richard. Wie viele Monate er noch warten müsse? Richard, der es nicht gewohnt war, daß ihm jemand gebieterisch entgegentrat, geriet in Wut. Er verkündete, die Eroberung Zyperns sei für die Verteidigung des Heiligen Landes notwendig, und wer dies nicht einsehe, sei ein Narr. Er schickte sie weg und wandte seine Aufmerksamkeit Nikosia zu, wo gemäß den Aussagen der Spione Isaak Komnenos ein großes Heer versammelte. Die Spione berichteten auch, daß Isaak hoffe, Richard werde gegen Nikosia marschieren und in einen Hinterhalt geraten, den er ihm irgendwo am Weg bereitet hatte. Richard freute sich. Das bedeutete, daß es eine Schlacht geben werde, vielleicht jene Schlacht, die Isaak ein Ende bereiten werde. So verließen sie Famagusta in Schlachtordnung, Richard in der Nachhut, damit er sich vor dem von den Spionen angekündigten Hinterhalt hüten konnte.

Es kam zu keiner Schlacht, nur zu einer Reihe von Scharmützeln, welche das Heer belästigen sollten. Einmal kam Isaak Komnenos so nahe an Richard heran, daß er vergiftete Pfeile auf ihn abschießen konnte. Sie richteten keinen Schaden an, sondern prallten an seiner Rüstung ab. Aber als Richard entdeckte, daß die Pfeile vergiftete Spitzen hatten, wallte sein Zorn wieder auf. Er gab seinem Pferd die Sporen, um Isaak zu verfolgen. Isaak Komnenos besaß das schnellste Pferd von ganz Zypern, einen Fuchs namens Fauvel, der «ihn mit der Schnelligkeit eines Hirsches direkt zur Burg von Kantara brachte». Klugerweise zügelte Richard sein Pferd, kehrte zu seinem Heer zurück und machte sich auf den Weg nach Nikosia.

Dort trat die Bevölkerung aus der Stadt heraus, um ihn als ihren neuen Oberherrn zu begrüßen. Er befahl den griechischen Edelleuten, zum Zeichen, daß sie einem neuen Recht unterstanden, ihre Bärte wegzurasieren. Isaak Komnenos wurde wütend, als er vernahm, daß Nikosia eingenommen worden sei und daß man allen Männern befohlen habe, die Bärte abzuschneiden. Er folterte die wenigen Engländer und Normannen, die ihm in die Hände gefallen waren, indem er sie verstümmelte, ihnen die Augen ausstach oder die Nasen abhieb.

Richard erkrankte, und die Fortsetzung der Eroberung wurde um einige Tage aufgeschoben. Unterdessen sammelte Guido von Lusignan Streitkräfte für einen Angriff auf die großen byzantinischen Festungen Kyrenia, Dieu d'Amour und Buffavento. In Kyrenia stießen sie auf die Tochter von Isaak Komnenos und nahmen sie gefangen. Sie hatten die Festung mit Hilfe von Führern, welche den Weg kannten, vom Land und vom Meer her angegriffen, und ihre Einnahme hatte sich als überraschend einfach erwiesen. Dieu d'Amour war viel schwieriger einzunehmen. Diese Festung lag auf einem siebenhundertachtzig Meter hohen felsigen Berg. Sie konnte nur auf schmalen Pfaden erreicht werden, was die Verteidigung begünstigte. Die Streitkräfte Guidos von Lusignan gelangten bis nahe an den Gipfel hinan, wurden aber zu Zielscheiben von gutgezielten Pfeilen und Felsbrocken.

Als sich die Festung schließlich ergeben hatte, fand man, dies sei der sicherste Ort in ganz Zypern, und so wurde die Tochter des Despoten dorthin gebracht. Richard selber griff die Festung Buffavento an. Sie war auch fast unerreichbar. Aber Isaak Komnenos war nicht dort. Er hatte sich in einem befestigten Kloster auf dem Kap St. Andreas versteckt. Dorthin ritt Richard einige Tage später, und Isaak mußte sich ergeben.

Isaak Komnenos warf sich vor dem König auf die Knie und flehte um sein Leben. Seine einzige Bitte war, man möge ihn nicht in eiserne Ketten legen. Richard entsprach dieser Bitte und erwies sich dem früheren Despoten gegenüber als ziemlich gastfreundlich. Dann befahl er, ihm anstelle der eisernen Ketten silberne anzulegen. In diesen silbernen Ketten wurde Isaak Komnenos nach Tripoli verbracht und in ein Gefängnis in der Festung Margat, die den Templern gehörte, geworfen.

Die Königin von England, die Königinwitwe von Sizilien und die Tochter des Despoten wurden mit dem größern Teil der anglonormannischen Flotte nach Akkon gebracht. Ein paar Tage später, am 5. Juni 1191, stach Richard selber in See.

Er war ein Mann, dem es nie an Abenteuern mangelte. Seine Schiffe stießen auf ein Schiff unter französischer Flagge. Aber es hatte etwas Verdächtiges an sich. Richard sandte deshalb zwei Galeeren mit Beauftragten aus, die mit dem Kapitän sprechen sollten. Der Kapitän sagte ihnen, er sei von Antiochia hergekommen, um an der Belagerung von Akkon teilzunehmen. Richard war immer noch mißtrauisch, und er sollte recht haben. Es stellte sich nämlich heraus, daß das Schiff mit Sarazenen bemannt war. Richard gab den Befehl zum Angriff. Die Sarazenen gossen griechisches Feuer auf ihre Angreifer. Aber sie wurden von allen Seiten her von schnellen anglonormannischen Schiffen eingekreist. Man hatte ihren Seeleuten die ganze Beute, die sich an Bord befinde, versprochen. Die hölzernen Seiten des sarazenischen Schiffes wurden von den eisernen Schnäbeln von Richards Schiffen getroffen. Das Schiff begann zu sinken, aber nicht bevor Richards Männer wie Ameisen darauf herumgekrochen waren und die versprochene Beute gefunden hatten. Viele von den vierzehnhundert Männern an Bord stürzten sich nackt vom sinkenden Schiff und wurden vom griechischen Feuer verschlungen. Einige Sarazenen wurden gefangengenommen, aber die meisten ertranken.

Richard hatte sich bereits als Eroberer bewährt, als er nun ins Lager vor Akkon kam.

Richard und Saladin

Richard hielt sich sechzehn Monate im Heiligen Land auf und vollbrachte Wunder. Wenn er länger geblieben wäre, hätte er vielleicht noch mehr Wunder vollbracht, aber es ist ebenso wahrscheinlich, daß er dann in die Fallen geraten wäre, welche ihm die Sarazenen gestellt hatten. In jenen sechzehn Monaten verbreitete er neue Kraft, verbunden mit einer neuen Art, das Leben zu betrachten, einer ungestümen, selbstsicheren, feurigen und manchmal ritterlichen Art. Es war, als ob die Kraft und die Entschlossenheit der ersten Kreuzfahrer in das Heilige Land zurückgekehrt wären.

Zu Beginn waren die Aussichten keineswegs vielversprechend. Er landete mit seinen Truppen in der Nähe von Akkon, richtete ein Lager ein und besichtigte unverzüglich die Truppen, die rings um die hohen Stadtmauern stationiert waren, bereit, anzugreifen, sobald die

Befehlshaber sicher sein würden, sie im Sturm nehmen zu können. Die Belagerung hatte zwei Jahre zuvor begonnen, als Guido von Lusignan mit einem kläglichen Heer von Norden her vorgestoßen war, den Belagerungsring aufgebaut und die Bevölkerung Akkons vom Hinterland abgeschnitten hatte. Auf den Hügeln oberhalb von Akkon hatte Saladin eine große Streitmacht versammelt. Die Belagerer waren deshalb in Gefahr, in einen Schraubstock zu geraten: Wenn Saladin sie von oben her angriffe und die Besatzung von Akkon gleichzeitig einen Ausfall unternähme, wären die Kreuzfahrer verloren. Aber Saladin fühlte sich nie stark genug für einen wuchtigen Vorstoß von den Hügeln her, und die Belagerten fühlten sich nie stark genug für einen wuchtigen Ausfall aus der Stadt.

Es herrschte eine Patt-Situation. Die Kreuzfahrer setzten viel aufs Spiel, aber sie hatten gewisse Vorteile gegenüber dem Feind. Sie verfügten bereits über mächtige Belagerungsmaschinen, sie erhielten durch ihre Spione genaue Berichte über die Lage in der Stadt, und sie hatten durch die Ankunft Richards neues Vertrauen gewonnen. Es war, als erwarteten sie, daß die Mauern fallen müßten, nur schon weil Richard da war.

Die Kreuzfahrer waren im Begriffe, die letzten Einzelheiten für den Angriff zu regeln, als Richard ernsthaft erkrankte; vielleicht war es eine schwerere Form von Malaria. Obwohl er schwach und teilnahmslos schien, ließ er sich zu einer Besichtigungsrunde in die vorderen Linien bringen und schoß Pfeile auf die Wachen auf den Mauern. Es wird berichtet, sein Gesicht und seine Lippen seien von einer *Leonardie* genannten Krankheit befallen gewesen, und als eine der Folgen dieser Krankheit habe sich seine Haut geschält. Während der ganzen Dauer der Belagerung von Akkon litt Richard in wechselndem Ausmaße an dieser Krankheit. Saladin vernahm, daß er krank sei, und sandte ihm nach ritterlicher Art Früchte und Schnee.

Obgleich Richard sehr krank war, war er immer noch in der Lage, nach allen Richtungen hin diplomatische Vorstöße zu unternehmen: gegenüber König Philipp und besonders gegenüber Saladin. Er vernahm, daß König Philipp seinen Männern im Monat drei Besanten bezahle, und bot jedem Ritter, der in seine Dienste treten wollte, vier an. Pisaner und Genueser begaben sich in Massen unter seine Fahnen, aber er weigerte sich, Genueser aufzunehmen, weil sie sich dem französischen König verpflichtet hatten. Heinrich von der Champagne, Richards Neffe, befand sich in verzweifelter Geldnot und bat König Philipp um ein Darlehen. Philipp erklärte sich bereit, ihm das Darlehen zu gewähren, wenn er ihm als Sicherheit dafür die Champagne verpfände. Heinrich hatte nicht die Absicht, die Champagne aufzugeben, und wandte sich an Richard um Hilfe. Richard bereitete es Vergnügen, sich großzügig zu zeigen, und er bot Heinrich von der Champagne viertausend Pfund sowie Verpflegung für seine Leute und seine Pferde an, ohne dafür eine Sicherheit zu fordern. Abgesehen davon, daß er sich gerne großzügig zeigte, nutzte er jede Gelegenheit, um König Philipps Ansehen zu untergraben.

Richard hoffte, auch Saladins Ansehen untergraben zu können. Er sandte eine Botschaft an Saladin und drängte auf eine Besprechung. Saladin wies in seiner Antwort darauf hin, daß nach altem Brauch Könige erst zusammenkämen, nachdem die Friedensbedingungen vereinbart worden seien. Er werde jedoch seinen Bruder Saphadin beauftragen, sich während eines dreitägigen Waffenstillstandes in einem Zelt in der Ebene zwischen den beiden Lagern mit Richard zu treffen.

Es kam nicht zu der Zusammenkunft, denn Richard war inzwischen erkrankt. Saladin sandte ihm einen Negersklaven als Geschenk, ein zweifelhaftes Geschenk, denn der Sklave hätte leicht ein Spion sein können. Saladin sandte nachts auch Kundschafter in die englischen Zelte, damit sie dort Gefangene machten. Jedem, der Widerstand leistete, wurde die Kehle durchschnitten. Diejenigen, welche gefangengenommen wurden, mußten damit rechnen, gefoltert zu werden, bis sie alles aussagten, was sie wußten, es sei denn, sie starben schon vorher. Saladin ging oft grausam mit seinen Gefangenen um. Richard war noch grausamer.

Am 14. Juni befahl König Philipp einen Generalangriff auf die Mauern von Akkon. Richard war beunruhigt, denn er fürchtete, der Angriff könnte erfolgreich verlaufen und er hätte dann keinen Anteil am Sieg, weil er so krank war. Das französische Heer hatte sich vor dem «Verfluchten Turm» aufgestellt. In der Nähe dieses Turmes gelang es den Franzosen, den Pisanern und den Templern, eine Bresche in die Mauer zu schlagen. Aber die Muslime unternahmen einen Gegenangriff und strömten durch die Bresche hinaus. Der erste Angriff war gescheitert. Während der Kampf um die Mauern vor sich ging, hielt das anglonormannische Heer Saladins Heer auf den Hügeln in Schach. Die beiden Könige hatten vereinbart, während der eine angreife, werde der andere das rückwärtige Gebiet absichern. Dies war eine vernünftige Abmachung, die noch erfolgreicher gewesen wäre, wenn Richard und Philipp einander nicht so geringschätzig behandelt und wenn ihre Heere einander nicht verachtet hätten. Unter diesen Umständen versagten die Verbindungslinien oft, und die Tatsache, daß es keinen gemeinsamen Oberbefehlshaber gab, erschwerte ihre Anstrengungen zusätzlich.

Philipp befahl am 17. Juli einen zweiten Angriff. Diesmal sahen die Muslime von den Mauern aus, was bevorstand, und sie warnten Saladin weit oben auf den Hügeln mit Schreien und lautem Geklapper von Tellern und Becken, mit Zimbeln und Pauken. Saladin sandte eine große Streitkraft gegen die anglonormannischen Truppen, die von Gottfried von Lusignan, Guidos Bruder, befehligt wurden. Gottfried machte von sich reden, als er mit einer Axt auf den Feind losging, zehn Männer umbrachte und viele Gefangene machte. Es entspann sich ein harter und bösartiger Kampf gegen Saladin und gegen die Muslime von Akkon. Diese verwendeten griechisches Feuer und erzielten damit eine verheerende Wirkung. Die Christen errangen an diesem Tag keinen Sieg. Gottfried von Lusignan wurde wegen seiner Heldentaten gelobt, aber es mußten Berge von Toten, sowohl Christen als auch Sarazenen, in die Gräben geworfen werden.
Richard hatte die große Belagerungsmaschine, die Mategriffon, mitgebracht. Auch Philipp hatte seine Belagerungsmaschinen bei sich. Eine davon war von ungeheurer Größe. Sie wurde «Schlechter Nachbar» genannt und gegen eine ähnliche Maschine auf der Mauer eingesetzt, welche «Böser Verwandter» genannt wurde. Es gab immer wieder Zweikämpfe zwischen dem «Schlechten Nachbarn» und dem «Bösen Verwandten». Von Zeit zu Zeit wurde der «Schlechte Nachbar» beschädigt und wieder repariert. Schließlich wurde er gänzlich zerstört, und König Philipp, der sich kaum von der Malaria erholt hatte, wurde vor Ärger krank. Philipps Pioniere entwarfen eine neue Art von Sturmleiter, die «Katze» genannt wurde. Als diese Leiter auch durch griechisches Feuer zerstört wurde, wuchs der Ärger des Königs ins Unermeßliche; er verwünschte jeden, den er sah, und drohte den Sarazenen die fürchterlichste Rache an.
Am 2. Juli befahl Philipp einen weiteren Angriff auf Akkon, und diesmal erzielte er einigen Erfolg. Es war den Franzosen gelungen, unter dem «Verfluchten Turm» einen Tunnel zu graben. Sie hatten ihn mit Holzbalken abgestützt und machten sich nun bereit, das Holz anzuzünden. Die anglonormannischen Truppen hatten Tunnel unter den Mauern angelegt, während die Sarazenen aus der Gegenrichtung zu graben begonnen hatten. Saladin wußte, daß die Kreuzfahrer im Begriffe waren, einen heftigen Angriff auszulösen, und sandte seinen ranghöchsten Stellvertreter in die Ebene hinunter mit dem Auftrag, die Nachhut der Kreuzfahrer unter allen Umständen zu vernichten. Es kam zu einem Nahkampf wildester Art, aber die Kreuzfahrer konnten sich behaupten.
Unterdessen ging der Versuch, die Mauern zu ersteigen, weiter. Ein gewisser Alberich Clements, der Befehlshaber direkt nach dem

König, schwor, er werde noch an diesem Tage in Akkon einziehen oder sterben. Er hielt die königliche Standarte empor, sammelte eine große Zahl von Soldaten und Offizieren um sich, rückte gegen die Mauern vor und begann, sie mit Hilfe von Sturmleitern zu erklettern. Die Sarazenen ließen einen riesigen Fanghaken hinunter, zogen ihn herauf und machten sich ein Vergnügen daraus, ihn zu töten. Ungefähr zur gleichen Zeit warfen sie einen Haufen schwerer Steine hinunter und töteten so vierzig Männer, die im Begriffe waren, die Mauern zu erklettern. Um die Angreifer noch mehr zu ärgern, schritt ein Sarazene in der Rüstung Alberichs auf der Mauer daher. Obwohl Richard immer noch krank war, richtete er von seiner seidenen Matratze aus seinen Bogen auf ihn und traf ihn mitten ins Herz.

Dann machten sich die Pisaner daran, den «Verfluchten Turm» zu erklettern. Sie stießen auf so heftigen und gleichzeitig so wirksamen Widerstand, daß sie nur staunen konnten über die Intelligenz und die Energie des Feindes, der halb verhungert und durch das Meer blockiert war, keine Vorräte an Munition mehr hatte und trotzdem weiterfuhr, zerschossene, vom Feuer geschwärzte, untertunnelte und zusammengebrochene Mauern zu verteidigen. Saladin, der auf neue Truppen aus Ägypten wartete, hatte sich geweigert, sein Hauptheer in die Ebene hinunterzusenden; aber jetzt waren die Verteidiger von Akkon verzweifelt. Sie suchten um einen Waffenstillstand nach, um mit Saladin Verbindung aufnehmen zu können. Es mußte ihm klar werden, daß sich Akkon ergeben mußte, wenn er nicht mehr Unterstützung sandte. Saladin versuchte zu diesem Zeitpunkt gerade, die Christen mit Raubzügen abzulenken. Am 8. Juli steckte er Haifa in Brand. An den beiden folgenden Tagen zerstörte er rund um Akkon alle Weinberge und hieb alle Obstbäume um. Er scheint angenommen zu haben, die Christen würden fliegende Kolonnen ausschicken, die er dann nach Belieben vernichten könne. Statt dessen blieben sie beisammen. Während zwei Jahren hatten sie Akkon belagert, und jetzt war die Belohnung fast in ihren Händen.

Die Sarazenen, die aus der Stadt traten, um über einen Waffenstillstand zu verhandeln, anerboten sich, die Stadt und alles, was sich darin befand, zu übergeben, wenn ihnen gestattet werde, die Stadt nur mit den Kleidern, die sie trügen, zu verlassen. König Philipp war bereit, dieses Angebot anzunehmen, aber Richard wies es rundweg ab und sagte, nach einer so langen und so schwierigen Belagerung weigere er sich, eine verlassene Stadt zu betreten. Er wollte ein Blutvergießen. Es befanden sich sechstausend Sarazenen in der belagerten Stadt, und er war entschlossen, viele von ihnen zu töten.

Er war auch entschlossen, Saladin so viele Zugeständnisse als möglich abzuringen. Die Kreuzesreliquie sollte den Christen zurückgegeben werden. Fünfzehnhundert Gefangene in Saladins Händen sollten freigelassen werden. Philipp und Richard sollten je eine Entschädigung von hunderttausend Besanten und Konrad von Montferrat, der als Anwärter auf die Krone von Jerusalem galt, vierzehnhundert erhalten. An einer großen Versammlung im Lager der Templer wurden Richards Bedingungen akzeptiert. Am 12. Juli, wenig mehr als einen Monat nach Richards Ankunft, ergab sich Akkon in aller Form.

Richard nahm mit seiner Frau Berengaria und seiner Lieblingsschwester Johanna im Palast Wohnsitz. Philipp zog in die Festung der Templer ein. Leopold, der Herzog von Österreich, dessen deutsche Truppen im Feldzug eine unbedeutende Rolle spielten, zog seine Standarte neben derjenigen Richards auf und war beleidigt, als sie von den anglonormannischen Truppen heruntergerissen und in einen Graben geworfen wurde. Leopold war seitdem Richards Todfeind, und später sollte er an ihm Rache nehmen. Sobald Akkon eingenommen war, erhoben viele Anspruch auf die Beute. Philipp beanspruchte die Hälfte von allem. Frühere christliche Besitzer von Häusern und Einrichtungen in der Stadt verlangten ihr Eigentum zurück. Die Templer und die Johanniter erhoben Anspruch auf ihren Besitz, und die Kirchenmänner beanspruchten die in Moscheen umgewandelten Kirchen sowie den Grundbesitz, der zu den Kirchen gehörte. Es gelang den Templern, unter den Parteien zu vermitteln, aber nur mit größter Mühe. Diejenigen, welche am ehesten Ansprüche anzumelden gehabt hätten, die Kampftruppen, welche eine zweijährige Belagerung hinter sich hatten, erhielten nichts. Sie wurden mit Versprechungen vertröstet, während die Könige und Fürsten den Löwenanteil an sich nahmen.

Richard hatte sich wieder erholt und strahlte vor Siegesfreude. Er schlug vor, die beiden Könige sollten ein Gelübde ablegen, drei Jahre im Heiligen Land zu bleiben, diese Zeit reiche aus, um die Heere des Islams zu vernichten. Philipp, der jetzt an Ruhr litt, hatte keine Lust, noch drei Jahre zu kämpfen, und zudem riefen dringende Geschäfte ihn nach Frankreich zurück. Er mißtraute Richards Absichten und glaubte nicht, daß das Heilige Land erobert werden könne. Als der Bischof von Beauvais und der Herzog von Burgund, die Philipp Richards Plan überbracht hatten und seine Ausfälle gegen Richard hatten anhören müssen, zurückkehrten, konnte Richard Philipps Antwort an ihren Gesichtern ablesen. Er sagte: «Es wird meinem Herrn zur Schande und zur Unehre gereichen, wenn er weggeht, ohne die Aufgabe, für die er hierhergekommen ist, erfüllt zu haben. Aber immerhin, wenn er unpäßlich ist oder sich krank fühlt und fürchtet, er könnte hier sterben, so geschehe sein Wille.»[63] «Und fürchtet, er könnte hier sterben», verrät mehr als nur ein wenig Bosheit, denn es war die Pflicht eines Kreuzfahrers, wenn nötig im Heiligen Land zu sterben.

Philipp und Richard hatten manchen Entscheid zu treffen, solange dazu noch Zeit war. Eine der wichtigeren Fragen betraf den König von Jerusalem. Welcher der beiden Männer, die den Titel beanspruchten, war der wahre König? Guido von Lusignan stützte seinen Anspruch auf seine Heirat mit Sibylla. Er hatte das christliche Heer in die Niederlage auf den Hörnern von Hattin geführt und deshalb, so glaubten einige, durch seine Dummheit und Unfähigkeit seinen Anspruch verwirkt. Richard, der sich daran erinnerte, wie gut Guido von Lusignan auf Zypern gekämpft hatte, war nicht geneigt, zu glauben, daß die Niederlage von Hattin ihm allein anzulasten sei. Konrad von Montferrat begründete seinen Anspruch mit seiner Heirat mit Isabella. Philipp gab seinem Anspruch den Vorzug, weil der Markgraf mit den Franzosen vor den Mauern von Akkon gekämpft hatte. So einigten sie sich auf einen Kompromiß. Guido von Lusignan erhielt seinen Anspruch auf den Titel bestätigt, aber es wurde bestimmt, daß er ihn nur behalten dürfe, solange er lebe. Nach seinem Tode solle er an Konrad übergehen. Wenn Konrad von Isabella einen Sohn erhalte, so werde dieser Sohn zu gegebener Zeit zum König von Jerusalem gekrönt. Für die Zwischenzeit erhielt Konrad Tyrus, Sidon und Beirut als Lehen, und die königlichen Einkünfte wurden zu gleichen Teilen auf Guido und Konrad aufgeteilt. Auf diese Weise löste die pragmatische mittelalterliche Denkart ein Problem, das beinahe unlösbar geschienen hatte.

Am 31. Juli reiste Philipp von Akkon ab und begab sich nach Tyrus, wo drei genuesische Galeeren darauf warteten, ihn nach Apulien mitzunehmen. In Frankreich wütete der Krieg. Er hatte also triftige Gründe, in sein Land zurückzukehren. Richard sah ihn gerne gehen.

Als König von England hatte Richard bei der großen Menge fränkischer Kreuzfahrer wenig Gewicht. Als Herzog von Aquitanien zählte er ein wenig mehr. Als Mann wurde er bewundert, verehrt und gefürchtet. Aber es wurde ihm nie bewußt, daß Philipp, wie linkisch und ungeschickt er auch gewesen sein mochte, einen Vorteil besaß, den er nie erwerben konnte. Philipp wurde einfach, weil er König von Frankreich war, vom fränkischen Heer geliebt.

Zu dieser Zeit verließ auch der unbeliebte und unerwünschte Leopold von Österreich das Heilige Land. Er hatte dort zu wenig getan, um seine Anwesenheit rechtfertigen zu können. Er war streitsüchtig und stolz und fast krankhaft eifersüchtig auf die beiden Könige, wel-

che die Vormacht besaßen. Innerhalb der Mauern von Akkon erhielt der Herzog von Burgund den Oberbefehl. Er stand Richard näher als Philipp.
Wie üblich berichten die Chronisten über die Taten der Könige. Manchmal, aber sehr selten, hören wir auch von den Taten der gewöhnlichen Soldaten. Während des letzten Zusammenstoßes mit Saladins Streitkräften, so berichtet der arabische Chronist Baha Ad Din, wehrte ein riesengroßer Franke von einer Zinne aus einen muslimischen Angriff ab. Er stand dort oben und schleuderte mit tödlicher Zielsicherheit Steine auf die Angreifer. Seine Kameraden halfen ihm dabei, indem sie ihm neue Steine reichten, sobald er einen geworfen hatte. Er hatte bereits fünfzig Wunden von den Pfeilen und Steinen, welche die Feinde auf ihn schossen, und er war so sehr von Blut überströmt, daß es schien, er sei scharlachrot geworden, aber er fuhr bis zum Ende fort, Steine zu werfen. Schließlich gelang es einem muslimischen Offizier, eine Flasche Öl gegen ihn zu werfen. Sie explodierte, und er verbrannte bei lebendigem Leibe.
Die Schlacht um Akkon war häßlich wie alle Schlachten; aber sie war von besonderer Häßlichkeit. Die lange Belagerung brachte alle zu völliger Erschöpfung und Verzweiflung. Die Christen, die zwischen den Mauern von Akkon und den Hügeln, wo Saladins Truppen warteten, eingeschlossen waren und deshalb an zwei Fronten gleichzeitig kämpfen mußten, wurden immer grausamer, und die Muslime innerhalb der Mauern waren ebenso grausam. Auf beiden Seiten lebte der größte Teil der Truppen in Schmutz und Elend. Man kennt die Preise der Nahrungsmittel auf der christlichen Seite. Ein Ei kostete einen Silberpfennig, womit man auch dreizehn Bohnen kaufen konnte. Ein Sack Getreide kostete genau hundert Goldstücke. Für zehn Kupferpfennige konnte man ein Eintopfgericht mit Pferdeeingeweiden kaufen. Lederriemen wurden fein zerschnitten und gekocht. Ein totes Pferd versorgte hundert Leute während einer Woche mit kleinen Festmählern. Man verzehrte Knochenmehl, Gräser, Blätter, Baumrinde und Erde. Die Soldaten starben vor Hunger, an Skorbut, an Typhus und an der seltsamen Krankheit, die man *Leonardie* nannte und die wie eine Schlafsucht über die Männer kam und sie vollständig teilnahmslos werden ließ. Saladin war von den Hüften an abwärts voll von Furunkeln, so daß er weder schlafen noch sich ausruhen konnte. Einer der Gründe, weshalb er das christliche Lager nicht angriff, mag darin gelegen haben, daß er zu krank war und daß sein Heer zu krank war, einen Angriff vorzunehmen. Die Leichen, die unbestattet herumlagen, wurden von Ratten gefressen, oder schwarze Wolken von Fliegen ließen sich auf ihnen nieder; Geier und gierige Hunde kamen zu

üppigen Mählern. Brennende Hitze und Regen, Winterfröste und Schlamm machten das Leben beinahe unerträglich. Wie die Tafuren, die fast hundert Jahre zuvor an der Belagerung von Antiochia teilgenommen hatten, lebte die Mehrheit der christlichen Soldaten in höchster Angst und im Schmutz. Selbst als sie den Sieg errangen, sogar als Akkon sich ergab, hungerten sie immer noch. Nur die Ritter erhielten von den Königen einige Leckerbissen.

Richard kündigte an, er sei bereit, mit Saladin zu verhandeln. Er werde die Gefangenen im Austausch gegen die Kreuzesreliquie, die christlichen Gefangenen und ein großes Lösegeld zurückgeben. Saladin suchte Zeit zu gewinnen. Er sandte Richard kostbare Geschenke und hoffte, so die Verhandlungen verlängern zu können, bis neue Truppen auftauchten und ein plötzlicher Angriff auf die christlichen Streitkräfte den Kampf ein- für allemal entscheiden würde. Richard verlangte eine Liste wichtiger christlicher Gefangener. Saladin besaß eine solche Liste, weigerte sich aber, sie auszuhändigen. Die Übergabebedingungen, welche die Besatzung von Akkon angenommen hatte, betrachtete Saladin bloß als die Grundlage für eine spätere Vereinbarung. Richard hatte eine Frist gesetzt: Der Gefangenenaustausch sollte binnen eines Monats stattfinden. Ein Monat verging, aber das Lösegeld war noch nicht bezahlt und die christlichen Gefangenen noch nicht freigelassen worden. Obwohl den christlichen Abgesandten gestattet worden war, die Kreuzesreliquie, die irgendwo bei den Schätzen in Saladins Lager versteckt war, zu sehen, war auch sie noch nicht zurückgegeben worden. Saladins Verzögerungstaktik war nun so offensichtlich, daß Richard die Geduld verlor. Er konnte die Gefangenen weder in Akkon lassen noch nach Jaffa mitnehmen, das hundertzehn Kilometer weiter südlich lag. Jaffa war der Hafen für Jerusalem und sollte als Versorgungsbasis für einen Angriff auf das judäische Hügelland dienen. Richard gelangte zum Schluß, daß Saladin nicht die Absicht habe, die Abmachung einzuhalten, und deshalb eine exemplarische Strafe verdiene. Am Morgen des 20. August ordnete er die Hinrichtung aller Gefangenen an. Er selber leitete das Gemetzel, das einige Kilometer von Akkon entfernt auf einem Hügel namens Aijadien stattfand. Richards Schlächterei wurde absichtlich vor den Augen des muslimischen Heeres durchgeführt. Mehr als dreitausend Männer, Frauen und Kinder wurden auf dem Hügel von Aijadieh umgebracht. Es war ein auffallend klarer Sommertag, und Saladin konnte von seinem Hauptquartier auf der zweiten Hügelkette aus alles beobachten, was auf Aijadieh geschah. Er sah den Aufzug der Ritter in ihren Rüstungen und Tausende von Fußsoldaten, und er sah den langen Zug der muslimischen Gefange-

nen, die mit Seilen aneinandergebunden waren. Dann sah er das Funkeln der Schwerter, Äxte und Lanzenspitzen und die Gefangenen, die hinstürzten.
Sein Heer sah, was er sah, und stürzte sich, nach Rache schreiend, von den Hügeln hinunter. Aber es war zu spät. Das Gemetzel war rasch durchgeführt worden; es gab keine Überlebenden. Die Muslime griffen immer wieder an; doch sie wurden zurückgeschlagen. Es verbreitete sich das Gerücht, viele von den Gefangenen hätten Goldstücke verschluckt. Während einige der Anglonormannen die Muslime abwehrten, machten sich deshalb andere daran, die Leichen aufzuschlitzen, um nach dem Gold zu suchen. Am Nachmittag wandte sich Richard einfach vom Hügel ab, und sein Heer zog sich gegen Akkon zurück. Er hatte das Gemetzel bis in alle Einzelheiten geplant. Er war nicht überrascht, zu vernehmen, daß Saladin keine Anstrengungen gemacht habe, ihm zu folgen.
Von allen Taten Richards war dieses Massaker die gräßlichste. Das Bild vom ritterlichen Kreuzfahrerkönig, der sich immer mit Zuvorkommenheit benommen haben soll, wird durch das tatsächliche Geschehen nicht bestätigt. Auf Aijadieh wandte er die moderne Taktik des Terrors an. Sie war wirksam, schlau und verriet einen Sinn für Dramatik. Doch wir müssen bedenken, daß Massaker damals an der Tagesordnung waren und daß die Sarazenen, wenn sie eine Festung eingenommen hatten, die Gewohnheit hatten, die Gefangenen umzubringen; ausgenommen waren die führenden Ritter: sie blieben gegen ein Lösegeld verschont. Ein ungeschriebenes Kriegsrecht verlangte, daß man die hohen Offiziere auf beiden Seiten höflich und rücksichtsvoll behandle, aber mit den übrigen Leuten ging man wie mit Schlachtvieh um.
Die ganze Nacht hindurch konnte man die muslimischen Soldaten über die enthaupteten Leichen jener Männer, Frauen und Kinder weinen hören, die während zwei Jahren tapfer der Belagerung von Akkon widerstanden hatten.
Nach dem Gemetzel schwand jede Hoffnung, die Kreuzesreliquie zurückgewinnen zu können. Es ging das Gerücht um, Saladin, der sie während langer Zeit bei seinen Schätzen aufbewahrt hatte, habe sie nach Damaskus gebracht und sie unter dem Portal der Hauptmoschee vergraben lassen. Die Christen, die in Damaskus gefangengehalten worden waren, wurden auf Saladins Befehl hin umgebracht.
In der Morgendämmerung des 24. August führte Richard sein Heer aus Akkon hinaus. Die Vorräte seiner Truppen, seine Belagerungsmaschinen und das schwere Kriegsmaterial waren auf seine Schiffe verbracht worden, die nun dem Heer der Küste entlang langsam folgten.

Das Heer, das der Küstenstraße entlang Richtung Jaffa vorrückte, war eines der mächtigsten, welche die Kreuzfahrer je ins Feld ziehen ließen. Es zählte etwa fünfundachtzigtausend Mann, die gut bewaffnet und gut ausgerüstet waren. Aber es war hauptsächlich deswegen mächtig, weil es unter dem Schutze der Flotte stand, weil es gut organisiert war und von einem einzigen tüchtigen Kopf geführt wurde. Richard und sein Stab waren sich der Probleme, die mit einem Marsch längs der Küste verbunden waren, bewußt. Es war ihnen bekannt, daß ein ebenso großes Heer parallel zu ihnen im Landesinnern gegen Süden unterwegs war. Richard wußte, daß es auf dem ganzen Weg Scharmützel und Störaktionen geben würde. Er rechnete damit, daß die Sarazenen versuchen würden, seinem Heer in die Flanke zu fallen, seine einzelnen Teile voneinander zu trennen und ihm dort Schaden zuzufügen, wo es am schwächsten war. Richard mußte deshalb die Marschordnung so festlegen, daß kein Teil schwächer war als der andere, und gleichzeitig mußte er die einzelnen Truppenkörper so anordnen, daß sie sich kurzfristig zum Kampf aufstellen konnten. All dies gelang ihm glänzend.
Hier bietet sich eine der wenigen Gelegenheiten, zu beobachten, wie ruhig und leidenschaftslos sein Geist arbeitete. Zweifelsohne konnte er auf die Unterstützung der Templer zählen, die sowohl wegen ihrer Kühnheit als auch wegen ihrer Beherrschung der Taktik berühmt waren. Da er diese Straßen vorher noch nie begangen hatte, stützte er sich auf die Erfahrungen von Reisenden, studierte Landkarten und befragte Gefangene. Sein Heer war in zwölf Brigaden aufgeteilt, die zu fünf Divisionen zusammengefaßt waren. Jede Brigade umfaßte Kavallerie- und Infanterieabteilungen. Sie marschierten in drei Kolonnen. Rechts, in der Nähe der Küste, gingen die Lasttiere und die Träger; es gab nie genug Lasttiere, aber man konnte Menschen dazu bringen, riesige Lasten zu tragen. In der Mitte ritt die Kavallerie und links die Infanterie. Die Johanniter und die Templer bildeten die Vorhut und die Nachhut. Richard ritt durch die Reihen auf und ab, wie es ihm gefiel. Das Heer hatte sich nach dem Fall von Akkon ausgeruht, und die Leute waren bei guter Stimmung.
Baha Ad Din, der Freund und Chronist Saladins, beobachtete Richards Heer von der Höhe hinunter und konnte seine Bewunderung für seine Disziplin und seinen Ordnungssinn nicht verbergen. Hier beschreibt er, was er am 31. August 1191 sah, als er an einem Überraschungsangriff von Saladins leichter Kavallerie teilnahm:

... die Muslime ließen von allen Seiten her Pfeilschauer auf das Heer niedergehen und versuchten bewußt, die Ritter zu reizen und sie zu zwingen, hinter der Mauer von Infanterie hervorzukommen. Aber es war alles umsonst. Die Ritter beherrschten sich auf bewundernswerte Art und setzten ihren Weg ohne die geringste Eile fort, während ihre Flotte parallel zu ihnen der Küste entlang fuhr, bis sie beim Lagerplatz für die Nacht eintrafen.
Sie legten nie große Strecken zurück, denn sie mußten auf die Fußsoldaten Rücksicht nehmen. Die Hälfte der Infanterie trug, wenn sie nicht gerade kämpfen mußte, das Gepäck und die Zelte, denn es war großer Mangel an Lasttieren. Es war unmöglich, die Geduld, welche diese Leute an den Tag legten, nicht zu bewundern. Sie ertrugen die erdrückenden Strapazen, obgleich sie keine eigentliche militärische Verwaltung besaßen und keinen persönlichen Vorteil daraus zogen. Und so schlugen sie schließlich ihr Lager am jenseitigen Ufer des Flusses von Caesarea auf.[64]

Baha Ad Dins Zeugnis über die Festigkeit und Tapferkeit des Kreuzfahrerheeres spiegelt offensichtlich die Meinung Saladins wider, der einen Hinterhalt vorbereitet hatte, von dem er hoffte, er werde genügen, um das ganze Heer zu vernichten. Mittlerweile kam es ständig zu Scharmützeln. Saladin hatte inzwischen nubische Truppen angeworben. Sie trugen außer Türkensäbeln und Schildern keine Bewaffnung und schlichen sich nachts in die Lager hinein, wo sie viel Schaden anrichteten. Aber den Hauptschaden richtete wie üblich die leichte Kavallerie an, die sich jedesmal, wenn sich eine Gelegenheit dazu bot, auf das Heer hinunterstürzte. Meistens griff sie die Nachhut an. Da war es leichter, die Hinkenden, die Lahmen und die Verwundeten herauszuholen.
Das Heer marschierte täglich nur während etwa drei Stunden am frühen Morgen. Es legte selten mehr als zwölf oder sechzehn Kilometer im Tag zurück, und an jedem zweiten Tag ruhte es sich im Lager aus. Es traf auf keine befestigten Anlagen, denn Saladin hatte die Befestigungen der eingenommenen Städte und Burganlagen zerstört. Der Vormarsch dieser riesigen, gleichmäßig vorrückenden, gut geölten und unnachgiebigen Kriegsmaschine ging so langsam vor sich, daß sie neunzehn Tage brauchte, um die hundertdreißig Kilometer von Akkon nach Jaffa zurückzulegen. Das Heer sollte vorerst Jaffa befestigen und dann gegen das Landesinnere vorrücken und versuchen, Jerusalem zu erobern.
Früher war die Küstenstraße eine breite, gepflasterte Heerstraße gewesen, die es Karren und Wagen erlaubte, rasch von Akkon nach Jaffa und weiter zu gelangen. Sie war von den Römern erbaut und

mit Steinen von den dortigen Hügeln bepflastert worden. Sie sollte kaiserliche Macht repräsentieren. Jetzt war sie unter dem brennend heißen, weißen Sand verschwunden und erschien als wenig mehr als ein Weg durch das verdorrte Gebüsch. Die Füße und Beine der Fußsoldaten wurden von Dornen zerkratzt und aufgerissen. Die dichten Schilfwälder, die der Küste entlang wuchsen, zerschnitten ihnen die Gesichter, oder sie sanken bis zu den Knien im weichen Sand ein. Es gab zwar keine gefährlichen wilden Tiere, aber gefährliche Insekten. Die Kreuzfahrer wurden nachts von Taranteln angegriffen, deren Stiche schmerzhafte Schwellungen zurückließen. Die Ritter konnten zu den Ärzten gehen und sich wohlriechende Öle und Balsame zubereiten lassen, welche die Schwellungen heilten. Die Fußsoldaten konnten sich diese Salben nicht leisten, aber sie fanden einen einfacheren Weg, mit den Taranteln fertig zu werden. Jemand entdeckte, daß die Taranteln lauten Lärm nicht mochten. So vertrieben sie sie in der Nacht, indem sie Trommeln ertönen ließen, Helme zusammenschlugen und mit Schüsseln, Kesseln und anderen Gegenständen aus Metall, die gerade zur Hand waren, klapperten. In den Nächten, in denen die Taranteln aus dem Boden kamen, gab es sehr wenig Schlaf.

Manchmal gab es auch schlaflose Nächte wegen der Gebete. Es war Sitte, sobald sich das Heer für die Nacht eingerichtet hatte, einen von den Herolden des Königs mit dem Ruf «Sanctum Sepulchrum, adiuva!», «Heiliges Grab, hilf!», zwischen den Zelten herumziehen zu lassen. «Wenn diese Worte erklangen», schreibt der Chronist, «nahm sie die ganze Menge auf, streckte die Hände zum Himmel empor und betete, heftig weinend, zu Gott um Hilfe und Erbarmen.»[65] In der Regel ließ der Herold den gleichen Ruf dreimal ertönen, und der Antwortruf schallte tausendfach zurück. Aber manchmal, besonders in Zeiten großer Gefahr, dauerten die Rufe und Gebete die ganze Nacht hindurch an.

Die entscheidende Schlacht fand am 7. September 1191 in Arsuf, nicht weit von der halb zerstörten Stadt Caesarea entfernt, statt, als das Heer über die Sanddünen gegen das etwa fünfzig Kilometer weiter weg liegende Jaffa vorrückte. Es hatte mehr als die Hälfte des Weges zurückgelegt. Hier in Arsuf reichten die bewaldeten Hügel bis ans Meer hinunter und boten eine günstige Deckung für die Sarazenen, die darauf warteten, sich auf die Christen zu stürzen und sie zu vernichten. Richard war vorgewarnt. Er hatte die Topographie der Gegend studiert und betrachtete seit langem Arsuf als den Ort, wo es zum Kampf kommen könnte. Obwohl er der Scharmützel überdrüssig war, war er bei guter Stimmung und freute sich auf die Schlacht.

Seine Leute waren vermutlich weniger begeistert, denn eine überraschend große Zahl litt an Fieber, und die Templer beklagten sich, es seien so viele von ihren Pferden von Pfeilen verletzt worden, daß man ihnen kaum einen Angriff zumuten könne.

An jenem Morgen gab Richard im ganzen Lager bekannt, daß er damit rechne, daß es im Verlaufe des Tages zu Kämpfen kommen werde. Er befahl den Templern, die Vorhut zu bilden. Dann folgten die Bretonen und die Männer aus Anjou, dann die Männer aus Poitou, angeführt von König Guido, dann in der Mitte rings um den Wagen mit der königlichen Standarte die Anglonormannen. Die Johanniter bildeten die Nachhut; sie hatten also die gefährlichste Aufgabe von allen. Der Herzog von Burgund und einige französische Ritter ritten durch die Reihen auf und ab und vergewisserten sich, daß die Truppen die ihnen zugeteilten Plätze in der Schlachtordnung beibehielten. Heinrich von der Champagne hatte den Auftrag, sich in der Nähe der Hügel zu bewegen, zu beobachten, wann die Sarazenen auftauchten, und dann den Rest des Heeres durch ein Signal zu verständigen.

Die Sarazenen brachen aus den Wäldern hervor und verursachten einen Lärm wie am Jüngsten Tag: mit Zinken, Hörnern, Trompeten, Gongs, Zimbeln, grellen Schreien, all dies sollte ihre eigene Stimmung heben und den Feind erschrecken. Der erste Angriff erfolgte kurz vor neun Uhr. Der Hauptschlag richtete sich gegen die Johanniter in der Nachhut, aber das ganze Heer bekam seine Wucht zu spüren. Voran kamen die Fußsoldaten; Neger, Nubier und Beduinen, die Pfeile abschossen und Wurfspeere schleuderten, warfen sich auf die erste Linie der Infanterie. Sie geriet ins Wanken, konnte aber ihre Stellung mit Bolzen von ihren Armbrüsten behaupten und so die Kavallerie schützen. Dann war die Reihe an der sarazenischen Kavallerie, die mit Äxten, Schwertern und Lanzen bewaffnet war. Sie verursachten eine Staubwolke, die den Himmel verdunkelte. Es folgte Welle auf Welle, bis es keinen Platz mehr zu haben schien. «Über zwei Meilen hin», schreibt der Verfasser des *Itinerarium,* «konnte man nicht soviel Erde sehen, als man mit einer Hand aufnehmen kann, so zahlreich waren die Türken an jenem Ort.»[66] Nur schon die riesige Zahl der Kämpfer auf dem schmalen Küstenstrich drohte die Christen ins Meer hinauszutreiben. Die ganze Zeit über drängten die Christen auf ihrem Marsch nach Jaffa voran. Der Ansturm auf die Templer in der Nachhut dauerte an. Saladins Ziel war es, sie niederzumetzeln oder ihren Vormarsch aufzuhalten und sie so vom Hauptheer abzuschneiden. Wenn einmal eine Lücke geschlagen wäre, könnte das Heer in immer mehr Teile aufgespalten werden. Richard war entschlossen, das Heer unter allen Umständen zusammenzuhalten. Die Armbruster in der Nachhut fochten, indem sie rückwärts, das Gesicht dem Feind zugewandt, marschierten. Aber man kann rückwärts nicht so schnell marschieren wie vorwärts, und so bestand die Gefahr, daß die Nachhut, die sich beunruhigend langsam vorwärtsbewegte, eine Lücke entstehen ließe, die nicht mehr aufgefüllt werden könnte, es sei denn vom Feind. Der Kampf fand hier auf so engem Raume statt, daß nach dem Bericht des Chronisten der Schlachtlärm den Schlägen zahlloser Hämmer auf Schmiedeambosse glich. Die Johanniter sandten Boten zu Richard und baten um die Erlaubnis, ihre Kavallerie gegen den Feind zu werfen. Sie betonten, es wären bald überhaupt keine Pferde mehr übrig, wenn sie nicht jetzt handelten, denn so viele seien unter den Pfeilen des Feindes bereits gefallen. Richard weigerte sich, auf die Boten zu hören. Er wollte seine Kavallerie beisammen behalten, bis er sie im ganzen einsetzen würde.

Der Himmel war wolkenlos und die Hitze fürchterlich. Die Johanniter waren außer sich vor Furcht, die Schlacht könnte verloren sein, wenn ihre Kavallerie keinen Angriff unternähme. Garnier von Nablus, der Großmeister der Johanniter, sah sich gezwungen, den König aufzusuchen. «Mein Herr und König», sagte er, «wir werden vom Feind heftig bedrängt und laufen Gefahr, ewige Schande auf uns zu laden, wenn uns der Mut fehlt, Schlag auf Schlag zu antworten. Wie die Dinge jetzt liegen, werden wir bald alle unsere Pferde verlieren. Warum sollten wir das noch länger ertragen?» – «Mein guter Großmeister», antwortete der König, «es muß ertragen werden, denn wir können nicht überall gleichzeitig sein.»[67] Dieses Gespräch, das im *Itinerarium* festgehalten ist, klingt echt. Für Richard bedeutete Durchhalten alles. Er bestand immer noch darauf, daß die Ritter sich zurückhalten sollten, um dann in dem von ihm bestimmten Zeitpunkt dem Feind den Gnadenstoß versetzen zu können.

Im christlichen Heer wurden die Befehle durch Trompetenstöße erteilt. Zwei Trompeter befanden sich bei der Vorhut, zwei in der Mitte und zwei bei der Nachhut. Das Trompetenzeichen für einen allgemeinen Kavallerieangriff war wohlbekannt, und jeder Kavallerist wartete darauf, es zu vernehmen. Aber das Zeichen ertönte nicht. Zwei Johanniter, der Marschall und ein anglonormannischer Ritter namens Balduin von Carron, beschlossen in einem Anfall von ungeduldiger Wut, zu handeln, als ob die Trompeter schon zum Vormarsch geblasen hätten. Sie erkämpften sich einen Weg durch die Infanterie hindurch, schrien «Heiliger Georg!», so laut sie konnten, und warfen sich auf den Feind.

Gerade in diesem Augenblick war die leichtbewaffnete sarazenische Kavallerie abgesessen, um besser auf die Infanterie zielen zu können. Die Ritter stießen mit ihren Schwertern und Lanzen zwischen den Feinden hindurch vor. Die Fußsoldaten schlossen auf, wie die Infanterie heute mit aufgepflanzten Bajonetten dicht hinter den schweren Panzern aufschließt, und hieben den zu Fuß kämpfenden Kavalleristen die Köpfe ab. Richards Befehl, die Trompetenstöße abzuwarten, war mißachtet worden, aber er zeigte keinen Zorn, sondern schloß sich den Johannitern an. «Dann hieb der König, der wilde, außergewöhnliche König, die Türken auf allen Seiten nieder, und keiner konnte der Kraft seines Armes entweichen, denn wohin er sich auch, sein Schwert schwingend, wandte, kämpfte er sich einen breiten Weg frei.»[68] Richard pflegte sich mit einer Verwegenheit in das dichte Schlachtgewühl zu werfen, wie man sie bei einem Oberkommandierenden selten findet. Er konnte außergewöhnlich weit ausholen, und das half ihm, sich seine Gegner vom Leibe zu halten. Er ritt Fauvel, den berühmten Fuchs, der einst Isaak Komnenos gehört hatte, und er ritt ihn kühner, als er ihn je zuvor geritten hatte.

Es folgten weitere Angriffe und Gegenangriffe, aber nachdem die Kavallerie der Johanniter die schützende Mauer der Infanterie durchbrochen hatte, war klar, wie die Schlacht ausgehen würde. Siebentausend Sarazenen wurden umgebracht; die Kreuzfahrer verloren vielleicht tausend Leute.

Nach der Schlacht flohen die Sarazenen in die Wälder zurück. Einige von ihnen versteckten sich in den Ästen der Bäume, und die Bogenschützen vergnügten sich damit, sie abzuschießen. Der strategische Gewinn der Schlacht war allerdings gering, verglichen mit den psychologischen Vorteilen, welche der Sieg brachte. Saladins Heer blieb intakt. Er konnte und er wollte auch weiterhin die Christen bedrängen. Baha Ad Din berichtet, Saladin sei über die Niederlage sehr betroffen gewesen, er habe sich ganz auf sich zurückgezogen, sei seltsam schweigsam geworden, habe sich kaum mehr bewegt und sei in tiefes Nachdenken versunken. Wenn seine Emire ihn zu trösten versucht hätten, scheine er sie nicht gehört zu haben.

Die Christen erreichten das kleine Küstendorf Arsuf ohne weitere Kämpfe. Dort ruhten sie sich einen ganzen Tag aus, bevor sie nach Jaffa aufbrachen. Die Belästigungen durch die leichte Kavallerie dauerten an, bis sie die Mauern von Jaffa erreichten. Hier konnten sich die Kreuzfahrer endlich richtig ausruhen. Das christliche Heer schlug sein Lager in einem Olivenhain gerade außerhalb der Mauern auf, denn die Stadt Jaffa war von Saladin zerstört worden.

Nie wieder würde Richard einen derart überwältigenden Sieg über Saladin erringen. Nach diesem Höhepunkt war nur noch ein Abstieg möglich. Richard sollte bald merken, daß ein Sieg für ihn nicht unbedingt eine Niederlage für Saladin bedeutete, denn diesem standen unerschöpfliche Reserven an Kriegern und Geldmitteln zur Verfügung. Es sollte Richard auch bewußt werden, daß es im Heiligen Land keine endgültigen Siege gab.

Inzwischen befestigten die Christen Jaffa. Sie errichteten eine neue Mauer und umgaben sie mit einem Graben. Die Stadt wurde teilweise wieder aufgebaut. Richard war der Ansicht, es lohne sich nicht, sie wieder aufzubauen, und stritt sich darüber mit den Franken. Er fand, es sei wichtiger, in Askalon den Feind anzugreifen, als Backstein auf Backstein zu schichten. Aber es gab keinen Zweifel darüber, wie das Heer dachte. Die Soldaten wollten in Jaffa bleiben, wo es eine Fülle von Obst gab und wo man im Gedanken an die Nähe Jerusalems behaglich die Beine ausstrecken konnte. Richard, der die Behaglichkeit haßte, dachte anders. Ihn drängte es zur Tat, er war ständig in Bewegung.

Eines Tages begab er sich mit einem kleinen Gefolge auf die Falkenjagd. Er war entschlossen, jede kleine Gruppe von Sarazenen, die er unterwegs antreffen würde, anzufallen. Nach einem langen Ritt stieg er vom Pferd und schlief ein. Seine Begleiter schliefen ebenfalls ein. Als eine Gruppe bewaffneter Sarazenen sie entdeckte, fand Richard gerade noch Zeit, sich das Schwert umzugürten und Fauvel zu besteigen, bevor der Angriff begann. Richard warf sich, sein Schwert schwingend, auf den Feind. Plötzlich begannen die Sarazenen zu fliehen. Die Christen stürzten ihnen nach und liefen so in die Falle, die man ihnen geschickt gelegt hatte. Die Sarazenen glaubten, den König zu erkennen, und umringten ihn. In diesem Augenblick rief einer von Richards engsten Freunden, Wilhelm von Pratelles, in der Sprache des Feindes: «Ich bin der König! Ich bin der *melech*!» Die Sarazenen wandten sich um, nahmen Wilhelm von Pratelles gefangen und ritten mit ihm davon, denn für den König konnten sie ein hohes Lösegeld fordern. Vier Ritter kamen bei diesem Gefecht ums Leben. Richard versuchte, die Sarazenen zu verfolgen, aber sie waren schon zu weit weg, als das christliche Heer, zu ihrer Verfolgung herbeigerufen, anrückte.

Die Edelleute des Königreichs Jerusalem baten Richard dringend, nie mehr ohne eine schwer bewaffnete Begleitung auszureiten. Er hörte ihnen höflich zu und tat weiterhin, was ihm gefiel.

Am meisten gefiel ihm der Gedanke an die Eroberung Jerusalems.

Seine Pläne waren schon weit gediehen. Er beabsichtigte, Jaffa in eine uneinnehmbare Operationsbasis umzuwandeln und dann zu einem umfassenden Angriff auf Jerusalem auszuholen. Er hatte das genaue Datum seiner Ankunft vorausberechnet: Es war der 13. Januar 1192.

> EIN BRIEF VON RICHARD I., LÖWENHERZ, KÖNIG VON ENGLAND, AN SEINE GETREUEN UNTERTANEN, VOM 1. OKTOBER 1191, AUS JAFFA.[69]
>
> RICHARD, DURCH DIE GNADE GOTTES KÖNIG VON ENGLAND, Herzog der Normandie und von Aquitanien, Graf von Anjou, an N., seinen inniggeliebten und getreuen Untertan, Gruß!
> Wisse, daß Wir Uns nach der Einnahme von Akkon und nach der Abreise des Königs von Frankreich, der auf so feige Weise gegen den Willen Gottes zu seiner ewigen Schande und zur Schande seines Reiches das Ziel seiner Pilgerfahrt aufgegeben und sein Gelübde gebrochen hat, auf den Weg nach Jaffa gemacht haben. Wir näherten Uns Arsuf, als Saladin sich mit einer mächtigen Schar auf Uns hinunterstürzte. Aber durch die Barmherzigkeit Gottes verloren Wir an diesem Tag keinen Ritter außer einem. Dies war Jakob von Avesnes, ein Mann, den das ganze Heer innig liebte, und dies mit Recht, denn er hatte sich in vielen Jahren Dienst im christlichen Heer als ein Mann von großer Tapferkeit erwiesen, innig und eindrücklich in der Heiligkeit und Aufrichtigkeit des Glaubens, so daß er zur Hauptstütze und zum Vorbild des ganzen Heeres geworden war.
> So kamen Wir durch Gottes Willen nach Jaffa, das Wir mit einem Graben und einer Mauer befestigten, denn es war Unsere Absicht, die Sache der Christenheit zu verteidigen, so gut Wir es vermochten. Am zweiten Tage, dem Tage vor Mariä Geburt, verlor Saladin eine unübersehbare Zahl großer Männer, und da er, bar jeder Hilfe und jeden Rates, in die Flucht geschlagen wurde, verwüstete er das ganze Land Syrien. Am dritten Tage vor der Niederlage Saladins wurden Wir selber auf der linken Seite durch einen Wurfspieß verwundet, aber durch die Gnade Gottes haben Wir Uns nun von der Verletzung erholt. Wisse auch, daß Wir hoffen, innerhalb von zwanzig Tagen nach Weihnachten die Heilige Stadt Jerusalem und das Heilige Grab zurückzugewinnen, und darnach werden Wir in Unser eigenes Land zurückkehren.
> Als Zeuge Unsere eigene Hand, in Jaffa am ersten Tage des Monats Oktober.

Richards Brief an seine Untertanen in England und Frankreich hatte die Form eines kurzen Kriegsberichtes. Er war skizzenhaft und unvollständig und enthielt gerade genug Information, um ihren Appetit anzuregen. Sobald Jerusalem erobert war, wollte er in den

Westen zurückkehren. Seine Hoffnung und seine Leidenschaft lagen in den Worten «Wir hoffen, innerhalb von zwanzig Tagen nach Weihnachten die Heilige Stadt zurückzugewinnen». Er gewährte sich ein wenig mehr als dreieinhalb Monate, um die Stadt zu erobern. Bis Ostern sollte sein eigener Kreuzzug zu Ende sein, und andere würden den Befehl über das christliche Heer übernehmen.
Ein Kriegsbericht muß ziemlich knapp sein und Tatsachen wiedergeben, und in der Regel gibt es wesentliche Auslassungen und Ausflüchte. Was Richard wirklich dachte, erfahren wir aus einem am gleichen Tage geschriebenen Brief an den Abt von Clairvaux, in dem er ihn dringend bittet, ihnen größtmögliche Hilfe ins Heilige Land zu senden, und andeutet, daß die Folgen verheerend sein könnten, wenn die Hilfe nicht bald eintreffen sollte. Hier ist der Brief, den er in demütiger Stimmung, voll christlicher Gefühle und mit unverkennbarer Ergebenheit an den Abt geschrieben hat.

EIN BRIEF VON RICHARD I., LÖWENHERZ, KÖNIG VON ENGLAND, AN DEN ABT VON CLAIRVAUX, VOM 1. OKTOBER 1191, AUS JAFFA.[70]

RICHARD, DURCH DIE GNADE GOTTES KÖNIG VON ENGLAND, Herzog der Normandie und von Aquitanien, Graf von Anjou, an den ehrwürdigen und innigst geliebten Freund in Christus, den Abt von Clairvaux, Gesundheit und lange andauerndes Wohlergehen.
Nach dem traurigen und weltweit beklagten Verlust der Heiligen Stadt Jerusalem, der Stadt des lebendigen Gottes, zu deren Gunsten Sein heiliger Name angerufen wurde, erschrak und erbebte die Erde, weil der König des Himmels Sein eigenes Land verloren hatte, das Land, das er mit Seinen Füßen betreten hatte. Aber nachdem der Segen Gottes vom Apostolischen Stuhl aus über die ganze Erde verbreitet worden war, drangen die Freunde des Kreuzes Christi, wie Eure Heiligkeit wohl weiß, im Wettstreit miteinander darauf, das Zeichen des Kreuzes auf ihre Stirnen und ihre Schultern zu nehmen und das dem Heiligen Kreuz zugefügte Unrecht zu rächen. Diese Leute und Wir selber teilten uns in die Aufgabe, dem lebendigen Gott zu dienen, als wir das Zeichen des Kreuzes ergriffen, um den Schauplatz Seines Todes, den er durch Sein kostbares Blut geheiligt hat und den die Feinde des Kreuzes Christi bisher auf schändliche Weise entweiht haben, zu verteidigen ...
... Die Straße zwischen Akkon und Jaffa ist sehr lang. Wir erreichten Caesarea unter großen Schwierigkeiten und verloren viele Leute. Auch Saladin – er rückte parallel zu Uns vor – verlor viele Männer. Nachdem sich das christliche Heer in Caesarea eine Weile

ausgeruht hatte, folgten Wir der Straße nach Jaffa. Unsere Vorhut hatte ihre Zelte in Arsuf aufgestellt, als Saladin mit einer gewaltigen Schar von Sarazenen Unsere Nachhut angriff. Durch die wohlmeinende Gnade der göttlichen Barmherzigkeit wurde er von nur vier Bataillonen, die sich umwandten und sich ihm zukehrten, in die Flucht geschlagen. Das ganze christliche Heer verfolgte ihn eine Meile weit auf seiner Flucht. So geschah es, daß viele von den Emiren, die Saladin mitgebracht hatte, am Tag vor Mariä Geburt in Arsuf niedergemetzelt wurden. In seinen ganzen vierzig Jahren hatte es nie einen solchen Tag gegeben . . .

Seit dem Tage, da er vernichtend geschlagen wurde, hat es Saladin nicht mehr gewagt, die Christen anzugreifen, aber er liegt wie ein Löwe in seiner Höhle auf den Hügeln in einem geheimen Hinterhalt und wartet darauf, die Freunde des Kreuzes niederzumetzeln, als wären sie Schafe, die zur Schlachtbank geführt werden sollen.

Und so erreichten Wir unter Gottes Führung Jaffa und befestigten es mit einem Graben und einer Mauer. Dabei bemühten Wir Uns, die Sache des Christentums zu stärken und zu befördern, so gut Wir es vermochten.

Mittlerweile hatte Saladin vernommen, daß Wir beabsichtigten, so rasch als möglich gegen Askalon vorzurücken. Er ließ deshalb die Stadt dem Erdboden gleichmachen, und er verwüstete das ganze Land Syrien vollständig, als sei er von allen guten Geistern verlassen gewesen. Aus diesem Grunde hoffen Wir, daß das Erbe des Herrn durch die Barmherzigkeit Gottes in kurzer Zeit wieder ganz zurückgewonnen werden kann. Und da das Erbe des Herrn bereits in einem gewissen Maße zurückgewonnen worden ist und Wir bei diesem Unternehmen die ganze Hitze und Last des Tages ertragen und jetzt Unser ganzes Geld und nicht nur Unser Geld, sondern auch Unsere Kräfte und Unseren Leib aufgezehrt haben, deshalb sagen Wir Euren Brüdern, daß Wir nach dem kommenden Osterfest nicht mehr in Syrien bleiben können.

Der Herzog von Burgund und die seinem Befehl unterstellten Franken, Graf Heinrich und seine Truppen und die andern Grafen, Barone und Ritter, die im Dienste Gottes alle ihre Kräfte für Gott ausgegeben haben, werden alle nach Hause zurückkehren, wenn Ihr Uns nicht bald durch die Kunst Eurer Predigt Hilfe bringen könnt: Männer, die das Land bevölkern und verteidigen können, und Geld, das sie im Dienste Gottes freigebiger ausgeben können.

Indem Wir zu Füßen Eurer Heiligkeit niederfallen und Tränen vergießen, bringen Wir Unsere demütigen Bitten vor und ersuchen Euch aufs dringendste, Ihr möchtet, wie es Eure Pflicht und Eure Ehre gebietet, alles tun, was in Eurer Macht liegt, um die Fürsten und den Adel der Christenheit und den Rest des Volkes Gottes

dazu zu bewegen, dem lebendigen Gott ihre Dienste anzubieten, und Euch vergewissern, daß sie es tun.
Nach Ostern wird es ihre Sache sein, das Reich des Herrn zu beschützen und zu verteidigen, und bis dann werden Wir durch Gottes Barmherzigkeit noch viel mehr vom Heiligen Land in Unseren Besitz gebracht haben. Und möget Ihr Euch für Unsere Sache so ernsthaft einsetzen, daß nichts von dem, was den gemeinsamen Vorteil anbetrifft, den die gesamte Christenheit so sehnlich erwartet, durch Eure Nachlässigkeit verloren gehen möge. Aus diesem Grunde richten Wir diesen Unseren Brief, der das Wohl der ganzen Christenheit zum Ziele hat, an Eure Heiligkeit, damit Wir nicht der Trägheit und der Nachlässigkeit bezichtigt werden mögen, wie Wir das zu Recht würden, wenn Wir es vielleicht unterlassen hätten, eine Persönlichkeit von Eurem Stande, die ein so geheiligtes Leben führt, auf die dringenden Bedürfnisse der Christenheit hinzuweisen. Wie Ihr, bevor Wir uns entschlossen, diesen Kreuzzug zu unternehmen, Uns und den Rest des Volkes Gottes ermuntert habt, in den Dienst Gottes zu treten und Sein Erbe für Ihn zurückzugewinnen, so seid Ihr nun dringendst aufgerufen, das Volk Gottes aufzurütteln und zu handeln, wie Wir gesagt haben.
Als Zeuge Wir selbst in Jaffa am ersten Tage des Monats Oktober.

Im Unterschied zum Kriegsbericht für seine Untertanen offenbart Richards Brief an den Abt von Clairvaux die wahre Lage der Dinge. Er schrieb dem Abt unter anderem, daß alles von ihm abhänge. Er ersuchte den Abt, ein zweiter Urban II. zu werden.
Im christlichen Heer war vieles nicht in Ordnung. Eine große Zahl von Soldaten und viele Ritter waren auf dem Seeweg nach Akkon entwichen, und Richard selber mußte nach Akkon segeln und sie nach Jaffa zurückrufen. Auch in Zypern tauchten Schwierigkeiten auf. Der Vizekönig, Robert von Turnham, sah sich einem Aufstand von Männern gegenüber, die immer noch Isaak Komnenos ergeben waren. Richard entschloß sich, die Insel den Templern zu verkaufen. Seiner Ansicht nach waren sie als einzige in der Lage, die Disziplin zu halten, die für die Beherrschung der zypriotischen Bevölkerung erforderlich war, und sie waren auch die einzigen, die den Kaufpreis bezahlen konnten. Konrad von Montferrat, der Gatte der Königin Isabella, verschwor sich mit den Genuesen, um Herr über das Königreich zu werden. Es gingen Berichte ein, Konrad verhandle mit Saladin.
Gleichzeitig führte Richard selber erfolglose Verhandlungen mit Saphadin, dem Bruder Saladins. Sein Abgesandter war Humfred von Toron, der erste Gatte der Königin Isabella, der inzwischen die arabische Sprache beherrschen gelernt hatte und zu einem erfahrenen Unterhändler geworden war. Richard hatte großes Vertrauen zu ihm.

Humfred verlangte im Auftrage Richards geradewegs Jerusalem und das ganze Gebiet westlich des Jordans sowie die Rückgabe der Kreuzesreliquie. Saphadin erhob Einwände. Über die Kreuzesreliquie könne man vielleicht verhandeln, aber Jerusalem gehöre dem Islam.
Richard machte daraufhin neue Vorschläge: Saladin solle alle umstrittenen Gebiete abtreten, und unmittelbar nachher solle Saphadin Johanna, die Königinwitwe von Sizilien, heiraten. Als Mitgift solle Johanna alle Küstenstädte erhalten, die sich jetzt in den Händen der Kreuzfahrer befänden. Saphadin und Johanna sollten von Jerusalem aus regieren. Auf diese Weise hoffte Richard seine Lieblingsschwester zur Königin von Jerusalem machen zu können. Es war eine glänzende, aber nicht zu verwirklichende Lösung eines unlösbaren Problems. Richard vergaß, seine Schwester zu fragen, ob sie mit dem Vorschlag einverstanden sei, und er war ein wenig überrascht, als er vernahm, daß sie nicht die geringste Absicht habe, die Frau eines Muslims zu werden. Sie blieb fest. Der Plan, der so vielversprechend ausgesehen hatte, wurde sofort aufgegeben. Als Richard erkannte, daß seine Vorstellung von einem Frieden sich als Illusion herausstellte, entschloß er sich für den Krieg. Er wollte Jerusalem angreifen.

Die Nachricht vom bevorstehenden Angriff erreichte Saladin innerhalb weniger Tage. Er war vorbereitet. Von seinem Lager in Ramla aus sandte er Richards Streitkräften vor Jaffa ein kleines Heer entgegen. Der Angriff mißlang. Richard verfolgte die Angreifer und trieb sie in die Ebene von Ramla zurück. Wenn er in seiner schweren Rüstung Schwert und Lanze schwang und wie ein gelernter Schlächter Glieder und Köpfe abhieb, wirkte er manchmal wie ein Einmannheer.

Richard ging taktisch geschickt vor: Wenn es ihm zum Vorteil gereichte, rückte er vor; dann zog er sich wieder zurück, um seine Streitkräfte neu zu ordnen. Die Scharmützel in der Ebene von Ramla dauerten an. Einmal ritt er so nahe an Saladins Zelt heran, daß er vor ihm salutieren konnte. Bei einer anderen Gelegenheit wurde ein Versorgungstrupp, dem der Graf von Leicester und der Graf von Saint-Pol sowie eine Gruppe von Templern angehörten, von einer großen Schwadron türkischer Kavallerie überrascht und eingekreist. Die Templer stiegen von den Pferden, bildeten ein Viereck und machten sich bereit, bis zum letzten Mann zu kämpfen, ohne viel Hoffnung, daß es Überlebende geben werde. Richard, der die Gewohnheit hatte, wie von der Vorsehung gesandt, aufzutauchen, wenn sich seine Truppen in höchster Gefahr befanden, kam gerade im richtigen Augenblick herangeritten. Seine Begleiter warnten ihn, daß er fast sicher umgebracht werde, wenn er sich in die Schlacht einschalte. Richard wandte sich zu ihnen und sagte: «Ich habe diese Männer hierher geschickt. Ich will nie mehr König genannt werden, wenn sie ohne mich sterben!»[71] Dann gab er seinem Pferd die Sporen und stürzte sich auf den Feind. Sein Schwert blitzte, und seine goldene Krone funkelte. Der Feind zerstreute sich. Unter den Kreuzfahrerkönigen war Richard der einzige, der seinen heldenhaften Worten Heldentaten folgen ließ.

Er beabsichtigte immer noch, Jerusalem zu erobern, als er noch einmal mit Saladins Abgesandten zusammentraf und mit ihnen vereinbarte, sich mit Saphadin in Lydda zu einer Besprechung zu treffen. Die Besprechung fand in einem großen Zelt statt. Geschenke wurden ausgetauscht, Sänger traten auf, und syrische Mädchen führten Tänze vor. Beide Seiten versicherten sich ihrer ewigen Freundschaft. Saladin verhandelte auch mit Konrad von Montferrat, der bereit war, den Sarazenen im Austausch gegen Sidon und Beirut Akkon anzubieten. Saladins Abgesandte waren von seinen Argumenten beeindruckt, bis sie auf den Gedanken kamen, ihn zu fragen, ob er bereit sei, gegen Richard zu kämpfen. Da erhob Konrad Einwände.

An Weihnachten richtete Richard sein Hauptquartier in Latrun am Rande der judäischen Wüste ein. Johanna, Berengaria, Guido von Lusignan und ihr Gefolge feierten mit ihm Weihnachten. Als das Heer nach Beth Nuba hinauf vorrückte und nur noch neunzehn Kilometer von Jerusalem entfernt war, herrschte wilde Begeisterung, denn die Heilige Stadt, die zwar noch hinter einem Hügelzug versteckt war, schien in seiner Reichweite zu liegen. Die Kranken und die Verwundeten wurden aus Jaffa nach Beth Nuba hinaufgetragen, denn man hoffte, sie bald zum Heiligen Grab bringen zu können, wo ihre Krankheiten und ihre Wunden geheilt werden sollten. Die Soldaten sangen Hymnen, beteten und bereiteten sich auf den Sturm auf Jerusalem vor. Richard studierte Pläne und hörte seine Spione an und kam schließlich zur Einsicht, daß Jerusalem beinahe uneinnehmbar sei. Selbst wenn es ihm gelingen sollte, die Stadt einzunehmen, würde er sie nicht länger als ein paar Tage halten können.

Die Winterstürme tobten. Das Gelände lag unter Wasser, die Zeltstangen hielten manchmal den heftigen Winden nicht stand, das eingesalzene Schweinefleisch der Soldaten faulte im Regen, und ihre Panzerhemden rosteten. Man beschloß, die Kranken und die Verwundeten nach Jaffa zurückzubringen; aber unterwegs wurden fast alle niedergemetzelt. Die Weihnachtswoche, die so hoffnungsvoll begonnen hatte, nahm ein schreckliches Ende.

Jerusalem, das so nahe lag, blieb ein Traum. Richard war gezwungen, sich an die Küste zurückzuziehen. Der Rückzug war von den schlimmsten Stürmen begleitet, deren man sich erinnern konnte. Die Gepäckwagen arbeiteten sich im Morast mühsam vorwärts. Die Männer sanken bis über die Hüften im Sumpf ein. Pferde ertranken. Endlich erreichte das mutlos gewordene Heer Askalon. Man sandte dringende Botschaften nach Jaffa und forderte Nachschub an, denn in Askalon gab es keinen Hafen, und die Schiffe, die vor der Küste vor Anker gelegen hatten, waren im Sturme zerschellt. Richard, der ziemlich viel vom Schiffsbau verstand, ließ das herumtreibende und angeschwemmte Wrackgut sorgfältig einsammeln, damit es für den Bau neuer Schiffe verwendet werden konnte.

Als das Heer in Askalon eintraf, fand es eine Stadt vor, die Saladin in Schutt und Asche gelegt hatte. Die Soldaten mußten über Steinhaufen klettern, um sie betreten zu können. Richard bot jedermann zur Arbeit auf. Ritter und Knappen, Laien und Kleriker, Herren und Diener und hohe Edelleute wurden nun als Maurer und Steinmetzen eingesetzt. Richard selber trug Steine zu den Mauern. Er war entschlossen, die Stadt wiederaufzubauen und sie zu einer Bastion für die Kreuzfahrer im Süden zu machen.

Unterdessen stritten sich Guido von Lusignan und Konrad von Montferrat immer noch um die Königswürde. Guido hielt sich in Akkon auf und wurde dort von den Pisanern unterstützt. Konrad blieb in Tyrus; ihn unterstützten die Genuesen in Akkon. Die Anhänger der beiden Thronanwärter bekämpften einander in den Straßen von Akkon. Als Konrad in Richtung Akkon in See stach, hörten die Pisaner davon, und als sein Schiff vor den Mauern der Stadt auftauchte, setzten sie ihre Steinschleudern in Betrieb und beschossen es drei Tage lang. Richard befand sich in Caesarea, als er vernahm, daß Konrads Schiff von Küstenbatterien beschossen werde. Er gab seinem Pferd die Sporen und erreichte Akkon in derselben Nacht. Sofort ordnete er einen Waffenstillstand zwischen den beiden Königen an. Nachdem er mit Konrad gesprochen hatte, kam er zum Schluß, daß Guidos Anspruch auf den Thron eher berechtigt sei. Er kehrte nach Askalon zurück. Es war ihm gar nicht wohl zumute.

Obwohl Richard als der einzige wirklich legitime König im Heiligen Land hoch geachtet wurde, war er nicht der höchste Schiedsrichter. Die Edelleute und die Befehlshaber traten zur Beratung zusammen und kamen zum Schluß, daß die königliche Gewalt Konrad zustehe, weil er über alle Eigenschaften, die einen Feldherrn ausmacht, verfüge, während Guido wegen seiner Niederlage in der Schlacht von Hattin für immer belastet bleibe. Sie wußten nicht, daß Konrad mit Saladin in geheimem Briefwechsel stand, und stimmten mit gutem Gewissen für ihn.

Weder sie noch Saladin hatten Gelegenheit, herauszufinden, was für ein König Konrad geworden wäre, denn nur wenige Tage später, am 28. April 1192, wurde er nachts auf dem Heimweg vom Palast des Bischofs in Tyrus von gedungenen Mördern erstochen.

Der Alte vom Berge

Der Mord an Markgraf Konrad von Montferrat, dem König von Jerusalem, war eine jener Taten, die den Historiker verwirren, weil das Motiv dafür nicht erkennbar ist. Vielleicht war er die Folge eines privaten Streites, denn Konrad war ein Mann, der nicht zögerte, hohe Offiziere seines Stabes zu beleidigen. Es gab Leute, die glaubten, der Mord sei von Richard Löwenherz befohlen worden, und Saladins Gesandter in Tyrus meldete, die Mörder hätten unter der Folter gestanden, daß Richard sie zum Mord angestiftet habe. Anderseits schrieb Ibn Al Athir, dem eine deutliche Abneigung gegen Saladin eigen war, Konrad sei auf Befehl Saladins ermordet worden auf Grund einer Vereinbarung mit dem Alten vom Berge, dem Oberhaupt des Zelotenordens der *Haschischijun* oder Assassinen. Ibn Al Athir glaubte, man habe geplant, Konrad und Richard gleichzeitig umzubringen, aber Richard sei zu gut beschützt gewesen. Andere sagen, weder Richard noch Saladin habe etwas mit dem Mord zu tun gehabt, der Alte vom Berge habe ihn aus eigenem Antrieb befohlen.
Wenn wir davon ausgehen, daß der Mord vom Alten vom Berge befohlen wurde, müssen wir uns fragen, was er damit zu erreichen hoffte. Sicher bedeutete der Mord für die Kreuzfahrer keinen Todesstoß. Sie konnten über den Tod Konrads hinwegkommen, indem sie ihn einfach durch jemand anders ersetzten. Konrad hatte die Königswürde beanspruchen können, weil er der rechtmäßige Gatte von Königin Isabella gewesen war. Wenn die Königin auch ermordet worden wäre, wäre die Krone gefährdet gewesen, denn außer König Guido von Lusignan konnte niemand einen rechtmäßigen Anspruch auf den Thron geltend machen. Mit der Ermordung Konrads ließ sich der Alte vom Berge auf ein Wagnis ein, das seiner Sache kaum förderlich war. Es ging ein Gerücht um, Saladin habe ihm eine große Geldsumme bezahlt, damit er sowohl Richard als auch Konrad umbringe. Aber dieser Gedanke kann fallengelassen werden, denn es

war nicht Saladins Art, jemand zur Ermordung von Königen anzustiften. Ebensowenig wahrscheinlich ist die Geschichte, die einige Barone aus der Gegend erzählten: Konrad habe auf irgendeine Weise ein den Assassinen gehörendes Schiff abgefangen und die reichhaltige Ladung gestohlen, und zur Strafe für diesen Raub sei er umgebracht worden. Der Alte vom Berge wäre nie so weit gegangen. Er mordete nur, um hohe politische Ziele zu verwirklichen oder aus Treue zu abstrakten Grundsätzen.

EIN BRIEF DES ALTEN VOM BERGE AN LEOPOLD, HERZOG VON ÖSTERREICH, VOM SEPTEMBER 1193, AUS DER BURG MASJAF.[72]

VIELE KÖNIGE UND FÜRSTEN von jenseits der Meere haben Richard, den König und Herrn von England, beschuldigt, den Markgrafen getötet zu haben. Ich schwöre bei Gott, der ewig herrscht, und bei den Gesetzen, denen Wir gehorchen, daß er des Verbrechens nicht schuldig ist. Was wirklich geschehen ist, ist folgendes: Einer von Unseren Brüdern, der mit dem Schiff von Salteleja herkam, wurde von einem Sturm in den Hafen von Tyrus geworfen. Der Markgraf ließ ihn verhaften und töten und nahm von der großen Summe Geldes, die der Mann auf sich trug, Besitz. Wir sandten Boten zum Markgrafen und verlangten, daß Uns das Geld zurückgegeben werde und daß er Uns für den Tod Unseres Bruders eine Entschädigung ausrichte. Der Markgraf schob die Schuld für den Tod des Mannes auf Rainald, den Herrn von Sidon. Wir, die Wir Uns so sehr um Unsere Freunde kümmern, konnten die Wahrheit erfahren, und die Wahrheit war, daß der Markgraf ihn getötet und das Geld genommen hatte.

Wir entsandten dann einen zweiten Boten namens Ewris, und der Markgraf wollte ihn ins Meer werfen lassen, aber Wir hatten Freunde, die es ihm ermöglichten, die Stadt zu verlassen, und er kam zu Uns und erzählte Uns die wahre Geschichte. Von diesem Augenblick an waren Wir entschlossen, den Markgrafen zu töten. Wir schickten zwei Unserer Brüder nach Tyrus, und sie töteten ihn in aller Offenheit, sozusagen in Anwesenheit aller Leute. So kam der Markgraf ums Leben.

Wir erklären Euch, daß Richard, der König von England, mit dieser Angelegenheit nicht das geringste zu tun hatte. Wer etwas anderes sagt, tut ihm großes Unrecht. Es gibt keinen Grund für eine solche Beschuldigung. Wisset, daß Wir nie um des Geldes willen oder gegen irgendeine Art von Bezahlung töten, außer wenn Uns Schaden zugefügt worden ist. Wisset auch, daß dieser Brief Mitte September im fünften Jahre des Papstes Alexander in Unserer Residenz, der Burg Masjaf, geschrieben worden ist.

War es ein bloßer Racheakt? Wahrscheinlicher ist, daß Konrad nur getötet wurde, damit unter den Kreuzfahrern Schrecken, Verwirrung und Zweifel verbreitet wurde. Der Terrorakt sollte allen hohen Beamten des Königreiches bewußt machen, daß ihr Leben in der Hand des Alten vom Berge liege und daß er sie vernichten könne, wann immer er wolle. Der Mord war eine Warnung, ein Ruf zur Ordnung.
Die Kreuzfahrer überhörten die Botschaft, zum Teil sicher deswegen, weil Konrads Tod wenig Trauer hervorrief. Es folgte ein kurzes Ringen um die Nachfolge, wobei der Herzog von Burgund im Namen des Königs von Frankreich Anspruch auf den Thron erhob. Er verlangte von Isabella, daß sie auf alle ihre Rechte verzichte und ihm und seinem Heer Tyrus übergebe. Es war ein unsinniges Begehren, und sie lehnte es denn auch rundweg ab. Sie erwartete ein Kind von Konrad und sollte bald einem Mädchen, ihrem Erstgeborenen, das Leben schenken. Sie war keineswegs gewillt, auf den Thron zu verzichten. Tyrus war ihre größte Stadt. Sie war gut verteidigt, und obwohl dem Herzog von Burgund durchaus eine Kriegslist zuzutrauen gewesen wäre, so war er doch nicht in der Lage, die Stadt gegen den Willen von Isabella, Richard und den Hauptleuten des Kreuzfahrerheeres einzunehmen.
Die Rettung kam in der Person von Heinrich, dem Grafen der Champagne und Feudalherrn der reichsten und kultiviertesten Provinz Frankreichs. Zufällig war er ein begabter Heerführer, und zufällig war er auch ein Neffe Richards und König Philipps. Er hielt sich in Akkon auf, als er von der Ermordung Konrads hörte. Er machte sich sofort auf den Weg nach Tyrus, allerdings ohne die geringste Absicht, die junge Witwe zu heiraten, sondern einfach, um als Vertreter Richards, der zu dieser Zeit in der Gegend von Ramla gegen die Sarazenen kämpfte, anwesend zu sein. Die Barone würden zusammentreten, wichtige Entscheidungen waren zu treffen, und in der Kathedrale von Tyrus sollten die Trauerfeierlichkeiten für Konrad abgehalten werden.
Aber während er durch Tyrus ritt, entschieden andere über ihn. Er war so jung, so hübsch und benahm sich so gut, daß die Bevölkerung ihm zujubelte und rief, er müsse der Gemahl Isabellas werden. Er war der Königin vermutlich noch nie begegnet, und so überraschte ihn die plötzliche Begeisterung des Volkes. Als er mit ihr zusammentraf, war er etwas verlegen beim Gedanken, daß sie bald Konrads Kind zur Welt bringen werde. Wenn es ein Knabe sein sollte, würde er eines Tages den Thron erben.
Der gleiche Gedanke war auch Richard gekommen, weshalb es ihn wundernahm, ob Graf Heinrich sie zur Frau nehmen werde. Als

pflichtbewußter Neffe sandte Graf Heinrich Boten zu Richard und erbat sich seinen Rat. Der König war sein Lehnsherr, und er wollte nichts ohne seine Zustimmung unternehmen. Richard war sehr für die Heirat, ebenso Isabella, die sich Hals über Kopf in Graf Heinrich verliebt hatte.
Sie besuchte ihn eines Tages und überreichte ihm als symbolische Gabe die Schlüssel der Stadt Tyrus. Er nahm sie entgegen, und sie heirateten in der Kathedrale. Die Hochzeit fand am 5. Mai 1192 statt. Seit der Ermordung Konrads war gerade eine Woche vergangen.
Als erstes erhob Graf Heinrich in seinem Namen und im Namen der Königin Anspruch auf alle Burgen und Festungen des Königreichs. Obwohl ihn die Chronisten bisweilen als König Heinrich von Jerusalem bezeichnen, scheint er nie gekrönt worden zu sein. Er regierte als Graf der Champagne oder als Pfalzgraf von Troyes und als Gemahl der Königin. Er war einer von jenen Männern, welche wirkliche Macht dem goldenen Beiwerk vorzogen.
Wenige Tage nach der Hochzeit führte er sein Heer nach Akkon zurück. Dies war die erste Etappe auf dem Weg, der ihn nach Askalon führen sollte. Ambrosius berichtet, daß sechzigtausend bewaffnete Männer vor die Tore von Akkon marschiert seien, um ihn und die Königin zu begrüßen. Nach arabischer Sitte hängten die Einwohner Teppiche und Wandbehänge von ihren Fenstern herab, und unter jedem Fenster und vor jedem Haus standen Rauchfässer mit brennendem Weihrauch. Das Volk erging sich in Festlichkeiten und Feiern, denn in seinen Augen war Graf Heinrich von Gott gesandt worden, um das Königreich zu stärken.
Während der Wein floß und man dem Grafen und seiner schwangeren Frau Blumen zuwarf, waren bei den Baronen und im Heer Anzeichen einer neuen Entschlossenheit zu erkennen. Die Ankunft Graf Heinrichs in Akkon war ein Zeichen dafür, daß die Kreuzfahrer ihre Macht behaupten wollten und daß ihnen ihre Ziele neu bewußt geworden waren. Es war ein sehr feierlicher Anlaß. Die Priester nahmen sich des Grafen gebührend an, führten ihn zur Kathedrale, zeigten ihm ihre kostbarsten Reliquien und luden ihn ein, vor dem mit Edelsteinen besetzten Kreuz, das sich damals in ihrem Besitz befand, niederzuknien und es zu küssen, bevor sie ihm erlaubten, sich im Palast auszuruhen.
Heinrichs Heer gelangte in langsamen Etappen nach Askalon. Dort vernahm er, daß Richard im Begriffe sei, mit seinen gewaltigen Belagerungsmaschinen Darum anzugreifen. Die Verteidiger hielten tapfer aus, obwohl sie ständig mit riesigen Steinen und wurfspießartigen Stangen beschossen wurden, die in die Luft geschleudert wurden und

dann mit gewaltiger Kraft innerhalb der Mauern niederfielen. Nach fünf Tagen waren die Verteidiger zur Übergabe bereit. Richard war unerbittlich, verlangte die bedingungslose Kapitulation. Er lehnte jede Bitte, man möchte ihnen gestatten, Darum als freie Leute zu verlassen, barsch ab. So kämpften sie weiter. Richard befahl den Pionieren, die Mauern unter einem der großen Türme zu untergraben. Als der Turm mit einem Knall wie von einer Explosion einstürzte, zogen sich die Verteidiger in die Zitadelle zurück. Die Christen stürmten durch die eingefallenen Mauern und richteten unter den Sarazenen ein fürchterliches Blutbad an. Sie schlitzten ihnen die Kehlen auf, warfen sie von hohen Mauern hinunter, enthaupteten sie oder hieben sie in Stücke. Nur ein paar wenige durften Sklaven werden. Richard übergab die Burg an Heinrich von der Champagne.

Von Zeit zu Zeit dachte Richard immer noch daran, Jerusalem zu erobern, obwohl ihm die Aussichten immer hoffnungsloser erschienen. Saladin hatte die Stadt mit gewaltigen Befestigungen versehen und in der Umgebung alles vorgekehrt, um zu verhindern, daß die Christen dem Gelände irgendwelchen Vorteil abgewinnen könnten – die Bäume waren umgehauen und die Brunnen vergiftet worden. Richard schien zudem das einzige Mal in seinem Leben richtig Angst zu haben, als ob er geahnt hätte, daß Jerusalem zu seinem Grab werden sollte. Am Morgen des 12. Juni, als er mit einer Eskorte eine muslimische Patrouille verfolgte, erblickte er die Stadt in der Ferne; er erhob sofort seinen Schild, um seine Augen zu bedecken, und sagte, er wolle nicht mehr zur Stadt hinschauen, bis er sie erobert habe.

Als er eine Woche später vernahm, daß eine reiche muslimische Karawane aus Ägypten heranrücke, entschloß er sich, sie zu verfolgen. Begleitet vom Herzog von Burgund und fünfhundert Rittern, die alle Kopftücher trugen, damit sie wie Beduinen aussahen, jagte er durch die Nacht auf eine Oase im Negeb zu, wo nach den Aussagen seiner Spione, die echte Beduinen waren, die Karawane haltmachte. Die Mamelucken, die Kamele, die abgeladene Ware, das Vieh und der Schatz, alles lag um eine Tränke, «Runde Zisterne» genannt, beisammen. Die Wachen schliefen. Es war einer der friedlichsten Anblicke, die sich ihm je geboten hatten. In dieser warmen Nacht, nach seinem eiligen Ritt über die Sanddünen, erheiterte ihn der Gedanke, sich eines solchen Reichtums bemächtigen zu können. Im Morgengrauen griff er an. Die Mamelucken und die Reisenden flohen in die Wüste und ließen so viel Gold, Seide, Purpurstoffe, Kupferschalen, Damaszenerwaffen, Schachfiguren aus Elfenbein, Zucker-

rohrballen und Gewürze zurück, daß Richard und seine Truppe kaum wußten, was sie damit anfangen sollten.
Das war ein Triumph, der die Herzen der christlichen Truppen erfreute; aber es sollte keine solchen Triumphe mehr geben. Richard beschloß, Beirut anzugreifen, das in muslimischer Hand war.
Auf diese Weise hoffte er den schmalen Küstenstreifen, der immer noch den Kreuzfahrern gehörte, erweitern zu können. Saladin beobachtete seine Bewegungen, und am Tag, da Richard Akkon erreichte, stürzte er aus Jerusalem heraus und griff mit einem mächtigen Heer von drei Divisionen Jaffa an. Am zweiten Tag der Belagerung brach die Mauer beim Osttor ein. Die Sarazenen rückten über die eingestürzte Mauer vor. Die Besatzungstruppen kämpften mutig gegen den weit überlegenen Feind an, aber sie würden dem Ansturm nicht mehr lange widerstehen können.
In Akkon erreichten Richard dringende Hilferufe. Sofort entsandte er die Templer und die Johanniter der Küstenstraße entlang nach Jaffa, füllte einige genuesische Schiffe mit seinen eigenen Truppen und übernahm den Befehl über eine Flotte von fünfzig Schiffen. Auf der Höhe des Berges Karmel stand die Flotte infolge einer Flaute mehrere Stunden still. Richard wurde von Unruhe und Verzweiflung gepackt. Endlich nahm der Wind wieder zu, und im Morgengrauen des folgenden Tages lag die Flotte vor Jaffa.
Es war bezeichnend für Richard, daß er, sobald sein Flaggschiff verankert war, sich über Bord in das hüfttiefe Wasser stürzte, seinen Schild um den Hals und seine dänische Streitaxt in der Hand. Seine Ritter besetzten den Damm und richteten unter den Muslimen, welche die Nacht damit zugebracht hatten, die Häuser von Jaffa auszuplündern, eine große Verwirrung an. Die Ritter befreiten die Besatzungstruppen. Gemeinsam gelang es ihnen, die Muslime aus Jaffa zu vertreiben und dann gegen das Lager Saladins vorzurücken. Saladin floh bis nach Assir. Richard hatte mit nur zweitausend Mann, die auf dem Seeweg herkamen, Jaffa von den Sarazenen zurückerobert.
Mit Hilfe seiner Spione konnte Saladin jedoch Richard genau beobachten. Richard hatte sein Lager vor den Mauern von Jaffa aufgeschlagen. Er sah keine Gefahr und war ganz sorglos. Saladin hoffte, Richard und sein ganzes Lager überrumpeln zu können, und griff an. Ein genuesischer Seemann, der während der Nacht über die Ebene ging, sah Rüstungen aufblitzen und schlug Alarm. Richard bestieg sein Pferd, befahl den Armbrustschützen, sich zwischen den Lanzenträgern aufzustellen, und wartete, bis die Muslime anrückten. Die sarazenische Kavallerie griff an, konnte aber die Linien der Kreuzfahrer nicht durchbrechen. Die Christen schlugen mit solcher Heftig-

keit zurück, daß die Muslime zurückwichen und immer mutloser wurden. Die Schlacht dauerte den ganzen Tag über an. Es wird erzählt, Saphadin, der Bruder Saladins, habe beobachtet, wie Richard auf einem jämmerlichen Pferd kämpfte, das längst über seine besten Jahre hinaus war. Da habe er ihm zwei prächtige arabische Pferde bringen lassen, «weil es nicht recht ist, daß ein König zu Fuß kämpft». Richard nahm das Geschenk dankbar entgegen und kämpfte bis zum Einbruch der Nacht weiter. Saladins Heer zog sich zurück.

Einige Tage später erkrankte Richard in Jaffa ernsthaft. Saladin hörte davon und sandte ihm gemäß muslimischer Sitte Pfirsiche und Sorbett, das mit Schnee vom Berg Hermon gekühlt war. Richard nahm das Geschenk mit dem ihm eigenen Sinn für Form an. Er sprach von einem Waffenstillstand mit Saladin, von einem letzten Versuch, Jerusalem den Sarazenen zu entreißen, und von der Rückkehr nach England, das von seinem Bruder Johann und von König Philipp von Frankreich bedroht war. Er sprach auch davon, das Heilige Land zu verlassen und mit einem viel größeren Heer im Jahre 1193 zurückzukehren. Er schloß tatsächlich mit Saladin für die Dauer von dreieinhalb Jahren einen Waffenstillstand ab, der die damals bestehenden Grenzen garantierte: Die Christen behielten den Küstenstreifen von Jaffa bis Tyrus, die Sarazenen beanspruchten den Rest. Eine wichtige Bestimmung des Vertrages gewährte den Christen die Erlaubnis, nach Belieben Pilgerfahrten nach Jerusalem zu unternehmen.

Etwas mehr als einen Monat nach Abschluß dieses Vertrages verließ Richard das Heilige Land für immer. Er hatte viele große Taten vollbracht und manches Gemetzel befohlen. Er war abwechslungsweise grausam, herzlos, ritterlich, hitzig und kühl gewesen. Er hatte sein Schwert geführt wie keiner in der ganzen Christenheit. Er hatte sich als der weitaus mutigste und nach Balduin III. als der intelligenteste aller Könige erwiesen, die im Heiligen Land an der Macht gewesen waren. Am 9. Oktober 1192 stach er von Haifa aus in See. Er war immer noch ein kranker Mann. Er war des Krieges müde und hoffte, England auf dem kürzesten Wege erreichen zu können. Durch ein Mißgeschick fiel er in die Hände Leopolds von Österreich. Er wurde gefangengehalten, bis er für hundertfünfzigtausend Mark losgekauft wurde. Während der letzten fünf Jahre seines Lebens führte er in England und in Frankreich ständig Krieg und starb schließlich während der Belagerung der Burg Châlus. Wir kennen ihn als Richard Löwenherz. Er war nur zweiundvierzig Jahre alt, als er im Jahre 1199 starb. Er hinterließ keine Kinder, aber noch Jahrhunderte nach sei-

nem Tode sagte man zu arabischen Kindern, wenn sie ungezogen waren: «Sei ruhig, sonst kommt England!»
Saladin starb am frühen Morgen des 3. März 1193 im Alter von vierundfünfzig Jahren. Sein Tod erschütterte den muslimischen Osten, denn seine Erben waren seine siebzehn Söhne, die streng aufeinander aufpaßten und sich gegenseitig bekämpften. Die meisten von ihnen waren Lüstlinge, und der Hang zur Einfachheit, der ihrem Vater eigen gewesen war, ging ihnen ab. Als Saladin starb, bestand sein ganzer Besitz aus einem tyrischen Dinar und siebenundvierzig Silberdirhams: Er hatte sein ganzes großes Vermögen verschenkt.
Saladin lebte in der Erinnerung und in der Legende weiter, er wurde von den Muslimen und den Kreuzfahrern in der gleichen Weise verehrt. Sein Schwert wurde mit ihm begraben, und die Muslime glaubten, er werde als einziger das Paradies mit dem Schwert in der Hand betreten. Dante schildert ihn als eine einsam dastehende Gestalt, als einen Menschen, der abseits steht: *e solo e da parte vidi il Saladino.* Alle waren sich einig, daß er als einziger fähig gewesen war, den Islam zu einer Einheit zusammenzuschmieden. Nach seinem Tode zerfiel der Islam wieder in seine verschiedenen Teile.

VII DER DOGE IN SEINEM GLANZE

Die zinnoberrote Galeere

An einem Tag im November 1199 bewirtete Theobald, der junge Graf der Champagne, einige Freunde auf seinem Schloß an der Aisne in den Ardennen. Auf den Feldern waren Zelte aufgeschlagen, es gab Turniere und Festmähler, und die Gäste kamen aus der ganzen Champagne, aus Blois, aus Ile-de-France und aus Flandern, denn der Graf war mit fast allen adeligen Familien der Gegend verwandt. Der wichtigste Gast war sein Vetter Ludwig, der Graf von Blois. Theobald war zweiundzwanzig Jahre alt, sein Vetter war fünf Jahre älter. Ihre Großmutter mütterlicherseits war Königin Eleonore von Aquitanien, und ihre Mütter waren Halbschwestern von König Philipp und König Richard. Jung, reich, im Besitze von großen Ländereien, mit königlichem Blut in ihren Adern, gehörten sie zur *jeunesse dorée* ihrer Zeit und hätten ihr Leben ohne größere Aufregungen, als sie die Jagd, die Turniere und die Bewirtung ihrer Freunde verursachten, genießen können.

Es ist nicht bekannt, weshalb Theobald seine Freunde so spät im Herbst zu einem Turnier ins Schloß Ecry eingeladen hatte. Vielleicht diente es bloß als Vorwand, um viele Freunde zu versammeln. Aber wir wissen, daß Theobald einen großen Teil seines kurzen Lebens damit verbracht hatte, über die Kreuzzüge nachzudenken und nachzusinnen. Sein Vater, Heinrich, der Graf der Champagne, hatte im Jahre 1178 das Kreuz genommen. Er war ins Heilige Land gezogen, hatte in mancher Schlacht gekämpft, war von den Türken gefangengenommen und ins Gefängnis geworfen und durch die Vermittlung des byzantinischen Kaisers im Jahre 1181 wieder freigelassen worden. Dann war er in die Champagne zurückgekehrt und bald darauf gestorben. Theobalds ältester Bruder, der auch Heinrich hieß, hatte ebenfalls das Kreuz genommen. Sein Schicksal hatte einen ganz anderen Lauf genommen, denn er war der Heinrich, der Isabella, die Königin von Jerusalem, geheiratet hatte und de facto König von

Jerusalem geworden war. Nachdem er das Reich fünf Jahre lang klug regiert hatte, war er an den Folgen eines zufälligen Sturzes von einem Balkon gestorben. Es schien unvermeidlich, daß sich Theobald bei seiner Ehre verpflichtet fühlte, in die Fußstapfen seines Vaters und seines älteren Bruders zu treten. Auf jeden Fall kündigte er am Ende des Turniers an, er habe die Absicht, alle anwesenden Adeligen und Ritter aufzufordern, sich ihm für einen Kreuzzug anzuschließen.

Bei Theobalds Aufruf ging es um die Ehre, aber es spielte auch seine persönliche Phantasie mit. Vermutlich sah er sich als einen zweiten Gottfried, einen zweiten Balduin oder einen zweiten Heinrich von der Champagne, den Gatten der Königin von Jerusalem.

Obwohl es außer Zweifel steht, daß Theobald derjenige war, welcher seine Freunde versammelt hatte, um den Kreuzzug anzukündigen, ist es doch möglich, daß sein Vetter Ludwig mitverantwortlich war. Ludwigs Vater war ebenfalls ein Kreuzfahrer gewesen. Er war im Jahre 1191 während der Belagerung von Akkon gestorben.

Es war eine Zeit, die das Kreuzfahrerfieber wieder ansteigen ließ. Hundert Jahre waren vergangen, seitdem die Truppen Gottfrieds, Boemunds und des Grafen von Toulouse die Mauern von Jerusalem erstürmt hatten. Jetzt lag das christliche Königreich Jerusalem in Trümmern, und die überlebenden Kreuzfahrer klammerten sich an einige Städte an der Küste, wie sich Männer über einem felsigen Abgrund festklammern. Das Genie Saladins hatte das Königreich zerschlagen, aber jetzt, da Saladin tot war, bestand die Hoffnung, daß es wieder auferstehen könnte.

Der kurz vorher gewählte Papst Innozenz II. hatte, wenn auch nur mit halbem Herzen, zur Rückeroberung des Heiligen Landes aufgerufen. Ein Pfarrer der Erzdiözese Paris, der als Meister Fulko von Neuilly bekanntgeworden ist, hatte vor seiner Gemeinde und vor allen, die ihn hören wollten, gepredigt und sie ermahnt, im Namen des Heiligen Geistes vom Laster abzulassen. Im Jahre 1198 ermächtigte ihn schließlich der päpstliche Legat, Kardinal Peter Capuano, im Namen des Papstes, den Kreuzzug zu predigen. Meister Fulko griff jetzt nicht mehr die Verderbtheit der oberen Klassen an. Er sprach zu seinen Zuhörern nun von den Vorteilen, welche die Gläubigen gewinnen konnten, wenn sie alles, was sie besaßen, verließen und ins Heilige Land zogen. Er starb in Neuilly im Mai 1202, von seinen Reisen erschöpft, aber man erinnerte sich seiner noch lange.

Die Leidenschaft, mit der Meister Fulko für den Kreuzzug warb, entsprang seiner Abscheu vor der Lasterhaftigkeit und der Verderbtheit, die in Paris und in der Provinz herrschten. Er betrachtete den Kreuzzug als Mittel, das dazu dienen sollte, die Leute von ihren Sünden zu reinigen und sie auf den Weg ins Paradies zu führen. Theobald, der Graf der Champagne, hatte ganz andere Interessen. Für ihn war der Kreuzzug ein Teil seines Erbes, ein frommes Abenteuer und ein aristokratisches Privileg. Es gab nicht viele Leute, die eine so enge Verbindung mit Jerusalem für sich beanspruchen konnten. Wir haben keinen Beweis dafür, daß er jemals mit Meister Fulko zusammengetroffen ist oder seine Predigten gehört hat, und es ist unwahrscheinlich, daß der junge Edelmann etwas mit dem widerspenstigen Pfarrer zu tun haben wollte. Nach den Vorstellungen, die man sich im Schloß Ecry machte, sollte der neue Kreuzzug vom Grafen der Champagne und seinen adeligen Freunden angeführt werden.

Es gab einmal eine Ehrentafel mit den Namen aller Männer, die auf dem Kreuzzug eine wichtige Rolle spielten. Sowohl Gottfried von Villehardouin als auch Robert von Clari, die beiden bedeutendsten Chronisten des Kreuzzuges, führen die Namen in fast der gleichen Reihenfolge an, und zwar nach den Provinzen, denen die Männer entstammten. Es werden etwa hundert Namen genannt. Die wichtigste Eintragung in das Verzeichnis der Kreuzfahrer erfolgte am 23. Februar 1200, als Graf Balduin von Flandern und Hainault in Brügge in aller Form das Kreuz nahm. Er hatte Marie, die Schwester Theobalds, geheiratet. In seiner Familie gab es alte Beziehungen zu den Kreuzzügen. Der Bruder seiner Mutter, Philipp, der Herzog von Elsaß, war 1191 in Akkon gestorben. Andere nahe und entfernte Verwandte hatten ebenfalls das Kreuz genommen. Theobald, Ludwig und Balduin, die alle durch Heirat eng verwandt waren, übernahmen die Verantwortung für die Leitung des Kreuzzuges.

Sie hatten offensichtlich keine Eile. Ungefähr alle zwei Monate trafen sie sich mit Bischöfen und dem Adel, um die praktischen Fragen zu diskutieren, die sich im Zusammenhang mit dem eigentlichen Beginn des Kreuzzuges stellten: der Tag, an dem sie das Heer besammeln wollten, den Weg, den sie einzuschlagen gedachten, die Beschaffung der Gelder, Fragen des Transportes und der Verwaltung und die Strategie, die sie dem Unternehmen zugrunde legen wollten. Sie suchten die Edelleute auf, die an früheren Kreuzzügen teilgenommen hatten. Man traf sich in Soissons und Compiègne, aber es folgten kaum Taten, bis die drei Führer am Ende des Jahres beschlossen, sechs Gesandte nach Venedig zu entsenden, die dort über die Kosten des Transportes über das Meer verhandeln sollten. Jeder der drei Führer wählte zwei Gesandte aus. Villehardouin war einer der von Theobald ausgewählten Männer. Er hebt in seiner Chronik deutlich hervor, daß er unter den Gesandten der Erste unter Gleichen war. Er führte meistens das Wort und war deshalb weitgehend verantwortlich für das, was später geschah. Die Gesandten erhielten Beglaubigungsschreiben, die von den Führern unterzeichnet waren. In diesen Schreiben wurde der Doge von Venedig ersucht, die Gesandten als Bevollmächtigte zu betrachten, die ermächtigt waren, Vereinbarungen zu treffen, die für Theobald und seine beiden Vettern verbindlich sein würden.

Der damalige Doge hieß Enrico Dandolo. Er entstammte einer der berühmtesten venezianischen Familien. Er hatte bei einem Unfall in Konstantinopel sein Augenlicht verloren und haßte seither diese Stadt.

Die sechs Gesandten wurden im Palast des Dogen höflich empfangen. Nachdem sie ihr Anliegen kurz vorgebracht hatten, erhielten sie den Bescheid, sie müßten vier Tage warten, bis der Doge den «Rat der Sechs» versammeln könne; dieser werde sich dann ausführlicher mit ihrem Gesuch befassen. Diese Frist ermöglichte es Dandolo, durch seinen ausgedehnten Nachrichtendienst über die Gesandten Erkundigungen einzuholen und zu beobachten, wie sie sich in Venedig aufführten.

Am vierten Tag wurden die Gesandten vom Rat empfangen. Sie seien gekommen, sagten sie, «im Namen der hohen Barone von Frankreich, die das Kreuzeszeichen genommen hätten, um die Schande Jesu Christi zu rächen und Jerusalem zurückzuerobern, wenn Gott es wolle.»[73] Der Hinweis auf den Schlachtruf des ersten Kreuzzuges war klar und deutlich. Sie baten den Dogen, sich ihrer Sache ohne Verzug anzunehmen und ihnen eine Summe zu nennen, die ihren Mitteln entspreche. Sie erhielten zur Antwort, sie sollten in acht Tagen wiederkommen.

Der Doge hatte insgesamt zwölf Tage zur Verfügung, um die Gesandten und ihr Anliegen zu studieren. Sie verlangten Transportmittel für viertausendfünfhundert Pferde, neuntausend Schildknappen, viertausendfünfhundert Ritter und zwanzigtausend Fußsoldaten sowie Futter und Vorräte für neun Monate. Er nannte seinen Preis: vier Mark je Pferd und zwei Mark je Mann. Die Gesamtsumme betrug also fünfundachtzigtausend Mark. Der Doge versprach zudem, fünfzig bewaffnete Galeeren zur Verfügung zu stellen unter der Bedingung, daß Venedig sich mit den Kreuzfahrern zur Hälfte in die eroberten Gebiete und Schätze teilen könne. Die Gesandten berieten die ganze Nacht hindurch über den Vorschlag, und am Morgen stimmten sie den harten Bedingungen zu.

Nach einem Hochamt in der Basilika von St. Markus, das von Tausenden von Venezianern besucht wurde, lud der Doge Villehardouin ein, das Wort zu ergreifen. Er sprach, die Barone hätten ihnen als ihren Gesandten befohlen, vor der Bevölkerung von Venedig bittend auf die Knie zu fallen. Darauf knieten die sechs Gesandten vor dem Hochaltar nieder. Tränen rannen über ihre Gesichter hinunter, und sie erhoben ihre Arme zur traditionellen Haltung von Bittstellern. Das war eine nicht sehr feine Art von Schauspielerei, die sie geprobt hatten und nun in einer prächtigen Umgebung, im Kerzenlicht und im Widerschein der Mosaiken an den Wänden aufführten. Der Doge trat vor sie hin und half einem nach dem andern auf wie ein König, der Gnaden verleiht, und nach dem Bericht Villehardouins vergoß er Freudentränen. Bald weinten alle Leute in der Kirche, schwenkten ihre Arme vor Erregung und riefen: «Wir sind einverstanden! Wir sind einverstanden!» «Es herrschte ein derartiger Tumult und Aufruhr, daß es schien, als ob die Erde entzweigerissen würde»,[74] schrieb Villehardouin viele Jahre später.

Wir haben keinen Grund, anzunehmen, daß er die Bedeutung des Anlasses übertrieb. Er war mit dem blinden Dogen zusammen dafür verantwortlich, daß der Vertrag am folgenden Tag feierlich unterzeichnet wurde. An jenem Tag wurde auch dem großen Rat angekündigt, daß der Kreuzzug nach Kairo ziehen werde, denn Kairo biete die besten Voraussetzungen für die Vernichtung der Türken. Dem Volk sollte jedoch nicht gesagt werden, daß der Kreuzzug Kairo zum Ziele habe; dem Volk wollte man nur sagen, die Kreuzfahrer zögen über das Meer. Die Venezianer hatten gute Gründe dafür, es nicht bekanntzumachen, daß die Flotte Kairo zum Ziele habe.

Es wurde heftig gefeilscht: Die Summe von fünfundachtzigtausend Mark sollte in Raten bezahlt werden, die letzte Rate von fünfzigtausend Mark Ende April 1202, ein Jahr nachdem der Vertrag unterzeichnet worden war. Die erste Zahlung von fünfzehntausend Mark war am 1. August 1201 fällig, die zweite von zehntausend Mark am 1. November und die dritte von zehntausend am 2. Februar 1202, am Tage von Mariä Lichtmeß. Es wurde vereinbart, daß die Kreuzfahrer am Tage der Apostel Petrus und Paulus, am 29. Juni 1202, in See stechen sollten, also nach mehr als einem Jahr, es sei denn, das Datum werde durch gemeinsame Vereinbarung geändert.

Es wurde wieder geweint, als der Doge den Vertrag dem Rat überreichte. Der Doge weinte, die Gesandten weinten. Jemand brachte heilige Reliquien in den Ratssaal, und jedermann schwor bei den Reliquien, die Bestimmungen des Vertrages zu befolgen. Eine Abschrift des Vertrages wurde durch Boten nach Rom gebracht, damit ihn der Papst gutheißen konnte.

Als Villehardouin nach Frankreich zurückkehrte, um Theobald, dem Grafen der Champagne, die gute Nachricht zu überbringen, stellte er

mit Entsetzen fest, daß der Graf den Kreuzzug unmöglich anführen konnte: er lag im Sterben. Aber Theobald empfand so große Freude, als er hörte, daß die Vorbereitungen für den Kreuzzug getroffen worden seien, daß er sich von seinem Sterbebett erhob und ein Pferd bestieg. Es war sein letzter Ritt. Er starb einige Tage später. In seinem Testament verfügte er, daß eine bestimmte Summe nach dem Gutdünken der Kreuzfahrer zu verwenden sei, und eine weitere Summe sollte unter denjenigen von seinen Freunden verteilt werden, die versprochen hatten, am Kreuzzug teilzunehmen. Villehardouin bemerkt mit Bitterkeit, daß eine überraschend große Zahl das Geld angenommen, aber nicht am Kreuzzug teilgenommen habe.
Nach dem Tode Theobalds suchte Villehardouin nach einem anderen großen Mann, der ihn ersetzen könnte. Er begab sich mit einer kleinen Abordnung zu Odo, dem Herzog von Burgund, und ersuchte ihn dringend, die Leitung des Kreuzzugs zu übernehmen. Der Herzog weigerte sich. Man schickte Gottfried von Joinville als Abgesandten zu Theobald, dem Grafen von Bar-le-Duc. Dieser weigerte sich ebenfalls. Ein Parlament versammelte sich in Soissons, um zu besprechen, an wen man sich wenden solle. Villehardouin, der um des Kreuzzuges willen so viele Bürden auf sich genommen hatte, meinte, Bonifaz, der Markgraf von Montferrat, wäre ein vorzüglicher Kandidat. Er hatte den Markgrafen irgendwo in Italien getroffen, als er von Venedig nach Troyes reiste, und er scheint bereits gewußt zu haben, daß der Markgraf den Kreuzzug sehr gerne anführen würde. «Wenn ihr ihn bitten solltet, hierherzukommen», erklärte er vor dem Parlament, «und wenn er das Zeichen des Kreuzes ergreifen und die Stelle des Grafen der Champagne einnehmen sollte und wenn ihr ihm den Befehl über das Heer anbieten solltet, so würde er ihn gern genug übernehmen.»[75]
Was man nach Villehardouins Ansicht brauchte, war ein Mann von gebieterischem Auftreten, der einem hohen Rang des Adels angehörte und vielleicht eine Beziehung zum königlichen Hause von Jerusalem besaß. Der Markgraf schien alle diese Bedingungen zu erfüllen. Sein ältester Bruder, Wilhelm Langschwert, hatte Sibylla, die Tochter König Amalrichs von Jerusalem, geheiratet und war der Vater König Balduins V. Ein anderer Bruder, Rainer, hatte Maria, die Tochter des Kaisers Manuel Komnenos, geheiratet, der ihm die Rechte auf das kleine Königreich Thessaloniki verliehen hatte. Rainer war in Konstantinopel an einer Vergiftung gestorben. Ein dritter Bruder, Konrad, war vor Heinrich, dem Grafen der Champagne, mit der Königin Isabella von Jerusalem verheiratet gewesen. Jetzt waren alle Brüder von Bonifaz gestorben, und er war nun der Erbe der

Markgrafenwürde. Er verfügte über enge Verbindungen zu Konstantinopel und dem Heiligen Land.
Aber wo seine Brüder stark gewesen waren, da war er schwach. Er war jemand, der stets seinen eigenen Vorteil über das allgemeine Wohl setzte. Er war etwa fünfzig Jahre alt, liebte das leichte Leben, war Frauen und Dichtern gegenüber wohlgesinnt und nahm sie an seinen Hof auf. Die geringe militärische Erfahrung, über die er verfügte, hatte er sich in Scharmützeln in Sizilien oder bei der Unterdrückung lombardischer Kommunen erworben. Villehardouin war vom Glanz seines Namens und seiner Person eingenommen. Er hätte kaum einen Mann wählen können, der unfähiger gewesen wäre, den Kreuzzug anzuführen.
Im August 1201 nahm Bonifaz in Soissons am Parlament teil und wurde mit dem Befehl über den Kreuzzug beauftragt. Einige der Feierlichkeiten fanden im Obstgarten, der zur Abtei Unserer Lieben Frau von Soissons gehörte, statt. Bonifaz versprach, die Bürde, die man ihm jetzt übertrug, getreu zu übernehmen, und der Bischof von Soissons, der ebenfalls das Kreuz genommen hatte, befestigte dann das kleine Stoffviereck mit dem aufgenähten Kreuz an seiner Schulter. Bonifaz wandte sich den versammelten Grafen und Baronen zu und fragte sie, wohin er nach ihrer Meinung den Kreuzzug führen solle. Sie antworteten, er sollte gegen Alexandria oder Kairo geführt werden, denn diese Orte lägen «im Mittelpunkt der Ereignisse, und dort könne am meisten erreicht werden». Bonifaz war einverstanden. Er schien nichts von dem mit dem Dogen feierlich abgeschlossenen Vertrag betreffs die Beförderung der Kreuzfahrer nach dem Orient gehört zu haben, denn er sprach sofort davon, Gesandte nach Genua, Pisa und Venedig zu schicken, die sich erkundigen sollten, wo passende Schiffe gefunden werden könnten. Die Hälfte der fünfzigtausend Livre, die der Graf der Champagne für die Kosten des Kreuzzuges hinterlassen hatte, ging nun an Bonifaz, damit er nach seinem Gutdünken darüber verfüge.
Der Kreuzzug hatte in der Zwischenzeit seine eigene Stoßkraft erlangt, sein eigenes Ziel gefunden und seinen eigenen Doppelsinn angenommen. Sein Führer war unwissend und beinahe krankhaft stolz, ohne Glauben, ohne Skrupel, ohne Gewissensbisse. Er wollte die Kreuzfahrer dorthin führen, wo es ihm paßte.
Wie das bei vielen skrupellosen Leuten der Fall ist, konnten diejenigen, welche gleich skrupellos waren wie er, ihr Spiel mit ihm treiben. Der Doge von Venedig vernahm, ohne daß er sich deshalb allzu viele Sorgen machte, daß das gesamte Vermögen der Kreuzfahrer nicht ausreiche, um die Schiffe zu mieten und auszurüsten. Nach den

Bestimmungen des Transportvertrages fehlten den Kreuzfahrern vierunddreißigtausend Silbermark. Statt ihnen diese Summe abzufordern, verlangte er, daß sie ihn bei der Eroberung der Stadt Zara unterstützten, die sich gegen Venedig erhoben hatte und jetzt zum Königreich Ungarn gehörte. Zara war ein großer und wichtiger Seehafen dreihundertzwanzig Kilometer südöstlich von Venedig am adriatischen Meer und hatte früher als Versorgungsbasis für die venezianische Flotte gedient. Da Zara reich war, sollte der Inhalt seiner Schatzkammer dazu dienen, die Rechnung der Kreuzfahrer auszugleichen, und es würde noch ziemlich viel für die Venezianer übrigbleiben.
Der Papst hörte von der geheimen Vereinbarung und protestierte heftig. Der Angriff einer Kreuzfahrerflotte auf eine christliche Stadt war ein unverantwortlicher Verstoß gegen die Moral. Sein Protest wurde nicht beachtet. Der Doge und mit ihm die Venezianer hatten den Papst oft erzürnt, ohne daß sie deshalb irgendwelche schlimme Folgen zu spüren bekommen hätten. Vor einem Hochamt in der Markusbasilika ergriff der Doge in einem Zustand großer Erregung feierlich das Kreuz und rief sich zum Anführer des Unternehmens aus. In diesem Augenblick war die Macht – die wirkliche Macht – den Kreuzfahrern entglitten. Der blinde Doge führte den Befehl. Der Kreuzzug, der vom jungen und idealistisch gesinnten Grafen der Champagne begonnen worden war, geriet nun in die Hände des Dogen, eines Mannes von außerordentlicher Willenskraft, der überragende Fähigkeiten besaß und dem Markgrafen von Montferrat durch seine Beherrschung der Kriegskunst und durch seine ränkevolle Schlauheit überlegen war. Er war der Befehlshaber, aber er hatte nicht die geringste Absicht, Kairo anzugreifen oder dem zerfallenen Königreich Jerusalem zu helfen oder das Heilige Grab zu retten. Sein einziges Ziel war, unter der Vorherrschaft der Republik Venedig ein Reich zu gründen, das es den Venezianern ermöglichen würde, «Herren und Meister eines Viertels und eines halben Viertels des Römischen Reiches» zu werden. All dies gelang ihm vorzüglich, und dadurch machte er die Pläne der Kreuzfahrer zunichte.
Der Doge hatte Sinn für das Dramatische, das mit einer Eroberung verbunden war. Für die Kreuzfahrer wurde er zu einer Legende, zu einem Mann von geheimnisvoller und mächtiger Kraft, der fähig war, das Schicksal von Ländern und Reichen zu bestimmen.
Ungefähr zu dieser Zeit trat ein zweiter Mann von geheimnisvoller und mächtiger Kraft auf. Der junge Prinz Alexios Angelos war der Sohn des byzantinischen Kaisers Isaak II. Der Bruder des Kaisers, der auch Alexios hieß, war aus türkischer Gefangenschaft losgekauft worden. Nach seiner Ankunft in Konstantinopel ergriff er den Kai-

ser, blendete ihn und warf ihn ins Gefängnis. Der eine Alexios wurde Kaiser, und der andere, zum Flüchtling geworden, machte sich auf den Weg nach Italien und dann nach Deutschland an den Hof Philipps von Schwaben, der seine Schwester geheiratet hatte. Dann ließ er sich in Verona nieder und rief sich zum rechtmäßigen Kaiser aus. Er sandte Botschaften an den Markgrafen von Montferrat und an andere Kreuzfahrerfürsten in Venedig und bat sie dringend, ihm zu helfen, den Thron seines Vaters zurückzugewinnen, und versprach ihnen reiche Belohnung aus der Schatzkammer von Byzanz.

Auf diese Weise lieferte Prinz Alexios Angelos gerade zur rechten Zeit die Gelegenheit, auf die der Doge und der Markgraf gewartet hatten. Der junge Prinz ließ sie bald wissen, was sie an Belohnung zu erwarten hatten. Er bot den Kreuzfahrern das Geld an, das sie benötigten, um die Venezianer zu bezahlen, er erklärte sich bereit, die Kosten der Eroberung Ägyptens zu übernehmen, und er versprach, ein Heer von zehntausend byzantinischen Soldaten zur Verfügung zu stellen und für den Unterhalt von fünfhundert Rittern aufzukommen. Schließlich anerbot er sich, dafür zu sorgen, daß sich die orthodoxe Kirche Rom unterwerfen werde. Wenn dieses Angebot in die Tat umgesetzt worden wäre, wäre in Konstantinopel ein Bürgerkrieg ausgebrochen. Diese atemberaubenden Angebote stammten von einem Mann, der mindestens so verschwörerisch gesinnt war wie der Doge und der Markgraf. Sie zielten darauf ab, den Papst und die ganze Schar der Kreuzfahrer zu begeistern. Der Papst, der den jungen Prinzen kannte und ihn für einen Prahler und einen Einfaltspinsel hielt, war nicht abgeneigt, die Unterwerfung der orthodoxen Kirche entgegenzunehmen. Aber er war gegen ein Blutvergießen und schrieb, es könne nicht geduldet werden, daß Christen andere Christen umbrächten, es sei denn, es lägen außerordentliche Umstände vor. In den Augen des Dogen und des Markgrafen, die jetzt fest entschlossen waren, Zara zu zerstören und Konstantinopel zu plündern, lagen die «außerordentlichen Umstände» bereits vor.

Das christliche Heer, das sich unter strenger Bewachung auf dem Lido von Venedig aufhielt, wußte von all dem nichts. Es wurde vom Dogen, vom Markgrafen und von einem byzantinischen Prinzen manipuliert. Die meisten Ritter und Fußsoldaten glaubten, sie würden nach Ägypten oder in das Heilige Land ziehen. Weil es Anzeichen dafür gab, daß der Kreuzzug im Begriffe war, seinen Anfang zu nehmen, banden die Soldaten auf der Insel Fackeln an ihre Lanzen und veranstalteten einen Umzug um ihr Lager herum.

Aber es gab weitere Verzögerungen. Der Doge war in Eroberungsstimmung und hielt die Zeit für gekommen, die Unterwerfung von

Triest und Moglie zu verlangen. So stach ein Teil der venezianischen Flotte in Richtung auf diese Städte in See. Sie wurden eingeschlossen und ergaben sich schließlich. Erst nach der Rückkehr dieser Schiffe konnte die gesamte Flotte Zara angreifen. Robert von Clari, der auf dem Hinterdeck einer der großen Galeeren stand, war überwältigt vom Anblick der großen Flotte, welche in das adriatische Meer hinaussegelte, angeführt von der in leuchtendem Zinnober gehaltenen Galeere des Dogen, auf welcher der von einem Baldachin aus zinnoberroter Seide überspannte Thron stand. Die Trommler schlugen ihre Trommeln, und vier Trompeter bliesen die Melodie, die nur zur Ehre des Dogen erklingen durfte. Der Lärm war ohrenbetäubend, denn auf den anderen Schiffen befanden sich insgesamt hundert weitere Trompeter. Als der Klang der Trompeten nachließ, sangen die Priester und niederen Geistlichen das *Veni creator spiritus* und weinten vor Freude beim Gedanken, ins Heilige Land ziehen zu dürfen. Selbst zu diesem späten Zeitpunkt waren erst wenige in das Geheimnis eingeweiht.
Lange bevor die Flotte im Hafen von Zara vor Anker ging, waren die Einwohner vor der bevorstehenden Invasion gewarnt worden. Sie hatten ihre Vorkehrungen getroffen. Sie hatten überall auf der Stadtmauer hölzerne Kreuze aufgestellt, um die Eindringlinge darauf hinzuweisen, daß die Stadt Christen gehörte. Sie hatten sich auch vom Papst eine feierliche Erklärung verschafft, die festhielt, daß jeder, der sie angreife, dem Bann verfalle. Mit seinen kräftigen Mauern und seiner Flotte konnte Zara unter gewöhnlichen Bedingungen einen Angreifer in Schach halten, aber die vom Dogen angeführte Kreuzfahrerflotte stellte eine Streitmacht von gewaltigem, einmaligem Ausmaß dar. Die Bevölkerung von Zara sah ein, daß sie sich ergeben mußte. Der Doge hatte vor den Mauern ein Zelt aufgestellt, und hierher kamen die Abgesandten der Stadt. Sie anerboten sich, die Stadt zu übergeben unter der Bedingung, daß er ihnen das Leben zusichere. Der Doge war von diesem Angebot nicht befriedigt. Die Bevölkerung mußte bestraft werden, weil sie die venezianische Sache verraten hatte. Eine angemessene Zahl von Leuten mußte hingerichtet und eine riesige Entschädigung bezahlt werden; Zara sollte nie mehr in der Lage sein, der Macht Venedigs zu trotzen.
Unter den Führern der Kreuzfahrer gab es zwei Meinungen: Diejenigen, welche mit ihrem Gewissen keine Schwierigkeiten hatten, waren dafür, Zara anzugreifen; diejenigen mit einem zarten Gewissen fragten sich, wie sie es vermeiden könnten, am Kampf teilzunehmen. Was die Kreuzfahrersoldaten davon hielten, eine Stadt anzugreifen, deren Mauern mit Kreuzen gekrönt waren, läßt sich nur vermuten, aber sie waren bestimmt nicht erfreut, als sie entdeckten, daß sie in

ein Abenteuer hineingelockt worden waren, zu dem sie überhaupt nichts zu sagen hatten.
Der Angriff auf die Stadt wurde von den Venezianern geleitet. Sie stellten hölzerne Türme und Schleudermaschinen auf und beschossen die Stadtmauern mit riesigen Steinen. Pioniere untergruben die Mauern. Von den Masten der Schiffe im Hafen wurden Leitern zu den Mauerkronen hinüber ausgelegt. Fünf Tage lang hieben die Venezianer auf die Stadt ein, um sie zur Unterwerfung zu zwingen. Die Stadtältesten sahen ein, daß weiterer Widerstand unmöglich war, und ergaben sich. Ihr Besitz und ihre Wertsachen gehörten nun den Siegern. Diese drangen in die Stadt und ergriffen in aller Form von ihr Besitz. Die Venezianer behielten den Löwenanteil: den Hafen, die Lagerhäuser, die Werften und die Schiffe. Die Kreuzfahrer erhielten den Rest der Stadt. Sie zogen in die Häuser der Bürger ein und machten diese zu Sklaven. Drei Tage später wurden die Kreuzfahrer gegen Abend vom Gefühl gepackt, sie könnten die nächsten Opfer sein, denn sie waren von den Venezianern eingeschlossen. Sie erhoben sich und griffen die Venezianer an, wo sie sie nur finden konnten. Es gab kaum eine Straße in Zara, wo nicht mit Schwertern, Lanzen und Wurfspießen wild gekämpft wurde. Der Kampf dauerte die ganze Nacht hindurch an. Als der Morgen anbrach, hatten der Doge und die Kreuzfahrer eine Art Frieden geschlossen, aber es gab noch eine ganze Woche lang sporadische Kämpfe. Das Unternehmen stand in Gefahr, alle seine Kräfte an einen Bürgerkrieg im Innern einer eroberten Stadt zu verschwenden. «Das war das größte Unglück, das über das Heer kommen sollte», schrieb Villehardouin, «und es führte beinahe zum Verlust des ganzen Heeres. Aber Gott wollte das nicht zulassen.»[76]
Der Aufstand wurde mit harten Maßnahmen niedergeschlagen. Der Doge nahm wieder seine Stellung als Befehlshaber ein, und zwei Wochen später traf Bonifaz, der Markgraf von Montferrat, ein, um mit dem Dogen Gespräche zu führen. Nach einigen Tagen sandte Philipp von Schwaben, der Schwager von Alexios, eine Botschaft an Bonifaz. Sie enthielt die Bedingungen für einen Vertrag, den Alexios und die Führer des Expeditionskorps miteinander abschließen sollten. Der Vertrag wurde nicht sofort unterzeichnet, und er wurde bis zum letztmöglichen Augenblick geheimgehalten. Die Kreuzfahrersoldaten hatten keine Möglichkeit, zu vernehmen, was sich abspielte, aber sie waren unruhig und mißmutig in ihren Winterquartieren. Die Vorräte gingen zur Neige, denn der Ausbeutung der Bevölkerung von Zara waren Grenzen gesetzt.
Villehardouin, der beharrlich den Standpunkt des Dogen einnahm,

schreibt, es seien Kräfte am Werk gewesen, die versucht hätten, das Kreuzfahrerheer aufzulösen. Fünfhundert Soldaten brachen mit einem Schiff aus Zara aus, und Villehardouin stellte mit Genugtuung fest, daß das Schiff kenterte und daß alle ertranken. Andere entwichen ins Hinterland, und wiederum stellt Villehardouin mit Genugtuung fest, daß sie von den Bauern umgebracht wurden. Um aus Zara hinauszugelangen, baten einige Ritter um die Erlaubnis, in einem der Schiffe, die zur Flotte gehörten, als Abgesandte nach Syrien zu fahren. Sie kehrten nie mehr zurück. Villehardouin war über ihren Undank entrüstet. Das Heer schrumpfte rasch zusammen, denn die Soldaten trauten ihren Vorgesetzten nicht, und sie nahmen auch den päpstlichen Bannspruch sehr ernst. Deshalb wurden vier Gesandte, zwei Ritter und zwei Geistliche, nach Rom geschickt. Sie sollten den Papst bitten, den Eroberern von Zara die Absolution zu erteilen. In einem Augenblick der Schwäche gewährte sie der Papst.

Auf den langen Winter folgte ein kurzer Frühling. Alexios traf am 25. April in Zara ein und wurde mit den einem Kaiser zustehenden Ehren empfangen. Er scheint ein Jüngling von ungefähr vierzehn Jahren gewesen zu sein, hübsch, bescheiden, leicht zu manipulieren. Nach seiner Ankunft gab es keinen Zweifel mehr, daß der Doge entschlossen war, Konstantinopel zu plündern, wie er Zara geplündert hatte. Den jungen Anwärter auf den byzantinischen Thron wollte er dabei bloß als Werkzeug benutzen. Die riesige Flotte, angeführt von der zinnoberroten Galeere des Dogen, verließ Zara bei günstigem Wind, während die lärmende Musik der Pfeifer und Trommler die Luft erfüllte. Sie legte in Durazzo an, um sich zu versorgen, und dort wurde, nach Villehardouin, Alexios vom Volke als der rechtmäßige Kaiser von Byzanz willkommen geheißen. Dann legte die Flotte in Korfu an. Das Heer ruhte sich in Zelten aus, und die Pferde wurden aus den Schiffen herausgeholt und auf die Weide geführt.

Die Kreuzfahrer waren im Begriffe, eines der größten Verbrechen der Geschichte zu begehen.

Die brennende Stadt

Die Plünderung von Konstantinopel geschah aus reiner Eroberungslust, die keine Rücksicht auf Menschenleben oder Kunstschätze nahm. Sie kam durch kaltblütigen Verrat im modernen Sinne zustande und ohne jede Rücksicht auf die Folgen, zu denen unweigerlich die Schwächung des byzantinischen Reiches gehörte, eines Reiches, das während so langer Zeit eine Bastion gegen die Türken gewesen war. Der Papst hatte verkündet, daß Christen nicht gegen Christen kämpfen sollten, es sei denn, ein christliches Volk behindere den Erfolg der Kreuzzüge. Die Byzantiner behinderten den Erfolg der Kreuzzüge nicht; sie unterstützten die Kreuzfahrer schon seit langer Zeit. Der Vorwand, sie müßten Konstantinopel angreifen, um dem jungen Alexios zum Thron zu verhelfen, war eine Fiktion, die sich der Doge, der Markgraf von Montferrat und Philipp von Schwaben ausgedacht hatten. Sie waren nicht einmal daran interessiert, das Heilige Land zurückzuerobern; sie wollten Beute.

Während des ersten Kreuzzuges hatte es Spannungen zwischen den Kreuzfahrern und Kaiser Alexios Komnenos gegeben, weil er ihnen nicht gestattet hatte, die kaiserliche Stadt zu plündern. Als sie die Mauern von Konstantinopel angriffen, schlug er sie zurück. Als sie mit Hilfe des byzantinischen Heeres Nizäa, die zweitwichtigste Stadt seines Reiches, erobert hatten, verweigerte er ihnen wiederum die Erlaubnis, sie zu plündern. Er verlangte von ihnen einen Treueid. Sie leisteten ihn widerwillig und mit dem geheimen Vorbehalt, daß sie ihn brechen würden, wann immer es ihnen gefallen sollte. Die Beziehungen zwischen den Byzantinern und den Kreuzfahrern waren immer gespannt, und dies war weitgehend darauf zurückzuführen, daß die byzantinische Kultur in den Augen der Kreuzfahrer dem Untergang nahe und zur Plünderung reif war. Sie wußten nicht, daß große Kulturen viele Male untergehen und viele Male wieder aufleben können. Bevor die Araber von Arabien aus vorstießen, hatte sich das byzantinische Reich über ganz Kleinasien, Syrien, Palästina und Ägypten erstreckt. Byzanz war immer noch ein mächtiges Reich und sollte es noch während vielen weiteren Jahren bleiben. Selbst nach der Plünderung Konstantinopels, selbst als die fränkischen Könige von dem mit Edelsteinen besetzten kaiserlichen Thron aus regierten, blieb in den Augen des byzantinischen Volkes die feste Hoffnung auf eine *restauratio,* eine Wiedergeburt, ein Wiederaufleben des byzantinischen Geistes.

Abgesehen von den Venezianern waren diejenigen, welche entschlossen waren, Konstantinopel zu plündern, in der Minderheit. Auf Korfu, wo die Pläne für den Angriff auf die Stadt endgültig ausgearbeitet wurden, sahen sich die Befehlshaber der Kreuzfahrer einem Aufstand gegenüber. Viele von den Rittern protestierten gegen die Pläne der Venezianer, und sie waren nicht allein. Die Fußsoldaten brachten den Ruf «Nach Akkon gehen!» – «Ire Accaron!» auf. Es gab eine Verschwörung, die zum Ziel hatte, Truppen von Korfu nach Brindisi, das im Besitze des Grafen Walter von Brienne war, überzusetzen. Graf Walter sollte dafür sorgen, daß sie das Heilige Land sicher erreichen würden. «Mehr als die Hälfte des Heeres», gibt Villehardouin zu, «war dieser Ansicht.»[77] Sie hatten in Zara schrecklich gelitten. Auf dem Lido von Venedig hatten sie unter strenger Bewachung gestanden, und die Venezianer hatten sich ein Vergnügen daraus gemacht, ihnen für Brot und Vorräte unerhörte Summen zu verlangen. Jetzt hatten sie endlich die wahren Absichten der Venezianer durchschaut.

In einem eigentlichen Akt der Auflehnung brachen die Kreuzfahrer ihre Zelte ab und zogen gegen das Landesinnere in ein anderes Tal, das sich in einiger Entfernung von der Stadt befand, um sich vom Dogen und seinem Heer zu trennen. Sie hofften, daß Schiffe aus Brindisi sie aus ihrer Lage befreien würden.

Bonifaz, der Markgraf von Montferrat, entschloß sich zu verzweifelten Maßnahmen. Er wollte sich vor den Kreuzfahrern erniedrigen, er wollte ihnen alles versprechen, was sie verlangten, und gleichzeitig wollte er ein aufrührerisches Heer durch Versprechen und halbe Versprechen, die er nie zu halten beabsichtigte, für sich zu gewinnen versuchen. Er war der oberste Befehlshaber der Kreuzfahrer, und seinem Stab gehörten Balduin, der Graf von Flandern, Ludwig, der Graf von Blois und Chartres, und der Graf von Saint-Pol an. Mit ihnen und mit einem Gefolge von Bischöfen und Äbten und mit dem jungen Alexios ritt er in das Tal, wo die Kreuzfahrer ihr Lager aufgeschlagen hatten, und zeigte sich ihnen, während sie eine Massenversammlung abhielten. In einiger Entfernung vom Lager stiegen er und alle seine Begleiter vom Pferd, um zu zeigen, daß sie mit friedlichen Absichten gekommen seien.

Er schritt auf die Kreuzfahrer zu und warf sich unterwürfig vor ihnen nieder. Alle seine Begleiter taten das gleiche. So lagen etwa zwanzig Leute auf den Knien. Das war ein *coup de théâtre,* ein so unglaublicher Anblick, daß die Kreuzfahrer vor Überraschung außer sich gerieten. Bonifaz kündigte an, er werde so lange auf den Knien bleiben, bis sie ihn angehört hätten; er habe ihnen vieles zu sagen; das Allerdringendste sei, daß das Heer zusammenbleiben und den Venezianern nach Konstantinopel folgen müsse; über alles andere könne man verhandeln. Er war ein Meister der Redekunst. Er flehte sie an, bettelte, bat sie um Gehör. Er stellte ihnen den jungen Kaiser vor. Es sei recht und billig, daß das christliche Heer ihm wieder zu seinem Thron verhelfe, es sei ihre christliche Pflicht, und sobald sie diese

Pflicht erfüllt hätten, könnten sie natürlich mit seiner Erlaubnis und mit seinem Segen ins Heilige Land ziehen.

Zuerst trauten die Kreuzfahrer ihren Ohren kaum. Ihre Führer traten etwas beiseite, so daß die Fremden, die sie auf so dramatische Weise aufgesucht und ihnen in so wohlgesetzten Worten ihre Bitten vorgetragen hatten, sie nicht verstehen konnten. Sie fragten sich, ob sie das, was man ihnen gesagt hatte, glauben könnten. Wie konnten sie diesem Mann trauen, der sie in der Vergangenheit so erfolgreich belogen hatte? Sein Hauptargument war, wie Robert von Clari sich erinnerte, rein pragmatischer Art. «Was sollen wir in Babylon oder in Alexandria tun», fragte er, «wenn wir weder Vorräte noch das Geld besitzen, das es uns ermöglicht, dorthin zu gelangen? Es ist besser für uns, wenn wir uns unter irgendeinem guten Vorwand Vorräte und Geld beschaffen, als wenn wir dorthin gehen und vor Hunger sterben. Zudem anerbietet sich der Kaiser, mit uns zu kommen und unsere Flotte noch ein weiteres Jahr auf seine Kosten zu unterhalten.»[78] Dies würde natürlich bedeuten, daß der Kaiser, wenn er einmal im sichern Besitz des Thrones wäre, den Kreuzfahrern seine Schatzkammer zur Verfügung stellen würde. Es würde sich nur um einen vorübergehenden Umweg handeln; die ganze Bevölkerung von Konstantinopel wartete darauf, ihren rechtmäßigen Kaiser willkommen zu heißen; es würde nur wenige oder keine Kämpfe geben, und die Truppen würden bald für wichtigere Aufgaben im Heiligen Land frei sein.

Als die Abordnung der Kreuzfahrer zurückkam und Bonifaz gegenübertrat, war ihre Meinung gemacht. Sie waren damit einverstanden, nach Konstantinopel zu gehen, aber nur unter der Bedingung, daß sie nach einer festgesetzten Frist von ihrer Verpflichtung befreit würden. Es war jetzt ungefähr der 19. April. Sie verlangten, daß sie spätestens am Michaelstag, am 29. September, das Recht haben solten, innerhalb von fünfzehn Tagen Schiffe und Vorräte zu verlangen und zu bekommen, die es ihnen ermöglichen würden, Syrien zu erreichen. Sie verlangten auch, daß ein feierlicher Vertrag abgefaßt und vor heiligen Reliquien unterzeichnet werden müsse, nach dessen Bestimmungen Bonifaz ihnen das, was sie verlangten, «in gutem Glauben und ohne Hintergedanken» und «zu welcher Stunde auch immer er darum ersucht werde», geben werde. Bonifaz, Alexios, die Grafen von Flandern, Blois und Saint-Pol, alle unterzeichneten das Dokument.

Dadurch, daß Bonifaz sich erniedrigte und ein Dokument unterschrieb, an das er sich nicht zu halten gedachte, gewann er das größte Spiel seines Lebens. Durch seine Gegenwart und durch die Gegenwart des jungen Kaisers Alexios unterdrückte er den Aufstand des Kreuzfahrerheeres und bereitete auf diese Weise das Heer auf die Eroberung des byzantinischen Reiches und der großen Gebiete vor, die er später als sein Eigentum beanspruchen sollte.

Doch der eigentliche Beweggrund des Markgrafen war nicht so sehr Eroberungslust, sondern persönlicher Rachedurst. Sein Bruder Konrad war im Jahre 1187 in Konstantinopel gewesen. Er hatte tapfer für den Kaiser gekämpft, einen Aufstand niedergeschlagen und den Rebellenführer persönlich umgebracht. Aber Bonifaz glaubte, sein Bruder sei vom Kaiser auf höchst verräterische Weise behandelt worden.

Die Schiffe der riesigen Flotte, die von Korfu zu den Dardanellen segelte, kamen wie Eroberer daher und waren wie Eroberer ausgerüstet. Aber die gewaltigen, honigfarbigen Mauern von Konstantinopel machten ebenfalls Eindruck; sie waren ein deutliches und greifbares Zeichen für die Macht und den Glanz der Stadt. Villehardouin übertrieb nicht, als er schrieb:

> Ihr sollt wissen, daß die Leute, die Konstantinopel vorher noch nie mit ihren eigenen Augen gesehen hatten, staunten, denn nie hatten sie sich vorgestellt, daß es auf der Welt eine so reiche Stadt geben könne, und als sie die hohen Mauern mit den edlen Türmen, welche sie umgaben, erblickten und die prächtigen Paläste und die emporragenden Kirchen – es gab deren so viele, daß man es unmöglich glauben konnte, wenn man es nicht mit eigenen Augen gesehen hatte –, waren sie verwundert, und zwar besonders über die Höhe und die Breite der Stadt, die alle anderen Städte beherrschte. Ihr sollt auch wissen, daß es unter uns keinen einzigen Mann gab, dessen Körper bei ihrem Anblick nicht zitterte; und das war nicht erstaunlich, denn nie zuvor seit der Erschaffung der Welt hatte ein Volk etwas derart Großartiges unternommen.[79]

Das war eine kühne Behauptung, aber Villehardouin hatte seine eigenen Gründe, anzunehmen, daß die Flotte am größten aller Unternehmen beteiligt sei. Er spielte im Rat der Führer des Unternehmens selber eine wichtige Rolle; er war ein Erzverschwörer; er war beglückt über die Möglichkeit, die berühmteste Stadt der Welt plündern zu können. Für ihn gab es bei diesem Unternehmen viel zu gewinnen.

Die gewöhnlichen Soldaten und Seeleute waren noch nicht sicher, ob sie etwas gewinnen würden. Sie erduldeten große Härten, denn die Nahrung ging wieder zur Neige. Selbst der Doge begann, sich mit äußerster Vorsicht zu benehmen. Am 23. Juni ankerte sein Schiff im Marmarameer gegenüber der Sankt-Stephanus-Abtei, etwa zwanzig

Kilometer südwestlich von Konstantinopel. Der Doge und die meisten Führer des Unternehmens wurden ans Ufer gerudert und versammelten sich in der Abteikirche zu einer feierlichen Sitzung. Es gab eine lange Debatte. Viele Argumente wurden vorgebracht. Schließlich erhob sich der Doge und legte die Strategie dar, die es zu befolgen galt. Es war eine für die Venezianer bezeichnende Strategie, die sich auf die Seemacht stützte. Es sollten keine Heeresteile für einen Angriff auf die Mauern auf der Landseite an Land gebracht werden, weil sie bald zerstreut würden und der Feind ihnen zahlenmäßig überlegen wäre. Auch würden die Soldaten sich sofort Verpflegung beschaffen wollen, was eine nutzlose Anstrengung sei, wenn im Marmarameer selber so viel Nahrung zu finden sei. Es gebe Inseln, die man angreifen könne; ihr ganzes Korn, ihr ganzer Weizen und alle ihre Vorräte könne man beschlagnahmen. Wenn die Flotte die Meerenge beherrsche, seien ihr die Inseln ausgeliefert.

Ihr jetziges Ziel war es, alle Lebensmittel, die auf den Inseln der Fürsten zu finden waren, einzusammeln; aber als ein südlicher Wind aufkam und die Fahrt zu den Inseln zu einem gefährlichen Unterfangen machte, segelte die Flotte vor Konstantinopel munter der Küste entlang und kam ganz nahe an die Ufermauern heran, so nahe, daß man auf die Wachen schießen konnte, welche die Mauern und die Türme besetzt hielten. Der Wind trieb die Flotte nach Chalzedon am asiatischen Ufer. Hier befand sich einer der vielen Paläste des Kaisers, «einer der schönsten und angenehmsten, die man je gesehen hat». Die Führer des Unternehmens gingen an Land und bezogen den Palast, während sich die Soldaten in einer Zeltstadt niederließen, die außerhalb der Palastmauern errichtet wurde. Die Pferde wurden an Land gebracht. Nur die Seeleute blieben auf den Schiffen zurück.

Die Heerführer entdeckten, daß es nicht nötig war, auf die Inseln zu gehen. Das asiatische Ufer war nicht verteidigt, denn der Kaiser hatte alle seine Truppen zurückgezogen, um Konstantinopel zu schützen. Nachdem sie sich zwei Tage lang in Chalzedon ausgeruht hatten, kehrten die Venezianer und die Kreuzfahrer auf ihre Schiffe zurück. Sie waren gut verpflegt. Das Getreide war gerade geerntet worden und stand in Garben auf den Feldern rings um Chalzedon, und die Soldaten bemühten sich, es auf die wartenden Schiffe zu bringen. Dann segelte die Flotte die Meerenge hinauf weiter und ankerte vor einem anderen kaiserlichen Palast in Skutari. Die Pferde, die man in Chalzedon von den Schiffen genommen hatte, ritten der Küste entlang nach Skutari. Die ganze Masse des Kreuzfahrerheeres stand in Skutari bereit, sich auf Konstantinopel zu stürzen.

Der Kaiser hatte bereits Gesandte ausgeschickt, die sich nach den

Absichten der Eindringlinge erkundigen sollten, obwohl es ihm unterdessen wohl bewußt geworden war, was sie im Schilde führten. Aber er hatte einige Hoffnung, er könne mit ihnen zu einer Vereinbarung kommen. Wenn sie Gold oder Silber wollten, so sei er bereit, es ihnen zu geben. Er erhielt die unverblümte Antwort, man wolle sein Reich, er sei ein Thronräuber, und der junge Alexios sei der rechtmäßige Erbe des byzantinischen Thrones. Die Gesandten kehrten nach Konstantinopel zurück im Bewußtsein, daß es unmöglich war, mit den Kreuzfahrern zu verhandeln, und daß die Stadt mit Gewalt verteidigt werden mußte.

Der Doge, der mit Propagandatricken bestens vertraut war, ersann eine List, um seine Feinde zu demütigen. Zehn der prächtigsten venezianischen Galeeren sollten sich unter einer Fahne, welche die Bereitschaft zu einem Waffenstillstand anzeigte, Konstantinopel nähern. Auf einer dieser Galeeren sollte der junge Alexios in kaiserliche Gewänder gekleidet auf einem Throne sitzen. Die Bevölkerung sollte angefragt werden, ob sie ihren Kaiser anerkennen wolle. Der Doge war sicher, daß sich in der Stadt einige Unzufriedene fänden, die bereit wären, einem neuen Kaiser Treue zu schwören.

Die List erwies sich als auffallend erfolglos. Die venezianische Flotte segelte in feierlichem Zuge vor den Mauern von Konstantinopel dahin. Auf den Ruf «Anerkennt ihr den jungen Alexios als euren Herrn?» riefen die Leute zurück: «Wir anerkennen ihn nicht, und wir wissen nicht, wer er ist.»[80] Das Urteil Konstantinopels war eindeutig, und die Kreuzfahrer merkten, daß sich in der Stadt kein Nest von Spionen befand, die für sie kämpfen würden. Der Ausgang der Schlacht war jetzt fraglich, denn die Bevölkerung von Konstantinopel schien durchaus in der Lage zu sein, sich zu verteidigen.

Die Venezianer und die Kreuzfahrer blieben neun Tage lang in Skutari. Sie verwendeten ziemlich viel Zeit darauf, im Hinterland Vorräte zusammenzutragen und über die beste Angriffsmethode zu diskutieren. Die Ritter versammelten sich zu Pferd auf einem Feld zu einem Parlament, aber in Tat und Wahrheit wurden alle Entscheide vom Dogen oder von Bonifaz getroffen. Das Kreuzfahrerheer wurde in sieben Hauptgruppen aufgeteilt. Balduin von Flandern führte die Vorhut, Bonifaz die Nachhut. Zu Bonifaz gehörten die Toskaner, die Lombarden, die Deutschen und die Soldaten aus Südfrankreich. Der Doge befahl, daß die Kreuzfahrer vom Land her und die Venezianer vom Meer her angreifen sollten. Die Operationen zu Land und zur See sollten sorgfältig aufeinander abgestimmt werden.

Im Morgengrauen wurden die Kreuzfahrer unter klarem Himmel von Skutari über die Meerenge nach Galata an der Mündung des Goldenen Horns übergesetzt. Während der Nacht hatten alle Soldaten gebeichtet und die Kommunion empfangen. Das Heer wurde gesegnet. Die Ritter bestiegen mit ihren Pferden die Transportschiffe, welche die gleiche Form hatten wie heutige Landungsschiffe: Durch ein Tor konnten Pferd und Reiter aus dem Schiff an Land reiten. Zweihundert Trompeter bliesen zum Aufbruch, und ein fürchterlicher Trommelwirbel ertönte. In Galata befand sich eine kleine Abteilung kaiserlicher Truppen. Sie war bald überwältigt. Einem venezianischen Schiff namens *Aquila* gelang es, die Kette, die quer über die Mündung des Goldenen Horns gespannt war, zu durchbrechen. Die Kette war so schwer und so gut angefertigt, daß sie als unüberwindbar galt. Ein Ende war an den Mauern von Konstantinopel befestigt, das andere an einem festungsähnlichen Turm in Galata. Vor der Kette lag eine Flottille griechischer Schiffe vor Anker. Der Turm und die griechischen Schiffe wurden erobert, und das Kreuzfahrerheer bewegte sich dem Ufer des Goldenen Horns entlang vorwärts, bis es die berühmte Brücke erreichte. Die Griechen verteidigten sie, so gut sie konnten, zogen sich aber schließlich hinter die Stadtmauern zurück. Nachdem die Kreuzfahrer die Brücke überquert hatten, stellten sie ihre Zelte außerhalb der Stadtmauern gegenüber dem Blachernenpalast auf. Sie gingen nach dem Plan vor, der im ersten Kreuzzug festgelegt worden war, als man ein genau gleiches Manöver durchzuführen versuchte. Im ersten Kreuzzug war das Manöver mißlungen. Diesmal gelang es.

Der Doge und sein Stab von Seeoffizieren hatte sich ein neues und außerordentlich wirksames Kampfmittel ausgedacht. Es handelte sich um fliegende Brücken, die an den hohen Masten der Galeeren befestigt wurden und dann durch ein System von Tauen und Gegengewichten bewegt werden konnten, so daß sie die Brüstungen der hohen Mauern erreichten. Diese fliegenden Brücken waren von kräftiger Bauart: Drei Männer in voller Rüstung konnten sie nebeneinander überqueren. Hugo von Saint-Pol berichtet, die Brücken seien dreißig Meter lang gewesen, was wahrscheinlich zutrifft, wenn wir berücksichtigen, daß sie die Form eines T hatten, dessen mittleren Teil der Mast bildete. Er sagt auch, daß diese Brücken mit Tierhäuten gegen griechisches Feuer und gegen Pfeile geschützt waren. Einige dieser Brücken scheinen zu Tunneln ausgebaut gewesen zu sein, so daß die Männer in ihnen hinüberklettern und sich sicher fühlen konnten, bis sie den Fuß auf die Brüstungen der Mauern von Konstantinopel setzten.

Der Kaiser von Konstantinopel hatte die Hoffnung nicht aufgegeben. Er glaubte, er könne die Stadt verteidigen. Er konnte sich auf die

Varangergarde verlassen, die hauptsächlich aus dem Kaiser fanatisch ergebenen Dänen und Engländern bestand. Es war auch unwahrscheinlich, daß die Petschenegen, die aus dem südlichen Rußland stammten, zum Feind überlaufen würden. Die Hauptmacht des Kaisers war das griechische Heer innerhalb der Mauern. Es hielt sich vorzüglich. Konstantinopel war zu einer Festung geworden, von der aus die Griechen, die Petschenegen und die kaiserliche Garde ihre Ausfälle durch die gut verteidigten Tore unternehmen konnten. Es erfolgten viele Ausfälle, die meisten vom Romanostor und von anderen Toren in der Nähe des Blachernenpalastes aus. Die Kreuzfahrer sahen sich genötigt, ihr Lager mit Pfählen zu umgeben. «Die Griechen», schrieb Villehardouin, «hörten nie auf, vom einen oder anderen Tor aus anzugreifen, was zur Folge hatte, daß das ganze Heer sechs- oder siebenmal im Tag ausrücken mußte.»[81] Die Kreuzfahrer wurden durch die ständigen Angriffe hart mitgenommen. Zudem gingen ihre Vorräte zur Neige. Sie lebten von Mehl, gesalzenem Schweinefleisch und ihren toten Pferden. Sie verloren viele ihrer besten Ritter, nahmen aber Konstantin Lascaris, einen der besten byzantinischen Generäle, gefangen. Und so dauerten die Kämpfe zehn Tage lang an, ohne daß es den Kreuzfahrern gelang, die Mauern Konstantinopels zu bezwingen.

Das Ganze entwickelte sich zu einer eigentlichen Kraftprobe, die zeigte, daß die Griechen durchaus fähig waren, ihre Stadt zu verteidigen, sofern die Kämpfe nach gewohnter Art, mit Armbrusten, Schwertern und Lanzen, geführt wurden. Nun besetzten die Venezianer, die während der Kämpfe um den Blachernenpalast von ihrer Flotte nur wenig Gebrauch gemacht hatten, plötzlich einige von den Türmen und schickten mit Hilfe der fliegenden Brücken Kundschaftergruppen in die Stadt. Keine dieser Gruppen scheint weit in die Stadt hinein vorgedrungen zu sein, aber das war für den Einsatz ihrer geheimen Waffe nicht erforderlich. Sie legten in einem großen Teil der Stadt Feuer. Und dem Feuer gelang, was mit allen Waffen der Kreuzfahrer nicht gelungen war: Es eroberte die Stadt.

Villehardouin hat uns eine eingehende Beschreibung des Geschehens überliefert. Das Feuer wurde von den Venezianern absichtlich gelegt, als sie sahen, daß ihnen das vorrückende byzantinische Heer zahlenmäßig hoffnungslos überlegen war. «Als der Kaiser sah, daß die Venezianer in der Stadt waren», schrieb er, «warf er seine Leute in so großer Zahl gegen sie, daß sie sahen, daß sie den Angriff unmöglich auszuhalten vermochten. Sie setzten deshalb die Gebäude, die zwischen ihnen und den Griechen lagen, in Brand, und da der Wind von unserer Seite her wehte, stiegen die Flammen so hoch an, daß die

Griechen unsere Leute nicht mehr sehen konnten, und unsere Leute flohen in die Türme, die sie eingenommen und erobert hatten.»[82] Die Flammen, die ein kleines Heer von Venezianern, die über die Mauern geklettert waren, retteten, zerstörten ungefähr ein Viertel der Stadt. Die beiden großen Paläste blieben unversehrt, aber die Flammen erreichten die Sophienkirche und zerstörten die Vorhalle mit den Mosaiken mit den Patriarchen, dann drangen sie dem Hippodrom entlang zu den Ufermauern vor. Die ganze Nacht hindurch fachten die starken Winde die Flammen an.
Als die Bevölkerung die Stadt in Flammen sah, verlor sie den Mut, und der Kaiser, der gut und manchmal hervorragend gekämpft hatte, gab die Hoffnung auf. Während der Nacht des 17. Juli trug er die kaiserlichen Diademe und den ganzen übrigen Schatz, der dem Hofe gehörte, darunter tausend Pfund Gold, zusammen und entwich aus der Stadt. Er ritt an einen Ort namens Develtos am Ufer des Schwarzen Meeres. Er machte aus seinen Plänen kein Geheimnis; er sagte jedem, er hoffe, zu gegebener Zeit wieder ein Heer aufzustellen und Konstantinopel zurückzuerobern. Wenn er den Mut verloren hatte, so deshalb, weil alle andern in Konstantinopel den Mut verloren hatten. Sie hatten einen Schock erlitten, waren wie gelähmt und unfähig weiterzukämpfen, als sie zusehen mußten, wie die Stadt bis auf den Grund niederbrannte.

Die Verwüstung Konstantinopels

Als der Morgen kam, war ein Kaiser geflohen, und ein anderer, der geblendete Isaak II., saß auf seinem Thron im Blachernenpalast mit der Kaiserin an seiner Seite. Umgeben von Beamten und Hofdamen, erledigten sie die Geschäfte, als ob nichts geschehen wäre. Villehardouin, der als Abgesandter aus dem Lager der Kreuzfahrer hergekommen war, berichtet, der Kaiser habe seine prächtigsten Gewänder getragen und die Kaiserin, die Schwester des Königs von Ungarn, sei eine der schönsten Frauen gewesen, die er je gesehen habe. Am Tage zuvor hatten sich die Hofleute vor einem anderen Kaiser verneigt und waren vor einem anderen Kaiser niedergekniet. An diesem Tage war ihnen nicht anzumerken, daß sie in einer eroberten Stadt lebten, die immer noch brannte.

Villehardouin machte den Kaiser, der während der Nacht aus dem Gefängnis befreit worden war, darauf aufmerksam, daß er seine prächtigen Gewänder nur so lange tragen dürfe, als es den Kreuzfahrern beliebe. Sie seien die wirklichen Herrscher. Er stellte seine Forderungen. Als erstes müsse Isaak die von seinem Sohn, dem jungen Alexios, unterzeichneten Verträge anerkennen. Der Kaiser war überrascht: Er hatte nie von diesen Verträgen gehört. Villehardouin stellte ihm ein Ultimatum. Der Kaiser müsse die Oberherrschaft des Papstes anerkennen, er müsse den Venezianern und den Franken zweihunderttausend Mark bezahlen und sie mit Vorräten für ein Jahr ausstatten. Ferner müsse er zur Unterstützung der geplanten Invasion Ägyptens auf seine Kosten zehntausend Mann mit der entsprechenden Zahl von Schiffen zur Verfügung stellen. Schließlich müsse er, solange er lebe, in den Gebieten, die sie jetzt zu erobern im Begriffe seien, fünfhundert Ritter unterhalten.
Isaak wies darauf hin, daß die Forderungen, die man an ihn stelle, für ihn eine sehr große Last bedeuteten und daß er nicht sehe, wie er sie erfüllen könne. Da jedoch sein Sohn den Vertrag unterschrieben habe, könne er sich nicht weigern. Später am Tage stritten der geblendete Kaiser und sein Sohn miteinander. Der Sohn meinte, es sei absurd, daß ein Blinder das Reich regieren wolle; er, Alexios, müsse zum Kaiser gekrönt werden. Isaak gab schließlich nach und dankte zugunsten seines Sohnes ab.
Am 1. August 1203 wurde Alexios zum Kaiser gekrönt. Isaak hielt weiterhin hof, blind und halb wahnsinnig, verbrachte die Zeit mit Gebeten und Prophezeiungen und träumte davon, daß er die Macht eines Tages zurückerhalten und daß sich sein Sohn von den fränkischen Lastern abwenden werde. Unterdessen gab sich Alexios, der alle Versprechen, die ihm der Doge und der Markgraf von Montferrat ins Ohr flüsterten, für voll nahm, der Illusion hin, er sei ein richtiger Kaiser. In Wirklichkeit war er bloß ein Bauer, der vom Schachbrett weggeschoben werden sollte, sobald der Doge und der Markgraf für ihn keine weitere Verwendung mehr haben würden.
Gemäß Vertrag mußte sich der regierende Kaiser von Byzanz dem Papst unterwerfen. Alexios tat dies und erhielt darauf vom Papst ein Empfehlungsschreiben, worin dieser seiner Befriedigung dadurch Ausdruck gab, daß er ihn von allen Sünden, die er in seinem Leben begangen hatte, lossprach. Er ermahnte ihn auch, dafür zu sorgen, daß die ganze orthodoxe Kirche seinem Beispiel folge. Die Oberherrschaft des Papsttums war für den Papst von Bedeutung, aber von sehr geringer Bedeutung für die Griechen; sie konnten ihren Gottesdienst weiterhin nach der alten Form abhalten.

Während kurzer Zeit herrschte in der eroberten Stadt Konstantinopel ein schwankender Frieden. Unter Alexios machte sich ein Heer auf die Suche nach dem anderen Alexios, der in Develtos Zuflucht gesucht hatte. Dort schlossen sich die Kreuzfahrer dem jungen Kaiser an und verlangten, wie zu erwarten war, eine übertrieben hohe Summe für ihre Dienste. Der Kaiser wurde gezwungen, ihnen zu bezahlen, was sie verlangten, aber es kam eine Zeit, wo es unvermeidlich wurde, die Zahlungen einzustellen.

Einer von denen, die bereit waren, den Eindringlingen zu trotzen, war ein gewisser Alexios Dukas, der wegen der dichten Augenbrauen, die über seine Nasenwurzel hinwuchsen, den Übernamen «Murtzuphlos» trug. Er gehörte einer aristokratischen Familie an, die Byzanz zwei Kaiser geschenkt hatte. Bis vor kurzem war er im Gefängnis gewesen. Der junge Kaiser hatte seine Freilassung angeordnet und ihn zum Haushofmeister gemacht. Murtzuphlos war gegen jeden Kompromiß. Er haßte die Kreuzfahrer und die Venezianer. Der junge Kaiser hingegen fühlte sich in ihrer Gesellschaft sehr wohl. Er wurde einmal beobachtet, wie er die Stoffmütze eines Kreuzfahrers trug, dem er seine kaiserliche Tiara geliehen hatte. Er vergnügte sich gerne mit den Kreuzfahrern beim Glücksspiel und genoß es, sie im Lager zu besuchen, das sie auf der anderen Seite des Hafens, in der Estanor genannten Gegend aufgeschlagen hatten. Doch Murtzuphlos war eine einnehmende und mächtige Persönlichkeit, und er gewann einen derart großen Einfluß auf den Kaiser, daß der Doge unruhig wurde und den Kaiser zu sich rief. «Willst du bezahlen?»[83] fragte der Doge. Der Kaiser antwortete, er habe genug bezahlt. Offensichtlich waren die Kämpfe zwischen den Kreuzfahrern und den Griechen noch nicht zu Ende.

Diesmal besaßen die Griechen einige Vorteile. Es war jetzt Winter, nicht die günstigste Zeit, um die Mauern mit fliegenden Brücken zu erklimmen. Die Strömungen im Bosporus waren heimtückisch. Das Kreuzfahrerheer hungerte wieder. Murtzuphlos ließ Feuerschiffe bauen; das waren kleine Boote, die man mit Fetten, Ölen und trockenem Anfeuerholz füllte und dann gegen die venezianische Flotte losließ, wenn der Wind günstig war. Wenn sie auch, wie sich zeigte, wenig Schaden anrichteten, so bedrohten sie doch die ganze Flotte. Unterdessen lebte das Heer von trockenem Schiffszwieback, und der Preis für ein Ei war auf zwei Pfennige angestiegen. Die Sieger begannen die Stärke der Besiegten zu fühlen.

Da der junge Kaiser den Vertrag unterzeichnet hatte, der Byzanz Pflichten gegenüber den Eroberern auferlegte, entschied Murtzuphlos, daß die Zeit gekommen sei, den Kaiser zu beseitigen. Das ließ sich leicht bewerkstelligen. Er ging einfach mit einer bewaffneten Garde in den Palast, erdrosselte Alexios mit einer Bogensehne und erklärte sich selbst zum Kaiser. Dann ließ er mit einem Pfeil einen Brief aus der Stadt in das Lager der Kreuzfahrer schießen, der ankündigte, er sei der regierende Kaiser. Kurz danach schickte er auf dem gleichen Weg einen zweiten Brief ab, der ankündigte, als Kaiser von Byzanz könne er die Anwesenheit der Eindringlinge nicht länger dulden; er befehle ihnen, ihr Lager innerhalb einer Woche zu räumen, sonst müßten sie die Folgen tragen. Die Barone trotzten ihm und antworteten, sie beabsichtigten, ihn für die Ermordung von Alexios zu bestrafen, und sie würden nicht ruhen, bis sie Konstantinopel zurückerobert und das Geld, das ihnen der frühere Kaiser versprochen habe, erhalten hätten.

Murtzuphlos, der sich jetzt Kaiser Alexios V. Dukas nannte, war ein Mann von fieberhafter Tatkraft und wildem Ehrgeiz. Als er merkte, daß die Barone allen Ernstes beabsichtigten, die Stadt zurückzuerobern, ließ er die Türme und die Mauern verstärken. Er war äußerst tapfer. Als er vernahm, daß Graf Heinrich von Flandern mit einem Versorgungstrupp nach der Stadt Philea aufgebrochen sei, führte er seine Truppen aus Konstantinopel hinaus in der Absicht, den Versorgungstrupp abzufangen, wenn er ins Lager der Kreuzfahrer zurückkehrte. Er trug den goldenen Helm des Kaisers und hielt in seinen Händen die Ikone der Heiligen Jungfrau, welche die griechischen Kaiser in die Schlachten mitführten. Graf Heinrich von Flandern war jedoch ein Soldat mit viel mehr Erfahrung. Alexios V. Dukas wurde überwunden und in die Flucht geschlagen. Auf der Flucht verlor er seinen goldenen Helm, die kaiserliche Standarte und die Ikone der Heiligen Jungfrau. Graf Heinrich frohlockte über seinen Sieg und ließ die eroberten Schätze der Bevölkerung von Konstantinopel zeigen. Eine Galeone kreuzte in der Meerenge auf und ab; oben an ihrem Mast waren der Helm, die Standarte und die Ikone festgebunden. Für den neuen Kaiser war der Verlust der Symbole seiner Herrschaft über das byzantinische Reich ein äußerst schlimmes Vorzeichen.

Die Barone besprachen bereits, wie sie das Reich aufteilen wollten. Sie wollten einen Kaiser wählen, dem ein Viertel des Reiches und ein Viertel der Stadt gehören sollten. Die restlichen drei Teile wollten sie unter den Venezianern und den übrigen aufteilen. Sie schworen vor Reliquien, daß sie alles Gold und Silber und die kostbaren Stoffe zusammenlegen wollten, um es dann nach der gleichen Regel zu verteilen. Sie schworen ebenfalls vor Reliquien, daß sie keine Frauen ihrer Kleider berauben wollten – jeder, der das tue, werde mit dem

Tode bestraft – und daß sie an keinen Mönch oder Priester Hand anlegen und in keine Kirche und kein Kloster eindringen wollten. Nachdem sie Konstantinopel eingenommen hatten, sollten alle diese bewundernswerten Eide vergessen sein.

Sie wußten, daß die Belagerung schwierig sein würde. Auch wenn Alexios V. Dukas ein Kaiser mit einem entmutigten Heer, ohne Kriegsflotte, mit einer leeren Schatzkammer und einer verbrannten Stadt war, so mußte man dennoch mit ihm rechnen. Er verstärkte die Tore gegen das Land hin und ließ die hölzernen Türme, die auf den gemauerten Türmen errichtet worden waren, mit Tierhäuten bedekken. Seine Leute waren gut bewaffnet und zu allem entschlossen. Selbst die Soldaten, die ob so vielen plötzlichen Herrscherwechseln entmutigt waren, und die Edelleute, die ihn verabscheuten, weil er durch Morden zum Thron gekommen war, anerkannten ihn als ihren Befehlshaber. Der Kaiser richtete sein zinnoberrotes Zelt auf einer Anhöhe auf, von der aus er sehen konnte, was sich außerhalb der Stadtmauern abspielte. Von dort aus erteilte er seine Befehle durch Trompetensignale, die über die ganze Stadt hinweg gehört werden konnten.

Der erste ernsthafte Angriff erfolgte am Freitag, dem 9. April. Die Venezianer reihten ihre Schiffe auf und versuchten, über die fliegenden Brücken Männer auf die Mauern zu bringen, während die Franken sich daran machten, die Mauern zu untergraben. Es gelang den Venezianern nicht, über die Mauern zu klettern, weil sie zu hoch waren, und die Griechen ließen schwere Steine auf die fränkischen Pioniere hinunterfallen. Nach dem Bericht von Robert von Clari befahl Alexios V. Dukas seinen Trompetern, das Siegessignal zu blasen, und sagte zu seiner Umgebung: «Seht, meine Herren, bin ich nicht ein guter Kaiser? Habt ihr je einmal einen so guten Kaiser gehabt? Habe ich es nicht gut gemacht? Wir brauchen sie nicht mehr zu fürchten. Ich lasse sie alle hängen, und sie sollen alle ehrlos sein.»[84]

Während Alexios V. Dukas frohlockte, konnten die Venezianer und die Franken ihren Mißerfolg kaum für möglich halten. Sie verbrachten den Sonntag mit Gebeten; sie empfingen das Abendmahl und hörten sich Predigten an, in denen die Priester die Rechtmäßigkeit ihrer Sache priesen und betonten, Konstantinopel müsse sich den gerechten Eroberern beugen. Am Montag unternahmen sie erneut einen Angriff. Die Schiffe lagen dem Goldenen Horn entlang vor den Ufermauern.

An diesem Tag gab es keine Schlacht, sondern nur lange und schwierige Bemühungen, in den Besitz eines Turmes zu gelangen. Nur vier oder fünf Schiffe hatten Masten, die dafür hoch genug waren. Zwei dieser Schiffe, die *Paradisus* und die *Peregrina*, waren zusammengebunden. Sie gehörten den Bischöfen von Soissons und Troyes. Von einem dieser Schiffe aus gelang es einem Ritter namens Andreas von Dureboise, auf Händen und Füßen kriechend in einen Turm einzudringen. Weil er eine Rüstung trug, gelang es den Verteidigern des Turmes nicht, ihn zu töten. Während sich die Verteidiger auf ein unteres Stockwerk zurückzogen, konnte er die fliegende Brücke am Turm festbinden, und viele weitere Männer konnten sich ihm anschließen. Bald darauf wurde ein weiterer Turm eingenommen. Die Bezwingung der Türme hob die Stimmung bei den Venezianern, aber den eigentlichen Durchbruch erzielten die kleinen Gruppen, die auf dem schmalen Landstreifen zwischen der Mauer und dem Meer landeten. In Friedenszeiten standen zum Meer hin Tore zur Verfügung; diese waren jetzt mit Backsteinen zugemauert. Die Männer, die gelandet waren, versuchten, sich mit Spitzhacken einen Weg durch diese Tore zu schlagen. Sie vermuteten zu Recht, daß die Backsteinfüllungen nur wenige Fuß tief waren, während die Mauern selber viel dicker waren. Sie hatten die schwächste Stelle im gesamten Verteidiungssystem gefunden. Während sie an der Arbeit waren, gossen die Griechen siedendes Pech und griechisches Feuer auf sie hinunter und ließen schwere Steine auf sie fallen. Aber sie setzten ihre Arbeit fort. Sie verwendeten Äxte und Schwerter und auch Messer. Alles, was Backsteinen beikommen konnte, wurde benützt. Das Schicksal Konstantinopels hing davon ab, wie rasch die Männer eines dieser Tore durchbrechen konnten.

Aleaumes von Clari, der Bruder des Chronisten Robert von Clari, war der erste, der auf die andere Seite gelangte. Als Robert sah, wie sein Bruder entschlossen war, Konstantinopel zu betreten, klammerte er sich an seinen Beinen fest, aber ohne Erfolg: Aleaumes bestand darauf, allein durch das Loch zu klettern und den Griechen gegenüberzutreten. Die Griechen waren so erstaunt über den Anblick des mit Backsteinstaub bedeckten Mannes, daß sie nichts anderes tun konnten, als ihn anzustarren. Er zog sein Schwert und stürzte sich auf sie, und sie flohen. Aleaumes rief zurück: «Beeilt euch, meine Herren! Ich sehe, wie sie sich erschreckt zurückziehen und davonzurennen beginnen.» [85] Durch den in die Backsteinmauer gehauenen Tunnel kamen zehn Ritter und sechzig Wachtmeister. Die Trompeter des Kaisers bliesen das Signal zum Widerstand gegen die Eindringlinge. Der Kaiser selber, der, einen Steinwurf entfernt, das Geschehen mitverfolgte, gab seinem Pferd die Sporen und ritt auf sie zu. Aber dann besann er sich eines Bessern, wandte sich um und ritt zu seinen zin-

noberroten Zelten, wo seine Garde bereitstand, um ihn zu verteidigen. Das war sein schlimmster Fehler.
Während sich all dies abspielte, wurde auf den Mauern gekämpft. Peter von Amiens, der die Gruppe befehligte, die die Backsteinmauer durchbrochen hatte, sah in der Nähe ein weiteres Tor und befahl seinen Männern, es anzugreifen. Als sie es aufgebrochen hatten, wurden Transportschiffe herbeigebracht. Die Ritter kamen in ihren Rüstungen über die Laufplanken und ritten in die Stadt hinein, als wären sie in den Ferien. Bald befanden sich Hunderte von Rittern innerhalb der Mauern, aber es war kein Feind in Sicht. Alexios V. Dukas war geflohen und hatte seine zinnoberroten Zelte und seine mit Schätzen angefüllten Truhen zurückgelassen. Peter von Amiens erhob als Eroberer darauf Anspruch.
Der Kaiser hatte im Bukoleonpalast Zuflucht gesucht. In der Morgenfrühe des folgenden Tages schlich er sich zum Goldenen Tor hinaus. Er hoffte, nach Thrakien zu gelangen, um von dort aus später einen Angriff auf Konstantinopel ausführen zu können. Unterdessen blieben die Venezianer und die Franken, die in die Stadt eingedrungen waren, in der Umgebung des Klosters Pantepoptos – des Klosters des alles sehenden Christus – und hielten sich mit ihren Waffen bereit, denn sie erwarteten, daß die Griechen während der Nacht oder im Morgengrauen angreifen würden.
Als der Morgen kam, herrschte jedoch große Ruhe. Schließlich erschienen einige Priester und einige Soldaten der Varangergarde. Sie überbrachten ihnen eine seltsame Nachricht: Der Kaiser und sein Heer und die meisten reichen Leute seien geflohen und hätten nur die armen Leute zurückgelassen. Konstantinopel stehe ihnen offen. Sie könnten über die Stadt nach ihrem Gutdünken verfügen: Sie könnten sie zerstören oder plündern oder zu irgendeinem beliebigen Zweck benützen. Die Nachricht verblüffte die Eroberer; denn sie hatten einen harten Kampf erwartet.
Die hohen Adligen wählten sich die schönsten Gebäude aus. Der Markgraf von Montferrat belegte den riesigen Bukoleonpalast, die Sophienkirche und die in der Nähe gelegenen Gebäude des Patriarchats. Graf Heinrich von Flandern nahm den Blachernenpalast in Besitz. Die Soldaten ließen sich in den Palästen der Reichen nieder, bis sie von aufgebrachten Edelleuten, welche die Paläste für sich beanspruchten, hinausgeworfen wurden. Es wurde angenommen, daß es während drei Tagen jedermann erlaubt sein sollte, zu vergewaltigen, zu morden und zu plündern. Es herrschte Anarchie. Kirchen wurden entweiht, Bibliotheken geplündert, Bronzestatuen, die aus dem klassischen Griechenland stammten, wurden umgestürzt und

dann weggebracht, um eingeschmolzen zu werden. Der Hochaltar der Sophienkirche war mit Blattgold überzogen und mit Edelsteinen besetzt. Die Eroberer stachen die Edelsteine mit ihren Dolchen heraus. Eine Prostituierte wurde auf den Thron des Patriarchen gehoben und zum Tanzen und Singen aufgefordert. Da weder die Venezianer noch die Franken irgendwelche Achtung vor der orthodoxen Kirche kannten, betrachteten sie die Kirchen manchmal als Unterhaltungsstätten und vergnügten sich vor den Altären. Drei Kirchen wurden in Lagerhäuser für Gold, Silber und kostbare Gewebe umgewandelt. All dies sollte den Baronen zur Verfügung stehen. Die gewöhnlichen Soldaten erhielten sehr wenig, obwohl man ihnen ebenfalls Schätze versprochen hatte. Diejenigen, welche goldene und silberne Wertsachen entwendeten, wurden kurzerhand hingerichtet. Die Barone betrachteten die Stadt als ihr Privateigentum. Als die zusammengehäuften Schätze aus allen Palästen und Kirchen eingeschätzt wurden, erhielten die Barone vierhundertfünfzigtausend Mark, und nur hunderttausend Mark wurden für die niederen Ränge reserviert. Jeder Ritter erhielt zwanzig Mark, jeder Priester und jeder Diener eines Ritters zehn Mark und jeder Fußsoldat fünf Mark. Wahrlich keine besonders großzügige Verteilung der Beute.

Das geistlose Plündern war am heftigsten während der ersten drei Tage, dauerte aber noch jahrelang an. Die Bibliotheken Konstantinopels enthielten große Sammlungen literarischer Werke aus dem Goldenen Zeitalter des alten Griechenland: Alles oder fast alles davon ging in Flammen auf. Es gab unter den Kreuzfahrern niemand, der des Griechischen kundig war, niemand, der in den Bibliotheken die Werke von Äschylus, Sophokles und Sappho hätte erkennen können. Was wir heute besitzen, ist bloß ein kleiner Teil der Fülle von griechischer Literatur, die es vor der Plünderung Konstantinopels gegeben hatte.

Das Schrecklichste von allem war die geistlose Grausamkeit der Eroberer. Sie mordeten zu ihrem Vergnügen oder um die Schaulust der anderen zu befriedigen oder ohne jeden Grund. Als Murtzuphlos, der Kaiser, schließlich gefangengenommen werden konnte, suchte der neue Kaiser, Balduin, der frühere Graf von Flandern, nach einer angemessenen Strafe. Der Doge bemerkte, er sei zu groß, um gehängt zu werden. «Ich will euch sagen, was ihr mit ihm tun könnt», sagte er. «In dieser Stadt befinden sich zwei hohe Säulen, jede wenigstens fünfzig oder sechzig Klafter hoch. Wir wollen ihn auf eine dieser Säulen hinaufklettern lassen und ihn dann hinunterstürzen.»[86] Die Barone waren einverstanden. Murtzuphlos mußte also auf die Säule hinaufklettern und wurde hinuntergestürzt. Sein Körper wurde völlig zerschmettert.

Nicht alle Kreuzfahrer suchten nach herkömmlichen Schätzen; Reliquien waren auch sehr gesucht. Der Chronist Robert von Clari war einer der eifrigsten Reliquiensammler. Er gehörte zum Stab von Peter von Amiens, einem Edelmann im Heere Hugos, des Grafen von Saint-Pol, und sein Buch *La Conquête de Constantinople* ist ein amtlicher Bericht, der aufgrund amtlicher Dokumente verfaßt wurde. Dank seinen Verbindungen zu hochgestellten Personen war er bei seiner Suche nach Reliquien begünstigt. Er raffte einen beträchtlichen Schatz zusammen, darunter ein zehn Zentimeter langes und siebeneinhalb Zentimeter breites Stück des Kreuzes Christi sowie vier kleinere Stücke, einige Dornen von der Dornenkrone, das Schweißtuch, den Schwamm, die Hälfte des Gürtels der Heiligen Jungfrau, den Arm des heiligen Markus und den Finger der heiligen Helena. Er brachte auch ein Stück vom Lendentuch, das Christus am Kreuz getragen hatte, mit nach Corbie. Insgesamt erwarb er mehr als vierzig Reliquien, die er der Kirche St. Peter in Corbie übergab.

So ging der vierte Kreuzzug zu Ende, ohne daß mehr erreicht worden wäre als die Verwüstung einer berühmten und einst stolzen Stadt. Die Historiker zählen ihn zu den Kreuzzügen, weil viele, die daran teilnahmen, glaubten, sie segelten ins Heilige Land. Doch der vierte Kreuzzug war wenig mehr als ein erfolgreicher Versuch, ein Kaiserreich zu unterwerfen und seine Reichtümer zu erbeuten. Wenn der Doge oder Balduin oder Bonifaz beabsichtigt hätten, das Byzantinische Reich für Venedig und den Westen in Besitz zu nehmen, wenn sie beabsichtigt hätten, einen Wall gegen die Übergriffe der Türken zu errichten, hätte vielleicht in ihrem Wahnsinn ein gewisser Sinn liegen können. Aber sie dachten nicht an solche Zusammenhänge, sie dachten nur an Beute, Zollschranken und geschäftliche Vorteile. Sie waren Kolonialisten, die soviel als möglich aus ihren Kolonien herausholen wollten. Als Entgelt für ihre Unterdrückung und Versklavung hatten sie der ansässigen Bevölkerung nichts anzubieten.

Selbst Innozenz III., der kein zartes Gewissen hatte, war über ihre Taten entsetzt. Er sandte ihnen Brief auf Brief mit hilflosen Wutschreien. Wie konnte jemand so unvernünftig, albern und einfältig sein und Konstantinopel erobern? Waren nicht die Türken auf dem Vormarsch, und war es nicht offensichtlich, daß Byzanz als Bastion gegen sie diente? Sie hatten vorgegeben, Kreuzfahrer zu sein und ins Heilige Land zu ziehen, um das Heilige Grab zu beschützen, und sie waren nichts anderes als Diebe und Räuber, die um des Gewinnes willen die ihnen übertragene Aufgabe verraten hatten. Innozenz

belegte die Venezianer mit dem Bann. Sie zuckten bloß die Schultern und fragten sich, warum sie sich durch den fernen Widerhall des päpstlichen Donners stören lassen sollten.
Die Plünderung Konstantinopels war eine Katastrophe erster Größe. Zu einer Zeit, da das Königreich Jerusalem verzweifelt Hilfe benötigte, war eine große Invasionsflotte von ihrem Kurs abgelenkt worden, um dem Ehrgeiz der Venezianer zu dienen, die sich von nun an Herren «einer Hälfte und eines Viertels des Römischen Reiches» nannten. Sie waren durch ihre Plünderungen zu großem Reichtum gelangt, aber die Kreuzzüge waren nicht ins Leben gerufen worden, um jemand zu großem Reichtum zu verhelfen. Die unstillbare Raubgier der Venezianer schadete den Kreuzfahrern, wie ihnen nichts anderes geschadet hatte. Die Muslime sahen einmal mehr, wie treulos die Kreuzfahrer sein konnten und daß sie nie so treulos waren, wie wenn sie untereinander kämpften.

VIII DIE VERSCHLEUDERUNG DES SCHATZES

Die Kinderkreuzzüge

Die moralische Kraft, die zur Entstehung der Kreuzzüge führte, läßt sich letztlich auf etwas sehr Einfaches zurückführen: auf die Verehrung von Christus. Ein Kreuzzug war ein Gebet in vielen Sprachen. Er entsprach dem Bedürfnis der Menschen, Christus nahezukommen, sich seiner bleibenden Gegenwart zutiefst bewußt zu sein. Christus war zwar in jeder Kirche und in jeder Kathedrale als lebendige Kraft gegenwärtig, aber er war noch gegenwärtiger in den Landschaften des Heiligen Landes, wo die Menschen umhergehen konnten, wo er umhergegangen war, und die Gegenden sehen konnten, die er gesehen hatte. In das Heilige Land zu pilgern oder zu den Waffen zu greifen, um das Heilige Grab zu verteidigen, waren Handlungen ohne jede Zweideutigkeit, und allein schon ihre Einfachheit bestimmte den Verlauf des Abenteuers. Zweideutigkeiten entstanden, wenn die Führer versuchten, neue Fürstentümer in Besitz zu nehmen, und wenn die Kaufleute auf Gewinn aus waren. Doch die große Mehrheit der Kreuzfahrer zog zur Ehre Gottes ins Heilige Land. In ihnen brannte eine helle, reine Flamme. Aber manchmal wandte sich die Flamme nach rückwärts, brannte sie und zerstörte sie vollständig.

So erging es dem Kinderkreuzzug vom Jahre 1212. Da mißlang alles. Der Kreuzzug entstand aus den gleichen Impulsen wie die anderen Kreuzzüge: Die Bräuche, die zu einer Pilgerfahrt gehörten, wurden befolgt; die Zeremonien der katholischen Kirche begleiteten die Kinder; der Anführer war willensstark und beredt, obwohl er ein Kind war. Die Kinder waren unbewaffnet, weil sie nicht im Sinne hatten, gegen die Sarazenen zu kämpfen; sie hofften, die Heiden durch die Kraft ihres Beispiels, vielleicht auch durch ihre bloße Jugendlichkeit bekehren zu können. Wie die Soldaten des ersten Kreuzzuges waren sie voller Begeisterung und Entschlossenheit, und alle weltlichen

Überlegungen lagen ihnen seltsam fern. Sie glaubten, sie könnten vom Heiligen Grab Besitz ergreifen.
Der Anführer war ein etwa fünfzehnjähriger Knabe namens Stephan. Er stammte aus dem Dorf Cloyes, das nur einen kurzen Fußmarsch von Fréteval entfernt liegt, wo im Jahre 1194 König Philipp von Frankreich von Richard Löwenherz besiegt worden war. Der Knabe wanderte dort über die Felder hin und sah verrostete Helme, Schwerter, Lanzen und Kettenpanzer neben den unbeerdigten Skeletten toter Soldaten herumliegen. In jenem weiten Tal mit grünen Wiesen und schattigen Weidenbäumen mußte ein Knabe die Gegenwart von Geistern spüren und zu träumen beginnen.
Als Stephan im Mai 1212 nach Paris kam, wußte er eine seltsame Geschichte zu erzählen: Während er auf den Feldern bei Cloyes seine Schafe hütete, trat ein Fremder zu ihm und sagte, er komme aus dem Heiligen Land. Er bat ihn um Nahrung. Stephan gab ihm zu essen und hörte seinen Erzählungen zu. Als er ihm so zuhörte, kam er zur Überzeugung, daß er mit Christus spreche. Schließlich vertraute ihm der Fremde an, er sei Christus, und gab ihm einen Brief für den König von Frankreich. Er drängte den Knaben auch, einen Kinderkreuzzug anzuführen. Dieser werde Erfolg haben, wo gepanzerte Krieger und stolze Barone versagt hätten. In Paris betrachtete man Stephan als einen echten Seher. Der König empfing ihn. Die Kinder sammelten sich unter seiner Fahne, einer Nachbildung der heiligen Oriflamme, die dem regierenden König jeweils vom Abt von Saint-Denis überreicht wurde, wenn das Reich einen Krieg begann. Man nannte Stephan den «Propheten» und diejenigen, welche sich ihm anschlossen, «kleine Propheten». Mit seiner hellen, eindringlichen Stimme hatte Stephan bald Hunderte von Kindern für die Idee eines Kreuzzuges begeistert.
Auf den Straßen von Paris bildeten sich Prozessionen. Der Prophet oder einer der kleinen Propheten trug jeweils das goldene Kreuz, an welchem die Oriflamme, eine Fahne aus roter Seide mit goldenen Flammen, befestigt war. Als immer mehr Kinder kamen, um Stephan zuzuhören und an den Prozessionen teilzunehmen, wurde es dem König bewußt, daß er Schritte unternehmen müsse, um in der Stadt Ordnung zu machen. Er befahl den Kindern, zu ihren Eltern zurückzukehren. Da sie sich weigerten, sah er sich vor die schwierige Aufgabe gestellt, sie zusammenzutreiben. Er scheint geglaubt zu haben, ihre Begeisterung werde in der Sommerhitze bald dahinschmelzen. Statt dessen nahm sie zu. Jetzt machten sich in ganz Frankreich und Flandern Kinder bereit, am Kreuzzug teilzunehmen, und die Bewegung hatte sich auch nach Deutschland ausgebreitet, wo ein Knabe

namens Niklaus, der in Köln geboren worden war und noch jünger war als Stephan, Kinder dazu aufrief, ihm ins Heilige Land zu folgen. Stephan verschwand aus Paris. Da er Vendôme, das nicht weit von Cloyes entfernt liegt, zum Sammelplatz aller Kinder gewählt hatte, kehrte er ins Orléanais zurück und machte sich an die Organisation des Kreuzzuges. Alles wickelte sich sehr rasch ab. Ende Juni waren die Kinder, etwa acht- oder neuntausend, auf dem Marsch. Ihr Ziel war Marseille. Stephan fuhr auf einem Karren, der mit einem Baldachin versehen war, um ihn vor der Sonne zu schützen, und eine Leibgarde von bewaffneten Jugendlichen ritt mit ihm. Viele junge Priester begleiteten den langen Zug, der Mitte August in Marseille ankam. Die Bevölkerung wußte von der Ankunft der Kinder, bereitete Vorräte für sie vor und hieß sie willkommen; sie mußten allerdings vor den Mauern lagern.

Anfänglich mochte Stephan vielleicht gedacht haben, das Meer werde sich ihm öffnen und er werde mit allen seinen Anhängern auf irgendeine geheimnisvolle Art nach Jerusalem gebracht, aber es zeigte sich bald, daß das Meer nicht auf ihre Gebete reagierte.

Ein gewisser Hugo Ferreus, von dem man weiß, daß er in Akkon eine Handelsniederlassung besaß, und Wilhelm von Posquères, der an seinem Geschäft beteiligt war, anerboten sich, die Kinder ins Heilige Land zu bringen. Sie besaßen ihre eigenen Schiffe, waren in Marseille weitherum bekannt und waren anscheinend vertrauenswürdige Männer. Sieben Schiffe wurden den Kindern zur Verfügung gestellt. Als sie sich zwei Tage auf See befanden, warf ein Sturm zwei der Schiffe auf die Insel Recluse, und alle Kinder, die sich auf diesen Schiffen befanden, ertranken. Die übrigen fünf Schiffe wurden nach Bougie an der afrikanischen Küste, genau südlich von Marseille, und nach Alexandria gebracht. Bougie und Alexandria besaßen große Sklavenmärkte, und die Kinder wurden als Sklaven verkauft.

Ungefähr zur gleichen Zeit, da Stephan seine Schar nach Marseille führte, zog der zehnjährige Niklaus mit seiner Schar Kinder durch Deutschland, durch die Schweiz und über die Alpen nach Italien. Nach dem Chronisten war Niklaus auf seinem Zuge von einer unendlichen Menge von Knaben, Mädchen und jungen Frauen mit Säuglingen an der Brust begleitet. Sie glaubten, sie seien von einem Engel aufgeboten worden und würden, wenn sie im Heiligen Land angekommen seien, das Heilige Grab aus den Händen der verhaßten Sarazenen befreien. Die «unendliche Menge» zählte vielleicht siebentausend Personen. Wir wissen, daß einige von ihnen bei der Überquerung der Alpen verloren gingen. Die Überlebenden erreichten am 25. August Genua. Hier baten sie um die Erlaubnis, sich eine Woche lang ausruhen zu dürfen, aber man bewilligte ihnen nur einen einzigen Tag. Dann machten sie sich wieder auf den Weg. Sie zogen über Pisa und Rom gegen Süden, und ihr Rest erreichte schließlich Brindisi. Dort ging das Unternehmen in Schmutz und Schrecken zu Ende. Kein Schiffseigentümer anerbot sich, sie ins Heilige Land zu bringen. Statt dessen nahm sich ein gewisser Friso der Norweger ihrer an. Er verkaufte die Mädchen an Bordelle und die Knaben an Sklavenmärkte.

Die Kinderkreuzzüge sind keine Legenden. Mehr als dreißig Chronisten haben über sie berichtet. Sie spielten sich rasch ab, und die Kinder verschwanden ebenso rasch, beinahe bevor die Welt etwas von ihnen vernommen hatte.

Die ägyptischen Plagen

Unter den Chronisten, die an den Kreuzzügen teilnahmen, gibt es nur fünf, die mit einer gewissen Meisterschaft über die Ereignisse berichteten. Es sind Raimund von Aguilers, Wilhelm von Tyrus, Gottfried von Villehardouin, Jakob von Vitry und Johann von Joinville. Obwohl Jakob von Vitry vielleicht der geringste dieser fünf Chronisten war, ist er derjenige, dessen Persönlichkeit am deutlichsten aus seinem Werk hervorragt. Er besaß nicht gerade einen angenehmen Charakter, denn er war ein übertriebener Moralist, wichtigtuerisch, selbstsicher und leicht erregbar. Sein Haß grenzte an beißende Verachtung. Häretiker, Schismatiker, Mischlinge, Rechtsanwälte, Wucherer und herausgeputzte Frauen, sie alle bekamen seine scharfe Zunge zu spüren. Er wütete so sehr gegen die Laster seiner Zeit, daß er manchmal wirr durcheinander redete. Im Heiligen Land hatte er allen Grund zu wüten, denn er gehörte zu den ersten, welche die verhängnisvolle Krankheit der Kreuzfahrer im dreizehnten Jahrhundert entdeckte: die Abstumpfung der Seele.

Jakob von Vitry wurde um 1175 in Argenteuil außerhalb von Paris geboren. Er wurde Regularkanoniker in einem Kloster in der Nähe von Lüttich. Seine Predigten zogen die Aufmerksamkeit der Bischöfe, welche den Kreuzzug gegen die Albigenser leiteten, auf sich; und er begleitete die Heere, welche auf die Aufforderung Papst Innozenz III. hin mit Feuer und Schwert in das Languedoc einbrachen.

Seine Predigten wurden immer berühmter. Ihr Ruf erreichte Akkon, wo der Bischofssitz freigeworden war. Die Kanoniker schrieben an den Papst und baten ihn dringend, Jakob von Vitry zum Bischof von Akkon zu ernennen. Im Jahre 1216 wurde er feierlich eingesetzt. Er scheint die Ernennung aus Pflichtgefühl, aber ohne allzugroße Begeisterung angenommen zu haben, und er fand im Heiligen Land sehr wenig, worüber er sich hätte freuen können. Nach zwölf Jahren verließ er plötzlich seinen Bischofssitz und kehrte in die Einsamkeit seines Klosters in Oignies in Belgien zurück. Obwohl seine Verdienste als Chronist nicht leicht zu ermessen sind, darf man sagen, daß er warme Menschlichkeit ausstrahlte und einen Sinn für das Land, in dem er sich aufhielt, besaß. Zwischen seinen Ausbrüchen gegen die Verderbtheit der Menschen finden sich in seiner «Geschichte der Kreuzzüge» Sätze oder Seiten, die uns das Heilige Land lebendig werden lassen. Er ist sprunghaft, zeigt Interesse für das Sonderbare und liebt Wunder und Altweibergeschichten. Wenn er etwas beschreibt, was er mit eigenen Augen gesehen hat, wirkt er ganz überzeugend, so etwa, wenn er schildert, wie das christliche Heer im November 1217 unter dem Befehl der Könige von Jerusalem, Zypern und Ungarn, von denen er für keinen viel übrig hatte, von Akkon aufbrach. Seine Bewunderung galt Leopold VI. von Österreich, seiner kriegerischen Haltung und seiner offensichtlichen Tüchtigkeit.
Dies war das größte Heer, das das Heilige Land seit der Zeit des dritten Kreuzzuges gesehen hatte. Es zählte mindestens fünfzehntausend Ritter und drei- oder viermal so viele Fußsoldaten. Sein Ziel war es, die sarazenischen Streitkräfte in der Gegend des Galiläischen Meeres in einen Kampf zu verwickeln. Es war ein buntscheckiges Heer, dem es an Disziplin fehlte. Es wurde auch schlecht geführt, denn jeder der drei Könige betrachtete sich als den alleinigen Befehlshaber. Johann von Brienne, der König von Jerusalem, führte die Franken an, König Andreas II. von Ungarn befehligte die österreichisch-ungarischen Truppen und König Hugo von Zypern seine Zyprer. Die Großmeister der Templer und der Johanniter führten ihre eigenen Truppen. So gab es mindestens fünf Befehlszentren. Jakob von Vitry sagt von den Königen: «Da ihnen keine göttlichen Gaben geschenkt worden waren, ist es unnötig, über ihre Taten zu berichten.» Hier beschreibt Jakob von Vitry zwei Unternehmen, an denen er teilgenommen hat:

> Die Kundschafter wurden vorausgeschickt, und bald sahen wir die große Staubwolke, die vom Feind aufgewirbelt wurde. Wir konnten nicht erkennen, ob er auf uns zukam oder ob er sich von uns entfernte. Am folgenden Tag, als wir durch das Gilboagebirge zogen,

die Berge zu unserer Rechten und die Sümpfe zu unserer Linken, kamen wir nach Bethanien, wo der Feind seine Zelte aufgeschlagen hatte. Aber als er das Heer des lebendigen Gottes herankommen sah, das in guter Ordnung und anscheinend in riesiger Zahl marschierte, floh er, nachdem er seine Zelte zusammengefaltet hatte, und überließ es den christlichen Reitern, das Land zu verwüsten.
... wir hielten am Ufer des Galiläischen Meeres zweimal an, um die Stätten zu betrachten, die an unseren Herrn erinnerten, der sich herabgelassen hatte, Wunder zu wirken und mit den Menschen zu sprechen, die Er mit seiner leiblichen Gegenwart beehrt hatte. Wir kamen nach Bethsaida, der Stadt von Andreas und Petrus, die jetzt zu einem kläglich kleinen Dorf zusammengeschrumpft ist. Wir sahen die Stellen, wo Christus seine Jünger berief und auf dem Wasser wandelte und in der Wüste die Menge speiste und wo er ins Gebirge hinaufstieg, um zu beten, und wo er nach der Auferstehung mit seinen Jüngern zu Tische saß. Und dann gelangten wir nach Kafarnaum, und wir kehrten nach Akkon zurück, nachdem wir unsere Kranken und Armen auf Lasttiere geladen hatten.
Während unseres zweiten Kavallerieunternehmens kamen wir an den Fuß des Berges Tabor. Wir glaubten zuerst, es habe dort kein Wasser, aber wir gruben tief hinunter und fanden Wasser im Überfluß. Unsere Führer glaubten, es gebe keine Möglichkeit, den Berg zu besteigen. Sie berieten, was zu tun sei, und ein Sarazenerknabe sagte ihnen, wie die Burg eingenommen werden könne. Und am ersten Tag nach unserer Ankunft, während laut das Evangelium gelesen wurde: «Ite in castellum quod contra vos est – Gehet in die Burg, die euch gegenüberliegt», marschierte der Patriarch voraus mit dem Kreuz in der Hand, gefolgt von den Bischöfen und den Priestern, die alle beteten und sangen, und wir schritten voran, wie es uns der Abhang des Berges gestattete; und obwohl er sehr hoch und steil war und obwohl es beinahe unmöglich war, ihn zu besteigen, außer über einen schmalen Pfad, machten sich die Ritter und die Fußsoldaten und alle diejenigen, welche ritten oder zu Fuß gingen, begeistert an die Besteigung.
Johann, der König von Jerusalem, gefolgt vom Heer des Herrn, überwältigte den Kommandanten der Burg und einen Emir im ersten Anlauf. Die Wachen der Burg, die unerschrocken aus der Burg herausstürmten, um die Zugänge zu verteidigen, wurden von Furcht ergriffen und flohen auf schimpfliche Weise. König Johann hielt sich bewundernswert, als er den Berg hinaufstürmte, aber er kam auf unrühmliche Weise herunter. Während der Feind in der Burg eingeschlossen blieb, zogen sich die Könige von Jerusalem und Zypern mit dem Großmeister der Johanniter und den andern Baronen auf beschämende Weise auf eine Seite des Berges zurück, um zu beraten, wie sie vorgehen wollten. Der edle Herzog von

Österreich, der nicht an diesen Beratungen teilnahm, bekämpfte die Ungläubigen auf der andern Seite des Berges, und er konnte uns nicht finden, weil wir schon oben waren ...[87]

Die Burg auf dem Berg Tabor fiel den Christen in die Hände. Es wurde eine große Zahl von Gefangenen gemacht, und Jakob von Vitry, der Bischof von Akkon, hatte die Genugtuung, viele Sarazenenkinder zu taufen, die als Geschenk in seine Hände gefallen waren oder für die er mit Goldmünzen bezahlt hatte. An seiner Schilderung des Unternehmens fällt auf, wie er die Zufälligkeit betont, mit der sich alles ereignete; die Dinge spielten sich zufällig so ab, ohne eine Ordnung und ohne innere Logik. Wir sehen die Staubwolken: Kommen sie oder gehen sie? Der Herzog von Österreich verschwindet auf die andere Seite des Berges, und offenbar versuchte niemand herauszufinden, was mit ihm geschehen war. Das erste Unternehmen verflacht zu einer Besichtigungsfahrt.

Doch mit diesen Märschen durch Galiläa wurden ernsthafte Ziele verfolgt. Die Kreuzfahrer wollten den Mut des Feindes erproben; sie verschafften sich Unterlagen; sie berieten über den nächsten Angriff. Die Templer waren die Hauptstrategen; man hörte sich ihre Meinung zu militärischen Fragen immer respektvoll an. Der Großmeister der Templer beabsichtigte, Nablus anzugreifen und es dann als Ausgangspunkt für einen Vorstoß zur Rückeroberung Jerusalems zu benützen. Irgendeinmal im Winter oder zu Beginn des Frühlings wurde der Plan für einen Angriff auf Nablus aufgegeben, und man wurde sich einig, daß ein Angriff auf Damiette mehr Erfolg verspreche.

Einer der Könige machte sich inzwischen zur Abreise bereit. Es war König Andreas II. von Ungarn. Er herrschte über ein weites Gebiet, welches das heutige Ungarn, Dalmatien, Kroatien, Bosnien und Galizien umfaßte. Er verkündete, er sei als Pilger gekommen und die Pilgerfahrt sei jetzt vorüber. Er hatte das Haupt des heiligen Stephanus erworben und einen der Krüge, die bei der Hochzeit zu Kanaan verwendet worden waren. Er kündigte seine Abreise ohne Vorwarnung an. Der Patriarch von Jerusalem geriet in Wut; aber der König blieb fest. Er marschierte gegen Norden nach Armenien. Die Türken gewährten ihm freies Geleit bis Konstantinopel, dann erhielt er wieder freies Geleit durch das byzantinische Gebiet, bis er seine eigene Hauptstadt erreichte. Die Christen in Akkon waren entrüstet; sie hatten so viel erwartet von dem König, von dem es hieß, sein Reichtum sei größer als der jedes andern Königs in Europa.

Unterdessen verstärkten die Kreuzfahrer ihre Befestigungen. Auf

Befehl Johanns von Brienne, des Königs von Jerusalem, und mit Unterstützung des Herzogs Leopold von Österreich wurden die Befestigungen in Caesarea bedeutend verbessert. Die Templer und die Deutschritter machten sich zusammen mit Tausenden von Pilgern daran, auf einer Landzunge, die etwa fünfzehn Kilometer südlich von Haifa ins Meer hinausragte, eine große Festung zu erbauen. Sie nannten sie Chastel Pèlerin, Pilgerburg. Sie befand sich an einer vorzüglichen Lage und war nicht zu bezwingen, weder vom Land noch vom Meer her, und sie war so fest gebaut, daß sie nie mit Erfolg belagert wurde. Auf beiden Seiten befanden sich Buchten, wo Schiffe ankern konnten. Fischerboote fuhren von der Festung aus hinaus und kehrten mit ihrem Fang zurück. Weil sie ins Meer hinausragte und von weit herum sichtbar war, war Chastel Pèlerin ein deutliches Zeichen für die Präsenz fränkischer Macht.

Chastel Pèlerin wurde auf den Ruinen einer alten phönizischen Festung erbaut. Sieben Wochen nach Beginn der Bauarbeiten stießen die Arbeiter auf einen Schatz mit phönizischen Goldmünzen. Die Templer betrachteten diese Münzen als ein Geschenk Gottes, denn der Schatz wurde gerade zu der Zeit gefunden, da sie sich zu fragen begonnen hatten, wie sie es sich leisten könnten, ein so riesiges Gebäude zu errichten. Nun ging die Arbeit mit erhöhter Geschwindigkeit voran. Alle Mauern und Türme und der größte Teil des Innenausbaus wurden innerhalb eines Jahres vollendet. Während die Burg immer noch im Bau war, wurde sie vom Heer Malik Al Muassams, des Königs von Damaskus, angegriffen. Belagerungsmaschinen wurden aufgestellt; brennende Pfeile wurden über die Mauern geschossen; jede Art von Kriegsgerät wurde benutzt, um die Templer zur Übergabe zu zwingen.

Als Malik Al Muassam nach einem Monat noch nichts erreicht hatte, gab er den Versuch auf. Er hatte einem Mann geglichen, der Tennisbälle gegen eine Stahlplatte wirft. Die Burg blieb unversehrt.

Mit der Ankunft der seit langem erwarteten friesischen Flotte im Mai 1218 verbesserten sich die Verhältnisse für das Königreich plötzlich. Der Papst, der die Flotte ins Leben gerufen hatte, hatte zur größtmöglichen Eile gedrängt. Die Flottenkommandanten hatten für die Fahrt von den Friesischen Inseln nach Akkon ein Jahr aufgewandt und unterwegs in Dartmouth, Brest, Lissabon und an verschiedenen andern Orten Halte eingeschaltet. Die Flotte bestand ursprünglich aus über zweihundertzwanzig Schiffen. Das war wahrscheinlich die größte Armada, die bis dahin je zusammengestellt worden war. Einige dieser Schiffe wurden in Werften am Rhein gebaut. Nach Jakob von Vitry erschienen in der Zeit, da sie gebaut wurden, selt-

same und eindringliche Zeichen am Himmel. Auf den Friesischen Inseln, in der Gegend von Köln und in der Diözese Münster sahen die Leute drei Kreuze am Himmel: ein weißes, das nach Norden gerichtet war, noch ein weißes, das nach Süden gerichtet war, und dazwischen ein vielfarbiges Kreuz, auf dem sie die Gestalt Christi ausmachen konnten: Seine Arme waren ausgespannt, seine Hände und Füße festgenagelt und sein Haupt nach vorn geneigt.
Fast die Hälfte der friesischen Flotte traf Ende Mai ein. Die meisten dieser Schiffe kamen aus dem Rheinland. Das Königreich Jerusalem hatte eine eigene kleine Flotte. So lagen etwa hundert Schiffe in der Bucht von Akkon vor Anker. Die Deutschen und die Friesen hatten Nachschub und Vorräte mitgebracht. Der Schock, den die Abreise des Königs von Ungarn und seines Heeres hervorgerufen hatte, war überwunden, die Kreuzfahrer hatten wieder neuen Mut gewonnen.
Wenn sie zurückblickten, mußten sie feststellen, daß sie einen schrecklichen Winter durchgemacht hatten. Obwohl die Märsche durch Galiläa wichtig gewesen waren, um die Stärke des Feindes zu prüfen, hatten sie nichts erreicht, was für sie einigen Wert gehabt hätte. Sie hatten Zeiten tiefer Not durchgemacht, es hatte Mißernten gegeben, sie hatten nur wenige Pferde, und ihre Hoffnungen auf Verstärkungen aus Europa wurden nicht erfüllt. Die Stimmung der Kreuzfahrer vor der Ankunft der Flotte geht deutlich aus einem Brief hervor, den Wilhelm von Chartres irgendeinmal während jenes langen Winters an den Papst geschrieben hat:

AUSZÜGE AUS EINEM BRIEF VON WILHELM VON CHARTRES, GROSSMEISTER DES TEMPELORDENS, AN PAPST HONORIUS III. AUS AKKON IRGENDWANN IM WINTER 1217.[88]

DEM HOCHEHRWÜRDIGEN VATER IN CHRISTUS, dem Herrn Honorius, durch die Vorsehung Gottes Oberster Pontifex der Heiligen Römischen Kirche, bietet Bruder Wilhelm von Chartres, der demütige Großmeister der armen Templer, allen ihm gebührenden Gehorsam an und küßt in Ehrfurcht seinen Fuß.
... In dieser Gegend sind Korn und Gerste und alles Lebensnotwendige außerordentlich teuer geworden. Dieses Jahr hat die Ernte die Erwartungen unserer Landwirte zutiefst enttäuscht und ist fast vollständig mißlungen. Die Einwohner hängen jetzt tatsächlich von dem aus dem Westen eingeführten Getreide ab, aber bis jetzt ist nur sehr wenig ausländisches Korn eingetroffen, und um unsere Besorgnis noch zu vergrößern, sind jetzt fast alle unsere Ritter ohne Pferd, und wir können uns nicht genug Pferde beschaffen, um diejenigen

zu ersetzen, welche eingegangen sind. Es ist deshalb um so wichtiger, o Heiliger Vater, alle jene, die sich herablassen, das Kreuz zu nehmen, vor dieser Knappheit zu warnen, damit sie sich mit reichlichen Reserven an Getreide und Pferden eindecken mögen.
Vor der Ankunft des Königs von Ungarn und des Herzogs von Österreich hatten wir uns entschlossen, gegen die Stadt Nablus zu ziehen und den sarazenischen Anführer Koradin zu einem Gefecht mit unseren Truppen zu zwingen, und nun haben wir alle beschlossen, auf dem Seeweg und auf dem Landweg einen Vorstoß nach Ägypten zu unternehmen, und indem wir die Stadt Damiette zerstören, werden wir die Straße nach Jerusalem beherrschen.

Die seltsame Annahme, daß Damiette die Straße nach Jerusalem beherrsche, war zu einer fixen Idee der Kreuzfahrer geworden. In Wirklichkeit war Damiette ein Ort, den man meiden mußte, eine Stadt des Elends und der Seuchen, wo zahllose Soldaten ihr Grab finden sollten. Wilhelm von Chartres starb einige Monate, nachdem er diesen Brief geschrieben hatte, im pestverseuchten Lager bei Damiette.
Als sich der Kriegsrat, bestehend aus Johann von Brienne, dem König von Jerusalem, dem Herzog Leopold von Österreich und den Großmeistern der Templer, der Johanniter und der Deutschritter, einmal entschlossen hatte, Damiette anzugreifen, gab es keine Umkehr mehr.
Obwohl sie immer noch den Rest der friesischen Flotte erwarteten, kamen sie zum Schluß, sie könnten mit hundert Schiffen einen Angriff auf Ägypten gefahrlos wagen. Die Flotte stach ohne einen Oberbefehlshaber in See. Sie versammelte sich vor Chastel Pèlerin und salutierte vor der uneinnehmbaren Festung, die wie ein weißes Vorgebirge leuchtete. Sie wollten eben gegen Süden segeln, als der Wind nachließ. Nur ein kleiner Teil der Flotte konnte etwas Wind einfangen. Diesem kleinen Teil gelang es, nach Süden zu fahren. Die Schiffe gingen vor Damiette, wo ein Nilarm ins Mittelmeer mündet, vor Anker und warteten auf die Hauptflotte. Als sie sechs Tage später eintraf, übernahm Johann von Brienne, der König von Jerusalem, den Oberbefehl.
Die Christen waren bereits gelandet und hatten ihre Zelte am Westufer des Flusses, drei Kilometer von Damiette entfernt, aufgeschlagen. Aber schwere Ketten, die auf der einen Seite des Flusses an einer kleinen Festung befestigt waren, versperrten den einzigen schiffbaren Flußlauf. Der Chronist Oliver von Paderborn dachte sich einen einfachen Plan für einen Angriff auf die Festung aus. Er band zwei Schiffe zusammen, richtete einen hohen Mast auf, der mit Sturmleitern aus-

gerüstet war, und deckte den Mast und die Schiffe mit Tierhäuten ab, damit sie nicht in Brand gesetzt werden konnten. In seiner Chronik beschreibt er mit viel Liebe, wie diese schwimmende Festung aufgebaut wurde.

Das Heer begann zu beten, und Ralf von Merencourt, der Patriarch von Jerusalem, lag im Staub vor einer Kreuzesreliquie, die er aus der Grabeskirche mitgebracht hatte. Der Erfolg hing davon ab, ob es gelingen würde, die Festung einzunehmen. Zur Freude Olivers gelang es der schwimmenden Festung, sich an der Festung auf dem Land festzuhaken. Die Ägypter merkten, daß sie in Gefahr waren. Es gelang ihnen, die schwimmende Festung in Brand zu setzen, aber die Christen löschten das Feuer und erkämpften sich mit Hilfe einer fliegenden Brücke einen Weg ins Innere der Festung. Die überlebenden Ägypter, hundert Mann, ergaben sich dem Herzog von Österreich und wurden als Gefangene abgeführt.

Jetzt, da die Festung eingenommen war, war es ein leichtes, die Ketten zu durchschneiden. Der Vorstoß auf Damiette konnte beginnen.

Wenn die Christen bis zu den Mauern von Damiette hinaufgesegelt wären, hätten sie die Stadt vielleicht einnehmen können, denn sie war noch nicht auf einen Frontalangriff vorbereitet. Statt dessen warteten sie auf Verstärkung, diskutierten und waren übermäßig vorsichtig.

Der Angriff auf Damiette begann Mitte August. Mitte September erschien der päpstliche Legat, Kardinal Pelagius, auf dem Schauplatz und erklärte, er sei vom Papst zum Oberbefehlshaber ernannt worden. Ein Spanier mit einem scharfen, satirischen Geist, rauh, hartnäkkig, ohne jede Erfahrung in Kriegsführung und stets taktlos, tat er was er konnte, um König Johann von Brienne zu beleidigen, und bestand darauf, daß er, der Kardinal, das Heer zum Siege führen müsse, denn es sei bis jetzt schlecht geführt worden, und fügte bei, die Mißerfolge der Kreuzfahrer seien ein Zeichen dafür, daß ein neuer Befehlshaber schon lange fällig gewesen sei.

Kardinal Pelagius hatte ein kleines Heer mitgebracht, und ungefähr zur gleichen Zeit waren ein französisches und ein englisches Kontingent eingetroffen, um die Reihen der Kreuzfahrer zu verstärken. Unter den Engländern befand sich Randolf, der Graf von Chester, ein äußerst tapferer, aber auch ein höchst blutdürstiger Mensch.

Im November ließ ein Sturm die Kreuzfahrer beinahe ertrinken. Mitten in der Nacht stieg das Wasser an, die Zelte wurden weggeschwemmt, und die Nahrungsmittel verdarben. Als die Fluten zurückwichen, sahen sie, wie «die Fische des Meeres und des Flusses unverzagt in unsere Unterkünfte eindrangen, und wir konnten sie mit unsern Händen fangen, ein Leckerbissen, auf den wir gerne verzichtet hätten»[89], schrieb Oliver von Paderborn.

Mit dem Sturm kam die Pest. Sie brachte Fieber und Schmerzen in Beinen und Armen: Zähne und Zahnfleisch verfaulten, und bald wurden einzelne Körperteile schwarz. Die Männer starben unter grausamen Schmerzen mit zerfressenen Gesichtern und verstümmelten Armen und Beinen. Oliver von Paderborn berichtet, daß diejenigen, welche bis zum Frühling überlebt hätten, wieder gesund geworden seien, aber ungefähr ein Fünftel der Kreuzfahrer sei in jenem langen, kalten Winter umgekommen.

Im Februar 1219 befahl Kardinal Pelagius einen Angriff auf Al Adilija, wo Sultan Al Kamil sein Hauptquartier hatte. Der Angriff mußte abgeblasen werden, weil es so heftig zu regnen anfing, daß man nichts mehr sah. Einige Tage später stellten vorausgeschickte Patrouillen fest, daß der Sultan Al Adilija aufgegeben hatte. Aber wenn jemand glaubte, der Sultan habe seinen Stützpunkt aus Furcht vor den Christen aufgegeben, so irrte er sich; er floh in Tat und Wahrheit vor seinen eigenen Offizieren, die sich gegen ihn verschworen hatten. Die Verschwörung wurde bald entdeckt. Der Sultan ließ die Verschwörer hinrichten und zog mit seinen Truppen nach Aschmun-Tannah, wo ihn sein Bruder Al Muassam, der König von Damaskus, erwartete. Jetzt war er in einer viel besseren Position, um die Christen zu bekämpfen; oder so schien es wenigstens.

Aber die Eroberung von Al Adilija hatte den Christen Mut gemacht. Sie hatten sich gut verschanzt, und sie begannen die Sprache der Deiche, Kanäle, Flüsse und Wasserwege zu verstehen. Am Palmsonntag griffen die Muslime Al Adilija an, aber ohne Erfolg. Der letzte verfügbare Mann wurde in die Schlacht geworfen. Die Kreuzfahrer kämpften mit außerordentlicher Entschlossenheit. Die Frauen im Lager brachten den Soldaten Wasser, Wein und Brot und trugen schwere Steine in die Frontlinien. Die Priester betätigten sich als Ärzte und Krankenpfleger; sie verbanden Wunden und segneten die im Kampf erlittenen Verwundungen. Es blieb keine Zeit für die am Palmsonntag üblichen Zeremonien und Prozessionen. «Unsere Armbrüste, Pfeile und Bogen, Lanzen, Schwerter und Schilder waren unsere Palmen»[90], schrieb Oliver stolz.

Doch niemand errang einen Sieg, und Damiette mit seinen dreifachen Mauern, seinen zahllosen Läden, Blumen- und Obstgärten, Werkstätten und Moscheen war noch nicht eingenommen. Trotzdem wäre Damiette, hätten es die Kreuzfahrer gewußt, reif für die Einnahme gewesen. In der Stadt herrschten Seuche und Hungersnot. Die Bevölkerung litt unter der gleichen Pest, die auch im christlichen

Lager noch umging. Sultan Al Kamil versprach, daß er die Stadt bald entsetzen werde, aber er war nicht in der Lage, ihr zu Hilfe zu kommen. Die Preise stiegen bedrohlich an. Eine Feige wurde für elf Besanten verkauft, eine fürstliche Summe. Die Soldaten in Damiette waren zu schwach, um auf die Mauern zu steigen und Wache zu halten; sie schlossen die Stadttore und ließen niemand herein oder hinaus. Die Christen konnten nur ahnen, wie sehr sie leiden mußten.

Die Christen unternahmen vereinzelte Versuche, die Mauern zu erstürmen, aber ohne Erfolg. Endlich, in der Nacht des 5. November, unternahm König Johann von Brienne einen Angriff und eroberte die Stadt «ohne Widerstand, ohne Verrat, ohne gewalttätiges Plündern, ohne Aufruhr». Der Grund, warum sie die Stadt so leicht hatten einnehmen können, wurde den Eroberern klar, als sie sie betraten. Die Straßen waren voll von Leichen von Leuten, die vor Hunger oder an der Pest gestorben waren. Oliver von Paderborn schrieb:

> Als wir die Stadt betraten, stießen wir auf einen unerträglichen Gestank und einen fürchterlichen Anblick. Die Toten hatten die Lebenden getötet. Ehemänner und -frauen, Väter und Söhne, Herren und Sklaven hatten einander durch den Geruch der Fäulnis getötet. Nicht nur die Straßen waren voll von Leichen, auch in den Häusern, in den Schlafzimmern und auf den Betten lagen Tote. Wenn der Mann starb, starb auch seine Ehefrau, und sein Sohn starb neben ihm, und die Magd starb neben ihrer Herrin, von der Seuche dahingerafft. «Die kleinen Kinder verlangen nach Brot, und niemand bricht es ihnen.» Säuglinge klammerten sich an die Brust der Mütter, und die Toten umarmten sie. Reiche Leute, die bei feiner Kost aufgewachsen waren, starben vor Hunger, inmitten von Haufen von Weizen, umsonst verlangten sie nach den ihnen vertrauten Speisen – Melonen, Knoblauch, Zwiebeln, Fisch, Geflügel, Obst und Kräutern. An ihnen erfüllten sich die Worte des Propheten: «Statt eines süßen Geruches soll Gestank herrschen.»[91]

Achtzigtausend Männer, Frauen und Kinder waren während der Belagerung umgekommen. Nur dreitausend waren noch am Leben, als die Kreuzfahrer die Stadt betraten, und viele von ihnen waren fürchterlich krank. Dreihundert wurden gefangengenommen. Es waren die überlebenden Würdenträger und ihre Familien, die vielleicht gegen ein Lösegeld dem Sultan übergeben oder auf dem Sklavenmarkt verkauft oder sogar getauft werden könnten.

Die Moschee von Damiette wurde in eine Kirche umgewandelt und der Heiligen Jungfrau geweiht. Der Reichtum der Stadt wurde unter den Rittern und dem Klerus verteilt. Kardinal Pelagius behauptete, die Stadt gehöre der Kirche, nicht den Kreuzfahrern. Er beharrte auf seiner Meinung, bis König Johann von Brienne drohte, er werde das Heer verlassen und nach Akkon zurückkehren. Da gab der Kardinal nach und erklärte, er gestatte dem König, weltlicher Herrscher zu bleiben, bis Friedrich II., der Hohenstaufe und Heilige Römische Kaiser, kommen werde, von dem man glaubte, er plane einen großen Zug nach dem Osten zur endgültigen Unterwerfung des Islams. Aber Friedrich geriet in Verzug, und die Auseinandersetzung zwischen dem Heiligen Römischen Kaiser und dem Sultan von Ägypten wurde auf unbestimmte Zeit verschoben.

In Palästina standen die Dinge etwas besser, obwohl Al Muassam Caesarea – die meisten Einwohner entkamen allerdings – und die mächtige Festung Chastel Pèlerin angriff, wieder ohne Erfolg. Die Mauern Jerusalems wurden abgerissen, ein Zeichen dafür, daß die Sarazenen glaubten, die Christen könnten die Stadt zurückerobern. Akkon war in Gefahr, und König Johann von Brienne verließ für eine Weile die Kanäle und Wasserwege Ägyptens, um die Befestigungsarbeiten in der Stadt zu leiten. Im November zog sich Al Muassam nach Damaskus zurück und verfolgte die Ereignisse in Ägypten aus der Ferne.

Bald nach dem Fall von Damiette eroberten die Christen Tanis, eine wichtige, einige Kilometer weiter östlich gelegene Stadt. Die Burg von Tanis war von einem doppelten Graben umgeben und durch sieben mächtige Türme geschützt. Aber als die Verteidiger das Heer anrücken sahen, gerieten sie in Panik. Es zählte nur tausend Mann, aber die Besatzung von Tanis glaubte, es sei nur die Vorhut des Hauptheeres. Die Ägypter mochten durch ihre Flucht aus der Burg von Tanis eine Schwäche gezeigt haben, aber sie verfügten noch über verborgene Kraftreserven. Peter von Montague, der über den Fall von Damiette und Tanis berichtete, war sich der Gefahren des ägyptischen Abenteuers wohl bewußt.

AUSZÜGE AUS EINEM BRIEF PETERS VON MONTAGUE, DEM GROSSMEISTER DER TEMPLER, AN DEN BISCHOF VON ELY VOM OKTOBER 1220 AUS AKKON.[92]

BRUDER PETER VON MONTAGUE, Großmeister der Tempelritter, entbietet dem hochwürdigen Bruder in Christus, N., durch die Gnade Gottes Bischof von Ely, seinen Gruß!

... Der Sultan von Ägypten hat mit einem riesigen Heer nicht weit von Damiette entfernt sein Lager aufgeschlagen, und er hat kürzlich über beide Nilarme Brücken gebaut, um den Vormarsch des christlichen Heeres zu verhindern. Er bleibt dort und wartet ruhig, bis wir kommen. Seine Soldaten sind so zahlreich, daß die Gläubigen ihre Gräben um Damiette nicht ohne große Gefahr verlassen können. Unterdessen haben wir die Stadt und die zwei Lager mit tiefen Gräben umgeben, und wir haben beide Ufer des Flusses bis zum Meeresufer befestigt und hoffen, der Herr werde uns mit rascher Hilfe trösten und erfreuen.

Die Sarazenen haben unsere Schwäche wahrgenommen ... Du sollst wissen, daß Koradin, der Sultan von Damaskus, ein großes Heer von Sarazenen zusammengezogen und Tyrus und Akkon angegriffen hat. Da die Besatzungen dieser Städte verringert worden sind, um unsere Streitkräfte in Ägypten zu verstärken, können sie sich nur mit Mühe gegen seine Angriffe halten. Koradin hat seine Zelte auch vor der Chastel Pèlerin genannten Festung aufgeschlagen und uns zu gewaltigen Einsätzen für die Verteidigung dieses Ortes genötigt. Er hat die Burg von Caesarea belagert und eingenommen.

Seit langer Zeit warten wir nun auf die Ankunft des Kaisers und all jener anderen edlen Persönlichkeiten, welche das Kreuz genommen haben und mit deren Hilfe wir hoffen, von unseren Gefahren und Schwierigkeiten befreit zu werden und unsere Anstrengungen zu einem glücklichen Ende zu bringen. Wenn wir zu unserer Enttäuschung die erwartete Hilfe im nächsten Sommer nicht erhalten (was Gott verhüten möge), werden sich die neu eroberten Gebiete und die Orte, die seit langer Zeit in unserem Besitz sind, in einer sehr unsicheren Lage befinden. Wir selber und andere in dieser Gegend sind so verarmt wegen der Auslagen, die wir um der Sache Jesu Christi willen auf uns genommen haben, daß wir nicht in der Lage sein werden, die nötigen Summen aufzubringen, wenn wir nicht bald von den Gläubigen Hilfe und Unterstützung erhalten.

Solche Briefe des Großmeisters der Templer in Akkon wurden nach ganz Europa verschickt. Sie waren nicht überall willkommen. Es gab Gerüchte über einen zunehmenden Mißbrauch des an die Kreuzfahrer überwiesenen Geldes. Der Papst hörte davon und ließ eine Untersuchung durchführen. Er schrieb an Pelagius, den pästlichen Legaten, an den Patriarchen von Jerusalem und an die Großmeister der Templer, der Johanniter und der Deutschritter. Er erhielt, wie zu erwarten war, eine empörte Antwort, welche die Verleumdungen, mit denen die Finanzleute der Kreuzfahrer bedacht worden waren, energisch zurückwies. Es habe keine Unterschlagungen gegeben: es könne über jeden ins Heilige Land überwiesenen Pfennig Rechenschaft abgelegt werden. Der Papst war aufgebracht und schrieb an die Bischöfe Frankreichs, Englands und Siziliens, der Länder, wo die Gerüchte weitherum verbreitet waren, die Ritterorden im Heiligen Land seien, was die Verwaltung des Geldes betreffe, vertrauenswürdig und unfähig, mit dem Geld verbrecherisch umzugehen. Aber er legte keine Abrechnung über die enormen Kosten des Kreuzzugs vor.

Peter von Montague hatte die Briefe in einer besonders schlimmen Zeit geschrieben. Man befand sich in einer Pattsituation. Der Verlust von Caesarea hatte viele Kreuzfahrer entmutigt. Einige Ritter waren von Damiette zurückgezogen und zur Verstärkung des Widerstandes nach Chastel Pèlerin gebracht worden. So konnte sich die Festung halten. Aber das Heer in Damiette konnte es sich nicht leisten, auch nur einen einzigen Mann zu verlieren. Doch während dieser Zeit verließen ständig Ritter das Schlachtfeld und kehrten nach Hause zurück, um sich um ihre eigenen Angelegenheiten zu kümmern. Sie waren ihre eigenen Herren; niemand konnte sie zwingen zu bleiben; wie König Andreas von Ungarn konnten sie einfach gehen.

Die Pattsituation, die rückläufige Zahl der Ritter und die Anwesenheit von Pelagius, all dies trug dazu bei, das Leben für das christliche Heer unerträglich zu machen. Und Friedrich II. beeinflußte die allgemeine Stimmung in beträchtlichem Maße. Seine wiederholten Versprechen, er werde ins Heilige Land kommen, setzten den Leuten schließlich zu. Sie verloren die Hoffnung. Auch der Papst verlor die Hoffnung. Friedrich war im November in Rom vom Papst gekrönt worden und hatte versprochen, er werde sich im Frühling auf einen Kreuzzug begeben. Aber er war immer noch damit beschäftigt, Aufstände in Deutschland zu unterdrücken. Er würde erst kommen, wenn ihm die Zeit dazu gekommen schien.

Wenig bekannt und noch nicht als eine große, überragende Kraft wahrgenommen, war der mongolische Eroberer Dschingis-Khan, der im gleichen Jahr in Aserbaidschan einfiel. Er vernichtete dort ein von König Georg von Georgien angeführtes Heer und löschte dadurch die militärische Macht dieses christlichen Staates aus. Die Mongolen sollten sich schließlich mit den Christen verbünden, aber dies stand erst noch bevor.

Wenn Kardinal Pelagius jetzt, da Damiette und Tanis eingenommen waren, einen Angriff auf Kairo befohlen hätte, hätte er vielleicht einen großen Sieg erringen können, denn Al Kamil befand sich in verzweifelter Stimmung. Je länger das Patt andauerte, desto eifriger bereitete Al Kamil seine Verteidigung vor; er rekrutierte weitere Soldaten und ließ zusätzliche Schiffe bauen. Der Kardinal eiferte gegen die Trägheit und Trunkenheit seiner eigenen Soldaten, aber er vermochte nichts auszurichten. Es kam immer wieder zu Scharmützeln; kleine Städte wechselten den Besitzer; die Christen lernten, sich zwischen den Kanälen zu bewegen. Eine Anzahl seltsamer prophetischer

Bücher tauchte auf. Vermutlich waren sie am fieberhaft geschäftigen Hofe Friedrichs II. entstanden. Diese Bücher waren voll von Prophezeiungen über einen großen König, der aus dem Westen kommen und einen andern großen König aus dem Osten treffen werde. Vielleicht sei dies König David, der Sohn oder Neffe von Priester Johann, dem geheimnisvollen christlichen Kaiser, von dem man glaubte, er halte sich in Zentralasien oder in Äthiopien versteckt. Diese apokalyptischen Prophezeiungen, die sich auf die Geheime Offenbarung stützten, waren zu genau, als daß man sie hätte übersehen können. Es erschienen auch Briefe von König David, die den Christen Hilfe versprachen. Im Lichte dieser Briefe und Prophezeiungen sah sich der Kardinal als der Vorläufer der Könige des Ostens und des Westens.

Gegen Ende Juli 1221 beschloß der Kardinal, sein ganzes Heer gegen den Sultan zu werfen. Aus Genua und Apulien waren Verstärkungen angekommen. Matthäus, der Graf von Apulien, der Vizekönig, der über die Gebiete Friedrichs II. in Süditalien herrschte, traf mit acht Galeeren ein. Hunderte von Pilgern waren ebenfalls eingetroffen; sie konnten als Arbeiter und Wasserträger eingesetzt werden. König Johann von Brienne, der dem Kardinal den Oberbefehl streitig machte und nach Akkon zurückgekehrt war, wurde aufgefordert, den Befehl über das Heer zu übernehmen. Er kam der Aufforderung widerstrebend nach, stritt sich aber bis zuletzt mit dem Kardinal. Am 20. Juli hatten die Christen Scharimschah erreicht, eine Stadt auf halbem Wege zwischen Damiette und Mansura. Sie war vom Feind aufgegeben worden: der Sultan selber hatte den Befehl gegeben, seinen Palast in Scharimschah zu zerstören. Der Kardinal glaubte, der Weg sei nun offen für den Marsch gegen Kairo.

Er hätte sich nicht gründlicher täuschen können. Al Kamil hatte ebenfalls Verstärkungen bekommen. Ein riesiges Heer von Nubiern und das Heer Syriens hatten sich seinen Streitkräften angeschlossen. Er brauchte sie gar nicht; denn er besaß eine Waffe, die den Christen vorenthalten blieb: Er öffnete die Schleusen, und die Christen standen bis zu den Knien im Wasser. Vorräte, Gepäck, Pferdekarren, Zelte, Tiere, alles wurde in der Nacht weggeschwemmt, und der Feind versuchte, das Heer auseinanderzutreiben und es in das tiefere Wasser abzudrängen. Unterdessen dauerten die Kämpfe an. Die Kreuzfahrer trieben mit einigen der ungeübten Nubier ihr Spiel und veranlaßten sie, «wie Frösche zu hüpfen». Die Templer und die Johanniter griffen sie zu Pferd an und töteten viele von ihnen. Aber all dies nützte nichts. Das Wasser stieg an, die Nahrung ging aus, die

Straße nach Damiette war blockiert, und bald mußte der Kardinal um die Übergabebedingungen nachsuchen.
Al Kamils Bedingungen waren überraschend mild. Im Austausch gegen Damiette bot er ihnen einen achtjährigen Waffenstillstand sowie die Rückgabe der Kreuzesreliquie und aller christlichen Gefangenen an. Das Heer durfte frei abziehen, und da der größte Teil seiner Vorräte verlorengegangen war, anerbot er sich, es zu verpflegen. Während man den Vertrag ausarbeitete, wurden Geiseln ausgetauscht. König Johann von Brienne wurde zu einem reichen Festmahl eingeladen. Ganz plötzlich lebten die Kreuzfahrer und die Muslime miteinander im Frieden.
Die Kreuzfahrer verließen Ägypten, ohne in den langen Monaten des Kampfes etwas erreicht zu haben. Oliver von Paderborn schrieb die Niederlage den Meutereien, dem Wohlleben und dem Ehrgeiz zu. Es gab noch andere Gründe: die Fehlentscheide des Kardinals, mangelnde Kenntnis der Topographie, der Glaube, den man höhern Orts den Prophezeiungen und den Briefen des geheimnisvollen Königs David entgegenbrachte. Die Kreuzesreliquie, die Al Kamil versprochen hatte, traf nie ein: Niemand konnte sie finden.
Nach Oliver von Paderborn enthielt der mit Al Kamil abgeschlossene Vertrag die Worte: «Dieser Vertrag wird eingehalten werden, es sei denn, der gekrönte König, der kommen wird, wünsche ihn abzuändern.»[93] Al Kamil scheint diesen Worten ohne Vorbehalt zugestimmt zu haben. Er stand in geheimer Verbindung mit Friedrich II. und wußte, was für ein Mensch er war. Sie hatten vieles gemeinsam, der Sultan von Ägypten und der feurige Heilige Römische Kaiser. Sie hatten sich gegenseitig kritisch geprüft. Zusammen sollten sie sehr bald den Kriegen zwischen den Muslimen und den Kreuzfahrern eine neue Richtung geben.

IX FRIEDRICH, DER EWIG RUHMREICHE KAISER DER RÖMER

Stupor Mundi

Es war der englische Historiker Matthäus Paris, der Friedrich II. den Beinamen *Stupor Mundi* gab. Er paßte so gut zu ihm, daß er seither immer wieder bei diesem Namen genannt wird, als ob er einer seiner rechtmäßigen Titel gewesen wäre. Er sah sich selber als das an: als ein Mann, der durch seine Eroberungen und seine umfassende Intelligenz und Vorstellungskraft die Welt in Staunen versetzte, als Statthalter Alexanders des Großen und Christi auf Erden. Sein Ehrgeiz kannte keine Grenzen. Er bot Kaisern und Päpsten Trotz und handelte, als ob er allein die Kunst des Regierens beherrsche. Matthäus Paris nannte ihn *Stupor Mundi et Immutator Mirabilis*, Staunen der Welt und wunderbarer Veränderer. In Wirklichkeit veränderte er sehr wenig, und das Haus Hohenstaufen erlosch mit seinem Tode.

Doch in einem gewissen Sinne hatte Matthäus Paris ihm diesen Beinamen zu Recht gegeben. Friedrich II. war eine neue Art Mensch; er sah die Welt auf eine neue Weise. Er war ein Renaissancemensch, lange bevor es die Renaissance gab. Seine Vorstellungskraft war genau und umfassend, und wie sein Ehrgeiz, so kannte auch sein Glaube an die Vollkommenheit des Menschen und an dessen Fähigkeit, die Welt zu verstehen, keine Grenzen. Er konnte von sich sagen, daß er als einziger von den europäischen Königen und Kaisern Jerusalem erobert habe, ohne kriegerische Gewalt anzuwenden; er konnte als einziger den Anspruch erheben, daß dies auf seine eigene Anwesenheit im Heiligen Land zurückzuführen sei.

Friedrich II., der Kaiser der Römer, der König von Sizilien und Apulien und der König von Jerusalem, war klein von Gestalt, kurzsichtig, bartlos, hatte rotgoldenes, lockiges Haar; natürliche Anmut ging ihm ab, außer wenn er auf seinem Pferd daherritt. Er liebte es, zu sagen, er regiere mit fester Hand, um der Welt Ordnung zu bringen; aber in Wirklichkeit regierte er auf chaotische Weise, indem er sich auf plötzliche Anwandlungen und Stimmungswechsel statt auf seine umfassende Intelligenz verließ. Er war kühl, grausam, egoistisch und unablässig darauf bedacht, diejenigen zu verfolgen, die er als seine Feinde betrachtete. Obwohl er für sich den Anspruch erhob, der Stellverteter Christi zu sein, der den Auftrag habe, den Himmel auf die Erde zu bringen, zeigte er sehr wenig Gefühl für religiöse Dinge und nicht die geringste Achtung vor dem Papst.

Friedrich II. verblüffte und erstaunte seine Zeitgenossen hauptsächlich durch die seltsame, gespannte Erregtheit, die ihn überallhin begleitete. Es schien, als befinde er sich in Aufruhr gegen die Welt, gegen jede rechtmäßige Autorität. Obwohl er alle seine Kronen auf rechtmäßige Weise, durch seine direkte Abstammung von einem Kaiser und einem König, erworben hatte, verhielt er sich sein ganzes Leben lang wie ein schlauer Thronprätendent oder ein boshafter Usurpator. Es war unangenehm, mit ihm zusammenzusein. Er liebte es, zu sagen, sein ganzes Leben sei der Suche nach innerem und äußerem Frieden gewidmet, aber niemand hätte lauter, rauher und erpichter auf Trompetensignale sein können als er.

Am 25. Juli 1215 wurde Friedrich II. in Anwesenheit fast des ganzen deutschen Adels in Aachen gekrönt. Er war zweiundzwanzig Jahre alt und bereits ein erfahrener Krieger. Bei der Krönung saß er auf dem Throne Karls des Großen; sein Großvater, Friedrich Barbarossa, war auf dem gleichen Throne gekrönt worden. Er schwor im Namen des Vaters, des Sohnes und des Heiligen Geistes, das Reich und die Kirche zu beschützen, die Gerechtigkeit zu lieben und das Unrecht zu hassen und für die Reichen und die Armen das gleiche Recht anzuwenden. Als die lange und anstrengende Zeremonie zu Ende war, verkündete er vom Thron aus, er beabsichtige, die Christenheit auf einen neuen Kreuzzug zu führen, um das Heilige Grab von den Ungläubigen zu erretten. Niemand hatte erwartet, daß er dies sagen würde. Die Ritter jubelten ihm begeistert zu. Er forderte sie alle auf, sich ihm anzuschließen, und wenn er damals gleich nach dem Heiligen Land aufgebrochen wäre, wären sie ihm alle gefolgt. Während des ganzen folgenden Tages hörte sich der Adel auf Befehl des jungen Kaisers ununterbrochen Kreuzzugspredigten an.

Wenn er die kaiserlichen Gewänder mit dem aufgenähten roten Kreuz trug, sah Friedrich ganz wie ein Kreuzfahrerkaiser aus. Sein Ruf zu den Waffen war eine politische Tat erster Größe. Er erregte die Deutschen, schüchterte den Papst ein, der ebenfalls zu einem Kreuzzug aufgerufen hatte, und verlieh ihm ein außergewöhnliches Ansehen. In jenem Augenblick schien er zum Führer Europas bestimmt zu sein.

Aber Friedrich hatte etwas an sich, das den Papst vorsichtig werden ließ. Es wurde ihm bewußt, daß Friedrich, wenn er einen Kreuzzug anführen sollte, mit Sicherheit versuchen würde, sich im Osten ein Reich aufzubauen oder aber zumindest König von Jerusalem zu werden.

Indessen wurde Friedrich im November 1220 gemäß der mit Karl dem Großen begonnenen Tradition vom Papst in Sankt Peter nochmals gekrönt. Er wurde gesalbt und in die Gemeinschaft der Kanoniker von Sankt Peter aufgenommen. Er erhielt auch ein Schwert, schwang es dreimal hin und her und wurde so ein *miles beati Petri*, ein Soldat des heiligen Petrus. Dadurch, daß er ein Soldat des Papstes geworden war, war er verpflichtet, den Papst und die Kirche zu beschützen. Was er noch werden mußte, war ein *miles Christi*, ein Soldat Christi.

Wiederum verkündete er, daß er einen Kreuzzug anführen werde. Er nannte sogar den Zeitpunkt, wann der Kreuzzug in See stechen werde: den August 1221. Ob er wirklich beabsichtigte, sein Versprechen zu halten, ist unklar. Er war jemand, der es sehr liebte, große Zukunftspläne zu schmieden, aber er war auch jemand, der dem Tag leben konnte. Es gab Probleme in Sizilien (damals bedeutete dies den größten Teil Süditaliens und die Insel Sizilien zusammen). Das Land befand sich wegen seiner großen sarazenischen Kolonie in einem chaotischen Zustand. Die Unruhen wurden niedergeschlagen, und die sarazenischen Gefangenen wurden in befestigte Lager in Apulien überführt. Dort bebauten sie das Land, und manchmal konnten sie auch zum Dienst in Friedrichs Heer aufgeboten werden. In dieser Zeit begann Friedrich Arabisch zu lernen sowie Naturwissenschaft und Philosophie, Astronomie, Astrologie und Physik zu studieren. Er bereitete sich auf den Tag vor, da er mit sarazenischen Fürsten als Ebenbürtiger in ihrer eigenen Sprache sprechen sollte. Er benahm sich auch immer mehr wie der König eines sarazenischen Landes mit seinem großen Harem und seinem orientalischen Gepränge. Er wurde von seinem Hof wie eine Gottheit behandelt.

Im März 1223 fand in Ferentino eine außerordentliche Versammlung statt, an der noch einmal die Frage des Kreuzzuges besprochen werden sollte. Anwesend waren Papst Honorius III., der wegen der Verzögerung des Kreuzzuges über Friedrich erzürnt war, die Großmeister der Templer und der Johanniter, Hermann von Salza, der Großmeister der Deutschritter, Johann von Brienne, der König von Jerusalem, Ralph, der Patriarch von Jerusalem, und Pelagius, der päpstliche Legat, der das christliche Heer in Ägypten befehligt hatte. Es war, als ob der Papst sich entschlossen hätte, die gesamte Führerschaft des christlichen Heeres im Heiligen Land zu versammeln, um den endlich fälligen Kreuzzug zu besprechen. Aber wie man so miteinander diskutierte, wurde es nach und nach allen klar, daß es unmöglich war, vor dem Ablauf von zwei Jahren genügend Geld und Truppen aufzubringen. Bei diesen Gesprächen tauchte aber ein neuer Plan auf: Friedrich solle Isabella, die Tochter Johanns von Brienne, heiraten, die durch ihre Mutter Erbin des Thrones von Jerusalem war. Dieser Plan sagte Friedrich zu, denn er bedeutete, daß er König von Jerusalem werden würde, ohne eine größere Anstrengung auf sich zu nehmen als die Teilnahme an einer Trauungszeremonie. Dem Papst gefiel der Plan, weil er Frankreich mit dem Heiligen Land verbinden sollte, und Johann von Brienne gefiel er, weil seine Tochter Kaiserin werden und weiterhin Königin von Jerusalem bleiben würde.

Isabella war vierzehn Jahre alt, Friedrich dreißig. Als erstes fand in der Kirche des Heiligen Kreuzes in Akkon eine Ferntrauung statt. Ein gewisser Bischof Jakob von Patti vertrat Friedrich. Dann folgte die feierliche Krönung der jungen Königin in der Kathedrale von Tyrus. Während fünfzehn Tagen gab es Festmähler und Feierlichkeiten. Schließlich bestieg die Königin mit einer Ehrengarde aus vielen angesehenen Persönlichkeiten des Reiches eine kaiserliche Galeere und stach in Richtung Brindisi in See. In Brindisi heiratete der Kaiser die neugekrönte Königin von Jerusalem. Wenige Tage nach der Hochzeit kündigte er an, er sei nun der rechtmäßige König von Jerusalem und Johann von Brienne sei von nun an nur noch sein Untertan. Er veröffentlichte Erlasse im Namen «Isabellas, meiner geliebten Gattin, Kaiserin der Römer, Königin von Jerusalem und Sizilien». Auf diese Weise regierte er das Königreich Jerusalem aus der Ferne.

Diese Heirat brachte Isabella wenig persönliches Glück. In der Hochzeitsnacht verführte der Kaiser eine ihrer Hofdamen. Friedrich hielt Isabella von sich fern. Sie war bloß das Werkzeug, das ihm zu seinem neuen Königreich verholfen hatte. Im Jahre 1228, als sie siebzehn Jahre alt war, gebar sie ihm einen Sohn, der den Namen Konrad erhielt. Einige Tage später starb sie.

Obwohl der Papst sich weigerte, Friedrich als König von Jerusalem anzuerkennen, und diesen Titel weiterhin für Johann von Brienne verwendete, glaubten die Barone von Jerusalem, es sei nötig, einen starken, edelgesinnten König zu haben. Sie glaubten, Friedrich werde dem Heiligen Land Macht und Ansehen bringen. Wenn sie ihn gut gekannt hätten, hätten sie vielleicht anders gedacht.

Friedrich war nur ein Christ, weil es im Westen wahrscheinlich kaum möglich war, daß jemand nicht im gewaltigen Strom der Christenheit mittrieb. Friedrichs Interesse galt jedoch dem Islam. Er umgab sich mit sarazenischen Bedienten und Eunuchen, sein Harem war voll von Sarazeninnen, und sogar seine Geisteshaltung war auf eine typisch sarazenische Art autoritär. Die Kalifen des Islams waren gebildete Männer voller Leidenschaft für Gelehrsamkeit und wissenschaftliches Denken; sie waren äußerst kultiviert und kannten sich in der Welt der Natur aus. Friedrich glich ihnen mit seinem Sinn für entschlossenes Handeln und mit seinem Hang zur Selbstverherrlichung.

Da er doch so mächtig war, verstanden die Barone nicht, warum er nicht früher ins Heilige Land kam. Sie erwarteten ihn schon seit langem. Sie erschraken auch keineswegs über seinen Anspruch, der rechtmäßige König von Jerusalem zu sein. Nach Gesetz und Überlieferung ging die Krone von Jerusalem beim Fehlen männlicher Nachkommen über die weibliche Linie weiter. Der Gatte der Königin wurde König. So war es bei Guido von Lusignan, Konrad von Montferrat und Heinrich von der Champagne gewesen. Das Gesetz hielt jedoch ausdrücklich fest, daß der König innerhalb der Zeitspanne von einem Jahr und einem Tag, nachdem er den Titel geerbt hatte, in seinem Königreich erscheinen müsse. Die Heirat in Brindisi fand am 9. November 1225 statt. Friedrich hatte deshalb bis zum 10. November 1226 Zeit, ins Heilige Land zu fahren. Aber es ist bezeichnend für ihn, daß er seine Reise aufschob und dadurch die Befehle des Papstes und die Gesetze Jerusalems mißachtete.

Einer der Hauptgründe, weshalb Friedrich seinen Kreuzzug immer wieder aufschob, ist in seinem geheimen Briefwechsel mit dem Sultan von Ägypten zu sehen. Man tauschte Botschaften aus, unterzeichnete Verträge, und der Sultan und der Kaiser sandten einander Geschenke. All dies wurde dem Papst zur Kenntnis gebracht, der sich natürlich fragte, wie der friedliebende Kaiser mit dem ihm befreundeten Sultan Krieg führen könne.

Friedrich versprach weiterhin, er werde den Kreuzzug anführen. Im Frühsommer 1227 zeigte es sich endlich, daß er beabsichtigte, sein Versprechen zu halten. Man erfuhr, daß Kreuzfahrerheere aus England, der Lombardei, Sizilien, Apulien, der Lombardei und dem entfernteren Deutschland gegen Brindisi zogen. Das deutsche Heer wurde von Landgraf Ludwig von Thüringen und Herzog Heinrich von Limburg angeführt. Vierzigtausend englische Ritter und Soldaten trafen unter der Führung der Bischöfe von Exeter und Winchester ein. Dieses eindrucksvolle Heer mußte bei seiner Ankunft in Brindisi feststellen, daß Friedrich nur wenig Vorbereitungen getroffen hatte, um es zu empfangen. Die Vorräte an Nahrungsmitteln waren spärlich, die Unterkunft für die Ritter war unzulänglich, auf den Lagerplätzen für die Soldaten gab es kaum sanitäre Einrichtungen, und im Hafen befand sich nur eine Handvoll Schiffe. Der Himmel war den ganzen Sommer hindurch immer wolkenlos gewesen, die Hitze war fürchterlich, und das Land war ausgetrocknet. Dann brach die Pest aus und forderte Tausende von Opfern; sowohl der Kaiser als auch Ludwig von Thüringen wurden vom Fieber angesteckt. Truppenteile, welche sich vom Kreuzzug abgesetzt hatten und verzweifelt versuchten, in ihre Heimat zurückzugelangen, verbreiteten die Pest bald über ganz Italien.

Friedrich konnte sagen, er sei für die Sommerhitze oder für die Pest nicht verantwortlich, aber in den Augen des Papstes wollte ihn Gott mit der Pest bestrafen. Obgleich er vom Fieber geschwächt war, überwachte er die Einschiffung einiger seiner Truppen, denn er glaubte, es sei besser, wenn sie die pestverseuchte Stadt verließen, als daß sie am Fieber stürben, und er stach in See. Als er zwei Tagesreisen von Brindisi entfernt war, starb Ludwig von Thüringen an der Pest. Voller Schrecken legte Friedrich in Otranto an, bestattete seinen Freund und eilte auf den Rat seiner Ärzte hin zu den Bädern von Pozzuoli. Sie empfahlen ihm Zurückhaltung beim Essen und häufiges Baden in den Quellen.

Papst Gregor IX. war ein alter Mann, mürrisch, stattlich, willensstark; er zeigte eine große Vorliebe für kirchlichen Prunk und eine noch größere Vorliebe für Macht. Als er vernahm, daß Friedrich den Kreuzzug aufgegeben habe und jetzt in den Bädern von Pozzuoli schwelge, wurde er wütend. Es hatte schon zu viele Aufschübe, zu viele Verspätungen gegeben, und jetzt schien es, als habe Friedrich des Teufels Spiel gespielt. In einem Wutanfall legte er ihm Verbrechen zur Last, die er nie begangen hatte: Er habe absichtlich Brindisi zum Ausgangspunkt für den Kreuzzug gewählt, obwohl er gewußt habe, wie ungünstig der Ort sei; er habe geheime Verbindungen zu den Sarazenen unterhalten; er habe nie beabsichtigt, ins Heilige Land zu ziehen. Dies waren Vergehen, die mit dem Bann bestraft wurden. Und ohne weitere Umstände zu machen, exkommunizierte der Papst den Kaiser.

Friedrich wurde als das Tier bezeichnet, das die Seite der Mutter Kirche gerissen habe, als verfluchter Feind Christi, als der abscheulichste Feind der Menschheit. Nachdem der feierliche Exkommunikationsritus vollzogen war, war Friedrich in den Augen der Kirche ein toter Mann. Er war nicht nur von den Sakramenten der Kirche ausgeschlossen, es durfte auch kein Christ etwas mit ihm zu tun haben. Wenn er sterben sollte, durfte er nicht in geweihtem Boden bestattet werden.

Friedrich wandte ein, er beabsichtige immer noch, das Kreuz zu nehmen: er sei durch seine Krankheit zurückgehalten worden, durch nichts anderes. Er anerbot sich, jede Buße zu leisten, die der Papst von ihm verlange. Der Papst fuhr fort, ihn zu verdammen, beschuldigte ihn, Ludwig von Thüringen vergiftet zu haben, und weigerte sich, den Bann unter irgendwelchen Bedingungen aufzuheben.

Friedrich hatte den Kreuzzug im August beginnen wollen, weil er auf Grund seines Briefwechsels mit dem Sultan von Ägypten glaubte, es werde bis zu diesem Zeitpunkt möglich sein, einen Vertrag auszuhandeln, wonach Jersualem oder ein großer Teil davon in den Händen der Christen bleiben könnte. Er hatte seinen eigenen Bailli im Heiligen Land, der dort als Vizekönig amtete. Es war Thomas von Aquino, ein scharfsinniger, einflußreicher Mann. Er hatte auch seine eigenen Truppen dort, denn der Herzog von Limburg war von Brindisi aus mit achthundert Rittern und zehntausend Fußsoldaten im Heiligen Land eingetroffen. Friedrich war also indirekt schon anwesend, gab Befehle heraus und verfügte über Heere, während der Papst wetterte, er sei ein Zauderer und habe nie beabsichtigt, seinen Fuß auf palästinischen Boden zu setzen.

Friedrich kündigte an, er wolle im Mai von Brindisi wegfahren; er stach im Juni in See. Er hatte nur vierzig Schiffe bei sich. Er folgte den Küsten und nahm Kurs über Korfu, Kephalonien, Kreta und Rhodos. Drei Wochen, nachdem sie Brindisi verlassen hatten, liefen die kaiserlichen Galeeren in den Hafen von Limassol auf Zypern ein. Offensichtlich wollte Friedrich das Königreich Zypern zu seinem Besitz schlagen, wofür einige Wochen benötigt würden. Dann wollte er ins Heilige Land fahren.

In Zypern war niemand besonders darauf erpicht, unter die Herrschaft des deutschen Kaisers zu kommen, der zudem König von Apulien, Sizilien und Jerusalem war. Zypern wurde damals von Johann von Ibelin regiert. Er war Herr von Beirut und vertrat den elfjährigen König Heinrich von Lusignan. Die Mutter des Knaben, Königin Alix, war die Regentin und konnte über die Einkünfte verfügen. Friedrich hätte Königin Alix, König Heinrich und Johann von Ibelin gerne beiseite geschoben. Das sollte ihm nicht leicht fallen, denn Johann von Ibelin war einer jener Männer, die sich sehr sicher durch die Labyrinthe der Diplomatie und der Politik bewegen und in Zeiten großer Gefahr ihre Ruhe bewahren. Er war halb Franzose und halb Grieche und war auch mit dem jungen König Heinrich von Lusignan verwandt. Er war etwa fünfzig Jahre alt, und im Zeitpunkt, da Friedrich auf der Insel Zypern eintraf, betrauerte er den Tod seines Bruders Philipp.

Von Limassol aus forderte Friedrich den ganzen Hof auf, vor ihm zu erscheinen. Der Hof befand sich in Nikosia. Es entspann sich eine große Diskussion darüber, ob man der Aufforderung eines exkommunizierten Kaisers nachkommen solle. Man fürchtete, daß er der Insel Schwierigkeiten bringen könnte, und erwartete noch mehr Schwierigkeiten, wenn er einmal im Heiligen Land eintreffen sollte. Es wurde vorgeschlagen, dem Kaiser diplomatisch zu antworten und ihm zu sagen, man sei zu sehr damit beschäftigt, das Heer zusammenzustellen, das ihm nach Syrien folgen solle. Johann von Ibelin sah voraus, daß Friedrich diese Begründung nicht annehmen würde. Er meinte, es sei besser, ihm einfach zu gehorchen und ihm dann alle Gründe vorzulegen, die ihn davon abhalten könnten, Zypern ganz in Besitz zu nehmen. Philipp von Novara, ein Kreuzfahrer und Jurist von einiger Berühmtheit, der verschiedene Male als Sekretär Johanns von Ibelin gewirkt hatte, war an diesen Besprechungen anwesend. Er erinnert sich an die Worte jenes Mannes, den man allgemein «den alten Herrn von Beirut» nannte:

> Wir haben uns loyal und in Liebe beraten, aber ich will lieber gefangengenommen oder getötet werden und erleiden, was Gott mit mir vorhat, als daß irgend jemand sagen könnte, es habe durch mich und mein Haus oder durch die Leute auf dieser Seite des Meeres ein Versäumnis oder eine Verzögerung im Dienste Gottes und bei der Eroberung des Königreichs Jerusalem gegeben.
> Denn ich will unserem Herrn gegenüber nichts Böses tun, und ich will auch nicht, daß die Leute auf der ganzen Welt sagen werden: «Der Kaiser der Römer kam mit großer Macht über das Meer und hätte überall, wo er hinging, gesiegt, aber der Herr von Beirut und andere treulose Männer in Übersee liebten die Sarazenen mehr als die Christen, und deshalb lehnten sie sich gegen den Kaiser auf und wollten nicht, daß das Heilige Land zurückerobert werde.»[94]

So ritten sie nach Limassol und nahmen den jungen König mit. Friedrich empfing sie freundlich und ersuchte sie, ihm zuliebe die schwarzen Gewänder abzulegen, die sie aus Trauer für Philipp von Ibelin trugen. Sie kamen seinem Wunsche nach und nahmen die scharlachroten Gewänder und Mäntel entgegen, die er für sie bereitgelegt hatte. Friedrich hatte einen Palast übernommen, der vorher Philipp von Ibelin gehört hatte, und lud sie alle ein, mit ihm am folgenden Tag dort zu einem Gastmahl zusammenzukommen. Während der Nacht kamen insgeheim Seeleute und bewaffnete Männer aus seiner Flotte in den Palast. Nach Philipp von Novara hielten sich etwa dreitausend Männer in den Stallungen und Wachträumen versteckt.

Das Fest begann in großem Glanze. Der ganze Adel Zyperns war in seinen scharlachroten Gewändern anwesend. Der Kaiser erklärte, er habe die Gewohnheit, an seinem Hof Becher- und Schalenträger zu ernennen, und er bezeichne deshalb die beiden Söhne Johanns von Ibelin, Balian und Johann, für diese hohen Ämter. Er hatte auch die Tische so aufstellen lassen, daß jedermann von seinem Platz aus den Tisch mit dem Kaiser und Johann von Ibelin an seiner Seite deutlich sehen konnte.
Plötzlich tauchten etwa hundert bewaffnete Männer aus ihrem Versteck auf, und jeder Zyprer spürte ein Schwert oder einen Dolch in seinem Rücken. Niemand bewegte sich. Friedrich verkündete, er habe zwei Forderungen zu stellen, und wer klug sei,werde sich beeilen, sie anzuerkennen. Johann von Ibelin sagte: «Ich will dir gerne gehorchen, sofern ich die Forderungen für gerecht und ehrenwert halte.» Friedrichs Forderungen waren einfach: Er verlangte die Herrschaft über Beirut und alle Einkünfte Zyperns während der letzten zehn Jahre. Johann von Ibelin antwortete, er besitze Beirut, weil es ihm von Königin Isabella anvertraut worden sei, «die durch meine Mutter meine Schwester und die Tochter König Amalrichs war»[95]; er habe die Stadt zu einer Zeit erhalten, als sie in Ruinen gelegen habe und als die Templer und die Johanniter und die Barone Syriens sie verschmäht hätten, und er habe die Stadt mit seinem eigenen Geld wiederaufgebaut, und all dies entspreche den Gesetzen Jerusalems. Über die Einkünfte Zyperns habe Königin Alix verfügt, wie es ihr die Gesetze des Reiches erlaubt hätten. Die Gerichte, nicht der Kaiser, müßten entscheiden.
Als Friedrich diese juristischen Argumente vernahm, wurde er wütend. Er schrie, er habe gehört, daß Johann von Ibelin für seine glatten Worte und seine schlau gewählten Ausdrücke bekannt sei. Johann von Ibelin antwortete, er habe gehört, daß Friedrich wegen seiner Taten bekannt sei und daß er in der Absicht nach Limassol gekommen sei, ihn zum Tode oder zu einer Gefängnisstrafe zu verurteilen. Friedrich verlor die Beherrschung; er hätte Johann vielleicht auf der Stelle hingerichtet, wenn ihn nicht ein Geistlicher beruhigt hätte. Schließlich erklärte er sich bereit, sich an die Gesetze zu halten unter der Bedingung, daß ihm zwanzig von den bekanntesten Edelleuten so lange als Geiseln überlassen würden, bis die Gerichte ihre Entscheidung getroffen hätten. Balian von Ibelin war eine der Geiseln. Was Friedrich zu Johann von Ibelin sagte, ist bezeichnend für ihn: «Ich weiß, daß Balian dein Herz ist, und solange ich dein Herz habe, habe ich dich.»[96] Noch bezeichnender für ihn ist, daß er die Geiseln an eiserne Kreuze festbinden ließ, so daß sie weder Hände noch Beine bewegen konnten.
Johann von Ibelin und seine Begleiter hatten ihre Zelte gerade außer-

halb der Stadt aufgeschlagen. Sie verfügten über Pferde und Waffen. Der Kaiser hatte keine Pferde. Johann von Ibelin ritt während der Nacht nach Nikosia. Als Friedrich einige Tage später sein Heer dorthin brachte, flohen die königliche Familie, Johann von Ibelin und ihre Truppen eiligst in den Norden des Landes und suchten in der Burg Dieu d'Amour, sechshundertneunzig Meter oberhalb von Kyrenia, Zuflucht. Die Burg war auf den zwei Gipfeln des Berges und über das Tal hin, das dazwischen lag, erbaut und glich einer jener romantischen Burgen aus den Kindermärchen. Johann von Ibelin hatte sie vorher mit Vorräten versehen, und er hatte die Genugtuung zu wissen, daß sie beinahe uneinnehmbar war. Auf der Nordseite fiel der Fels über vierhundertfünfzig Meter steil ab.

Der Winter nahte. Johann von Ibelin blieb in Dieu d'Amour, und Friedrich blieb mit den Männern aus seiner Flotte, die immer noch im Hafen von Limassol vor Anker lag, in Nikosia. Man riet Johann von Ibelin, er solle mit seinem Heer einfach von seiner Bergfeste hinuntersteigen, dann werde er Friedrich ins Meer hinaustreiben können. Er antwortete, es gebe Besseres zu tun, als gegen einen Kaiser zu kämpfen. Er werde einige Wochen warten und sehen, was geschehe, denn er wußte, daß Friedrich sehr ungeduldig war.

Friedrich mußte schnell handeln, denn die päpstlichen Heere waren, unterstützt von König Johann von Brienne, in Apulien eingefallen. Er mußte auch ins Heilige Land fahren, denn er hatte dies feierlichst versprochen. Seine Beziehungen zu Sultan Al Kamil von Ägypten standen nicht zum besten, und dies war ein weiterer Grund, um rasch nach dem Heiligen Land abzureisen. Eine der eher lächerlichen Seiten der ganzen Angelegenheit war die Tatsache, daß es jetzt drei Könige von Jerusalem gab: Johann von Brienne, den Säugling Konrad und Friedrich, der den Titel sowohl für sich als auch für seinen Sohn beanspruchte.

Endlich geschah, was Johann von Ibelin schon lange erwartet hatte. Friedrich schickte Gesandte nach Dieu d'Amour. Sie stimmten praktisch allem zu, was Johann von Ibelin verlangt hatte. Die Geiseln sollten zurückgegeben, die Regentschaft der Königin Alix bestätigt werden, und niemand sollte zu einer Huldigung aufgefordert werden. Statt dessen sollten die Zyprer einen Lehenseid leisten, was eine weniger enge Verbindung bedeutete. Vor allem sollten sie schwören, den Frieden einzuhalten und gemeinsam mit Friedrich ins Heilige Land zu ziehen.

Johann von Ibelin war wahrscheinlich versucht, sich die Sache nochmals zu überlegen, als ihm sein Lieblingssohn Balian zurückgegeben wurde. Balian war ins Gefängnis gesteckt und dann gezwungen worden, auf einem von Friedrichs Schiffen als Galeerensklave zu arbeiten. Die übrigen Geiseln wurden ähnlich behandelt. Balian verfügte wie sein Vater über viel Taktgefühl. Als ihn der Kaiser ersuchte, ein Mitglied seines Stabes zu werden, stimmte er gerne zu.

Am 3. September 1228 brach Friedrich endlich nach dem Heiligen Land auf, nachdem er dreiundvierzig Tage in Zypern zugebracht hatte. Trotz all seinem Reichtum, seiner Intelligenz und der königlichen Pracht, die ihn umgab, schien Friedrich ein von Dämonen verfolgter Mensch zu sein. Er traf in Jerusalem ein, benahm sich während einiger Stunden wie ein Eroberer und reiste wieder ab. Was er erreichen wollte, schien etwas wirklich Großartiges zu sein, aber vielleicht wußte er in seinem Innern, daß er gar nichts erreichen konnte.

Ein kurzer Sieg

Friedrichs Kunst, sich in Szene zu setzen, kam ihm sehr zustatten. Er hatte angekündigt, er sei auf dem Weg ins Heilige Land, um seinen Platz als Führer des Kreuzzuges einzunehmen, und die Sarazenen reagierten mit gebührendem Respekt. Sie kannten ihn gut und sahen in ihm bis zu einem gewissen Grade sich selbst. Sie waren ebenfalls intelligent, sinnlich, zu plötzlichen Stimmungswechseln fähig, sie liebten den Prunk und verstanden es auch, sich in Szene zu setzen. Es gab Leute, die sagten, er sei mehr Araber als die Araber selber, er sei ein verkleideter Muslim. Friedrich war nicht der erste, welcher von der muslimischen Kultur begeistert war. Das Königreich Jerusalem war von Männern regiert worden, die ein Talent für Luxus und aufwendiges Leben besaßen. Sie liebten die Feinheiten des Lebens im Osten und wurden von der muslimischen Kultur sehr beeinflußt. Sie saßen mit gekreuzten Beinen auf Teppichen und lehnten sich gegen Kissen; sie trugen die gleichen bestickten Seidengewänder wie die türkischen Emire und Häuptlinge. Der Osten hatte sie verführt. Er erlaubte ihnen einen Lebensstil, der völlig anders war als alles, was man in Europa kannte. Die Araber übten Milde und Langmut, aber sie waren nie härter, als wenn sie am sanftesten zu sein schienen. Asketische Priester aus Nordfrankreich oder Flandern gerieten beinahe aus der Fassung, als sie sahen, wie die Kreuzfahrer die Sitten der Araber nachahmten. An Friedrich II. zeigte sich am deutlichsten, wie verführerisch diese Lebensweise war.

Die siebzig Schiffe von Friedrichs Flotte liefen mit etwa tausend Rittern und acht- bis neuntausend Pilgern aller Art in Akkon ein. Sein Heer sah sehr eindrucksvoll aus, denn er war von seinem eigenen Gefolge und vom größten Teil der Ritterschaft Zyperns begleitet.

In Akkon wurde Friedrich mit großer Feierlichkeit empfangen, aber unter dem Volke war eine seltsame Verdrossenheit zu spüren. Es kannte seinen Ruf, fürchtete ihn und erwartete von ihm nichts Gutes. Die Pisaner und die Genuesen waren im allgemeinen für ihn, die Venezianer waren neutral, die Templer und die Franziskaner standen ihm feindlich gegenüber.

Ungefähr zur gleichen Zeit wie Friedrich trafen zwei Franziskaner mit einer päpstlichen Verfügung in Akkon ein, die ankündigte, daß jedem, der Friedrich in irgendeiner Weise unterstütze – indem er sich an seinem Hofe aufhalte, ihm huldige, für ihn zu den Waffen greife oder an Verhandlungen mit ihm teilnehme –, die Exkommunikation drohe. Es war die Pflicht des Papstes, dafür zu sorgen, daß die Gebiete, die Friedrich besaß, ihm weggenommen und andern übergeben würden, die der Kirche besser gehorchten. Die päpstliche Verfügung mit ihren offenen und unausgesprochenen Drohungen zeigte Friedrich, daß er sehr rasch handeln mußte, wenn er sich im Heiligen Land behaupten wollte.

Unterstützung konnte er nur von Sultan Al Kamil erwarten, der kurz zuvor von Jerusalem Besitz genommen hatte und dann weitergezogen war, um Damaskus zu belagern. Al Kamil war zu dieser Zeit sehr mächtig. Er brauchte jetzt Friedrich nicht, aber Friedrich benötigte dringend die Hilfe Al Kamils, seines alten Freundes, mit dem er viele Botschaften ausgetauscht hatte.

Zu diesem Zeitpunkt lagerte Al Kamil mit seinem Heer in Nablus in Samaria. Er hatte Friedrich Jerusalem versprochen, wenn er ihm helfe, Damaskus einzunehmen. Aber Friedrich war zu spät ins Heilige Land gekommen, Damaskus war schon eingenommen. Er hatte Al Kamil nichts anzubieten als seine Freundschaft und einige teure Geschenke. Wenn er ihm überhaupt von Nutzen sein konnte, dann als Führer des christlichen Heeres gegen eine drohende Invasion khwarizmischer Türken. Die Khwarizmier hatten den oberen Euphrat erreicht. Al Kamil war sicher, daß sie früher oder später in Syrien eindringen würden, und zwar eher früher als später. Er neigte deshalb dazu, Friedrich als einen Verbündeten im bevorstehenden Krieg mit den Khwarizmiern zu betrachten, und wenn er Jerusalem dem Kaiser abtreten mußte, dann sollte es nur aus diesem und keinem anderen Grunde geschehen. Jerusalem sollte den Kreuzfahrern zurückgegeben werden, weil Heere türkischer Stämme aus Zentralasien hervorbrachen und den ganzen Mittleren Osten bedrohten.

Friedrich machte Jaffa zu seiner vorläufigen Hauptstadt. Er befestigte die Burg und wartete auf Nachschub. Er traf jedoch nicht ein. Jaffa war einer Hungersnot nahe. Die Templer und die Johanniter weigerten sich, für ihn zu kämpfen; auf die Zyprer konnte er sich nicht verlassen; nur die Italiener, die er aus Brindisi mitgebracht hatte, und die Deutschritter unter dem Großmeister Hermann von Salza standen zu ihm. Er hatte eine Streitmacht von etwa sechstausend Rittern und vielleicht achttausend Fußsoldaten; sie war bemühend klein im Vergleich zum Heer des Sultans von Ägypten.

Friedrichs wirkliche Stärke lag in der Vergangenheit, im Strom der Briefe und Geschenke, die er mit Al Kamil ausgetauscht hatte. Thomas von Aquino und Balian, der Herr von Sidon, wurden als Gesandte nach Nablus geschickt, und der gelehrte Fakhr Ad Din kam in Friedrichs Lager vor Jaffa. Einer von Friedrichs Briefen an Al Kamil ist uns in arabischer Übersetzung überliefert:

> Ich bin Dein Freund. Es ist Dir nicht unbekannt, wie hoch ich über den Fürsten des Westens stehe. Du warst es, der mich hierherkommen hieß. Die Könige und der Papst wissen, daß ich hierhergekommen bin. Wenn ich mit leeren Händen zurückkehre, werde ich in ihren Augen alle Achtung verlieren. War es nicht letztlich Jerusalem, das der christlichen Religion das Leben schenkte? Du hast es zerstört, und es befindet sich jetzt in äußerstem Elend. Gib es mir gnädig zurück, selbst in seinem gegenwärtigen Zustand, damit ich vor den Königen mein Haupt wieder erheben kann. Ich verzichte zum voraus auf alle Vorteile, die ich daraus gewinnen könnte.[97]

Dieser Brief eines Kaisers an einen Sultan läßt allzu viele Fragen offen, als daß er ganz glaubwürdig sein könnte. Der Kaiser gab zu verstehen, daß der Papst von seinem Kommen wisse und daß er seine Mission gutheiße. Er deutete auch an, daß Jerusalem beinahe wertlos sei, weil seine Mauern niedergerissen worden seien. Daß er auf alle Vorteile verzichten würde, die er gewinnen könnte, war vollkommen unglaubwürdig. In seiner Antwort sprach Al Kamil von den Schwierigkeiten, die mit der Übergabe Jerusalems zusammenhingen. In der ganzen muslimischen Welt würde dies Unruhe verursachen, es würde Aufstände geben, seine Dynastie könnte untergehen. Trotzdem schickte er Fakhr Ad Din nochmals als Gesandten nach Jaffa und gab ihm eine riesige Menge von Geschenken mit: Seide, Edelsteine, arabische Stuten, Rennkamele und Elefanten. Er sollte über einen

Vertrag verhandeln, der dann am 11. Februar 1229 in Jaffa unterzeichnet wurde.
Dieser Vertrag war eine der aufsehenerregendsten Leistungen in Friedrichs aufsehenerregendem Leben, denn er erhielt beinahe alles, was er wollte, und von ihm schienen keine Gegenleistungen verlangt zu werden. Jerusalem, Bethlehem und Nazareth wurden zusammen mit Lydda, Ramla und Emmaus an das Königreich zurückgegeben. Die Straßen von Jaffa nach Jerusalem und von Jerusalem nach Bethlehem wurden den Christen übergeben. Ein großer Teil von Galiläa, Sidon und Toron sowie die Dörfer zwischen Nazareth und Akkon wurden ebenfalls zurückgegeben. In Jerusalem blieb der Tempelbezirk mit dem Felsendom den Muslimen vorbehalten, sie sollten auch ihre eigenen Gerichte haben. Die Franken durften den Tempelbezirk betreten, vorausgesetzt, daß sie für die Würde der heiligen Stätten die gebührende Achtung aufbrachten. Die Ägypter würden keine neuen Festungen mehr bauen. Antiochia und Tripoli waren vom Vertrag ausgenommen. Da die beiden Gebiete im Besitz Boemunds IV., dem Fürst von Antiochia und Grafen von Tripoli, waren, scheint Friedrich gehofft zu haben, daß Al Kamil davon Besitz ergreifen werde, wenn ihm die Zeit dazu gekommen zu sein scheine. Sicher waren die beiden Gebiete bewußt ausgenommen worden. Alle Gefangenen sollten ausgetauscht werden. Der Waffenstillstand sollte zehn Jahre, fünf Monate und vierzig Tage dauern.
Der Inhalt des Vertrages war fast zu günstig, um wahr zu sein. Er war zum großen Teil das Werk Friedrichs und Al Kamils selber, und es war deshalb ein persönliches Dokument, das eine dauernde Freundschaft bezeugte. Im Namen der Christen verzichtete Friedrich auf alle Versuche, Ägypten zu erobern, und dies war die Bestimmung, die den christlichen Klerus am meisten beunruhigte. Gerold, der Patriarch von Jerusalem, war entschieden dagegen, daß die Muslime in Jerusalem ihren Glauben ausüben durften. Aber dieser Einwand war nur eine Art Wortklauberei. Was der Papst am meisten beanstandete, war die Tatsache, daß ein exkommunizierter Kaiser erfolgreich gewesen war, wo bessere Männer versagt hatten. Zum ersten Mal seit zweiundvierzig Jahren konnten die Christen wieder die Wallfahrt zum Heiligen Grab unternehmen.
Friedrich erhob nun Anspruch auf das Recht, zum König von Jerusalem gekrönt zu werden. Am Samstag, dem 17. März, betrat er die Heilige Stadt, und während jenes ganzen Tages und der folgenden Nacht wurden Vorbereitungen für die Krönung getroffen. Die Erzbischöfe von Capua und Palermo waren an seiner Seite, aber als er sie fragte, ob sie eine Krönungsmesse zelebrieren würden, weigerten sie sich,

denn sie fürchteten sich zu sehr vor der drohenden Exkommunikation. Die Krönungszeremonie war sehr einfach. Die Krone wurde auf den Altar gelegt; tausend Kerzen brannten; Friedrich, der die reich bestickten kaiserlichen Gewänder trug, schritt zum Altar, ergriff die Krone und setzte sie sich auf das Haupt. Dann verlas Hermann von Salza zur Feier des Ereignisses eine lange Rede, in welcher Gott, David, Christus und Friedrich auf mystische Weise miteinander vereint waren. Friedrich, der einen Teil der Rede selber geschrieben hatte, erklärte, er sei auf göttliche Veranlassung hin als Friedensfürst nach Jerusalem gekommen. Die gleichen Themen finden sich auch in einem Brief, der am gleichen Tag an die Herrscher in Europa abging.

AUSZÜGE AUS EINEM BRIEF KAISER FRIEDRICHS II., KÖNIG VON JERUSALEM UND SIZILIEN, AN KÖNIG HEINRICH III. VON ENGLAND VOM 17. MÄRZ 1229 AUS JERUSALEM.[98]

FRIEDRICH, DURCH DIE GNADE GOTTES der erhabene Kaiser der Römer, der König von Jerusalem und Sizilien, entbietet seinem geliebten Freund Heinrich, dem König der Engländer, Gesundheit und Zuneigung.

Laßt alle sich freuen und jubeln im Herrn und laßt diejenigen, die im Herzen gerecht sind, Ihn rühmen, welcher, um Seine Macht zu zeigen, nicht mit Pferden und Wagen prahlt, sondern sich nun in der geringen Zahl Seiner Soldaten Ruhm erworben hat, damit alle wissen und verstehen mögen, daß Er ruhmreich ist in Seiner Majestät, fürchterlich in Seiner Herrlichkeit und wunderbar in Seinen Plänen für die Söhne der Menschen, indem er nach Seinem Belieben die Jahreszeiten ändert und die Herzen verschiedener Völker zusammenbringt; denn in diesen wenigen Tagen ist eher durch ein Wunder als durch Gewalt jenes Werk zu einem Abschluß gebracht worden, welches während langer Zeit viele Herren und Herrscher der Welt unter der großen Zahl von Völkern bis jetzt nie mit Gewalt, wie groß sie auch gewesen sein mag, und auch nicht mit Drohungen haben vollenden können . . .

. . . Endlich hat Jesus Christus, der Sohn Gottes, der vom Himmel herab unsere ergebene Ausdauer und unsere geduldige Hingabe für Seine Sache gesehen hat, in Seinem barmherzigen Mitleid mit uns, endlich hat Er bewirkt, daß der Sultan von Babylon uns die Heilige Stadt zurückgegeben hat, die Stätte, die Christi Füße betreten haben, wo die wahren Gläubigen den Vater im Geiste und in der Wahrheit anbeten . . . Nicht nur die Stadt in ihrem ganzen Umfang ist uns zurückgegeben worden, sondern auch das ganze Land, das sich von der Stadt bis zur Küste bei der Burg von Jaffa erstreckt, so daß die Pilger in Zukunft freien Zugang zum Heiligen Grab und

eine sichere Rückkehr haben werden, vorausgesetzt jedoch, daß die Sarazenen, die in jenem Teil des Landes wohnen und den Tempel tief verehren, ihn, so oft sie wollen, als Pilger aufsuchen können, um nach ihrer Sitte dort zu beten, und vorausgesetzt, daß wir ihnen von nun an erlauben zu kommen, jedoch nur so vielen, als wir zuzulassen bereit sind, und sie müssen ohne Waffen kommen und dürfen nicht in der Stadt wohnen, sondern außerhalb, und sobald sie ihre Andacht verrichtet haben, müssen sie wieder abreisen.
Ferner sind uns die Stadt Bethlehem und das ganze Land zwischen Jerusalem und dieser Stadt zurückgegeben worden, das ganze Gebiet von Toron, das sehr groß und für die Christen vorteilhaft ist; auch die Stadt Sidon, mit der ganzen Ebene und den dazugehörenden Gebieten, ist uns übergeben worden, was den Christen um so willkommener sein wird, als sie anscheinend bis jetzt den Sarazenen viele Vorteile geboten hat, besonders weil es dort einen guten Hafen hat und weil von dort große Mengen von Waffen und andern Gütern in die Stadt Damaskus und oft von Damaskus nach Babylon gebracht werden konnten. Gemäß unserem Vertrag dürfen wir die Stadt Jerusalem so gut wiederaufbauen, wie sie je gebaut war, und auch die Burgen von Jaffa, Caesarea, Sidon und diejenige von St. Maria, die den Deutschrittern gehört und welche die Brüder dieses Ordens in der gebirgigen Gegend von Akkon zu bauen begonnen haben, was den Christen noch während keines früheren Waffenstillstandes gestattet war – während es dem Sultan bis zum Ende des Waffenstillstandes, der für die Dauer von zehn Jahren zwischen ihm und uns vereinbart ist, nicht gestattet ist, Festungen oder Burgen instandzusetzen oder wiederaufzubauen ...
... Gegeben in der Heiligen Stadt Jerusalem am siebzehnten Tag des Monats März im Jahre unseres Herrn eintausendzweihundertneunundzwanzig.

Man hätte erwarten können, Friedrich werde einige Tage in Jerusalem verweilen, um die Freuden des Königtums zu genießen. Er blieb jedoch nur noch einen Tag. Nachdem er sich gekrönt hatte, hielt er im Palast der Johanniter hof, und gegen Abend besuchte er den Tempelbezirk und bewunderte den Felsendom, auf dem sich immer noch der islamische Halbmond erhob. Er sah einen christlichen Priester, der ein Evangelienbuch in der Hand hielt und bettelte. Erzürnt wandte sich der Kaiser an den Priester und versetzte ihm einen Stoß, so daß er beinahe umfiel. «Schwein!» schrie ihn der Kaiser an, «der Sultan hat uns gnädig die Erlaubnis gegeben, als Pilger hierher zu kommen, und schon bettelst du um Almosen!»[99] Es fehlte dem Kaiser nicht an Verständnis: Er hatte die Pflicht, den Tempelbezirk vor den Christen zu beschützen. Zu den islamischen Würdenträgern, die ihn begleiteten, sagte er: «Ich bin vor allem nach Jerusalem gekommen, weil ich hören wollte, wie die Mohammedaner zur Gebetsstunde in der Nacht Allah anrufen.» Friedrich scheint große Teile des Korans auswendig gewußt zu haben. Al Kamil hatte angeordnet, daß die Koranworte, welche die Polytheisten verurteilen, aus Rücksicht auf Friedrich, der an die Dreifaltigkeit glaubte oder zu glauben vorgab, von den Minaretten der Al-Aksa-Moschee herab nicht gerufen werden sollten. Friedrich merkte, daß sie ausgelassen wurden, und machte dem islamischen Gelehrten, der neben ihm herging, ernsthafte Vorwürfe. «Ihr dürft eure religiösen Bräuche nicht wegen mir ändern», sagte er, «das ist ein großer Fehler.»[100]

Friedrich empfand eine echte Sympathie für den Islam. In Lucera in Apulien hatte er eine ganze muslimische Stadt mit einer Moschee und Religionsschulen aufgebaut, und mit Hilfe seines arabischen Lehrers hatte er die islamischen Riten sorgfältig studiert.

Der Papst wäre nicht erfreut gewesen, wenn er gewußt hätte, daß Friedrich sich in der Kirche des Heiligen Grabes selber krönte. Er hörte natürlich erst viele Wochen später von der Krönung. Aber durch einen seltsamen Zufall traf das päpstliche Interdikt am Tage nach der Krönung in Jerusalem ein.

Nur ein sehr erzürnter Papst konnte die Kühnheit haben, die Heilige Stadt mit einem Interdikt zu belegen. Er ging noch weiter. Er richtete Briefe an die Templer, die Johanniter und den Sultan von Ägypten, in denen er sie aufforderte, Friedrich zu vernichten, als ob der Kaiser die Hure von Babylon wäre und ausgerottet werden müßte, weil er alles Böse verkörpere. Es ist möglich, daß Friedrich später den an den Sultan gerichteten Brief zu sehen bekam, aber er hatte ohnedies mehr als genug Gründe, um den Papst zu hassen, dessen Heere im Begriffe waren, Apulien zu verwüsten.

Friedrich beschloß, Jerusalem zu verlassen. Er hatte insgesamt achtundvierzig Stunden dort zugebracht. Er ritt nach Jaffa, und genau eine Woche später war er in Akkon. Dort ordnete er als erstes die Zerstörung des Palastes des Patriarchen und der Festung der Templer an. Belagerungsmaschinen wurden herangebracht; die Deutschritter und die Pisaner, die seine Verbündeten waren, versuchten, die Gebäude zu erstürmen, und Friedrich freute sich auf ein allgemeines Gemetzel unter den Templern und auf die Hinrichtung des Patriarchen. Er wäre durchaus fähig gewesen, so weit zu gehen. Aber die Truppen, die den Palast des Patriarchen verteidigten, schlugen zurück, und die Templer, welche disziplinierter waren als die Deutschritter, blieben Herren der Festung, die an der südwestlichen Ecke der Stadt am Meer emporragte. Während der ganzen Zeit liefen die Mönche auf

Befehl des Patriarchen durch die Straßen Akkons und erinnerten die Bevölkerung daran, daß jeder, der den Kaiser unterstütze, dem Interdikt verfalle. Er dürfe nicht getauft und nicht getraut werden; alle Sakramente seien ihm verwehrt, und er dürfe nur in ungeweihter Erde bestattet werden. Friedrich mochte das Interdikt als eine Angelegenheit von geringer Bedeutung betrachten, aber das gewöhnliche Volk nahm solche Dinge ernst. Nach fünf Tagen wurden die Angriffe auf den Palast und die Festung eingestellt.

Die Kirche, die fränkischen Barone, die Genueser und die Venezianer sowie das gewöhnliche Volk von Akkon, das nicht einsah, warum es von einem stets im Ausland weilenden Kaiser regiert werden sollte, sie alle haßten und verachteten nun den Kaiser. Friedrich würde zweifellos bald nach Italien zurückkehren. Vielleicht wollte er nie mehr ins Heilige Land zurückkehren, denn offensichtlich war er nicht besonders an ihm interessiert. Er lebte im Glanze kaiserlichen Ruhmes, aber dieser Glanz blendete eher ihn selbst als diejenigen, welche sich ihm näherten. Den Deutschrittern und den Pisanern überreichte er als Belohnung für ihre Treue Urkunden, die ihnen weitreichende Rechte gewährten. Er ernannte einen gewissen Amalrich Barlais, der schon immer ein Feind Johanns von Ibelin gewesen war, zum Bailli von Zypern. Er war unter allen Umständen, sogar auf das Risiko eines Bürgerkriegs hin, entschlossen, seinen Einfluß im Heiligen Land weiterhin geltend zu machen. Während jener letzten Apriltage, als er seine Angelegenheiten regelte und sich zur Abreise nach Italien bereitmachte, war das Land einem Bürgerkrieg bedrohlich nahe.

Am frühen Morgen des 1. Mai verließ Friedrich, von seinen Wachen begleitet, seinen Palast in Akkon und ritt zum Hafen hinunter, wo ihn die Schiffe erwarteten. Sein Weg führte ihn durch die Straße der Metzger, die wegen der furchtbaren alten Weiber, die im Namen ihrer Söhne und Enkel von den Fenstern in den Obergeschossen aus die Straße überwachten, berühmt war. Als die Frauen vernahmen, daß Friedrich bald mit seinem ganzen Gefolge durch die Straße kommen werde, legten sie während der Nacht ihre Waffen bereit: Steine, Abfall, Mist, Eingeweide von Schafen. All das wurde auf die Köpfe der Reiter hinuntergeworfen, als sie vorbeiritten. Friedrich bemühte sich nicht, die Frauen zu bestrafen; er hatte keine Zeit dazu. Er wollte zu seinem Schiff gelangen. Am Kai erwartete ihn Johann von Ibelin. Das war mutig von ihm, denn obwohl er von seinen Wachen sehr gut beschützt wurde, war Friedrich sehr erpicht darauf, ihn gefangenzunehmen. Johann von Ibelin entbot ihm einen höflichen Abschiedsgruß, während Friedrich ihn verfluchte.

Dies war der Kreuzzug von Friedrich, dem ewig ruhmreichen Kaiser der Römer, dem exkommunizierten König von Sizilien, Apulien und Jerusalem, der als einziger von den westlichen Monarchen Jerusalem für die Christen in Besitz nahm.

Die Katastrophe von La Forbie

Im Mittelalter war das Königtum etwas Besonderes, über gewöhnliche menschliche Belange Erhabenes, fast Göttliches. Ein König ging nicht wie gewöhnliche Sterbliche einher und redete auch nicht wie sie; noch weniger traf er Entscheidungen wie sie, denn er sah sich als einen, der mit Gott an seiner Seite einherging. Während die Kaiser von Byzanz sich ihrer göttlichen Macht sehr deutlich bewußt waren, glaubten selbst die Könige kleiner Länder wie Zyperns, sie seien besonders begnadet. Deshalb hielt sich der König von seinen Untertanen möglichst fern. Er wußte selten, wie sie dachten, und es kümmerte ihn meistens nicht.

Von Anfang an hatte der Papst gehofft, daß Könige die Kreuzzüge anführen würden. Ihr Glanz, ihre Majestät, ihre halb göttliche Kraft wurden für die endgültige Eroberung des Heiligen Landes ebenso benötigt wie ihre Heere. Ihre mystische Rüstung beschützte sie vor den Pfeilen der Sarazenen. In der Vorstellung des Papstes ritten die Könige immer an der Spitze ihrer Ritter und Fußsoldaten, und dem König stand immer ein päpstlicher Legat zur Seite, der ihn warnte, tröstete, segnete und führte.

Im Jahre 1234, als der Waffenstillstand, den Kaiser Friedrich und Sultan Al Kamil miteinander abgeschlossen hatten, zur Hälfte abgelaufen war, setzte Papst Gregor IX. seine Hoffnung wiederum auf einen Kreuzzug von Königen. Er wandte sich an die Könige von Frankreich, England, Aragonien, Kastilien und Portugal. Er forderte sie alle auf, ihre Heere in Italien zu versammeln und dann ins Heilige Land zu ziehen, um den Fortbestand des Königreichs Jerusalem endgültig und unabänderlich sicherzustellen. Hilfe war dringend erforderlich, denn die Fürstentümer in Palästina waren keineswegs gefestigt und drohten ständig, einander in einem plötzlichen Blutbad zu ertränken. Boemund V. regierte über Antiochia und Tripoli, aber ohne das Gefühl für straffe Führung und strenge Rechtlichkeit, das sein Vater besessen hatte. Verschiedene Mitglieder des Hauses Ibelin regierten über Beirut, Arsuf und Jaffa. In Akkon wählten die Kolonien der Kaufleute aus Genua, Pisa und Venedig Konsuln, die den größern Teil der Stadt verwalteten. Dem Namen nach war Akkon die Hauptstadt Richard Filanghieris, den Friedrich zu seinem Vizekönig ernannt hatte. Tyrus war in den Händen Philipps von Montfort. Die Templer und die Johanniter besaßen ebenfalls ihre unabhängigen Fürstentümer, die aus zahlreichen Festungen bestanden, die über die ganze Länge und Breite Palästinas hinweg verstreut waren. Das Heilige Land war zerstückelt, und seine beiden Könige, Konrad und Johann von Brienne, hielten sich in Italien auf.

Der Ruf des Papstes nach einem Kreuzzug brachte nur einen König auf den Plan. Es war Theobald IV., der Graf der Champagne, der im Jahre 1234 König von Navarra wurde. Er war ein treuer Diener der Kirche (er verbrannte Ketzer). Er war witzig, leichtsinnig und allzu großzügig, aber als Heerführer nicht besonders begabt. Als Befehlshaber im Krieg besaß er eine gute Eigenschaft: Er war vorsichtig, nicht aus Feigheit, sondern weil er so viele Leben als möglich schonen wollte.

Bevor der König von Navarra am Kreuzzug teilnahm, schrieb er an die Barone des Königreichs Jerusalem und stellte ihnen einige vernünftige Fragen. Er wollte wissen, ob sie den Waffenstillstand als gültig betrachteten, ob neue Kreuzfahrer willkommen seien, welches die besten Ausgangshäfen seien und ob er in Zypern Nachschub finden könne. Sie antworteten ihm, der Waffenstillstand sei ungültig, denn die Sarazenen griffen sie an, wann sie nur könnten, die besten Häfen seien Genua und Marseille und in Zypern seien reichliche Vorräte vorhanden. Zudem seien sie, wenn sie einmal Zypern erreicht hätten, in der Lage, Syrien oder Ägypten anzugreifen, je nach den Umständen, die sie bei ihrer Ankunft vorfinden würden. Er sei ihnen höchst willkommen und sie hofften, er komme bald.

Das Heer traf im Sommer 1239 in Lyon ein. Die Stammrolle enthielt einige der berühmtesten Namen der französischen Ritterschaft, darunter Hugo IV., den Herzog von Burgund. Der König von Navarra hatte ursprünglich beabsichtigt, sein Heer quer durch Italien zu führen und in Brindisi in See zu stechen. Aber der Papst und Friedrich lagen immer noch in heftigem Streit miteinander, und er hatte keine Lust, in ihn verwickelt zu werden. Das Heer, das etwa zwölfhundert Ritter und acht- oder neuntausend Fußsoldaten zählte, marschierte daher das Rhonetal hinunter. Die einen bestiegen das Schiff in Marseille, die andern in Aigues-Mortes.

Am Anfang ging alles gut. Als sie sich jedoch dem Heiligen Land

näherten, wurden die Schiffe von einem plötzlichen Sturm auseinandergetrieben. Einige wurden gegen die Küste Zyperns geworfen, andere trieben bis nach Sizilien. Aber die stattliche Gestalt des Königs schritt am 1. September 1239 in Akkon von seinem Flaggschiff ans Land. Die Mauern der Stadt waren mit Fahnen geschmückt, und die Menge jubelte ihm zu.
Sultan Al Kamil war im März 1238 gestorben. Er hatte im Januar sein Heer gegen Damaskus geführt, die Stadt eingenommen und sich dann daran gemacht, sein Reich, das sich von Südägypten fast bis zum Euphrat erstreckte, zu organisieren. Aber die Anstrengung war zu groß für ihn. Er starb im Alter von sechzig Jahren, und sein Tod rief einen weitern Bürgerkrieg hervor. Ein Neffe, Al Dschawad, riß in Damaskus die Macht an sich. Sein älterer Sohn, As Salih Aijub, zog jedoch mit Unterstützung von khwarizmischen Truppen gegen Damaskus und machte der Herrschaft Al Dschawads rasch ein Ende. As Salih Aijubs jüngerer Bruder, Al Adil II., der früher Vizekönig von Ägypten gewesen war, ernannte sich beim Tode seines Vaters zum Sultan. Er war in einen hübschen Negerjungen verliebt und übergab ihm den größten Teil seiner Macht. Dies trug ihm später die Feindschaft der Emire und der Mehrheit der Bevölkerung ein. Im Mai 1240 wurde das Zelt des Sultans umringt, und der Sultan und der Negerjunge wurden umgebracht. As Salih Aijub, der Damaskus an seinen Onkel As Salih Ismail verlor, wurde darauf Sultan von Ägypten. Nun, da ein As Salih in Kairo und ein zweiter in Ägypten herrschte, begann ein richtiger Bürgerkrieg zwischen den beiden Zweigen der Familie, der durch die Anwesenheit plündernder khwarizmischer Truppen noch verschärft wurde.
Durch den Tod Al Kamils war der Bürgerkrieg unvermeidlich geworden, und dadurch, daß sein älterer Sohn khwarizmische Truppen in sein Heer aufgenommen hatte, war es unvermeidlich geworden, daß diese Horden durch das Land zogen.
Oberflächlich betrachtet, hätte es so aussehen können, daß der Krieg zwischen Damaskus und Kairo den Christen nütze. Aber die Christen waren selber in schwelende Bürgerkriege verwickelt, die mit Unterbrüchen aufflammten und sich dann wieder legten. So gab es Kämpfe zwischen den Anhängern Friedrichs und den fränkischen Baronen, die ihn haßten, zwischen den Templern und den Johannitern und zwischen den einzelnen Fürstentümern. Der König von Navarra war nicht der mächtige, charismatische Führer, der fähig gewesen wäre, die Truppen des Königreichs zu einer einzigen Streitmacht zusammenzuschmieden. Das Königreich glich einem Tier mit zu vielen Köpfen und zu vielen Beinen. Die Araber überlebten ihre

Bürgerkriege; es wurde immer zweifelhafter, ob die Christen die ihren überleben könnten.

In einer glücklosen Zeit tat der König von Navarra sein Bestes. Seine Ankunft im Heiligen Land fiel mit Ereignissen von beträchtlicher Bedeutung zusammen. Jerusalem fiel an Nasir Daud, den König von Transjordanien. Man glaubte, dies sei dem Verschulden Richard Filanghieris, Friedrichs Vizekönig, zuzuschreiben. Dieser hatte die Befestigung der Stadt vernachlässigt oder nur halbherzig damit begonnen, weil er geglaubt hatte, der Waffenstillstand von Jaffa werde eingehalten. Die Tatsache, daß die Belagerung ganze siebenundzwanzig Tage andauerte, zeigt, wie entschlossen sich die Besatzungstruppen verteidigten. Daß es überhaupt zur Belagerung kam, beweist, daß es in Akkon an Führung fehlte. Es wurde kein Versuch unternommen, Entsatz zu schicken. Es gingen auch keine Waffen und kein Nachschub nach Jerusalem ab. An Nasir gewährte den Christen freien Abzug, aber keiner von ihnen durfte in Jerusalem bleiben. Er ließ den Davidsturm abbrechen. Der Fall von Jerusalem schien in einer seltsamen Ruhe vor sich zu gehen, ohne daß es jemand merkte.

Das zweite Ereignis, das zu dieser Zeit eintrat, war die Einnahme von Damaskus durch As Salih Ismail. Sie konnte unmöglich unbemerkt vor sich gehen. Solange Al Kamils älterer Sohn am Leben blieb, konnte man damit rechnen, daß er einen Bürgerkrieg anzetteln werde. Zu dieser Zeit regierte in Ägypten immer noch der degenerierte und prunkliebende Al Adil II. Bei dieser Sachlage mußte sich der König von Navarra mit seinem kleinen Kreis von Beratern entscheiden, ob er Ägypten oder Damaskus angreifen solle. Diesem Kreise gehörten der Großmeister der Templer, der Patriarch von Jerusalem, der Bischof von Akkon, der Großmeister der Deutschritter und Walter VI. von Brienne, der Graf von Jaffa, ein Neffe Johanns von Brienne, des Königs von Jerusalem, an. Walter, der mit der Tochter Hugos I. von Lusignan, des Königs von Zypern, verheiratet war, war im Begriffe, zu einem der führenden Barone des Königreiches zu werden.

Der König und seine Berater beschlossen, zuerst Ägypten und dann Damaskus anzugreifen. Sie zogen auch einen Angriff auf Jerusalem und sogar einen Raubzug gegen Safed im Norden des Galiläischen Meeres in Betracht. Aber die allgemeine Meinung war, ein Angriff auf Alexandria oder Damiette würde mehr einbringen, da man wußte, daß Al Adil II. bei seinem Volke nicht beliebt war. Das frühere Reich Al Kamils war zerfallen, aber einzelne Teile davon waren immer noch mächtig genug. Der König von Navarra war sich bewußt, daß ein Angriff auf Ägypten schwierige Probleme mit sich bringen würde und daß seine wichtigste Aufgabe darin bestand, sein Heer unversehrt zu erhalten. Er wollte, wenn es sich vermeiden ließ, keinem seiner Offiziere gestatten, sich auf verwegene Abenteuer einzulassen. Hattin übte endlich seine Wirkung aus.

Am 2. November verließ das Heer des Königs Akkon in der Absicht, die ägyptischen Außenposten von Askalon und Gasa anzugreifen. Das Heer zählte ungefähr viertausend Ritter und etwa zwölftausend Fußsoldaten. Obwohl es verhältnismäßig wenig Fußsoldaten waren, so war dies doch eines der größten Heere, das je gegen die Sarazenen ausgezogen war. Es nahmen auch einige der ansässigen Barone teil. Die Templer und Johanniter waren ebenfalls vertreten. Das Heer war gut bewaffnet, aber es fehlte an Pferden, so daß viele Ritter gezwungen waren, zu Fuß zu gehen. Die Vorräte waren knapp, aber die Stimmung war gut. Unter der Führung eines Königs gegen den Feind zu reiten, war ein Erlebnis, das die Kreuzfahrer seit vielen Jahren nicht mehr gehabt hatten.

Während sie gegen Jaffa marschierten, vernahm Peter von Dreux, der Graf der Bretagne, von einem Spion, daß sich eine reiche Karawane durch das Jordantal hinauf auf Damaskus zu bewege. Zu dieser Karawane gehörte eine große Herde von Rindvieh und Schafen, die zur Versorgung von Damaskus im Falle eines Angriffs durch die Kreuzfahrer gedacht war. As Salih Ismail erwartete diesen Angriff schon seit einiger Zeit. Der Graf der Bretagne fand, die Herde nütze den Kreuzfahrern mehr. Ohne den König von Navarra um Erlaubnis zu fragen, trennte er etwa zweihundert Ritter vom Hauptheer ab und bildete einen Stoßtrupp. Er ritt noch am gleichen Abend in die Hügel hinauf, und im Morgengrauen traf er in der Nähe der Burg ein, wo die Karawane während der Nacht gelagert hatte. Sie war zu ihrem Schutze von Bogenschützen und Kavallerie begleitet. Der Spion hatte dem Grafen der Bretagne einen genauen Bericht über die Burg und die Zufahrtswege gegeben, so daß er einen Hinterhalt anlegen konnte. Einer der Zufahrtswege führte durch einen Engpaß, und der Graf hoffte, die Karawane werde diesen Weg wählen. Er teilte seine Truppe auf, ging selber im Engpaß in Stellung und beauftragte Ralf von Nesles mit der Bewachung des anderen Weges. Die Karawane mußte einen dieser beiden Wege einschlagen.

Die Karawane wählte den Weg, der zum Engpaß führte. Hier stürzte sich der Graf der Bretagne auf sie. Es entwickelte sich ein wilder Nahkampf, in dem der Graf der Bretagne beinahe umkam. Die Bogenschützen waren zu nahe bei den Kreuzfahrern, als daß sie ihre Pfeile hätten abschießen können, und die Ritter verstanden sich sehr gut auf den Nahkampf. Der Stoßtrupp umfaßte wahrscheinlich weniger als dreihundert Mann, und nur die Hälfte von ihnen war am Angriff im Engpaß beteiligt. Das Horn ertönte, und Ralf von Nesles rückte mit seiner Truppe rechtzeitig heran, um die Schlacht zugunsten der Kreuzfahrer zu entscheiden. Der Feind floh in die Burg. Die Ritter verfolgten ihn, kreisten die Herde ein, töteten viele der Verteidiger und nahmen andere gefangen. Für den Rest des Tages und noch zwei weitere Tage lang bewachten die Kreuzfahrer die Herde auf dem Weg nach Jaffa.

Unterdessen vernahm der König von Navarra, daß der Sultan von Ägypten ein Heer nach Gasa entsandt habe. Al Adil II. war nicht dumm; er besaß große Heere und war bereit, sie einzusetzen, er war sich auch bewußt, daß die Ankunft des Königs im Heiligen Land eine Gefahr bedeutete. Einige Ritter, vom Erfolg des Stoßtrupps des Grafen der Bretagne geblendet, begannen einen Angriff auf Gasa zu planen. Hugo IV., der Herzog von Burgund, war einer derjenigen, die für den Angriff eintraten, und sein Ansehen bei den Rittern war fast so hoch wie dasjenige des Königs von Navarra. Als der immer vorsichtige König von Navarra den Plan entdeckte, erhob er heftige Einwände. Auch die Templer und die Johanniter waren dagegen. Aber anscheinend befanden sich nur tausend feindliche Soldaten in Gasa, und nach der Meinung der Verschwörer würde es leicht sein, sie zu überwältigen. Sie wollten vorrücken, Gasa angreifen und, wenn die Dinge günstig lägen, in Ägypten einmarschieren. Der König von Navarra bestand darauf, daß das Heer als Ganzes vorrücken müsse. Der Graf der Bretagne und die Kommandanten der Ritterorden unterstützten ihn lebhaft. Der König erinnerte die Rebellen daran, daß sie einen Eid geschworen hätten, ihm als ihrem militärischen Führer zu gehorchen. Sie blieben bei ihrem Plan und weigerten sich, ihn anzuhören.

Die Rebellen machten sich unter dem Befehl des Grafen Heinrich von Bar auf den Weg. Der König hielt Kriegsrat. Es wurde beschlossen, daß das Hauptheer am frühen Morgen aufbrechen und gegen Süden marschieren solle; sie hofften, die tollkühnen Ritter beschützen zu können.

Von Jaffa aus ritten die Rebellen die ganze Nacht weiter, zogen an Askalon vorbei, erreichten den Bach, der die Grenze des Königreichs Jerusalem bildete, überschritten ihn und folgten der Küste in Richtung auf Gasa. Es war eine wunderschöne, mondhelle Nacht. Jeder Strauch oder Baum war auf den schimmernden Sanddünen klar zu unterscheiden. Sie trafen überhaupt keine Vorsichtsmaßnahmen. Sie breiteten Tücher auf dem Sand aus und setzten sich zum Nachtessen

nieder, andere schliefen, und wieder andere pflegten ihre Pferde. Sie hatten keine Patrouillen ausgesandt, und sie hatten keine Ahnung, daß sie die ganze Zeit hindurch beobachtet wurden. Plötzlich entstand ein Tumult. Das ägyptische Heer erschien über den Dünen. Die Bogenschützen und Steinschleuderer schrien, so laut sie konnten.
Selbst jetzt war es möglich, Entscheidungen zu treffen. Walter von Brienne und der Herzog von Burgund glaubten, sie könnten sich immer noch nach Askalon zurück durchkämpfen. Graf Heinrich von Bar und Amalrich von Montfort waren der Ansicht, sie müßten sich dort behaupten, denn nur die Kavallerie könne entfliehen und sie hätten nicht die Absicht, die Fußsoldaten im Stich zu lassen. Walter von Brienne und der Herzog von Burgund schlichen sich mit einer Handvoll Rittern davon. Der Rest kämpfte unter fürchterlichen Bedingungen. Es gab wilde Scharmützel im Sand. Graf Heinrich setzte seine Bogenschützen geschickt ein, aber sie vermochten dem Feind nicht standzuhalten. Amalrich von Montfort sah einen steilen Durchgang zwischen zwei Dünen. Er meinte, er könne dort vor den feindlichen Bogenschützen Schutz finden, und warf seine Kavallerie in den von ägyptischer Infanterie verteidigten Durchgang. Die Kavallerie hieb den größten Teil der Infanterie nieder, aber am andern Ende des Durchgangs erwartete sie die ägyptische Kavallerie. Diese ging nun nach klassischer Art vor. Sie floh, und die fränkischen Ritter folgten ihr auf dem Fuß. Dann blockierten die Ägypter den Durchgang mit ihrer Infanterie, ihre Kavallerie drehte um und griff die Ritter an.
Das war das Ende der Schlacht auf den Dünen. Meilenweit war der Sand mit Toten übersät. Graf Heinrich von Bar wurde getötet, Amalrich von Montfort und achtzig Ritter wurden gefangengenommen. Insgesamt kamen zwölfhundert Kreuzfahrer um, und halb so viele gerieten in Gefangenschaft.
Die Schlacht im Mondschein war ein wahnsinniges Unternehmen gewesen. Als der König von Navarra Askalon erreichte und dort Walter von Brienne und den Herzog von Burgund antraf, wurde ihm sogleich klar, daß sich alles so abgespielt hatte, wie er es vorausgesehen hatte: eine ganz sinnlose Katastrophe, die abzusehen war.
In Askalon wurde Kriegsrat gehalten. Man diskutierte das weitere Vorgehen: Vorrücken, sich zurückziehen, auf weitere Nachrichten warten? Das Ergebnis war vielleicht unvermeidlich: Sie wählten alle drei Möglichkeiten. Am Ende entschloß sich der König, über den Bach vorzurücken und den verstreuten flüchtigen Truppenteilen Hilfe zu bringen. Dann rückte er weiter vor, um das Schlachtfeld zu sehen und mit dem Feind in Berührung zu kommen. Als der Feind

zurückwich, zogen sich die Streitkräfte des Königs bis nach Akkon zurück. Der König selber neigte dazu, Gasa anzugreifen, aber die Templer und die Johanniter wiesen vernünftigerweise darauf hin, daß der Feind dann wahrscheinlich allen Gefangenen die Kehle durchschneiden würde. Die Gefangenen waren zu Geiseln geworden, die das Wohlverhalten des Königs sicherstellen sollten.
Man hat eingewendet, daß der König keinen Grund gehabt habe, sich nach Akkon zurückzuziehen, und daß es vielleicht besser gewesen wäre, wenn er die Befestigungen von Askalon verstärkt oder Gasa eingenommen hätte oder wenn er eine letzte Anstrengung unternommen hätte, Jerusalem in Besitz zu nehmen. Das Rothelin-Manuskript, ein Schriftstück, das diese Ereignisse im einzelnen schildert, beschreibt die Trauer der Bevölkerung, als sie den Reiterzug auf seinem Rückweg nach Akkon vorübermarschieren sah. «In allen Orten, durch die sie zogen, weinte das Volk und schrie auf, weil so viele große Christen umkehren mußten, ohne auch nur das geringste erreicht zu haben.» Es war gerade dieses Gefühl der Nutzlosigkeit, das sie bewog, nach Akkon, der größten und mächtigsten Stadt, die den Kreuzfahrern gehörte, zurückzukehren.
Es gab noch einen andern Grund, weshalb sie nach Akkon zurückkehrten. Die nicht enden wollenden Kämpfe zwischen Damaskus und Kairo brachen gerade mit unverminderter Wucht wieder aus. As Salih Aijub hatte bei König An Nasir Daud von Transjordanien in Kerak Zuflucht gesucht. Sein Onkel, As Salih Ismail, hatte Damaskus vollständig in seiner Gewalt. Im Mai 1240, als Al Adil II. ermordet und As Salih Aijub mit Hilfe des Königs von Transjordanien wieder auf den ägyptischen Thron zurückgekehrt war, wurde es plötzlich offensichtlich, daß sich zwischen Onkel und Neffe ein Kampf bis aufs Messer abspielen würde. Dadurch, daß sich der König von Navarra nach Akkon zurückgezogen hatte, war er, psychologisch gesehen, von Kairo und Damaskus gleich weit entfernt, so daß er mit beiden feilschen und beiden Zugeständnisse abringen und vielleicht zwischen ihnen vermitteln konnte.
Die politische Karte des sarazenischen Nahen Ostens wies zur damaligen Zeit eine auffällige Zerstückelung auf. Zwischen Damaskus und Kairo gab es etwa ein Dutzend Fürstentümer. Die einen lagen miteinander im Krieg, andere suchten nach Verbündeten, und wieder andere waren durchaus fähig, ihre Verbündeten von einem Augenblick auf den andern im Stich zu lassen. So geschah es, daß Musaffar, der Fürst von Hama, der mit dem Fürsten von Aleppo einen Grenzkrieg geführt hatte, einen Gesandten nach Akkon schickte und versprach, als Ausgleich für Hilfe gegen Aleppo werde er die Christen

alle seine Burgen benützen lassen und sein ganzes Volk werde sich zum Christentum bekehren. Der Fürst von Hama wollte, daß der König von Navarra ihm Truppen zu Hilfe sende oder wenigstens eine Demonstration seiner Macht veranstalte. Der König von Navarra führte seine Truppen der Küstenstraße nach Tripoli entlang gegen Norden, und anscheinend gelang es ihm, den Fürsten von Aleppo einzuschüchtern. Obwohl der Fürst von Hama sein Versprechen, den Christen seine Burgen zur Verfügung zu stellen und seine Untertanen bekehren zu lassen, nicht einhielt, gab es doch gewisse Anzeichen dafür, daß sich bald weitere nützliche Bündnisse ergeben könnten.

Einige Wochen später, als das Heer des Königs von Navarra in Sephoria in Galiläa lagerte, traf ein Gesandter As Salih Ismails aus Damaskus ein. Damaskus anerbot sich, auf die Burgen Beaufort, Tiberias und Safed sowie auf große Gebiete in Galiläa zu verzichten, wenn sich die Christen in einem Vertrag verpflichteten, mit Ägypten keinen Waffenstillstand abzuschließen und Jaffa und Askalon gegen die ägyptischen Streitkräfte zu verteidigen. Der König von Navarra stimmte diesen Bedingungen zu und marschierte nach Jaffa, wo sein Heer seltsamerweise von einer großen Abteilung des Heeres von Damaskus erwartet wurde.

Was in Jaffa geschah, ist nie befriedigend abgeklärt worden. Das Heer von Damaskus scheint sich nach einigen sporadischen Kämpfen mit den Kreuzfahrern aufgelöst zu haben. Die Kreuzfahrer hatten in der Zwischenzeit den größten Teil Galiläas und seiner mächtigen Festungen besetzt. Dann traf eine Botschaft As Salih Aijubs, der jetzt Sultan von Ägypten geworden war, ein. Er versuchte, die Franken für sich zu gewinnen, und anerbot sich, alle Gefangenen der Mondscheinschlacht von Gasa freizulassen und zu bestätigen, daß die Kreuzfahrer die Besitzer von Jerusalem und Bethlehem seien.

Wie Friedrich II. hatte der König von Navarra durch Diplomatie erreicht, was er mit Waffengewalt nicht hatte erreichen können. Das Königreich Jerusalem hatte wieder seine historischen Grenzen; ausgenommen blieben nur die Gebiete um Nablus und Hebron. Der König hatte sein Ziel erreicht. Er ritt nach Jerusalem, um dem Heiligen Grab seine Ehrfurcht zu bezeugen. Dann kehrte er nach Akkon zurück. Dort traf er sich mit den Baronen zu einer letzten Besprechung vor seiner Abreise nach Spanien. Irgendwo im Mittelmeer kreuzte sich seine kleine Flotte mit der viel größeren Flotte Richards, des Grafen von Cornwall und Bruders König Heinrichs III. von England, der den Platz des Königs von Navarra als anerkannter Führer des immer noch andauernden Kreuzzuges einnehmen sollte.

Richard, der Graf von Cornwall, war einer jener seltsamen Menschen, die mit großen Titeln geschmückt durchs Leben gehen, ihnen aber nie gerecht zu werden vermögen. Sein Onkel war Richard Löwenherz, sein Vater der ruhmlose König Johann; seine Mutter war Isabella von Angoulême, die nach dem Tod ihres Gatten Hugo von Lusignan, den Fürsten von Galiläa, heiratete; seine Schwester, eine andere Isabella, war mit Kaiser Friedrich II. verheiratet. Er besaß also zahlreiche familiäre Verbindungen zum Heiligen Land, und da er als eine Art königlicher Legat im Namen seines Bruders, König Heinrichs III. von England, auftrat, schien er mit königlicher Macht ausgestattet zu sein, und die Barone von Jerusalem anerkannten ihn, wie sie den König von Navarra anerkannt hatten.

Richard war intelligent und leutselig und machte sich über das Königreich Jerusalem kaum Illusionen. In einem seiner Briefe nach Hause schrieb er: «Im Heiligen Land ist Frieden durch Zwietracht, Einigkeit durch Spaltung, Eintracht durch Haß abgelöst worden. Obwohl die beiden brüderlichen Orden zur Verteidigung ihrer gemeinsamen Mutter ins Leben gerufen worden sind, haben sie sich vor Stolz aufgebläht, weil sie ein Übermaß an Reichtum besitzen, und sie streiten sich unbarmherzig im Herzen ihrer Mutter.»[101] Anscheinend waren die Beziehungen zwischen den Johannitern und den Templern bis zum Zerreißen gespannt. Die Johanniter waren auf Akkon konzentriert, die Templer auf Jaffa. Die Johanniter bevorzugten Ägypten, während die Templer mit Damaskus verbündet waren. Richard, der achttausend Ritter mitgebracht hatte, stellte eine dritte Kraft dar, die den Ausgleich schuf.

Der November brachte einen Wendepunkt. Richard schlug sich auf die Seite der Johanniter und verständigte sich mit Sultan As Salih Aijub von Ägypten, der den mit dem König von Navarra abgeschlossenen Vertrag bestätigte. Es folgte eine kurze Zeit der Euphorie. Das Königreich schien gesichert, und alle zerstörerischen Kräfte schienen gebannt zu sein. Richard war das Ausgleichsrad. Während einiger Monate verkörperte er die Kraft und die Macht des Kreuzfahrerheeres, die um so mehr beeindruckte, als sie mit Ägypten verbündet war.

In Tat und Wahrheit handelte Friedrich II. im Hintergrund, und Richard wurde zu seinem Nutznießer. In jenem Winter schickte Friedrich zwei Gesandte zu As Salih Aijub. Sie trafen mit einem Gefolge von hundert Mann ein, die mit kostbaren Geschenken für den Sultan beladen waren. Diese Gesandten wurden empfangen, wie noch nie zuvor Gesandte empfangen worden waren. Sie erhielten nubische Pferde aus den Ställen des Sultans, und der Sultan ordnete an, daß jedermann die Gesandten und ihr Gefolge willkommen heißen müsse. Die Straßen und die öffentlichen Gebäude wurden beleuchtet. Es gab Paraden, Audienzen und Feierlichkeiten, und der Sultan unterhielt sich freundlich mit den Gesandten und ihrem Gefolge, ließ sie in seinem Palast wohnen und überschüttete sie mit Geschenken. Sie wurden zu Jagdpartien eingeladen, sie konnten sich auf ihren Armbrüsten üben und sich vergnügen, wie sie wollten. Der Winter ist immer die beste Jahreszeit in Kairo, und As Salih Aijub schien entschlossen, Friedrich in einer guten Jahreszeit durch seine Großzügigkeit und Freigebigkeit beeindrucken zu wollen.

Richard bemerkte den Erfolg der Gesandten sehr wohl und scheint den Eindruck gewonnen zu haben, seine Dienste würden nicht mehr benötigt. Er befestigte Askalon, tat sein möglichstes, um die Streitigkeiten der Barone zu schlichten und kehrte im Mai 1241 mit seinen Rittern nach England zurück.

Jetzt, da das Ausgleichsrad fehlte, sprangen die Barone von Jerusalem einander an die Kehle. Die Templer kämpften gegen die Johanniter. Es kam zu mörderischen Ausfällen der Templer in die Ländereien An Nasir Dauds und der Johanniter gegen Aleppo. Richard Filanghieri, der kaiserliche Vizekönig, wurde von einer Gruppe von Baronen aus Tyrus hinausgeworfen, weil sie darüber erzürnt waren, daß er versucht hatte, in Akkon einen Staatsstreich durchzuführen. Balian von Ibelin tat sich als der Anführer der Barone hervor. Weder König Konrad, der 1243 fünfzehn Jahre alt wurde, noch der alternde Johann von Brienne war in der Lage, im Heiligen Land die Königsherrschaft auszuüben, und die Barone beschlossen, daß Königin Alix von Zypern der Titel einer Königin von Jerusalem zuerkannt werden solle. Sie wurde dadurch zur Regentin. Die Barone waren im Aufstieg begriffen; kein König von Navarra oder Graf von Cornwall schränkte ihre Verwegenheit, ihre Dummheit oder ihren Geiz ein. Jeder war bereit, seinen Besitz gegen jeden zu verteidigen. Das Königreich Jerusalem existierte kaum, es bestand nur aus der Summe seiner Teile.

Wenn die Barone unter einem Führer von erprobter Tüchtigkeit, wie das Gottfried, Balduin der Aussätzige und Richard Löwenherz gewesen waren, vereint gewesen wären, hätte sich in den Tagen nach der Abreise des Grafen von Cornwall sehr wenig geändert. Die Kräfte, denen sich das Königreich gegenübersah, waren gewaltig und unberechenbar. Selbst die Templer mit ihrem Netz von Spionen und Geheimagenten in Damaskus und Kairo konnten nicht ermessen, von was für Schrecken sie heimgesucht werden sollten.

Im Juni 1244 brachen die khwarizmischen Reiter aus dem Hauran hervor, fielen in Galiläa ein, eroberten Tiberias, ließen alle Christen über die Klinge springen und schwenkten dann gegen Nablus und

Jerusalem ab. Diese lange Kolonne, die mehr als zehntausend Mann zählte, hatte einige Zeit vorher den Euphrat mit aus Tierhäuten angefertigten Booten überquert. Sie waren von Sultan As Salih Aijub herbeigerufen worden. Er wollte, daß sie auf ihrem Marsch nach Süden große Verheerungen anrichteten, sich in Gasa dem ägyptischen Heer anschlössen und dann der Küste entlang nordwärts gegen die Christen und ostwärts gegen Damaskus zögen. Mit Hilfe der Khwarizmier hoffte er, sowohl die Christen als auch die Heere seines Onkels As Salih Ismail vernichten zu können.

Die Khwarizmier waren Söldner. Sie lebten von Requisition und Plünderung. Sie trugen Wolfs- und Schaffelle und ernährten sich von gekochten Kräutern, Milch und ein wenig Fleisch. Sie waren ausgezeichnete Bogenschützen, erfahren im Führen der Lanze und rasch bereit, mit ihren kurzen Jagdmessern ihren Feinden die Kehle durchzuschneiden. Sie waren von ihren Frauen und Kindern begleitet, und die Frauen kämpften an der Seite der Männer. Sie plünderten Tiberias und Nablus, aber dies waren kleine Städte. Jerusalem war von wilden Stammesangehörigen nicht so leicht einzunehmen.

Es brauchte lange, bis die Christen sich der drohenden Gefahr bewußt wurden. Robert, der Patriarch von Jerusalem, eilte nun mit den Großmeistern der Templer und der Johanniter in die Heilige Stadt. Sie hofften, noch genügend Zeit zu haben, um die Vorkehren für die Verteidigung zu treffen. Ein Teil der christlichen Bevölkerung wurde evakuiert. Am 11. Juli 1244 brachen die Khwarizmier in die Stadt ein und rasten mordend und plündernd durch die engen Straßen. Sie gelangten zur Grabeskirche, entweihten die Gräber der Könige von Jerusalem und ermordeten die Priester, die am Hochaltar die Messe zelebrierten. Sie öffneten die Gräber der Könige und suchten nach Schätzen, fanden aber nur Gebeine, die sie ins Feuer warfen. Aber die Besatzung hielt einige Wochen lang durch. Die Kreuzfahrer verteidigten sich überraschend mutig und ergaben sich erst am 23. August. Die Khwarizmier boten den Christen den freien Abzug an. Ungefähr achttausend von ihnen überlebten die sechs Wochen des Mordens und Plünderns und machten sich auf den Weg nach Jaffa.

Sie hatten erst ein kleines Stück Weges zurückgelegt, als sie zurückschauten und fränkische Fahnen auf den Stadtmauern wehen sahen. Sie meinten, die Ritter hätten auf irgendeine Art Jerusalem wieder eingenommen und kehrten um. Dabei gerieten sie in einen Hinterhalt. Die Khwarizmier hatten ihn sorgfältig vorbereitet, nachdem sie auf ihren Entscheid, die Christen abziehen zu lassen, nochmals zurückgekommen waren. Zu ihrem Vergnügen gab es noch einmal ein

Gemetzel. Die arabischen Stammesangehörigen in der Umgebung rochen Blut. Sie verfolgten die Christen, welche das Gemetzel überlebt hatten, und brachten sie um. Von den achttausend erreichten nur dreihundert Überlebende Jaffa.

So fiel Jerusalem endgültig und vollständig in die Hände der Muslime. Abgesehen von einem sechsmonatigen Unterbruch im Jahre 1300, sollten sechshundertdreiundsiebzig Jahre vergehen, bis wieder ein christliches Heer die Stadt betrat. Am 9. Dezember 1917 übergaben die Türken die Stadt an General Sir Edmund Allenby.

Der Einfall der Khwarizmier führte zu Veränderungen im zerbrechlichen Bündnissystem. Die Barone schlugen sich auf die Seite von Damaskus; der König von Transjordanien und der Fürst von Hims schlossen sich den Christen an; die Templer und die Johanniter begruben anscheinend ihren Streit. Als der Fürst von Hims in Akkon eintraf, wurde er mit Begeisterung und Jubel empfangen. Wann immer er durch die Stadt ging, zu Fuß oder zu Pferd, breitete man mit Gold durchwirkte Stoffe, Seidengewebe und Teppiche vor ihm aus. Er war als ein vorzüglicher Soldat und Meister der Diplomatie bekannt, und er mochte und verstand die Christen.

Walter von Brienne, der Graf von Jaffa, und Philipp von Montfort, der Herr von Tyrus, befehligten das Heer, das aus ungefähr tausend Rittern und sechstausend Fußsoldaten bestand; der Fürst von Hims brachte zweitausend Reiter mit und der König von Transjordanien etwa gleich viele Beduinen. Es war ein richtiges Bündnis geschmiedet worden; Christen und Muslime marschierten guten Mutes miteinander einher; es gab kein kleinliches Gezänk, als die drei Kolonnen gegen Gasa vorrückten, wo die Ägypter und Khwarizmier sie erwarteten.

Die Heere trafen in der Nähe des Dorfes La Forbie in der sandigen Ebene nordöstlich von Gasa aufeinander. Walter von Brienne wurde zum Oberbefehlshaber der vereinigten Verbände ernannt. Ein junger Mameluckenoffizier, Baibars, der früher ein Sklave gewesen war, befehligte das vereinigte Heer der Ägypter und Khwarizmier. Die beiden Heere waren zahlenmäßig etwa gleich stark und gleich gut ausgerüstet. Die besten Strategen im Feld waren Baibars und der Fürst von Hims.

In einem Kriegsrat vor der Schlacht bestand der Fürst von Hims darauf, Verteidigungsstellungen einzunehmen und das Lager in eine bewaffnete Festung umzuwandeln. Die Khwarizmier mieden in der Regel befestigte Stützpunkte. Es war zu erwarten, daß sie sich zerstreuen würden, wenn sie sich einer Mauer von unnachgiebigen Rittern und Fußsoldaten gegenübersähen, und das ägyptische Heer war zu klein, um ohne sie angreifen zu können. Aber Walter von Brienne, der immer zu raschem Handeln entschlossen war, befahl den sofortigen Angriff.

Die Franken hatten sich am rechten Flügel gegen das Meer hin aufgestellt, der Fürst von Hims nahm mit seiner Abteilung von Damaszenern die Mitte ein, und der König von Transjordanien bildete mit seinen berittenen Beduinen den linken Flügel. Die Schlacht dauerte zwei Tage, vom Morgen des 17. Oktober bis zum Nachmittag des folgenden Tages. Während des ersten Tages unternahmen die Ritter wiederholte Angriffe auf das Heer Baibars, das sich jedoch behaupten konnte. Es gab Scharmützel mit den Khwarizmiern. Beide Seiten unternahmen der Frontlinie entlang Vorstöße und Ausfälle. Am folgenden Tag griffen die Khwarizmier die in der Mitte aufgestellten Damaszener an. Dieser geballte Angriff war von außerordentlicher Wildheit. Er riß ein Loch in die Frontlinie, das nicht wieder ausgefüllt werden konnte. Die Damaszener flohen. Dann wandten sich die Khwarizmier gegen die Beduinen und hieben sie in Stücke. Das Heer des Fürsten von Hims kämpfte tapfer, fast bis auf den letzten Mann. Siebzehnhundert Männer fielen; der Fürst von Hims ritt mit nur zweihundertachtzig Mann vom Feld. Nachdem die Khwarizmier die Damaszener, die Kavallerie des Fürsten von Hims und die Beduinen überwunden hatten, wandten sie sich gegen die Christen. Sie stürzten sich auf sie wie Männer, die sich nach einem üppigen Mahl voller Lust dem Nachtisch zuwenden.

Zwischen den Khwarizmiern und den Ägyptern eingeschlossen, wurden die Franken zu Fetzen zerrissen. Sie griffen an und wurden zurückgeworfen, und jeder Angriff ließ einen Berg von toten Pferden und toten Reitern zurück. Über fünftausend Christen kamen um. Die Verluste bei La Forbie waren noch größer als die Verluste bei den Hörnern von Hattin. Nur dreiunddreißig Tempelritter, siebenundzwanzig Johanniter und drei Deutschritter überlebten die Schlacht. Es wurden achthundert Gefangene gemacht, darunter Walter von Brienne. Die Khwarizmier folterten ihn und übergaben ihn dann in Erwartung eines hohen Lösegeldes den Ägyptern. Er starb in einem Gefängnis in Kairo; Kaufleute, die fanden, er habe zwischen Kairo und Damaskus zu viele Karawanen überfallen, hatten ihn ermordet.

Die Verluste unter den Würdenträgern des Königreiches waren niederschmetternd. Der Großmeister der Templer, der Erzbischof von Tyrus, die Bischöfe von Lydda und Ramla und die beiden Vettern Boemunds von Antiochia, Johann und Wilhelm von Botrun, kamen um. Ihre Köpfe wurden auf den Stadttoren von Kairo zur Schau gestellt. Philipp von Montfort und der Patriarch von Jerusalem, der die Kreuzesreliquie in der Schlacht mitgetragen hatte, entkamen nach Askalon. In Kairo feierten die Ägypter den Sieg mit einem Triumphzug, mit Feuerwerk und Festbeleuchtung und mit einer großen Parade, in welcher die gefangenen Emire von Damaskus vorgeführt wurden. Sie waren zusammengebunden und hielten ihre Köpfe gesenkt, ihre Gesichter waren grau vor Verzweiflung. Kairo tobte vor Freude.

Die Katastrophe von La Forbie bedeutete das Ende der Angriffskriege der Kreuzfahrer. Sie vermochten eine Anzahl Burgen und befestigte Städte noch eine Zeitlang zu halten, aber sie waren nie mehr in der Lage, ein großes Heer aufzustellen. Sie waren bei La Forbie verblutet. Das politische Gebilde hatte so viele Rückschläge erlitten, daß es gelähmt und erschöpft war und jede Willenskraft verloren hatte.

Es sollte noch ein König in geheimnisvoller, majestätischer Pracht ins Heilige Land kommen und nach weiteren schrecklichen Niederlagen versuchen, seine Angelegenheiten zu ordnen. Die Kreuzfahrer hockten inzwischen hinter den Mauern ihrer Festungen, ermordeten sich gegenseitig, entsandten gelegentlich Sturmtrupps in das Hinterland und brachten es manchmal fertig, zu glauben, das Königreich sei in der Obhut der Heiligen Dreifaltigkeit und werde ewig bestehen bleiben.

X DIE MÜHEN EINES HEILIGEN

Die Pilgerfahrten Ludwigs des Heiligen

Nur einer der Könige von Frankreich ist ein Heiliger geworden. Obwohl alle seine Taten von typisch französicher Anmut und Höflichkeit begleitet waren, besaß er ein zutiefst spanisches Temperament. Von seiner Mutter, der Königin Blanka von Kastilien, hatte er eine Vorliebe für fromme Übungen mitbekommen, und er war noch sehr jung, als er schon sein erstes härenes Hemd trug. Wie ein Spanier hatte er eine schreckliche Angst vor Todsünden, und wie ein Spanier pflegte er nach strengen Regeln zu meditieren. Er wurde im Alter von zwölf Jahren in Reims gekrönt. Bis zu seiner Volljährigkeit regierte seine Mutter Frankreich. Selbst als er alleiniger Herrscher wurde, ersuchte er seine Mutter so häufig um Rat, daß selbst die Geistlichen, die ihn fast anbeteten, sich fragten, wer den Befehl führe.

Die Mönche nannten ihn «Bruder Ludwig», und er hatte etwas Mönchisches an sich; doch er war sich sehr wohl bewußt, daß er der König von Frankreich war. Zudem glaubte er seit seiner Krönung, daß er nicht so sehr durch göttliches Recht, sondern durch eine einmalige Gnade Gottes König sei. Er betete sehr oft. In seinen Gebeten schien er sich selber zu verlieren – und zu finden. Er widmete sich den Armen, den Kranken und den Krüppeln. Er pflegte in die Spitäler zu gehen und wie der einfachste Krankenpfleger dort zu arbeiten; er leerte sogar die Bettschüsseln der Kranken.

Eines Tages fragte er einen seiner Gefährten: «Was möchtest du lieber sein, aussätzig oder mit einer Todsünde beladen?»

«Ich möchte lieber dreißig oder vierzig Todsünden begangen haben als aussätzig sein», antwortete sein Gefährte.

Der König erwiderte nichts, aber am folgenden Tag ließ er den Mann zu sich kommen.

«Komm, setze dich zu meinen Füßen!» sagte der König. «Gestern hast du vorschnell geantwortet, denn alle Leiden des Körpers werden in kurzer Zeit geheilt, wenn ein Mann stirbt, aber wenn die Seele

befleckt ist und wenn du nicht sicher bist, ob Gott dir verziehen hat, wird das Leiden ewig andauern, solange Gott im Paradies sitzt.»[102]
Der König hatte eine Abneigung gegen jedes Gepränge und trug in der Regel einen braunen Waffenrock aus Taft. Vielleicht war es ihm nicht bewußt, daß der dunkle Waffenrock den Glanz seiner hellblonden Haare, die ihm bis auf die Schultern reichten, besonders hervorhob. Obwohl er in der Regel bescheiden gekleidet war, riet er seinen Söhnen, sich gut zu kleiden. «Ihr solltet euch gut und anständig kleiden», sagte er zu ihnen, «damit eure Frauen euch mehr lieben und eure Umgebung euch achtet, denn die Weisen sagen, wir sollten uns auf eine solche Art kleiden und bewaffnen, daß uns weder die guten Männer von Welt wegen Verschwendung noch die jungen Burschen wegen Knausrigkeit tadeln werden.»[103] Bei feierlichen Anlässen liebte er es, einen prächtigen zinnoberroten, mit Hermelin verbrämten Überwurf zu tragen.
Er war ein widersprüchlicher Mensch: er war nachdenklich und zugleich voller Tatendrang, er war vernünftig und glaubte dennoch an die Heiligkeit unglaubwürdiger Reliquien, er war äußerst sanft, konnte aber gelegentlich unbarmherzig grausam sein. Sein Stolz und seine Bescheidenheit befanden sich in einem harmonischen Gleichgewicht.
Er sammelte eifrig Reliquien, darunter die Dornenkrone und ein Stück des Heiligen Kreuzes, die er beide für riesige Summen in Konstantinopel erwarb. Später erbaute er die berühmte Sainte-Chapelle, um sie dort aufzubewahren.
Mit der Zeit erwarb er auch die Heilige Lanze, den Heiligen Schwamm, die Heiligen Nägel, den Purpurmantel, ein Stück des Heiligen Leichentuchs, ein Stück des Tuches, das Maria Magdalena verwendete, als sie Christus die Füße wusch, eine Ampulle mit Milch der Heiligen Jungfrau und eine Ampulle mit Heiligem Blut. In seiner Gier nach Reliquien erwarb er den blauen Mantel der Jungfrau und die Windeln des Christkindes. Als die Schätze des Neuen Testamentes erschöpft waren, machte er sich auf die Suche nach den Schätzen des Alten Testamentes. Er erwarb den Stab, mit dem Moses Wasser aus dem Felsen geschlagen hatte, und alle möglichen Gegenstände aus der Vergangenheit. Der Erfindungsgabe der venezianischen und byzantinischen Kaufleute waren keine Grenzen gesetzt.
Mehr als jeder andere seiner Zeitgenossen besaß Ludwig IX. sowohl die Mittel, sich Reliquien zu kaufen, als auch den Glauben, der zu ihrer Verehrung notwendig war. Er scheint in den Reliquien eine Art himmlischen Besitz gesehen zu haben, der auf die Erde heruntergebracht werden könne. Er glaubte, der Himmel sei in den Reliquien

gegenwärtig, und je mehr Reliquien er besitze, desto mehr vom Himmel befinde sich in seinem Besitz.

Nun blieb noch die letzte Reliquie übrig: das leere Grab in der Kirche des Heiligen Grabes. Für ihn war selbst das Heilige Land eine Reliquie, ein Ort von überragender Heiligkeit, und er war entschlossen, es zu erobern.

Als die Sainte-Chapelle schließlich fertiggestellt war, begann er seinen Kreuzzug in der festen Absicht, das Heilige Grab für die Christen zurückzugewinnen. Er verließ Paris am 12. Juni 1248 und erreichte in langsamen Etappen Lyon. Dort wurde der Troß auf Lastkähne verladen, und die kräftigen Kriegspferde folgten dem Flußufer entlang. In der Nähe von Valence schaltete der König einen Halt ein, der ihm erlaubte, die Burg La Roche-Glun anzugreifen, deren Herr allen Pilgern und Kaufleuten auflauerte, die an den Burgmauern vorbeizogen. Es war ein sehr heißer Sommer; die Erde war ausgetrocknet und der Himmel wolkenlos. Als sie Aigues-Mortes (was «tote Wasser» bedeutet) erreichten, waren die Kreuzfahrer erschöpft. In Aigues-Mortes reichte das Meer bis zu den Stadtmauern hinauf; man konnte beim Wassertor die Stadt verlassen und direkt die Schiffe besteigen. Achtunddreißig Schiffe aus Genua und Marseille erwarteten das Kreuzfahrerheer, das ungefähr zwanzigtausend Mann zählte, von denen etwa viertausend bewaffnete Ritter waren. König Ludwig war von seiner Frau, Margarete von der Provence, einer der vier schönen Töchter des Grafen von der Provence, begleitet. König Heinrich III. von England heiratete Eleonore, Richard von Cornwall heiratete Sanchia, und Karl von Anjou, der König von Neapel, heiratete die jünste, Beatrice. Die vier Töchter waren alle lebhaft, intelligent, erfinderisch und fähig, den Gang der Ereignisse zu beeinflussen.

Am 25. August war die große in Aigues-Mortes versammelte Flotte zur Abfahrt bereit. Die Pferde waren unter den Bodenluken verstaut, die Ritter hatten ihre Plätze auf dem Vorderdeck eingenommen, und die Unteroffiziere und Bogenschützen waren auf dem Hinterdeck untergebracht. Zwei Tage vergingen, bis der Wind die großen Segel erfaßte. Dann stach die Armada mit fliegenden Fahnen gegen Zypern in See.

Sowohl König Ludwig als auch sein Chronist Johann von Joinville wurden rasch seekrank. Dem König wurde oft übel; er hatte einen Abscheu vor dem Meer. Johann von Joinville beschreibt mit kühler Leidenschaft, wie ihm zumute war, als er kein Land mehr erblicken konnte:

> Bald füllte der Wind unsere Segel und entzog das Land unseren Blicken, so daß wir nichts als Himmel und Wasser sahen; und

jeden Tag trug uns der Wind weiter weg vom Lande, wo wir geboren worden waren. Ich sage dir diese Dinge, damit du verstehst, wie verwegen es ist, sich auf ein solch großes Wagnis einzulassen, besonders wenn jemand etwas bei sich hat, was einem andern gehört, oder wenn er eine Todsünde begangen hat. Denn wenn du dich nachts auf dem Schiff schlafen legst, weißt du nicht, ob du am Morgen auf dem Grunde des Meeres liegst.[104]

Drei Wochen, nachdem die Flotte Aigues-Mortes verlassen hatte, ging sie im Hafen von Limassol an der Südküste Zyperns vor Anker. Es wurde sofort Kriegsrat gehalten. König Ludwig wollte sogleich nach Ägypten weiterfahren, aber die Zyprer und die meisten Ritter zogen es vor, mit dem Angriff bis zum nächsten Frühling zuzuwarten. So überwinterten sie in Zypern, brachten die Flotte in Ordnung, sammelten Waffen und Vorräte zusammen und stritten untereinander. Eine überraschend große Zahl französischer Barone erkrankte und starb. Der Historiker De Nangis sagt, es seien zweihundertvierzig Edelleute und Ritter gestorben. Karl von Anjou, der Bruder des Königs, erkrankte an einem Viertagefieber. Das war ein schlechtes Vorzeichen. Der König hingegen blieb bei guter Stimmung. Er war so sehr damit beschäftigt, die Streitigkeiten unter seinen Untertanen und unter den Fürsten des Nahen Ostens zu schlichten, daß er keine Zeit zum Grübeln hatte.

Der König von Armenien stritt mit dem Fürsten von Antiochia. Der König befahl ihnen, ihren Streit mit einem zweijährigen Waffenstillstand zu beendigen, und sandte dann klugerweise dem Fürsten von Antiochia sechshundert Bogenschützen als Unterstützung, damit er die plündernden Türken von seinem Lande fernhalten konnte. Die Zyprer stritten mit den Franzosen; unter den rivalisierenden Erzbischöfen vom lateinischen und vom griechischen Ritus kam es zu Meinungsverschiedenheiten, und auch wenn sie gegen außen einig schienen, herrschten zwischen dem König von Zypern und dem König von Frankreich nicht immer freundliche Beziehungen. Die finanziellen Schwierigkeiten des Königs nahmen zu, weil so viele Ritter es sich einfach nicht leisten konnten, einen langen Winter in Zypern zuzubringen. Johann von Joinville hatte bald sein ganzes Geld ausgegeben. Er ging zum König und erhielt achthundert Pfund, «was mehr war, als ich benötigte». Es war ein Glück, daß ihm der König das Geld gab, denn sonst wäre Johann von Joinville gezwungen gewesen, nach Frankreich zurückzukehren, und seine «Chronik des Kreuzzuges Ludwigs des Heiligen» wäre nie geschrieben worden.

Kurz vor Weihnachten trafen in Nikosia, wo der König sein Hauptquartier eingerichtet hatte, zwei Gesandte namens Markus und David ein. Beide waren Mongolen und nestorianische Christen. Sie kamen im Auftrage Aldschigidais, des Vizekönigs von Persien. Gujuk-Khan, der Neffe Dschingis-Khans, herrschte über ganz Nordasien von Peking bis zur Krim und darüber hinaus, und Aldschigidai war einer seiner mächtigsten Ratgeber. Die Gesandten brachten die Nachricht, daß Gujuk-Khan, Aldschigidai und der größte Teil des mongolischen Heeres sich zum Christentum bekehrt hätten und daß die Mongolen auf ein Bündnis mit den Franken gegen die verhaßten Sarazenen hofften. Markus und David wurden sorgfältig überwacht, aber es bestand nicht der geringste Zweifel, daß sie Christen waren. Sie wohnten der Messe bei, gaben die richtigen Antworten und unterhielten sich ernsthaft mit dem Dominikaner Andreas von Longjumeau, der zum Hofe König Ludwigs gehörte und zufällig einer der größten Experten in bezug auf die Mongolen im Westen war. Bruder Andreas sprach Persisch, die Hofsprache der Mongolen in Westasien, und war in der Lage, die von den nestorianischen Christen vorgelegten Schriftstücke als authentisch zu erkennen.

Dieses Treffen zwischen einem europäischen König und den Gesandten der mongolischen Horde war ein aufregendes Ereignis. Der König war sich bewußt, daß alles, was mit dem Treffen zusammenhing, schwerwiegende Folgen haben würde. Ein Bündnis zwischen den Mongolen und den Franken verhieß die Vernichtung der sarazenischen Macht im Nahen Osten. Bagdad, Damaskus und Kairo würden fallen; Mongolen und Christen würden über das Heilige Land regieren. Und diese Perspektive war nicht nur ein phantastischer Traum. Das Königreich Armenien in Kilikien war bereits ein Vasallenstaat des Mongolischen Reiches. Hetum I., der König von Armenien, der die Enkelin einer früheren Königin von Jerusalem geheiratet hatte, war fast durch ganz Asien gereist, um sich zu der Zeit, da der Großkhan ernsthaft erwog, sich zum Christentum zu bekehren, am mongolischen Hof in Karakorum vorzustellen. Die Mongolen waren näher bei Jerusalem, als es den Leuten bewußt war.

Markus und David, die beiden mongolischen Gesandten, blieben mehr als fünf Wochen auf Zypern. Der König entsandte eine Abordnung zu Aldschigidai, die wichtigste, die je aus der Christenheit zu den Mongolen geschickt wurde. Sie bestand aus Andreas von Longjumeau, zwei weiteren Dominikanern, zwei Schreibern und zwei Unteroffizieren. Sie nahm viele Edelsteine mit sowie ein Kapellenzelt aus scharlachroter, mit Bildern aus dem Leben Christi bestickter Seide. Es glich einer Kirche mit Glasmalereien, Mosaiken und Fresken. Aldschigidai starb, bevor sie bei ihm eintraf. Die Abordnung zog in die Mongolei weiter, wo sie feststellen mußte, daß Gujuk-Khan ebenfalls gestorben war. Das Reich wurde von seiner Witwe, Ogul Gamisch, verwaltet, die gar kein Interesse an einem französisch-mongolischen Bündnis zeigte. Sie empfing die Gesandten sehr freundlich, gab ihnen ebenfalls Geschenke mit und schickte sie zu König Ludwig zurück mit der Aufforderung, ihr Gold und Silber zu senden, «so viel, als nötig ist, um unsere Freundschaft zu gewinnen», und mit der Drohung, ihn zu vernichten, wenn er ihrer Aufforderung nicht nachkomme.

Als der Frühling kam, nahmen die Schwierigkeiten des Königs zu. Er benötigte mehr Schiffe für seine Invasionsflotte; sein Geld ging zur Neige; die Streitigkeiten zwischen den Genuesen und den Pisanern wollten sich nicht mehr legen; einige der fränkischen Soldaten fuhren nach Kilikien, um sich dem König von Armenien anzuschließen, der in Kleinasien gegen die Türken kämpfte; die Templer führten geheime Verhandlungen mit dem Sultan von Ägypten, obwohl der König entschlossen war, keine Verhandlungen zu führen. Während des vorausgegangenen Winters hatte der Sultan Hims erobert und war nun in der Lage, manche von den Küstenstädten der Kreuzfahrer zu bedrohen. Das schlimmste von all diesen Problemen war der Streit zwischen den Genuesen und den Pisanern, der in Akkon zu einem wilden, einundzwanzig Tage dauernden Bürgerkrieg führte. Der König verlangte, daß die in Akkon liegenden Schiffe nach Limassol kommen sollten, um als Transportschiffe für die Überfahrt nach Ägypten zu dienen. Aber niemand kam.

Am 13. Mai 1249 war die Flotte endlich beisammen. Sie bestand aus etwa hundertzwanzig Galeonen, achtzig kleineren Schiffen und einer Schar von Pinassen, Versorgungsschiffen und kleinen Booten. Es dauerte mehr als zwei Wochen, bis die Schiffe versorgt waren und endlich bereit waren, in See zu stechen. Aber gerade in dem Zeitpunkt, da der König seiner letzten Messe auf Zypern beiwohnte, erhob sich im Süden ein so heftiger Sturm, daß zwei Drittel der Flotte, die mit so gewaltigen Kosten und mit so viel Geschicklichkeit und Sorgfalt zusammengestellt worden war, von orkanartigen Winden auseinandergerissen und über das ganze östliche Mittelmeer zerstreut wurden. Wenn Gott zu König Ludwig gesagt hätte: «Kehre nach Frankreich zurück, dein Unternehmen ist zum Scheitern verurteilt; rette, was zu retten ist!», hätte er sich nicht deutlicher ausdrükken können.

Seltsamerweise war der König, der Reliquien verehrte, kein Mann, der auf Zeichen und Omen achtete. Sobald sich der Sturm gelegt hatte, sammelte er die übriggebliebenen Schiffe und erteilte den Befehl, sofort nach Damiette aufzubrechen. Er hatte ungefähr ein

Drittel seines Heeres bei sich. Viele von den zerstreuten Schiffen sollten später in Damiette eintreffen.
Inzwischen war es durch die ständige Wiederholung zu einem Glaubenssatz geworden, daß die Straße nach Jerusalem über Ägypten führe. Jerusalem werde frei sein, wenn die Macht Ägyptens überwunden sei, wenn sich Alexandria, Damiette und Kairo in den Händen der Christen befänden. Die Kreuzfahrer scheinen geradezu leidenschaftlich darauf bedacht gewesen zu sein, durch Mißerfolge Erfahrungen zu gewinnen, und diese Leidenschaft erreichte ihren Höhepunkt in der Versessenheit, mit der sie nach Ägypten strebten. Die unübersichtlichen und verräterischen Flußläufe im Nildelta erschwerten den Durchmarsch erheblich, die tödliche Hitze des ägyptischen Sommers, die Sandstürme, die Überschwemmungen, die Seuchen, die unendlichen Sandwüsten, all dies hätte jeden vernünftigen Kreuzfahrer zur Einsicht bringen müssen, daß es bessere Wege gebe, sich Jerusalem zu sichern. Aber die Kreuzfahrer waren nicht vernünftig; sie hofften auf Wunder, und manchmal wirkte König Ludwig Wunder. Aber manchmal führte er sie auch ins Verderben.
As Salih Aijub, der Sultan von Ägypten, war der Großneffe Saladins und der Sohn des weisen Al Kamil und einer sudanesischen Sklavin. Er war grausam, herrisch, begierig auf die Reichtümer seiner Emire und hatte die sonderbare Neigung, seine Feinde zu ertränken. Er war kein gebildeter Mensch: Er verabscheute die Lektüre, verstand nichts von Wissenschaft und fühlte sich nur im Heerlager oder in seinem Palast zu Hause, wo er seinen Untertanen in scharfem Tone seine Befehle erteilte. Kein hoher Offizier wagte es, ohne seine ausdrückliche Zustimmung irgendwelche Maßnahmen zu treffen. Doch er war ein guter Soldat, der sich so gut wie jeder christliche Fürst oder Heerführer auf dem Schlachtfeld auskannte und seine Kampflinien aufzustellen und seine Reservetruppen einzusetzen verstand. Er hat angenommen, die Franken würden Syrien angreifen, was seine Intelligenz bewies. Als er durch Spione auf der Insel Zypern vernahm, daß Damiette das wirkliche Ziel der Franken sei, eilte er nach Ägypten zurück. Er mußte auf einer Bahre getragen werden, denn er war ernsthaft an Schwindsucht erkrankt und litt fürchterlich unter Geschwüren. Während er sich auf dem Rückweg nach Ägypten befand, lag die Verteidigung des Landes in den Händen Fakhr Ad Dins, des früheren Gesandten am Hofe Friedrichs II.
Keine ägyptischen Schiffe erwarteten die französische Flotte, als sie vor Damiette eintraf. Damiette war von einer dreifachen Mauer mit vielen Türmen umgeben und auf der Landseite durch einen breiten Graben geschützt, der so angelegt war, daß die Stadt beinahe unein-

nehmbar war. Das ägyptische Heer erwartete die Christen in einiger Entfernung am Ufer. Es machte keinen Versuch, ihre Landung zu verhindern. In der Ferne konnten die Kreuzfahrer die ägyptische Kavallerie ausmachen, deren Waffen in der heißen Sonne wie Gold glänzten. Sie vernahmen den ohrenbetäubenden Lärm ihrer Trommeln, Zimbeln und Hörner, aber die Ägypter griffen nicht an. Johann von Joinville, der erstaunt war, daß der erwartete massive Angriff nicht erfolgte, vernahm später, daß die Ägypter Brieftauben nach Aschmun-Tannah, einer Stadt an einem der Nilarme, gesandt hatten, wo sich der Sultan aufhielt. Dreimal flogen Brieftauben weg, aber es kam keine Antwort. Die ägyptischen Feldherren schlossen daraus, daß der Sultan gestorben sei oder im Sterben liege. Da sie nie ermächtigt worden waren, Entscheidungen zu treffen, waren sie unentschlossen.

Es erfolgte zwar kein Angriff, aber es gab viele Scharmützel. Der Küste entlang wehrten die ägyptischen Reiter da und dort die ankommenden Schiffe ab, indem sie ins Meer sprangen und die bewaffneten Seeleute mit Schwertern und Lanzen angriffen.

Als König Ludwig vom Heck seines Flaggschiffes, der *Montjoie,* aus diese Scharmützel sah, konnte er der Versuchung nicht widerstehen. Er sprang ins Wasser und watete, den Schild am Halse und eine Lanze in der Hand, ans Ufer. Sobald er den Feind erblickte, hob er die Lanze zum Angriff, schützte sich mit dem Schild und wäre auf die Ägypter losgegangen, wenn klügere Leute ihn nicht zurückgehalten hätten.

Die Franzosen landeten am Morgen des 4. Juni. Am Abend hatten sie einen Brückenkopf errichtet. Am folgenden Abend zogen sich die ägyptischen Truppen in aller Stille aus der Stadt zurück, und am folgenden Morgen kam ein ägyptischer Überläufer ins Lager der Franzosen und meldete, die Stadt sei aufgegeben worden. Die Pontonbrücke über den Graben war noch intakt. Am Nachmittag zogen die Christen in voller Stärke in die Stadt ein und zogen das Banner des Königs auf dem höchsten Turm auf.

Der Sultan geriet in Zorn, als er vernahm, daß seine Truppen Damiette aufgegeben hätten. Einige Emire wurden erhängt, und Fakhr Ad Din schwebte in Lebensgefahr.

Den christlichen Truppen war von den ägyptischen Truppen so wenig Schaden zugefügt worden, und Damiette war den Christen so leicht zugefallen, daß Leute wie Guido von Melun, der mit den Soldaten gekämpft hatte, glaubten, durch das Eingreifen König Ludwigs sei ein Wunder geschehen.

AUSZÜGE AUS EINEM BRIEF VON GUIDO, EINEM PILGER, AN SEINEN FREUND IN PARIS, GESCHRIEBEN IN DAMIETTE IM JAHRE 1249.[105]

... Nach einigen Tagen trieb uns ein plötzlicher Sturm über das weite Meer hin. Mehrere unserer Schiffe wurden auseinandergetrieben und zerstreut. Der Sultan von Kairo und andere sarazenische Fürsten, die durch Spione vernommen hatten, daß wir beabsichtigten, Alexandria anzugreifen, hatten in Kairo wie auch in Damiette und Alexandria eine endlose Menge bewaffneter Männer versammelt und warteten auf uns, um uns zu vernichten. Eines Nachts wurden wir von einem heftigen Sturm über die Wellen hinweggetragen. Gegen Morgen hellte sich der Himmel auf, der Sturm legte sich, und unsere zerstreuten Schiffe trafen wieder sicher zusammen. Ein erfahrener Lotse, der die ganze Küste kannte und der als glaubwürdiger Führer galt, stieg zur Mastspitze hinauf. Nachdem er das umliegende Land mit den Augen sorgfältig abgesucht hatte, rief er: «Gott helfe uns, Gott helfe uns, wir sind vor Damiette!»

Wir konnten alle das Land sehen. Andere Lotsen auf anderen Schiffen hatten die gleiche Beobachtung auch schon gemacht. Der König, der sich über unsere Lage Gewißheit verschafft hatte, versuchte, seine Leute zu ermuntern und zu trösten. «Meine treuen Freunde», sagte er zu ihnen, «wir werden unbesiegbar sein, wenn wir in unserer Liebe unzertrennlich sind. Wir sind nicht ohne göttliche Erlaubnis hierher, in ein so machtvoll beschütztes Land gebracht worden. Ich bin weder der König von Frankreich noch die heilige Kirche; ihr seid beides. Ich bin nur ein Mensch, dessen Leben zu Ende gehen wird wie das Leben anderer Menschen, wann es Gott gefallen wird. Alles steht zu unseren Gunsten, wie uns auch immer geschehen mag. Wenn wir besiegt werden, werden wir Märtyrer sein. Wenn wir über den Feind triumphieren, wird es zur größeren Ehre Gottes geschehen, zur größeren Ehre Frankreichs, ja selbst der ganzen Christenheit. Sicher wäre es töricht, zu glauben, Gott, der alles voraussieht, habe mich umsonst aufgerufen. Dies ist seine Sache; wir werden für Christus siegen. Er wird in uns triumphieren; er wird den Ruhm, die Ehre und den Segen nicht uns, sondern seinem Namen verleihen ...»

Wir haben durch das Feuer des Feindes nur einen einzigen Mann verloren. Zwei und drei weitere, die zu sehr auf den Kampf erpicht waren, warfen sich zu früh ins Wasser und kamen dort um. Die Sarazenen gaben nach und zogen sich in ihre Stadt zurück, eine schmachvolle Flucht mit großen Verlusten. Mehrere von ihnen wurden verstümmelt oder tödlich verwundet.

Wir folgten ihnen auf dem Fuß, aber unsere Führer hielten uns zurück, denn sie befürchteten einen Hinterhalt. Während wir kämpften, sprengten einige Sklaven und Gefangene ihre Ketten,

denn ihre Wärter hatten die Gefängnisse verlassen, um gegen uns zu kämpfen. Nur die Frauen, Kinder und alten Männer blieben in der Stadt zurück. Diese Sklaven und Gefangenen eilten voller Freude auf uns zu und riefen: «Gesegnet sei, der da kommt im Namen des Herrn!» Dies geschah an einem Freitag, dem Tag des Leidens unseres Herrn. Wir sahen darin ein gutes Vorzeichen. Der König ging froh und sicher an Land und ebenso der Rest des christlichen Heeres. Wir ruhten uns bis zum nächsten Tage aus. Dann nahmen wir mit der Hilfe und unter der Führung von Sklaven, welche das Land und die Straßen kannten, Besitz von dem, was es vom Land und von der Küste noch einzunehmen gab. Während der Nacht töteten die Sarazenen, die entdeckt hatten, daß die Gefangenen entflohen waren, diejenigen, welche übriggeblieben waren. So machten sie aus ihnen ruhmreiche Märtyrer Christi, ihnen selbst aber gereichte es zur Verdammnis.
Als die Sarazenen, denen es an Waffen und Truppen mangelte, die große Menge der Christen, welche voller Mut und Entschlossenheit landeten, und die plötzliche Verlassenheit ihrer eigenen Stadt sahen, zogen sie in der folgenden Nacht und am Sonntagmorgen mit ihren Führern aus der Stadt hinaus und nahmen ihre Frauen und Kinder und alles bewegliche Gut mit. Sie flohen von der anderen Seite der Stadt aus durch kleine Tore, die sie schon lange vorher vorbereitet hatten. Einige entkamen auf dem Landweg, andere über das Meer. Ihre Stadt ließen sie voll von Vorräten aller Art zurück. Am gleichen Tage kamen um drei Uhr zwei Gefangene, die zufällig den Sarazenen entkommen waren, zu uns und berichteten, was geschehen war. Der König, der jetzt keinen Hinterhalt mehr befürchtete, betrat die Stadt um neun Uhr, ohne daß er daran gehindert worden wäre und ohne daß Blut vergossen wurde. Von allen, welche die Stadt betraten, wurde nur Hugo Brun, der Graf der Marche, ernsthaft verwundet. Er verlor wegen seiner Verwundungen zu viel Blut, als daß er hätte überleben können.
Ich darf nicht vergessen, zu erwähnen, daß die Sarazenen, nachdem sie sich entschlossen hatten zu fliehen, eine große Menge griechischen Feuers gegen uns warfen, was für uns sehr nachteilig war, weil es von einem Wind getragen wurde, der von der Stadt her blies. Aber der Wind drehte sich und trug das Feuer in die Stadt zurück, wo es mehrere Menschen tötete. Es hätte noch mehr Eigentum zerstört, wenn es die zurückgelassenen Sklaven nicht durch ein ihnen bekanntes Vorgehen und durch den Willen Gottes gelöscht hätten.
Nachdem der König die Stadt unter freudigem Jubel betreten hatte, begab er sich sofort in den Tempel der Sarazenen, um zu beten und Gott, den er als den Urheber dessen betrachtete, was sich ereignet hatte, zu danken. Das Tedeum wurde gesungen, und nachdem der Tempel gereinigt worden war, wurde die Messe gefeiert. Wir fanden

in der Stadt eine unendliche Menge von Nahrungsmitteln, Waffen, Maschinen, kostbaren Kleidern, Vasen, Geräten aus Gold und Silber und von anderen Dingen. Dazu ließen wir noch unsere Vorräte und andere notwendige Gegenstände aus unseren Schiffen herbringen.
Wie ein See durch die sich in ihn ergießenden Bäche anschwillt, so vergrößerte sich das christliche Heer durch göttlichen Ruhm jeden Tag um Mitglieder des Deutschen Ordens, um Templer und Johanniter, ganz abgesehen von den Pilgern, die ständig eintrafen. Die Templer und die Johanniter wollten nicht an einen solchen Triumph glauben. Tatsächlich, nichts, was geschehen war, war glaubhaft. Alles schien wunderbar ...

Sieg und Niederlage in Damiette

Man sagte von König Ludwig IX., er sei ein Mann gewesen, der selten seine Gefühle gezeigt habe, er habe in seinem Alltag die Ruhe eines frommen, betenden Mannes ausgestrahlt und habe nie von irgend jemandem etwas Schlechtes gesagt, es sei denn, es habe sich um einen Verräter oder einen Ungläubigen gehandelt. All dies traf für den äußeren Menschen zu, dem es immer gelang, seine königliche Würde zu bewahren; aber der innere Mensch war in ständigem Aufruhr begriffen: Seine Sehnsucht nach Heiligkeit stand im Konflikt mit seinem Wunsch, als Krieger und als ein Fürst, der gut regierte, in die Erinnerung der Nachwelt einzugehen.
Alles weist darauf hin, daß er glaubte, die Einnahme von Damiette sei das Ergebnis seiner Feldherrenkunst gewesen und als Antwort auf seine Gebete erfolgt. Er war nicht überrascht und nicht einmal stolz; er hatte dies immer schon erwartet. Was er nicht wußte, war, daß die Stadt für ihn eine Falle war, und er ging in diese Falle.
Er zog am 6. Juni feierlich in die Stadt ein. Die großen Tore öffneten sich auf eine Stadt, aus der jedermann geflohen war. Die Häuser, Läden und Paläste waren unzerstört; die Getreidelager waren mit Weizen, Gerste und Reis angefüllt; die Zeughäuser waren voller Waffen; die Ölfässer waren voll von Öl.
Innerhalb weniger Tage war Damiette in eine christliche Stadt verwandelt. Der König wohnte im Palast des Sultans, der päpstliche Legat in der daneben gelegenen Festung des früheren Stadtkomman-

danten, die große Moschee wurde in eine Kirche umgewandelt, und dreiundfünfzig christliche Gefangene, die in den Kerkern gefunden wurden, erhielten ihre Freiheit zurück. Das Heer wurde außerhalb der Stadt untergebracht, denn der König rechnete mit einem baldigen Angriff des Sultans. Während einiger Tage gab es keine Angriffe, abgesehen von marodierenden Beduinen, die während der Nacht auf die Stadt zuritten und hofften, einige Köpfe von Christen zu ergattern, denn der Sultan hatte für jeden ihm überbrachten Kopf zehn Besanten versprochen. Aber die Christen waren auf der Hut. Die Armbrustschützen wehrten die Beduinen in der Regel ab, und als es einigen von ihnen gelang, an den Wachen vorbeizukommen, ließ der König rings um das Lager einen Pfahlzaun errichten. Später wurde der Pfahlzaun durch eine Schanze ersetzt, und das Lager verwandelte sich in eine kleine Festung.

Wie immer im Juni trat der Nil über die Ufer. Zwischen Juni und September war es fast unmöglich, im Nildelta zu kämpfen. Der König beschloß, sich den Sommer über zu verschanzen und einen Angriff auf das über hundertsechzig Kilometer südlich von Damiette gelegene Kairo vorzubereiten. Der Graf der Bretagne und die meisten Barone hätten es vorgezogen, Alexandria zu belagern, wo es einen vorzüglichen Hafen gab, über den das Heer bei Bedarf mit Vorräten hätte versorgt werden können. Aber Robert, der Graf von Artois, blieb fest: Er wollte gegen Kairo ziehen. Der König verließ sich fest auf seinen Bruder, der sich für den militärischen Fachmann der Familie hielt. Der Entscheid, gegen Kairo zu ziehen, sollte sich als verhängnisvoll erweisen und zur Vernichtung des ganzen christlichen Heeres führen.

Der lange Sommer, der so prächtig begonnen hatte, wurde zu einem Alptraum. Die fürchterliche Hitze, die Schlangen, die Insekten, das Gefühl des Alleinseins in einem fremden Land, all dies wirkte sich auf die Moral der Fußsoldaten aus, die hinter den Schanzen zusammengepfercht waren. Die Ritter konnten natürlich nach Belieben die Stadt betreten. Die Herren lebten gut, die Soldaten beklagten sich bitter. Als der König seinen Vormarsch auf Kairo begann, befehligte er Truppen, deren Moral durch beinahe fünf Monate der Untätigkeit, der Langeweile und des Elends erschüttert war.

Robert, der Graf von Artois, war der Ansicht, eine Schlange sei am leichtesten dadurch zu töten, daß man ihr den Kopf abschlage. Diese Ansicht wäre brauchbarer gewesen, wenn die Heerführer genauere Landkarten zur Verfügung gehabt hätten. Die Kreuzfahrer wußten nicht, wie sie Kairo, das politische Zentrum, erreichen sollten. Die Einnahme Kairos wäre für sie allerdings von geringem Nutzen gewesen, denn das Zentrum der Macht war das ägyptische Heer, das in Mansura auf sie lauerte und das sie hätten vernichten müssen, bevor sie Kairo hätten erreichen können. Die Pläne des Königs und seines Bruders sahen keine Kriegslist vor. Das riesige, unförmige christliche Heer erhielt den Auftrag, zwischen den Kanälen und Flüssen gegen Süden vorzurücken. Die Spione konnten es beobachten und über alle seine Bewegungen berichten. Je weiter es in das sumpfige Land hinein vorrückte, desto größer wurde die Wahrscheinlichkeit, daß ihm plötzlich der Rückzug abgeschnitten werden könnte.

Und ständig gab es Verzögerungen. Wie sie einen Winter auf Zypern und einen langen Sommer in Damiette vertrödelt hatten, so ließen sie auch den Herbst ungenützt vergehen, und es war wieder Winter, als sie von Damiette aufbrachen. Königin Margarete und den Patriarchen von Jerusalem ließen sie unter dem Schutz einer kleinen Besatzung in der mit Mauern bewehrten Stadt zurück. Einige Wochen später erhielten sie die Nachricht, daß der Sultan gestorben sei. Sie vernahmen auch, daß die Sultanin und Fakhr Ad Din bis zur Ankunft des Thronerben Turan Schah, des Sohnes des Sultans, der in Dschesire Vizekönig war, die Macht übernommen hätten. Turan Schah traf lange nicht ein, und das war ein günstiges Vorzeichen für das christliche Heer. König Ludwig konnte nicht glauben, daß eine Frau ein muslimisches Land regieren könne, obwohl er ganz selbstverständlich seine Mutter, Blanka von Kastilien, während seiner Abwesenheit über Frankreich regieren ließ.

Sie verließen Damiette am 20. November, und ein weiterer Monat verging, bis sie die Verteidigungsstellungen von Mansura erreichten. Unterwegs kam es zu den üblichen Scharmützeln. Der König gab den Befehl, daß Scharmützel wenn immer möglich zu vermeiden seien; aber als fünfhundert ägyptische Reiter die von den Templern gebildete Vorhut überfielen, beschlossen die Templer in ihrer Wut, ihnen eine Lektion zu erteilen. Ihre Pferde waren noch frisch; die ägyptischen Pferde waren bereits ermüdet. Kein einziger Ägypter überlebte den Angriff; alle wurden entweder niedergestochen oder fielen in den Fluß und ertranken.

In solchen Kämpfen, an denen nur eine kleine Anzahl von Männern beteiligt waren, bewährten sich die Templer immer. Sie waren Stoßtruppen, die für plötzliche Angriffe, Improvisationen und kurze Ausfälle besonders ausgebildet waren. Ihr Hauptfehler war, daß sie die Regeln mißachteten, während der Hauptfehler des Königs darin bestand, daß er die Regeln befolgte, selbst wenn sie sinnlos waren.

Am frühen Morgen des 8. Februar 1250, eines grauen, nebligen Tages, sollte die Templervorhut unter dem Befehl Roberts, des Gra-

fen von Artois, eine Furt überqueren und dabei die Flanke der ägyptischen Stellung vor Mansura umfassen. Die Furt war den Templern durch einen muslimischen Überläufer verraten worden, der für seine Mühe fünfzig Besanten erhielt. Für einmal sollte das Überraschungsmoment spielen. Die Ritter sollten die Furt überqueren und dann warten, bis die Hauptmacht unter dem Herzog von Burgund aufgeschlossen hätte. Sie sollten das Ufer halten, während die Bogenschützen eine Pontonbrücke überquerten. Solange nicht das ganze Heer das andere Ufer erreicht hatte, sollte keine Bewegung erfolgen, kein Ausfall unternommen und kein Versuch gemacht werden, den Feind in einen Kampf zu verwickeln. Der König wollte sicher sein, daß der Angriff gesamthaft und genau nach Plan unternommen würde.
Das Heer befand sich nun ganz nahe bei den Mauern von Mansura. Robert überquerte mit den Templern die Furt, sah die ägyptische Kavallerie vor sich, hörte die Hörner und Trompeten des Feindes und warf sich mit seinem Gefolge ihm entgegen. Die Templer versuchten, ihn zurückzuhalten, um sein Leben zu schützen. Es gab ein wildes Scharmützel.
Fakhr Ad Din befand sich im Bad und ließ sich mit feuerroter Henna die Haare färben. Als er den fürchterlichen Lärm hörte, sprang er aus dem Bad, warf sich einen Mantel über und stürzte sich in die Schlacht. Doch bald wurde er von Rittern in Rüstungen in Stücke gehauen. Aber die Ägypter hatten eine Falle vorbereitet, indem sie eines der Tore von Mansura offen gelassen hatten. Das offene Tor war eine zu große Versuchung. Die Templer und der Graf von Artois stürmten hinein. Das war ein törichter und gefährlicher Schritt. Sie verloren sich bald in den engen Straßen. Schwere Balken wurden auf sie hinuntergeworfen, und sie wurden von ihren Pferden gestürzt. Beim Versuch, sich aus der Stadt hinauszukämpfen, wurden sie in mit Schwertern, Knüppeln und Messern geführte Nahkämpfe verwickelt. Die Gegner waren ihnen schon rein zahlenmäßig überlegen. Dreihundert Ritter und beinahe dreihundert Templer kamen im Labyrinth von Mansuras engen Straßen um.
Der König kämpfte zwischen Mansura und dem Fluß. Er trug einen goldenen Helm und schwang ein Schwert aus deutschem Stahl. Als er einmal von sechs Reitern eingeschlossen wurde, kämpfte er sich frei, indem er mit dem Schwert auf sie einhieb. Die französischen Bogenschützen hatten aus irgendeinem unerklärlichen Grunde den Fluß noch nicht überschritten, doch die ägyptischen Bogenschützen waren eifrig dabei, die französischen Pferde zu töten. Noch den ganzen Tag über gab es heftige Scharmützel, bis am späten Nachmittag die ganze Masse der christlichen Bogenschützen erschien und der größte Teil

der muslimischen Kavallerie sich hinter die Mauern von Mansura zurückzog. Der König schlief jene Nacht im Lager Fakhr Ad Dins, der in der Schlacht umgekommen war. Es war so etwas wie ein Sieg, aber kleinere Scharmützel dauerten noch die ganze Nacht hindurch an. An jenem Abend vernahm der König, daß sein Lieblingsbruder gefallen sei. Im Bewußtsein, daß Robert von Artois durch seinen unüberlegten Ritt in die Stadt seinen Befehl mißachtet und so einen erbärmlichen Tod gefunden hatte, konnte er nichts anderes sagen, als daß Gott außergewöhnlich gut zu ihm gewesen sei.

Gott scheint jedoch das christliche Heer vergessen und König Ludwig jede militärische Intelligenz vorenthalten zu haben. Ein neuer Führer hatte die Stelle Fakhr Ad Dins eingenommen. Er hieß Baibars Al Bundukdari und war jetzt ein junger Mameluckenemir. Er hatte als Offizier die vereinigten ägyptischen und khwarizmischen Streitkräfte angeführt, die in der Schlacht von La Forbie die Christen vollständig vernichtet hatten. Jetzt lag die Verteidigung von Mansura in seinen Händen. Er war erbarmungsloser und härter, als je zuvor ein muslimischer Heerführer gewesen war. Zum erstenmal seit Saladin sahen sich die Kreuzfahrer einem genialen Heerführer gegenüber.

Der König und sein Heer blieben acht Wochen lang vor den Mauern von Mansura liegen und hofften auf ein weiteres Wunder. Doch es trat nicht ein. Baibars behielt seine Streitkräfte beisammen und hoffte, die Franzosen würden an ihrer eigenen Halsstarrigkeit zugrundegehen. Sultan Turan Schah, der nach längeren Ferien in Damaskus endlich in Ägypten eingetroffen war, führte dem Namen nach den Befehl, aber Baibars war bereits der Oberbefehlshaber des Heeres, und es scheint Baibars gewesen zu sein, der die Flotte von leichten Schiffen zusammenstellte, die plötzlich auf den Wasserwegen zwischen Damiette und Mansura auftauchte und so die Kreuzfahrer von ihren Versorgungsschiffen abschnitt. Baibars Schiffe waren, in Teile zerlegt und auf Kamelen verladen, herbeigeschafft worden. Wieder zusammengesetzt, waren sie gut genug ausgerüstet, um im Rücken des christlichen Heeres ein neues Heer zu bilden.

Der König hätte sich nach Damiette zurück durchkämpfen sollen, sobald das erste Schiff aufgetaucht war. Er verlor mehr als achtzig Schiffe, und am 16. März wurde ein Geleitzug von zweiunddreißig Schiffen abgefangen. Jetzt konnte sich das Heer des Königs weder vorwärts noch rückwärts bewegen. Und zu diesem unlösbaren Problem kamen noch eine Hungersnot und später die Pest hinzu. Skorbut, Typhus und Ruhr griffen um sich. Die ägyptischen Plagen waren zurückgekehrt.

Es starben so viele von den Rittern, daß die Reitknechte ihre Rüstungen anzogen und an gefährlichen Stellen Wache standen, und es starben so viele Priester, daß ihre Zahl nicht mehr ausreichte, um den Dienst an den Altären zu verrichten. Der König selber erkrankte. Er sandte Philipp von Montfort zum Sultan mit dem Angebot, den Ägyptern im Austausch gegen Jerusalem und andere Orte im Heiligen Land, die kurz vorher in muslimische Hände gefallen waren, Damiette zu übergeben. Das Angebot kam zwei Monate zu spät, denn die Ägypter wußten, daß sich der König in einer hoffnungslosen Lage befand und daß sein ganzes Heer ihnen ausgeliefert war.

Am 5. April gab der König endlich den Befehl zum Rückzug nach Damiette. Die Ägypter waren auf der Hut. Sie griffen die Christen von allen Seiten her an, metzelten die wehrlosen Soldaten nieder, töteten die von der Pest geschwächten Ritter und nahmen diejenigen gefangen, von denen sie hohe Lösegelder erwarten konnten. Sie rühmten sich nachher, sie hätten fünfzigtausend Mann umgebracht oder gefangengenommen. Der König entkam nur, weil es Gottfried von Sargines, dem Hauptmann der Leibgarde, gelang, ihn in ein verlassenes Dorf zu führen. Er war jetzt sehr krank und lag in einer der Hütten des Dorfes, während der Hauptmann der Leibgarde zu Pferd Wache hielt und jeden Sarazenen angriff, der sich auf der Dorfstraße zu zeigen wagte. Der König befand sich allein in der Hütte, und Gottfried von Sargines war allein auf der Straße: und diese beiden einsamen Männer versinnbildlichten die seltsame Veränderung, die über das große Heer gekommen war, das von Damiette ausgezogen war.

Einige Tage später ergab sich der König. Ungefähr zur gleichen Zeit kam das Unglück auch über den jungen Sultan Turan Schah. Er war ein schwacher Mensch und fürchtete Baibars Mamelucken, welche alle wichtigen Stellungen in der Armee innehatten. Als er sich daran machte, das Heer neu zu organisieren und gehobene Stellungen an Soldaten aus Dschesire zu übergeben, schlug Baibars zu. Am Abend des 2. Mai hatte der Sultan einige Emire in sein Zelt eingeladen. Plötzlich entstand draußen ein Tumult, und kurz darauf stürzte sich Baibars an der Spitze einer kleinen Gruppe von Offizieren in das Zelt. Der Sultan wurde an der Hand verwundet und floh in einen hölzernen Turm am Fluß. Einige der Emire folgten ihm.

Baibars und seine Mitverschwörer stürzten ihnen nach. Sie warfen griechisches Feuer gegen den Turm, der sofort in Flammen aufging, Turan Schah sprang hinunter und rannte dem Flußufer entlang, bis einer einen Speer nach ihm warf, der zwischen seinen Rippen stecken blieb. Den Speer mit sich ziehend, warf er sich in den Fluß, und die Verschwörer schwammen ihm nach, während Bogenschützen Pfeile nach ihm schossen. Er war bereits am Sterben, als Baibars selber das Ufer hinunter sprang und ihn mit seinem Schwert erstach. Die arabischen Geschichtsschreiber, welche das Geschehen beschrieben haben, bemerken, er sei einen dreifachen Tod gestorben: durch das Feuer, das Schwert und das Wasser.

Seltsamerweise konnten Johann von Joinville und der König, die sich als Gefangene auf einer am Ufer festgemachten Galeere befanden, den Tod des Sultans Turan Schah mitverfolgen. Einige Minuten später kam ein Mameluckengeneral, Faris Ad Din, an Bord der Galeere. Seine Hände waren blutbefleckt, denn er hatte eben dem Sultan das Herz herausgeschnitten. Er wandte sich an den König und sagte: «Was gibst du mir? Ich habe deinen Feind getötet, der, wenn er am Leben geblieben wäre, dich getötet hätte.»[106] Der König antwortete mit einem langen Stillschweigen.

Kurze Zeit später kamen etwa dreißig Mamelucken an Bord der Galeere. Sie hatten die Schwerter gezogen, und dänische Äxte hingen ihnen vom Hals. Die Gefangenen fürchteten, es gehe ihnen ans Leben. Statt dessen wurden sie in den Laderaum geworfen und dort dicht zusammengepfercht.

Am folgenden Morgen wurden die meisten Gefangenen, alles Ritter oder hohe staatliche Beamte, herausgeholt, denn man wollte mit ihnen die Bedingungen für einen Waffenstillstand erörtern. Bevor König Ludwig bereit war, einem Vertrag zuzustimmen, verbrachte man ziemlich viel Zeit damit, über die Art des Eides zu streiten, den die ägyptischen Emire schwören sollten. Der Eid mußte für die Ägypter verbindlich sein. Mit Hilfe von Nikolaus von Akkon entschloß man sich für eine seltsame diplomatische Formel. Die Emire erklärten sich einverstanden, sich an die Bedingungen des Waffenstillstands zu halten, andernfalls würde die gleiche Schande über sie kommen, die einen Muslim trifft, der Schweinefleisch ißt oder barhaupt auf eine Pilgerfahrt nach Mekka geht oder seine Frau verläßt und dann wieder zu ihr zurückkehrt, denn nach muslimischem Gesetz darf ein solcher Mann nicht zu seiner Frau zurückkehren, es sei denn, er habe sie in den Armen eines anderen Mannes gesehen.

Als die Bedingungen zur Zufriedenheit der Emire festgelegt waren, kam man überein, daß Damiette an die Ägypter zurückgegeben werden sollte und daß von den Christen eine Entschädigung von vierhunderttausend Pfund Silber zu bezahlen sei, die Hälfte davon in Damiette, die andere Hälfte, sobald der König Akkon erreicht habe. Die Franzosen ihrerseits sollten alle ihre Belagerungsmaschinen, alle ihre Vorräte an gesalzenem Schweinefleisch und ihre Schiffe zurückerhalten; ihre Gefangenen sollten freigelassen werden, und sie selber sollten die wenigen Gefangenen, die sich in ihren Händen befanden, zurückgeben. Der König verlangte Jerusalem im Austausch gegen Damiette, das von einer kleinen, von genuesischen und pisanischen Seeleuten unterstützten Besatzung gehalten wurde. Bezeichnenderweise weigerte sich der König, einen Eid zu schwören. Die Ägypter gerieten in Zorn. Um den König zu bestrafen, folterten sie den Patriarchen von Jerusalem, indem sie ihn an einem Pfahl festbanden und seine Handgelenke derart abschnürten, daß seine Hände so sehr anschwollen, daß sie die Größe seines Gesichtes erreichten. Der achtzigjährige Patriarch ertrug die Qualen tapfer, und schließlich banden sie ihn los und ließen ihn frei.

Die Folterung des Patriarchen vor dem König war schiere Bosheit, denn die Ägypter wußten, daß der König seine Meinung nicht ändern würde. Sie empfanden eine gewisse Furcht vor ihm, und sie glaubten, daß er ein würdiger Sultan von Ägypten werden könnte, wenn er sich zum Islam bekehrte. Durch alle diese verwirrten Verhandlungen hindurch spüren wir die ruhige Entschlossenheit des Königs und seine leidenschaftliche Selbstverleugnung.

Er hatte Grund zur Selbstverleugnung, denn er wußte, daß die Katastrophe von Mansura auf seine Torheit zurückzuführen war, ganz besonders auf seine Vorsicht und auf die langen Wochen und Monate, während welcher er sein Heer in Zypern, in Damiette und vor den Mauern von Mansura zurückgehalten hatte. Seinetwegen waren vielleicht fünfzigtausend Mann an der Pest gestorben oder auf dem Schlachtfeld dahingemetzelt worden. Gewaltige Schätze waren verschleudert und ein riesiges Lösegeld, so hoch wie die jährlichen Einkünfte des Königs von Frankreich, war bezahlt worden. Das Schlimmste war das Gemetzel gewesen: Die Kanäle waren mit Toten angefüllt, die Felder von Sterbenden überdeckt. Nichts von all dem wäre geschehen, wenn er ein besserer Soldat gewesen wäre. Er fand Trost im Gedanken, daß die Toten im Himmel von einem barmherzigen Gott empfangen würden, aber es gab Zeiten, da er unter langen Schüben von Depressionen litt.

Er war sehr krank. Manchmal mußte er von einem Diener herumgetragen werden, und eine Zeitlang hatte er keine Kleider, bis ihm jemand einen rauhen Rock gab, mit dem er seine Blöße bedecken konnte. Später gaben ihm die Ägypter eine mit Hermelin besetzte seidene Robe, so daß er den Sitzungen der Waffenstillstandskommission in angemessener Kleidung beiwohnen konnte.

Damiette wurde den Ägyptern übergeben. Es war nicht schwierig, das halbe Lösegeld zusammenzubringen, aber der Bruder des Königs, Alfons, der Graf von Poitou, mußte als Sicherheit für die restliche

Hälfte des Lösegeldes, die in Akkon zu bezahlen war, in Damiette zurückbleiben. Als sich der König anfangs Mai 1250 mit seinem Gefolge endlich zur Abreise bereitmachte, wurde er auf derselben Matratze, auf der er im Gefängnis gelegen hatte, auf das Schiff getragen. Er war immer noch sehr krank, aber die Meeresluft schien ihn wieder aufleben zu lassen. Als er einmal auf Deck war, sah er einige Ritter beim Puffspiel. Er wurde so zornig, daß er das Brett ins Meer warf und den Rittern eine Predigt darüber hielt, was für eine Sünde es sei, sich auf einem Kreuzzug dem Glücksspiel hinzugeben.
Der König war in Tat und Wahrheit der größte Spieler von allen. Rücksichtslos und unklug hatte er um riesige Einsätze mit Menschenleben gespielt, ohne den Feind zu verstehen und ohne die topographischen Verhältnisse im Nildelta zu kennen. Seine kolossale Unwissenheit in bezug auf den Feind und das Feindesland erwies sich für seine Sache als verhängnisvoll, und er trug auf seine Art zur endgültigen Niederlage des Königreichs Jerusalem bei.
Verachtung für seine unglückseligen Unternehmungen durchzieht dieses ironische arabische Gedicht:

> Möge Gott dich dafür belohnen, daß du den Tod der Verehrer Jesu, des Messias, herbeigeführt hast.
> Du kamst nach Ägypten in der Absicht, dieses Reich zu erobern,
> Und du glaubtest, du werdest hier nur Oboen und Zimbeln begegnen,
> Aber statt dessen hast du durch deine Unvorsichtigkeit deine Männer an das Tor des Todes geführt.
> Fünfzigtausend Männer, und es gibt nicht einen von ihnen, der nicht tot, verwundet oder im Gefängnis ist.
> Gott sei dir ob eines solchen Unternehmens gnädig![107]

Ludwig der Heilige in Akkon

Wieviele Niederlagen konnten die Kreuzfahrer überstehen? Es war, als liege ein Fluch über ihnen, als würden sie auf irgendeine geheimnisvolle Art vom Unglück angezogen wie Menschen, die in ihrer Verzweiflung Hand an sich legen. Hattin, La Forbie und Mansura waren Katastrophen erster Größe, und sie alle hätten mit etwas gesundem Menschenverstand oder mit dem, was ein Vierzehnjähriger von

Kriegsführung versteht, verhütet werden können. Die christlichen Befehlshaber waren erstaunlich unwissend, unfähig und unsorgfältig. Sie schauten selten Landkarten an; sie unterschätzten die Stärke ihrer Feinde; man sorgte gut für die Ritter, widmete aber der Versorgung der Fußsoldaten wenig Aufmerksamkeit; man übrließ es dem Feind, das Schlachtfeld auszuwählen. In diese Todesfallen gingen die Kreuzfahrer zu Tausenden.

Es war auch nicht schwierig, zu erkennen, weshalb sie so überstürzt und sorglos handelten. Sie verachteten die Sarazenen, wußten sehr wenig über sie, glaubten, Gott sei auf ihrer Seite, und waren fest überzeugt, daß ihre Kultur der arabischen weit überlegen sei, und dies zu einem Zeitpunkt, da es einem Besucher von einem anderen Planeten klar gewesen wäre, daß die arabische Kultur im Aufstieg begriffen war. In Naturwissenschaft, Philosophie, Theologie, Medizin und Dichtkunst waren die Araber viel weiter fortgeschritten als der Westen. Sie wußten, wohin sie gingen; sie hatten ein Gesellschaftssystem, das trotz seines autoritären Gepräges in bemerkenswerter Weise auf die Wünsche des Volkes Rücksicht nahm. Ihre Gesellschaft war stabil, während die westliche Gesellschaft sich wandelte: Der Feudalstaat machte dem Nationalstaat Platz, die Städte lösten sich in Kommunen auf, und der Staat selber in seine wirtschaftlichen Interessengemeinschaften. Der Westen veränderte sich mit schwindelerregendem Tempo, während der Osten unverändert blieb.

Die Kreuzfahrer waren schon von ihrer Natur her Angehörige einer Theokratie. Wenn die Theokratie manchmal die Regierungsform, die in Akkon herrschte, annahm – teils Fürstentum, teils Kommune, teils Kolonie –, so deshalb, weil der oberste Herrscher der Stadt der Papst war, der sehr wenig von ihrer inneren Struktur verstand, und selbst wenn man sie ihm erklärt hätte, hätte er sie nicht verstanden. Akkon war in einem Zustand ständigen Bürgerkrieges, in welchem Pisaner, Genuesen und Venezianer sich gegenseitig bekämpften. Selbst wenn sie einander nicht mit Waffen bekämpften, haßten sie einander so erbittert, daß sie sich selten über etwas einigen konnten.

Als König Ludwig XI. in Akkon eintraf, kamen die Leute, die seine Flagge am Mast hatten wehen sehen, in feierlichem Zuge zum Meer herunter, um ihn abzuholen. Der Klerus führte den Zug an, die Kirchenglocken läuteten, und in den Kirchen wurden für seine sichere Ankunft Kerzen angezündet. Es gab wieder einen König in Akkon, und die Sache der Kreuzzüge konnte weitergetragen werden.

Anfänglich scheint er nicht die Absicht gehabt zu haben, längere Zeit im Heiligen Land zu bleiben. Seine Mutter flehte ihn an, er möge nach Frankreich zurückkehren. Frankreich und England lagen sich in den Haaren, und ein Krieg schien unvermeidlich. In Frankreich protestierte das Volk gegen die Zehnten, die es für den Unterhalt des Heiligen Landes zu bezahlen hatte, und die Königin war noch strenger als ihr Sohn. Man brauchte ihn in Paris, aber man brauchte ihn, und das wußte er sehr genau, auch in Akkon. «Wenn ich abreise», sagte er zu seinen Ratgebern, «ist dieses Land verloren, denn alle, die in Akkon sind, werden mir folgen, und keiner wird wagen zu bleiben, wenn so wenige Leute hier sind.»[108] Das war keine Prahlerei; es war die Wahrheit. Mit seiner königlichen Macht konnte er das, was vom Königreich noch übrig geblieben war, zusammenhalten; ohne diese Macht mußte das Reich fast sicher untergehen.

Er ließ seinen Ratgebern acht Tage Zeit, um zu einem Beschluß zu kommen. Als sie mit dem König im Rat zusammentraten, waren sich fast alle einig, daß er nach Frankreich zurückkehren solle; es habe so wenig Leute hier, daß es nötig sei, ein weiteres Heer aufzubieten, um das Heilige Land zu halten, selbst wenn es sich nur noch um einen schmalen Küstenstreifen handle. Nur einige von den Ratgebern, darunter Johann von Joinville, fanden, es sei seine Pflicht und Schuldigkeit zu bleiben. Nach acht Tagen fand eine zweite Zusammenkunft statt, und der König kündigte an, daß er noch eine unbestimmte Zeit lang bleiben werde, so lange, als er von Nutzen sein könne.

Er fühlte sich verantwortlich für die Männer, die immer noch in Ägypten in Gefangenschaft waren. Er fühlte sich noch mehr verantwortlich für Jerusalem, das er trotz der Niederlage in Mansura für die Christen zurückzuerobern hoffte. Und vor allem glaubte er, er trage die Verantwortung dafür, daß diejenigen Festungen, die sich noch in christlicher Hand befänden, verstärkt würden, damit das Königreich weiterbestehen könne. Festungen wieder instand zu setzen und Festungen zu erbauen wurde zu seiner ständigen Sorge, und so konnte man zusehen, wie er sich in Akkon, Jaffa, Caesarea und Sidon unter die Bauleute mischte und Steine sowie Körbe voll gebrannten Kalkes herumtrug. Die Sarazenen unternahmen in der Umgebung von Akkon häufige Angriffe, und er beteiligte sich an den Abwehrkämpfen.

Er war Führer, oberster Richter, Fürst und Totengräber. Er betrachtete sich als den einzigen Menschen, der Verträge schließen durfte. Als der Großmeister der Templer mit dem Sultan von Damaskus über ein Stück Land an der Grenze des Königsreiches ein Abkommen traf, geriet er in Zorn, weil er nicht gefragt worden war. Der Gesandte des Stultans wurde in das Zelt des Königs eingeladen, der Vertrag wurde ihm ohne Unterschrift zurückgegeben, und dann zeigte man ihm einen langen Zug von Templern mit dem Großmeister an der Spitze,

alle barfuß, und alle hatten zum Zeichen der Buße den Kopf vornübergebeugt. Von nun an wußte der Sultan, wer Verträge unterzeichnete.
Während sich der König in Akkon aufhielt, empfing er Gesandte des Alten vom Berge, der immer noch die Festung Masjaf besetzt hielt und immer noch Assassinen aussandte mit dem Auftrag, Könige zu töten. Die Ermordung von Königen war tatsächlich eine seiner Hauptbeschäftigungen. Er besaß eine lange dänische Axt mit einem versilberten Stiel, an dem viele Messer befestigt waren. Bei feierlichen Aufzügen wurde sie von einem Herold vor ihm hergetragen, und jedermann wußte, daß dies die Messer waren, welche die Assassinen gebraucht hatten, um Könige zu töten.
Ludwig war bereit, eine Abordnung aus Masjaf zu empfangen. Solche Empfänge waren gefährlich, aber es wäre auch gefährlich gewesen, die Abordnung nicht zu empfangen. Sie bestand aus drei Männern. Voran kam der Botschafter, ein Mann in hoher Stellung. Ihm folgte ein junger Mann, der in einer Hand ein Messer trug, das aus drei Messern bestand, von denen zwei Klingen in das Heft des einen Messers eingefügt waren. Dieses Messer mit drei Klingen sollte die Gefahr andeuten, mit welcher der König zu rechnen haben würde, wenn er nicht auf die Forderungen des Alten vom Berge eingehen sollte. Ein zweiter junger Mann hatte ein Leichentuch aus grobem Leinen um seinen Arm gewickelt; es war ebenfalls als Warnung für den König gedacht, für den Fall, daß er den Befehlen des Alten vom Berge nicht gehorchen sollte. Die Assassinen gaben sich ziemlich viel Mühe, Schrecken zu verbreiten.
Der König hatte es vorsichtigerweise so eingerichtet, daß der Botschafter unmittelbar unterhalb seines Thrones zu sitzen kam. Die beiden jungen Männer saßen hinter dem Botschafter. Er kannte den Ruf des Alten vom Berge und wollte kein Risiko eingehen.
Der Botschafter begann mit der Frage, ob der König den Alten vom Berge kenne. Der König antwortete, er habe von ihm gehört, aber er sei noch nie mit ihm zusammengetroffen.
«Also gut», sagte der Botschafter, «da du von ihm gehört hast, bin ich erstaunt, daß du ihm keine Geschenke geschickt hast, um dich seiner Freundschaft zu versichern. Der Kaiser von Deutschland, der König von Ungarn, der Sultan von Ägypten und alle andern senden ihm jedes Jahr Geschenke. Sie wissen recht wohl, daß sie nur überleben können, wenn es meinem Herrn gefällt. Und wenn du nicht bereit bist, dasselbe zu tun, dann befreie ihn wenigstens vom Tribut, den er den Johannitern und den Templern zu bezahlen hat, und eure Rechnung wird ausgeglichen sein.»[109]

Der König geriet über das Verhalten des Botschafters und über die Tatsache, daß er zwei Begleiter mit den Symbolen für Mord und Tod mitgebracht hatte, in Wut. Trotzdem beherrschte er sich. Er antwortete, er werde sie am Nachmittag nochmals empfangen, nachdem er sich die Angelegenheit überlegt habe.
Am Nachmittag empfing er sie wieder, und diesmal standen die Großmeister der Templer und der Johanniter neben seinem Thron. Der Botschafter wiederholte, was er am Morgen gesagt hatte. Die beiden Großmeister gerieten in Zorn. Sie entgegneten dem Botschafter, sie würden sie alle drei vor Akkon ins Meer werfen lassen, wenn der König sie nicht mit ehrbaren Absichten empfangen hätte. Statt dessen würden sie zum Alten vom Berge zurückgeschickt. Innerhalb von fünfzehn Tagen müßten sie zurückkommen und einen passenden Brief und Edelsteine mitbringen, um den König zu versöhnen. Der König weise die Drohungen, die das Messer mit den drei Klingen und das Leichentuch darstellten, zurück und verlange etwas Besseres. Der Botschafter kehrte nach fünfzehn Tagen zurück. Die beiden jungen Männer werden nicht mehr erwähnt. Diesmal kam er mit passenderen Gaben. Er brachte das Hemd des Alten – «Dieses Hemd war mir am nächsten, und deshalb schenke ich es dir» – und einen sorgfältig gearbeiteten Goldring mit seinem Namenszug – «Durch diesen Ring verbinde ich mich mit dir, und wir werden eins sein».[110] Ferner überreichte er dem König viele Edelsteine, Tiere und Früchte aus Kristall sowie verschiedene Tischspiele. Alle diese Geschenke dufteten nach der Ambra, die mit Goldfäden an ihnen befestigt war. Als Gegengeschenk sandte der König dem Alten vom Berge eine Truhe voller Edelsteine, Ballen von scharlachrotem Tuch, silberne Pferdegebisse und goldene Becher.
Auf diese Weise schloß der französische König, der ein Heiliger werden sollte, ein Bündnis mit dem mörderischen Alten vom Berge, dessen wirklicher Name Nadschm Ad Din lautete. Das war eine seltsame Verbindung.
Der König war vom Charakter des Assassinenfürsten fasziniert. Er sandte seinen Dolmetscher, Ivo den Bretonen, nach Masjaf; er sollte dort bleiben und über die Ansichten und die politischen Pläne der seltsamen Gemeinschaft oben auf dem Berge berichten.
Der Bericht ist verlorengegangen, aber Joinville konnte sich einen Teil davon beschaffen, oder er erinnerte sich an das, was ihm Ivo der Bretone erzählt hatte. Joinville kannte den Dolmetscher und achtete ihn sehr. Er gehörte dem Predigerorden an und hatte die Aufgabe, die Sarazenen zum christlichen Glauben zu bekehren; zu diesem Zwecke sprach er Arabisch. Er war einer der wenigen Christen, die sich für

den Islam interessierten. Ivo der Bretone erzählte Joinville eines Tages von seiner Begegnung mit einer alten Frau, die mit einem Teller mit Feuer in der rechten und einer Schale voll Wasser in der linken Hand die Straße herunter kam. «Was willst du damit?» fragte er sie. Sie antwortete, mit dem Feuer wolle sie das Paradies niederbrennen, bis nichts mehr davon übrigbleibe, und mit dem Wasser wolle sie das Höllenfeuer löschen, bis nichts mehr davon übrigbleibe. «Warum willst du das tun?» fragte sie Ivo. Sie antwortete: «Weil ich nicht will, daß jemand Gutes tut, um zur Belohnung ins Paradies zu kommen oder weil er sich vor der Hölle fürchtet. Er soll es nur aus Liebe zu Gott tun, der ganz würdig ist und uns allerlei Gutes tun kann.»[111]

Der Auftrag Ivos des Bretonen zeigt etwas Neues in der Denkweise der Kreuzfahrer auf: ein allgemeines Interesse am muslimischen Glauben, einen Versuch, die Denkweise eines Volkes zu verstehen, das man lange nur als einen Todfeind betrachtet hatte. An die Stelle des blinden Hasses traten der Wunsch, die Hand zu reichen, und die Bereitschaft zu einer Gewissenserforschung. Die Kreuzfahrer erfuhren jetzt, daß der Islam weit davon entfernt war, eine monolithische Religion mit einer geordneten Hierarchie, absoluten Lehren und unveränderlichen Formen zu sein, sondern daß er von Sekten durchsetzt war. Der Alte vom Berge gehörte beispielsweise einem Zweig der Schiiten an. Die hatten ihren Ursprung in Persien. Sie verehrten Ali, den Schwiegersohn Mohammeds, mehr als Mohammed selber. Diejenigen, welche dem Gesetz Alis gehorchten, betrachteten diejenigen, welche dem Gesetz Mohammeds gehorchten, als Ungläubige oder Irrgläubige, die den Tod verdienten. Es bestand eine unüberbrückbare Kluft zwischen ihnen.

Ivo der Bretone ging nach Masjuf hinauf und blieb einige Zeit dort. Er versuchte, den Alten vom Berge zum Christentum zu bekehren, ein Versuch, der zum Scheitern verurteilt war. Doch der Alte blieb freundlich. Ivo der Bretone wurde eingeladen, sein Schlafzimmer zu betreten, wo sich viele Bücher befanden, darunter eine ins Arabische übersetzte Ausgabe der gnostischen Petrusakten. Der Alte sagte, er habe das Buch oft gelesen und dabei große Freude empfunden. Er sagte: «Ich habe eine große Zuneigung zu meinem Herrn, dem heiligen Petrus; denn am Anfang der Welt, als Abel getötet wurde, ging seine Seele in den Körper Noahs über, und als Noah starb, ging sie in den Körper Abrahams über, und als Abraham starb, ging sie zur Zeit, da Gott auf die Erde herunterkam, in den Körper des heiligen Petrus über.»[112]

Als Angehöriger des Predigerordens hatte Ivo der Bretone für die

Werke der Gnostiker nichts übrig, und er sagte das auch. Der Alte vom Berge war nicht beleidigt. Er blieb ein schiitischer Muslim, der Ali verehrte und am heiligen Petrus Freude hatte.
Eines ihrer Gespräche betraf den Glauben der Schiiten, wie ihn die Assassinen verstanden. Der Alte vom Berge sagt:

> Wisse, daß einer der Lehrsätze im Gesetz des Ali bestimmt, daß die Seele eines Menschen, der im Dienste seines Herrn umkommt, in einen angenehmeren Körper eintritt, als er vorher hatte; deshalb zögern die Assassinen nicht, sich töten zu lassen, wenn es ihr Herr befiehlt, denn sie glauben, daß sie es angenehmer haben werden, wenn sie tot sind.
> Und es gibt noch einen Lehrsatz: Sie glauben, daß niemand stirbt, außer an dem ihm bestimmten Tage. Und niemand sollte diesem Glauben anhangen, denn Gott kann unser Leben verlängern oder verkürzen. Aber die Beduinen vertreten diesen Lehrsatz im Gesetz des Ali, und deshalb weigern sie sich, eine Rüstung anzuziehen, wenn sie in die Schlacht ziehen, denn sonst, glauben sie, würden sie gegen die Vorschrift ihres Gesetzes handeln. Und wenn sie ihre Kinder verfluchen, sagen sie zu ihnen: «Mögest du verflucht sein wie die Franken, die aus Furcht vor dem Tode eine Rüstung anziehen!»[113]

Als Ivo der Bretone vom Berge herunterkam, hatte er sich mehr Wissen über die Assassinen erworben als je ein Fremder vor ihm. Die Kreuzfahrer waren fast von Anfang an mit den Assassinen in Kontakt gekommen, aber nie so eingehend.
Ludwig wußte, daß der Alte vom Berge ihm nur deshalb freundlich gesinnt war, weil der Alte mit dem Sultan von Damaskus auf schlechtem Fuß stand. Aus der Sicht des Königs war die Entsendung einer Abordnung zum Alten Teil eines größeren Planes. Die Kreuzfahrer sahen sich ein weiteres Mal gezwungen, zu versuchen, ein Gleichgewicht der Kräfte zwischen Damaskus und Kairo herbeizuführen. Es war die Aufgabe der Christen, ständig dafür zu sorgen, daß sich die beiden muslimischen Mächte am Rande des Krieges befanden, damit sie sicher sein konnten, daß sie ihre Kräfte nicht darauf verschwendeten, die christlichen Festungen anzugreifen. Rasche Beinarbeit war erforderlich, und der König mußte immer den Eindruck erwecken, er verfüge über ein größeres Heer, als er tatsächlich besaß.
Gegen Ende November 1252 starb Blanka von Kastilien, die Regentin von Frankreich, während der Abwesenheit des Königs, in Paris. In ihrem letzten Lebensjahre mußte sie sich mit dem seltsamen Kreuzzug der Hirten befassen, der vom halbverrückten Meister von

Ungarn angeführt wurde, einem bleichen, bärtigen Asketen, der eine Anhängerschaft von armen Hirten und Landarbeitern um sich gesammelt hatte. Der Meister von Ungarn sprach davon, seine Gläubigen nach dem Heiligen Land zu führen, aber als er Frankreich durchzog, schien er mehr darauf bedacht zu sein, Priester zu töten und Beute zu machen, als einen richtigen Kreuzzug zustande zu bringen. Er spendete auf seine Art die Sakramente, heilte Kranke, schimpfte über die Reichen, stritt sich heftig mit Universitätsstudenten und entwickelte sich zu einem gefährlichen Volksführer, der über die Macht verfügte, ein Bauernheer dorthin zu führen, wo es ihm beliebte.

Königin Blanka fühlte sich anfänglich von ihm angesprochen und überhäufte ihn mit Geschenken, denn sie glaubte, wenn vielleicht auch nur halbwegs, er trage einen Brief der Jungfrau Maria mit sich. Bald wurde es jedoch offensichtlich, daß der Meister von Ungarn Meister von Frankreich werden wollte. Manchmal trug er königliche Gewänder, manchmal den Chormantel und die Mitra eines Bischofs. Er wollte König sein, und er wollte Papst sein. Seine Predigten waren voll von Schimpfreden auf die königliche Familie und das Papsttum. Seine Bewegung wurde zu mächtig, und es mußte ihr Einhalt geboten werden. Auf Befehl der Königin Blanka wurde ein Heer ausgeschickt, um ihn zu vernichten, und in der Schlacht von Villeneuve-sur-Cher wurde der Meister von Ungarn getötet. Man fand seine Leiche im Morast des Schlachtfeldes; sie war an seinem prächtigen langen Bart leicht zu erkennen.

Ludwig IX. beeilte sich nicht, nach Frankreich zurückzukehren, als er vom Tode seiner Mutter hörte. Er wollte sich später nach allen Einzelheiten des Todes erkundigen, aber der Tod erfolgte, als er in wichtige diplomatische Manöver im Heiligen Land verwickelt war.

Wie Friedrich II. verstand es Ludwig, die Sarazenen mit schönen Worten dazu zu überreden, seine Bedingungen anzunehmen. Die Köpfe der bei La Forbie getöteten Kreuzfahrer waren als Trophäen auf den Mauern von Kairo ausgestellt worden. Er brachte es fertig, daß sie heruntergenommen, in Kisten verpackt und ins Heilige Land gebracht wurden, wo sie geziemend bestattet wurden. Er brachte es auch zustande, daß ihm die Hälfte des Lösegeldes erlassen und daß alle noch verbliebenen Gefangenen freigelassen wurden, selbst diejenigen, welche zum Islam bekehrt worden und diejenigen, welche als Kinder gefangengenommen worden waren. Er unterzeichnete einen Vertrag mit Kairo, wonach Jerusalem und der größte Teil des Landes bis zum Jordan, in die Hände der Christen zurückgefallen wären; aber der Vertrag war an die Bedingung geknüpft, daß die Christen die Ägypter in ihrem Krieg gegen Damaskus und Aleppo unterstützten, und diese Bedingung wurde nie ganz erfüllt. Ludwig unterzeichnete einen gleichlautenden Vertrag mit Damaskus. Er machte von seiner königlichen Macht klugen Gebrauch, und obwohl viele Scharmützel stattfanden, so kam es doch während seiner vierjährigen Herrschaft über das Heilige Land zu keinen ernsthaften Kämpfen mit den Muslimen.

Ludwig hatte sich sehr verändert, seit er von Zypern aus nach Damiette in See gestochen war. Seine Schultern waren gebeugt, er trug einen Vollbart, er aß wenig, und seine Sorgen lasteten schwer auf ihm. Er war noch frömmer geworden und noch entschlossener, dem unerforschlichen Willen Gottes zu gehorchen. Endlich, nachdem er sich lange selbst geprüft und alle seine Angelegenheiten in Ordnung gebracht hatte, kam er zum Schluß, daß es Gottes Wille sei, daß er nach Frankreich zurückkehre, das er seit fast sechs Jahren nicht mehr gesehen hatte.

Am 24. April 1254 stach er von Akkon aus in See, begleitet von seiner Königin, die ihm in Ägypten und im Heiligen Land drei Kinder geboren hatte. Neun Galeonen und neun Galeeren waren alles, was von der großen Flotte, die Aigues-Mortes verlassen hatte, noch übrig war. Das Schiff des Königs lief vor Zypern auf eine Sandbank auf. Der König, der leicht seekrank wurde und dem Meer nicht mehr traute als den Sarazenen, warf sich, barfuß und nur mit einem Rock bekleidet, auf dem Deck nieder, um Gottes Hilfe anzuflehen. Das Schiff trieb von der Sandbank weg, aber einige Stunden später brach ein Sturm los. Das gab Anlaß zu einer langen Diskussion darüber, was Gott wohl beabsichtige, wenn er auf dem Meer Stürme entfache. Wollte er sie für ihre Sünden bestrafen? Wollte er sie warnen oder ihnen drohen? Sprach daraus Gottes Zorn oder Gottes Liebe? Weder der König noch Johann von Joinville, der ebensoleicht seekrank wurde, waren in der Lage, zu glauben, ein Sturm sei ein Zeichen von Gottes Liebe.

Obwohl der König oft in sich ging und Buße tat, kannte er manchmal keine Nachsicht gegenüber andern. Einst legten drei Galeeren der Flotte in Pentellaria an, um für die königlichen Kinder Früchte zu beschaffen. Während die Hauptflotte vor der Küste ankerte, blieb die Mannschaft so lange auf der Insel, daß der König glaubte, die drei Galeeren seien von den Sarazenen, welche die Insel für sich beanspruchten, gekapert worden. Als die Galeeren endlich aus dem Hafen herauskamen, vernahm der König, daß sechs Edelleute zum Mittagessen eingeladen und so gut bewirtet worden waren, daß sie vergaßen, daß sie dadurch, daß sie den König warten ließen, eine Majestätsbeleidigung begingen. In seinem Zorn ließ sie der König in eines der Schleppboote werfen, wo sie während des Restes der Fahrt beinahe ertranken. Die sechs Edelleute baten um Vergebung, aber der König blieb hart.

Endlich, nach etwa zehn Wochen Seefahrt, legte die Flotte in Hyères in der Provence an, und in langsamen Tagreisen erreichten der König und seine Begleitung Paris. Der König hatte gehofft, als Sieger zurückzukehren. Statt dessen kehrte er zurück als ein König, der mehr Truppen und Waffen verloren hatte als je ein Franzose vor ihm, ein Verlust, der nur durch vier Jahre harter Arbeit als ungekrönter König von Jerusalem wettgemacht wurde.

Die Leute sahen in ihm etwas, was nicht von dieser Welt war. Seine Wutausbrüche, selbst seine Unentschlossenheit sprachen in den Augen des Volkes für ihn. Seine körperliche Schönheit wirkte auf die Leute anziehend, seine Blässe und seine Gebrechlichkeit gerieten ihm zum Vorteil. Er hatte etwas Priesterliches an sich und war ein von Priestern bedrängter König. Er war der letzte abendländische König, der einen Kreuzzug anführte.

Der Tod Ludwigs des Heiligen

Im Jahre 1270, als Ludwig IX. sich zu einem weiteren, seinem letzten Kreuzzug aufmachte, war man sich in Frankreich immer mehr bewußt geworden, daß solche Abenteuer sinnlos und vergeblich waren. Der Chronist Johann von Joinville war zum Schluß gekommen, ein Kreuzzug sei weit davon entfernt, Gott zu gefallen, er sei vielmehr eine schwere Sünde. Da er sich über den Verlauf eines Kreuzzuges keine Illusionen machte, weigerte er sich, sich ihm anzuschließen. Sein Bericht darüber stammt aus zweiter Hand; er stützt sich auf Zeugenaussagen, Briefe und amtliche Dokumente.

Viele Leute in Frankreich glaubten, Ludwigs letzter Kreuzzug werde zum Scheitern verurteilt sein. Der englische Historiker Matthäus Paris schrieb, nach der Katastrophe von Mansura, bei der fast sein ganzes Heer verlorenging, «genoß der Name des französischen Königs in seinem Reich sehr wenig Achtung; er wurde verhaßt und geriet sowohl bei den Edelleuten als auch beim gewöhnlichen Volk in Verruf».[114] Der Franziskaner und Historiker Salimbene äußerte sich noch deutlicher und schrieb, die Leute hätten die Prediger, welche um

Almosen für den Kreuzzug gebeten hätten, verflucht. Wenn ein Wanderprediger dahergekommen sei, hätten sie ihr Geld statt dem Prediger einem Armen gegeben und gesagt: «Nimm dies im Namen Mohammeds, denn er ist mächtiger als Christus.»[115]

Vor allem wurde es den Leuten immer mehr bewußt, daß die Kreuzzüge nichts erreichten, außer daß sie die Schatzkammern des Königs und der Kirche füllten. Zudem wuchs das Verständnis für die Muslime. Man fand, ihre Länder würden ohne ausreichende Gründe und mit sehr wenig Nutzen angegriffen. Kreuzfahrer, die mit großen Hoffnungen auf Jerusalem ausgezogen waren, hatten feststellen müssen, daß skrupellose Führer, die aus persönlichen Gründen anderswohin ziehen wollten, das Unternehmen von seinem ursprünglichen Ziel ablenkten.

So geschah es, daß Karl von Anjou – ein jüngerer Bruder König Ludwigs IX. und ein äußerst ehrgeiziger Mensch, der es auch verstand, tiefe religiöse Gefühle vorzutäuschen – es fertig brachte, die Gunst des Papstes Urban IV. zu gewinnen. Der Papst bot ihm nach dem Sturz Konrads und Manfreds, der Söhne Kaiser Friedrichs II., das Königreich Neapel und Sizilien an. Es gelang Karl von Anjou, König Ludwig dazu zu überreden, einen Kreuzzug statt ins Heilige Land nach Tunis zu führen. Karl hatte dort große finanzielle Interessen, und wenn der Kreuzzug Erfolg haben sollte, bestand für ihn die Hoffnung, Herrscher eines Reiches zu werden, das sich über Südfrankreich, Süditalien, Sizilien und Tunesien erstreckte.

Karl von Anjou wußte, daß sein Bruder schon seit 1267 plante, einen Kreuzzug ins Heilige Land zu unternehmen. Schiffe wurden gekauft, katalanische Söldner und Provenzalen wurden angeworben, Vorräte wurden eingelagert, und Geld wurde gesammelt, alles für einen neuen Angriff auf Ägypten. Karl von Anjou hätte einen Angriff auf Konstantinopel vorgezogen. Denn dort bestanden Aussichten auf Beute.

Papst Urban IV. starb im Jahre 1264, aber sein Nachfolger, Klemens IV., war Karl von Anjou, dem König von Sizilien, ebenso wohlgesinnt, bis es ihm gegen das Ende seines Lebens hin bewußt wurde, daß er Sturm geerntet hatte. Es kam Karl von Anjou sehr gelegen, daß Klemens IV. im Jahre 1268 starb. Während dreier Jahre gelang es durch Bestechung und Intrigen, die Wahl eines neuen Papstes zu verhindern.

Karl von Anjou träumte davon, Herrscher über ganz Italien zu werden, aber am liebsten hätte er die Führung über einen rein wirtschaftlich orientierten Kreuzzug übernommen, mit dem einzigen Ziel, die Grenzen seines Mittelmeerreiches zu erweitern. Mustansir, der Emir

von Tunis, war reif für die Bekehrung. Nur ein kleiner Anstoß war erforderlich, um ihn zum wahren Glauben zu bekehren. Der Anstoß konnte gewissermaßen schicksalshaft vom Kreuzfahrerheer kommen, und bald würde ganz Nordafrika der Christenheit angehören wie in den Tagen des heiligen Augustinus, des Bischofs von Hippo.
Diese Überlegung hatte etwas Bestechendes an sich, aber Karl von Anjou verfolgte leidenschaftlich und entschlossen seine eigenen Interessen. König Ludwig war von der Überlegung beeindruckt, er hielt aber das Ziel des Kreuzzuges geheim. Später vernahm man, daß einige von den Kreuzfahrern Bankwechsel nach Akkon gesandt hatten und beabsichtigten, sie nach ihrer Ankunft einzulösen.
Zu Beginn des Frühlings 1270 war alles für den Kreuzzug bereit. Der König war während einiger Zeit krank gewesen, aber er schien sich erholt zu haben. Er setzte sein Testament auf, in welchem er den größern Teil seines Vermögens Spitälern, Siechenhäusern und Waisenhäusern vermachte. Seine Testamentsvollstrecker waren Geistliche, und er ernannte Matthäus von Vendôme, den Abt von Saint-Denis, zum Regenten für die Zeit seiner Abwesenheit. Er hatte Vertrauen in die Geistlichen, entschädigte sie großzügig und fühlte sich unbehaglich, wenn kein Priester in Sicht war. Er begann den Kreuzzug in sehr frommer Gesinnung.
Aber er neigte sehr stark zum Zaudern. Er ging in die Abteikirche von Saint-Denis, holte die glänzend goldene Oriflamme, die über dem Altar hing, herunter und betete andächtig um den Sieg. Dann benötigte er zehn Tage, um in das nur hundertzehn Kilometer von Paris entfernte Sens zu gelangen. Er besuchte die große Zisterzienserabtei von Cîteaux; er war an Ostern in Mâcon, und er benötigte weitere siebzehn Tage, um Lyon zu erreichen. In Nîmes schaltete er einen zehntägigen Halt ein, dann machte er sich auf den Weg nach Saint-Gilles, der von Raimund von Toulouse so sehr geliebten, kleinen Stadt. Saint-Gilles liegt nur vierzig Kilometer von Aigues-Mortes entfernt. Die Kreuzfahrer marschierten sehr langsam voran, als ob sie wüßten, daß sie ihrem Tod entgegengingen.
Ein großer Teil der Flotte, viele Ritter und Fußsoldaten und die meisten Vorräte waren bereits in Aigues-Mortes eingetroffen. Da die Provenzalen und die Katalanen nicht sehr viel zu tun hatten und des Wartens auf den König müde waren, fingen sie mit den Franzosen Streit an und gingen bald auf sie los. Innert kürzester Zeit standen alle Truppen, die bei Aigues-Mortes und in der Stadt selber lagerten, in Waffen. Es herrschte ein solcher Aufruhr, daß der Kreuzzug unterzugehen drohte, bevor er begonnen hatte. Endlich ließ sich der König dazu bewegen, von Saint-Gilles nach Aigues-Mortes zu eilen, und

auf seinen Befehl hin wurden alle Rädelsführer des Aufruhrs gehängt.
Es gab noch weitere böse Vorzeichen, als die Flotte am 1. Juli 1270 endlich von Aigues-Mortes aus in See stach. Wie viele Jahre vorher die Flotte vom Sturm zerschlagen wurde, als sie Zypern verließ, so wurde sie auch diesmal, kurz nachdem sie den Hafen verlassen hatte, vom Sturm überrascht und zerstreut. Aber der Sturm ließ nach, und sieben Tage später erreichte der größte Teil der Flotte den Hafen von Cagliari, der Hauptstadt von Sardinien, und innerhalb der nächsten paar Tage traf auch der Rest der Flotte im Hafen ein. Hier hielt der König mit seinen drei Söhnen, mit König Theobald von Navarra, seinem Schwiegersohn, und mit seinem Neffen, dem jungen Robert von Artois, Kriegsrat. Der Graf von Flandern und der Graf der Bretagne nahmen ebenfalls daran teil. Am Schluß der Zusammenkunft wurde angekündigt, man wage sich nicht ins Heilige Land, der Kreuzzug werde nach Tunis weiterziehen.
Das Geheimnis war sorgfältig gehütet worden. So war die Ankündigung für die niederen Ränge ein Schock. Der König, der immer vorsichtig handelte, hatte gewisse Vorkehrungen getroffen. Obgleich er vorher angekündigt hatte, er ziehe ins Heilige Land, sahen die Verträge, die er mit den Genueser Reedern abgeschlossen hatte, vor, daß er die Schiffe in einen Hafen beordern, sich dann dort wieder einschiffen und ohne zusätzliche Bezahlung einen andern Hafen anlaufen könne. Wenn er beabsichtigt hätte, ins Heilige Land zu gehen, hätte er in Zypern Vorräte anlegen lassen, wie er das bei seinem ersten Kreuzzug getan hatte. Er hatte mit dem König von Zypern keine formellen Abmachungen getroffen, aber man erwartete ihn in Akkon, das dringend Hilfe benötigte, denn Baibars hatte bereits Jaffa und Antiochia erobert, und es war offensichtlich, daß Akkon fallen würde, wenn aus dem Westen kein mächtiges Heer eintreffen sollte.
Der heiligmäßige König war durchaus der Doppelzüngigkeit fähig, wenn es seinen Zwecken diente.
Die Flotte verließ Cagliari am 15. Juli und landete drei Tage später nach einer leichten Überfahrt mit Rückenwind in der Nähe von Karthago. Es war die schlimmste Zeit des Jahres für einen Feldzug. Die Hitze war so fürchterlich, daß es den Männern unmöglich war, länger als eine Stunde eine Rüstung zu tragen, und die Nächte waren fast so schlimm wie die Tage. Die Kreuzfahrer nahmen den Hafen von Karthago ein, rückten einige Kilometer der Küste entlang vor und richteten unterhalb der von Mauern umgebenen Stadt ihre Zelte auf. Karl von Anjou hatte versprochen, eine weitere Flotte zu entsenden. Aber sie kam nicht, und die Franzosen, Provenzalen und Katalanen warte-

ten vor den Mauern von Karthago, wie sie vor den Mauern von Mansura gewartet hatten. Es gab einige Scharmützel, aber keine offene Schlacht. Die Franzosen waren hinter ihren Gräben in Sicherheit und die Muslime hinter ihren Mauern. Die Franzosen hatten wenig frisches Wasser; die Muslime hatten soviel sie wollten. Die Muslime nahmen sich nicht die Mühe anzugreifen. Ihre Strategie bestand darin, zu warten, bis die Franzosen von der Hitze oder der Pest vernichtet sein würden. Das Heer bestand aus etwa zehntausend Mann, und als Mitte August die Pest sich über das ganze Lager auszubreiten begann, wurde die Hälfte davon kampfunfähig.
Der jüngste Sohn des Königs, Johann Tristan, der in Damiette geboren worden war, starb an der Pest. Ein weiterer Sohn, Philipp, der Thronerbe, schien am Sterben zu sein. Der päpstliche Legat starb. Der König fühlte, daß er auch sterben werde, und bereitete sich auf den Tod vor. Er diktierte das berühmte Dokument über die geistliche Erziehung des Thronfolgers, das als *Enseignements* bekannt wurde. Prinz Philipp wurde darin ermuntert, das Gute zu lieben und das Böse zu meiden, die Priester zu achten, gegenüber den Armen und Elenden milde zu sein und nie vom Weg der Rechtschaffenheit abzuweichen. Kurz vor seinem Tode wünschte der König, auf ein mit Asche bestreutes Bett gelegt zu werden, empfing die Sterbesakramente, wurde mit Öl gesalbt und betete mit deutlicher Stimme die sieben Bußpsalmen.
Etwa zur gleichen Zeit, da König Ludwig vor den Mauern von Karthago im Sterben lag, wurde die Flotte Karls von Anjou auf dem Meer gesichtet. Er kam gerade rechtzeitig, um die Früchte eines zweifelhaften Sieges zu ernten, denn infolge seiner Ankunft änderte sich die Lage. Der Emir, der von den hohen Türmen des alten Karthago hinunterschaute, sah, daß neue Truppen dem Strand entlangeilten, die wohlgenährt, frei von Pest und mit Katapulten, Steinschleudern und all den Kriegsmaschinen gut ausgerüstet waren, und er realisierte, daß Karl von Anjou ein anderes Temperament hatte als König Ludwig, der immer eine abwartende Haltung eingenommen hatte.
Karl eilte zum Lager des toten Königs, dessen Körper immer noch warm war. Er fiel auf die Knie nieder, betete, weinte und traf Anordnungen. Die Leiche des Königs sollte in Wein und Wasser gesotten werden, bis sich das Fleisch von den Knochen lösen würde. Die Knochen sollten feierlich in eine Urne gelegt und in die Abteikirche von Saint-Denis verbracht werden. Das Herz und die Eingeweide sollten in der berühmten Kathedrale von Monreale bei Palermo beigesetzt werden. Ludwig war auf dem Wege zur Heiligkeit.
Karl besuchte den neuen König, Philipp III., der als Philipp der

Kühne bekanntwerden sollte, obwohl keine Kühnheit ihn auszeichnete. Der junge König war immer noch schwach und fiebrig und nicht in der Lage, das Heer anzuführen. Karl von Anjou traf Vorbereitungen für einen Angriff auf Karthago. Dies versetzte ihn in die Lage, mit dem Emir zu verhandeln. Der Emir bot ihm zweihundertzehntausend Unzen Gold an, um die Eindringlinge loszuwerden. Karl handelte auch einen Gefangenenaustausch aus und unterschrieb einen Vertrag, der den Christen gestattete, in Tunis zu leben, zu arbeiten, Handel zu treiben und ihre Religion auszuüben.

Diese Vereinbarungen wurden Ende Oktober abgeschlossen, und am 15. November 1270 stach die Flotte wieder in See, viereinhalb Monate, nachdem sie in Karthago angelegt hatte. Karl, der sehr wenig von Seefahrt verstand, hatte sich entschlossen, das Mittelmeer zur schlimmsten Zeit des Jahres zu überqueren. Als die Flotte an Trapani an der Westküste Siziliens vorbeisegelte, brach ein heftiger Sturm los. Viele Schiffe wurden beschädigt, einige sanken, und ein Teil der Seeleute und Soldaten wurden aufs Meer hinausgetrieben. Es ertranken so viele, daß man glaubte, es sei eine Warnung von Gott, eine Vorankündigung, daß noch Schlimmeres folgen werde.

XI DAS BEIL FÄLLT

Baibars

Sultan Baibars Al Bundukdari war ein hochgewachsener, massiger Tscherkesse mit roten Wangen, braunem Haar und blauen Augen. Er wurde am Ufer des Schwarzen Meeres geboren. Als Sklave kam er nach Damaskus, wo er, weil er schön von Gestalt und kräftig gebaut war, für achthundert Kupfermünzen gekauft wurde. Als Tscherkesse empfand er keine Loyalität gegenüber den Sultanen. Er bahnte sich seinen Weg zur Macht, indem er einfach jeden, der ihm im Wege war, umbrachte. Er tötete Sultan Turan Schah und dann Sultan Kutus, der sich geweigert hatte, ihn zum Statthalter von Aleppo zu machen. Kutus wurde von hinten erstochen. Es war ein besonders widerlicher Mord. Unmittelbar darauf entstand ein großes Durcheinander. Die Leute prügelten sich und wußten nicht, was sie tun sollten. Schließlich zeigte ein Hofbeamter auf den Thron und sagte: «Die Macht gehört dir.»

Baibars setzte sich auf den Thron wie einer, der sein ganzes Leben lang auf diesen Augenblick gewartet hatte. Die Sultane gaben sich in der Regel Beinamen, die ihren Charakter und ihre zukünftigen Leistungen als Herrscher beschreiben sollten. Baibar dachte zuerst daran, sich «der Schreckliche» oder «der, welcher Schrecken einflößt» zu nennen. Er besann sich jedoch eines Besseren und entschied sich statt dessen für «der Siegreiche». Beide Beinamen paßten zu ihm.

Er hatte einen durchdringenden Blick und in einem Auge einen seltsamen weißen Fleck; beides flößte Furcht ein. Er verurteilte mit Gleichmut Leute zum Tode. Er verbot die Prostitution – bei Todesstrafe. Er verbot den Genuß alkoholischer Getränke, ebenfalls bei Todesstrafe, denn der tscherkessische Sultan war ein leidenschaftlicher Anhänger des fundamentalistischen Islams. Im Lager und im Palast konnte man ihn mit seiner lauten Stimme die Übel seiner Zeit verdammen hören. Sein Sekretär beklagte sich, er sei immer unter-

wegs. «Heute ist er in Ägypten, morgen in Arabien, am Tag darauf in Syrien und in vier Tagen in Aleppo.»
Baibars gab dem Islam etwas, was er seit der Zeit Saladins nicht mehr besessen hatte: einen eisernen Kern, eine schonungslose Entschlossenheit. Die beiden waren jedoch Männer von ganz verschiedenem Charakter: Saladin hätte man mit einem Rapier vergleichen können, Baibars eher mit einer Streitaxt; Saladin hatte ein Gewissen, Baibars war gewissenlos; Saladin konnte im Zorn töten, Baibars konnte zu jeder Tageszeit und aus irgendeinem Grund oder grundlos jemanden umbringen. Baibars zerstörte die letzten zerfallenden Reste des Königreichs Jerusalem nicht, aber er schuf die Voraussetzungen zu seiner Zerstörung.
Im Sommer 1266 erschien Baibars mit einem großen und gut ausgerüsteten Heer vor den Mauern von Akkon. Er hatte Spione in der Stadt, die ihm ziemlich viele schlechte Nachrichten zukommen ließen. Er vernahm zum Beispiel, daß die Besatzung kurze Zeit zuvor aus Frankreich Verstärkung erhalten habe und daß sie sich wahrscheinlich unter keinen Umständen ergeben werde. Er erfuhr auch, daß die Mauern mit ihren doppelten großen Türmen verstärkt worden waren, weshalb zu ihrer Zerstörung ein viel größeres Heer, als er hatte, und eine gewaltige Menge von mächtigen Belagerungsmaschinen erforderlich war. Baibars zog sich deshalb von Akkon zurück und marschierte gegen Galiläa. Hier gelang es ihm durch eine List, die oberhalb des Galiläischen Meeres gelegene Burg Safed einzunehmen. Er versprach der Besatzung freien Abzug, brach dann aber sein Versprechen und ließ sie alle enthaupten, als sie herauskamen. Seine Hauptwaffen waren Verrat und Terror. Er befahl seinen Soldaten, jeden Christen, den sie antrafen, zu töten, und er zog durch Galiläa wie ein rotglühendes Schüreisen.
Unterdessen kämpfte Kalawun, sein bester Emir, in Kilikien. König Hetum von Armenien wußte, daß Baibars' Mameluckenheer im Begriffe war, vorzurücken, und er eilte an den Hof des Ilkhans in Täbris, um Verstärkung für sein Heer anzufordern. Während seiner Abwesenheit unternahmen die Mamelucken eine Reihe von Blitzangriffen, sie besetzten Adana und Tarsus und plünderten Sis, die Hauptstadt des Armenischen Reiches. Der Palast wurde ausgeraubt, die Kathedrale niedergebrannt und die Bevölkerung niedergemetzelt oder gefangengenommen. Als König Hetum aus Täbris zurückkehrte, lag seine Stadt in Trümmern, sein Sohn Leo, der Thronfolger, war gefangengenommen und ein anderer Sohn, Toros, umgebracht worden. Es ist bezeichnend, daß Hetum von einer kleinen Abteilung von Mongolen begleitet war. Zum ersten Mal handelten die Mongolen und die Christen gemeinsam.
Baibars glaubte vermutlich, sein Feldzug gegen die armenischen Städte

in Kilikien habe den Untergang von Hetums Reich herbeigeführt. Doch er täuschte sich. Die Armenier setzten den Kampf fort und bekräftigten das Bündnis mit den Mongolen. Diese hatten jetzt in Persien und bis zum Euphrat Fuß gefaßt und konnten sich auf unermeßliche Truppenreserven in ganz Zentralasien stützen.

Im Herbst 1266 entsandte Baibars ein Heer gegen Antiochia. Es sollte die Stadt angreifen, es gelang ihm jedoch nicht, die Verteidigungsanlagen zu durchbrechen. Baibars selbst war nicht dabei. Seine Generäle hatten so viel Beute zusammengetragen, daß sie es nicht für nötig hielten, sich noch um mehr zu bemühen. Möglicherweise konnte die Bevölkerung von Antiochia die Generäle bestechen, so daß sie die Belagerung nach wenigen Tagen wieder aufhoben. Baibars geriet in Wut, weil sein Heer bei Antiochia versagte.

Im Mai 1267 führte er sein Heer bis vor die Mauern von Akkon. Er wandte eine List an, was er immer sehr gerne tat. Er hatte so viele Uniformen, Lanzen und Banner von den Kreuzfahrern erbeutet, daß er damit Tausende von Soldaten so ausrüsten konnte, daß sie einem Kreuzfahrerheer glichen. In dieser Verkleidung ritten seine Truppen durch die Obstgärten rund um Akkon, töteten in den Dörfern der Umgebung Christen und zerstörten alles, was sie antrafen. Aber es gelang ihnen nicht, Akkon zu zerstören, denn die Wachen auf den Wachttürmen hatten sie kommen sehen und an ihrer Art zu reiten und an ihrer dunkleren Gesichtsfarbe erkannt, daß sie verkleidete Muslime waren, und deshalb Alarm geschlagen. Der Angriff wurde zurückgeworfen. Als Gesandte nach Safed kamen, um über einen Waffenstillstand zu verhandeln, fanden sie die Burg von einem Ring aus Schädeln von Christen umgeben vor.

Wenn Baibars seine Täuschungsmanöver gelegentlich mißlangen, nahm er zu Terrormaßnahmen Zuflucht. Er hatte eine Vorliebe für Gemetzel, und jedesmal, wenn er eine Stadt angriff, drohte er, die Einwohner niederzumetzeln, wenn sie sich nicht sofort ergäben. Im Februar 1268 griff er Jaffa an. Die Stadt leistete zwölf Tage lang heldenhaften Widerstand. Er metzelte die Bevölkerung nieder, gewährte aber der Besatzung freien Abzug. Dieses ungewöhnliche Vorgehen kann vielleicht dadurch erklärt werden, daß die Festung gut verteidigt war, so daß ihre Belagerung zu vielen Ägyptern das Leben gekostet hätte, wenn sie noch länger aufrechterhalten worden wäre.

Von Jaffa aus marschierte Baibars gegen die Burg Beaufort, die in die Hände der Templer gefallen war. Nach zehn Tagen heftiger Beschießung mußte sich die Burg ergeben. Mit ungewohnter Großzügigkeit anerbot sich Baibars, den Frauen freien Abzug zu gewähren, die Templer wurden jedoch als Sklaven verkauft.

Dann kam Antiochia an die Reihe, das seit mehr als hundertsiebzig Jahren in christlichen Händen war. Boemund VI., der Fürst von Antiochia und Graf von Tripoli, hatte die Stadt der Obhut des Konstablers Simon Mansel überlassen. Dieser wurde bald gefangengenommen, als er mit einer Truppenabteilung gegen die herannahenden Mamelucken vorrückte. Simon Mansel erhielt den Befehl, die Besatzung aufzufordern, sich zu ergeben. Die Besatzung weigerte sich. Es wurde heftig gekämpft, und am 18. Mai 1268 befahl Baibars einen Generalangriff. Es gelang den Mamelucken, eine Bresche in die Mauer zu schlagen. Die Besatzungstruppen kämpften tapfer, und die Bevölkerung ergab sich. Dies ermunterte Baibars dazu, ein weiteres allgemeines Gemetzel anzuordnen, nachdem er die Tore hatte schließen lassen, so daß niemand entkommen konnte. Diejenigen, welche das Gemetzel überlebten, gab er seinen Soldaten als Sklaven. Das christliche Antiochia ging unter und lebte nie wieder auf.
Weil Baibars Boemund VI. verachtete, schrieb er ihm einen seltsamen, höhnischen Brief, der ein Meisterwerk an Bosheit und Beschimpfung darstellt.

AUSZÜGE AUS EINEM BRIEF DES SULTANS BAIBARS AL BUNDUKDARI AN BOEMUND VI., DEN FÜRST VON ANTIOCHIA, VOM MAI 1268 AUS ANTIOCHIA.[116]

DEM RUHMREICHEN GRAFEN BOEMUND, der herrlich und hochherzig ist, den Mut eines Lôwen hat, der Ruhm des Volkes Jesu, das Haupt der christlichen Kirche und der Führer des Volkes des Messias ist, der nicht mehr den Titel eines Fürsten von Antiochia trägt, da ihm Antiochia verlorengegangen ist, möge Gott den Weg zeigen und einen guten Tod schenken und helfen, sich an meine Worte zu erinnern.
... Wir eroberten Antiochia mit dem Schwert in der vierten Stunde von Samstag, dem vierten Tage des Ramadans, und Wir vernichteten alle, die Du dazu auserwählt hattest, die Stadt zu bewachen. Alle diese Menschen hatten Besitztümer, und alle ihre Besitztümer sind in Unsere Hände übergegangen.
Oh, wenn Du gesehen hättest, wie Deine Ritter von Unseren Pferden zertrampelt, Deine Pferde erbeutet wurden und jedem, der vorüberging, preisgegeben waren, wie Deine Schätze zentnerweise abgewogen und Deine Frauen auf dem Marktplatz, vier für einen Golddinar, verkauft wurden. Wenn Du nur gesehen hättest, wie Deine Kirchen vollständig zerstört, die Kruzifixe auseinandergerissen, die Blätter der Evangelienbücher zerstreut und die Gräber der Patriarchen mit Füßen getreten wurden. Wenn Du nur gesehen hättest, wie Deine muslimischen Feinde Deine Altäre mit dem Aller-

heiligsten niedertrampelten, den Diakonen, Priestern und Bischöfen die Kehlen durchschnitten, wie das Patriarchat für immer abgeschafft wurde und wie die Mächtigen zur Machtlosigkeit erniedrigt wurden. Wenn Du nur gesehen hättest, wie Deine Paläste den Flammen übergeben, wie die Toten von den Flammen dieser Welt verzehrt wurden, bevor sie von den Flammen der andern Welt verzehrt wurden, wie Deine Burgen und alle dazugehörigen Gebäude vom Angesicht der Erde ausgelöscht wurden und die Kirche des heiligen Paulus vollständig zerstört wurde, so daß nichts mehr von ihr übrig blieb, dann hättest Du bei diesem Anblick gesagt: «Wollte Gott, ich wäre Staub! Wollte es Gott! Wollte Gott, ich hätte den Brief mit diesen traurigen Nachrichten nie erhalten!»
Wenn Du all dies gesehen hättest, hättest Du Deine Seele mit einem Seufzer ausgehaucht, und die Menge Deiner Tränen hätte die verzehrende Flamme ausgelöscht. Wenn Du gesehen hättest, wie die Orte, die einst im Reichtum prangten, in Armut versanken und wie Deine Schiffe im Hafen von Seleucia von Deinen eigenen Schiffen gekapert wurden – Deine Schiffe im Krieg gegen Deine Schiffe –, dann wäre es Dir ohne den geringsten Zweifel bewußt geworden, daß Gott, der Dir einst Antiochia gegeben hat, es Dir jetzt weggenommen hat, daß der Herr, der Dir diese Festung gegeben hat, sie Dir weggenommen und vom Angesicht der Erde ausgelöscht hat. Du sollst wissen, daß Wir die Burgen, die früher einmal dem Islam verloren gegangen sind, durch die Gnade Gottes zurückgewonnen haben. Wisse, daß Wir Dein ganzes Volk aus dem Lande vertrieben haben; Wir nahmen sie gewissermaßen bei den Haaren und zerstreuten sie hierhin und dorthin. Der einzige Rebell ist jetzt der Fluß, der durch Antiochia fließt*: Er würde seinen Namen ändern, wenn er könnte; seine Wasser sind Tränen; er war einmal rein und klar, jetzt ist er vom Blut gefärbt, das wir vergossen haben.
Dieser Brief wird Dir geschickt, um Dir zu gratulieren, weil Gott es für richtig gehalten hat, Dich zu beschützen und Deine Tage zu verlängern. All dies verdankst Du der Tatsache, daß Du nicht in Antiochia warst, als Wir die Stadt einnahmen. Wenn Du an der Schlacht teilgenommen hättest, wärest Du entweder tot oder Unser Gefangener oder von Wunden durchlöchert. Du mußt Dich sehr darüber freuen, daß Du noch lebst, denn es gibt nichts Freudigeres, als einem Unglück zu entgehen. Vielleicht hat Gott Dir diesen Aufschub gewährt, damit Du Deinen frühern Ungehorsam gegen ihn wiedergutmachen kannst. Und da niemand aus Deiner Stadt überlebt hat, um Dir zu berichten, ist es Uns zugefallen, Dir diese Nachrichten zu übermitteln, und da auch niemand aus Deiner Stadt in

* Der Orontes, von den Arabern Al Asi, der Rebell, genannt, weil er von Süden nach Norden fließt.

der Lage ist, Dir zu Deinem Überleben zu gratulieren, ist das auch Uns überlassen geblieben. Du kannst Uns auch nicht beschuldigen, etwas Falsches gesagt zu haben, und Du brauchst auch nicht anderswo hinzugehen, um die Wahrheit zu vernehmen.

Der Sieger, der über seinen Sieg frohlockt, bietet kein erfreuliches Schauspiel. Was am Brief besonders auffällt, sind Baibars' immer noch andauernde Wut und seine beinahe wirren Schmähungen. Und doch enthält er etwas wie einen Aufschrei, der andeutet, daß er sich als Opfer, nicht als Urheber des Verbrechens sieht.

Die Ursache seiner Wut ist nicht schwer zu finden. Um die Rache, die er sich wünschte, voll genießen zu können, hätte er den Fürsten selber haben müssen, um ihn töten oder foltern zu können, um ihn leiden, ihn tot vor sich zu sehen; aber der Fürst von Antiochia war seinem Netz entwischt.

Baibars hielt sich für den Menschen, der dazu bestimmt sei, die Christen aus dem Heiligen Land zu vertreiben. Er hatte Antiochia und Jaffa erobert, es war ihm gelungen, Armenien zu schwächen, er hatte Galiläa fast zur Wüste gemacht, und er hatte den Templern die Burg Beaufort entrissen. Aber dies war wenig, verglichen mit dem, was er wollte. Das ehemals stolze Gebäude des Königreichs Jerusalem glich einem von Granaten durchlöcherten Palast ohne Dach, dessen Gesimse weggeschossen und von dem große Teile zu Schutt zerfallen waren. Er wollte jedoch, daß der Palast vollständig zerstört werde.

Das seltsame Königreich hatte sogar einen König. Es war Hugo III., der König von Zypern und Jerusalem, der am Weihnachtstag 1267 in Nikosia gekrönt worden war. Es gab noch andere Personen, die auf den Thron Anspruch erhoben, darunter Maria von Antiochia, die Tochter der Melisendis von Lusignan. Später sollte sie dann ihren Anspruch an Karl von Anjou verkaufen. Im folgenden Jahr ließ Karl Konradin, den Enkel Friedrichs II., hinrichten, der die Titel König von Jerusalem und Sizilien und Herzog von Schwaben für sich beanspruchte. Dessen Verbrechen hatte allein darin bestanden, daß er versucht hatte, sein italienisches Erbe zurückzugewinnen.

Wie Konradin war Hugo III. jung, kräftig und gutmütig. Er war der große Vermittler, der einzige, der dafür sorgen konnte, daß die kleinen Fürstentümer miteinander im Frieden lebten. Er vermittelte bei Kriegen, beschwichtigte die streitbareren unter den Vasallen und ersuchte den Westen immer wieder um Hilfe. Die Templer und die Johanniter mißtrauten ihm, ebenso die Kommune von Akkon, die für Könige nichts übrig hatte. Er verließ sich oft auf den Rat Philipps von Montfort, des kultiviertesten der Barone, und er war zutiefst betroffen, als Philipp auf Betreiben Baibars' von Assassinen ermordet wurde.

Durch seine wilde Grausamkeit hatte Baibars die Christen anfänglich empört, aber bald flößte er ihnen Furcht ein, die sie zu überwältigen drohte. Sie erinnerten sich an den Ring aus Schädeln um die Festung in Safed. Der blauäugige Sultan, der keine Spur ägyptischen Blutes in sich hatte und aufs Morden versessen war, war eher eine zerstörerische Naturkraft als ein Mensch. Da er sich niemandem verpflichtet fühlte, zerstörte er, was ihm beliebte.

Das Königreich Jerusalem bestand jetzt nur noch aus einer Handvoll Städte, die sich an der Meeresküste festklammerten. Und zum ersten Mal hören wir einen Unterton gänzlicher Verzweiflung in den Stimmen der Kreuzfahrer. Wir vernehmen ihn im Brief Hugos von Revel, des Großmeisters der Johanniter, an seinen Freund, den Prior von Saint-Gilles in der Provence.

AUSZÜGE AUS EINEM BRIEF HUGOS VON REVEL, GROSSMEISTER DER JOHANNITER, AN FARAUD VON BORRASSIO, PRIOR VON SAINT-GILLES IN DER PROVENCE, VON PFINGSTEN 1268 AUS AKKON.[117]

BRUDER HUGO VON REVEL, durch die Gnade Gottes demütiger Großmeister des Heiligen Hauses des Spitals des heiligen Johannes in Jerusalem und Beschützer der Armen Jesu Christi, sendet in aufrichtiger Liebe Grüße an seinen innig geliebten Bruder in Christo, Faraud von Borrassio, Prior von Saint-Gilles, und an alle Brüder seiner Priorei.

Wir wissen nicht, wem wir unsere Not klagen und die Wunden unserer so durchbohrten und gepeinigten Herzen zeigen sollten, wenn nicht denjenigen, von denen wir wissen, daß sie von tiefem Mitleid für unsere Leiden gerührt sind. Wir brauchen auch nicht die Härten zu beschreiben, die wir seit so langer Zeit im Heiligen Land erdulden, und auch nicht die Schwere unserer Verluste an Eigentum und Menschenleben. Wir glauben, daß Euch fast alles davon bekannt sein muß. Diese Leiden, diese Verluste scheinen kein Ende zu nehmen; sie wachsen und vermehren sich vielmehr täglich ...

... Ihr wißt sehr wohl, was uns von jenseits des Meeres erreicht. Wir haben aus Spanien außer einigen Tieren nichts erhalten. Wir erhofften Hilfe aus Italien und besonders aus Apulien, aber unsere Hoffnungen sind durch das Verhalten von Bruder Philipp von Glis zerstört worden. Er verwendete alles, was wir hatten, für seine eigenen Zwecke, wie es ihm gefiel, und wegen dieses Bruders Philipp von Glis wurde alles, was wir in Sizilien besaßen, zerstört und verwüstet, nur weil er die Brüder unseres Ordens in einen bewaffneten

Kampf mit denjenigen führte, welche Karl von Anjou bekämpften. Die Häuser, die wir in Sizilien besaßen, wurden deshalb dem Erdboden gleichgemacht, unsere Obstbäume umgehauen, unsere Reben ausgerissen, und was sich in unseren Häusern befand, wurde gestohlen. Ich bin sicher, ihr wißt von unserem Krieg in Tuscien und wie alles, was wir in jener Gegend besaßen, zerstört wurde und daß uns deshalb aus Italien wenig oder gar nichts über das Meer geschickt wird. Es ist unmöglich, aus der Priorei in Frankreich etwas Nützliches zu erhalten wegen der Schulden, die vom vorgenannten Bruder Philipp gemacht wurden – Schulden, die er zu bezahlen versprach, die er aber nicht bezahlt hat. Die Priorei von England, die uns früher viel Hilfe und Unterstützung gewährte, hat wegen der Kriege, die dort stattfinden*, die Überweisung von Einkünften sehr reduziert.
Überlegt Euch deshalb, wie wir unsere Ausgaben bestreiten sollen bei den kleinen Einkünften, die wir aus Eurer Priorei und aus der Priorei in der Auvergne erhalten. Das ist alles, was uns bleibt; abgesehen von den Einkünften aus England, denn aus Deutschland kommt nichts. Wir bringen diese Angelegenheit aus keinem anderen Grunde vor die Brüderschaft, außer um Euch zu warnen, daß Ihr nicht überrascht sein sollt, wenn wir Euch belästigen, indem wir Euch um Hilfe bitten. Doch es gibt noch einen Grund: Was für ein Schicksal auch immer unsere Festungen erwartet – wir wollen hoffen, daß ihnen das schlimmste Schicksal erspart bleibt – oder was für ein Schicksal auch immer über unser Land kommt – und man spricht viel davon –, Ihr müßt entschuldigen, daß wir diese Verantwortung übernommen haben, wir und unser Haus, denn hier ist nur noch eine kleine Zahl von Christen übrig, und uns fehlt die Kraft, der unaussprechlichen Macht der Sarazenen zu widerstehen. Wir sind ganz sicher, daß die Stadt Akkon nicht richtig verteidigt werden könnte, selbst wenn alle Christen von jenseits des Meeres hier wären, um sie zu verteidigen.
Wegen der Verluste, welche die Christen erlitten haben, und wegen der Verluste, die sie täglich weiter erleiden, sind sie so besorgt, daß ihnen das Selbstvertrauen fehlt, das sie brauchten, um dem Feind zu widerstehen. Dieses Jahr wurden die Stadt und die Festung von Jaffa in einer Stunde erobert. Die Festung in Caesarea, ein gewaltiges Bollwerk, hielt nur zwei Tage durch, als sie vom Sultan angegriffen wurde. Safed, der Stolz der Templer, gab nach sechzehn Tagen auf. Man sagte, die Festung Beaufort sei so stark, daß sie ein Jahr lang durchhalten könne, und doch fiel sie in weniger als vier Tagen. Die edle Stadt Antiochia wurde eingenommen . . .

* Er bezieht sich auf die lange andauernden und harten Kriege Heinrichs III. in Wales.

So liegen die Dinge in unserem Land, und so groß ist die Gefahr, die uns überwältigt! Gott wird entscheiden, was aus uns werden soll. Aber um Gottes willen, laßt Euch dazu rühren, aus ganzem Herzen mit uns Mitleid zu haben. Bittet Gott, er möge uns soviel Hilfe als möglich gewähren ...

Der Brief Hugos von Revel ist in seiner Art klassisch. Er ist sowohl ein verzweifelter Hilferuf als auch eine Bestätigung dafür, daß es keine Hoffnung auf Hilfe gab – und daß die Hilfe, falls sie käme, wahrscheinlich zu spät kommen würde.

Wenn Hugo von Revel sich beklagte, der Westen habe das Interesse an der Sache des Heiligen Landes verloren, hatte er nur bedingt recht. Im Herbst 1269 begann der Kreuzzug Jakobs I. von Aragonien, der mit einer mächtigen Flotte von Barcelona aus in See stach. Die Flotte hatte den Hafen kaum verlassen, als sie von einem Sturm zerstreut wurde. Der König gab sein Unternehmen auf, entsandte aber seine beiden Söhne mit einer viel kleineren Flotte. Die beiden Söhne erreichten Akkon zu einem Zeitpunkt, da Baibars wieder einmal im Begriffe war, die Stadt anzugreifen. Das kleine spanische Heer lechzte danach, die Mamelucken anzugreifen, wurde aber daran gehindert, da man glaubte, die Soldaten seien ohne Übung und im Felde weniger nützlich als in einer Besatzung. Nach einigen Wochen kehrten die Spanier widerwillig nach Spanien zurück.

Auch die Engländer entsandten unter der Führung des Prinzen Eduard, des Sohnes und Thronfolgers Heinrichs III., ihre Kreuzfahrer. Mit nur tausend Mann verließ der Prinz England im Sommer 1271. Wie die Spanier drängte es ihn nach Taten, und er nahm an einem Ausfall in der Scharonebene teil. Er war der erste Engländer, der eine Abordnung zu den Mongolen entsandte: Rainald Russell, Gottfried Welles und Johann Parker gingen an den Hof des Ilkhans und ersuchten um Hilfe. Sie erhielten sie auch sogleich. Ein mongolisches Heer stieß aus Anatolien vor und eroberte Aleppo. Baibars rückte mit einem gewaltigen Heer von Damaskus aus heran und trat den Mongolen entgegen, die klug genug waren, sich zurückzuziehen. Aber das mongolische Bündnis war gestärkt worden, und es bestand Hoffnung, daß sie zu gegebener Zeit zurückkehren würden.

Prinz Eduard war hübsch, rastlos, liebte Turniere und war auch zu Kompromissen bereit, doch gegen seine erklärten Feinde war er äußerst unbarmherzig. Als er als Eduard I. König geworden war, griff er Schottland so unerbittlich an, daß er als «Hammer der Schotten» bekannt wurde. In Palästina war er jedoch milde und erfolgreich. Wie König Hugo III. versuchte er, die Kreuzfahrer, die sich so oft gegenseitig bekämpften, miteinander auszusöhnen. Baibars sah in ihm einen zweiten Philipp von Montfort, einen Mann, der die Kraft zu herrschen und Streitende zu versöhnen besaß, und befahl seine Ermordung. Ein als christlicher Pilger verkleideter Assassine stach mit einem vergifteten Pfeil auf ihn ein. Eduard war so kräftig und widerstandsfähig, daß er sich wieder erholte. Ungefähr zu dieser Zeit vernahm er, daß sein Vater, König Heinrich III., im Sterben liege. Er kehrte nach England zurück, um sich krönen zu lassen. In England fuhr er fort, das christliche Bündnis mit den Mongolen, wenn auch aus der Ferne, zu unterstützen.

Baibars setzte seine Raubzüge fort. Er eroberte die Templerfestung Safita und dann die Festung Krak des Chevaliers, die selbst Saladin für uneinnehmbar gehalten hatte. Er drang in Anatolien ein, unternahm Streifzüge gegen die Streitkräfte des Ilkhans und kehrte dann nach Syrien zurück. Glücklicherweise und zur großen Befriedigung der Christen starb er im Sommer 1277 an Gift, er trank versehentlich aus einem Giftbecher, den er für jemand anders zubereitet hatte. Aber auf ihn folgte sein wichtigster General, Kalawun, der ebenfalls entschlossen war, die Christen aus dem Heiligen Land zu vertreiben. Das würde jetzt leichter sein, nachdem Baibars so viele Orte erobert hatte.

In den letzten Tagen des Königreiches kam der Wahnsinn über die Kreuzfahrer. Obwohl sie wußten, daß sie sich gegen die überwältigende Macht der Mamelucken zusammenschließen mußten, kämpften sie gegeneinander und fanden Mittel und Wege, einander durch Verschwörungen und Verrat zu schwächen, und spielten so in die Hände der Feinde. Das Königreich war im Begriffe, von innen her zerstört zu werden, lange bevor der Feind es vernichtete. Blind und voller Machtgier stürzten die kleinen Fürsten, die über die Häfen an der palästinischen Küste herrschten, aus bloßer persönlicher Rachsucht aufeinander los.

Im Januar 1282 rüstete Guido II. Embriaco, der Herr von Dschubail, drei Schiffe aus, um ein kleines Heer von fünfundzwanzig Rittern und vierhundert Fußsoldaten nach Tripoli zu bringen. Er hoffte, Tripoli in einem Überraschungsangriff einnehmen, Boemund VII., der 1274 die Nachfolge seines Vaters angetreten hatte, gefangennehmen und ihn hinrichten zu können. Er verließ Dschubail bei Nacht und erreichte Tripoli vor Tagesanbruch. Guido ließ seine Schiffe in der Nähe des Hauses der Templer ankern und ging in der Dunkelheit an Land. Mit allen seinen Männern, die meisten von ihnen Genuesen, drang er in das Haus der Templer ein. Er hatte dort seine Agenten, darunter den Kommandanten der Templer, Reddecoeur; aber aus irgendeinem Grund war der Kommandant abwesend. Vielleicht wollte sich Reddecoeur nicht mehr an der Verschwörung beteiligen, vielleicht gab es auch ein Mißverständnis über den Zeitpunkt, da sie sich treffen sollten. Guido II. Embriaco geriet in Panik, verließ eilig das Haus der Templer und suchte mit seinen Rittern im Hause der Johanniter Zuflucht.

Der Tag brach an. Die Alarmglocken ertönten. Boemund VII. wurde über das seltsame Benehmen dieser Besucher aus Dschubail unterrichtet. Diese hatten unterdessen von einem der Türme des Hauses der Johanniter Besitz ergriffen und schienen ihr Leben teuer verkaufen zu wollen. Ganz Tripoli versammelte sich nun am Fuße des Turmes und verlangte den Tod der Eindringlinge. Der Kommandant der Johanniter anerbot sich, als Vermittler zu wirken. Bevor der Turm erstürmt werden konnte, wurde ein Abkommen erreicht, wonach Guido und allen seinen Rittern das Leben zugesichert wurde, wenn sie sich ergäben. Guido sollte für fünf Jahre eingekerkert werden; dann würde er seinen ganzen Besitz zurückerhalten.

Guido hätte wissen können, daß dies nur eine List war, die ihn veranlassen sollte, vom Turm herabzusteigen; denn Boemund VII. hatte den Befehl erteilt, den Genuesen die Augen auszustechen. Guido und seine Brüder Johann und Balduin sowie sein Vetter Wilhelm wurden sechs Wochen lang gefangengehalten, während Boemund erwog, was für verschiedene Strafarten in einem solchen Falle angemessen sein könnten. Dann wurden sie nach Nephin gebracht und dort in einem Graben festgehalten. Es wurde eine Mauer um sie herum errichtet, der Graben wurde mit Erde angefüllt, und sie wurden dem Hungertod überlassen.

Johann von Montfort, der Herr von Tyrus, ein Verbündeter des Herrn von Dschubail, marschierte mit allen seinen Rittern nach Dschubail und hoffte, die Stadt vor der Rache Boemunds schützen zu können. Er mußte feststellen, daß die Stadt bereits besetzt war und daß auf den Zinnen der Mauern die Siegesfeuer brannten. Er kehrte voller Abscheu nach Tyrus zurück, und es wurde ihm bewußt, daß seine Stadt Boemund noch vor den Mamelucken in die Hand fallen könnte.

Die Pisaner in Akkon waren hoch erfreut, als sie vom Schicksal der Expedition der Genueser nach Tripoli hörten. Sie feierten die Nachricht mit Musik, Tanz und Feuerwerk. Sie freuten sich besonders darüber, daß Guido II. Embriaco lebendig begraben worden war. Ihre Freude war ein Zeichen des geistigen Verfalls, der über alle diese Fürstentümer an der Küste gekommen war. Keines war immun dagegen.

Die Johanniter haßten die Templer, und auch Boemund VII. und der König von Zypern und Jerusalem haßte sie.
Gewaltige Triumphe und ungeheure Katastrophen lagen in jenen Zeiten nahe beieinander. Im Norden und Osten betrat eine neue Macht den Schauplatz. Ein riesiges mongolisches Heer, das über hunderttausend Mann zählte, bereitete sich im Bunde mit König Leo von Armenien und den Johannitern darauf vor, die Mameluk-ken zu bekämpfen. Kalawun befehligte die Mamelucken, Mangu Timur die Mongolen und Leo die Armenier. Die Schlacht von Hims, die am 30. Oktober 1281 stattfand, war eine der blutigsten Schlachten, die es je gegeben hatte. Eine Viertelmillion Krieger war daran beteiligt. Als die christlich-mongolischen Streitkräfte im Vorteil zu sein schienen, wurde Mangu Timur verwundet. Er geriet in Panik und erteilte den Befehl zum Rückzug. Kalawuns Heer hatte zu viele Verluste erlitten, als daß es die Mongolen über den Euphrat hätte verfolgen können. So gab es weder einen Sieg noch eine Niederlage. Leo zeichnete sich während des langen und schwierigen Rückzugs nach Armenien aus. Die Mongolen konnten ein zweites Mal kämpfen und den Ort der Schlacht selber bestimmen.
Am Abend des 30. März 1282 erlitt Karl von Anjou den größten Schock seines Lebens. Die Sizilianer, die über das Verhalten der französischen Besatzungsmacht erbittert waren, erhoben sich und metzelten jeden Franzosen, der ihnen in die Hände fiel, nieder. Die Sizilianische Vesper war die unvermeidliche Folge von Karls Raubzügen, seiner Anmaßung und seiner Unfähigkeit. Mit diesem Aufstand brachen seine Träume von einem Mittelmeerreich mit ihm selber als Kaiser von Byzanz und König von Jerusalem zusammen. Karl sollte im Zusammenhang mit den Kreuzzügen keine Rolle mehr spielen.
Unterdessen fuhr Kalawun fort, die christlichen Außenposten im Heiligen Land zu bedrängen. Er besetzte die große Johanniterburg in Markab, war aber noch nicht bereit für den letzten Angriff auf Akkon. Er schaute aus der Ferne zu, wie die Könige von Jerusalem einander ablösten. König Hugo III. starb. Sein ältester Sohn Johann, ein anmutiger und zarter Jüngling von siebzehn Jahren, folgte auf ihn. Johann starb nach einem Jahr, und sein jüngerer Bruder Heinrich wurde am 15. August 1286 in Tyrus gekrönt. Seine Krönung war von ausgesuchten Festlichkeiten begleitet. Heinrich war vierzehn Jahre alt, hübsch, anmutig, sehr tapfer und ein Epileptiker. In weniger als fünf Jahren sollte er in den Ruinen von Akkon den Untergang seines Königreiches erleben.

Das Ende des Königreichs

Es gab Leute, die sagten, die Stadt Akkon sei eine der ältesten Städte der Welt oder wenigstens so alt wie irgendeine von den Städten an der palästinischen Küste. Sie erscheint im Verzeichnis der Eroberungen Thutmosis' III., das um das Jahr 1500 vor Christus erstellt wurde. Sie erscheint auf den Amarnatafeln des ketzerischen Pharaos Echnaton. Im dritten Jahrhundert vor Christus gründete sie Ptolemäus II. Philadelphus neu und gab ihr seinen Namen: aus Akkon wurde Ptolemais. Im neunten Jahrhundert nach Christus eroberte Achmed Ibn Tulun, der Statthalter von Ägypten, Syrien und beschloß, die Stadt mit einer großen Mauer gegen das Meer hin zu befestigen. Die Franken eroberten sie und nannten sie nun Saint-Jean-d'Acre. Sie wuchs und blühte unter den Franken, bis sie gegen Ende des dreizehnten Jahrhunderts nach Konstantinopel die reichste Stadt in der Gegend war. Sie besaß riesige Türme und Mauern, welche die Zugänge vom Land her beherrschten, einen innern und einen äußern Hafen und ein großes Zollgebäude, wo die Beamten auf Teppichen saßen und ihre Feder in Tintenfässer aus Ebenholz und Gold tauchten. In der Stadt gab es Plätze, die durch große farbige, von Mauer zu Mauer aufgespannte Tücher vor der Sonne geschützt waren. Die Arbeiter und Handwerker wohnten im Zentrum der Stadt, und hier befanden sich auch die Geschäfte und die Marktplätze. Die Stadt besaß achtunddreißig Kirchen, und wenn am Sonntag alle Kirchenglocken läuteten, konnten sie bis über einen Kilometer ins Meer hinaus gehört werden. Akkon war eine Handelsstadt, die mit allen Ländern Europas sowie mit Ägypten und dem Osten Beziehungen unterhielt. Die Lombarden, Pisaner, Genuesen, Venezianer und Deutschen besaßen hier ihre eigenen Lagerhäuser und Einrichtungen, die den heutigen Handelskammern entsprachen. Sie stritten immer wieder miteinander, so daß es üblich wurde, in den engen Straßen Barrikaden zu errichten, sobald sich Anzeichen von Kämpfen zeigten. Für die hundertzwanzigtausend Einwohner, die Hälfte davon Muslime, soll es vierzehntausend Prostituierte gegeben haben. Da die Muslime in der Stadt wohnten, geschah in der Regierung und in der Militärbehörde sehr wenig, was in Damaskus und Kairo nicht schnell bekannt wurde. Akkon lebte von seinen Kaufleuten. Es besaß wenige Fabriken, aber mehr Lagerhäuser, als irgend jemand hätte zählen können. Auf den riesigen Marktplätzen konnte man Pelze aus Rußland, Türkise aus Persien, Seidenstoffe aus China und Rubine aus Indien kaufen. Die Päpste wetterten gegen die Laster und den Luxus in der großen

Hafenstadt; aber sie konnten nichts ausrichten. Akkon lebte nach seinen eigenen Gesetzen.
Theoretisch wurde die Stadt von Heinrich II. von Lusignan, dem König von Zypern und Jerusalem, regiert. In Wirklichkeit regierte eine große Zahl von Herrschern, von denen die meisten aus dem verlorenen Königreich Jerusalem vertrieben worden waren. Der päpstliche Legat, der Großmeister der Templer, der Großmeister der Johanniter, der Großmeister der Deutschritter und verschiedene Fürsten, die in Akkon Zuflucht gesucht hatten, als ihre Länder und ihre Grundstücke in die Hände der Sarazenen gefallen waren – sie alle waren an der Regierung der Stadt beteiligt, die in siebenundzwanzig Bezirke eingeteilt war, von denen sich jeder weitgehend selber verwaltete. In einer solchen Stadt war das Regieren eine schwierige Angelegenheit. Es gab zu viele Regierende, und zu viele Dinge konnten falsch laufen.
Bei so komplexen und schwierigen Verhältnissen war es verhängnisvoll, wenn Ausländer in die Stadt kamen. Sie störten das Gleichgewicht der Kräfte, metzelten Muslime nieder und lieferten so dem Sultan einen willkommenen Vorwand für einen Angriff auf die Stadt und für ihre gänzliche Zerstörung.
Papst Nikolaus N. erhielt ein dringendes Gesuch um mehr Soldaten. Es gelang ihm, einige hundert Bauern und arbeitslose Arbeiter unter dem Kreuzesbanner zu sammeln. Sie kamen aus der Lombardei und der Toskana und machten sich in venezianischen Schiffen unter dem Befehl von Nikolaus Tiepolo, dem Sohn des regierenden Dogen, auf den Weg nach Akkon. Das päpstliche Schatzamt stellte für die Kosten des Unternehmens dreitausend Goldstücke zur Verfügung. Fünf Galeeren, die König Jakob von Aragonien gehörten und von ihm ausgerüstet worden waren, begleiteten die neuen Kreuzfahrer, die gegen Ende August 1290 in Akkon eintrafen.
Es war die Zeit der Feste. In Galiläa hatte man eine prächtige Ernte eingebracht. Die Damaszener Kaufleute beschickten die Marktplätze von Akkon wieder mit ihren Produkten. Der Fürst von Tyrus, der Bruder des Königs von Zypern, residierte im königlichen Palast, und er empfing Nikolaus Tiepolo mit allen seinem Range zukommenden Ehren. Es bestand stets die Gefahr, daß Sultan Kalawun angreifen könnte, aber die Beziehungen zwischen den Franken und Ägypten schienen sich zu verbessern. Plötzlich gab es in jenem friedlichen Sommer Anzeichen dafür, daß es keinen weiteren Sommer mehr geben könnte.
Einige Tage nachdem die Toskaner und Lombarden angekommen waren, begannen sie zu toben. Anscheinend waren sie nicht bezahlt

worden. Nach der langen Seefahrt benahmen sie sich aufsässig. Sie zeigten kein Verständnis für die Sitten und Gebräuche einer levantinischen Stadt. Akkon prunkte mit seinem Reichtum; sie hatten nichts davon oder so wenig, daß es kaum zählte. Sie glaubten, sie seien gekommen, um die Sarazenen zu bekämpfen, und nun waren sie ganz von Sarazenen umgeben. Bernhard, der Bischof von Tripoli, war vom Papst mit der Aufsicht über sie betraut worden; aber er hatte keine Kontrolle über sie. Der Ausschweifung und dem Trunke verfallen, ohne Wurzeln im Lande, Fremde in einem fremden Land, von der Bevölkerung Akkons verachtet und ohne eigene Mittel, rasten sie in mörderischer Wut durch die Straßen und töteten jeden Muslim, den sie antrafen. Sie brachten ohne Unterschied Männer, Frauen und Kinder um, aber gegen bärtige muslimische Kaufleute empfanden sie einen besonderen Haß. Sie stürmten über den Marktplatz in der Mitte der Stadt und hinaus in die Vororte. Da viele Christen Bärte trugen, wurden auch sie getötet. Der Aufruhr begann so rasch, daß die Polizei, die Soldaten und die Ritter überrascht wurden. Einige Muslime wurden in die Burg in Sicherheit gezerrt, andere fanden in Privathäusern Zuflucht. Die Lombarden und Toskaner wurden zusammengetrieben, aber viele entkamen. Es war, als ob aus heiterem Himmel ein Sturm losgebrochen wäre und etwa tausend Leute in der Stadt getötet hätte.
Die Regierung wußte, daß die Nachricht vom Gemetzel bald nach Ägypten gelangen werde, und entschuldigte sich sofort bei Kalawun. Aber Kalawun war nicht in der richtigen Stimmung, um Entschuldigungen entgegenzunehmen. Er entsandte seine Vertreter nach Akkon mit der Aufforderung, daß ihm alle für die Greueltat Verantwortlichen zur Bestrafung – und dies bedeutete Hinrichtung – übergeben werden sollten. Die Stadträte traten zusammen und erörterten die Forderung des Sultans eingehend. Der Großmeister der Templer meinte, die Sache könne sehr leicht erledigt werden, indem man alle Gefangenen in den Kerkern der Stadt nach Ägypten sende. Das war eine für einen Templer typische Lösung. Der Vorschlag einer allgemeinen Säuberung der Gefängnisse wurde abgelehnt. Es wurden keine bessern Vorschläge eingebracht. Die Räte kamen zum Schluß, das Gemetzel sei mindestens zum Teil durch die Muslime verschuldet worden, und hofften, der Sultan werde ihre Entschuldigungen annehmen und die Angelegenheit vergessen.
Der Sultan vergaß sie nicht. Über das Gemetzel und auch über die überhebliche Haltung der Stadträte erzürnt, beschloß er, Akkon zu zerstören. Er rief seine Rechtsgelehrten zusammen und fragte sie um Rat. Er hatte mit dem König von Zypern einen Vertrag abgeschlos-

sen. Durfte er ihn brechen, und aus welchen Gründen? Einer der Rechtsgelehrten meinte, er habe die Macht, den Vertrag nach Belieben zu brechen oder zu halten. Aber der Sultan war mehr beeindruckt von der Überlegung, daß die Christen den Vertrag gebrochen hätten, indem sie die Bestimmung, wonach alle Muslime in Akkon unter dem Schutze der zivilen Regierung ständen und jedes Vergehen gegen sie von den christlichen Richtern bestraft werden müsse, nicht befolgt hätten. Aus diesem Grunde bestehe zwischen Ägypten und dem lateinischen Königreich der Kriegszustand.

Kalawun war von dieser Überlegung so begeistert, daß er sofort den Befehl erließ, in Baalbek und in der Gegend zwischen Caesarea und Athlit eine gewaltige Menge Bäume zu fällen und damit Belagerungsmaschinen anzufertigen. Die Christen merkten bald, daß Bäume gefällt wurden, und begannen, die Orte, wo die Holzfäller an der Arbeit waren, anzugreifen. Als der Winter kam, wurde die Arbeit der Holzfäller sowohl durch die große Kälte als auch durch die Angriffe der Ritter erschwert.

Der Großmeister der Templer unterhielt seit einiger Zeit, wie es üblich war, einen geheimen Briefwechsel mit Kalawun. Dieser Briefwechsel ging nun zu Ende. Kalawun schrieb dem Großmeister, er habe einen unwiderruflichen Entscheid getroffen: Akkon müsse zerstört werden; es sei zwecklos, zu glauben, er werde Gesandte empfangen; seine Meinung sei gemacht. Der Großmeister, Wilhelm von Beaujeu, versuchte es mit einem letzten, verzweifelten Appell.

Kalawun ließ sich erweichen. Er anerbot sich, Akkon gegen ein Lösegeld von einer venezianischen Zechine für jeden Einwohner von Akkon zu verschonen. Zechinen waren Goldmünzen mit einem Wert von ungefähr zehn Dollar; das Lösegeld belief sich also auf etwa sechshunderttausend Dollar. Das war eine riesige Summe für die damalige Zeit, aber sie überstieg die Mittel der Bürgerschaft nicht. Wilhelm von Beaujeu rief die Bürger zu einer Versammlung in der Heilig-Kreuz-Kirche auf und trug ihnen die Forderung des Sultans vor. Statt sich bereit zu erklären, das Lösegeld zu bezahlen, lachten sie ihm ins Gesicht, verspotteten ihn und beschuldigten ihn des Verrats, weil er mit dem Feind in geheimem Briefwechsel gestanden habe. Sie hätten ihn umgebracht, wenn er nicht rechtzeitig hätte fliehen können.

Die Ratsherren in Akkon beschlossen, nochmals eine Abordnung nach Kairo zu entsenden. Als diese an Kalawuns Hof eintraf, weigerte sich der Sultan, sie zu empfangen. Die Gesandten wurden entweder auf der Stelle ermordet oder ins Gefängnis geworfen. Man hörte nie wieder etwas von ihnen.

Am Ende des Jahres sandte Kalawun Botschaften an alle arabischen Staaten, in denen er verkündete, daß er infolge der zahllosen Verletzungen des Abkommens durch die Christen entschlossen sei, Akkon zu zerstören. In einem Brief an König Hetum von Armenien schrieb er, er habe beim Koran geschworen, daß in jener verfluchten Stadt kein einziger Christ am Leben bleiben werde.

Auch die Christen versandten Erklärungen und Hilferufe. Es gingen Briefe an den Papst, an befreundete Könige, an die Templer und Johanniter im Westen und an den König von Zypern, die dringend Hilfe anforderten. In Akkon bildeten Patriarch Nikolaus, Johann von Grailly und ein außergewöhnlicher Ritter namens Otto von Grandson ein Militärkommando und erteilten sofort den Befehl, alle Türme und Zinnen, die kurze Zeit zuvor von König Heinrich von Zypern verstärkt worden waren, auszubessern. Die Verteidigungsanlagen der Stadt befanden sich in einem guten Zustand. Die Stadt war in der Lage, ein großes Heer fast unbegrenzt lange abzuwehren, sofern die Verteidigung in guten Händen lag, denn sie konnte vom Meer aus versorgt werden. Einige Abschnitte der Mauer standen unter dem Befehl tüchtiger Männer, andere Abschnitte wurden jedoch von feigen, unentschlossenen Männern befehligt.

Plötzlich vernahmen die Stadträte, daß Kalawun gestorben sei, kurz nachdem er Kairo verlassen habe, und sie jubelten vor Freude. Sie glaubten, die Gefahr sei jetzt gebannt. Aber der siebzigjährige Sultan hatte kurz vor seinem Tode seinem Sohn Al Aschraf Khalil befohlen, den Feldzug gegen Akkon weiterzuführen und nicht zu ruhen, bis die Stadt zerstört sei. Er hatte auch angeordnet, seine Leiche erst beizusetzen, wenn Akkon gefallen sei.

Ungefähr vierzigtausend Mann Kavallerie und hundertsechzigtausend Fußsoldaten rückten gegen Akkon vor. Riesige, «schwarze Ochsen» genannte Steinschleudern wurden durch den Morast und den Schneeregen eines besonders harten Winters geschleppt. Es waren zweihundert, mehr, als je zuvor gegen eine einzige Stadt eingesetzt worden waren. Auch zwei hoch aufragende Belagerungsmaschinen mit den Namen «die Siegreiche» und «die Wütende», die wie riesige Katapulte aussahen, wurden auf von hundert Paar Ochsen gezogenen Karren mitgeschleppt. Khalil hoffte, die letzte Festung der Kreuzfahrer allein schon durch die Zahl seiner Truppen und die Menge seiner Kriegsmaschinen überwältigen zu können.

Die Belagerung von Akkon begann am 5. April 1291, als Khalil mit großem Gepränge vor der Stadt eintraf. Sein Heer war den Verteidigern zahlenmäßig bei weitem überlegen, doch während der ersten Tage der Belagerung hielten sich die Besatzungstruppen glänzend.

Sie öffneten manchmal die großen Tore und forderten den Feind höhnisch auf, in die Stadt einzudringen. Sie wollten nicht die Verteidigerrolle spielen, die ihnen der Feind zugedacht hatte, und sie unternahmen oft kleine Ausfälle aus den Stadtmauern hinaus. In der Nacht des 15. April griff ein kleines Heer von Franken bei Vollmond überraschend das Lager des Fürsten von Hama an. Die meisten von ihnen waren Templer, die mit dem gewohnten wütenden Eifer kämpften. Viele kamen ums Leben, aber auch die Muslime erlitten Verluste. Als der Tag anbrach, machte sich der Fürst von Hama das Vergnügen, die Köpfe einiger Kreuzfahrer aneinander zu binden und sie wie einen Kranz um den Hals eines erbeuteten Pferdes zu legen, das er dann Khalil zum Geschenk machte. Die Kreuzfahrer hätten mit Köpfen von Muslimen genau das gleiche tun können.
Einige Tage später unernahmen die Johanniter einen Ausfall durch das Antoniustor. Es war eine sehr dunkle Nacht, und die Johanniter rückten unbemerkt vor. Als sie im Begriffe waren, sich auf das Lager zu stürzen, wurde die Nacht plötzlich durch Tausende von Fackeln in den Händen weißgekleideter Muslime erhellt. Khalils Leute hatten von der Sache Wind bekommen und überraschten nun diejenigen, welche sie hatten überraschen wollen. Es entspann sich ein heftiger Kampf im Scheine der Fackeln, und es gab auf beiden Seiten je zweitausend Tote. Solche Ausfälle erwiesen sich als zu verlustreich, deshalb wurden keine weiteren unternommen.
Am 4. Mai erschien ein neuer Kommandant in Akkon. Es war König Heinrich II. von Lusignan und Zypern, der Bruder des Fürsten von Tyrus. Er war mit vierzig Schiffen aus Zypern gekommen. Er verfügte über etwa hundert Reiter und zweitausend Fußsoldaten sowie über reichliche Vorräte. Er wurde mit Prozessionen und Chorälen empfangen, als wäre er der von Gott gesandte Erretter von Akkon.
Khalil hörte von seiner Ankunft. Er verstärkte absichtlich sein Trommelfeuer, beschoß die Mauern mit Steinen und setzte eine gewaltige Menge griechischen Feuers ein. Seine Pioniere machten sich daran, den nach dem Könige benannten Turm zu untergraben. Auch andere Türme wurden untergraben. Der Lärm in der Stadt war ohrenbetäubend. Die Mauern zitterten, und das Gedröhne der Pauken des Sultans konnten in der ganzen Stadt vernommen werden. Gegen die unterirdischen Gänge des Feindes gruben die Franken Gänge in der Gegenrichtung. Manchmal stießen die Gänge aufeinander, und es entspannen sich wilde Nahkämpfe im Boden tief unter den Stadtmauern.
Der König entschloß sich zu einem letzten diplomatischen Schritt. Er entsandte eine Abordnung, bestehend aus Wilhelm von Cafran und

Wilhelm von Villiers, zu Khalil. Sie sollten um einen Waffenstillstand nachsuchen und ihn auch fragen, warum er die Waffenruhe gebrochen habe. Wie lauteten seine eigentlichen Klagen? Könnte der Krieg abgebrochen werden?
Khalil weigerte sich, Fragen zu beantworten. Vor seinem Zelt stehend, umgeben von seinen Generälen, kündigte er an, ihn interessiere nur eines: ob sie ihm die Schlüssel der Stadt überbracht hätten. «Unsere Bürger auffordern, sich zu ergeben, ist mehr, als uns unser Leben wert ist», erhielt er zur Antwort. Khalil erklärte, er wolle die Stadt, nicht die Leute, die sich darin aufhielten; diese könnten frei abziehen. Aus Bewunderung für den Mut des Königs sei er bereit, der Bevölkerung von Akkon zu gestatten, ihren Besitz mitzunehmen, wenn sie die Stadt verließen. Gerade in diesem Augenblick fiel ein Stein, der von einem Katapult auf dem Turm des Legaten abgeschossen worden war, neben dem Zelt Khalils zu Boden. Khalil wurde so zornig, daß er das Schwert zog und sich anschickte, die Gesandten zu töten. Einer seiner wichtigsten Emire hielt ihn zurück und sagte, es sei Khalils unwürdig, «sein Schwert mit Schweineblut zu besudeln». Die Ritter kehrten nach Akkon zurück im sichern Bewußtsein, daß die Belagerung fortgesetzt werde.
Die Stadt Akkon war mit allen Vorrichtungen zur Verteidigung ausgerüstet, die in der damaligen Zeit bekannt waren. Gegen das Land hin erhob sich ein Gürtel von zwei Mauern, von denen jede mit Türmen versehen war. Die Mauern folgten ungefähr einer geschwungenen Linie, die an einer Stelle eine scharfe Ecke bildete. Diese Stelle galt als das schwächste Glied in der Kette. Hier befand sich eine große Zahl von Türmen: der Turm der Gräfin von Blois, der Englische Turm, der Turm des Königs Hugo und der Turm König Heinrichs II. Sie lagen alle an der äußeren Mauer. An der inneren Mauer, dem Turm König Heinrichs II. gerade gegenüber, lag der «Verfluchte Turm». Dieser Abschnitt stand unter dem Befehl Johanns von Grailly und Ottos von Grandson. Auf diese folgte die Bürgerwehr der Venezianer. Dann kamen die Pisaner und schließlich die Truppen der Kommune von Akkon. Die Verteidigung war gut koordiniert, und es bestand ein gutes Kommunikationssystem über Trompetensignale, das so wirksam war wie irgendein modernes System.
Khalil sah seine Hauptaufgabe darin, die Befestigung an ihrer schwächsten Stelle zu durchbrechen. Der Englische Turm und der Turm der Gräfin von Blois wurden untergraben, der Nikolausturm an der südlichen Verteidigungslinie ebenfalls. Die Türme fielen einer nach dem andern zusammen. Unter der Gewalt der riesigen Steine, die von den Belagerungsmaschinen abgeschossen wurden, stürzten

Teile der äußeren Mauer ein. Der Schutt füllte die Gräben zwischen den beiden Mauern.
Am 15. Mai stürzte der Turm König Heinrichs II., der kurze Zeit zuvor auf Befehl des Königs erbaut worden war, zusammen, die Muslime drangen in die Ruine ein und nahmen sie in Besitz. Ein Angriff auf das Antoniustor wurde zurückgeschlagen.
Beide Seiten erlitten große Verluste. Matthäus von Clermont, der Großmeister der Johanniter, übernahm die führende Rolle in den erbitterten Kämpfen beim Tor, wo sich die Templer auszeichneten. Daß es ihnen gelang, die Muslime zurückzuwerfen, war wie ein Wunder. Aber das Heer war erschöpft; die Zeit verging; jeden Tag erbeuteten die Muslime einen weitern Turm, ein weiteres Stück der Mauer. Khalils Heer war den in der Stadt kämpfenden Männern zahlenmäßig um das Zwanzigfache überlegen.
Der 17. Mai war ein verdächtig ruhiger Tag. Khalil stellte seine Truppen für einen Generalangriff bereit. Dreißigtausend Mann versammelten sich außerhalb der Mauern, und weitere dreißigtausend standen als Reserve bereit. Khalil erließ einen Befehl an sein Schatzamt, jedem Muslim, der eine christliche Lanze erbeute, den Betrag von tausend Dirhams auszuzahlen. Mullahs und Derwische versetzten die Truppen in einen Zustand großer Erregung, indem sie ihnen versprachen, daß Akkon dem Erdboden gleichgemacht und daß im Heiligen Land kein Christ am Leben gelassen werde.
In der Frühe des folgenden Tages, des 18. Mai, verdeckte ein dichter Nebel den Vormarsch von Khalils Truppen durch die Mandelhaine. Ihr erstes Ziel war der «Verfluchte Turm», der an der inneren Mauer, dort wo diese die scharfe Ecke bildete, gelegen war. Hier hielten sich König Heinrich II. und die Elite des Kreuzfahrerheeres bereit, um den Hauptstoß des Angriffs aufzuhalten. Hier kämpften auch die Templer und die Johanniter, die sonst immer Rivalen waren, in vollkommener Eintracht zusammen – vielleicht zum ersten Mal. Aber ihre Anstrengungen blieben ohne Erfolg. Die Muslime nahmen den «Verfluchten Turm» ein.
Matthäus von Clermont führte einen Angriff mit dem Ziel, den Muslimen den Turm zu entreißen. Er wurde zurückgeworfen. Bei diesem Gegenangriff wurde Wilhelm von Beaujeu, der Großmeister der Templer, durch einen Pfeil, der in seine rechte Achselhöhle eindrang, tödlich verwundet.
Die Besten starben. Matthäus von Clermont, der beim «Verfluchten Turm» so heftig gekämpft hatte, wurde getötet, bevor der Tag vorüber war. Von den Templern blieben nur zehn Mann übrig, von den Johannitern nur sieben. An jenem Tag, als sich die Muslime wie

Racheengel durch die engen Gassen Akkons ergossen und jedermann, der ihnen in den Weg trat, niedermetzelten, war die Wahrscheinlichkeit, daß auch nur ein Kreuzfahrer überleben werde, unendlich klein. Die Stadt brannte, und überall waren Muslime. Es war sehr weise von Heinrich II., daß er sich auf ein Schiff, das nach Zypern abfahren sollte, tragen ließ, denn ein gefangener König ist ein zu großes Geschenk für den Feind. Der betagte Patriarch Nikolaus von Hanape hatte weniger Glück. Gefolgt von seinen Gläubigen, ging er zum Hafen hinunter und ließ sich von einem kleinen Boot auf ein Schiff bringen. Als er aber sah, wie die Leute sich am Ufer drängten, empfand er Mitleid mit ihnen und erlaubte ihnen, zu seinem Boot hinauszuschwimmen. Da schwammen so viele hinaus und versuchten, sein Boot zu erklimmen, daß es sank. Der Patriarch und alle, die zu ihm hinausgeschwommen waren, ertranken. Die Kais waren voll von Frauen und Kindern, die nach Zypern hinübergebracht werden wollten.

Ungefähr zu dieser Zeit bemächtigte sich Peter von Flor, ein katalanischer Abenteurer, der mit den Templern gekämpft hatte, einer Galeere der Templer und lud die reichen adeligen Damen von Akkon ein, mit ihm nach Zypern zu fahren. Als Bezahlung für die Überfahrt verlangte er alle Edelsteine und alles Gold, das sie besaßen. Damit schuf er die Grundlage zu seinem unermeßlichen Reichtum.

Zehn Tage vorher, am 8. Mai, hatte Khalil einen Angriff auf das festungsähnliche Stadtschloß der Templer, das an der südwestlichen Ecke Akkons ins Meer hinausragte, befohlen. Es war gedrängt voll von Flüchtlingen, Männern, Frauen und Kindern, Pisanern, Venezianern und Genuesen und schien selbst noch in den letzten Stunden uneinnehmbar zu sein. Es war stark befestigt mit Türmen, die alle mit Löwen aus gehämmerter Bronze geschmückt waren und deren große Tore für undurchdringlich gehalten wurden. Das Templerschloß sollte zehn Tage durchhalten. Nach zwei oder drei Tagen bot Khalil seine Bedingungen an. Alle diejenigen, welche im Schloß Zuflucht gesucht hatten, sollten es unter freiem Geleite verlassen können, wenn sie ihre Waffen übergäben und nichts als die Kleider, die sie trügen, mitnähmen. Khalil übersandte ihnen eine weiße Fahne zum Zeichen, daß sie sich unter seinem Schutz befänden, sowie einen Emir und ein Regiment Soldaten, die dafür sorgen sollten, daß die Übergabebedingungen eingehalten würden. Es schien, als ob die letzten Christen Akkon im Frieden verlassen könnten. Aber es sollte anders kommen.

Dem Emir und seinem Regiment Soldaten wurde gestattet, die Festung zu betreten. Vor den Augen der Kreuzfahrer begannen sie,

die Mädchen und Knaben, die sie fanden, zu mißhandeln. Die Christen stürzten sich auf die Muslime und brachten sie alle um. Ihre Leichen wurden auf die Straße vor dem Schloß hinausgeworfen und das weiße Banner zuoberst auf den Leichenberg geschleudert.
Solche Taten waren nicht dazu geeignet, Khalils Gefallen zu finden. Er betrachtete jeden weiteren Widerstand als eine Beleidigung. Er anerbot sich, mit Peter von Sevrey, dem Marschall der Templer, zu verhandeln, und forderte ihn auf, mit einer kleinen Eskorte unter freiem Geleite zu seinem Zelt zu kommen. Sobald Peter das Zelt erreicht hatte, wurde er gefesselt und enthauptet. Das gleiche geschah mit seiner Eskorte. All das konnte von den Mauern des Templerschlosses aus mitangesehen werden. Die unglücklichen Überlebenden sahen ein, daß Khalil nicht die Absicht hatte, sie ziehen zu lassen.
Sie verteidigten sich, so gut sie konnten. Khalil hatte den Befehl erteilt, die Mauern auf der Landseite des Templerschlosses zu untergraben, und am 18. Mai, dem Tag des Generalangriffs, stürzte ein Teil der Mauern ein. Die Pioniere stellten große Holzbalken auf, um zu verhindern, daß das Schloß noch weiteren Schaden nehme. Nun konnten sich die Muslime hineinstürzen und die Christen niedermetzeln, während zweitausend Kavalleristen draußen die Straße bewachten, um zu verhindern, daß jemand entkommen konnte. Doch die Holzbalken waren nicht stark genug, um das gewaltige Gebäude zu stützen. Sie brachen zusammen und mit ihnen das ganze Schloß. Alle, die sich darin befanden, auch die muslimischen Soldaten, wurden getötet, und die Kavalleristen, welche die Straße bewachten, kamen unter dem Gewicht der Steine, die auf sie herabstürzten, um. Wo sich ein großes Gebäude befunden hatte, erhob sich jetzt nur ein Schutthaufen, über welchem ein tiefes Schweigen lag. Mit der Zerstörung seines letzten Außenpostens an diesem Freitag, dem 18. Mai 1291, ging das Königreich Jerusalem unter. Die Kreuzzüge gingen zu Ende, wie sie begonnen hatten: mit Verrat und Gemetzel.
Es blieb noch die Aufräumungsaktion übrig. Khalil erledigte sie fast nebenbei. Alle Festungen, die an der Küste noch übriggeblieben waren, ergaben sich kampflos. Tyrus, das zweimal den Heeren Saladins widerstanden hatte, wurde einfach aufgegeben, als der Feind herannahte. Sidon ergab sich den Muslimen. Ein großer Teil der Bewohner entkam nach Zypern, aber viele weitere wurden von den Muslimen gefangengenommen und getötet oder auf den Marktplätzen von Kairo und Damaskus verkauft. Die Templerburgen von Tortosa und Athlit, die Städte Beirut und Tortosa, alle ergaben sich. Den Templern verblieb nur noch die wasserlose Insel Ruad, drei Kilome-

ter vor der Küste von Tortosa. Diese konnten sie noch zwölf Jahre lang halten.
Die Küste Palästinas wurde zur Wüste. In ihrem Zorn waren die Muslime entschlossen, jede Spur der Christen, die hier einst die Häfen beherrscht hatten, zu tilgen. Wo Obstgärten gewesen waren, blieben nur tote Bäume zurück; wo sich Gebäude erhoben hatten, lagen nur noch Trümmerhaufen. Ein arabischer Historiker schrieb, bis zum Jüngsten Tag werde kein Christ mehr seinen Fuß auf diese Ufer setzen.
Die Kreuzzüge waren allerdings noch nicht ganz vorüber.

Das letzte Wagnis

Nach dem Untergang des Königsreichs Jerusalem im Heiligen Land gingen Wellen der Erschütterung über Europa hinweg. Die Bischöfe riefen die Gläubigen zusammen, um ihnen mitzuteilen, daß das Grab Christi unrettbar verloren sei. Im Volk machte sich kein Zorn breit, nur ein unbestimmtes Gefühl, etwas verloren zu haben. Zweihundert Jahre lang hatte man von den Kreuzzügen, ihren Triumphen und ihren Mißerfolgen gehört, und man hatte wenig Mitleid mit den Toten, die unter den Ruinen von Akkon begraben lagen. Die Zeit der Kreuzzüge war vorüber, und es gab andere Dinge, um die es sich zu kümmern galt. Zudem waren alle dankbar, daß sie für die Kreuzzüge keine Steuern mehr zu bezahlen hatten.
Aber die Kreuzzüge gehörten noch nicht ganz der Vergangenheit an. Wer ihre Geschichte mit dem Fall Akkons abschließt, übergeht das letzte leuchtende Aufflackern des Kreuzfahrergeistes, das plötzliche Auftauchen einer neuen, vom Himmel gesandten Gelegenheit, das Reich Gottes im Heiligen Land zu errichten und zu festigen. Die Mamelucken schienen das Land ganz zu beherrschen; sie hatten den größten Teil der Küste in Trümmer gelegt; sie hatten ihre Pferde in Jerusalem stehen; aber sie herrschten nicht im eigentlichen Sinne über Palästina, denn das Land war zu einer Wüste geworden. Es gab noch Armenien, das, vom Westen fast vergessen, noch hundertfünfundsiebzig Jahre unter christlichen, vom Hause Lusignan abstammenden Königen überleben sollte. Es gab noch die bewaffneten Templer, die auf der Insel Zypern Zuflucht gesucht hatten. Es waren

nicht mehr viele, aber sie konnten sich an die Templer in Europa wenden, wenn sie ihre Reihen erweitern wollten. Vor allem gab es noch das Mongolenheer des Ilkhans Ghasan, und dieses Heer war in der Lage, alles, was sich ihm entgegenstellte, aus dem Wege zu räumen, wenn es gut geführt wurde. Ghasan hatte sich zum Islam bekehrt, blieb aber den Christen wohlgesinnt; für den Sultan von Ägypten hatte er jedoch nicht viel übrig.

Im Sommer 1292, ein Jahr nach dem Fall Akkons, wählten die Templer auf Zypern einen neuen Großmeister: Jakob von Molay, den Marschall des Templerheeres und Fachmann in allen militärischen Bereichen vom Festungsbau bis zu Taktik und Strategie. Seine Wahl sollte außergewöhnliche Folgen haben.

Jakob von Molay, auf dessen Schultern später eine außerordentliche Verantwortung lasten sollte, war ein beinahe unbekannter Mann. Er wurde als Kind einer Familie des niederen Adels in Besançon in Ostfrankreich geboren. Mit etwa zwanzig Jahren trat er 1265 in Beaune im Weinbaugebiet in der Nähe von Dijon in den Orden ein und verbrachte dann sein ganzes Leben im Dienste der Templer. Er war einer jener unentwegten Soldaten, die ganz im Heer aufgehen, denn bis zum Zeitpunkt, da er Marschall wurde, hörte man nicht viel von ihm. Er geriet in Streit mit König Heinrich von Lusignan, weil er die Leitung der Templer ganz für sich beanspruchte, während der König alle Streitkräfte auf der Insel befehligen wollte. Der Streit wurde recht heftig, und im August 1298 stellte sich der Papst offen auf die Seite des Großmeisters. Der Papst drängte Heinrich von Lusignan, den König von Zypern, seinen Streit mit den Templern zu beenden, denn es bestehe kein Zweifel, daß sie zur Sicherheit der Insel beitrügen und ein offener Bruch würde nur das Leben aller Einwohner Zyperns gefährden. Bonifaz VIII. übertrieb nicht zugunsten des Großmeisters der Templer. Wahrscheinlich gab es auf der Insel nicht mehr als fünfhundert Templer, aber sie stellten eine disziplinierte Macht dar. Jakob von Molay war ein kämpfender Ritter, und wenn die Kreuzfahrer je wieder kämpfen sollten, würden sie einen Mann wie ihn als Führer brauchen.

Während beinahe sieben Jahren blieben die Mamelucken ruhig, teils weil Ägypten von einer Seuche heimgesucht wurde, teils weil das Heer Zeit benötigte, um die Schätze aufzuzehren, die es in Palästina erbeutet hatte. Dann plötzlich erstürmten zwei voll ausgerüstete mameluckische Divisionen Alexandrette, brachen in Kilikien ein und griffen Sis und Adana an. Wo sie hinkamen, richteten sie ein Blutbad an. Die Burgen in Armenien wurden eine nach der andern zerstört. König Konstantin von Armenien rief die Mongolen zu Hilfe. Er vertrat in jenem Zeitpunkt Hetum, den rechtmäßigen König, der bei einer Palastintrige verwundet worden war. Ilkhan Ghasan anerbot sich, ein gemeinsames armenisch-mongolisches Heer gegen die Mamelucken anzuführen.

Es wurden Boten nach Zypern geschickt, um den König auf die bevorstehenden Kämpfe hinzuweisen. In aller Eile wurde ein kleines Heer zusammengestellt und im Herbst 1299 nach dem Hafen St. Simeon übergesetzt. Hier nahm es Verbindung mit den Mongolen auf, die in den Ruinen von Antiochia lagerten. Jakob von Molay übernahm den Befehl über dreißigtausend mongolische Soldaten. Hetum, der sich von seinen Verletzungen erholt hatte, führte das armenische Heer an. Er war während der Palastintrige teilweise erblindet, aber er hatte sein Augenlicht zurückgewonnen, so daß er das von den Mongolen herbeigeschaffte riesige Heer sehen konnte. Insgesamt waren über hunderttausend Mann versammelt: drei- oder viertausend aus Zypern, vielleicht fünfzehntausend aus Armenien, ein kleines Heer von Georgiern, und die übrigen waren Mongolen. Ghasan hatte entschieden, daß die Zeit für die Vertreibung der Mamelucken aus Syrien gekommen sei.

Hetum, der den mongolischen Kaiser gut kannte und sogar mit ihm verwandt war – Ghasan hatte eine Prinzessin aus dem armenischen Königshaus geheiratet –, begleitete das Heer auf dem Marsch nach Hims. Ghasan war sehr klein und hatte das verhutzelte Aussehen eines Mongolen. Hetum meinte, in seinem ganzen Heer gebe es keine zweitausend Männer, die so klein seien wie der Kaiser, und wenige, die so häßlich seien, aber es gebe auch keine, die so großzügig, tapfer, hochherzig oder gutmütig seien wie er. Ghasan erklärte Hetum, er habe die Absicht, Syrien und Palästina den Christen zu überlassen, sobald er die beiden Länder von den Mamelukken gesäubert habe.

Hims war eine große Stadt am Orontes, auf halbem Weg zwischen Aleppo und Damaskus, die mit Mauern aus schwarzem Stein gut befestigt und wegen ihrer Obstgärten und der Schönheit ihrer Einwohner berühmt war. Das mameluckische Heer lagerte in der Stadt und um sie herum, bereit zum Kampf. Das vereinigte Heer der Mongolen, Christen und Armenier marschierte im Schatten des Libanongebirges heran, bis es noch einen Tagesmarsch von Hims entfernt war. Ghasan befahl einen Halt und sagte, er gedenke dort zu bleiben, bis seine Pferde ganz ausgeruht seien. Er richtete sein Lager ein, beschäftigte sich mit seinen eigenen Angelegenheiten und schien der Anwesenheit des Feindes einen Tagesmarsch weit weg keine Aufmerksamkeit zu schenken. Es gab reichlich Futter und Wasser, und die Versorgung mit Lebensmitteln erfolgte aus den umliegenden Dörfern.

Die Nachricht, daß Ghasan sich in seinem Lager ausruhe, erreichte den Sultan in Hims am 22. Dezember 1299. Er beschloß, sofort anzugreifen, erreichte Ghasans Lager gegen Abend und befahl seiner Kavallerie, das Heer des mongolischen Kaisers zu vernichten. Vom Angriff überrascht, befahl Ghasan seiner Kavallerie abzusitzen. Sie sollte den Feind nicht angreifen, sondern ihre Pferde als Mauer benützen und den Feind mit Pfeilen beschießen, sobald er nahe genug herangekommen sein würde. Die Mongolen waren ausgezeichnete Bogenschützen. Sie brachten den Angriff zum Stillstand, und als die Nacht hereinbrach, waren die Mamelucken geflohen.

Während der Nacht rückten die Mongolen und ihre Verbündeten gegen Hims vor. Im Morgengrauen begann der Kampf von neuem. Diesmal brauchten die Mongolen nicht hinter ihren Pferden zu knien. Die Armenier, die Templer, die Johanniter und die Abteilungen des zyprischen Heeres, die Georgier und die Mongolen verbrachten den Tag damit, die Mamelucken niederzumetzeln, bis es auf dem Schlachtfeld fast keinen Fleck mehr gab, der nicht mit einer Leiche bedeckt war.

Die Verluste der Verbündeten waren gering; die Mamelucken hatten drei Viertel ihres Heeres verloren. Der Sultan floh mit einer kleinen Leibgarde von Beduinen nach Kairo. Die restlichen Überlebenden flohen in Richtung Tripoli und wurden von den Christen, die im Libanongebirge lebten, niedergemacht. Der Schatz des Sultans wurde unversehrt vorgefunden. Bezeichnenderweise befahl Ghasan, die Beute unter die Soldaten zu verteilen. Für sich behielt er nur das Schwert des Sultans und einen Beutel mit den Siegeln des Sultanats.

Das Heer ruhte sich fünf Tage aus und rückte dann gegen Damaskus vor. Während es unterwegs war, sandte ihm der Statthalter von Damaskus eine Abordnung mit kostbaren Geschenken und den Schlüsseln der Stadt entgegen. Ghasan empfing die Gesandten, nahm ihre Geschenke entgegen und sagte zu ihnen, er werde sein Lager in der Nähe der Stadt aufschlagen und sie vielleicht zu seiner Hauptstadt machen. Kaptschik, ein Sarazene, der sich bei Ghasan eingeschmeichelt hatte, wurde zum Statthalter von Damaskus, Kotulossa, ein mongolischer Häuptling, zum stellvertretenden Befehlshaber des Heeres ernannt. Gegen Ende Februar des Jahres 1300 mußte Ghasan nach Persien zurückkehren, um einen Aufstand niederzuschlagen. Bevor er wegging, rief er König Hetum zu sich und sagte zu ihm, die Zeit sei gekommen, da die Christen ihre Burgen übernehmen und sie

wieder instand setzen sollten; er habe Kotulossa beauftragt, ihnen dabei jede Hilfe zu gewähren.
Während sechs Monaten war das Heilige Land dank der Unterstützung durch das mongolische Heer wieder in der Gewalt der Christen. Sie erhielten alles zurück. Voller Staunen stellten sie fest, daß das Land, um das sie zweihundert Jahre lang gekämpft hatten, wieder in ihrer Hand war. Armenien gehörte wieder den Armeniern, die Küstenstädte bis Gasa im Süden und Jerusalem selber gehörten den Kreuzfahrern. An Ostern fanden in der Grabeskirche Gottesdienste statt. Die Templer und die Johanniter hatten die Stadt im Triumph betreten, und niemand hatte versucht, sie aufzuhalten. Bevor Ghasan Damaskus verließ, entsandte er Abordnungen zum Papst und zu den Fürsten in Europa und forderte sie auf, Männer, Geld und Waffen nach Palästina zu schicken; Palästina sei ein Geschenk an sie. Er wünsche sich ein Bündnis zwischen den Mongolen und den Ländern Europas gegen die Mamelucken und er sei bereit, es mit seinem riesigen Heer zu unterstützen.
Die Armenier zogen sich nach Armenien zurück. Die Christen betrachteten die zerstörten Küstenstädte und fragten sich, ob wohl rechtzeitig Hilfe eintreffen werde. Sie waren jetzt weniger als fünftausend, und es war ihnen bewußt, daß es nicht in der Macht einer Handvoll Männer lag, ein Königreich zu schaffen. Jakob von Molay schickte nach allen Richtungen Truppenteile aus; er wollte damit vortäuschen, er verfüge über ein viel größeres Heer, als er tatsächlich besaß. Der Papst erwiderte den mongolischen Gesandten, die Zeit sei noch nicht reif für einen weiteren Kreuzzug, und die Fürsten Europas sagten das gleiche. Ghasan blieb in Täbris. Jakob von Molay machte den Templum Dei in Jerusalem zu seiner Residenz und ärgerte sich über die unmögliche Aufgabe, die ihm übertragen worden war. Das Königreich war in seiner Hand, aber wo waren die Leute, welche die Felder bestellen, die Grenzen bewachen und die Kirchen wieder aufbauen sollten? Die Küstenstädte mußten Stein um Stein wiederaufgebaut werden: Türme, Burgen, Tore, Stadtmauern. Wo waren die Frauen? Wo waren die Kinder? Mit einem mongolischen Heer zu seinem Schutze, mit Tausenden und Abertausenden von Einwanderern, die durch die Vermittlung des Papstes und der Fürsten Europas herüberkämen, könnte das Königreich vielleicht wiederhergestellt werden, aber die Hilfe müßte schnell und zielbewußt geleistet werden.
Es war das Jahr 1300, das von Papst Bonifaz VIII., einem sehr machtbewußten Papst, zum Jubeljahr ausgerufen worden war, um die Errungenschaften der Kirche und seine eigene Macht zu feiern. Riesige Volksmengen strömten nach Rom. Der Papst ließ manchmal an

Prozessionen zwei Schwerter vor sich hertragen, die sowohl die geistliche als auch die weltliche Macht darstellen sollten. Im Königreich Jerusalem riefen die wenigen noch übriggebliebenen Kreuzfahrer verzweifelt um Hilfe, doch der Papst hörte nicht auf sie.
In Palästina war der Sommer ungewöhnlich heiß. Die Bäume verdorrten, die Straßen verschwanden im Staub. Wie üblich gab es Verschwörungen, Komplotte gegen die Verschwörungen, geheime Abmachungen. Ganz plötzlich sah sich Jakob von Molay einer Verschwörung gegenüber, die seine letzten Hoffnungen zerstören sollte. Kaptschik, der sarazenische Statthalter von Damaskus, der mit dem Ilkhan Ghasan eng befreundet war, sein Vertrauen genoß und von ihm mit seinem hohen Amt betraut worden war, begann einen geheimen Briefwechsel mit dem mameluckischen Sultan und anerbot sich, Damaskus an Ägypten zu übergeben. Als Gegenleistung verlangte er eine große Menge Gold und Edelsteine, die Schwester des Sultans zur Frau und die Statthalterschaft von Damaskus für sich und seine Familie auf ewige Zeiten. Sieben Jahre später diktierte der Mönch Haiton, vormals Hetum, der König von Armenien, seinem Freund Nikolaus Falcon in einem Kloster in Piotiers seine Erinnerungen, in denen er in eher zufälliger Auswahl die Ereignisse jenes Sommers und Herbstes schildert:

> Als Molay sah, daß das ganze Land in Aufruhr war, wurde ihm bewußt, daß er mit so wenigen Leuten nichts ausrichten konnte, und deshalb ritt er auf dem kürzesten Weg ins Königreich Mesopotamien und berichtete dort in allen Einzelheiten über alles, was im Königreich Syrien geschehen war. Ghasan konnte nichts unternehmen, weil es Sommer war, aber als der Winter kam, traf er am Ufer des Euphrats alle seine Vorbereitungen und entsandte Kotulossa mit dreißigtausend tatarischen Reitern und dem Befehl, wenn sie das Land Antiochia erreichten, den König von Armenien und andere Christen in den Ländern des Orients und in Zypern zu ersuchen, sich ihm anzuschließen. In der Erwartung, daß Ghasan selber mit allen seinen Streitkräften in das Königreich Syrien einmarschieren werde, führte Kotulossa die Befehle des Kaisers aus.
> Kotulossa erreichte mit seinen dreißigtausend Tataren Antiochia und ersuchte den König von Armenien, sich ihm anzuschließen. Der König war damit einverstanden loszumarschieren und kam mit seinem Heer. Und die Christen im Königreich Zypern, die von der Ankunft Kotulossas gehört hatten, schickten Truppen auf die Insel vor Tortosa. Unter ihnen befanden sich der Herr von Tyrus und Bruder des Königs von Zypern, welcher der Generalissimus war, und die Männer an der Spitze der Johanniter und der Templer mit ihren Brüdern. Als sie sich alle bereitmachten, ihre christliche

Pflicht zu tun, verbreitete sich das Gerücht, Ghasan sei erkrankt und die Ärzte bangten um sein Leben.
So geschah es, daß Kotulossa mit den Tataren zu Ghasan zurückkehrte, und der König von Armenien kehrte nach Armenien zurück, und die Christen, die sich in Tortosa besammelt hatten, kehrten nach Zypern zurück. Auf diese Weise wurde das Unternehmen zur Rettung des Heiligen Landes vollständig aufgegeben. Dies geschah im Jahr unseres Herrn 1301.[118]

Das war noch nicht ganz das Ende, denn die Mongolen und die Armenier kämpften weiter. Es kam immer wieder zu kleinen Schlachten und Scharmützeln. Schließlich wurde das vereinigte mongolisch-armenische Heer im Jahre 1303 in der großen Ebene von Mardsch As Saffar dreißig Kilometer südlich von Damaskus besiegt. Die Reste des Heeres zogen sich nach Ninive zurück. Dort empfing sie Ghasan, versprach ihnen, den Krieg gegen die Sarazenen weiterzuführen, und gab König Hetum von Armenien eine Geldsumme, die ausreichte, um tausend armenische Reiter und tausend mongolische Soldaten zu unterhalten, die für die Verteidigung des Königsreichs Armenien eingesetzt werden konnten. Der König kehrte nach Armenien zurück, stellte ein Heer auf und errang in Ajati in der Nähe von Tarsus einen Sieg über die Mamelucken. Es war ein entscheidender Sieg. Von den siebentausend Mamelucken, die am Kampf teilnahmen, überlebten nur dreihundert. Der Sultan ersuchte um einen Waffenstillstand. König Hetum stimmte gerne zu. Dann erinnerte er sich daran, daß er immer schon Mönch hatte werden wollen, brachte seine Angelegenheiten in Ordnung, erhob einen seiner Neffen auf den Thron und reiste in den Westen.
Der Mönch Haiton hatte nicht ganz recht, als er sagte, alle christlichen Streitkräfte seien nach Zypern zurückgekehrt. Er berücksichtigte die Handvoll Templer nicht, die auf Ruad geblieben waren. Von dieser kleinen wasserlosen Insel aus, dem einzigen Besitz, welcher den Templern noch geblieben war, wollte Jakob von Molay der ganzen Küste entlang Truppen an Land schicken, die das Heilige Land zurückgewinnen sollten. Die Insel war gut befestigt. Sie besaß einen guten Hafen, eine schöne Kirche und Zisternen, in denen das Regenwasser gesammelt werden konnte. Im Jahre 1303 entsandten die Mamelucken eines Tages zwanzig Schiffe mit zehntausend Soldaten auf die Insel. Sie erzwangen sich die Landung, metzelten die meisten Templer nieder und stachen wieder in See. Nur wenigen Templern gelang es, von Ruad nach Zypern zu gelangen.
Mit der Schlacht von Mardsch As Saffar und dem Fall Ruads gingen die Kreuzzüge wirklich zu Ende. Mit Schiffen, die auf Zypern ihren

Stützpunkt hatten, wurden noch Angriffe auf Tortosa, Akkon und Alexandria unternommen, und von Zeit zu Zeit kündigten Päpste und Könige Kreuzzüge an, sei es, weil es ihnen aus politischen Gründen günstig schien, sei es, daß sie ein solches Unternehmen wirklich für möglich hielten. Was auch immer ihre Absichten gewesen sein mögen, diese Kreuzzüge fanden nie statt.

Während der ganzen Dauer der Kreuzzüge hatte ein seltsames Gefühl der Verlorenheit und der Unsicherheit geherrscht. Selbst als die Kreuzzüge ihren Höhepunkt erreicht hatten, als die Könige von Jerusalem die ganze Macht zu besitzen schienen, war es, als ob etwas fehle. Von den Dörfern und Städten des Westens aus gesehen, erschien Jerusalem den Augen der Menschen wie eine in orientalischen Farben erglänzende Traumstadt, fern und unzugänglich, und selbst diejenigen, welche durch die Straßen Jerusalems schritten, fragten sich manchmal, ob sie wirklich den Ort erreicht hätten, den sie so sehr zu sehen gewünscht hatten. Sie hatten die Leute Jerusalem «die Goldene» nennen hören und sich eine Stadt aus Gold und Rubinen und Smaragden vorgestellt. Statt dessen war es ein verstaubter Ort, obwohl die Steine die satte Farbe von Brotkrusten hatten. Keine von Menschen erbaute Stadt erreichte die Berühmtheit Jerusalems. Zweihundert Jahre lang führten stolze Männer aus dem Westen einen ständigen Kampf um die auf einem Berge in der judäischen Wüste gelegene Stadt. Zweihundert Jahre lang litten Könige, Fürsten, Ritter und auch gewöhnliches Volk unter Durst und brennender Hitze, um eine Stadt in der Wüste erobern und halten zu können. Aber schließlich mußten sie feststellen, daß Jerusalem nicht ein Ort irgendwo auf der Erdoberfläche war. Jersualem war ein Ort in den Herzen der Menschen.

ANMERKUNGEN

Die Titel der zitierten Werke sind in gekürzter Form wiedergegeben. So bezieht sich Michaud I auf den ersten Band seiner *History of the Crusades*, und MichaudB I bezieht sich auf den ersten Band seiner *Bibliothèque des Croisades*. Ebenso bezieht sich HillR auf Rosalind Hills Ausgabe der anonymen *Deeds of the Franks and the other Pilgrims to Jerusalem*, und William bezieht sich auf William, Archbishop of Tyre, *History of Deeds Done Beyond the Sea*. Dieses Werk sowie René Groussets *Histoire des Croisades et du Royaume franc de Jérusalem* und die prächtige unter der Bezeichnung *Recueil des Historiens des Croisades* zwischen 1841 und 1906 angelegte Sammlung von Dokumenten, die in wunderschön gedruckten, riesigen Folianten herausgekommen ist, waren bei weitem die eindrücklichsten Werke, auf die ich in den sieben Jahren meines Studiums der Kreuzzüge gestoßen bin.

1 Le Febvre, 61
2 Krey, 30
3 Krey, 30–31
4 Michaud, I, 51
5 Michaud, I, 51
6 Michaud, I, 51
7 Krey, 45
8 Munro, 34
9 William, I, 105
10 HillR, 3–5
11 Comnena, 347
12 William, I, 120
13 Comnena, 259
14 Comnena, 261
15 Comnena, 265
16 Comnena, 266
17 Comnena, 266
18 Comnena, 267
19 HillR, 15
20 HillR, 19
21 Translations, I, 4
22 Quelle unbekannt
23 D'Aguilers, 52
24 D'Aguilers, 53
25 D'Aguilers, 55
26 D'Aguilers, 100
27 D'Aguilers, 118
28 D'Aguilers, 117
29 Translations, I, 4
30 Fulcher, 154
31 Munro, 67
32 Fulcher, 271
33 William, II, 148
34 Ousama, 177
35 Odo, 118–120
36 William, II, 196
37 William, II, 294
38 William, II, 294
39 William, II, 321
40 William, II, 418
41 Lane-Poole, Saladin, 155
42 Gabrieli, 101
43 Gabrieli, 101
44 Chronicle, 140
45 Grousset, II, 737
46 Gabrieli, 114
47 Raynaud, 135
48 Raynaud, 136
49 Grousset, II, 793
50 Grousset, II, 793
51 Oman, I, 331
52 HRC, Le Livre des Deux Jardins, 275
53 HRC, Jardins, 296

54 HRC, Jardins, 272–3
55 HRC, Jardins, 276
56 HRC, Jardins, 277
57 Bernard, 127
58 Hoveden, II, 68
59 MichaudB, II, 664
60 MichaudB, II, 665
61 Hoveden, II, 176
62 Hoveden, II, 182
63 Chronicle, 217
64 Pernoud, Crusades, 189
65 Chronicle, 229
66 Chronicle, 235
67 Chronicle, 238
68 Chronicle, 239
69 Hoveden, II, 221
70 Hoveden, II, 223
71 Chronicle 251
72 MichaudB, II, 749
73 Villehardouin, 5
74 Villehardouin, 8
75 Villehardouin, 11
76 Villehardouin, 22
77 Villehardouin, 28
78 Clari, 59
79 Villehardouin, 31
80 Clari, 67
81 Villehardouin, 40
82 Villehardouin, 43
83 Clari, 83
84 Clari, 98
85 Clari, 98
86 Clari, 124
87 Vitry, 329
88 Addison, 287
89 Peters, 71
90 Peters,78
91 Peters, 94
92 Peters, 141
93 Peters, 132
94 Novara, 75–76
95 Novara, 78
96 Novara, 81
97 Grousset, III, 303
98 Peters, 162
99 Grousset, 230
100 Grousset, 231
101 Grousset, III, 393
102 Joinville, 141
103 Joinville, 144
104 Joinville, 167
105 Translations, I, 4
106 Joinville, 223
107 Labarge, 131
108 Joinville, 240
109 Joinville, 248
110 Joinville, 249
111 Joinville, 246
112 Joinville, 251
113 Joinville, 250
114 Regalado, 41
115 Regalado, 45
116 MichaudB, III, 507
117 Cartulaire, 291
118 Haiton, 61

AUSGEWÄHLTE BIBLIOGRAPHIE

Addison, C. G. *The Knights Templars.* London: Longman Brown, Green, & Longmans, 1853.

Al-Isfahani, Imad Ad-Din. *Conquête de la Syrie et de la Palestine par Saladin.* Französisch von Henri Massé. Paris: Librairie Orientaliste Paul Geuthner, 1972.

Ambroise. *The Crusade of Richard Lion-Heart.* Englisch von Merton Jerome Hubert. New York: Columbia University Press, 1941.

Ameer Ali. *A Short History of the Saracens.* London: Macmillan & Co., 1899.

Andressohn, John C. *The Ancestry and Life of Godfrey of Bouillon.* Bloomington: Indiana University Press, 1947.

Arberry, A. J. *Sufism.* London: George Allen & Unwin, 1956.

Archer, T. A., and Charles Lethridge Kingsford. *The Crusades.* London: T. Fisher Unwin, 1894.

Atiya, Aziz S. *The Crusade: Historiography and Bibliography.* Bloomington: Indiana University Press, 1962.

Barasch, Moshe. *Crusader Figural Sculpture in the Holy Land.* New Brunswick: Rutgers University Press, 1971.

Barber, Malcolm. *The Trial of the Templars.* Cambridge: Cambridge University Press, 1978.

Barker, Ernest. *The Crusades.* London: Oxford University Press, 1923.

Belloc, Hilaire. *The Crusade: The World's Debate.* London: Cassell & Co., 1937.

Benvenisti, Meron. *The Crusaders in the Holy Land.* New York: Macmillan, 1970.

Bordonove, Georges. *La Vie Quotidienne des Templiers au XIIIe Siècle.* Paris: Hachette, 1975.

———. *Les Templiers.* Paris: Fayard, 1963.

Brand, Charles M. *Byzantium Confronts the West 1180–1204*, Cambridge: Harvard University Press, 1968.

Brion, Marcel. *Blanche de Castille.* Paris: Les Editions de France, 1939.

Broadhurst, R. J. C. *A History of the Ayyubid Sultans of Egypt.* Aus dem Arabischen des al-Maqrisi. Boston: Twayne Publishers, 1980.

Brockelmann, Carl. *History of the Islamic Peoples.* London: Routledge & Kegan Paul, 1949.

Brundage, James A. *Richard Lion Heart.* New York: Scribner, 1974.

———. *The Crusades: A Documentary Survey.* Milwaukee: Marquette University Press, 1962.

———. *The Crusades: Motives and Achievements.* Lexington, DC: Heath & Co., 1964.

Byron, Robert. *The Byzantine Achievement.* New York: Russell & Russell, 1964.

Campbell, G. A. *The Crusades.* New York: Robert M. McBride, 1938.
———. *The Knights Templar: Their Rise and Fall.* New York: Robert M. McBride, o.J.
Cartulaire Générale de l'Ordre des Hospitaliers. Patris: Delaville Le Roux, 1894–1904.
Castries, le duc de. *La Conquête de la Terre Sainte par les Croisés.* Paris: Albin Michel, 1973.
Chalandon, Ferdinand. *Histoire de la Première Croisade.* Paris: Auguste Picard, 1925.
Charpentier, Louis. *Les Mystères Templiers.* Paris: Robert Laffont, 1967.
Clari, Robert of. *The Conquest of Constantinople.* Englisch von Edgar McNeal. New York: Norton, 1969.
Clifford, Esther. *A Knight of Great Renown.* Chicago: University of Chicago Press, 1961.
Cohn, Norman. *The Pursuit of the Millenium.* New York: Oxford University Press, 1970.
Comnena, Anna. *The Alexiad.* Englisch von Elizabeth A. S. Dawes. London: Kegan Paul, 1928.
Conder, C. R. *The Latin Kingdom of Jerusalem.* London: Palestine Exploration Fund, 1897.
D'Aguilers, Raymond. *Historia Francorum Qui Ceperunt Iherusalem.* Englisch von John Hugh Hill. Philadelphia: American Philosphical Society, 1968.
Dailliez, Laurent. *Les Templiers et les Règles de l'Ordre du Temple.* Paris: Pierre Belfond, 1972.
———. *Jacques de Molay.* Paris: Robert Dumas, 1974.
Daniel-Rops, Henri. *Cathedral and Crusade: Studies of the Mediaeval Church 1050–1350.* 2 Bde. Englisch von John Warrington. Garden City: Doubleday, 1963.
David, Charles Wendell. *Robert Curthose, Duke of Normandy.* Cambridge: Harvard University Press, 1920.
De Morgan, Jacques. *The History of the Armenian People.* Boston: Hairenik, 1965.
Deschamps, Paul. *Au Temps des Croisades.* Paris: Hachette, 1972.
Duggan, Alfred. *The Story of the Crusades 1097–1291.* New York: Pantheon Books, 1964.
Dupuy, Pierre. *Histoire de L'Ordre Militaire des Templiers.* Brussels: Pierre Foppens, 1751.
Ehrenkreutz, Andrew S. *Saladin.* Albany: State University of New York Press, 1972.
Erbstrosser, Martin. *The Crusades.* New York: Universe Books, 1979.
Ernoul, Chronique de. Herausgegeben von M. L. Le Mas Latrie. Paris: 1871.
Evans, Joan. *Life in Mediaeval France.* London: Phaidon, 1925.
Fedden, Robin. *Syria.* London: Robert Hale, 1956.

Fedden, Robin, and John Thomson. *Crusader Castles.* London: John Murray, 1957.
Franzius, Enno. *History of the Order of Assassins.* New York: Funk & Wagnalls, 1969
Fulcher of Chartres. *A History of the Expeditions to Jerusalem 1095–1127.* Englisch von Frances Rita Ryan. Knoxville: University of Tennessee Press, 1969.
Fuller, Thomas. *The Historie of the Holy Warre.* Cambridge: Thomas Buck, 1639.
Gabrieli, Francesco. *Arab Historians of the Crusades.* London: Routledge & Kegan Paul, 1969.
Gautier, Leon. *Chivalry.* New York: Barnes & Noble. 1959.
Gibb, Sir Hamilton. *The Damascus Chronicle of the Crusades.* London: Luzac, 1967.
———. *The Life of Saladin from the Works of Imad ad-Din and Baha ad-Din.* Oxford: Clarendon Press, 1971.
Gibbon, Edward. *The Life and Letters of Edward Gibbon with his History of the Crusades.* London: Frederick Warne, o. J.
Gray, George Zabriskie. *The Children's Crusade.* New York: Morrow, 1972.
Grousset, René. *The Epic of the Crusades.* Englisch von Noel Lindsay. New York: Orion Press, 1970.
———. *Histoire des Croisades et du Royaume franc de Jerusalem.* 3 Bde. Paris: Plon, 1934.
Guerdan, René. *Byzantium: Its Triumphs and Tragedy.* London: George Allen & Unwin, 1956.
Haiton. *Histoire Orientale, en Voyages Faits Principalement en Asie.* Herausgegeben von Pierre Bergeron. The Hague: Jean Neaulme, 1735
Henderson, Philip. *Richard Coeur de Lion.* New York: Norton, 1958.
Hill, John Hugh, and Laurita Lyttleton Hill. *Raymond IV Count of Toulouse.* Syracuse: Syracuse University Press, 1962.
Hill, Rosalind, und R. A. B. Mynors, Hg. *The Deeds of the Franks and the other Pilgrims to Jerusalem.* New York: Thomas Nelson & Sons, 1962.
Hitti, Philip K. *History of Syria.* New York: Macmillan, 1951.
———. *History of the Arabs.* New York: Macmillan, 1946.
Hopf, Charles. *Chroniques Gréco-Romaines.* Berlin: Weidman, 1873.
Hutton, William Holden. *Constantinople: The Story of the Old Capital of the Empire.* London: J. M. Dent & Sons, 1914.
Jeffery, Geo. *Cyprus Under an English King in the Twelfth Century.* London: Zeno, 1973.
Join-Lambert, Michel. *Jerusalem.* New York: Putnam, 1958.
Joinville, Jean de. *Memoirs of the Crusades.* Englisch von Sir Frank T. Marzials. New York: Dutton, 1958.
Kantorowicz, Ernst. *Kaiser Friedrich der Zweite.* Stuttgart: Klett-Cotta, 1980.
Kelly, Amy. *Elenore of Aquitaine and the Four Kings.* New York: Vintage Books, 1962.

Kendall, Alan. *Medieval Pilgrims.* New York: Putnam, 1970.
King, E. J. *The Knights Hospitallers in the Holy Land.* London: Methuen, 1931.
Krey, August C. *The First Crusade: The Accounts of Eye-Witnesses and Participants.* Princeton: Princeton University Press, 1921.
Labarge, Margaret Wade. *Saint Louis: Louis IX Most Christian King of France.* Boston: Little, Brown, 1968.
Lamb, Harold. *The Crusades.* New York: Bantam Books, 1962.
La Monte, John L. *Feudal Monarchy in the Latin Kingdom of Jerusalem 1100–1291.* Cambridge: The Mediaeval Academy of America, 1932.
Lane-Poole, Stanley. *The Mohammadan Dynasties.* New York: Ungar, 1965.
———. *Saladin and the Fall of the Kingdom of Jerusalem.* Beirut: Khayats, 1964.
Lawrence. T. E. *Crusader Castles.* 2 Bde. London: Golden Cockerel Press, 1936.
Le Febvre, Yves. *Pierre l'Hermite et La Croisade.* Amiens: Malfère, 1946.
Le Strange, Guy. *Palestine under the Moslems.* Boston: Houghton Mifflin, 1890.
Longnon, Jean. *Les Français d'Outre-Mer au Moyen Age.* Paris: Perrin, 1929.
Maillet, Germaine. *La Vie Religieuse au Temps de Saint Louis.* Paris: Robert Laffont, 1954.
Mayer, Hans Eberhard. *Geschichte der Kreuzzüge.* Stuttgart: Kohlhammer, 1970 u. ö.
Meistermann, Barnabas. *Guide to the Holy Land.* New York: P. J. Kenedy & Sons, 1923.
Melville, Marion. *La Vie des Templiers.* Paris: Gallimard, 1951.
Michaud, J. F. *Bibliothèque des Croisades.* 4 Bde. Paris: A. J. Ducollet, 1829.
———. *The History of the Crusades.* 3 Bde. Translated by W. Robson. New York: Redfield, 1855.
Millingen, Alexander van. *Byzantine Constantinople.* London: John Murray, 1899.
Morgan, M. R. *The Chronicle of Ernoul and the Continuation of William of Tyre.* London: Oxford University Press, 1973.
Morrisson, Cécile. *Les Croisades.* Paris: Presses Universitaires de France, 1969.
Müller-Wiener, Wolfgang. *Castles of the Crusaders.* New York: McGraw-Hill, 1966.
Munro, Dana Carleton. *The Kingdom of the Crusaders.* Port Washington: Kennikat Press, 1966.
Nangis, Guillaume de. *Chronique.* In: M. Guizot, *Collection des Mémoires relatifs à l'histoire de France.* Paris: J.-L.-J.-Brière, 1825.
Newhall, Richard A. *The Crusades.* New York: Holt, Rinehart & Winston, 1963.
Newton, Arthur Percival. *Travel and Travellers in the Middle Ages.* New York: Barnes & Noble, 1968.

Nicholson, Robert Lawrence. *Joscelyn III and the Fall of the Crusader States 1134–1199.* Leiden: E. J. Brill, 1973.

Norman, A. V. B. *The Medieval Soldier.* New York: Thomas Y. Crowell, 1971.

Novare, Philip de. *The Wars of Frederick II Against the Ibelins in Syria and Cyprus.* Englisch von John L. La Monte und Milton Jerome Hubert. New York: Columbia University Press, 1936.

Odericus Vitalis. *The Ecclesiastical History of England and Normandy.* London: Henry G. Bohn, 1854.

Odo von Deuil. *De Profectione Ludovici VII in orientem.* Englisch von Virginia Berry. New York: Norton, 1948.

Okey, Thomas. *The Story of Paris.* London: J. M. Dent, 1911.

Oldenbourg, Zoé. *The Crusades.* New York: Random House, 1966.

Oliver von Paderborn. *The Capture of Damietta.* Englisch von John J. Garigan. Philadelphia: University of Pennsylvenia Press, 1948.

Oman, Charles. *A History of the Art of War in the Middle Ages.* London: Methuen, 1924.

Ostrogovsky, George. *History of the Byzantine State.* New Brunswick: Rutgers University Press, 1957.

Otto von Freising. *The Deeds of Frederick Barbarossa.* Englisch von Charles Christopher Mierow. New York: Norton, 1955.

Ousama. *The Autobiography of Ousama.* Englisch von George Richard Potter. London: Georges Routledge & Sons, 1929.

Pacaut, Marcel. *Frederick Barbarossa.* New York: Scribner, 1970.

Parker, Thoams W. *The Knights Templars in England.* Tucson: University of Arizona Press, 1963.

Parrot, André. *Golgotha and the Church of the Holy Sepulchre.* New York: Philosophical Library, 1957.

Pauphilet, Albert, Hg. *Historiens et Chroniqueurs du Moyen Age.* (Robert de Clari, Villehardouin, Joinville, Froissart, Commynes) Paris: Bibliothèque de la Pleiade, 1952.

Payne, Robert. *The Holy Sword.* New York: Harper & Brothers, 1959.

Pears, Edwin. *The Fall of Constantinople.* New York: Harper & Brothers, 1886.

Pernoud, Régine. *Alienor d'Aquitaine.* Paris: Albin Michel, 1965.

———. *In the Steps of the Crusaders.* New York: Hastings House, 1959.

———. *The Crusaders.* London: Oliver & Boyd, 1963.

———. *Un Chef d'Etat: Saint Louis de France.* Paris: J. Gabalda, 1960.

———. *The Crusades.* Englisch von Enid McLeod. New York: Capricorn Books, 1964.

Peters, Edward, Hg. *Christian Society and the Crusades 1198–1229. Sources in Translation, including The Capture of Damietta by Oliver of Paderborn.* Philadelphia: University of Pennsylveania Press, 1971.

———. *The First Crusade.* Philadelphia: The University of Pennsylvania Press, 1971.

Powicke, Sir Maurice. *The Christian Life in the Middle Ages.* London: Oxford University Press, 1966.

———. *The Thirteenth Century.* London: Oxford University Press, 1962.

Prawar, Joshua. *Histoire du Royaume Latin de Jérusalem.* 2 Bde. Paris: Editions du Centre National de la Recherche Scientifique, 1969.

———. *The Crusaders' Kingdom.* New York: Praeger, 1972.

———. *The World of the Crusaders.* New York: Quadrangle Books, 1972.

Queller, Donald E. *The Fourth Crusade: The Conquest of Constantinople 1201–1204.* Philadelphia: University of Pennsylvania Press, 1977.

———. *The Latin Conquest of Constantinople.* New York: Wiley, 1971.

Raynaud, Gaston. *Les Gestes des Chiprois.* Geneva: Jules-Guillaume Fick, 1887.

Regalado, Nancy. *Poetic Patterns in Rutubeuf.* New Haven: Yale University Press, 1970.

(RHC) *Receuil des Historiens des Croisades.* Paris: Académie des Inscriptions et Belles Lettres, 1841–1906. Umfaßt unter anderem: *Documents Armeniens,* 2 Bde., 1869–1906. *Historiens Grecs,* 2 Bde., 1875–81. *Historiens Occidentaux,* 3 Bde., 1844–95. *Historiens Orientaux,* 5 Bde., 1872–1906.

Riant, Comte. *Archives de l'Orient Latin.* Paris: Ernest Leroux, 1881.

———. *Exuviae sacrae Constantinopolitane,* 2 Bde. Geneva: 1877–78. (Privatdruck)

———. *Historia Constantinopolitana: Guntheri Alemanni.* Geneva: 1875. (Privatdruck)

Richard, Jean *Le Royaume Latin de Jérusalem.* Paris: Presses Universitaires de France, 1953.

Robson, James. *Christ in Islam.* New York: Dutton, 1930.

Roger von Hoveden. *The Annals.* 2 Bde. London: H. G. Bohn, 1853.

Roger von Wendower. *Flowers of History.* 2 Bde. London: George Bell & Sons, 1899.

Rosebault, Charles J. *Saladin: Prince of Chivalry.* New York: Robert M. McBride, 1930.

Runciman, Steven. *A History of the Crusades.* Bde. 1 und 2. New York: Harper & Row, 1964–65.

———. *A History of the Crusades.* Bd. 3. Cambridge: Cambridge University Press, 1966.

———. Deutsche Ausgabe: *Geschichte der Kreuzzüge.* Deutsch von Peter de Mendelssohn. München: C. H. Beck, 1978 u. ö.

Sanutus, Marinus. *Liber Secretorum Fidelium Crucis.* Toronto: University of Toronto Press, 1972.

Saunders, J. J. *Aspects of the Crusades.* Christchurch: University of Canterbury, 1962.

Schlumberger, Gustave. *Byzance et Croisades.* Paris: Paul Geuthner, 1927.

———. *Campagnes du Roi Amaury 1er de Jérusalem.* Paris: Plon, 1905.

———. *Numismatique de l'Orient Latin.* 2 Bde. Graz: Akademische Druck- u. Verlagsanstalt, 1954.

———. *Renaud de Châtillon, Prince d'Antioche.* Paris: Plon 1923.

Setton, Kenneth M., Hg. *A History of the Crusades.* Bde. 1–4. Madison: University of Wisconsin Press, 1969.

Sewter, E. R. A., Übers. *The Alexiad of Anna Comnena.* Harmondsworth: Penguin Books, 1969.

Simon, Edith. *The Piebald Standard: A Biography of the Knights Templars.* London: Cassell, 1959.

Slaughter, Gertrude. *Saladin (1138–1193).* New York: Exposition Press, 1955.

Small, R. C. *Crusading Warfare, 1097–1193.* Cambridge: Cambridge University Press, 1956.

———. *The Crusaders in Syria and the Holy Land.* New York: Praeger 1973.

Smith, George Adam. *The Historical Geography of the Holy Land.* New York: Harper & Row, 1966.

Stevenson, W. B. *The Crusaders in the East.* Beirut: Librairie de Liban, 1968.

Stone, Edward Noble, Übers. *Three Old French Chronicles.* Seattle: University of Washington Press, 1939. (Enthält Ambrosius, *History of the Holy War,* Robert von Clari, und *A Chronicle of Rheims.*)

Throop, Palmer A. *Criticism of the Crusade.* Amsterdam: N. V. Swets & Zeitlinger, 1940.

Translations and Reprints from the Original Sources of European History. Philadelphia: University of Pennsylvania, 1901, 1905. Bd. I. No. 4 (über alle Phasen der Kreuzzüge) und Bd. III. No. 1 (über den 4. Kreuzzug).

Vasiliev, A. A. *History of the Byzantine Empire.* Madison: University of Wisconsin Press, 1961.

Villehardouin, Geoffroy de. *Memoirs of the Crusades.* Englisch von Sir Frank T. Marzials. New York: Dutton, 1958.

Vitry, Jacques de. *Histoire des Croisades.* In: M. Guizot, *Collection des Mémoires relatifs à l'histoire de France.* Paris: J.-L.-J.-Brière, 1825.

Watson, Sir C. M. *The Story of Jerusalem.* London: J. M. Dent, 1918.

Wilkinson, Clennell. *Coeur de Lion.* New York: D. Appleton-Century, 1932.

William, Archbishop of Tyre. *A History of Deeds Done Beyond the Sea.* 2 Bde. Englisch von Emily Babcock und A. C. Krey. New York: Columbia University Press, 1943.

Wright, Thomas. *Early Travels in Palestine.* New York: KTAV Publishing House, 1968.

Yewdale, R. B. *Bohemond I, Prince of Antioch.* Ann Arbor: University Microfilms, 1974.